# 2011年主要经济社会指标

总面积：2231平方公里(其中太湖水域面积1486平方公里)
户籍人口：603271 人
地区生产总值：7006628 万元
人均地区生产总值：116422 元
全口径财政收入：2501297 万元
地方一般预算收入：723733 万元
全社会固定资产投资：3155003 万元
社会消费品零售总额：2362333 万元
全社会用电量：570277 万千瓦小时
实际利用外资：45395 万美元
进出口贸易总值：938152 万美元
城镇居民人均可支配收入：36509 元
农村居民人均可支配收入：17162 元

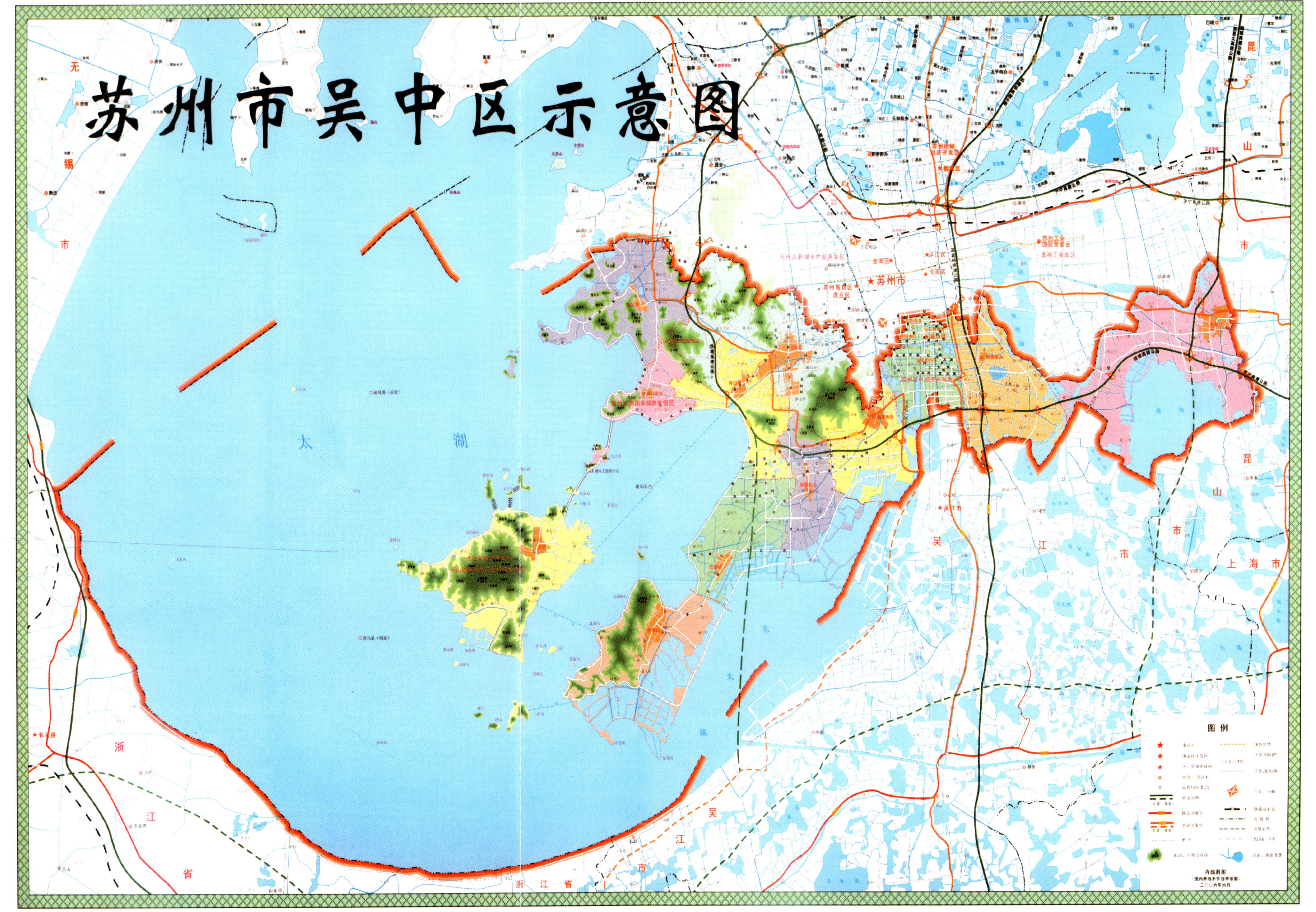

苏州市吴中区示意图
太湖
苏州市
无锡市
昆山市
吴江市
上海市
浙江省
图例
内部用图

# 吴中年鉴

## 2012

苏州市吴中区人民政府 主办
吴中区年鉴编纂委员会 编

上海社会科学院出版社

**图书在版编目(CIP)数据**

吴中年鉴. 2012/吴中区年鉴编纂委员会编.
—上海: 上海社会科学院出版社, 2012
ISBN 978-7-5520-0212-6

Ⅰ. ①吴… Ⅱ. ①吴… Ⅲ. ①区(城市)—苏州市—2012—年鉴 Ⅳ. ①Z525.33

中国版本图书馆 CIP 数据核字(2012)第 289228 号

**吴中年鉴(2012)**

---

**编　　者**: 吴中区年鉴编纂委员会
**责任编辑**: 赵玉琴
**封面设计**: 嘉　禾
**出版发行**: 上海社会科学院出版社
上海淮海中路 622 弄 7 号　电话 63875741　邮编 200020
http://www.sassp.org.cn　E-mail: sassp@sass.org.cn
**经　　销**: 新华书店
**印　　刷**: 苏州恒久印务有限公司
**开　　本**: 787×1092 毫米　1/16 开
**印　　张**: 26.75
**插　　页**: 38
**字　　数**: 650 千字
**版　　次**: 2012 年 11 月第 1 版　2012 年 11 月第 1 次印刷

---

ISBN 978-7-5520-0212-6　定价: 120.00 元

---

2011年5月18～19日，太湖文化论坛首届年会在太湖国际会议中心开幕。中共中央政治局委员、国务委员刘延东致辞，巴基斯坦总理优素福·拉扎·吉拉尼，印度尼西亚前总统梅加瓦蒂，全国政协副主席、中国文联主席孙家正，江苏省委书记罗志军等中外政要以及著名学者、文化官员、著名文化人士等约500人出席

2011年12月10日，全国政协副主席王志珍视察吴中区

2011年10月6日，江苏省委书记、省人大常委会主任罗志军视察吴中区

2011年9月9日，江苏省委常委、苏州市委书记蒋宏坤视察吴中区

2011年12月28日，苏州市市长阎立视察吴中区

2011年6月22～25日，中国共产党苏州市吴中区第三次代表大会在区大会堂召开，选举产生第三届区委委员、候补委员、区纪委委员和出席苏州市第十一次党代会的代表

下图为中国共产党苏州市吴中区第三届委员会常务委员合影

2012年3月21～24日，苏州市吴中区第三届人民代表大会第一次会议在区大会堂举行

2012年3月20～23日，政协第三届苏州市吴中区委员会第一次会议在区大会堂举行

2011年2月26日，吴中区建区10周年庆典晚会在区体育馆举行

2011年4月29日，吴中区召开庆“五一”暨劳动模范表彰大会

2011年5月11日，由最高人民法院主办、吴中区承办的陪审制度国际研讨会在东山举行

2011年8月23日，香港苏州吴县同乡会青年家乡访问团访问吴中区

2011年8月26日，吴中区举行区委常委议军暨党管武装工作述职会议

2011年11月3日，区委书记俞杏楠会见美国德克萨斯州南湖市市长约翰·特罗尔一行

2011年4月9日，吴中区举行全区重大项目集中开工开业仪式

2011年6月1～3日，吴中区组团在北京参加中日绿色博览会并举办投资情况说明会

2011年7月6日，吴中区人民政府与以色列Poalim Asia Direct公司签署“关于设立吴中高科技企业孵化产业园暨中以高科技产业基金之合作框架协议”

2011年8月20日，中国农业信息研究所示范基地揭牌仪式暨苏州稼泰丰农业科技示范园项目推介会在临湖镇举行

2011年9月23日，SM苏州吴中城市广场开业

2011年10月17日，国家开发银行苏州分行和苏州市吴中区人民政府举行"十二五"开发性金融合作备忘录暨合作项目签约仪式

2011年10月17日，中国科学院吴中生物医药研发中心揭牌

2011年10月17日，江苏吴中生命科学园二期工程开工奠基

2011年10月18日，苏州吴中·太湖经贸合作洽谈会在太湖国际会议中心举行

2011年5月11日，苏州电器科学研究院股份有限公司在深圳证券交易所上市

2011年11月25日，苏州安洁科技股份有限公司在深圳证券交易所上市

2011年4月18日，“两院院士吴中行”启动仪式举行，魏敦山、陈勇、吴建屏、马建章、谭建荣、赵淳生、王守觉、薛禹胜等院士齐聚吴中

2011年7月11日，第二届生物医药国际精英高峰会在苏州太湖国际会议中心举行

2011年11月6日，再生医学与转化高峰论坛在吴中区举行

2011年12月6日，吴中区在南京开展科技人才工作高校行活动

2011年12月12日，吴中区在上海开展科技人才工作高校行活动

2011年1月25日，吴中区社会福利中心落成乔迁

2011年3月5日，“国家非物质文化遗产——苏州缂丝、核雕作品晋京展”在北京爱慕美术馆开展，吴中核雕精品《十二金钗》等53件作品在展会亮相

2011年3月21日，苏州·吴中洞庭山碧螺春茶文化旅游节在太湖国际会议中心开幕

2011年4月，吴中区藏书石雕大师蔡云娣制作的澄泥石壶作品被英国皇室收藏

2011年6月11日，吴中区首届全民运动会开幕

2011年6月27日，吴中区举行庆祝建党90周年广场文艺晚会

2011年8月10日，苏州(吴中)太湖旅游景区创建国家AAAAA级景区动员大会在太湖国际会议中心举行

2011年8月28日，第七届中国(苏州)太湖开捕节在度假区举行

2011年9月9日，吴中区中小学生综合实践学校落成启用

2011年10月9～13日，第二届苏州穹窿山“兵圣杯”世界女子围棋赛在穹窿山景区举行

2011年10月12日，中国(苏州)穹窿山孙子兵法文化旅游节在穹窿山景区开幕

2011年10月28日，张维良笛艺音乐会——《乡梦》在太湖国际会议中心首演

2011年11月2日，环太湖国际公路自行车赛(苏州赛区吴中区赛段)在度假区举行

2011年11月26日，位于光福镇的中国工艺文化城开街试运营

## 吴中区年鉴编纂委员会

| | | |
|---|---|---|
| **主任委员** | 张炳华 | 区委常委、组织部部长 |
| **副主任委员** | 周晓敏 | 区政府副区长 |
| **委员** | 吴敬宇 | 区委办公室主任 |
| | 李　强 | 区人大办公室主任 |
| | 顾益坚 | 区政府办公室主任 |
| | 李　卫 | 区政协办公室主任 |
| | 姚胜武 | 区政府办公室副主任 |
| | 秦晓良 | 区委组织部副部长 |
| | 沈文群 | 区委政法委员会副书记、区综治办主任 |
| | 包勤康 | 区委农村工作办公室主任 |
| | 姚　东 | 区发展和改革局局长 |
| | 王卫星 | 区经济和信息化局局长 |
| | 陈伟骏 | 区教育局局长 |
| | 朱筱菁 | 区财政局局长 |
| | 王永良 | 区人力资源和社会保障局局长 |
| | 许长根 | 区住房和城乡建设局局长 |
| | 刘龙俊 | 区农业局局长 |
| | 陆建明 | 区商务局局长 |
| | 陆卫平 | 区档案局局长 |
| | 韩　江 | 区发展和改革局副局长、区统计局局长 |

## 《吴中年鉴》编辑部

**主　　编**　顾益坚

**副 主 编**　翁建明

**编　　辑**　翁建明　李　健　陆　晗　陈　萍　周家欢　陈加勇

**主要摄影**　张炎龙　何月华　戚振林　徐志强

编辑部地址：苏州市吴中区塔韵路苏街198号
电　　话：0512-65643180
邮　　编：215104

# 编 辑 说 明

一、《吴中年鉴》是由苏州市吴中区人民政府主办、吴中区年鉴编纂委员会编纂、吴中区档案局和档案馆组织编辑的综合性地方资料工具书，旨在全面、系统、翔实地记载吴中区政治、经济、文化、社会等方面的基本面貌及发展情况，为各机关、团体、企事业单位和社会各界及时提供信息资料。《吴中年鉴》于2002年创刊，每年编印一卷，本卷为第十一卷。

二、《吴中年鉴》采用分类编辑法，分为部类、分目、条目3个层次，以条目为基本组成单位，标题用【 】引出，以便查阅。《吴中年鉴(2012)》分为22个部类：(1)特载，(2)大事记，(3)吴中区概况，(4)中共吴中区委员会，(5)吴中区人民代表大会，(6)吴中区人民政府，(7)政协吴中区委员会，(8)民主党派·工商联·人民团体，(9)军事·政法，(10)经济监督管理，(11)财税·金融，(12)农业·水利，(13)工业，(14)外经·商贸·服务业，(15)城建·规划，(16)生态环境建设·旅游，(17)教育·科技，(18)文化·卫生·体育，(19)社会民生，(20)度假区·开发区，(21)镇(区)·街道，(22)文件选编。全书共有条目724条，附表52张，领导视察、友好往来、区重要会议、重大活动等的照片48幅。

三、本年鉴选材坚持以经济建设为中心，以新情况、新成就、新经验为重点，力求既能反映地方特色，又能创新增益、推陈出新。年鉴内容主要选自各单位的档案材料，并经过单位领导和年鉴编纂委员会的审核，以保证其准确性、可靠性。

四、本期年鉴资料收录时间为2011年1月1日至12月31日，人事名单以上年底组织部门年报为准，主要统计数据以区统计局提供为准。图片拍摄由于人员众多，除主要拍摄人员外，书中不再一一署名，在此一并感谢。

五、本年鉴在编纂过程中得到了区委、区政府领导的关心和指导，各部门和有关人员的支持和协助，在此谨表谢意。本书在编印过程中的粗疏、错漏之处，敬请批评指正。

《吴中年鉴》编辑部

**2012年11月**

# 要　目

# 目　　录

## 特　载



## 大事记



## 吴中区概况

# 中共吴中区委员会

## 吴中区人民代表大会

## 吴中区人民政府

## 政协吴中区委员会



## 民主党派·工商联·人民团体

## 军事·政法

## 经济监督管理

# 财税·金融

## 农业·水利

# 工　业



# 外经·商贸·服务业

# 城建·规划

# 生态环境建设·旅游



# 教育·科技



# 文化·卫生·体育

# 社会民生

# 度假区·开发区



# 镇(区)·街道

## 文件选编

# 特　　载

# 全面加强党的先进性建设<br>又好又快推进现代化进程<br>努力把吴中的明天建设得更加美好

## ——在中国共产党苏州市吴中区第三次代表大会上的报告

2011 年 6 月 22 日

俞杏楠

各位代表,同志们:

中国共产党苏州市吴中区第三次代表大会开幕了!

这次会议是在吴中区全面开启科学发展新征程、阔步迈向率先基本现代化新目标的关键时刻,召开的一次承前启后、继往开来的重要会议。主要任务是:高举中国特色社会主义伟大旗帜,以邓小平理论和“三个代表”重要思想为指导,深入贯彻落实科学发展观,回顾总结第二次党代会以来的各项工作,审议确定今后五年经济社会发展的目标任务;选举产生中国共产党苏州市吴中区第三届委员会和纪律检查委员会;选举产生出席中国共产党苏州市第十一次代表大会的代表,动员全区各级党组织、全体共产党员和广大人民群众,紧紧围绕“山水苏州、人文吴中”目标定位和“走进太湖时代”发展战略,进一步解放思想、坚定信心,开拓创新、务实奋进,在新的起点上全面加强党的先进性建设,又好又快推进现代化进程,努力把吴中的明天建设得更加美好。

现在,我代表中共苏州市吴中区委员会向大会作工作报告,请予审议。

**一、充分肯定过去五年所取得的喜人成绩**

2006 年 6 月区第二次党代会召开以来的五年,是全区经济社会发展进程中极不平凡的五年。五年来,全区各级党组织在苏州市委的正确领导下,团结带领广大党员干部和人民群众,认真贯彻落实党的十七大以来的路线、方针、政策,坚持以邓小平理论和“三个代表”重要思想为指导,全面落实科学发展观,克服了转型过程中的重重困难,经受了金融危机的严峻考验,实现了吴中经济社会又好又快发展。

过去的五年,是经济总量持续增长、综合实力全面增强的五年。全区主要经济指标大幅提升,2010 年,完成地区生产总值 602 亿元,是“十五”期末的 2.3 倍,年均增长 17.8%,人均地区生产总值达 1.5 万美元;地方一般预算收入60亿元,是“十五”期末的2.8倍,年均增长23%;工业总产值1305亿元,是“十五”期末的2.2倍,年均增长17.3%,规模以上工业总产值突破1千亿元;全社会固定资产投资累计完成944亿元,是“十五”时期的2.2倍。

过去的五年,是转型升级持续加快、经济结构全面优化的五年。高端产业加快发展,“5+2”产业培育振兴计划深入实施,新能源、新材料、生物医药、电子信息、现代装备制造等重点产业发展步伐不断加快。2010年,实现新兴产业产值260亿元,占规模以上工业比重达25.6%。服务业迅猛发展,服务业增加值年均增长22.7%,占GDP比重提高7.5个百分点,文化、旅游、地产、物流、服务外包、金融、商贸等现代服务业进入发展快车道。高效农业规模发展,特色农业“6+1”工程深入推进,农业规模化、市场化、专业化程度进一步提高,高效农业比重提高到65%,“洞庭山碧螺春”商标获中国驰名商标认定,太湖大闸蟹等一批品牌产品跻身中国名牌农产品行列。至“十一五”期末,全区三次产业比重由“十五”期末的3.8∶62.6∶33.6调整为2.8∶56.1∶41.1。

过去的五年,是改革开放持续深化、创新水平全面提高的五年。各项改革纵深推进,乡镇机构、政府机构改革全面完成,城乡一体化综合配套改革、医药卫生体制改革迈出坚实步伐,义务教育学校绩效工资制度、生态补偿机制得到落实,集体林权改革顺利完成,投融资、国资监管、社会管理等体制机制不断完善,经济社会发展环境不断优化。开放型经济发展提速,累计实际利用外资23亿美元,新增世界500强投资企业13家;完成进出口总额273亿美元,其中出口170亿美元,分别是“十五”时期的2.6倍和2.9倍;引进民资内资企业9699家,平均注册资本431万元,是“十五”时期的4.6倍,新增上市公司3家;国有经济、集体经济总资产分别达330亿元和163亿元,是“十五”期末的8倍和2.6倍。科技创新持续加强,建成各类创新载体150多万平方米,全社会研发投入占GDP比重由1.5%增至2.1%,高新技术产值占规模以上工业比重由31.3%增至43.5%,科技进步贡献率提高到55%。

过去的五年,是基础设施持续完善、城乡建设全面突破的五年。城市化、城乡现代化步伐日益加快,形成了以中心城区,包括尹山湖—独墅湖双湖板块、越溪城市副中心为核心,度假区中心区及各中心镇为基础的现代化城市发展新格局,全区城市化率达61%。基础设施建设加快推进,吴中大道、230省道、东山大道、东山环岛公路、宝带西路延伸段等主要道路工程全面竣工,电力、通讯、人防等设施加速完善。生态环境保护明显加强,城乡污水处理体系和再生资源回收利用体系基本建成,东太湖综合整治全面拉开,国家生态区创建通过考核验收。城市管理水平不断提高,数字城管建设不断推进,城市管理初步实现智能化、网络化。城乡一体化加速发展,全区耕地适度规模经营率达67%,农村工业企业入园率达87.1%,农户安置小区入住率达28.7%,城乡环境面貌得到显著改善。

过去的五年,是公共投入持续加大、社会事业全面繁荣的五年。民生实事系列工程深入实施,累计投入71.2亿元,新建和改造学校32所,医院、卫生院14家,新增公益性文化设施6.6万平方米,建成保障性住房16.8万平方米,中心城区无障碍建设改造全面完成。全区教育、文化、体育、卫生、人口计生等服务体系实现标准化全覆盖,服务功能不断完善,服务内涵不断深化,服务水平不断提升。吴中区获评全国文化先进区、计生优质服务先进单位,省教育现代化先进区、社区卫生服务先进区、全面实施素质教育先进区;东山镇晋升为中国历史文化名镇,香山帮营造技艺入选世界级非物质文化遗产。审计、物价、档案等工作取得新进步,国防教育、双拥工作、后备力量建设得到新加强,老干部、老年人和妇女儿童工作得到新发展。

过去的五年,是民生民本持续关注、人民生活全面改善的五年。城乡就业创业统筹推进,累计培训各类劳动力 20.5 万人次,新增就业岗位 34.1 万个,农村劳动力实现转移就业 2.8 万人次,帮助 1.2 万失业人员再就业,公共创业服务体系不断健全,创业氛围日益浓厚。社会保障体系进一步完善,社保覆盖面进一步扩大,城镇“五险”累计参保 119 万人次,完成农保置换城保 16.1 万人,城乡居民医疗保险人均筹资标准提高到 420 元,最高补偿标准提高到 15 万元,城乡一体社会救助体系正式建立,各类保障水平大幅提升。农村合作改革不断深化,五大合作经济从单一合作社向联总社发展,镇、街道股份合作联社实现全覆盖,临湖镇湖桥村建成全国首家股份合作社集团公司,股金分红逐步成为农村居民增收的重要渠道。2010 年,全区城镇居民人均可支配收入达 32110 元,农民人均纯收入达 14659 元,年均分别增长 12%和 11.8%。

过去的五年,是民主法制持续推进、社会文明全面进步的五年。基层民主政治深入推进,人大行使职权的制度和机制不断完善,监督和支持作用得到充分体现,共产党领导的多党合作和政治协商制度进一步健全,统战、民族、宗教、侨务、对台等工作取得新成绩,工会、共青团、妇联、工商联、文联、残联、红十字会等群团组织的作用进一步发挥。法治吴中、平安吴中建设扎实推进,“大防控、大调解”机制不断健全,社会治安综合治理和信访工作得到进一步加强,社会总体和谐稳定;社会管理不断加强和创新,组建了全市首个校园护卫大队,木渎“三化”管理和红庄“城中村”管理模式得到上级充分肯定;安全生产监管全面加强,建成省级食品安全示范区,连续 5 年无较大森林火灾,连续 4 年获评省级土地执法模范区。精神文明建设有序推进,文明创建活动不断深化,社会诚信体系不断完善,社会文明程度得到明显提升。

过去的五年,是党的建设持续加强、执政能力全面提升的五年。深入学习实践科学发展观和“创先争优”活动扎实开展,党员干部宗旨观念明显增强,“党员干部受教育、科学发展上水平、人民群众得实惠”的机制落到实处。“党员关爱帮扶行动”深入开展,关爱基金设立两年来,累计募集爱心基金 876 万元,党员参与率超过 95%。坚持贯彻民主集中制原则,制定完善区委议事规则,工作程序更加规范,重大决策更加民主。干部队伍建设和人事制度改革大力推进,坚持正确的用人导向,创新干部选拔任用机制,保证了优秀人才脱颖而出。基层组织建设切实加强,顺利完成农村(社区)党组织换届选举,先锋镇村创建、经济薄弱村扶持、非公经济组织党建等工作不断深化,配优配强基层领导班子,基层党组织的凝聚力、创造力和执行力进一步加强。坚持“标本兼治、综合治理、惩防并举、注重预防”的方针,严格落实党风廉政建设责任制,加大领导干部廉洁从政教育和查办违法违纪案件工作力度,增强全社会反腐倡廉意识,进一步密切了党群干群关系,树立和维护了党的良好形象。

各位代表、同志们,过去五年取得的喜人成绩,是上级党委正确领导的结果,是在吴县、吴县市和吴中区历届班子打下坚实基础上,全区各级党组织和广大干部群众齐心协力、奋力拼搏的结果,也是各民主党派、人民团体、驻苏驻吴部队、武警官兵和海内外各界朋友发挥作用、热情支持的结果。在此,我谨代表中共苏州市吴中区第二届委员会,向各位代表,向奋战在全区各条战线上的广大共产党员,向所有关心、支持吴中现代化建设,为吴中区经济社会发展作出贡献的同志们、朋友们表示衷心的感谢和崇高的敬意!

五年的积累，为新时期率先基本实现现代化奠定了坚实的发展基础;五年的实践,更为推进“吴中明天更美好”提供了宝贵的精神财富。回顾五年的发展历程，我们深深体会到:

**一要坚持把解放思想作为最强大的发展动力。**五年来,我们始终坚持以思想的率先解放引领发展的率先突破,始终保持奋发向上、积极进取的精神状态，为加快发展打下了坚实的思想基础。始终坚持以开放的眼界胸襟集纳发展的各种力量,始终坚持“能快则快、能先则先、能高则高”的自我要求,以加快发展为目标,改革创新为动力,形成了全区上下齐动员、众志成城争一流的生动局面。始终坚持以务实的工作作风创造实在的工作业绩,从产业基础和区域特点出发，制订了一系列有利于经济社会更好更快发展的政策措施,走出了一条符合时代要求和吴中实际的发展新路子。

**二要坚持把转型升级作为最紧迫的战略任务。**五年来，我们不断适应宏观环境新变化，积极主动地转变发展理念，坚持抢抓机遇、乘势发展不放松,坚持转型升级、创新发展不动摇,牢牢把握发展的主动权。在发展理念上,既注重发展速度,更注重发展质量;在发展措施上,既注重打基础、壮实力、增后劲,更注重把经济社会转入科学发展轨道；在发展重点上，切实加快经济结构调整和经济发展方式转变,切实加强资源节约和环境保护,以投资结构的优化带动经济结构的升级,以经济结构的升级增强可持续发展的能力。历史经验告诉我们，只要我们坚持把转型升级放在突出位置，坚持用创新发展的目标凝聚人心、用创新发展的举措推进工作,就一定能克服发展中的资源瓶颈制约，不断提高经济社会发展的质量和水平。

**三要坚持把统筹兼顾作为最有效的工作方法。**五年来,我们始终站在全局和战略的高度,统筹谋划各方面工作,切实推进经济社会全面协调发展。在经济提速发展的同时,更加注重维护社会的和谐与稳定；在加强中心城区建设的同时，不断加大镇村环境的整治力度;在加快开发建设的同时,切实推进资源的综合利用和环境保护；在推动富民增收的同时,更加关爱帮扶弱势群体。实践证明,只有对发展的要求更加清晰，对发展的理解更加深刻，对发展的路径更加明确，做到统筹兼顾、全面把握,我们才能真正实现经济社会的全面发展、人与自然的和谐发展、城镇与农村的协调发展。

**四要坚持把改善民生作为最本质的发展追求。**五年来,我们始终把民生事业放在十分突出的位置,高度重视富民工程建设,高度重视社会保障水平提高，高度重视居民生活改善，努力做到人民生活质量与经济社会发展同步提高。更加注重鼓励发展民营经济和个体私营经济，积极推进农村社会保障体系建设,积极推进城乡居民就业和农民增收,较好地把发展经济与致富百姓统一起来，使全区城乡居民收入水平和生活质量有了大幅提高。我们充分认识到,吴中的兴旺靠民心,吴中的发展靠民智,吴中的辉煌靠民力。只有把保障和改善民生作为一切工作的出发点和落脚点,着力解决好群众最关心、最直接、最现实的利益问题，使全区人民更多更好地共享改革发展成果,才能从根本上实现科学发展、促进社会和谐稳定。

**五要坚持把党的建设作为最根本的政治保证。**五年来,我们始终坚持以执政能力建设和先进性建设为主线，以改革创新的精神全面推进党的思想、组织、作风、制度和反腐倡廉建设，积极引导广大党员干部真正把心思用在谋发展上,把精力用在抓工作上,把劲头用在求实效上，各级党组织的创造力、凝聚力、战斗力得到不断增强。始终坚持总揽全局、协调各方,积极支持人大、政府、政协以及群团组织等各个方面依法开展工作和大胆创新工作,形成了心齐气顺、互相配合、围绕大局、尽心尽职的良好局面。实践证明,只要我们围绕发展抓党建、探索创新抓党建、一心为民抓党建,党的活力就会不断增强,就会得到广大群众的拥护和支持,也就一定能团结带领全区群众夺取各项事业的新胜利。

成绩来之不易,经验弥足珍贵,但问题也不可忽视。我们要清醒地看到,与时代发展的新任务、人民群众的新期盼、党的建设的新要求相比,我们的工作还存在一些差距和不足。主要是:经济综合竞争力还不够强,经济总量不大、发展优势不突出,土地指标趋紧、环境约束加大,持续快速增长的难度增加,比学赶超的形势不容乐观;转型升级的水平还不够高,高端人才不多、创新能力不强,产业发展高端化、集聚度不够,服务业发展相对滞后,转型升级的任务更加迫切和艰巨;城乡环境面貌有待进一步改善,城市化推进步伐快但功能配套慢,新农村建设力度大但面临的任务依然十分艰巨,特别是拆迁难度加大、安置房建设滞后,制约了城乡综合环境的加速改善;社会建设水平有待进一步提升,利益格局调整带来的社会矛盾日益增多,维护社会和谐稳定的机制亟需完善,以改善民生为重点的社会建设任务繁重艰巨;党的建设有待进一步加强,少数基层党组织的凝聚力、创造力、战斗力不够强,少数党员干部的责任心、事业心、进取心有所弱化,个别消极腐败现象依然存在。所有这些问题,都需要我们在今后的工作中认真加以解决。

## 二、牢牢把握今后五年发展的目标和任务

经过五年的跨越发展,吴中区已经站在新的历史起点上。今后五年,是全区创新发展的加速期、转型升级的攻坚期、城市功能的优化期、民生福祉的提升期,更是确保率先基本实现现代化目标的战略决胜期。纵观全球,新一轮科技和产业革命已经开始,发达国家向长三角等国内发达地区转移产业的层次不断提高,无论是传统产业提升,还是新兴产业壮大,我们都面临很多机遇。同时,世界经济进入深度调整期,欧美等主要市场不断挤压中国贸易份额,人民币长期保持升值压力和预期,全区出口加工贸易转型升级任务艰巨。放眼国内,中国经济保持平稳较快增长的基本面不会改变,中央、省市对经济社会加快转型升级的政策导向不会改变,工业向高端化升级、服务业向规模化集聚、城市向现代化迈进的趋势不会改变。可以说,我们正处在保增速、调结构、促转型三者兼顾的最好时期。但随着区域大交通格局的改变和长三角一体化进程的加快,城市之间的同城效应日益明显,我们面临的竞争更加激烈。审视自身,随着"十二五"期间,"走进太湖时代"上升到市级战略、3 条轨道交通建成过境、数条快速道路环通成网、各类产业载体建成投用,吴中区的区位优势和潜力后劲必将得以提升,城市建设的速度、城乡融合的深度、产业优化的力度也将得到加强,这为我们进一步打响"山水苏州、人文吴中"品牌、打造长三角中心花园提供了宝贵机遇。但我们也面临常住人口增长过快、社会矛盾日益复杂、资源环境长期趋紧、商务成本逐渐攀升等不利因素,全区转变经济发展方式、创新社会管理仍然存在很大压力。可以说,今后五年,机遇和挑战并存互变,先人一步就能变挑战为机遇,实现争先进位,落后一拍就会把机遇拱手让人,必被追兵反超。全区上下一定要进一步增强发展的责任感和紧迫感,抢抓历史机遇、增创转型优势、谋求争先进位,创造吴中区跨越发展的又一个黄金期。

按照苏州市委提出的目标要求,基于对吴中区现实基础的分析和未来形势的判断,今后五年,全区经济社会发展的指导思想是:

**以邓小平理论、“三个代表”重要思想、党的十七大和十七届五中全会精神为指导，深入贯彻落实科学发展观，围绕苏州建设“三区三城”和率先基本实现现代化部署要求，始终坚持“山水苏州、人文吴中”目标定位和“走进太湖时代”发展战略，深入开展“吴中明天更美好”主题教育实践活动，全面推进外资经济、民资经济、国有经济和集体经济“四轮驱动”，重点突出开发区、度假区、建成区和中心镇“四大板块”，着力强化载体布局、特色产业、资源要素和吴中品牌“四个集聚”，加快推进产业转型、人才引育、生态环境、城乡建设、民生幸福、社会管理、典型示范、党建强基等“八大工程”，努力把吴中建设成为高端产业城区、最佳宜居城区和文化旅游强区。**

今后五年，吴中区经济社会发展的主要目标是:**确保“十二五”末，率先基本实现现代化，力争提前完成，为建设更高水平的现代化打下坚实基础**。主要要实现“六大目标”:

一是发展更科学，基本实现经济现代化。转变经济发展方式取得新进展，产业结构调整得到新突破，经济综合实力迈上新台阶，力争在全市经济增幅不断上升、贡献份额不断上升、位次排名不断上升。到2015年末，服务业增加值占GDP比重超50%，新兴产业产值占规模以上工业产值达40%以上，城市化水平超过70%，地区生产总值、地方一般预算收入、全社会固定资产投资在2010年基础上实现翻番，人均GDP达到2万美元。

二是科教更繁荣，基本实现科教现代化。科技创新环境不断优化，现代教育体系更加完善，创新人才规模壮大，创新能力显著增强，人力资本和科技进步对经济增长的贡献率进一步提升。到2015年末，全社会研发经费支出占GDP比重达3%以上，高新技术产业产值占规模以上工业产值比重达50%，拥有自主知识产权的高新技术产品产值占高新技术产业产值比重达38%，科技进步贡献率达60%以上，人才贡献率达45%，新增劳动力平均受教育年限达15.5年，万人拥有人才数超过2000名，万人拥有专利授权量75件，百亿元GDP专利授权量550件。

三是社会更和谐，基本实现社会现代化。建立完善、高效的城乡一体化公共服务新体系，加强和创新社会管理新体制，进一步强化民主法制和城乡公共文明建设，有效维护公平正义，不断提升居民文明素质和幸福指数，经济社会发展更趋协调。到2015年末，城乡基本社会保险实现全覆盖，基尼系数低于0.4，万人拥有公共文化设施面积、公共体育设施面积分别超过2500平方米和25000平方米，每十万人拥有医生数190人，千人拥有医疗机构床位7张，千名老人拥有社会养老机构床位40张，农村基本医疗保险实际补偿比达70%，城乡公共文明测评指数达85%，平安社会指数不低于95%。

四是生态更文明，基本实现生态现代化。资源利用效率明显提升，主要污染物排放总量显著减少，环境质量明显改善，可持续发展能力进一步增强。到2015年末，全社会环保投入占GDP比重达4.5%，陆地森林覆盖率43%以上，生活垃圾无害化处理率、城镇生活污水集中处理率分别达100%和95%，环境质量综合指数超过95分，单位生产总值能耗和二氧化碳、化学需氧量、二氧化硫排放均控制在目标范围内。

五是农业更高效，基本实现农业现代化。全区农业规模化布局、标准化生产、产业化经营水平显著提高，农业科技理念、经营理念、特色理念深入人心，“6+1”特色农产品的质量、知名度、竞争力和市场占有率得到进一步提升。更加注重农业精致化管理，育种精挑细选、生产精耕细作、经营精打细算、质量精益求精、服务精细周密，全力打造市民的“绿色餐厅”、“健康厨房”。到2015年，全区高效农业占比达75%，“三品”农产品200只以上，中国名牌农产品3只，中国驰名商标2个。

六是人民更幸福，基本实现民生现代化。社会就业更加充分，创业环境更加完善，城乡居民收入普遍较快增长，合理有序的收入分配格局基本形成，居民收入差距进一步缩小。到2015年末，社会登记失业率控制在4%以内，城乡基本社会保险覆盖率100%，劳动报酬占GDP比重达45%左右，城镇居民人均可支配收入、农民人均纯收入分别高于5.5万元和2.5万元，恩格尔系数低于33%，城乡居民健康指数高于95%，公共交通出行率达30%，生活信息化水平不低于90%。

重点抓好七个方面的工作：

**（一）更加注重提标升级，加快推进产业转型。**未来五年，全区上下要把产业转型作为经济社会发展的"一号工程"，坚持先进制造业与现代服务业"双业并举"、新兴产业壮大与传统产业提升"两手并重"，促进经济结构形成"三二一"发展格局，以产业的转型升级引领经济社会发展方式的全面转变。一要着力打造五条特色优势产业链。围绕生物医药、新能源新材料、节能环保、装备制造、电子信息五大产业，依托吴淞江科技产业园、太湖科技产业园、出口加工区二期等新兴工业载体，坚持"一般企业不供地、供地企业不一般"，以大体量、大面积的优质载体引育大投入、大产出的龙头项目，加快培育百亿级龙头项目和千亿级产业集群，形成占据科技制高点的完整产业链，确立吴中工业的特色优势。生物医药产业要规划建设封闭管理、统一排放的生物医药产业园，加大产业链招商和政策资金扶持力度，加快中科院生物医药研究中心的挂牌运行，进一步提升延长产业链，努力把生物医药打造成吴中的支柱产业，把"吴中药港"打造成长三角的著名品牌，力争生物医药规模以上产值年均增长25%，到2015年达250亿元。新能源产业要筹备成立区新能源产业联盟，设立产业发展专项资金，在加快三洋能源、尚德-库特勒等重大新能源项目扩产建设的基础上，再引育一批上下游配套企业和配套项目，力争3~5年内，达到国际先进产业化水平，成为全省竞争能力强、优势企业多、发展后劲大的新能源产业基地。节能环保产业要对接上级法律政策精神，尽快制订全区环保产业近期和中长期发展规划，积极进行环保产业结构调整，以重点环保产品和技术为龙头，以角直再生资源产业园、光大环保产业园、皇家整体住宅、朗诗科技住宅等一批项目为抓手，加快延长产业链，做大产业规模。装备制造产业要依托爱信、三基铸造等重点项目，针对汽车、清洁发电、轨道交通等重点产业门类，加大龙头企业引育力度，加快技术改造提升速度，不断向技术自主化、制造集约化、设备成套化、服务网络化发展。电子信息产业要瞄准世界500强大企业，重点培育光电及集成电路、现代通讯、计算机及网络产品制造、软件等四大产业，加强产业链招商。力争装备制造、电子信息两大产业产值年均增长30%以上，到2015年双双突破千亿元。二要着力打造四大现代服务业增长极。优先发展生产性服务业，提升发展消费性服务业，着力打造现代物流、服务外包、金融商贸、科技和信息服务业四大服务业增长极，促进服务业跨越增长。现代物流要以吴中出口加工区为主阵地，大力发展三四方物流、专业市场配送、生产资料流通等现代物流业态，加快推进吴中物流、宇航物流、九江物流等物流园区建设，到2015年，力争物流业增加值达30亿元，吴中区成为苏州南城大宗物流集散中心。服务外包要以开发区和太湖科技产业园两大省级示范区为龙头，以药明康德、西山中科等企业为引领，大力发展生物医药研发、软件开发、动漫创意，打造一流的服务外包集聚区。力争到2015年，服务外包接包合同额达1.5亿美元，离岸执行额达8000万美元。金融商贸要以大商贸、大市场、大服务为主线，做大做强国发创投、双银国际金融城、金枫电子商务产业园等金融项目，做精做特木渎凯马广场、尹山国际汽车城、南环桥农副产品批发市场等专业市场，加快引进高水平、大体量商业综合体，积极发展总部经济、连锁经营等新型商贸业态。科技和信息服务业要以制造业分离发展服务业为抓手，充分利用苏检电器、中认英泰等国家级公共检测平台，积极发展自主研发、产品设计、技术交易及知识产权管理、质量技术监督等科技和信息服务，不断做大规模、做出影响。三要着力打造三个高效农业新亮点。按照“布局合理、结构优化、质量安全、生态良好、效益较高”的要求，深入推进农业结构调整，加快构建现代农业产业体系。重点依托“6+1”特色农产品，在科技创新、规模集聚、绿色生态三方面打造现代农业新亮点。大力发展科技农业，坚持以科技进步驱动现代农业发展，不断提高农业的科技支撑水平、物质装备水平和现代经营水平，全面转化高新技术，加快推进新品种、新技术、新模式“三新工程”，把太湖农业示范园建设成为全市现代高效农业的新标杆。大力发展规模农业，进一步加大土地流转力度，加强土地利用监管，推动土地向种养能手、种养大户、专业合作社、农业龙头企业集中，实现农业集约化、规模化发展。大力发展生态农业，以农业产业化龙头企业为引领，积极发展农产品加工业、观光农业、乡村旅游和生态休闲旅游业，加快培育一批有竞争力、有影响力的特色产业，壮大一批科技含量高、综合效益好的现代农业产业园。力争实现农业现代化“八个十”：十个千亩以上高效特色示范基地、十个超亿元农产品专业市场、十个省级以上农业龙头企业、十个博士后（院士、研究生）工作站、十个带动能力强的农产品经纪人、十个农产品专业合作社、十个农业休闲生态园、十个具有影响力的品牌商标。

**（二）更加注重科技支撑，加快推进创新驱动。**科技是第一驱动，人才是第一资源。未来五年，能不能显著提高科技进步对全区经济增长的贡献率，使创新成为发展的主要驱动力，以创新抢占未来竞争制高点，直接决定了“吴中明天更美好”的建设成效，直接影响到“第二个率先”的实现进程。一要突出创新载体建设。以吴中科技园、出口加工区、吴淞江科技产业园、太湖科技产业园、东创科技园等创新载体为重点，全面提升各类创新载体、孵化器建设水平，把各类产业园区打造成科技创新的主战场、转型升级的动力源。各镇、街道要根据当地资源、产业发展方向和市场需求，大力整合优化已有科技和产业资源，建立适合当地需要的特色产业孵化器，鼓励孵化器向集约化、专业化、多元化、网络化、功能化发展。力争到 2015 年，全区建成各类科技创新载体 500 万平方米，孵化面积 100 万平方米，国家级孵化器达到 4 家。二要突出企业创新主体。以赛维 LDK 太阳能光伏研究中心、苏州电器研究院、苏州药检所、西山中科 GLP 实验室等重点研发机构建设为重点，鼓励企业特别是规模企业增加研发投入，建立研发机构或企业技术中心、工程（技术）研究中心，使企业真正成为技术创新的需求主体、投入主体、知识产权保护主体和成果应用主体。实施创新型企业成长路线图计划，分梯次培育自主创新企业群，鼓励大中型企业与中小企业开展研发外包，带动形成强大的后备创新企业群体，大力扶持企业上市融资，不断增加科技创新投入的渠道和实力。力争到 2015 年，全区建成科技创业园 5 家、科技中介机构 40 家、省级以上实验室和工程（技术）研究中心 30 家，上市企业达到 15 家，形成资本市场的“吴中板块”。三要突出政产学研合作。进一步探索创新政府、企业与国内外著名高校、科研院所之间的合作模式，不断加强三方功能和资源的优化互补、集成整合，加快设立更高水平、更有成效的政产学研合作平台，建立健全资源共用、风险共担、利益共享的长效合作机制。重点围绕全区战略性新兴产业和主导支柱产业发展的需求，助推企业与高等院校、科研机构开展关键技术联合攻关，加速科技成果转化和技术推广，更好地实现技术创新上、中、下游各环节的有机对接和融合。要充分发挥各项财政性科技专项资金的引导作用，加大资源配置和公共服务向产学研项目的倾斜力度，深化提高与中科院、南京大学、同济大学、西安交大、苏州大学、南京信息工程大学等院校的合作水平，力争再引育发展一批新的合作伙伴和科研项目。

**（三）更加注重文旅融合，加快推进品牌打造。**文化是旅游的核心灵魂，旅游是文化的经济载体。吴中区文化和旅游两种资源都十分丰富，今后要进一步强化文旅融合，以旅游的大发展创造吴地传统文化的经济价值，用文化的大繁荣提升吴中现代旅游的档次内涵，努力构建文化与旅游产业融合发展的大格局。一要把文化产业培育成吴中优势产业。深入挖掘具有独特魅力的传统文化、历史文化，推动文化资源优势转化为文化产业优势，重点扶植发展民间工艺、创意创新、人文传播、影视娱乐等产业门类，努力打造苏州文化产业最强城区。进一步强化太湖文化论坛、长桥动漫产业基地、木渎金枫路创新创意街区、郭巷文化美术街区的产业集聚和辐射带动作用，高水平推进光华文化创意产业园、胥江一号产业园、中国工艺文化城、苏报印刷数字文化产业园、苏州国际影视娱乐城等一批创新型产业基地和园区建设，逐步形成“一圈、五带、十大集聚区”的文化产业发展格局。要推动文化产业与高新技术产业高度融合，全面提高文化产业原始创新、集成创新和引进消化吸收再创新能力，鼓励开发符合时代特征的原创文化产品、衍生产品，发展一批有实力、有特色的文化项目和文化企业，培育一批自主文化品牌，打造区域特色鲜明、具有较强实力和竞争力的文化产业体系。进一步完善文化产业发展扶持政策，充分发挥每年1000万元文化产业专项资金导向作用，重点在资金支持、人才支撑、项目审批、成果奖励等多方面细化举措、优化保障，为文化产业发展提供良好环境。力争到2015年，实现文化产业增加值75亿元以上，占GDP比重达6.5%左右，使文化产业成为带动全区产业结构转型升级的支柱产业之一。二要把旅游业打造成战略性支柱产业。以创建5A级景区为目标，以重大项目建设为抓手，创新体制机制，集聚优质资源，全面推进旅游标准化建设，实现旅游业从数量增长型向质量效益型转变，努力把吴中建设成全国滨湖旅游的先进区、国家生态旅游的示范区和国际知名的滨湖休闲度假胜地。进一步理顺环太湖旅游风景区开发、建设和管理的体制机制，突出度假区在苏州环太湖旅游集聚区中的龙头地位，加强与全区六大4A级景区的联动发展，按照国家5A级景区标准，大力改善环境，加快完善功能，推进整个区域的基础设施和公共服务项目建设，力争三年内度假区（含西山、光福）联合东山、穹窿山创成国家5A级景区。要紧紧抓住华侨城旅游综合体这一“苏州旅游的一号项目、吴中项目的头号工程”，全力以赴加快推进落实，力争做成第一性、唯一性、国际级的地标型、旗舰型文化生态旅游主题项目。加快推进西山观音园、太湖休闲俱乐部等重点旅游项目的培育发展，着力提升各大景区综合服务、交通、餐饮、住宿、购物等配套要素建设，丰富水乡古镇风情游、乡村田园休闲游、江南文化体验游等旅游产品，建立景区景点星罗棋布、旅游形态各具特色、节庆活动丰富多彩、旅游纪念品种类繁多的旅游产业体系。力争到2015年，全区接待国内外游客达1800万人次，实现旅游总收入220亿元，游客人均逗留时间超过2天，旅游业增加值占GDP比重达10%，成为全区战略性支柱产业。

**(四)更加注重开放竞争,加快推进改革深化。**加快经济转型升级,改革开放是根本动力。要以更大决心和勇气推进重点领域和关键环节改革,不断激发新生机、新活力,全面增强区域综合竞争力。*一要加快开放型经济提升质量。*紧紧抓住世界经济格局调整变化的机遇,通过增资扩股、兼并收购、楼宇招商、以商引商、以民引外、以外引外等多种渠道,切实提升外资利用水平。努力扩大外资企业与本土企业的产业联系,做好引进技术的消化吸收和创新提高,力争"十二五"期间,累计实际利用外资总量超过20亿美元。加快推动外贸发展方式由"量"的扩张向"质"的提升转变,鼓励伟创力、昱鑫科技等加工贸易企业逐步向自主研发、生产、销售转型,延长加工贸易产业链,切实提高出口贸易在中高端制造、研发、服务等环节的国际竞争力。加快本土企业"走出去"步伐,大力培育吴中的跨国公司,更好地利用境外资源、资本、市场、技术和人才。特别是开发区、度假区和各类开发园区,要充分发挥先行先试的体制优势,加快推进"二次创业",在开放型经济转型升级中争当先行军、争创新优势。*二要加快体制机制改革创新。*从全局和战略高度加强改革的统筹设计和整体配套,在深化行政管理体制改革、财税金融价格体制改革和社会领域改革等方面实现新的突破,切实转变政府职能和管理方式,调整和规范政事关系,形成有利于加快经济发展方式转变的制度安排。继续调整和完善所有制结构,落实支持民营经济发展的政策措施,建立健全市场准入、税收管理、规费标准、金融贷款、部门服务"五个平等"的服务机制,推动民营经济加快发展、提升水平。不断深化国有企业内部改革,完善国有资产监督管理,切实提高国有资产经营公司的运营能力,力争到2015年,国有资产实现总量700亿元、注册资本和净资产均达250亿元、累计完成投资超200亿元的发展目标,国资对全区经济的贡献份额由目前的4%提高到8%左右。*三要加快股份合作社走向市场。*以农村资源资产保值增值、农民财产性收入大幅增加为目标,进一步深化农村"五大合作"改革,推动资源资产化、资产资本化、资本股份化,构筑农民与集体经济更为紧密的利益联结机制。重点运作好农村集体经济集团公司,全面推广"湖桥经验",实行政社分离、产权明晰、市场运作、管理规范、按股分红的市场机制,打造一批具有较大经济规模、较强竞争能力、现代制度管理的旗舰型经济组织,并创造条件争取上市。到2015年末,力争实现全区镇村两级集体总资产、总收入和农民人均纯收入"三个翻番",打造一批总收入超亿元的旗舰型总社联社、集团公司,一批村级收入超3000万元的集体经济标兵村,一批标杆型、体量大、科技含量高、带动能力强的集体经济发展项目。

**(五)更加注重规划引领,加快推进城乡建设。**未来五年,是吴中区城乡结构大转型、城建板块大出彩、城乡建设大跨越的关键五年。要牢牢坚持规划先行原则,大力推进集聚建设,做美城市形态,丰富城市功能,把吴中区打造成宜居宜业宜游的人间新天堂。*一要完善各类规划编制。*以长三角建设世界级城市群、苏州建设长三角重要核心区域城市群为契机,充分考虑区域内高铁、地铁、高速、高架加快建设的影响,根据城市形态的演变方向,以国际化视野、国内一流理念,高起点、高标准、高要求完善全区城乡建设总体规划、各新镇规划、片区规划,以及各类专题规划,进一步优化区域空间布局,增强资源聚集度、辐射带动力和综合竞争力。要认真总结推广东太湖滨湖新城和尹山湖-独墅湖片区全球招标规划设计方案的成功经验,多请世界一流的规划单位和专家做世界一流的城市规划和设计,坚持多方面听取意见,多方案比选论证,力争多留遗产、不留遗憾。*二要强化基础*

设施支撑。按照城乡一体化要求，加快推进各类基础设施建设，实现城乡交通、水利、电力、通信、环保等重大基础设施无缝对接。重点抓好道路交通建设工程，全力配合好苏州市轨道交通和中环快速路规划建设，完成苏嘉甬和苏震桃高速公路吴中段、230省道木渎至越溪段改线、343省道改拓建、南环快速路西延、东环快速路南延工程，实施金庭环岛公路、环太湖路光福段、东西山环岛公路连接线及一批旅游景区道路建设工程，推进区域道路提标升级。三要优化城市形态功能。以建设现代化新城区为目标，加快提升“四大板块”开发建设水平。开发区要以确保三年、力争两年创成国家级开发区为目标，坚持规划先行、集约发展、创新驱动，突出郭巷、横泾、越溪、城南联动开发、齐头并进，高标准建设现代化新型城市，高水平发展高端化新兴产业，不断提升综合竞争力和可持续发展水平，全面打造“走进太湖时代”的先导区、现代宜居城市的样板区、高端产业的集聚区、生态工业的示范区，进一步巩固在全区发展的龙头地位。重点突出越溪城市副中心、东太湖滨湖新城、尹山湖—独墅湖片区建设，加快完善和提升现代城市服务功能，大力发展都市经济，增强对全区的辐射带动能力，打造与苏州主城区地位一致、功能错位、互动发展的吴中新城。度假区要抓住建区20周年和创建国家5A级景区两大机遇，整体推进中心区、金庭、光福“一体两翼”开发建设，整合优化旅游资源，提升休闲娱乐服务功能。重点打造太湖科技产业园、渔洋山“金三角”、度假区东入口和蒋墩核心中央商贸区“三点一核”，精心打造基础设施和旅游配套功能，大力发展度假休闲、文化旅游、商务会展等产业，全力打造国内一流、国际知名的旅游度假目的地，加快形成优美成熟的滨湖城区新形态，真正展现与国家级旅游度假区相符的形象与实力，重新确立在全区经济社会发展中的重要地位。建成区要以长桥、苏苑、龙西街道为主阵地，东吴南北路和运河风光带为重点，全力推进“优二进三”和“城中村”改造，全面提升城市设计、建筑品位和精细管理，大力营造现代化都市新形象，为新一轮城市转型构筑平台，为楼宇经济、总部经济、研发创意、金融商贸等城市经济发展构建载体。各中心镇要按照“今日中心镇、明日卫星城”的发展目标，进一步优化形态、人口、功能和生产力布局，统筹好生产与生活、经济与环境、镇区与乡村的关系，努力打造各具地域特点和产业特色的现代化城镇。木渎镇、胥口镇要借力苏州中心城区西扩、轻轨一号线通车、南环高架西延，协调发展高端制造、文化创意、生态旅游等产业，重点建设木渎胥江城和胥口新镇区，打造苏州西部具有较强综合竞争力的区域性板块。东山镇、临湖镇要突出生态建设，重点加快东山新镇区、临湖温泉度假区、装备产业园、农业示范园建设，大力发展生态旅游、装备科技、现代农业，打造山水与生态联动、自然与人文交融、古老与现代并存的最佳宜居名镇和城乡一体化样板。角直镇要加强新旧镇区联动发展，在发展特色古镇游的同时，推动先进制造业和现代服务业集约发展，保护开发澄湖地区，与园区、昆山实现无缝对接，打造旅游特色鲜明、工业实力雄厚、三产兴旺发达的旅游名镇和工业强镇，塑造吴中“东方桥头堡”新的形象。四要优化拆迁安置模式。拆迁安置是全区拓展发展空间的主要途径，也是事关百姓幸福和社会稳定的民生工程。要学习借鉴南环新村危旧房改造模式，推广木渎小高层、精装修安置经验，以蠡墅花园为建设标准，重点围绕全区重大载体和项目建设，又好又快又稳推进拆迁安置工作。安置房建设是一项发展工程、民心工程、稳定工程，必须下大决心、花大力气，倒排时序、抢抓进度，精心组织、稳步推进，坚决打好安置房建设这场攻坚战。

**（六）更加注重绿色环保，加快推进生态**

**优化。**牢固树立绿色、低碳发展理念,以建设资源节约型和环境友好型社会为导向,同步推进经济建设与生态建设,同步提升产业竞争力与环境竞争力,努力打造碧水青山、优美整洁、清新宜居的“绿色吴中”。*一要以循环经济促进绿色增长。*大力发展绿色经济、循环经济和低碳经济,加快产业转型升级,努力形成低投入、低消耗、低排放、高效益的发展方式。加快建设角直再生资源产业园、再生资源回收利用物流中心,打造再生资源回收利用网络体系。坚持节能减排控制增量与降低存量并举,全面推行清洁生产,严格执行项目能评、环评,从严控制高耗能、高污染产业发展,加快淘汰落后产能,关停、搬迁重污染企业。开展绿色照明、政府机构节能等十大节能工程,开发一批节能新技术,推广“绿色建筑”和“绿色施工”,培育一批节能示范企业,切实降低单位生产能耗。宣传普及生态环保知识,倡导适度消费和绿色生活方式,大力培育群众生态文明意识,全面完成“十二五”节能减排指标。*二要以生态建设修复碧水青山。*巩固和扩大国家生态区建设成果,加强自然保护区、风景名胜区的建设与管理,加大水源涵养区、生态湿地等生态敏感区的保护力度,建设生态廊道及生态缓冲隔离带,保护和恢复生物多样性,实现区域生态环境的持续改善。加快沿湖、沿河、沿路、沿山等生态林网、经济林网建设,实施重点生态地区小流域治理、河湖水土保持、矿山整治和宕口复绿等工程,构建区域生态安全屏障。完善生态补偿机制,加大对生态敏感地区的补偿力度,确保所在区域的农民人均纯收入不低于当地平均水平。围绕太湖、澄湖、尹山湖、独墅湖四大板块重点发展生态产业,进一步强化吴中碧水青山的品牌和特色。*三要以环境保护打造宜居城区。*以削减总量、改善质量、防范风险为重点,以工业污染全防全控为抓手,以推进环境基础设施均等化为方向,完善环境保护体制机制,提升区域环境质量。全面实施国家级农村环境连片整治工程,加快农村村庄整治,完善农村环保基础设施。扩建城南、开发区河东、木渎污水处理厂等污水处理工程,配套污水管网600公里,新增日处理能力18万吨,切实提高污水处理能力。加强噪声和固体废弃物污染控制,加大大气环境整治力度,到2015年,全区噪声达标区覆盖率和各类固体废弃物处置率均达100%,努力使吴中的空气更清新,人居环境更优美。

**(七)更加注重富民惠民,加快推进民生改善。**以富民惠民为核心,以共建共享为路径,全力推进各项民生改善工程,持续提高城乡居民幸福指数,努力构建社会主义和谐社会。*一要实施城乡居民收入倍增计划。*突出农村居民、企业职工、中低收入者和困难家庭“四个群体”增收,努力实现职工最低工资标准增幅不低于GDP增幅、农民收入增幅不低于城镇居民收入增幅、低收入者收入增幅不低于平均收入增幅,确保困难群众家庭不因物价上涨而降低生活水平。完善最低工资标准调整机制和工资正常增长机制,全面推进企业工资集体协商制度,增加从业人员工资性收入。健全劳动、资本、技术、管理等要素按贡献参与分配的制度,增加经营性收入和财产性收入。加大财政扶持力度,用好用足政策,切实解决好残疾人员、特困家庭、孤儿、五保户等社会弱势群体的基本生活。完善创业鼓励政策,引导创业促进就业,帮助有条件的困难群体从“输血式”帮扶向“造血式”脱贫转变。*二要构建基本公共服务六大体系。*构建终身教育体系,坚持教育面向现代化,全面形成“以区为主、城乡一体”的教育管理体制,逐步实现城乡学校管理体制、规划布局、办学标准、办学经费、教师配置、办学水平的“六统一”;构建现代文体服务体系,高水平建成现代文体中心、青少年活动中心、文博规划展示馆,以及新的文化馆、图书馆、档案馆,深入推进全民体育运动,形成普惠大众、覆盖城乡的公共文化体育服务体系;构建社会保障体系,以城乡一体为目标,构建以社会保险、社会救助、社会福利为基础,以基本养老、基本医疗、最低生活保障制度为重点,以慈善事业、商业保险为补充的城乡社会保障体系, 到 2015 年,实现社会保险全覆盖;构建基本医药卫生体系,全面推进医药卫生体制改革,实施基本药物制度, 建立健全覆盖城乡居民的基本医疗卫生体系;构建住房保障体系,逐步扩大廉租房建设面积, 加快集宿楼、公共租赁房建设,完善多层次的住房保障体系,着力解决新就业职工、进城务工人员及中等偏下收入家庭的住房困难;构建养老服务体系,建立健全城乡老年居民救助制度, 不断完善以居家养老为基础、机构养老为补充的养老服务体系。到 2015 年,基本实现“老有所养”目标。*三要推进民生实事工程建设。*以提高为群众办实事质量为目标,围绕群众最关心、最直接、最现实的民生问题, 抓紧制订出台全区 “十二五”期间民生实事工程实施意见。各地各部门要把实施好、建设好民生实事工程作为一项重要的政治任务,明确责任,保障资金,加强监管,高标准、高效率、强举措、大力度推进,确保民生工程更加符合民意,更加富有成效,更好地推动全区经济社会全面发展和民生持续改善。

**三、坚持以加强党的先进性建设统揽全局**

实现新的五年奋斗目标,关键在党,核心在干部。要坚持以加强党的先进性建设统揽全局发展,不断增强各级党组织的创造力、凝聚力和战斗力,为确保率先基本实现现代化、推进“吴中明天更美好”提供坚强有力的政治保证。

**(一)加强思想政治建设,激发干事创业激情。**思想政治建设是党的建设的首要任务。只有不断用党的理论创新成果指导新的实践, 加快推进吴中各项事业发展才会有强大的思想基础和坚实的精神支柱。全区各级党组织要始终把组织党员干部深入学习邓小平理论、“三个代表” 重要思想和科学发展观放在突出位置,坚定理想信念,坚持与时俱进,坚持思想解放, 冲破一切制约发展的思想束缚,革除一切不合时宜的陈旧观念,真正把科学发展观的要求转化为谋划发展的正确思路,转化为干事创业的激情斗志,转化为解决问题的实际能力。要落实基层党员教育培训规划, 坚持把学习党的理论与学习经济、政治、文化、科技、社会以及岗位职责相关的新知识、新技能结合起来,丰富学习内容,不断提高党员干部的整体素质。深入推进“典型示范工程”,激励全体党员干部自觉实践党的先进性要求,始终与时代发展同步伐,与人民群众共命运, 以奋发有为的精神状态投身经济社会各项事业建设,努力树立“五个榜样”,即“解放思想、与时俱进”的榜样,“创先争优、追求卓越”的榜样,“艰苦创业、攻坚克难”的榜样,“依靠群众、为民服务” 的榜样,“坚持学习、廉洁奉公”的榜样,勇挑发展重担,不负时代使命。

**(二)加强干部队伍建设,增强科学履职本领。**干部队伍建设事关党执政能力的强弱,事关吴中未来发展的兴衰。要以干部人事制度改革创新为重点, 全面加强领导班子和干部队伍建设,按照“提高素质、优化结构、控制规模、增强能力”的要求,坚持将党的先进性建设与执政能力建设紧密结合起来, 加快建设一支能担得起历史重任、经得起风浪考验的领导干部队伍。要从吴中“十二五”发展重点出发,以科学发展论英雄,凭群众公认选干部, 特别要加大优秀年轻干部的培养选拔力度,有重点地选拔一批具有开阔眼界、发展经验、工作业绩和驾驭能力的优秀中青年干部担任党政“一把手”。加强后备干部队伍建设,做好培养选拔女干部、党外干部工作,不断优化干部队伍结构,永葆干部队伍生机与活力。进一步健全基层工作联络小组工作机制,充分发挥老干部、老同志在全区经济社会建设中的积极作用。进一步完善干部考核评价机制,充分体现科学发展观和正确政绩观的要求,坚持既考核发展经济,又考核服务民生、维护稳定;既考核经济增速,又考核发展方式、发展质量;既考核看得见、摸得着的显绩,又考核打基础、利长远的潜绩,引导各级干部不断提高科学履职的能力和水平。

**(三)加强高端人才建设,提升自主创新能力。**坚持党管人才不动摇,建立完善与吴中重点产业发展及时互动、与高科技项目落户迅速对接的人才引进集聚机制,构筑吴中创新人才新高地,充分发挥人才在创新驱动、转型发展中的保障和支撑作用。加大人才开发引进投入力度,形成社会力量广泛参与的多元化投入格局,提高人力资本在各项建设中的投资比重,大力引进培养科技领军人才、创新创业人才和高技能人才等各类人才。建立健全培养、评价、选任、流动、激励和保障等人才发展的政策法规体系,在政策保障、环境配套、生活待遇、发展空间等方面加大激励奖励力度,建立以人才资本价值实现为导向的分配机制,最大限度激发各类人才的创新活力。力争到2015年,全区人才总量达到12万人,高层次人才数量翻两番,引进和培养2名国家“千人计划”人才、50名高层次创新创业领军人才、50名海外高层次人才。

**(四)加强基层组织建设,打造坚强战斗堡垒。**党的基层组织是党的全部工作和战斗力的基础。要以“党建强基工程”为总抓手,积极探索加强和改进基层组织建设的新途径、新办法,加快在非公经济、社会组织、农村合作经济组织等新领域组建党组织的步伐,切实发挥基层组织凝聚人心、推动发展、促进和谐的作用。以开展“创先争优”活动为载体,深入推进“科学发展争一流”活动,引导基层党组织和广大党员围绕吴中“十二五”发展目标,找准围绕中心、服务大局、拓宽领域、强化功能的着眼点和着力点,全力以赴推进科学发展,同心同德共创和谐社会。加强基层带头人队伍建设,注重选拔政治素质强、科学发展能力强的党员干部担任农村、社区基层党组织书记,注重从企业生产管理一线骨干中选拔企业党组织书记,并建立动态的人才引进储备机制,为基层党组织优秀带头人脱颖而出创造有利条件。通过多管齐下、夯实基础,着力提高基层组织保障发展的“五种能力”,即“科学发展、两个率先”的能力,“转型升级、创新驱动”的能力,“富民强区、和谐稳定”的能力,“真抓实干、注重落实”的能力,“党要管党、强基固本”的能力,为吴中更好更快发展贡献智慧和力量。

**(五)加强社会管理建设,巩固和谐稳定秩序。**进一步完善“党委领导、政府负责、社会协同、公众参与”的社会管理工作格局,积极开展社会建设创新工作,加快探索建立科学的社会管理体制机制。进一步强化源头控制,把社会稳定风险评估作为实施重大决策、重大项目的必经程序和前置条件,做到有明显不稳定风险的政策不出台、绝大多数群众不支持的项目不立项、劳民伤财的事情决不干,切实防止因决策不当引发社会矛盾;进一步加强社会治安综合治理,提高突发公共危机和安全事件预警处理能力,努力形成打防控一体化社会治安长效机制,依法打击各种犯罪活动,以良好的治安环境筑牢社会和谐的基础;进一步健全管理制度,严格执行“三项排查”、矛盾纠纷分析研判等制度,完善各级干部接访、下访、走访制度,实现矛盾纠纷调处工作全覆盖,努力把各类社会矛盾化解在基层、化解在萌芽状态;进一步畅通群众诉求表达、权益保障渠道,教育引导群众合理表达利益诉求,真心实意、快速有效解决群众合理诉求,认真帮教无理上访、越级上访、缠访闹访人员，全力稳控老上访户、重点上访人员，妥善处理信访难案、老案和积案；进一步强化村委会和社区的社会管理服务职能，提升基层干部队伍社会管理水平，以大型农民集中居住区为重点，尝试组建新型社区工作机构，构建以社区党组织为核心、居委会为主体、社区物业管理和社区服务机构为补充、社区居民广泛参与的社区网格化管理机制和工作机制，不断增强对社会生态链末端的组织领导能力。

**（六）加强精神文明建设，提高社会文明程度。**紧紧抓住社会主义核心价值体系建设这一根本，全力推进市民文明素质和社会文明程度提高，为全区“十二五”又好又快发展提供强大的精神动力。要大力提升公民思想道德素质，广泛开展“讲文明树新风”活动，以社会主义核心价值体系引导市民讲文明、懂礼仪、守秩序；切实加强未成年人思想道德建设，建立完善学校、家庭、社会“三位一体”教育网络，在全社会营造关心关爱未成年人健康成长的良好氛围；深入开展评选社会主义精神文明建设新人新事活动，在全区上下营造学习模范、崇尚模范、争当模范的浓厚氛围；深入开展志愿服务活动，继续完善三级志愿服务网络；广泛开展省、市、区级文明单位评选活动，积极推进全国文明单位、文明村镇建设；巩固扩大全国文明城市创建成果，落实文明城市长效管理机制，做好公共文明指数测评迎检工作，努力争创苏州文明示范城区。

**（七）加强党风廉政建设，营造风清气正环境。**党风正则干群和，干群和则社会稳。要始终坚持把以人为本、服务发展作为执政为民的第一追求，把雷厉风行、真抓实干作为检验一切工作的唯一标准，站在高处谋大事，深入基层办实事，以实干为荣，以创业为乐；始终坚持热情服务、勤政高效，继续深化机关作风效能建设，大力弘扬主动服务、创新服务、高效服务、廉洁服务之风，更加积极主动地服务基层、服务企业、服务群众；始终坚持惩治与预防相结合，不断丰富和充实惩防体系基本框架内容，把改革的推动力、教育的说服力、制度的约束力、监督的制衡力、惩治的威慑力有机结合起来，从源头上预防和遏制腐败；始终坚持以改革创新作为推进反腐倡廉建设的根本动力，用改革的思路和办法解决腐败现象发生的深层次问题，建设内容科学、程序严密、配套完善、有效管用的反腐倡廉制度体系；始终坚持对腐败分子严厉打击的高压态势，坚决查处利用行政审批权、行政执法权等搞官商勾结、权钱交易的腐败案件，努力营造政治清明、政风清新、政通人和的社会环境。

同志们，率先基本实现现代化的目标已经明确，“吴中明天更美好”的愿景催人奋进。让我们紧密团结在以胡锦涛同志为总书记的党中央周围，坚持以邓小平理论和“三个代表”重要思想为指导，深入贯彻落实科学发展观，在上级党委的正确领导下，团结带领全区干部群众同心同德、锐意进取，开拓创新、务实奋进，为率先基本实现现代化、为吴中更加美好的明天而努力奋斗！

# 迎接十八大 迈向现代化
# 在更高起点上开创科学发展新局面

## ——在中共吴中区委三届二次全体(扩大)会议上的讲话

俞杏楠

2011年12月15日

同志们:

这次区委全体(扩大)会议的主要任务是:认真贯彻落实党的十七大和十七届六中全会,以及省、市党代会精神,总结全年工作,部署新一年目标任务,动员全区上下进一步解放思想、凝聚共识,开拓创新、奋力争先,在率先基本实现现代化道路上阔步前行。前两天,我们组织区四套班子、各大板块和有关部门主要负责人,考察了南京市、常州武进区,以及苏州高新区、工业园区的一些点位,学习了他们经济社会发展的新思路、新举措和新经验。他们思想大解放带来的城乡大开发、大建设、大变化,令人震撼,让我们看到了差距,增强了创新工作、加快发展,在更高层次上推进新一轮开发建设的危机感、紧迫感和责任感。下面,我根据区委常委扩大会议讨论的意见,讲八个方面的问题。

**一、坚持又好又快,开局之年迈出坚实步伐**

2011年是"十二五"发展开局之年,也是吴中区推动转型升级、加快科学发展的关键之年。全区上下认真贯彻落实中央和省、市委精神,紧紧围绕"又好又快'十二五'、真抓实干开好局"中心主题,始终坚持"山水苏州、人文吴中"目标定位和"走进太湖时代"发展战略,全面开启率先基本实现现代化新征程,经济社会发展呈现出新面貌、新变化、新气象。

**(一)经济实力不断增强**。全区预计(下同)完成地区生产总值710亿元,增长18%;实现地方一般预算收入72亿元,增长20%,其中开发区27亿元,木渎12亿元,胥口近6亿元,角直超5亿元;全区完成工业总产值1540亿元,其中规模以上工业产值1185亿元,分别增长18%和23%;城镇居民人均可支配收入36300元、农民人均纯收入17300元,分别增长13%和18%。有效投入不断加大。135个重点项目建设全面推进,区四套班子领导领办挂钩重点项目40个,项目投资进度明显加快。全年完成固定资产投资315亿元,增长25.3%。国有公司进一步做大做强,注册资本增至146亿元,全区国有企业资产总额突破430亿元,完成项目投资超百亿元,投资引领作用进一步发挥。招商选资成效明显,新增民资内资注册资本330亿元;引进外资项目70只,新增注册外资10亿美元,实际利用外资4.54亿美元。内外需市场继续扩大。实现进出口总额92亿美元,其中出口61亿美元,分别增长35.3%和39.1%,进出口总额、出口额两项增幅处于全市领先地位;完成中方境外投资额2031万美元,外经合同额765万美元,营业额1276万美元。全年完成社会消费品零售总额238亿元,增长18%。完成商品房销售117万平方米,销售收入114亿元;实现汽车销售90亿元,入库税收1.53亿元。富民强村工程深入推进。出台实施《关于加快农村集体合作经济发展的若干意见》，已组建15大农村集体经济集团，实现镇级经济集团全覆盖，全区各类农村合作经济组织达323家。镇村集体总资产达205亿元、增长25.8%，集体总收入16.5亿元、增长14.2%，村均稳定收入655万元、增长20.1%，超千万元村28个，合作社户均分红3000元以上，区级薄弱村年稳定收入均超百万元。

**（二）转型升级持续推进。**优势新兴产业加速发展。生物医药、新能源新材料、节能环保、装备制造、电子信息等五条产业链集聚效应、规模效益日益显现，五大产业占全区工业产值的比重达83.2%，以“吴中药港”为代表的一系列高端制造业品牌影响力持续提升。实现高新技术产业产值570亿元，增长29.4%，新兴产业产值325亿元，增长13.1%，占全区规模以上工业比重分别达48.3%和27.5%。服务业提速计划加快实施。中国工艺文化城一期、SM城市广场等龙头项目顺利开业，凯马广场成功创建“中国特色商业街区”，南环桥批发市场销售突破150亿元。建成国家级检测平台6家、省级检测平台4家，以生产性服务为核心的“中间产业群”健康发展。服务外包产业继续壮大，完成接包合同额1.17亿美元，离岸执行额4000万美元。全区服务业增加值突破300亿元，占GDP比重提高到42.8%。特色现代农业加快发展。太湖现代农业示范园全面完成“三规合一”规划体系，临湖万亩养殖基地全面建成。果品结构调整成效显著，新增高效农业面积超1.2万亩，特色农业“6+1”工程产值超60亿元。吴中区被授予“中国名茶之乡”荣誉称号，太湖现代农业（渔业）示范园区成功创建省级产业园，东山镇获评“中国太湖蟹之乡”，光福镇获评“中国花木之乡”。文化产业持续加强。太湖文化论坛首届年会成功举办。全区7个项目列入市“十二五”文化产业重点项目名录，项目总数、投资总额、超20亿元项目数等多项指标均列全市第一。光华文化创意产业园、苏州国际影视娱乐城、苏报集团印刷数字化产业园、胥江一号文化创意园、香山工坊古建文化产业基地等重点项目进展顺利，“一圈五带十大集聚区”的文化产业发展格局初步显现。文化产业增加值占GDP比重提升至4.5%。旅游产业不断壮大。编制完成《创建国家5A级景区提升方案》，组建成立太湖旅游发展集团公司，苏州（吴中）太湖旅游景区创建国家5A级景区工作全面启动。旅游标准化建设深入推进，顺利通过国家验收。华侨城项目7.42平方公里红线范围基本确定，首期启动区拆迁安置方案调整工作顺利推进；姑苏十二娘文化风情园、穹窿山万鸟园、欢乐胥江主题广场等项目全面落成，金庭观音园主体工程完工，泰达酒店、孙武文化园等项目加快建设。全年接待游客超1650万人次，实现旅游收入174亿元以上，分别增长10%和16%。

**（三）创新能力加快提升。**载体建设加速推进。吴淞江科技产业园、出口加工区二期、吴中科技园二期、太湖科技产业园等重点载体建设全面提速。国家级开发区创建、综合保税区创建工作加快推进。“一般项目不供地，供地项目不一般”理念牢固树立，龙头项目加快培育，电科院、安洁科技2家企业成功上市，爱信AW、永旺梦乐城两大世界500强项目实现“当年引进当年开工”，双银国际金融城、再生资源产业园等项目加快建设。人才强区战略深入实施。“吴中十大人才计划”全面启动，“两院院士吴中行”、“吴中科技人才高校行”等特色活动顺利开展，全年引进各类人才7782名，增长11.6%，其中高层次人才引进增长12%；全区人才资源总量突破8万人，7人入选省“双创人才计划”，21人成为省“333”工程培养对象，5人入选市“姑苏人才计划”，区级创新创业领军人才达22人。企业创新主体加快培育。出台《关于进一步加快吴中区金融业发展的若干意见》,成立区科技金融服务中心,与国开行苏州分行全面开展“十二五”开发性金融合作。瑞红电子、三基铸造获国家科技重大专项扶持,西山实验动物基地GLP大楼投入运行,吴中生命科学园二期动工建设。企业创新孵化载体建设加快推进,中科院吴中生物医药研发中心揭牌成立,东创科技园已入驻各类企业89家,博济科技创新园入驻企业110家。全年新增高新技术企业12家、高新技术产品21个;申请专利5000件,增长15.4%,其中发明专利1000件,荣获“2009~2010年全国科技进步先进区”称号。

**(四)城乡面貌明显改善。**规划布局继续优化。东太湖苏州滨湖新城吴中片区30平方公里概念性规划编制出台,4.6平方公里核心区设计方案初步完成;度假区、东山镇总规修编有序开展,角直、郭巷片区总规和临湖、胥口、木渎胥江城、郭巷街道、吴淞江科技产业园等一批控规完成编制;度假区中心区、蠡墅老街、豪仕登地块、县前街商圈,以及角直、木渎、胥口等板块城市设计国际招标相继形成成果。拆迁安置平稳开展。出台区级国有土地、集体土地房屋征收(拆迁)管理办法,征收(拆迁)安置管理进一步加强,长桥新南、新北拆迁顺利完成,木渎、郭巷等地拆迁安置工作全面加快,其他板块全力推进,累计完成拆迁约5000户、近180万平方米,400万平方米安置房建设进展顺利。城市建设亮点纷呈。城区在建高层建筑15座,中润广场、双冠双银等项目加快建设;太湖路综合改造全面启动,蠡墅片区市政道路综合改造有序推进;越溪副中心区间道路网架全面贯通,尹山湖运动公园、独墅湖湿地公园建设基本竣工;东太湖综合整治生态清淤项目一期全面完成,堤线调整和洪道疏浚工程基本完工。苏苑、龙西街道投入3700多万元,完成东吴花园、水香七村等8个老小区综合改造,惠及135幢住宅、3400户居民,改造面积超20万平方米。城市管理有效增强,“市容环卫杯”竞赛常态化开展,“区域式联动、网格化管理”模式深入推进,数字城管二期工程基本建成,城市管理智能化水平不断提高,城南街道连续七年被评为苏州市市容环境卫生“红旗街道”。国土管理得到加强,“土地执法模范区”顺利通过省级验收。大交通格局加速形成。东山环岛公路全线贯通,绕城高速光福连接线支线建成通车,轻轨1号线木渎段主体工程基本完工,木东公路横泾段等道路改造进展顺利,东环南延、南环西延、孙武路、343省道吴中段、金庭环岛公路、斜港大桥重建等工程全面启动,东西山连接线规划论证深入进行,苏南运河吴中段航道整治、公交基础设施建设持续推进。城乡一体化进程加快推进。全区“三集中”、“三置换”工作扎实开展,90%的农村工业企业进驻各类工业小区,35%的农户入住集中居住区,75%的农业耕地实现规模经营。城乡综合环境提升工程全面开展,全年完成农村连片整治重点项目44个、重点村庄整治14个,行政村整治率达60%。

**(五)社会事业全面进步。**文教卫生事业持续发展。公办幼儿园省市级优质比例达96.2%,义务教育巩固率保持100%,高考本科达线人数再超千人,李政道奖学金再次榜上有名。城西中学扩建、香山中学建设顺利推进,老年大学正式启用,区中小学生综合实践学校建成投用,成为全省唯一入选“2011年度中央专项彩票公益金支持示范性综合实践基地项目”。四级文化遗产保护网络构建完善,春秋古城遗址入选“2010年度中国十大考古新发现”,碧螺春茶制作技艺入选国家级非物质文化遗产名录,《吴中区志》完成市级评审。全区首届全民体育运动会圆满举办,区现代文体中心完成主体工程,人均公益性文化设施面积在苏州大市名列前茅。医疗服务切实加强,城乡卫生服务体系实现全覆盖,基本药物制度规范实施,人均门诊费用、住院费用分别下降7.3%和6.1%。胥口卫生院建成投用，吴中人民医院、区精神卫生康复中心等项目顺利推进，社区卫生"六位一体"功能不断强化，食品放心工程和药品药械监管工作继续加强。城乡一体人口计生综合改革深入推进，流动人口公共服务均等化有序开展，荣获"全省人口协调发展先进县（市、区）"。社会保障服务体系日益健全。全年新增就业岗位4.8万个，城镇登记失业率控制在2.6%，城镇零就业家庭实现动态清零，本地户籍高校毕业生就业率达95%。社保五大险种净增参保2.3万人，基本养老、医疗保障覆盖率达98%；农保和城保实现接轨，最低生活保障标准提高到每月500元；城乡居民医疗保险人均标准提高到500元。"十大民生事业"顺利推进，一批公共设施投入使用，城乡一体化社会救助体系正式建立。粮油"四放心"工程全面实施，粮食储备、粮食安全得到有效保障。社会管理综合能力有效提升。平安吴中建设不断深化，调解体系、防控体系和综治基层基础建设继续加强，社会治安环境进一步改善，获评"2006~2010年度社会治安综合治理先进集体"。法治吴中建设加快推进，行政执法规范化水平继续提高，"五五"普法成效显著，荣获"2006~2010年全省法制宣传教育先进县（市、区）"称号。创新建立基层工作联络小组联系制度，及时解决基层热点难点问题，和谐社区建成比例达98%，再次荣获"省信访工作先进集体"荣誉称号。环境保护力度不断加大。河东污水厂三期工程完成主体建设，木渎、光福污水厂迁建工作全面启动，新增污水管网50公里，污水排放达标率达100%。绿化造林、湿地保护、河道疏浚、宕口整治、供水安全等工作深入推进，东山镇三山岛获评"国家湿地公园"。全区饮用水水源地、水域功能区水质达标率，以及城市噪声达标区覆盖率均保持100%，环境空气质量良好以上天数占比94.4%，小康社会环境质量综合指数达97.08分，成功获得"国家生态区"荣誉称号。精神文明建设深入推进。紧扣"建党90周年"和"建区10周年"主题，广泛组织开展系列宣传活动，展示发展成就，扩大对外影响。圆满完成全国文明城市、全国未成年人思想道德建设测评迎检，越溪街道旺山村获评"全国文明村"。精心组织开展道德模范巡讲宣传活动，6人入选中央文明办评选的"中国好人"榜，金庭镇"爱心接力"事迹被央视《道德观察》栏目重点报道，积极进取、友爱互助的良好精神面貌得到进一步展现。

**（六）党的建设得到加强。**教育宣传活动有序开展。网上党校建设全面推进，实现全区网上党校全覆盖，党员干部教育培训进一步加强。以庆祝建党90周年为契机，评选表彰一批先进基层组织和个人，创先争优的精神风尚得到进一步弘扬。干部队伍建设不断加强。顺利完成区、镇党委换届工作，两级班子结构得到进一步优化。积极探索干部人事制度改革，健全区委"五人小组"工作机制，建立重要岗位领导干部人选区委委员征求意见制度，首次开展实名推荐"一把手"后备人选和公推正科职干部人选，初步建立干部调整前后综合评估制度，选人用人公信度不断提升，干部人事制度创新成果获评苏州市组织部门"2011年度创新工作"。突出抓好年轻干部培养工作，统筹抓好选调生、年轻后备干部、大学生村官的日常管理和培养使用。以"提升五种能力、树立五个榜样"为要求，基层党建品牌培育全面加强。非公企业党建工作全力推进，实现党组织应建已建率、党建工作覆盖率和指导员选派率"三个全覆盖"，非公党建创新举措和工作实效获中组部肯定。反腐倡廉和作风建设深入推进。领导干部集体廉政谈话、廉政承诺和"三廉"主题教育等活动全面开展，建成"横向到边、纵向到底"的党风廉政建设责任制。严格执行"三禁规定"，深入开展纠风专项治理，立案查处了一批违纪违法案件。成立区作风效能建设领导小组,加强效能监察,加大考核力度,考核范围延伸至镇、村,村级“勤廉指数”测评工作稳步推进;督查督办工作创新实施,区委、区政府重大决策执行有力,各项工作得到有效落实。民主法制建设水平继续提升。进一步加强党对人大、政协工作的领导,支持人大及常委会依法履行职能,更好地发挥人民政协协调关系、汇聚力量、建言献策、服务大局的作用。支持各民主党派加强自身建设,更好地履行参政议政、民主监督的职能。积极支持工、青、妇等群众团体依法创新工作,全区群团组织全面完成换届工作。认真做好新形势下的统战、民族、宗教、外事、对台、侨务、双拥、档案、国防后备力量建设、老干部、老年人、妇女儿童、残疾人、红十字等工作,形成了共商大计、共谋发展的良好局面。

在肯定成绩的同时,我们也必须清醒地看到,在工作中还存在着一些问题和不足。主要表现在:产业整体层次还不够高,资源整合力度还不够强,工业经济的重视程度、投入水平还不够高,龙头型、地标型项目不多,经济增长的后劲储备不足;城乡之间、不同板块之间发展的不平衡性仍然突出,特色发展、协调发展、联动发展的任务依然很重;科技创新能力还不够强,人才和智力资源对经济发展的促进、支撑作用还不够明显;社会综合治理和化解社会矛盾的水平还不够高,因劳资纠纷、环境污染、征地拆迁等引发的不稳定因素仍然不少;少数干部工作的效能效率、能力水平还不够高,个别消极腐败现象仍然存在。这些问题值得我们高度重视,需要在今后的工作中予以认真解决。

**二、把握大局形势,瞄准现代化目标阔步前行**

2012年是“十二五”发展的又一个关键之年,是党的十八大胜利召开的喜庆之年,也是全区上下为率先基本实现现代化奠定坚实基础,在更高起点上开创科学发展新局面的奋斗之年。明年工作总的指导思想是:**以邓小平理论、“三个代表”重要思想和党的十七大、十七届六中全会精神为指导,深入贯彻落实科学发展观,牢牢把握转变经济发展方式主线,迎接十八大、迈向现代化,紧紧围绕“吴中明天更美好”主题,坚持“四轮驱动”,突出“四大板块”,全面实施“走进太湖时代”战略,全力推进转型升级、创新驱动、文化引领、城乡一体、民生幸福、生态优化、社会管理、党建创新工程,在更高起点上唱响“山水苏州、人文吴中”,打造高端产业城区、最佳宜居城区和文化旅游强区,在更高起点上开创科学发展新局面。**

明年全区经济社会发展的**主要预期目标**是:确保全年GDP增长15%以上,达到820亿元;地方一般预算收入增长18%以上,超过85亿元;完成固定资产投资380亿元,力争400亿元,增长20%以上;新增注册外资10亿美元以上,实际到账外资4.5亿美元;新增注册民资内资350亿元;实现进出口总额84亿美元,其中出口56亿美元;城镇居民人均可支配收入、农民人均纯收入均增长15%左右。

“谋定而后动”。能否完成和超额完成上述目标任务,实现经济社会又好又快发展,首先必须认清宏观形势,明确努力方向,把握发展重点。

**必须把握“大环境”,审时度势科学发展。**机遇与挑战并存、压力与动力同在,是当前经济社会发展的主旋律、大背景。从世界经济动态看,国际金融危机的深层次影响尚未消除,欧洲债务危机再度来袭,主要经济体增速近期明显回落,世界经济复苏进程的不确定性、不稳定性上升,复杂程度远超预期。与此同时,国际经济格局重大变化带来的产业转移、资本流动、科技合作,意愿更强、势头更猛。地处长三角发达地区,拥有完备产业基础、政策条件、服务环境的吴中,必然是吸引优势新兴产业转移和高端技术承接的新高地。从国内经济周期看，经过2008年以后强有力的政策刺激，我国经济在经历了一轮强劲增长后，逐步进入一个稳定期、调整期。调整过程中出现的新矛盾、新问题在增强，人民币升值预期上升，出口需求持续下降，通胀压力依然较大，股市楼市萎靡不振，中小企业生产经营困难加剧，特别是发展与保护、发展与稳定的“两难问题”更加突出。但国内经济发展的长期格局没有变化，平稳增长、稳中求进的总趋势不会改变，尤其是工业化、城市化、市场化推动强劲有力，加快发展方式转变成为全社会共识，对于我们加快创新转型、提升发展层次，既是机遇，更是动力。刚刚结束的中央经济工作会议，提出要继续实施积极的财政政策和稳健的货币政策，保持宏观经济政策的连续性和稳定性。每次新的挑战对于有准备的地区来说就是一次机遇，我们要加强对形势的研判，对破解困难的政策研究，努力营造“小气候”。面对错综复杂的发展形势，全区上下要一如既往发扬建区10年来凝练的艰苦创业精神，进一步提振科学发展、率先发展、和谐发展的精气神，善于在挑战中抢抓机遇，在压力下克难而进，立足当前，谋划长远，推动全区经济社会发展迈上新台阶。

**必须着眼“大竞争”，又好又快跨越发展。**当前是一个竞争的时代，一个挑战的时代，是“先进淘汰先进的时代”，是“慢进是退，不进退得更快”的时代。区域之间你追我赶、争先进位，发展锐不可挡，竞争空前激烈，稍有不慎，就会进一步拉开差距；稍有懈怠，就有掉队落伍的危险。无论是同处苏州板块的兄弟县市区，还是同台竞技的苏南城市群，发展态势高歌猛进、咄咄逼人，标兵一马当先，追兵加速赶超。特别是随着基本实现现代化“倒计时”的钟声敲响，增速度、比亮点，抢机遇、谋长远的竞争将更趋白热化。这次我们参观的苏州新区、园区，常州武进区，以及南京等几个先进地区，创新转型的大力度、产业集聚的高效益、城市建设的大手笔、文化建设的大繁荣，更是感触深、共鸣强。全区各级各部门一定要看到差距、感到压力，进一步增强“满足等于落后”的危机感，增强干大事业、有大作为的责任感，增强抢占制高点、争当先行军的紧迫感，能上则上，能快则快，能超则超，努力在率先基本实现现代化的新征程上跨步前行。

**必须瞄准“大目标”，集中精力率先发展。**实现现代化，是中华民族孜孜以求的百年梦想、不懈奋斗的目标追求。确保2013年底率先基本实现现代化，既是市委、市政府对吴中区的期望要求，也是我们自加压力、义不容辞的神圣使命，更是提升发展水平、惠及全区人民的现实追求。对照《江苏基本实现现代化指标体系》30+1项具体指标，尽管绝大多数指标可以按时达到目标要求，但也有一些指标差距较大，如自主品牌企业增加值占GDP比重、万人发明专利拥有量、每千人拥有医生数等。特别是由于不少反映经济社会发展和人民生活水平的单项指标是按照常住人口数而不按户籍人口数进行计算，鉴于未来几年外来人口数量增长的不确定性，完成这些指标任务将存在一定困难。全区各个板块、各条战线都要瞄准目标、全力冲刺，积极用现代化的理念谋划发展，用现代化的眼光审视工作，用现代化的标准检验成效，确保目前已经实现和达标的项目进一步巩固提高；预计两年内可以完成的项目紧抓不放，力争提前完成；差距较大的项目细化研究分析，尽快查漏补缺，确保不拖后腿，努力完成基本实现现代化指标。

**必须围绕“大创建”，全力以赴创新发展。**以“大创建”促大开发、大发展、大提升，是当前乃至今后几年全区工作的重中之重。全区上下要瞄准“国字号”金字招牌，围绕“三大创建”任务，全力以赴、狠抓落实，一环扣一环，一级抓一级,确保创建目标完成、发展水平提升。一是创建国家5A级旅游景区。创建国家5A级旅游景区,是打造旅游战略性支柱产业,提升吴中环太湖旅游品牌、品质和整体竞争力,带动全区经济社会转型发展的“龙头工程”。明年是5A创建最重要、最关键的一年,全区上下特别是主要板块和有关职能部门,要步调一致、凝心聚力,重点围绕交通体系、配套设施、沿线环境、行业行风、人才队伍“五大建设”,全力推进各项工作,确保主要创建任务明年全面完成。二是创建国家级开发区。开发区要以建设国家级开发区为抓手,以转型升级、创新发展为主线,更加注重经济效益、社会效益、生态效益相统一,全面提升综合竞争力,全面加快“二次创业”步伐。要牢牢掌握工作主动权,加强对上争取,加强部门协作,力争尽快完成会审,获得国务院最终批复。三是创建国家级综合保税区。综合保税区是我国目前功能最齐全、政策最优惠、监管最简便、通关最快捷、经济运行最接近国际惯例的特殊经济区域。出口加工区创建综合保税区,实现出口加工区、保税物流园、保税港区、陆路通关点多功能叠加,对于提升开发区乃至全区经济能级、加快产业升级都将产生深远的影响。开发区和相关部门要进一步加大工作力度,确保明年创建成功、挂牌运行。

## 三、突出新兴产业,大力度加快转型升级步伐

率先基本实现现代化,最根本的是要有先进的生产力,最重要的是要以新兴产业发展壮大为引领,不断增强全区经济的潜力后劲和可持续发展能力。

**(一)大力培育特色产业。**围绕打造完善生物医药、新能源新材料、节能环保、装备制造、电子信息“五大产业链”,着力培育壮大新兴特色产业,强化市场规模优势和技术领先优势,抢占新兴产业发展制高点。加快载体建设。大力推进吴淞江科技产业园、出口加工区二期、吴中科技园二期、太湖科技产业园等“四大新兴产业载体”建设,为战略性新兴产业和重大项目发展腾出空间。切实加大地块开发的力度、强度、标准和档次,依法清理未建地块,淘汰转移落后产能,大力推进“二次开发”,加快实施“退二进三”、“退二优二”,为优质项目建设让出空间。强化招商选资。大力开展规划招商、载体招商、人才招商和产业链招商,全力引进高端优质项目,着力引进一批高科技含量、高带动能力、高税收贡献、自有品牌、自有知识产权的“三高两自”项目,不断延长吴中特色产业链。壮大产业规模。更加注重产业能级培育,更加注重龙头企业打造,进一步提升科技、金融、创投对产业发展的支撑力,进一步提高先进制造业的科技装备水平。力争完成工业投入120亿元,技改投入80亿元,金融资本、股权投资形成1500亿元规模,电子信息、装备制造两大产业产值达到500亿元以上,生物医药产值超百亿元。实现新兴产业产值400亿元以上,占规模以上工业总产值比重力争达到30%,再有2~3家本土企业成功上市。

**(二)更加突出创新驱动。**创新驱动是新兴产业加速发展的根本动力。要加快创新发展理念,集聚创新资源,汇聚创新人才,营造创新环境,推动新兴产业集聚发展,全面提升区域经济的核心竞争力。进一步加快科技创新载体建设,提升综合性孵化服务能力。特别要注重突出企业的主体地位,充分激发企业的创新创造活力,鼓励企业积极增加研发投入,引导帮助企业更加主动地引进人才,更加紧密地开展产学研合作,使企业真正成为研发投入的主体、技术创新活动的主体、创新成果应用的主体。进一步加大对小型微型企业的帮扶支持力度,加快制造业与服务业分离发展,大力发展“2.5产业”,着力培育楼宇经济和总部经济,完善区域创新体系。加快产学研合作成果转化,尽量减少产品从实验室到

生产车间的流程环节和运行时间，力争发明专利申请1200件以上，新增企业院士工作站2家以上，产学研项目40个，高新技术企业15家以上，省级以上高新技术产品40只，高新技术产业产值超640亿元，全社会研发投入占比提高到2.4%。

**（三）加快人才引进培养。**“做大靠资本，做强靠技术，做优靠人才”。要更加突出创新驱动和人才支撑，深入实施“人才强区”发展战略。以高层次创新创业人才为重点，加快构筑人才发展新高地，为创新型经济发展、新兴产业壮大提供坚强的人才保障和智力支撑。坚持“请进来”与“走出去”并举，常态化开展“两院院士吴中行”、“吴中科技人才高校行”等活动，主动走进高校引人才、引成果。打响打好“光伏基地”、“吴中药港”等产业集聚品牌，加快人才公寓建设，为人才引进、作用发挥提供空间。建立健全人才投入与财政收入同步增长机制，确保人才工作专项资金不低于本级财政一般预算收入的1%。全面实施重点产业紧缺人才资助计划，统筹推进各领域高端人才的引进培育，做好各级各类人才项目的申报工作，特别是“千人计划”要尽快实现零的突破。

**四、集聚资源优势，提升旅游服务业贡献度**

围绕“发展提速、比重提高、结构提升”的目标，全面打造现代物流、金融创投、文化创意、检测认证、商务会展、数据处理、教育培训、休闲度假、特色品牌、新型市场等“十大服务业集聚区”。充分发挥资源集聚优势，努力实现主导产业优势扩大，成长产业快速发展，潜力产业加快成长，加快形成服务业发展的规模效应和领航效应。力争明年服务业增加值超380亿元，占GDP比重达45%。在加快发展各类生产性服务业、生活性服务业的基础上，重中之重要加快推进以国家5A级景区创建为抓手的现代旅游业发展，加快旅游品质提升、整体实力增强，为2013年成功创建国家5A级景区打下坚实基础，打造苏州“第一旅游强区”。

**（一）加快旅游创建升级。**坚持把旅游业作为引领发展、推进转型的战略性支柱产业来培育，按照创建5A级景区提升方案，加快推进创建项目建设，特别是三级游客中心、游船码头、停车场，以及主要游线道路改造、外立面改造、三线入地、标识标牌等项目要全部建成投用。完善创建奖励激励机制，设立创建工作专项引导资金和创建人员专项奖励资金，制定创建考核奖励办法，更大力度激发和增强创建工作的积极性。积极推进古镇旅游发展，加快甪直古镇旅游区扩容升级和功能提升，加快推进木渎市级旅游度假区创建。通过旅游创建升级，全面实现资源整合、品质提升、品牌打造、富民惠民的旅游发展功能，引领全区旅游服务业跨越发展。

**（二）狠抓旅游项目建设。**加强对5A创建项目的跟踪服务，及时掌握每个项目的建设进展情况。精心筛选市、区两级重点旅游项目，重点实施一批景区开发、景点扩容、基础设施、配套服务等方面的新项目。在做好规划布局的基础上，形成休闲度假旅游目的地宾馆酒店集聚区，以品牌为引领，加大招商力度，形成旅游消费热点。加强与省、市旅游部门的沟通联系，加大对各类旅游项目资金的向上争取力度，积极做好旅游专项资金的项目申报工作。特别要以华侨城项目为重点，全面加快旅游综合体服务业项目的开发建设，在7.42平方公里项目红线范围基本确定的基础上，加快制定完善项目策划方案，力争尽早签署合作框架协议，尽快实现项目启动。

**（三）强化旅游宣传推介。**全方位、多渠道、多形式地开展旅游宣传推介，整合全区文化旅游节庆活动，喊响口号，打响品牌，不断提升吴中旅游的知名度和品牌影响力。特别要制订5A创建专项宣传计划，全面做好中央电视台、《中国旅游报》、新浪网等主流媒体对苏州(吴中)太湖旅游景区5A创建的宣传工作。以建设“长三角休闲会议集聚地”为目标，大力做好长三角地区的会务旅游推介活动。充分利用高铁、地铁、航空、公交、网站、短信等新型宣传载体，大力加强长三角高速公路圈、苏州都市圈和吴中环太湖旅游圈三个圈层的户外广告宣传，争取更多有效客源，扩大旅游消费，明年接待游客力争突破1800万人次，旅游收入超200亿元。

**五、建设文化强区，增强区域竞争发展软实力**

率先基本实现现代化，物质是基础，精神是导向，文化是灵魂。要深入贯彻落实十七届六中全会精神，紧密结合吴中丰富的文化资源，坚持文化建设与时代精神、奋斗目标、创新转型、传承弘扬、人才引领、破解难题相结合，突出古镇古村落的保护开发、春秋古城遗址的保护利用、太湖文化论坛的高规格举办、文化创意产业的培育壮大、非物质文化遗产的传承弘扬、吴中文化历史典籍编研等六大重点，深入实施文化建设工程，加快推进文化强区建设。

**(一)全面推进文化产业发展。**以太湖文化论坛第二届年会举办为契机，以文化产业扶持发展引导资金为杠杆，进一步扩大吴中文化品牌的知名度和影响力，推动文化产业大发展大提升。全面提高传统特色文化产业发展水平，以中国工艺文化城为主要载体，以香山古建、核雕玉雕、碧螺春茶制作、水乡妇女服饰等非物质文化遗产传承弘扬为重点突破，加快推动传统文化产业转型升级。全力推动新兴文化创意产业规模集聚，启动光华文化创意产业园、苏州国际影视娱乐城建设，高水平打造木渎金枫路创新创意街区、胥口“胥江一号”文化创意产业园、穹窿山文化产业园，高标准开展文化创意产业项目招商。进一步提升郭巷文化美术街区功能内涵、周边环境和社会影响，科学规划、集聚开发、精致打造木渎山陵文化产业链。不断深化文化体制改革，按照上级统一部署，稳步推进沪剧团和评弹团体制机制改革，加快培育文化产业人才，全面提高文化生产力，确保实现文化产业增加值超45亿元，占GDP比重达5.5%以上。

**(二)全面提升文化事业水平。**继续发挥宣传文化发展专项资金的作用，扎实推进国家公共文化服务体系示范区创建工作。按照公益性、基本性、均等性、便利性要求，加快推进市民文化广场建设，完善优化区、镇(街道)、村(社区)三级公共文体设施网络，明年底实现镇村文体活动中心(室)和公共电子阅览室全覆盖，人均公益性文化阵地面积达0.185平方米以上。继续开展广场文艺月月演、惠民演出三下乡、数字电影周周映等文化惠民活动，全面提升茶文化、梅文化、渔文化、羊文化、兵法文化、水乡服饰文化等文化节庆活动水平，不断丰富城乡居民的精神文化生活。全面实行公共文化设施向社会免费开放，加快推动学校、企事业单位文化资源向社会开放，现代文体中心明年完成场馆招商，全面对外开放。进一步加大春秋古城遗址、古镇古村落、名人故居、历史遗迹的规划保护力度。突出非物质文化遗产的保护与传承，加强吴中文化历史典籍的编研工作，不断挖掘提升吴中的历史文化内涵。进一步繁荣文艺精品创作，积极引导文艺创作人才选人民群众关心的题材，用人民群众熟悉的语言，以人民群众喜爱的形式，不断增强作品的吸引力、感染力和影响力，力争涌现更多更好的优秀文艺作品和优秀创作人才。

**(三)全面加强精神文明建设。**文化建设的根本任务是建立社会主义核心价值体系，发挥先进文化的引领作用。坚持以中国特色社会主义理论、党的重大决策部署武装党员干部，以率先基本实现现代化和“吴中明天更美好”的宏伟目标凝聚人心，以“三创三先”的新时期江苏精神鼓舞斗志，在全区形成“谋发展、创一流、争作为”的干事氛围和强大合力。深入推进典型示范工程，加强社会公德、职业道德、家庭美德和个人品德教育，加大对“吴中好人现象”的宣传和研究力度，挖掘、塑造、推出在全市全省乃至全国叫得响、说得出、信得过的道德模范。进一步巩固文明城市创建成果，推进创建工作向镇村两级延伸，抓常态管理，抓长效管理，创建苏州文明示范城区，努力提升市民文明素质。切实加强未成年人思想道德建设，推动社会诚信体系建设，不断提升舆论引导能力和舆情监测能力。

**六、做靓苏州南城，高水平推进城乡一体化**

吴中区既有城，又有乡，突出城乡联动，实现城市与农村一体化发展，既是率先基本实现现代化的重要标志，也是经济社会又好又快、持续发展的必然要求。

**（一）高起点实现城市建设扩容升级。**牢固树立“规划不好、多做多错”的思维理念，坚持规划引领，加快城市化进程，为做大做强城市经济、做优做美城市形态开辟更广阔的发展空间。在对各类城市设计进一步优化深化的基础上，明年要重点转向规划的执行。按照市党代会提出的“一核四城”中心城市发展新定位，加快东太湖苏州滨湖新城30平方公里吴中片区的规划建设，加快实施各项综合整治工程，全面启动“三横四纵”路网建设，高起点实施环境改造、水系调整和景观建设，奠定现代化城市建设的坚实基础；加快度假区26平方公里中心区建设步伐，突破小城镇建设的思路和框架，以现代城市理念引领规划、推进建设，特别对“三点一核”重点区域，强化规划执行，加快建设推进，以宏伟的发展蓝图、火热的建设场面、崭新的城市面貌迎接度假区建区20周年；尹山湖—独墅湖板块、越溪城市副中心、蠡墅片区、木渎胥江城等各新兴城市板块，也都要全面加快建设，实现城市布局优化、空间扩容、功能提升；加快推进中心城区运河风光带、县前街商贸区、蠡墅老街等区域改造建设步伐，重点加快中心城区22座高层楼宇建设。充分发挥国资“四两拨千斤”的引领带动作用，引导区属国有企业积极参与城乡建设，切实整合利用好轻轨出入口、重要道路沿线及重点片区的优质资产。科学合理制定拆迁、安置房建设和资金安排计划，全力以赴完成遗留地块、重点地块、安置房建设地块的拆迁工作，为城乡建设腾出空间。坚持大交通与大城建同步推进，加快推进太湖路、蠡墅片区骨干路网建设，全面推进“十二五”东环南延、南环西延、金庭环岛公路等“十大交通工程”，加快打基础、拉框架、出形态，全面做优做美做靓苏州南城。

**（二）充分发挥新农村示范带头作用。**以西山国家现代农业示范园区和太湖现代农业示范园区为引领，各农业特色基地建设为重点，完善“区镇合一”管理运行模式，坚定不移走现代农业规模化经营之路。积极发挥西山国家现代农业示范园区的载体平台优势，培育龙头企业，打造农业园区新亮点。全面完成甪直车坊万亩水生蔬菜示范基地建设，全面启动临湖万亩特色农业基地建设，进一步巩固果品产业调整成果，力争农业规模化种养面积比重达80%，果品产业产值亩均增长15%以上，“6+1”特色农产品实现品质、产值、影响力“三个再提升”。进一步规范农村集团公司经营管理，充分发挥镇村两级15大农村集体经济组织的龙头带动作用，进一步挖掘集体资产潜力，优化资源配置和资产结构，开工一批项目，储备一批资源，培育一批典型，不断提升农村集团公司的市场竞争力。科学利用好农村集体合作经济发展专项扶持资金，实施新一轮三年薄弱村帮扶计划，切实增强村级收入低于200万元薄弱村的自我“造血”功能，为加快推进“四轮驱动”、实现集体经济倍增目标奠定坚实基础。明年确保集体经济总资产达到240亿元,力争250亿元,村均年稳定收入超700万元,年收入1000万元以上村35个,合作社户均分红3500元以上。

**(三)全面提升优化城乡生态环境。**瞄准全国生态文明示范区创建这一新目标,利用市区两级生态补偿新机制,巩固和扩大国家生态区创建成果,进一步打造“绿色吴中”生态名片。坚定不移推进节能减排、低碳发展,以光大环保、林通化工、东瑞化工等重点项目整治为突破口,以结构调整、技术进步、管理创新为主抓手,铁腕治污、刚性降耗,确保完成环保工作各项约束性指标。高标准、全天候、长效化推进城乡环境综合治理,切实加强饮用水水源地保护,持续推进河道疏浚、村庄整治、污水处理等工作,重点抓好东太湖综合整治、沿太湖环境综合整治、古村落综合整治,加强吴中大道、环太湖路、东山环岛公路等重要道路沿线管理,同步实施西山环岛公路环境综合改造。切实加强湖泊、湿地、森林、植被、风景名胜区和自然保护区的保护、修复与管理,加快东山东太湖8000亩湿地公园建设,全面提升城乡生态建设水平。

## 七、夯实基层基础,创新社会管理建设

民生幸福是发展的根本目的,是衡量现代化实现程度的重要标志。要强化以人为本、执政爱民理念,始终坚持以民本民生为根本导向,以群众工作为核心内容,把保障改善民生、加强社会建设贯穿于“第二个率先”全过程,真正做到“科学发展向上攀登,服务群众向下扎根”,努力建设人民安居乐业、社会和谐稳定的幸福吴中。

**(一)全力推进民生事业工程。**以“十二五”期间全区“十大民生事业”为抓手,全面推进社会保障、教育医疗、便民服务、住房保障等各项民生实事工程。加快社会保障并轨提升,全面落实市委、市政府“三年三个城乡并轨”计划,明年农保基础养老金提高到苏州市城乡老居民标准的240元,实现城乡基本养老保险并轨,城乡居民医疗保险人均筹资标准提高到550元,为2013年城乡医疗保险并轨夯实基础,城镇职工五大保险净增参保人数达2万人。进一步完善社会救助、社会福利等各类保障机制,加大对弱势群体的助学、助医力度,切实保障妇女儿童权益,加快发展残疾人事业和养老服务业,逐步提高城乡最低生活保障标准。促进教育事业均衡发展,稳步推进城乡教育一体化改革,高标准实施“幼儿园建设三年工程”和“校舍安全工程”,加快东山实验小学、城西中学、长桥中心小学改扩建、城南中小学新建及角直高中校、郭巷中学易地新建步伐,启动吴中实验小学改扩建项目。加强师资队伍建设,着力打造一批小学、初中优质名牌学校,确保明年上半年30%以上的中小学创建成市高水平教育现代化学校,为把吴中建设成为苏州市城乡教育一体化示范区奠定扎实基础。推进医疗事业加快发展,继续实施好基本药物制度,稳妥推进公立医院改革试点,稳步推进基层医疗卫生机构综合改革,建立健全覆盖城乡居民的基本医疗卫生体系。加大医疗设施投入力度,加快建设木渎人民医院外科住院大楼,确保光福、郭巷、越溪卫生院完成土建工程,吴中人民医院新大楼和角直人民医院建成投用,全区每千人拥有床位数达到6.1张。建立人口宏观调控联席会议制度,统筹推进人口工作,全面提高人口素质。强化便民为民高效服务,全面启动区民生综合服务中心建设,加快度假区舟山花园服务配套、木渎新邻里中心、横泾便民服务中心等便民设施建设,确保农资仓储(配送)中心建成投用。利用新行政服务中心建设搬迁这一契机,全面提升行政服务的信息化水平和便民服务效能。加大住房保障建设力度,进一步创新体制机制,加强保障性住房建设和管理,加大共有产权房推出力度,启动公共租赁房工作,确保全面完成苏州市下达的住房保障年度任务。持续推进苏苑、龙西

街道老新村改造工程，确保完成宝带一村、东苑新村、水香六村等20万平方米的老新村改造任务。

**（二）全力推进富民增收工程。**坚持把增加收入作为民生幸福的重要基础，注重就业、创业、产业、物业并举，初次、再次分配并重，巩固完善城乡富民长效机制。进一步建立健全市场导向与城乡统筹的就业制度，完善就业促进政策和培训机制，确保全年完成各类城乡劳动者培训2万人次，帮助3000名失业人员实现就业。严格落实上级部署，结合全区发展实际，逐步提高最低工资标准，及时公布工资增长指导线，全面推进企业工资集体协商机制，切实增加从业人员的工资性收入。进一步完善创业鼓励政策，健全创业服务体系，引导城乡居民通过创业促进就业，加快提高经营性、财产性收入比重。

**（三）全力推进社会管理工程。**当前，影响发展的经济因素较多，但影响发展的非经济因素同样不少。全区上下要把加强和创新社会管理作为维护稳定、保障发展、改善民生的重要战略任务。切实做好群众工作。坚持把群众工作作为社会管理的基础性、经常性、根本性工作，以群众切身利益的维护、公共权益的保护、实际困难的解决为重点，建立科学有效的利益协调机制、诉求表达机制、矛盾调处机制、权益保障机制，依法查处克扣和恶意拖欠工资及其他违反工资法规、侵犯劳动者合法权益的行为。强化社会矛盾纠纷排查预警，推进信访积案化解，从源头上减少不和谐因素。切实完善社区管理。以大型集中安置居住区为重点，进一步强化社区管理服务职能，不断完善组织管理机构和配套服务设施，加强人力配备和人才培育，形成区镇村三级联动的社区管理机制。切实推进“平安吴中”、“法治吴中”建设。进一步优化社会治安环境，按照“全区扎口管理、部门合理规划、标准规范统一、信息资源共享”的要求，加快治安监控资源整合升级，加强技防设施标准化建设管理，新建一批“五位一体”村（社区）综治办和企业综治工作站，形成打防控一体化的社会治安长效机制。积极开展“六五”普法，深入推进“法治吴中”建设，积极争创省级“法治县（市、区）创建工作先进单位”，全面提升区域法治化水平。切实加强安全监管。进一步加大安全生产、食品药品监管力度，加大消防基础设施投入，深入推进粮油“四放心”工程，建立肉菜流通追溯体系，完善农村食品安全“三网”和药品安全“两网”建设，切实保障人民群众的生命财产安全。

**八、增强执政能力，提高党的建设科学化水平**

率先基本实现现代化，关键在于加强和改善党的领导。各级党组织要以迎接党的十八大召开为契机，深入实施党建工作创新工程，全面推进党的执政能力和先进性建设，不断提高党的建设科学化水平，为实现“吴中明天更美好”提供坚强组织保障。

**（一）加强思想政治建设，始终保持民主团结的政治氛围。**坚持理论武装，以坚定理想信念为重点加强党的思想政治建设，认真组织广大党员干部深入学习中国特色社会主义理论。加强和改进中心组学习制度，坚持把理论学习同促进经济社会发展的实践结合起来，同推进党的建设新的伟大工程结合起来，同加强世界观、人生观、价值观的改造结合起来，同牢固树立正确的权力观、政绩观、利益观结合起来。深入推进学习型党组织建设，不断增强贯彻落实党的理论和路线方针政策的自觉性和坚定性，在率先基本实现现代化进程中发挥先锋模范作用。进一步健全党委总揽全局、协调各方的领导体制和工作机制，支持人大、政协依法履行职能，巩固和发展爱国统一战线，加强和改进党对工会、共青团、妇联等人民团体的领导，积极推进国防动员和后备力量建设。坚持党的民主集中制原则，积极发展党内民主，以扩大党内民主带动人民民主,以增进党内和谐促进社会和谐。

**(二)加强干部队伍建设,始终保持奋发有为的精神状态。**“行胜于言”,我们的事业要不断取得胜利,关键要有一支勇于担当、善于执行、作风过硬的干部队伍。要树立鲜明的用人导向,坚持德才兼备、以德为先,坚持凭实绩使用干部,让能干事者有机会、干成事者有舞台，不让老实人吃亏，不让投机钻营者得利。进一步加强各级领导班子建设,深化干部人事制度改革,完善干部选任机制,进一步推广署名推荐领导干部后备人选的办法，通过“公推公选”等方式进一步拓宽干部选拔渠道,进一步提高选人用人的公信度。尤其要注意选拔经过复杂环境锻炼和艰苦岗位考验的优秀干部,注意选拔埋头苦干、不事张扬的优秀年轻干部,真正把政治坚定、实绩突出、作风过硬、群众公认的干部选进领导班子。统筹抓好人大、政府、政协的换届工作,进一步增强团结合作、共推发展的强大合力。高度重视和加强干部教育培训,坚持学用结合,依托党校教育主阵地,探索建立国外培训班、精品培训班等多种培训方式，全面提升干部队伍的综合素质。特别要突出旅游、文化和新兴产业等方面的培训，为加快经济发展方式转变和实现“两个率先”奠定扎实的知识和能力基础。进一步加大干部考核力度，完善奖惩机制，使广大干部始终保持艰苦奋斗的光荣传统、锐意进取的工作激情、奋发有为的精神状态，引导广大干部把全部精力用在建功立业上。

**(三)加强基层组织建设,始终保持执政基石的坚实稳固。**坚持以创先争优统揽基层党建工作，积极探索发挥基层党组织作用的有效途径，加快构建城乡统筹的基层党建新格局。按“四有一责”要求,把科学发展、富民强村作为农村党建的主线，把村党组织建设成为发展集体经济、促进富民惠民的坚强堡垒,突出抓好村党组织书记队伍建设,切实加强大学生村官的管理和培养。把提升覆盖率、发挥影响力作为非公企业党建的主线，继续加强非公组织党建工作，创新实施“一个党员、两种身份”、“一个总支、多个支部”、“市场党支部”、“楼宇党支部”、“数字党支部”等多种方式,巩固提升党组织的组建率,充分发挥党组织的影响力。把锐意创新、促进和谐作为社区党建的主线,整合社区服务资源,完善社区党员服务中心建设，实施社区党建创新工作项目化管理,建立层级式社区网络体系,充分发挥社区党组织和党员在服务群众、促进和谐中的积极作用。

**(四)加强党风廉政建设,始终保持爱民为民的血肉联系。**进一步加强效能建设,着力建设和完善区、镇、村三级联动的作风效能考核体系,构建保障、防范、督查、奖惩“四大机制”,教育引导党员干部牢固树立“公务员就是服务员”理念,强化督查督办,转变工作作风,真正做到对事业尽心、对工作尽力、对岗位尽职。以保持党同人民群众的血肉联系为重点,加强作风建设,着力解决人民群众反映强烈的突出问题，坚决纠正损害群众利益的不正之风。进一步加强反腐倡廉建设,坚持标本兼治、综合治理、惩防并举、注重预防的方针，深入构建惩治和预防腐败体系，推进教育、监督、预防、纠风和惩治“五大机制”建设。全力抓好《廉政准则》的贯彻落实,切实加强对领导干部的监督，坚决查处各类违纪违法案件，特别要加大对工程领域腐败现象的查处力度,严肃党纪政纪,确保干部清正廉洁,社会风清气正。

同志们,时代赋予我们光荣使命,事业召唤我们开拓奋进。让我们紧密团结在以胡锦涛同志为总书记的党中央周围,凝心聚力、开拓创新、务实奋进,在更高起点上开创科学发展新局面,谱写美好吴中新篇章,以优异的成绩迎接党的十八大胜利召开!

# 政府工作报告

## ——2012年3月21日在苏州市吴中区第三届人民代表大会第一次会议上

苏州市吴中区人民政府代区长　金　洁

各位代表：

现在，我代表区人民政府，向大会作工作报告，请予审议，并请区政协委员和其他列席人员提出意见。

## 二届政府期间经济社会发展简要回顾

2008年以来，面对国内外复杂多变的经济环境和国际金融危机的冲击影响，本届政府在苏州市委、市政府和区委的正确领导下，在区人大及其常委会和区政协的监督支持下，团结依靠全区人民，全面贯彻党的十七大及历次全会精神，坚持以科学发展观为统领，解放思想、锐意创新、奋勇争先，胜利完成了区二届人大历次会议确定的各项目标任务。这四年，是全区综合实力大幅提升、城乡生态环境显著优化的四年，是社会和谐稳定不断巩固、人民生活水平持续改善的四年，是在科学发展道路上迈出坚实步伐、在全面建设高水平小康社会征程上阔步跨越的四年。

**区域经济在加速转型升级中迈上新台阶。**全区地区生产总值由2007年的391亿元增至701亿元，地方一般预算收入实现四年翻番，由36.1亿元增至72.4亿元。累计完成全社会固定资产投资954亿元，年均增长17.8%。农业总产值增至32.9亿元，年均增长10%；工业总产值增至1540亿元，年均增长14.6%；服务业增加值增至299.6亿元，年均增长20.8%，三次产业比重由3.3:60.8:35.9优化调整为2.6:54.6:42.8。实际利用外资18.4亿美元，完成进出口总额271亿美元，其中出口179.9亿美元。民资内资企业数和注册资本总额年均分别增长17.8%、39.9%。全社会研发经费支出占GDP的比重提高0.57个百分点，专利申请17332件、授权9146件，被评为国家科技进步考核先进区。

**人民生活在突出富民惠民中得到新改善。**城镇居民人均可支配收入、农民人均纯收入年均增长10%以上，分别达到36509元和17162元。累计新增就业岗位15.2万个，帮助1.6万名失业人员就业，初步实现“零就业家庭”动态清零，城镇登记失业率稳控在4%以内。城镇“五险”覆盖率均达98%以上，农保置换城保19.1万人，区镇两级发放救助金1.5亿元，惠及群众6.1万人次。新改扩建镇级敬老院7家，居家养老实现全覆盖。11所高标准现代化学校投用，吴中电大建成全国基层示范性电大。公益性文体设施人均面积提高到0.18平方米，获评全国文化先进区。新一轮医院、卫生院、社区卫生服务机构提档升级改造全面实施，“六位一体”世代服务体系基本完善。

**城乡建设在强化规划引领中呈现新亮点。**坚持以高水平规划引领城乡建设，开发区、度假区、中心城区和中心镇“四大板块”现代化城市发展新格局协调推进、各具特色。吴中商务中心、东吴国际、新苏国际等一批现代高层楼宇和太湖国际会议中心、南苏州生活广场等一批重点项目建成启用。编制完成“十二五”全区交通规划,完成吴中大道、望湖大道、230省道、宝带西路延伸段等重点干道整治改造,公路总里程增至1157公里。完成苏苑新村、水香一村等20余个老新村综合改造和77个农村重点村庄整治,成为首批国家级农村环境连片整治典型示范区。调整关闭高能耗、高排放、高污染企业156家,环境质量综合得分年均96分以上,实现全国环境生态镇全覆盖,获评国家生态区。

**社会管理在创新体制机制中开启新局面。**顺利完成“五五”普法各项任务,21个村(社区)获国家、省级民主法治示范村(社区)称号。大防控、大调解工作机制和应急管理体系不断完善,安装治安、交通技防监控设施1642套,成功调解各类矛盾纠纷13592起,建成外来人员信息社会化采集点128个。全面加大社会治安重点地区整治力度,有效控制拆迁安置、劳资纠纷、安全生产等社会风险隐患点。城南街道红庄社区“城中村”整治成功经验在全省、全国得到推广,木渎镇被评为全国社区教育示范乡镇。

**政府建设在践行创先争优中展示新形象。**认真答复办理区“两会”议案、建议、提案976件,满意和基本满意率保持100%。制定实施《区政府工作规则》、《区政府重大行政决策规则》等规章制度,不断完善领导班子集体学法长效机制,累计清理政府规范性文件33件。扎实开展新一轮政府机构改革,全面完成政府部门“三定”工作。持续强化重点领域、重要环节的监察、审计,刚性支出得到有效压缩。创新开展行政指导工作,动态调整行政审批事项,基层单位、干部群众对机关作风的综合满意度达95%以上。被确定为省级依法行政示范点,连续四年获评省级“土地执法模范区”,连续六届获评省级“双拥模范区”。

## 2011年工作情况

2011年,我们紧紧围绕“又好又快‘十二五’、真抓实干开好局”中心主题,主动应对各种挑战,积极抢抓各类机遇,较好地完成了区二届人大四次会议确定的目标任务,实现了“十二五”良好开局。全年地区生产总值、地方一般预算收入突破700亿元、70亿元,分别增长16.3%、20.5%;完成全社会固定资产投资315.5亿元,增长25.5%。一年来,主要做了以下工作:

**一、抓创新、促转型,经济发展水平持续提升**

坚持创新驱动,加快转型升级,产业结构进一步优化,产业质量和效益进一步提升。

*产业结构加速调优。*高新技术产业、新兴产业产值占规模以上工业总产值比重分别达48.3%、27.5%,苏州电科院和苏州安洁科技成功上市。实现社会消费品零售总额233亿元,完成服务外包接包合同额1.3亿美元、离岸执行额5000万美元,分别增长80.6%和62.3%。组建运行区科技金融服务中心,与国开行、进出口银行以及中以高科技产业基金、日亚创投基金等国内外金融机构的战略合作进展顺利。文化、旅游产业加快发展,中国工艺文化城一期建成开街,胥江一号、苏州国际影视娱乐城等项目有序推进,7只项目入选苏州市“十二五”文化产业重点项目名录,文化产业增加值占GDP比重提升至5%;苏州(吴中)太湖旅游景区创5A工作全面启动,旅游标准化建设顺利通过国家验收,甪直镇获评全国特色景观旅游名镇;全年接待游客1650万人次,旅游总收入超170亿元。商品房供应结构进一步优化,房地产业在调控中平稳发展。特色农业成绩显著,绿色、有机、无公害农产品增至200个。获评中国名茶之乡、全国休闲农

业乡村旅游示范县，东山镇、光福镇分别被授予中国太湖蟹之乡、中国花木之乡。

*创新能力不断增强。*完成技改投入超70亿元，组织参与起草国家标准、行业标准8项，新增全国专业技术标准化工作组1个、中国驰名商标1件、省市级企业技术中心11家、高新技术产品105个、高新技术企业27家、省重大科技成果转化项目1只，瑞红电子、三基铸造等4只项目获国家科技重大专项资金支持，国家资质检测平台增至6家。积极开展国家“千人计划”、省“双创计划”等申报工作，成功举办国际精英创业周对接会、“两院院士吴中行”、“科技人才工作高校行”等活动，引进培养各类人才近万名，其中高层次人才710名。

*四轮驱动贡献突出。*新增注册外资10.2亿美元，完成进出口总额93.8亿美元、其中出口66.4亿美元。精心组织金秋洽谈会、北京央企对接会等招商活动，成功引进日本丰田汽车、永旺集团、爱信精机等世界500强投资项目。新增民资内资注册资本337亿元，东山精密、天马精化、仓景国际等企业积极扩大境外投资业务，临湖镇被评为省级出口针织服装产业集聚监管示范区。全区国有公司注册资本、资产总额分别达141亿元、450亿元。制定实施《吴中区关于加快农村集体合作经济发展的若干意见》，镇级集体经济集团全面组建，集体总资产达205亿元，村均稳定收入705万元，超千万元村增至30个，所有行政村集体经济年收入全面突破百万元。

*四大板块竞相发展。*开发区新兴板块与建成区功能形态不断完善，出口加工区等特色载体承载能力全面提升，创建国家级经济开发区、综合保税区工作稳步推进，实现工业总产值732亿元，进出口总额、出口额分别增长66.6%、86.8%。度假区“三点一核”开发建设全面展开，休闲娱乐、度假会务配套设施不断完善，服务业增加值占比达52%。中心城区积极向总部经济、智慧经济转型，长桥街道地方一般预算收入增幅位列全区榜首。木渎、胥口、角直、东山、临湖等中心镇注重特色、错位发展，各项主要经济指标增势稳健。

**二、抓规划、促统筹，城乡环境面貌持续优化**

以城乡一体化为导向，统筹资源要素配置，深化城乡对接互动，城乡发展互补共赢局面加快形成。

*规划体系进一步完善，城市功能配套深入推进。*完成角直镇、郭巷街道总体规划和吴淞江科技产业园等重大经济板块控制性详规；优化调整滨湖新城30平方公里吴中片概念性规划，完成县前街、豪仕登地块和蠡墅老街等重点区域城市设计，区域规划体系更趋完善。尹山湖—独墅湖绿化景观工程竣工，绕城高速光福互通成功连接，东山环岛公路建成通车，轻轨2号线、冬青路等沿线拆迁安置稳妥推进，东环南延、南环西延、金庭环岛公路等道路建设全面启动，苏南运河、苏西线航道、浒光运河整治加快实施，城市基础配套日益优化。镇村农贸市场三年升级改造任务圆满完成，电力、电信、邮政、人防等工作发展良好。

*政策体系进一步完善，农村改革发展深入推进。*全面落实苏州城乡一体化先导区试点各项政策，进一步深化综合配套改革，农村发展活力进一步增强。科学分解土地增减挂钩周转指标，“三集中三置换”成效显著，全区农村工业企业入园率达90.2%，农业适度规模经营达75%，成功承办全国“三化同步”研讨会。生态补偿政策全面落实，发放补偿资金6465万元。“四放心”粮油工程启动实施，临湖高效水产、横泾优质水稻等示范基地建成，太湖现代农业（渔业）产业园创成省级现代渔业产业园。制定出台国有土地（集体土地）房屋征收（拆迁）补偿办法，完成拆迁175.8万平方米，安置房交房超61万平方米。

生态体系进一步完善，环境治理保护深入推进。加快“绿色吴中”建设，新增林地4100亩，复绿宕口73万平方米，新建生态河道16.4公里，绿化覆盖率达29.5%，旺山村、湖桥村获评国家生态村，三山岛升格为国家湿地公园(试点)。深入推进“碧水蓝天”工程，完成单位GDP能耗、污染物减排和21个太湖水污染防治重点项目年度任务，实现1688家工业企业污水接入管网和44处农村环境连片整治，再创三星级以上“能效之星”企业6家。新改建水利配套设施46座，疏浚河道142公里，获评中央财政小型农田水利建设重点县。大力实施城乡综合环境三年提升工程，新增22个省卫生村和市健康村。继续开展“市容环卫杯”等竞赛活动，数字城管二期工程全面完成。

**三、抓民生、促和谐，各项社会事业持续进步**

坚持发展为民、政策惠民、服务利民，强化政策落实，加大财政投入，民生幸福指数不断提升。

富民增收持续推进。深入实施就业富民工程，组织各类公共就业服务活动201期，新增就业岗位4.8万个，其中面向本地劳动力9400余个，城镇困难人员实现就业6900余名，吴中区籍应届高校毕业生就业率达95%，城镇登记失业率降至2.6%。加大创业扶持力度，创业直接带动就业超1万人。深化农村五大合作改革，股金分红户均超3000元。

保障体系加速健全。城镇“五险”净增参保2.9万人，城乡居民医疗保险人均筹资标准提高到500元，城乡最低生活保障标准提升到每月500元，被征地农民置换城保养老人员养老金、农保基础养老金、被征地老年人员保养金分别提高到每月719元、200元、510元。积极开展“圆梦行动”社会助残、贫困大中学生医疗救助等活动，区社会福利中心搬迁启用。大力实施保障性住房建设，累计新建公共租赁房、限价商品住房、经济适用房2157套(间)，新增住房公积金缴存4.8万人。

社会事业繁荣发展。教育事业全面发展，高水平通过县级政府教育工作省级督导考核，全面完成义务教育阶段学生E卡通发放工作；公办幼儿园全部建成省、市优质幼儿园，碧波实验小学实现国际青少年机器人奥林匹克大赛“八连冠”，区中小学生综合实践学校入选全省唯一的中央专项彩票公益金支持示范性项目；全区高考本二上线再超千人，木渎高级中学又一学生获“李政道奖学金”；区老年活动中心和老年大学落成启用，老年教育普及率达35%。圆满完成建区10周年庆典、全区首届全民体育运动会等重大活动，成功承办环太湖国际公路自行车赛、穹窿山兵圣杯世界女子围棋赛、第17届亚洲山地车锦标赛等重大赛事，太湖文化论坛首届年会在我区顺利召开。春秋古城遗址入选全国十大考古新发现，碧螺春茶制作技艺入选国家级非物质文化遗产名录，木渎、甪直、胥口再次获评“中国民间艺术之乡”。加快完善食品安全监测网络，稳步推进区域卫生信息化工程，严格落实国家基本药物制度，区精神卫生康复中心即将启用。全民科学素质行动计划深入实施，低生育水平保持稳定，获评全国科普示范区和省人口协调发展先进区。吴中档案信息管理系统正式上网运行，年鉴、地方志工作取得新成绩。

和谐稳定不断增强。制订实施“六五”普法规划，高标准推进城乡社区“五位一体”综治办建设，社会矛盾纠纷调处成功率达99.8%，获评全国农村社区建设实验全覆盖示范单位。高度重视科技强警，创新“社区单元警务”模式，各类违法犯罪活动得到有效预防和严厉打击。扎实推进危化品单位安全标准化建设，深入开展事故隐患排查治理和重点领域专项整治，在全市率先配备村(社区)安全生产监管员。不断强化基层应急队伍建设，连续六年无较大森林火灾，获省级气象为农服务示范区。积极开展全国文明城市复评迎检工作，旺山村获评全国文明村，5 人荣登“中国好人”榜。民族宗教、价格监管等工作不断加强。

**四、抓服务、促法治，政府自身建设持续加强**

立足服务发展、服务基层、服务群众，坚持开拓创新、务实高效、廉洁法治，政府形象进一步改善。

*服务效能更显优化。*以“服务经济、关注民生”为主题，加快完善便民、利民、惠民各项政策举措。深入开展机关作风效能“服务品牌年”建设，进一步拓宽行政审批“绿色通道”，进驻中心事项平均承诺时限缩减至 5.62 天，提速 10.04%。便民服务中心进驻和联动单位增至 43 家，满意率达 99%。“吴中在线”信息化服务平台、“5+2 太湖旅游驿站”、国税“服务 E 站”、地税“税企心桥”、“质检引航破壁”等一批服务创新品牌广获好评。

*依法行政继续深化。*自觉接受人大的法律监督和政协的民主监督，积极加强与人大代表、政协委员的沟通联系，高质量办复议案、建议 62 件、提案 150 件。制定实施《区人民政府常务（区长办公）会议议事规则》，积极推进行政权力网上公开透明运行，主动发布政务信息 5000 多条、公开文件 500 多份，行政审批事项结果全部上网公布。认真办理回复领导信箱 1717 件，答复公众监督 6656 件，区信访局获全省信访先进集体。

*制度建设全面强化。*全面落实领导干部“三责联审”，不断完善公务员培训、考核、评价机制，工程建设、政府采购等重点领域的执法监察不断加强。探索建立财政支出绩效评价体系，严格因公出国（境）、车辆购置等制度规定，努力提高财政资金使用效益。完成财政财务审计项目 68 个、工程审计项目 675 个，核减 5.1 亿元，区审计局获全国审计宣传工作先进单位。组建成立太湖旅游集团和区金融工作办公室，接待、外事、侨务、机关事务管理等工作取得新进展。

各位代表，回顾一年来的奋斗历程，我们成功应对各种风险挑战，取得了来之不易的成绩。这些成绩，离不开上级党委、政府和区委的正确领导，离不开全体人大代表和政协委员的监督支持，离不开各地、各部门、各企事业单位和广大干部群众的齐心奋斗，也离不开广大老同志和社会各界的关心厚爱。在此，我谨代表吴中区人民政府，向辛勤工作在各个领域的全区人民，向区人大代表、政协委员，向各民主党派、人民团体、工商联和垂直管理单位，向驻吴人民解放军指战员和武警消防官兵、公安政法干警，向离退休老同志和关心、支持、参与吴中建设发展的各界人士，致以崇高的敬意和衷心的感谢！

在肯定成绩的同时，我们也清醒地看到，发展中还存在一些问题和不足，主要表现在：产业层次整体不高，引导企业提升核心竞争力和抗风险能力的任务还很艰巨；环境、土地、人才等资源要素制约日趋突出，破解制约的思路、办法有待创新；城乡环境面貌整体水平相对滞后，整治改造提升力度亟需加大；政府公共服务、公共财政的提供与群众的需要存在一定差距，保障和改善民生的措施仍需强化；维护社会和谐稳定的要求不断提升，政府自身作风效能建设任重道远；等等。对此，我们必须高度重视，在今后的工作中，采取有力措施，逐步加以解决。

## 今后五年的奋斗目标和基本工作原则

二届政府在应对危机中推进科学发展的丰硕成果，在复杂环境中狠抓经济建设的生动实践，在创新思路中破解发展难题的成功经验，为本次会议即将选举产生的新一届政府打下了坚实基础,积累了宝贵财富。跃上新的发展平台,站在新的历史起点,新一届政府有责任也有能力顺应全区人民的新期盼,走出一条符合时代特征、具有吴中特色的率先基本实现现代化之路。

我们要积极应对当前国际金融危机、主权债务危机的冲击影响,高度关注全球科技发展、金融革命和经济格局的最新走势,准确把握宏观环境、政策的新变化、新动向,立足吴中自身优势和现实基础,在创新转型中全面增强抢抓发展机遇的能力,谋发展之策,聚发展之力,鼓发展之劲,把吴中各项事业推向一个崭新的发展阶段。

今后五年,政府工作总的指导思想是:**以邓小平理论和“三个代表”重要思想为指导,深入贯彻落实科学发展观,按照苏州建设“三区三城”和“建设宜居新苏州、打造创业新天堂、共筑幸福新家园”总体要求,牢牢把握“十二五”发展的主题主线,紧紧围绕“山水苏州·人文吴中”目标定位和“走进太湖时代”发展战略,坚持“四轮驱动”,突出“四大板块”,全力增创转型升级、科技创新、城乡一体、文旅融合、社会建设、生态文明“六大优势”,更高标准打造高端产业城区、最佳宜居城区和文化旅游强区,更高水平推进“吴中明天更美好”,更高层次开创科学发展新局面。**

今后五年,全区经济社会发展的奋斗目标是:**确保2013年底完成率先基本实现现代化指标,并在此基础上继续向更高水平的现代化迈进。**主要预期目标是:到2016年,全区地区生产总值、地方一般预算收入、全社会固定资产投资在2011年基础上实现翻番;全社会研发经费支出占GDP比重达3.5%以上;高新技术产业产值占规模以上工业总产值比重达50%;文化产业增加值占GDP比重达7%以上;城镇居民人均可支配收入6万元,农民人均纯收入3万元,年均分别增长12%左右。

根据以上指导思想和主要目标,在今后五年发展中,必须牢牢把握以下五条原则:

*——必须牢牢把握科学发展这一鲜明导向。*坚持以科学发展为第一要务不动摇,更加注重经济社会发展的协调性,努力追求好中求快、稳中求进的发展成效;更加注重经济社会发展的实效性,着力构建有利于科学发展的体制机制,努力实现更长时期、更高水平、更好质量的发展。

*——必须牢牢把握转型升级这一战略任务。*坚持以转型升级为重大使命,通过科学规划、资源整合、创新驱动和项目推进,积极发展新产业、构筑新载体、培育新亮点、彰显新优势,不断提高资源产出率、要素集聚度、区域辐射力,推动经济增长与转型升级互动并进,在发展中促转型,在转型中求发展。

*——必须牢牢把握开放创新这一根本动力。*坚持改革创新与双向开放并举,主动顺应外部环境的重大变化,深化重点领域和关键环节改革,加快推进经济国际化、城市国际化、人才国际化,使开放发展的优势更明显,创新驱动的引擎更强劲。深入推进思想创新、机制创新、功能创新、路径创新、服务创新,以创新引领转型升级,占领发展制高点。

*——必须牢牢把握生态人文这一禀赋优势。*坚持传承优秀传统文化与弘扬时代精神相结合,充分发挥生态人文助推经济社会发展的功能,激活特色商贸旅游,打造文化产业高地,加快把生态人文优势转化为发展优势、竞争优势,切实提高生态人文对经济增长的贡献率和对城市发展的支撑力。

*——必须牢牢把握民生幸福这一现实追求。*坚持以人为本、民生优先,让改革发展成果更多更实更好地惠泽全区人民。既立足当前兴办实事,又着眼根本健全体系,既集中解决紧迫性问题,又统筹谋划长远性问题,切实办好涉及民生的大事要事,真正使发展的过程与增进民生幸福的过程同步迈进。

## 2012年工作目标和任务

2012年是党的十八大召开的喜庆之年，是实施“十二五”规划承上启下的关键之年，是为率先基本实现现代化奠定基础的奋斗之年。我们将以“迎接十八大，迈向现代化”为主题，全面做好今年各项工作。

全区经济社会发展的主要预期目标是：地区生产总值增长15%以上；地方一般预算收入增长18%以上；全社会固定资产投资增长20%以上；城镇居民人均可支配收入、农民人均纯收入均增长15%左右；城镇登记失业率控制在4%以内。实际利用外资5亿美元；新增注册民资内资350亿元。完成节能减排目标任务。

围绕上述目标任务和区委提出的“八件大事”、“四项重点工作”，着力抓好以下六个方面。

**一、突出载体、项目集聚，更大力度推进产业转型发展**

坚持总量扩张与结构优化、载体建设与项目落地并举，着力形成高端引领、集约发展的转型先导优势。

*打造高端平台，增强产业承载优势。*积极落实省主体功能区规划，加快优化产业布局，高水平推进吴淞江科技产业园、出口加工区二期、东太湖科技金融城二期、太湖科技产业园等“四大新兴产业载体”建设。以创建国家级经济技术开发区和国家级综合保税区为契机，全面加快开发区“二次创业”步伐，有效放大出口加工区、保税物流园、保税港区、陆路通关点多功能叠加效应。提升各类检测、服务平台集群优势，打响打好“光伏基地”、“吴中药港”等产业集聚品牌。度假区抓住建区20周年契机，全面优化中心区和金庭、光福片区功能布局，形成度假休闲、文化会展等产业特色。中心城区完善城市综合体布局规划，加快22座高层楼宇建设，积极发展总部经济、楼宇经济、商圈经济。越溪城市副中心、蠡墅片区、木渎胥江城等新兴城市板块着力整合核心资源，进一步强化集聚效应。中心镇围绕增强承载能力组团开发，加速产业集聚与错位发展。依托“两个万亩”特色农业基地，着力构建园区化、农场化、合作化、生态化的现代高效农业发展格局，实现全区农业“六加一”产业产值62亿元。

*狠抓项目引育，增强产业集群优势。*依托爱信AW、三洋能源二期等重大项目，推进“五大产业链”前后延伸、提升优化，实现生物医药、新能源新材料产业产值均超百亿元，电子信息、装备制造产业产值均达500亿元以上，新兴产业产值400亿元以上，占规模以上工业总产值比重力争达到30%。全面打造现代物流、金融创投等“十大服务业集聚区”，积极申报省服务业综合改革试点，加快推动制造业分离发展服务业，力争服务业增加值超380亿元，占GDP比重达45%。精心组织各类重大招商活动，重点引进与培育一批主导产业高端项目、新兴产业前沿项目。坚持项目建设与储备并重，建立科学有效的重大项目储备系统和项目库动态管理机制。

*优化要素配置，增强产业转型优势。*积极发展创投、担保、产业基金等各类非银行金融机构，加快构建功能齐全、竞争充分、相互补充的现代金融组织架构，引导更多的信贷资金投向实体经济，保证新兴产业、中小微企业、重大项目融资需求。最大限度提增财政专项资金基金引导效应，优化提升投资结构，实现财政资金效益的最优化。研究规划国有企业品牌战略，全区国有公司注册资本总额、资产总额力争分别超180亿元、540亿元，使国有经济在推动转型升级和民生改善方面发挥更大作用。严格限制高耗能、高排放及产能过剩行业项目，加强节能技术改造和能源评估审计，切实降低单位生产能耗。依托苏州与盐

城、宿迁等地合作共建园区等载体,鼓励企业转移产业业态。加快"退二优二"步伐,建立土地低效利用退出机制,着力推动全区存量土地盘活和闲置资源整合利用。加大土地执法力度,继续争创国土资源节约集约模范区、土地执法模范区。

**二、突出科技、人才支撑,更大力度实施创新驱动战略**

强化创新驱动与开放带动、投资拉动的紧密结合,以更大力度的投入、更加灵活的机制、更加优越的环境,集聚各类创新要素,着力构建完善的区域创新体系。

强化企业主体地位。加强政策引导和激励扶持,引导企业进一步提高研发投入,力争新增企业院士工作站2家以上、高新技术企业25家以上、高新技术产品100只,高新技术产业产值超650亿元,实现全社会研发经费支出占GDP比重达2.4%。实施"出口品牌"建设计划,鼓励和引导企业积极运用电子商务等新型商业模式,开发新产品、拓展新市场,保持出口总体平稳。实施"专利质量"提升计划,发明专利申请量占比达30%。实施"千企升级"计划,力争完成工业投入120亿元,技改投入80亿元。实施"商标兴企"和"名牌强企"计划,新增注册商标400件、著名商标3件,省名牌产品2只。力争新培育上市企业2~3家,加快形成资本市场的"吴中板块"。

强化人才引领作用。深入实施"人才强区"战略,制订出台引进高层次人才奖励实施办法,常态化开展"两院院士吴中行"、"吴中科技人才工作高校行"等活动,年内资助领军人才项目20个左右,力争实现国家"千人计划"零的突破,省"双创人才"、市"姑苏人才"数量有所增加。完善专业化人才服务体系,确保人才工作专项资金不低于本级财政一般预算收入的1%。

强化政策引导效应。加强重大政策研究和创新,促进科技、人才、产业、财税政策的配套衔接与系统融合。加快东太湖科技金融城等区域科技创新创业载体建设,建成省级以上孵化器2家。经常化开展政产学研、产业科技金融等对接活动,推进高校、科研院所和企业优势叠加,努力实现技术创新链和产业价值链双向融合,推动更多创新成果加速转化为现实生产力。积极发挥区科技金融服务中心作用,健全中介服务平台功能,加快形成科技投融资体系。

**三、突出幸福、和谐同步,更大力度加强民生事业建设**

以改善民生福祉为第一要务,高质量完成"十二五"十大民生实事年度任务,进一步提升人民幸福感、社会和谐度。

多渠道促进富民增收。围绕城乡居民收入六年倍增计划,探索建立持续增长长效机制。构建城乡统一的就业机制,制订更积极的就业政策,广泛实施就业援助、就业培训,切实抓好大学毕业生、农村富余劳动力和困难群体就业。完善创业带动就业政策措施,建设一批创业培训、创业孵化基地,争创国家级创业型城市。不断深化农村合作改革,做大做强镇村两级15大农村集体经济集团,集体经济总资产超250亿元,村均稳定收入超780万元,年收入超千万元村35个,合作社户均分红3500元以上。

广覆盖完善社会保障。按照市委、市政府统一部署,全面完成城乡养老保险和医疗保险并轨。切实抓好非公有制企业职工、灵活就业人员和农民工等群体参加社会保险,城镇"五险"净增参保人数2万人。加强城乡基本医疗保障体系建设,动态提高最低生活保障标准。健全社会救助管理制度,重点解决因病因残致贫家庭的生活困难,适度扩大临时救助范围。积极推动慈善救助、红十字、社会养老和残疾人事业发展,启动建设区民生综合服务中心。加快保障性住房建设,增加中低收入群体住房供给，不断提高住房公积金缴存覆盖面。

均等化提优公共服务。拓展婴幼儿早期教育服务，新建、改扩建8所幼儿园，基本完成无证幼儿园清理整顿。加快角直高中校、苏大尹山湖附中和吴中实验小学等一批学校新建、改建、扩建，40%的中小学建成市高水平现代化学校。积极创建省职业教育创新发展实验区，继续办好内地西藏中职班。大力开展中小学生校外教育实践，努力打造区域素质教育特色品牌。稳步推进平安校园和校舍安全工程，强化校车安全管理，确保教育教学安全。积极引进和举办大型体育赛事，大力推进全民健身工程。继续实施好基本药物制度，稳步推进公立医院改革试点和基层医疗卫生机构综合改革，严格落实基本药物零差率销售和基层医疗卫生机构财政补偿机制。建成投用吴中人民医院新大楼和角直人民医院新院，完成木渎人民医院外科住院大楼和光福、郭巷、越溪卫生院土建工程。启动新一轮临床医学重点专科、特色专科建设，完善区域卫生信息化系统。深化爱国卫生和健康城市建设，新建省卫生村7个、市健康村10个。深入推进城乡一体人口计生综合改革，强化流动人口均等化服务。

全方位创新社会管理。进一步完善基层基础建设机制。充分发挥社会组织作用，推动城乡和谐社区建设，强化政府行政管理与基层群众自治的有效衔接和良性互动。进一步完善社会矛盾纠纷调解机制。深入开展领导干部接访下访活动，层层落实信访工作责任，充实调处机构和调处网络，妥善解决群众合法合理诉求。进一步完善社会治安防控机制。稳妥推行社会稳定风险评估，及时有效防范和化解各类不稳定因素，巩固重点地区和突出问题综合整治成果。进一步完善应急管理机制。加强森林防火、防汛防台、动物疫情等日常工作和应急值守，健全社会安全事件、群体性事件的预防预警和管理处置体系。进一步完善公共安全管理机制。切实抓好高危行业、职业危害和中小企业的安全监管督查，狠抓重点领域专项整治和重大事故隐患挂牌督办；全面加强卫生监督执法，深入开展药品安全专项整治；加快推进食品监测监控、肉菜流通追溯和质量诚信体系建设，建好一批农产品平价直销店。规范人力资源市场，妥善处理劳资纠纷，构建和谐劳动关系。深入推进“六五”普法，扎实做好社区禁毒、社区矫正、安置帮教等各项工作，营造良好的社会环境。依法开展民族宗教、优抚双拥、国防兵役等工作。

**四、突出文化、旅游融合，更大力度彰显人文吴中魅力**

整合优化文化旅游资源要素，努力推动文化旅游产业繁荣发展，为促进产业转型升级、丰富城市内涵注入新的动力。

切实抓好5A级旅游景区创建工作。突出“5A级景区创建推进年”主题，全面实施品质提升、品牌塑造、项目集聚、人才引育等四大工程。编制旅游饭店布局提升专项规划，扶持地接旅行社做大做强。充分利用中央电视台、《中国旅游报》等主流媒体及微博等各类新兴媒介，多视角、全方位、高密度宣传“苏州吴中——太湖最美的地方”。积极参与上海、青岛等旅游交易会，力争全年接待国内外游客突破1800万人次，实现旅游总收入超200亿元。坚持“旅游度假目的地”建设目标，加快太湖休闲度假游、水乡古镇风情游、乡村田园休闲游、江南文化体验游“四大旅游产品”开发，启动度假区旅游综合体建设，推进天池山、白象湾景区创建和木渎、角直古镇旅游区及临湖温泉小镇提档升级，构建差异化、精品化的旅游体系。

加快推动文化产业成为支柱性产业。坚持实施重大项目带动战略，做大做强中国工艺文化城、苏州国际影视娱乐城、开发区文化创意产业园等一批“吴”字号文化旗舰，做优生态文化、创意文化、数字印刷、会展广告等新兴业态,形成特色鲜明的文化产业集群,推动文化产业跨越式发展,确保实现文化产业增加值占GDP比重达6%。充分发挥区级文化产业专项引导资金作用,推动文化产业与旅游、科技、体育、信息、物流等产业融合发展,延伸产业链,提高附加值。

*不断加大公益性文化事业惠民力度。*坚持公益性、基本性、均等性、便利性原则,完善公共文化基础设施和管理服务,加快推进国家公共文化服务体系示范区创建。启动区文化馆、图书馆、文博规划展示馆、档案馆新馆和青少年活动中心等一批重点文体设施建设,全面开放现代文体中心,大力推行图书馆、文化馆等公共文化设施无障碍、零门槛进入制度。改造提升区、镇、村三级公共文体设施网络,完善"四位一体"基层综合信息服务体系,基本实现镇、村公共电子阅览室和镇级评弹书场全覆盖。统筹实施广场文艺月月演、数字电影周周映和"书香吴中·全民阅读"等文化惠民活动,提供适应人民群众需要的公共文化产品和服务。实施基层文化从业人员任职资格制度,加大文化市场执法力度,确保文化市场繁荣有序。

*精心培育独具吴中特色的文化品牌。*弘扬民族优秀文化,高水平办好太湖文化论坛峰会。精心打造"苏州(吴中)太湖吴文化"品牌,科学保护、合理利用各类文物和非物质文化遗产,加强春秋古城遗址、历史文化古镇古村保护。开展碧螺春茶文化旅游节、太湖开捕节等特色节庆活动,培育壮大胥口书画、香山古建、光福核雕玉雕等一批地方文化产业。加强文化人才队伍建设,挖掘、传承、创新地域文化,启动编纂吴中历史文化系列丛书(影像),着力打造一批原创精品力作,不断满足广大群众日益增长的精神文化需求。巩固和扩大文明城市创建成果,选树宣传一批道德模范,全面提升社会公共文明水平。

**五、突出保护、开发并重,更大力度打造宜业宜居环境**

以率先基本实现现代化为目标,倡导低碳生活,突出项目抓手,进一步优化城市规划、完善城市功能、丰富城市内涵、塑造城市特色、提升城市品位,全力打造天堂苏州宜业宜居新南城。

*"大视野"优化区域规划格局。*坚持规划引领,加快完善与国际化要求、现代化目标相适应的规划体系。紧扣苏州中心城市"一核四城"发展定位,深化滨湖新城吴中片规划,加快做好启动区控制性详规和核心区城市设计。完成度假区总规修编,完善越溪、木渎等一批重点板块规划,细化吴淞江科技产业园等一批重点载体的专业化设计,切实优化空间布局。严格执行重点片区城市设计,加快形成布局合理、功能完善、层次分明的发展新格局。完善全区大交通规划,强化轨道交通、快速环线和重要道路沿线等重点节点、地段的规划控制和管理。

*"大手笔"提升城市功能品位。*中心城区着力推动运河风光带、县前街商贸街、豪仕登地块等建设,打造现代商贸商务特色品牌。滨湖新城加快大堤景观生态湿地、核心区"三横四纵"路网及启动区环境建设。越溪城市副中心、尹山湖—独墅湖板块完善功能、提升业态、塑造精品。度假区加快"三点一核"建设和"十件大事"实施,拉动中心区成片开发、快出形象。高标准推进"十大交通工程",加速形成立体式、快捷化的现代城市交通体系。继续实施一批老新村综合改造,组织整治一批背街小巷。整合交通秩序、治安联防、"数字城管"等管理服务资源,提高智能化水平。

*"大统筹"加快城乡一体发展。*用足用好苏州城乡一体化先导区先行先试各项政策,探索建立苏州太湖现代农业示范园"区镇合一"管理模式。加强农村宅基地建房管理,积极筹建农村产权交易中心,大力发展农村产

权交易市场。引导农户进行土地流转、土地入股入社，全面提升农村集体土地规范流转和集约利用水平，农业适度规模经营面积超80%，稳步实施“万顷良田”工程。严格按照各项规划要求，扎实推进拆迁工作，加快安置房建设。结合5A级景区创建，统筹实施322个村庄环境整治。推动城乡交通、水利、电力、通讯、燃气、环保等基础设施共建共享共用。

“大作为”推进生态文明建设。积极开展全国生态文明示范区创建，建立健全环境风险预警防范系统，完善区、镇、村环保三级监管网络和再生资源回收利用体系。强化河道长效管理，新建20公里以上生态河道。加快城南、河东、木渎、光福污水处理厂迁建、扩建，建成日处理能力300吨污泥干化焚烧项目。积极实施生态湿地保护恢复，重点打造东太湖生态湿地。推进山区林相改造、丘陵山区农业综合开发和宕口复绿，新增绿化面积3000亩。规划实施农村环境连片整治二、三期项目，营造常态化一流环境。全面提升交通干道景观绿化水平。

**六、突出作风、效能提升，更大力度塑造机关服务品牌**

牢固树立作风就是生产力、效能就是竞争力的理念，持续增强管理服务、科学决策和执行落实的能力，为率先基本实现现代化提供坚强保障。

合力创优政务环境。深入推进行政审批制度改革，继续推行集中审批、联合审批和网上审批，优化行政审批流程，提升行政服务效率。抓好机关作风效能建设，转变政府职能，提高政府服务信息化、网络化、系统化水平。深化政务公开内容，丰富政务公开形式，加强政府门户网站建设。积极支持工会、共青团、妇联、科协、文联、残联、社科联、侨联等人民团体和各民主党派、工商联开展联系群众、帮助群众、服务群众的各项工作。

深入推进依法行政。严格依照法定权限和法定程序行使权力，落实政府重大行政决策程序规定，完善决策评估机制，提高决策质量和效率。健全行政执法责任制，依法开展行政复议和应诉工作，加大专项执法检查力度。自觉接受区人大及其常委会的法律监督、工作监督和区政协的民主监督，认真办理议案、建议和提案。重视司法监督，接受新闻舆论和社会公众的监督，保障人民群众的知情权、参与权和监督权。

始终坚持勤政廉政。健全惩治和预防腐败体系，加强对行政权力的监督和制约。加强对工程建设、政府采购等重点领域以及行政处罚、审批、收费等关键单位、敏感环节的监管，坚决查处违纪违法案件。加强政府性资金绩效审计和财政预算执行审计，加强领导干部“三责联审”。加强机关事务管理，控制公车购置使用，完善因公出国（境）管理机制，规范会议、公务接待以及各类庆典、研讨会等活动。严格机关工作人员教育和管理，大力开展公务员职业道德主题教育实践活动，全力建设一支作风优、思路清、能力强、工作实的公务员队伍。

各位代表，新的目标鼓舞人心，新的征程催人奋进！让我们更加紧密地团结在以胡锦涛同志为总书记的党中央周围，在市委、市政府和区委的坚强领导下，紧紧团结和依靠全区人民，以崇高的使命激发热情，以务实的作风创新克难，为推进“吴中明天更美好”、率先基本实现现代化而努力奋斗！

# 又好又快“十二五” 真抓实干开好局 让“吴中明天更美好”

## ——俞杏楠同志在“吴中明天更美好”主题教育实践活动动员大会上的讲话

## 2011 年 4 月 6 日

同志们：

这次会议是区委区政府主要领导调整后，在四套班子领导会议、全区经济工作汇报会和各主要板块调研座谈会的基础上，召开的第一个全区性千人大会，时机关键，议题重大。会议的主要目的是：以科学发展观为统领，深入贯彻落实全国、省、市“两会”，以及全市率先基本实现现代化动员大会精神，按照市委蒋宏坤书记对吴中区工作的最新要求，动员全区各级党政组织和广大干部群众，围绕“吴中明天更美好”这一主题，突出“又好又快‘十二五’，真抓实干开好局”，进一步统一思想，坚定信心，团结拼搏，奋勇争先，为“十二五”期间率先基本实现现代化提供强大的精神动力。下面，我讲四个方面：

**一、把吴中的明天建设得更加美好是时代赋予我们的庄严使命**

今后五年，无论从时代背景还是历史方位来看，吴中区都处在一个经济社会全面转型的关键时期。这一时期，全区推进科学发展、转变经济发展方式任务艰巨、刻不容缓；提升城市功能，加快城市现代化建设任务艰巨、刻不容缓；落实以人为本、增进民生福祉同样任务艰巨、刻不容缓。三重“艰巨任务”、三个“刻不容缓”，汇成一份庄严的使命、一种坚定的信心、一个共同的愿景，就是把吴中的明天建设得更加美好。

首先，把吴中的明天建设得更加美好，是市委市政府对我们的明确要求。市委十届十三次全委会和苏州市“十二五”规划把吴中区定位为高端产业城区、文化旅游强区，以及现代服务业和生态人居高地。市委蒋书记最近多次到吴中调研指导，对吴中发展寄予殷切期望，特别要求我们打好高起点规划建设、高端产业培育和生态环境保护“三场硬仗”，以大项目培育引领产业的转型升级，以科学发展观推动太湖的治理发展，以提升人民幸福感作为决策的重要依据，加快打造宜居、宜业、宜游之地，不断提升“山水苏州、人文吴中”品牌的知名度和美誉度，争当苏州从“运河时代”走进“太湖时代”的排头兵，在率先基本实现现代化的道路上走在全市前列。市委市政府对吴中区定位高、要求高、期望高，吴中区发展责任大、压力大、任务重。全区上下要切实增强发展的紧迫感、使命感和责任感，把市委市政府的部署要求与推进“吴中明天更美好”紧密结合起来，与时俱进地丰富“吴中明天更美好”的内涵，力争在全市经济增幅不断上升、贡献份额不断上升、位次排名不断上升，确保完成市委市政府交给我们的各项发展任务，为提升苏州中心城市首位度作出新的更大贡献。

其次，把吴中的明天建设得更加美好，是对“十二五”期间率先基本实现现代化的动员引领。建区10年来，全区围绕“两个率先”目标，加快推进经济社会又好又快发展，在“十五”末达到省定全面小康建设考核指标，“十一五”末实现了率先发展、科学发展、和谐发展水平新提高，全区GDP首次突破600亿元，地方一般预算收入达到60亿元。当前，吴中区已步入工业化后期，资源环境趋紧、商务成本攀升、人口老龄化加快、外来人口偏多等约束因素日益凸显，产业发展层次偏低、结构偏重、竞争力偏弱等内生性矛盾也十分突出，亟待按照现代化标准和要求，推进经济社会全面转型升级，加快实现“第二个率先”。最近，市委提出，要把率先基本实现现代化作为苏州“十二五”发展的总抓手、总任务，到“十二五”末，苏州各市(县)、区均要达到基本实现现代化指标体系要求。对吴中区来说，这既是市委市政府下达的刚性任务，更是自身转型升级、创新发展的必然要求。区委区政府在这个时候提出要推进“吴中明天更美好”，是对市委《关于率先基本实现现代化决定》的主动呼应，也是对全面完成“十二五”发展目标、率先基本实现现代化的动员引领。对照苏州市初定的率先基本实现现代化“五大类28项33个”考核指标，目前我们有11个指标落后于全市平均水平，占考核指标总数的三分之一，其中不乏人均GDP、新兴产业产值占规模以上工业产值比重、全社会研发投入占GDP比重等权重分值较大的重要指标，赶超压力比较大。全区上下要进一步认清差距，奋起直追，把率先基本实现现代化作为“吴中明天更美好”的现实蓝图和具体要求，以“吴中明天更美好”的迫切愿望凝聚率先基本实现现代化的信心和决心，探索走出一条符合时代特征、具有吴中特色的现代化之路。

第三，把吴中的明天建设得更加美好，是全区人民的热切期盼。“吴中明天更美好”是一个经济社会全面进步的整体概念，而富民惠民、成果共享是其根本目的。这次市委市政府在制定基本实现现代化考核指标时，把城乡居民收入指标定为8分，比分值排名第二的人均GDP高出了整整3分，充分体现了现代化建设的民生导向。改革开放30多年来，特别是建区10年来，全区城乡居民收入实现了快速增长，但相对于600亿元的经济总量，相当一部分居民富裕程度不够高仍是一个客观的现实，诸多与人民群众幸福感和满意度密切相关的社会事业发展也相对滞后于经济建设。在新的发展阶段，人民群众追求美好生活的内容形式更丰富，水准要求更高，权利诉求更强烈，追求有尊严、高质量的生活已成为全社会的强烈呼声和价值追求。我们只有把吴中的明天建设得更加美好，把改革发展所取得的各方面成果体现在不断提高人民群众收入水平上，不断改善人民群众生活质量和环境上，不断提高人民群众思想道德和科学文化素质上，体现在充分保障人民群众的经济、政治、文化、社会等各方面权益上，真正实现“劳有多得、学有优教、病有良医、老有颐养、住有宜居”，才能顺应人民群众的新期待，让人民生活得更加幸福，更有尊严。

## 二、准确把握推进“吴中明天更美好”的总体要求、指导原则和目标任务

全面推进“吴中明天更美好”，是区委区政府从全区发展大局出发，围绕“十二五”末率先基本实现现代化这一目标，为振奋精神、激励斗志、凝聚人心，实现又好又快发展作出的战略性部署和全局性举措。全区上下既要准确把握时代特征，又要紧密结合实际，因地制宜地选择适应自身基础和条件的发展路径，科学确定战略目标、工作重点和具体举措，让“吴中明天更美好”在率先基本实现现代化的新征程中看得见、摸得着、感受得到。

一要准确把握推进“吴中明天更美好”的总体要求。围绕苏州市建设“三区三城”决策部署，结合吴中实际，推进“吴中明天更美好”的总体要求是：**做到两个“不动摇”，实现两个**

**“确保”**,即坚持“山水苏州、人文吴中”目标定位不动摇,坚持实施“走进太湖时代”发展战略不动摇,确保全面完成“十二五”目标任务,确保率先基本实现现代化。“山水苏州、人文吴中”是区委区政府基于吴中历史人文传承和资源区位禀赋,对全区经济社会发展作出的总体定位,凝聚了历届班子的集体智慧和全区人民的情感共识,也赢得了上级党委、政府和领导的充分认同。“走进太湖时代”由我们率先提出,又上升为市级发展战略,不仅是吴中区城市现代化、城乡一体化发展的必然趋向,也是苏州提升中心城市首位度的又一重大战略手笔。推进“吴中明天更美好”,就是要让“山水苏州、人文吴中”更加深入人心、家喻户晓,就是要让苏州吴中成为太湖的第一主人、第一名片,就是要让吴中的发展又好又快,吴中的现代化之路更具特色、更显魅力。

二要准确把握推进“吴中明天更美好”的目标任务。“十二五”期间,实现“吴中明天更美好”的阶段目标就是率先基本实现现代化,经济社会发展从量到质、从点到面、从规模到内涵,均实现大幅提升。落实到具体指标上,就是到2015年,实现**“五个翻番”**,加速**“五大提升”**。实现**“五个翻番”**,就是地区生产总值、地方一般预算收入、工业生产总值、全社会固定资产投资、社会消费品零售总额均在“十一五”末基础上实现翻番。加速**“五大提升”**,一是经济创新活力显著提升,地方一般预算收入超120亿元,工业总产值达2500亿元,全社会研发经费支出占GDP比重达3%以上,战略性新兴产业产值占规模以上工业产值比重达40%以上,高新技术产业产值占规模以上工业产值比重达50%,科技进步贡献率达60%以上,本土上市企业达到15家;二是居民幸福程度显著提升,城乡居民收入大幅增加,城镇居民人均可支配收入达到5.5万元,农民人均纯收入2.6万元,居民公共交通出行率达30%以上,生活信息化水平达90%,城乡居民健康指数超过95%,各类社会保障高水平全覆盖;三是生态环境水平显著提升,全社会环保投入占GDP比重达4.5%,陆地森林覆盖率达30%,生活垃圾无害化处理率100%,城南废气排放、七子山垃圾焚烧等造成的环境扰民得到有效治理,全区环境质量综合指数95分以上,“蓝天”标准天数超过330天;四是城市化水平显著提升,建成区城市更新、功能完善、拔高扩容取得实质性进展,尹山湖–独墅湖板块、东太湖滨湖新城、木渎胥江城、度假区中心区等新兴城市板块建设全面出彩,全区城市化率超过65%,苏州太湖国家旅游度假区创成国家5A级景区,实现城市与旅游的深度结合,变“旅游城市”为“城市旅游”;五是社会文明程度显著提升,市民综合素质普遍增强,社会文明程度全面提升,知荣辱、讲正气、树新风的社会风尚日渐巩固,平安社会指数95以上,城乡公共文明测评指数超过85%。实现“五个翻番”,加速“五大提升”,把一个经济繁荣、政通人和、环境优美、人民幸福、社会和谐的新吴中呈现在全区人民面前,既是率先基本实现现代化的行动纲领,更是我们向全区人民做出的庄严承诺,是“吴中明天更美好”的现实图景。

三要准确把握推进“吴中明天更美好”的指导原则。重点把握四条原则。**在战略定位上,要与“三区三城”建设统一起来。**“三区三城”是苏州率先基本实现现代化的总定位、总描绘,推进“吴中明天更美好”是“三区三城”建设的吴中实践、吴中样本,两者内涵统一,目标一致。作为苏州的主城区板块,要主动把吴中发展纳入全市“三区三城”建设体系,统一谋划,统一布局,统一标准,特别在城市建设上,要学园区、比新区、无缝接轨古城区,为优化苏州城市版图作出积极贡献。**在发展路径上,要与建设新城区、集聚新人才、发展新产业对接起来。**坚持以人才为第一资源,以发展新兴产业为第一方略,加快推进城市现代化和城乡一体化，以现代化的新城区提升发展，以现代化的新人才引领发展，以现代化的新产业支撑发展，全面提高经济社会发展的现代化水平。**在工作措施上，要与解决发展中的矛盾和问题联结起来。**坚持改革创新、大胆实践，着力破解发展中的难题，拉长发展中的“短腿”，改进发展中的薄弱环节，使解决矛盾和问题的过程成为提升发展水平的过程，成为落实现代化指标任务的过程，成为推动各项事业全面协调发展的过程。**在评价标准上，要与提高人民群众的认可度一致起来。**突出以人为本的发展理念，更加关注人的生活质量、发展潜能和幸福指数，努力让改革发展的成果更多更好地普惠于民，提高全区人民对率先基本实现现代化的认可度和满意率。

**三、全面落实“又好又快‘十二五’，真抓实干开好局”的工作重点**

五年看头年，开局定乾坤。推进“吴中明天更美好”的阶段性目标是在五年内基本实现现代化，当前任务就是要真抓实干，确保完成全年各项目标任务，为又好又快“十二五”创造良好开局。今年以来，全区经济发展势头迅猛，但近期发生的两大国际事件，给各地经济发展带来了新的不确定因素。东面日本地震、海啸、核电危机，西面利比亚动荡、战争、混乱局势，一个是天灾，一个是人祸，一个是全球制造业供应链的重要环节，一个是国际石油的重要产地，都影响着世界经济的发展走向。国内中央调控政策步步跟进，特别是央行连续三次上调存款准备金率，达到了20%的历史高位，企业融资难度加大；房产领域新“国八条”力度空前，“建、管、限”三管齐下，对全区经济发展影响不可低估。进入3月份以来，全区经济发展中存在的结构性矛盾也更加凸显，土地类基金收入、内外资利用等重要指标完成情况均不理想，财政增收、项目储备、用地保障、社会管理等各方面工作压力都很大。全区上下要进一步认清形势，不仅要看到成绩、坚定信心，更要正视不足、保持清醒，切实做好应对风险的准备，鼓足争先进位的劲头，在挑战中寻求发展良机，在转型中实现“弯道超车”。

当前和今后一段时期，要始终坚持**“四轮驱动”**，重点突出**“四大板块”**，着力强化**“四个集聚”**，加快推进**“八大工程”**。

坚持**“四轮驱动”**，就是坚持外资经济、民资经济、国有经济和集体经济发展齐头并进，通过各行各业、方方面面的共同努力，进一步做优外资经济，做活民资经济，做强国有经济，做大集体经济。外资经济坚持好中选优，全年完成注册外资10亿美元、实际利用外资4.7亿美元，实现进出口总额78亿美元，其中出口51亿美元；民资经济突出放水激活，全年新增注册民资400亿元，民资内资企业累计达到25000家，注册资本突破1500亿元；国有经济实现稳步扩张，区属国有公司年内完成投资20亿元，经营性资产、股权投资、金融参股总额超18亿元；集体经济推进提档升级，新增各类农民股份合作社20家以上，股红分配总额突破2亿元，镇村集体经济总资产、净资产“十二五”末均实现翻番。

突出**“四大板块”**，就是突出开发区、度假区、建成区和中心镇四大板块建设，形成竞相发展、各显特色的发展局面。**开发区**要以确保三年、力争两年创成国家级开发区为总目标，坚持规划先行、集约发展、创新驱动，高标准建设现代化新型城市，高水平发展高端化新兴产业，不断提升综合竞争力和可持续发展水平，全面打造“走进太湖时代”的先导区、现代宜居城市的样板区、高端产业的集聚区、生态工业的示范区，进一步巩固在全区发展的龙头地位。**度假区**要抓住建区20周年和创建国家5A级景区两大机遇，整体开发中心区、金庭、光福“三大板块”，重点打造太湖科技产业园、渔洋山“金三角”、度假区东入口和蒋墩核心中央商贸区“三点一核”，精心培育休闲旅游业、现代服务业、先进制造业、现代观光农业“四大产业”,全力打造国内一流、国际知名的旅游度假目的地,真正展现与国家级旅游度假区相符的形象与实力,重新确立在全区经济社会发展中的重要地位。**建成区**要以东吴南北路和运河风光带为重点,全力推进“优二进三”和“城中村”改造,全面提升城市设计、建筑品位和精细管理,大力营造现代化都市新形象,为新一轮城市转型构筑平台,为楼宇经济、总部经济、研发创意、金融商贸等城市经济发展构建载体。**各中心镇**要按照“今日中心镇、明日卫星城”的发展目标,进一步优化形态、人口、功能和生产力布局,统筹好生产与生活、经济与环境、镇区与乡村的关系,努力打造各具地域特点和产业特色的现代化城镇。

强化**“四个集聚”**,就是强化载体布局集聚、特色产业集聚、资源要素集聚和吴中品牌集聚,努力形成规划更科学、重点更突出、特色更鲜明的发展格局,进一步提升区域发展的承载力和美誉度。要让“吴中明天更美好”,今后的发展必须是集聚式、链条式的发展,绝不能村村点火、户户冒烟、处处“摊大饼”。**载体布局集聚**就是要克服多而散、小而乱的功能区结构布局,产业集聚区建设体量要大、档次要高,通过集聚出规模,出效益,出承载力;**特色产业集聚**就是要避免主导产业发展贪多求全、新兴产业培育“喜新厌旧”,既要集聚优势主导产业,更要注重产业特色发展,在增强市场竞争力的同时放大区域影响力;**资源要素集聚**就是要按照“土地节约、资源集约、产业集聚、企业集群、主业突出、特色鲜明”的要求,整合利用土地、资金、人才、能源等各类生产要素,降低对资源要素的依附,提升创新发展的能力;**吴中品牌集聚**就是要坚持少而精,凸显“山水苏州、人文吴中”的中心地位,在众多已有和新创品牌中,加大对吴地优秀文化、吴中特色产品的宣传力度,进一步提高吴中的知名度和美誉度。

重点要加快推进**“八大工程”**:

**(一)推进产业转型工程**。推进“吴中明天更美好”要以科学发展为主题,以转变经济发展方式为主线,把握主题主线的关键就在于推动产业实现转型升级。区委区政府把产业转型作为全区经济发展的“一号工程”,力争早日完成“三大转型”。产业层次要由低端向高端转型。当前,全区产业门类较为齐全,“5+2”主导产业体系基本形成,但真正拿得出、叫得响的地标企业和产业制高点几乎没有。传统产业方面,我们没有沙钢那样的“巨无霸”、波司登那样的大品牌,新兴产业也缺乏中科院纳米所、医工所这样的技术制高点。从衡量产业层次的两大主要指标来看,去年,全区实现高新技术产业产值435亿元、新兴产业产值262亿元,高新区、工业园区分别是我们的近3倍和5倍多。按照苏州市“十二五”末新兴产业产值占规模以上工业产值比重50%的目标,我们每年要提高4.88个百分点,任务重,压力大。全区上下要认清差距,奋勇拼搏,争先进位,着力推进电子信息、装备制造两大传统产业改造提升,全力推动太阳能光伏、生物医药、文化创意三大新兴产业做大做强。重点加快爱信变速箱、伟创力、三洋能源锂电池等重点项目开工投产,支持东山精密、尚德-库特勒、赛维LDK等光伏企业做大规模,推进生物医药集聚区建设、药品研发和成果转化实现新突破,加快光华文化创意产业园、中国工艺文化城、胥江一号等十大文化产业项目建设运营。力争全年实现新兴产业产值320亿元以上,新增本土上市企业2-3家,文化产业增加值占GDP比重三年内提高到5%,成为支柱产业。吴中的农业在全区产业中虽然是小比重,但同样要走高端、高效、集聚发展之路,同样要“走进太湖时代”,同样要做出大文章、好文章。要以打造6万亩太湖现代农业示范园区、3万亩甪直现代农业基地为抓手,以“生态、基地、安全、高效、外向”为目标,坚持高水平规划、高标准建设、高强度投入、高效益产出,以一流的规划、一流的形象、一流的业态、一流的效益,建成一流水平的现代农业综合体。今年力争新增高效农业面积 2 万亩以上，特色农产品产值超 32 亿元,“太湖蟹”争创“中国驰名商标”。产业结构要由二产为主向三产为主转型。服务业在三次产业中占主导地位，不仅是基本实现现代化的重要指标，也是吴中区突破资源瓶颈约束的必然选择。从对 GDP 的贡献度来说,每万元增加值,服务业占用资本是工业的 60%,用电量仅为工业的 15%,烟尘、二氧化硫的排放量不到制造业的 6%和 7%。在资源、资金要素趋紧的大环境下，我们要保持 15%的年均增速,只有依赖服务业跨越增长,做大总量。现在我们一些板块已经有了不错的基础和载体,像开发区提出了建设十大服务业集聚区,木渎胥江城近 5 平方公里全部定位发展服务业，度假区中心区和未来东太湖滨湖新城服务业的承载体量更是十分庞大。这些载体到底放什么项目、搞什么业态,各地各部门都要好好研究。比如工业园区集中了全市 90%的银行分行、全省 1/3 的外资金融机构和 1/4 的创投公司，我们在郭巷北部打造区域金融中心,如何错位竞争、配套发展？再比如高新区已经把商业布局由狮山路向长江路、竹园路拓展延伸,美罗天都店即将开业,我们胥江城如何扬长避短,后来居上？还有团结桥、县前街、东吴商城三大商业节点,与观前和南门商圈之间的辐射距离、层级定位到底是怎样？环太湖景区在创建国家 5A 级的过程中,如何与周边同质景区在竞争中彰显个性、凸显优势？商务局、旅游局、金融办等部门要会同相关板块,尽快请上级领导和专家学者把脉会诊、集思广益,花大心思、下真功夫细致研究、好好规划。产业招商要由“抓点式”向“集聚式”转型。产业转型最终还是要落实到项目上。过去我们招商以“抓点式”为主,主要跟踪单个项目,在产业布局统筹、落地条件打造等方面考虑不足，项目的聚集效应和带动作用不够明显。今后要加快转变招商方式,主攻方向一个是引育龙头大项目，另一个是构建完整产业链。“十二五”期间,全区最优质、最稀缺的成片工业用地主要是 11.4 平方公里的吴淞江科技产业园、8 平方公里的太湖科技产业园和 1.62 平方公里的出口加工区二期,开发区、度假区要充分发挥区位优势，切实提高招商标准,优化功能载体布局,坚持“一般企业不供地、供地企业不一般”,以大体量、大面积的优质载体引育大投入、大产出的龙头项目,真正做出几篇“筑巢引凤”的漂亮文章,力争培育出百亿级的龙头项目和占据科技制高点的地标企业。发改、经信、科技等部门和主要产业板块要进一步研究梳理全区产业发展情况，确定几条主导产业链，找出需要尽快完善的短板和空白。招商部门要根据调研结果,加强产业链招商和产业园招商，加快打造 3-4 条具有吴中特色的完整产业链，着力培育出千亿级的产业集群。同时,要着眼当前,狠抓落实,做好项目储备工作,跟紧有信息的、落实在谈的、加快在建的、鼓励扩产的,着力避免项目建设“青黄不接”,确保今年 134 个重点项目年内完成投资 184 亿元。

企业是产业转型的主体，担负着不可替代的核心作用。各地各有关部门要在积极引进大企业、好企业的同时,积极鼓励已经落户吴中的企业,要有做强做优的志向、提速上市的勇气、冲刺世界 500 强的气魄;积极支持广大企业用全球资源做世界市场，敢于和全球顶尖同行比总量份额、比科技创新、比位次贡献,进一步加快信息化和高科技改造,加强组织结构和体制机制创新，早日做成顶天立地的产业巨人,为吴中产业转型勇挑重担、多作贡献。

**（二）推进人才引育工程**。人才是经济社会发展的第一资源，是科技创新驱动的第一要素。我们的产业结构要走向高端,必须依赖于人才结构的高端化，实现“吴中明天更美好”,也要由各行各业、各领域各层次的各类人才来共同推动。要加快人才引进方式的转型。高端人才、紧缺人才首先还是要立足于引进。重点产业、城市建设、金融创投等领域急需的中高级技术人才和管理人才是引进的重点,但怎么引进要好好动脑筋。一方面,要像招商引资一样开展招才引智，借鉴“敲门招商”的经验,变分散为集聚,变泛泛推荐为定向猎才,变“走出去”为“请进来”。另一方面，要进一步加强引进人才的后续服务，不光是引才的部门,各地各部门、方方面面都要做好服务,切实解决人才在工作和生活中的困难。人才工作领导小组要做好统筹协调工作,真正把人才当成全区共同的宝贵财富好好爱护、精心培育,展现吴中区招才揽才的力度和能力。年内,要重点开展好“两院院士看吴中”和“教授博士柔性进企业”活动,相关板块和部门要主动与中科院、工程院、科技厅对接，力争在产学研合作领域建立新成果，在国家“千人计划”申报方面取得新突破。要加快人才培育方式的转型。人才工作不仅要善于“抱孩子”,还要能够自己“生孩子”、“养孩子”,着力加强本土人才的培养力度。前两年,我们组织不少非公企业家到复旦大学参加研修班，金融危机阶段也请了很多专家进企业、进机关开展培训,效果都不错。今后在这方面还是要加大力度,充分依托苏州大学、独墅湖高教区等本土科教资源，进一步拓展赴北京、上海、南京包括境外的培训活动,重点培养紧缺高层次人才和企业经营管理人才，切实提升人才队伍与全区转型升级的匹配度。同时,要充分利用职教中心校、旅游职中、国际教育园等职业技术教育资源,加快打造多领域、多层次的高技能人才队伍。金融危机爆发后,李光耀曾经强调，新加坡要利用金融危机这段时间培养技能人才，等下一个增长高峰到来时就能迅速跟上去。科技成果转化为生产力和工业产品,还是要靠具体的技能人才去完成,新加坡尚且如此，我们目前的产业层次和结构更是这样。要加快人才与产业政策的转型。人才工程首要目的是集聚更多更好的产业人才,为产业转型升级做好服务。近年来,我们制定出台了不少人才政策和产业政策，但相互之间的衔接还不够。今后,经济综合部门在制定产业政策时,要更多地考虑到人才扶持,组织人事部门也要和经济部门加强互动和互补,围绕产业升级和结构调整,进一步整合人才政策,与产业政策紧密结合,形成呼应。特别是负责人才工作的领导干部，一定要厚德博学,加强学习,真正熟悉经济社会发展,熟悉全区产业发展的优势、不足和方向。要进一步强化产业发展的人才需求预测分析，加快建立引领产业转型升级的核心人才储备库,努力形成以人才集聚推动产业集群，以产业集群引导人才集聚的良性互动。

**（三）推进生态环境工程。**“生态吴中”始终是吴中区的绿色名片，我们建设“山水苏州、人文吴中”,走进“太湖时代”打的就是生态牌。去年,我们顺利拿到了国家生态区的牌子,但不能够满足,更不能骄傲和懈怠。对照率先基本实现现代化的指标体系和工业园区的建设水平,我们的差距还很大,特别是东部地区生态建设的任务还很重。环保局要牵好头，各地各部门要一如既往把生态环境建设放在突出位置,重点做到“三个大”。湿地绿地要大面积增加。深化生态保护修复,重点打造太湖、澄湖、尹山湖、独墅湖四大板块,深入实施东太湖综合整治工程、独墅湖绿化景观工程、太湖湿地公园提升扩容工程,以及绿化造林、河道疏浚、宕口整治等环境优化工程,把“四湖”建设成为生态产业集聚区、生态技术展示区、生态居住示范区。东部平原地区是绿化造林的重点区域，今年要着力改造重点主干道、高速路两边的绿化带，做到适度加宽、层次丰富、季相多变。确保全年完成宕口清坡100万平方米，全面完成新增绿化面积3000亩任务，再创一批省级以上生态村。污染排放要大幅度减少。吴中区到了目前这个发展阶段，绿色经济、循环经济和低碳经济是必然方向。以前我们的环评“红线”主要在太湖区域，现在一般区域也要提高项目的环评准入标准。现在城市化推进速度这么快，再过几年，一般区域也会成为中心城区。目前城南片区的化工厂是当年的发展形势和理念造成的，现在已经造成环境扰民，这样的问题不能在几年后换个地方重演。今后，新落地的项目绝对是低能耗、低排放、低污染甚至是无污染的。各地要学习借鉴木渎经验，下决心、花本钱改造、关闭、迁移一批高能耗、高污染企业，花心思、想办法培育、引进、投产一批绿色、低碳项目。特别要按照江苏新一轮化工生产企业整治工作要求，加快企业技术改造和进园入区工作，加强对年耗煤3000吨以上的47家主要能耗企业的督促指导，不折不扣完成全年节能目标，确保夏季高温期不发生有严重影响的污染扰民事件。监管整治要大力度推进。结合全区城乡综合环境提升“三年行动计划”，切实加强饮用水源地、集中居住地、旅游景点等重点区域，以及沿路、沿山、沿河、沿湖等重要节点的环境监管整治。度假区要下决心整治太湖沿岸的乱搭乱建和水面杂船，太湖大桥至光福段在国庆前要全面完成清理，并落实长效管理机制，等时机成熟，再提升环太湖大道度假区至光福段路面等级，优化道路两侧景观。木渎镇和环保局要敦促光大环保产业园，按国际化标准加快推进技术改造，进一步降低七子山垃圾运输、填埋、焚烧造成的环境影响。各地各有关部门要加快推进城乡环境综合整治，明确主要整治任务和事项，重点整治问题最严重的地方，确保责任分解落实到每个单位、每个人，坚决不留“死角”，真正做到开展一件是一件，完成一桩是一桩，不图形式，不走过场，不做表面文章，力争村庄重点整治行政村覆盖率年内突破60%。

**（四）推进城乡建设工程。**建区10年来，全区城乡建设取得了很大成绩，建成面积成倍扩张，新农村建设亮点频现，城镇体系加速融合。但与先进地区相比，还存在明显差距。主要表现为中心城区辐射力、带动力不够强，建筑的总体品味不够高，开发与保护的关系研究不够深入，城建质量和城管水平还有待提高。规划、国土、住建、交通、城管等部门和相关板块，要加快研究解决这些问题，把吴中的城乡环境建设得更美好。首先，要提升大规划。规划是建设的龙头，规划不领先，建设就落后。当前，在规划过程中必须充分考虑“三大因素”的影响。一是长三角建设世界级城市群、苏州建设长三角重要核心区域城市群的影响，特别是苏州“十二五”规划提出，要加快中心城区与吴江的融合，吴中区的区位中心度将进一步提高，长三角中心花园的定位将更加清晰。二是《苏州市城市总体规划》新一轮修编、乡镇规划进一步完善的影响，规划、国土部门在建设预留区规模、基本农田核减和异地代保、城乡增减挂钩政策扩面等方面要争取更大的空间。三是区域大交通网络加快建设的影响，轨道交通1号线今年贯通、明年运营，4号线、2号线及延伸段全面动工，南环西延、东环南延、中环快速路包括通苏嘉城铁均已提上日程，全区多个板块、相关节点的区位优势和土地价值必将得到提升。要充分考虑这些因素的影响，认真研究城市形态的演变方向，更加突出集聚集约，进一步完善城市功能、优化城市布局、提升宜居质量。要以苏州中心城区的定位，以东太湖滨湖新城和尹山湖–独墅湖片区全球招标规划设计方案为契机，请世界一流的规划单位和专家做世界一流的城市规划和设计，力争多留遗产、不留遗憾。要树立规划的绝对权威,严肃规划实施,严格规划监管,做到避免低水平重复建设和二次拆迁。其次,要完善大交通。交通改变城乡格局,特别是区域性大型交通设施能够让边缘连接中心、乡村对接都市,迅速提升相关板块的区位优势。但大型交通设施规划建设的周期比较长,一旦滞后,对经济社会发展的负面影响也很大。目前,较为有利的是三条在建轨道交通都与我们有关,不利的是城市快速路系统落后于工业园区、高新区和相城区,尤其度假区的交通瓶颈迟迟未能打破,限制了国家级旅游度假区品牌的彰显和土地山水资源的营销。虽然近期拟建的快速路和轨道交通仍然没有直达度假区,但不能轻言放弃。高新区为了开发建设苏州科技城、西部生态城,解决轨道交通3号线开工未定的问题,就自己规划了6条、共80公里有轨电车,提前实现轻轨1号线与太湖的无缝对接。这就是一种创新和思路,就是一种"没有条件创造条件也要上"的干劲和气魄。度假区到1号线木渎始发站比科技城到苏州乐园的距离近得多,对接的难度、成本也要小得多,肯定有更实用、更经济、更美观的解决办法。具体方案是用有轨电车还是快速公交,甚至结合公共自行车,都可以好好研究,首先自己要有迫切的发展愿望,要有敢想敢干、不等不靠的激情和志气。区委区政府正积极向市里争取南环西延二期工程延伸到光福,与一期工程一并规划、一起推进。度假区和规划、交通部门一定要好好考虑这些问题,不仅要向上争取,更要解放思想,努力为自己创造机会。其他项目建设也是一样,各有关板块和部门要全力以赴,力争南环西延早日动工,东环南延吴中段先行动工,东西山环岛连接线国庆节前动工,尽早确定中环快速路吴中段线位走向。要抓紧实施在建、拟建道路的等级指标重审工作,加快规范新建道路路名审定的程序和流程,大力提升全区道路建设标准,加快完成东山环岛公路建设,加快推进西山环岛公路、机场路、环太湖路光福段等重点道路工程建设。第三,要推进大建设。建成区重点要在东吴南北路和运河风光带营造大手笔,充分发挥与人民路商业中轴无缝对接的优势,尽快形成园区金鸡湖、新区狮山路那样的地标形态和区域辐射力、影响力。要加快推进"退二进三"、拆迁安置,加快中润苏州中心、文体中心、吴中医院等一批高层楼宇建设,有序实施蠡墅片区、澹台湖地区及老新村综合改造,特别新南、新北拆迁工作要又好又快又稳推进。新兴城建板块的城市功能开发要适度超前,更加突出教育、医疗、商务、金融等配套服务,改变过去城不城、乡不乡,人气难聚、商气不足的问题。尹山湖—独墅湖片区要加快与工业园区无缝对接,木渎胥江城要接轨高新区、高于高新区,越溪城市副中心与东太湖滨湖新城要提前谋划融合衔接,度假区中心区要加快打造综合功能齐全的商务旅游新城区。各中心镇要结合各自历史传统、区位特点和产业特色,跳出老镇建新镇,尽快形成新镇区的亮点形象,使新型城镇成为新一轮发展的新载体和新引擎。

**(五)推进民生幸福工程**。"吴中明天更美好"说到底,是要让吴中的人民生活更美好。今年,我们不仅要持续做大"经济蛋糕",还要进一步分好"利益蛋糕",把经济发展进程变为创造幸福、分享幸福、提升幸福的过程。要更加重视"一老一小"。尊老爱幼是中华民族的传统美德,也是人民幸福的重要标志。今年的民生事业要重点考虑老年人事业和学前教育工作。按照城乡一体、普惠均等的要求,加快城乡养老服务体系的接轨,进一步完善养老保险制度,更好地满足老年人的养老服务需求,努力提高老年服务产业发展水平。深入推进敬老院"三年扩容计划",年内实施8家乡镇敬老院新建工程,再推出4~5家社会民办敬老院,65岁以上老人每千人拥有床位数超过25张。要进一步提高认识,加强对学前教育工作的领导,把学前教育摆上突出位置,特别要针对学额紧张的问题,加快完成一批新建商品住宅小区配套幼儿园建设,新建9所幼儿园,全面提升学前教育水平。要更加重视"贫弱群体"。无论经济多么发达,总有一部分社会成员因为这样那样的原因,遭遇生活困难,却无力依靠自身力量有效解决。贫弱群体虽然是"小比例",但是个"大问题"。我们率先基本实现现代化的重中之重就是加快实施"富民工程",而增加城乡居民收入的重点、难点也在贫弱群体。要全面推广"百企帮百户"扶贫救助模式,充分发挥区社会福利中心平台保障作用,对贫弱群体不仅要在物质上给予更多帮助,还要在精神上给予更多关怀,让他们同时同样享受到"吴中明天更美好"建设的成果。要更加重视"基本需求"。经济在发展,社会在进步,人们的物质文化需求也在不断提高。作为政府来讲,保障和改善民生,必须将工作重点放在保障人们的基本需求上,特别是放在解决基本需求的薄弱环节上,多做"雪中送炭"的实事好事,切实把政府保障和改善民生的资源用在刀刃上。要坚持教育优先,大力推进城乡教育资源扩面提优。加快吴中医院建成启用,扩建移建木渎医院住院大楼和光福、郭巷等乡镇卫生院,优化社区卫生"六位一体"服务功能,完善提升医疗和公共卫生服务体系。要进一步完善公共文化服务体系,大力发展群众文体事业,加快筹备全区性的体育运动大会,挖掘培养反映吴地文化的优秀本土原创作品,不断满足广大人民群众日益增长的物质和精神文化需求,让吴中人民丰衣足食、安居乐业、幸福安康。

**(六)推进社会管理工程**。没有稳定和谐的社会环境,"吴中明天更美好"就没有经济发展之基、民生幸福之本。当前,从中央到省市,都高度重视社会建设与社会管理,前不久通过的国家"十二五"规划首次将"加强和创新社会管理"单独成篇,强调要适应经济体制深刻变革、社会结构深刻变动、利益格局深刻调整、思想观念深刻变化的新形势,创新社会管理体制机制,加强社会管理能力建设,确保社会既充满活力又和谐稳定。全区上下要吃透精神、把握实质,积极探索社会管理创新,努力为"吴中明天更美好"营造和谐稳定的社会环境、公正高效的法治环境和诚信健康的发展环境。要深入推进平安吴中建设。现在人民群众对公共安全的关注度越来越高,安全感已成为影响幸福感的重要因素。区政法、综治、公安等部门要以社会认可、人民满意为目标,以法治吴中、平安吴中建设为抓手,强化社会治安综合治理,着力推动社会管理由防控型向服务型转变。特别要从社会治安防控、食品药品安全、企业安全生产、安全稳定预警等四个关口入手,强化对出租房屋、学校、重点企业等重点场所的监管,确保人民群众身体健康和生命财产安全。要密切关注互联网、手机短信动态言论,加强舆情控制,防止出现影响稳定的负面炒作,积极主动地引导网上舆论。要切实加强新型社区管理。人民群众迫切需要优质的社区服务,市委市政府也高度重视社区管理。前不久市委蒋宏坤书记专程来"全国和谐社区建设示范社区"苏苑街道南区社区考察调研,为下一步全市社区管理工作创新调查摸底。社区管理到底怎么进行?信息机制怎么建立?各村、社区要积极向身边的先进典型学习,探索建立社区管理服务、流动人口管理服务、居民小区物业管理服务、职工合法权益保障等方面的新机制,切实提高各基层部门的管理服务水平。要全面畅通民生诉求渠道。进一步畅通群众诉求表达、权益保障渠道,完善各级干部接访、下访、走访制度,健全大调解体系,真心实意、快速有效解决群众合理诉求。特别要重点做好拆迁、社保、劳资纠纷等矛盾纠纷排查化解工作,着眼于小、防范在早。要教育引导群众合理表达利益诉求,对无理上访、越级上访、缠访闹访人员做好帮教工作,全力稳控好老上访户、重点上访人员,妥善处理信访难案、老案和积案。

**(七)推进典型示范工程**。先进典型是吴中区的主旋律,深入推进"吴中明天更美好"主题教育实践活动,更要充分发挥先进典型"树立一面旗,带动一批人;点燃一盏灯,照亮一大片"的示范榜样作用。以典型的培养、树立和宣传,在全区营造"人人学赶先进、人人争当先进"的良好氛围。各地各部门要结合"吴中明天更美好"主题教育实践活动,把争先的意识树得更牢,创优的目标定得更高,共同形成推动吴中新一轮跨越赶超的强劲动力。各镇(区、街道)之间比发展,看谁进位争先跨大步;企业之间比贡献,看谁做大做强纳税多;部门之间比服务,看谁热情高效评价好,看谁办事拖拉影响差,年底要做全面的盘点总结、摸底排队,靠后部门要进行通报。通过实实在在的比学赶超活动,在全区各行各业培养出更多的先进典型。要加大先进典型的宣传力度,全方位、多渠道、深层次宣传吴中"十二五"发展中的标兵人物、精品工程、惠民实事,不断扩大社会知名度和影响力。结合建党90周年,在全区评选出一批先进党组织和模范共产党员,在各行各业大力宣传表彰各类先进典型。特别要重视城建环卫、扶贫维稳、乡镇村居等基层一线先进典型的宣传,通过各种形式,推出"叫得响"、"记得住"的先进典型。通过典型引路、示范带动,在全区上下掀起新一轮争先进、创优秀、比贡献的热潮,为"吴中明天更美好"增添新活力、新动力。

**(八)推进党建强基工程**。推进"吴中明天更美好",基础在基层,重点在基层,保障在基层。要切实加强基层党组织建设,增强宗旨意识、奉献意识和责任意识,努力提升党建水平,为全区经济社会新一轮发展提供坚强保障。要着力夯实组织基础。按照"推动发展、服务群众、凝聚人心、促进和谐"的总体要求,加大基层党建力度,努力把各级基层党组织建成引领"吴中明天更美好"的战斗堡垒和中坚力量。村级党组织要按照创业型党组织建设要求,在加快富民强村、弘扬文明新风上争先作为,在推进基层民主、促进农民增收等方面发挥核心作用;社区党组织要按照服务型党组织建设要求,在服务城市建设、构建和谐家园上争先作为,积极协助党委、政府加强宣传引导、化解各类矛盾、维护社会稳定;企业党组织要按照创新型党组织要求,在推动企业创新转型、维护职工合法权益上争先作为,努力为企业发展做好引进培育人才、和谐劳资关系、弘扬创新文化等工作;机关党组织要按照创优型党组织建设要求,在创新服务方式、打造服务品牌上争先作为,不断提高社会各界对机关服务的满意率。要选优配强干部队伍。全区乡镇党委换届工作已经圆满完成,7个镇共选举产生75名党委委员、37名纪委委员,党委班子平均年龄降低到44.3岁,每个镇党政班子均有1名以上女干部,乡镇领导班子年龄结构、性别结构、知识结构更趋优化,整体功能得到增强。组织部门要深入总结这次换届工作的成功经验,继续坚持以德为先、德才兼备的用人标准,加大竞争性选拔干部力度,推进多层次、跨部门挂职锻炼,把更多优秀干部充实到项目建设、招商选资主阵地,汇聚到新城建设、旧城改造最前沿。新产生的领导班子要切实加强自身建设,充分发挥在经济社会发展中的核心作用,着力打造政治坚定、开拓创新、勤政廉政、团结协作的领导集体。全区各级领导干部要进一步强化立志干大事、勇创新业绩的进取精神,做到三个"不一般",讲出来的话水平不一般,做出来的事水平不一般,干工作、创大业的责任和激情不一般。要切实加强拒腐防变。认真贯彻党风廉政建设责任制,从源头上教育干部、管理干部、保护干部,从制度上减少弊端、减少障碍、减少漏洞,构筑拒腐防变的"铜墙铁壁"。特别要加强对工程建设、政府采购、资金使用、干部选拔等情况的跟踪监督，确保权力在阳光下运行。各级领导干部，要牢牢把握思想道德的红线、党性原则的防线、法律法规的底线，去贪心、戒花心、长良心、扬善心，常怀一颗平常心，始终保持政治清醒、经济清廉、生活清白，努力营造风清气正、一心干事的良好局面。在这里，我再重申一些观点："根深不怕风来吹，廉洁不怕警笛响"，无欲则刚，无私才无畏；案件查办是高压线，任何人都不要寄希望于侥幸而求安全，任何人都不要寄希望于说情而求开脱，今后任何干部在廉政建设上出问题，坚决按法律法规一查到底；要警钟长鸣、防微杜渐，特别是赌博问题，往往是干部腐败的诱因，一定要严管、严控、严抓，任何干部一经查实，一定严肃处理。

**四、建立健全"吴中明天更美好"主题教育实践活动的推进机制**

宏伟目标催人奋进，美好前景鼓舞人心。大力开展"吴中明天更美好"主题教育实践活动，是区委区政府瞄准"十二五"发展目标、确保率先基本实现现代化的一项重要举措，是当前和今后一个时期，引领全区经济社会发展的总纲领、总抓手。与历次学习教育活动相比，这次主题教育实践活动，思想与实际、理论与实践、发展与惠民的联系更为紧密，是解放思想、更新观念、加快发展的新起点，是推进全区新一轮发展的动员令。全区上下要以高度的政治责任感和历史使命感，迅速把思想和行动统一到"吴中明天更美好"主题教育实践活动中来，形成上下一心、共谋发展的工作氛围，建立步调一致、快速高效的执行机制，营造积极向上、健康文明的舆论环境，为吴中率先基本实现现代化提供强力保障。

*一要加强领导，形成健全组织体系。*"吴中明天更美好"主题教育实践活动，贯穿"十二五"发展全过程，覆盖率先基本实现现代化各领域，年年都有新主题，年年都有新要求。今年，区委区政府将"又好又快'十二五'，真抓实干开好局"作为教育实践活动的主题，具体方案将在近期下发。希望各地各部门认真贯彻落实，同时根据自身情况制定本地、本部门的具体实施方案，明确活动目标、工作重点、责任分工、时间进度、保障措施，确保主题教育实践活动的各项任务落到实处、取得实效。为确保主题教育实践活动顺利进行，区委区政府将专门成立"吴中明天更美好"主题教育实践活动领导小组，由我和金洁同志任组长，孙卓副书记、石钟琪部长、乐江部长任副组长，相关部门参加。领导小组下设办公室，由乐江部长兼任办公室主任，具体负责日常工作。各地各部门也要成立专门领导小组，"一把手"负总责，安排一名分管领导具体抓，形成一级抓一级、一级带一级的组织领导体系。

*二要加强宣传，形成浓厚舆论氛围。*高度重视主题教育实践活动的宣传工作，努力把氛围造浓，把声势做大，为活动开展营造良好的舆论氛围。宣传部门要制定切实可行的宣传方案，充分利用各种媒介、各种手段，大力开展主题教育实践活动的宣传工作，不断把主题教育实践活动引向深入。要充分发挥新闻媒体的主渠道作用，大力宣传"吴中明天更美好"主题教育实践活动的时代背景、深刻内涵和重要意义；大力宣传各地各部门开展主题教育实践活动的好经验、好做法、好成效；大力宣传全区干部群众落实区委区政府决策部署，在立足岗位、争作贡献中涌现出的优秀人物和先进典型。各镇（区、街道），各村（社区），各机关部门、企事业单位也要结合实际，开展丰富多彩的宣传活动，为开展"吴中明天更美好"主题教育实践活动营造浓厚的舆论氛围。主题教育实践活动领导小组办公室要定期编发《简报》，及时报道全区各地各部门开展主题教育实践活动的工作动态和活动成效，推动各项工作顺利开展。

三要加强教育,形成全员参与格局。“吴中明天更美好”主题教育实践活动是一项系统工程,任务重,涉及面广,只有动员社会各界共同参与,形成左右互动、上下联动、协调行动的工作格局,才能实现既定目标。全区各地各部门,从镇区街道到区级机关、垂直部门,从企事业单位到各村、社区,各行各业、各条战线的每一名干部群众都要广泛动员起来,积极参与进来。人人都来思考“吴中明天更美好”的宏伟蓝图还缺什么、少什么、短腿是什么,人人都来谋划我为“吴中明天更美好”做什么、贡献什么,以积极的主人翁姿态、振奋的精神状态,凝聚人心、集聚智慧,形成“人人踊跃参与、个个用心投入、处处争作贡献”的全员参与格局。会议之后,各地各部门要迅速行动起来,及时召开动员大会,传达精神、严肃纪律,领导和发动全体干部群众积极参与到主题教育实践活动中来,引导和激励全体干部群众把活动成果转化到解决问题、促进工作上来,形成推进吴中新一轮发展的强大合力。

同志们,大力开展“吴中明天更美好”主题教育实践活动,事关“又好又快‘十二五’,真抓实干开好局”各项任务的圆满完成,事关吴中基本现代化的率先实现,事关全区人民群众的美好生活。希望各地各部门以高度负责的精神,切实把活动组织好、开展好,大力营造团结一心、锐意进取、创先争优的浓厚氛围,为推进全区经济社会又好又快发展、率先基本实现现代化而努力奋斗!

# 苏州市吴中区国民经济和社会发展第十二个五年规划纲要

“十二五”(2011~2015年)是我国深入贯彻落实科学发展观、全面建设小康社会的重要时期,也是吴中区深化改革开放、加快经济发展方式转变的关键时期。为了在新起点上科学谋划“十二五”时期的发展,编制《苏州市吴中区国民经济和社会发展第十二个五年规划纲要》。本规划主要阐述未来战略目标、发展任务、发展重点和政策取向,是未来五年全区经济社会发展的战略性、前瞻性、指导性文件,是动员全区人民为率先基本实现现代化共同奋斗的行动纲领。

## 一、承接良好发展势头,向基本现代化迈进

### (一)发展基础

“十一五”期间,全区上下全面贯彻落实科学发展观,深入实施“做强经济开发区,做美太湖山水,做靓吴中新城,做好新农村建设”四大工程,精心打造“高效行政、公平市场、便捷商务、快速交通、宜居生活”五大环境,不断增强区域竞争能力,如期完成了“十一五”规划确定的主要目标任务,经济社会发展实现了新的跨越。

综合实力跃上新台阶。经济总量实现翻番,2010年全区实现地区生产总值(GDP)602.3亿元,“十一五”期间年均增长17.8%;工业总产值年均增长16.8%,规模以上工业总产值超千亿元。固定资产投资力度不断加大,累计完成全社会固定资产投资总额943.8亿元,是“十五”的2.2倍。财政实力显著增强,地方一般预算收入达60亿元,年均增长23.1%。

结构调整取得新成效。三次产业结构由2005年的3.8:62.6:33.6调整为2.8:56.1:41.1,三次产业从业人员比例由2005年的15.8:57.1:27.1调整为9:57:34。农业规模化、市场化、专业化程度进一步提高,6万亩太湖现代农业示范园建设全面启动,初步形成东部平原传统农业区、中部沿湖现代农业综合示范区、西部山区茶果林和畜牧区的发展格局,以“六加一”工程为特色的农产品品牌效应逐步显现,“玉品”牌碧螺春茶叶、“太湖”牌大闸蟹荣获中国名牌农产品称号。新型工业化战略深入实施,电子信息、装备制造、纺织服装等传统主导产业量增质升,新能源、医药及生物技术等新兴产业集群快速崛起。现代服务业发展迅速,服务业增加值年均增长22.7%。中心城区的城市商贸楼宇经济、开发区的生产性服务业初具规模,环太湖旅游的规模效应进一步提升,文化创意产业形成鲜明特色。吴中经济开发区、太湖科技产业园先后被认定为省级国际服务外包示范区。

自主创新迈出新步伐。开展创新型城区建设,创新能力显著提升。全社会研发经费支出占GDP比重提高到2.1%,高新技术产业产值占规模以上工业总产值比重提高到43.5%。新建木渎金枫路创新创意街区、长桥创新创意产业园等创新园区,建成各类创新载体150多万平方米,拥有国家级孵化器3家、省级孵化器1家,吴中科技园被科技部确定为国际科技合作基地。产学研合作层次进一步提高,先后引进国家电器产品质量监督检验中心、中认英泰WYDP目击测试实验室、中科院电气研究室等科技服务项目,建立同济大学苏州研究院、西安交大技术转移中心、南京信息工程大学数字城市研究院等合作平台。人才集聚步伐加快,

引进人才总量4.2万名,年均增长16.2%,其中高层次人才年均增长10.6%。

改革开放实现新突破。政府机构改革全面完成,“两集中、两到位”行政服务机制逐步完善,重大项目审批绿色通道建立健全。社会管理体制改革逐步深化,城市管理体制、社区管理体制改革取得新突破。深入推动城乡一体化综合配套改革,木渎镇、太湖现代农业示范园两个先导区试点工作进展顺利,旺山、天池白象湾等新农村建设亮点纷呈。全区组建农村“五大合作社”309家,持股农户实现全覆盖,洞庭东、西(山)碧螺春茶叶专业合作联社成为全国首批农民专业合作联社,临湖镇湖桥集团成为全国首个依托农民合作社成立的集团公司。投融资体制改革取得新成效,国资经营性资产、股权投资和金融参股步伐加快,企业上市和金融创新力度不断加大,五年新增上市公司3家、农村小额贷款公司8家。义务教育学校教师绩效制度落实到位,集体林权制度改革顺利完成,医药卫生体工资制改革稳步推进。开放型经济成效显著,五年累计完成外贸进出口总额272.5亿美元,其中出口总额170.5亿美元,分别为“十五”的2.6倍和2.9倍。“十一五”期间实际利用外资23.1亿美元,在吴中区投资的世界500强企业达13家。民营经济规模壮大,引进民资内资企业10096家,平均注册资本854万元,是“十五”的4倍。

城乡建设呈现新面貌。统筹推进城乡基础设施建设,城乡现代化水平进一步提升,城市化率达61%。交通设施逐步完善,吴中大道、东山大道、宝带西路延伸段等城市快速干道建成通车。电力、通信、人防等设施建设有效推进,220千伏越溪变电站、郭巷通桥油库等一批能源设施投运,电信宽带网络自然村覆盖率扩大到90%。越溪城市副中心初具规模,尹山湖生态商圈加快建设,东太湖滨湖新城概念性规划编制完成。生态文明建设扎实推进,东太湖综合整治工程退渔还湖、退垦还湖全面完成,绿化造林、湿地营造、生态恢复三大“绿色工程”成效显著,陆地森林覆盖率达29.1%,太湖湖滨湿地公园成为国家湿地公园。耕地、水资源保护力度加大,国家生态区建设通过国家级考核验收,节能减排任务顺利完成。

人民生活得到新改善。“十一五”期末,全区城镇居民人均可支配收入达32109元,农民人均纯收入达14527元,年均分别增长12%和11.6%。积极实施就业创业扶持政策,五年累计新增就业岗位34.1万个,农村劳动力实现转移就业2.8万人次,帮助城镇失业人员实现再就业1.2万人。区域教育均衡化、优质化发展加快推进,教育条件进一步改善,教育质量持续提升,终身教育体系不断完善,通过省教育现代化县(区)建设验收。文化体育工作迈向长效化,公共文化服务体系建设得到加强,全国文化先进区顺利通过复评。卫生设施逐步完善,资源配置持续优化,公共卫生和医疗卫生建设加快推进,环境卫生不断改善。助残、帮困、扶贫、慈善活动深入开展,社会文明程度进一步提高。人口计生优质服务全面开展,“十一五”期间人口自然增长率为3.4‰。依法治区有效推进,“平安吴中”建设取得新成效。

“十一五”期间全区经济社会发展取得了令人瞩目的成绩,是上级党委、政府正确领导的成果,也是全区人民团结奋斗的成果。五年来,全区上下坚持把解放思想作为最强大的发展动力,坚持把转型升级作为最紧迫的战略任务,坚持把统筹兼顾作为最根本的工作方法,坚持把改善民生作为最本质的发展追求,按照科学发展观的要求,以深化改革突破体制束缚,以创新思路破解发展难题,促进全区经济社会持续快速健康发展。但是,用高标准来衡量,与先进地区相对比,全区经济社会发展中还存在一些不足和问题。主要表现在:经济综合竞争力不够强,产业结构不够合理,发展的瓶颈制约突出;科技创新成效不够明显,新兴产业高端化、规模化、集约化程度不高,经济发展方式尚未根本转变；城市化现代化步伐不够快，功能设施、商业业态需要加紧完善提升；社会事业发展水平与人民群众需求还有差距，城乡居民收入与经济发展水平不相适应；社会建设管理还存在不少薄弱环节，社会矛盾有所增多；等等。这些不足和问题，都需要在“十二五”期间逐步加以解决。

（二）发展环境

“十二五”时期，吴中区的发展面临着难得的机遇，也存在诸多挑战。

从国际发展环境看，“十二五”时期，以和平、发展、合作为主题的时代潮流不会改变，经济全球化的趋势不会改变，世界经济呈现向好态势，但增速将会放缓。随着各国不断加大科技创新力度，全球经济发展模式将面临转型，纳米技术、新能源、节能环保等新技术新产业将抢占未来技术进步和产业发展的战略制高点，绿色经济、低碳经济、循环经济将成为重要发展导向，全球将进入空前的创新密集和产业振兴时代。同时，全球贸易保护主义有抬头趋势，国际金融体系改革和气候变化应对等问题更加凸显，能源安全、粮食安全和生态安全日益成为各国关注的焦点。这既加大了我们推进自主创新、节能减排和实现可持续发展的压力，也为我们利用世界经济新一轮增长周期中的机会，承接国际产业转移、实现转型升级提供了机遇。

从国内发展环境看，“十二五”时期，我国经济社会发展的基本面和长期向好的趋势不会改变。国家层面更加注重科学发展，更加注重转变发展方式，更加注重科技创新，更加注重保障民生，更加注重两型社会建设。明确提出坚持扩大内需特别是居民消费需求的战略，积极有序发展节能环保、新一代信息技术、生物、高端装备制造、新能源、新材料和新能源汽车等七大战略性新兴产业。这为我们调整产业结构，加快工业化、城市化，促进消费升级提供了现实的机遇，也对我们加快转变政府职能、改善民生、提高社会治理能力、促进社会和谐稳定提出了更高的要求。

从区域发展环境看，随着《长江三角洲地区区域规划纲要》的发布实施，“十二五”时期，长三角区域经济一体化将加速推进，并有望取得实质性进展。公路网、铁路网、水运网将更加优化，要素配置将更加合理，区域分工将更加科学，苏州与上海协调发展的机遇优势将更加显现，与长三角城市间产业流、资金流、物资流、信息流和技术流的合作将更加紧密，同时长三角地区经济社会发展的竞争将更加激烈。按照苏州市“三区三城”的建设要求，紧紧抓住创建国家创新型城市试点和统筹城乡综合配套改革试点的机遇，吴中区与其它中心城区之间的协同效应将大幅增强，块状经济与专业市场的集群发展优势将进一步凸显，我们将迎来经济社会加速发展的新时期。

从吴中区自身看，当前，正处于工业化后期的发展阶段。“十二五”时期，全区经济社会发展将进入更加协调的良性发展轨道，呈现三个阶段特征：

转型升级的攻坚关键期。经过近几年的快速发展，我们面临的刚性约束越来越突出，土地人口承载压力日益加大，原有发展模式赖以支撑的生产要素、条件基础逐步弱化，土地空间资源紧缺，能源供给压力增大，商务成本快速上升，生态环保约束加大，区域经济抗风险能力和可持续发展能力亟待加强。这些问题迫使我们必须加快转变经济发展方式，以更紧凑的步伐推进产业结构调整、创新型城区建设和城乡一体化发展，加快推动经济社会发展由资源依赖向创新引领、粗放型增长向集约型发展、城乡二元结构向城乡一体化发展转变，全面提升综合竞争力。

走进太湖时代的重要发展期。吴中区坐拥五分之三的太湖水域、五分之四的太湖峰峦，有着最富饶的太湖岛屿、最秀丽的太湖岸线，是太湖最美丽的地方。科学保护、合理利用太湖,将是吴中区"十二五"时期乃至今后更长时期的发展潜力所在。我们必须紧紧抓住长三角区域经济一体化和城铁高铁地铁快速发展的战略机遇,进一步发挥太湖资源优势,通过全面实施生态立区战略,规划建设沿太湖绿色低碳走廊,营造生态低碳发展空间,在保护太湖上交出一份让子孙后代永续发展的满意答卷;通过加快经济社会的转型升级,高标准建设东太湖滨湖新城,推进高端产业城区、最佳宜居城区、文化旅游强区建设,在合理利用太湖上走出一条让人民群众幸福感普遍提升的发展之路。

民生改善的创新突破期。"十二五"时期,随着城乡结构和社会结构的深入调整,各类群体享受基本公共服务的需求增大,各类社会新旧矛盾交织,民生改善将是我们在发展中需要完成的首要任务。这期间,需要更加重视社会事业建设,花大力气解决社会发展过程中的深层次问题,使人民生活得更加殷实,使经济发展与民生改善更趋协调一致,使吴中的明天更加美好。

**二、"十二五"时期经济社会发展的总体思路**

(一)指导思想

**以邓小平理论、"三个代表"重要思想为指导,深入贯彻落实科学发展观,按照苏州市建设"三区三城"总体部署,围绕"山水苏州·人文吴中"的目标定位,以推动科学发展为主题,以转型升级为主线,以富民惠民为宗旨,以改革创新为动力,全面实施"走进太湖时代"发展战略,大力推进创新引领、产业提升、城乡一体、民生优先、绿色发展五大工程,促进经济社会发展更加协调,人民生活更加幸福,生态人文品牌效应更加凸显,努力把吴中区建设成为高端产业城区、最佳宜居城区和文化旅游强区,力争在"十二五"期间率先基本实现现代化。**

"十二五"时期,必须始终坚持科学发展,更加注重提高经济增长的质量和效益,更加注重以人为本,更加注重改善生态环境,更加注重增强发展的全面性、协调性和可持续性,推进经济社会又好又快发展。必须始终坚持转型升级,充分发挥太湖山水资源和吴地人文底蕴优势,立足吴中特色,加快发展质量更高的现代服务业和先进制造业,大力推进生态文明建设和城乡一体化,主动融入长三角经济圈,做大做强特色经济。必须始终坚持富民惠民,把改善民生作为经济社会发展的根本目标,把推进公共服务均等化作为改善民生的重要途径,完善人民群众持续增收的长效机制,满足人民群众多元化、不同层次的物质和精神需求,使全区人民共享发展成果。具体实施五大重点工程:

——创新引领工程。紧紧抓住苏州建设国家创新型试点城市的契机,发挥吴中优势,加快完善区域创新体系,深入推进创新载体建设,强化创新主体培育,加速科技成果转化。加快培育和引进创新型人才,建设人才强区。以创新支撑发展,以创新引领转型,加快建成具有独特优势的创新型城区。

——产业提升工程。加速发展现代服务业,坚持生产性服务业、消费性服务业和公共性服务业并举发展,重点发展文化、旅游、现代物流和科技服务等产业,分层次、有重点地推进服务业整体提升,建设服务经济高地。大力发展先进制造业,积极培育战略性新兴产业,加快提升传统主导产业,着力推进信息化和工业化融合发展,优化工业经济内部结构,显著提高先进制造业综合竞争力。

——城乡一体工程。加快城乡一体化综合配套改革,积极探索经济发达地区突破城乡二元结构、缩小城乡差距、推进社会主义新农村建设的具体途径,努力形成城乡发展规划、资源配置、产业布局、基础设施、公共服务、就业社保和社会管理一体化的新格局。

——民生优先工程。加快富民步伐,千方百计促进就业创业,增加居民工资性、经营性、财产性收入,努力实现居民收入稳定增长。推进民生工程,增强优质医疗、教育、文化、体育、养老等公共资源供给能力。更加注重社会公平,进一步完善社会保障体系,保持社会和谐稳定,不断提高人民群众满意度。

——绿色发展工程。坚持科学保护和合理利用太湖资源,依托科技创新和技术进步,大力发展低碳经济和循环经济,推进产业低碳化、高端化、健康化发展,加快形成资源节约、环境友好的生产方式、生活方式和消费模式,在更高层次上推进科学发展,实现经济效益和生态效益的有机统一。

（二）发展目标

根据省委、省政府要求苏南等有条件地区在“十二五”期末率先进入基本现代化的要求,围绕“高端产业城区、最佳宜居城区和文化旅游强区”的建设目标,提出经济发展、科技创新、公共服务、人民生活、资源环境等五大类30项指标。

——经济发展。经济总量较快增长,地区生产总值(GDP)年均增长15%,地方一般预算收入年均增长15%,全社会消费品零售总额年均增长18%,全社会固定资产投资年均增长15%以上。产业结构进一步优化,到“十二五”期末,服务业增加值占GDP比重达50%,文化产业增加值占GDP比重达6.5%左右,高效农业比重达75%。

——科技创新。创新环境不断优化,科技、人才的支撑作用显著增强。到“十二五”期末,全社会研发经费支出占GDP比重达3%以上,高新技术产业产值占规模以上工业产值比重达50%,拥有自主知识产权的高新技术产品产值占高新技术产业产值比重达38%,科技进步贡献率达60%,万人拥有人才数超过2000名,万人拥有专利授权量达75件。

——公共服务。建立完善、高效的城乡一体化公共服务体系,经济社会发展更趋协调。到“十二五”期末,高等教育毛入学率达68%,人均公益文化设施面积、公共体育设施面积分别超过0.18平方米、2.5平方米,千人拥有医疗机构床位数达7张,千名老人拥有社会养老机构床位数达40张,农村基本医疗保险实际补偿比达70%,城乡公共文明测评指数达85%。

——人民生活。城乡就业岗位持续增加,社会登记失业率控制在4%以内;城镇居民人均可支配收入、农民人均纯收入年均分别增长12%。到“十二五”期末,劳动报酬占GDP比重达45%左右,城乡基本社会保险实现全覆盖,人民生活品质进一步提升。

——资源环境。资源利用效率明显提升,可持续发展能力进一步增强,环境质量综合指数平均达95分以上。到“十二五”期末,全社会环保投入占GDP比重达4.5%,陆地森林覆盖率达30%以上,万元GDP能耗、万元GDP二氧化碳、化学需氧量(COD)和二氧化硫排放总量削减率均达到上级下达指标要求。

## 三、加快经济转型升级,推进产业体系高端化

围绕建设高端产业城区的目标,着力推进产业向高端化发展,促进“吴中制造”向“吴中创造”转变、生产型经济向服务型经济转变,全面提升产业综合竞争力。

（一）跨越发展现代服务业

围绕“国内知名滨湖旅游目的地、长三角新兴科技创意基地、苏州南部商务商贸中心”的服务业发展定位,优先发展生产性服务业,提升发展消费性和公共性服务业,促进服务业新一轮跨越发展。至2015年,实现服务业增加值600亿元,年均增长19%,服务业从业人员占社会从业人员比重达45%左右。

优先发展生产性服务业。充分利用吴中区制造业基础,抓住国际服务业加快转移和制造业剥离转型的机遇,大力发展面向生产的现代服务业,重点发展金融物流、研发设计、服务外包、电子商务等生产性服务业,促进现代服务

## 吴中区“十二五”经济社会发展指标

<table>
<tr><th>类型</th><th>序号</th><th colspan="2">指　标</th><th>“十一五”期末完成情况</th><th>“十二五”规划目标</th><th>指标属性</th></tr>
<tr><td rowspan="7">经济发展</td><td>1</td><td colspan="2">地区生产总值(亿元)</td><td>602.3</td><td>年均增长 15%</td><td>预期性</td></tr>
<tr><td>2</td><td colspan="2">地方一般预算收入(亿元)</td><td>60.04</td><td>年均增长 15%</td><td>预期性</td></tr>
<tr><td>3</td><td colspan="2">全社会消费品零售总额(亿元)</td><td>201.3</td><td>年均增长 18%</td><td>预期性</td></tr>
<tr><td>4</td><td colspan="2">全社会固定资产投资完成额(亿元)</td><td>251.4</td><td>年均增长 15%以上</td><td>预期性</td></tr>
<tr><td>5</td><td colspan="2">服务业增加值占 GDP 的比重(%)</td><td>41.1</td><td>50</td><td>预期性</td></tr>
<tr><td>6</td><td colspan="2">文化产业增加值占 GDP 比重(%)</td><td>2.7</td><td>6.5 左右</td><td>预期性</td></tr>
<tr><td>7</td><td colspan="2">高效农业比重(%)</td><td>65</td><td>75</td><td>预期性</td></tr>
<tr><td rowspan="6">科技创新</td><td>8</td><td colspan="2">科技进步贡献率(%)</td><td>55</td><td>60</td><td>预期性</td></tr>
<tr><td>9</td><td colspan="2">高新技术产业产值占规模以上工业产值比重(%)</td><td>43.5</td><td>50</td><td>预期性</td></tr>
<tr><td>10</td><td colspan="2">全社会研发经费支出占 GDP 比重(%)</td><td>2.1</td><td>3 以上</td><td>预期性</td></tr>
<tr><td>11</td><td colspan="2">拥有自主知识产权的高新技术产品产值占高新技术产业产值比重(%)</td><td>37.1</td><td>38</td><td>预期性</td></tr>
<tr><td>12</td><td colspan="2">万人拥有人才数(人)</td><td>1500</td><td>≥2000</td><td>预期性</td></tr>
<tr><td>13</td><td colspan="2">万人拥有专利授权量(件)</td><td>59.4</td><td>75</td><td>预期性</td></tr>
<tr><td rowspan="7">公共服务</td><td>14</td><td colspan="2">高等教育毛入学率(%)</td><td>63</td><td>68</td><td>预期性</td></tr>
<tr><td rowspan="2">15</td><td colspan="2">人均公益文化设施面积(平方米)</td><td>0.13</td><td>≥0.18</td><td rowspan="2">预期性</td></tr>
<tr><td colspan="2">人均公共体育设施面积(平方米)</td><td>1.8</td><td>≥2.5</td></tr>
<tr><td>16</td><td colspan="2">千人拥有医疗机构床位数(张)</td><td>5.14</td><td>7</td><td>预期性</td></tr>
<tr><td>17</td><td colspan="2">千名老人拥有社会养老机构床位数(张)</td><td>22.4</td><td>40</td><td>预期性</td></tr>
<tr><td>18</td><td colspan="2">农村基本医疗保险实际补偿比(%)</td><td>55</td><td>70</td><td>约束性</td></tr>
<tr><td>19</td><td colspan="2">城乡公共文明测评指数(%)</td><td>81.22</td><td>85</td><td>预期性</td></tr>
<tr><td rowspan="5">人民生活</td><td>20</td><td colspan="2">城镇居民人均可支配收入(元)</td><td>32109</td><td>年均增长 12%</td><td>预期性</td></tr>
<tr><td>21</td><td colspan="2">农民人均纯收入(元)</td><td>14527</td><td>年均增长 12%</td><td>预期性</td></tr>
<tr><td>22</td><td colspan="2">社会登记失业率(%)</td><td>2.98</td><td>4 以内</td><td>约束性</td></tr>
<tr><td>23</td><td colspan="2">城乡基本社会保险覆盖率(%)</td><td>98</td><td>100</td><td>预期性</td></tr>
<tr><td>24</td><td colspan="2">劳动报酬占 GDP 比重(%)</td><td>41</td><td>45 左右</td><td>预期性</td></tr>
<tr><td rowspan="7">资源环境</td><td>25</td><td colspan="2">全社会环保投入占 GDP 比重(%)</td><td>4.3</td><td>4.5</td><td>预期性</td></tr>
<tr><td>26</td><td colspan="2">单位生产总值能耗(吨标煤/万元)</td><td>0.6785</td><td>完成下达目标</td><td>约束性</td></tr>
<tr><td rowspan="2">27</td><td rowspan="2">主要污染物排放减少(%)</td><td>化学需氧量</td><td>35%左右</td><td>完成下达目标</td><td>约束性</td></tr>
<tr><td>二氧化硫</td><td>34%左右</td><td>完成下达目标</td><td>约束性</td></tr>
<tr><td>28</td><td colspan="2">万元 GDP 二氧化碳排放削减率(%)</td><td>—</td><td>完成下达目标</td><td>约束性</td></tr>
<tr><td>29</td><td colspan="2">环境质量综合指数(分)</td><td>97.16</td><td>五年平均 95 以上</td><td>预期性</td></tr>
<tr><td>30</td><td colspan="2">陆地森林覆盖率(%)</td><td>29.1</td><td>≥30</td><td>预期性</td></tr>
</table>

业与先进制造业互动并进、融合发展。以吴中出口加工区为主阵地，大力发展三四方物流、专业市场配送、生产资料流通等现代物流业态，加快推进吴中物流、宇航物流、九江物流等物流园区建设，把吴中区打造成为苏州南城大宗物流集散中心。发挥开发区、太湖科技产业园省级国际服务外包示范区的龙头作用，培育和开拓服务外包新市场，大力发展生物医药研发、软件开发、动漫创意等业态，支持药明康德、西山中科等企业做大做强，打造一流的服务外包集聚区。增强苏检电器、中认英泰等国家级平台的辐射带动效应，新建一批工程技术转化中心及科技公共服务平台，形成开放协作、功能齐备、高效运行的科技信息服务体系。至2015年，生产性服务业增加值占服务业增加值比重达60%以上，建成10个产业特色鲜明、集聚带动作用明显的现代服务业集聚区。

*大力发展旅游产业。*加快形成以太湖国家旅游度假区为核心，七大国家级旅游景区为支撑的旅游发展格局，建成“国际水准、江南特质”的滨湖旅游目的地。重点突出“太湖休闲度假”和“孙子文化”两大主题，大力实施区域引擎拉动、整合创新管理、旅游配套发展三大战略，丰富发展太湖休闲度假游、水乡古镇风情游、乡村田园休闲游、江南文化体验游等旅游产品，实施细分营销、整合营销、话题营销和节事营销等营销策略，建立景区景点星罗棋布、旅游形态各具特色、节庆活动丰富多彩、旅游纪念品种类繁多的旅游产业体系。加快宇航科技活动中心、太湖休闲俱乐部等重大旅游项目建设，重点引进1~2个主题公园，打造新的旅游亮点。扎实推进环太湖旅游5A级景区创建，着力提升旅游综合服务、旅游交通、旅游餐饮、旅游住宿、旅游购物等配套要素建设，提高休闲旅游的舒适度和满意率，延长游客逗留时间。进一步培育壮大旅游企业，优化产业结构，推动产业创新，提高产业素质，提升旅游产业核心竞争力和国际化程度。至2015年，全区接待国内外游客达到1800万人次，实现旅游总收入220亿元，游客人均逗留时间超过2天。

*加快发展文化产业。*深入挖掘具有独特魅力的传统文化、历史文化，推动文化资源优势转化为文化产业优势，扶植发展民间工艺、创意创新、人文传播、影视娱乐等产业，打造苏州南部文化产业基地。强化长桥动漫产业基地、木渎金枫路创新创意街区、郭巷文化美术街区的产业集聚和辐射带动作用，高水平推进光华文化创意产业园、胥江一号文化创意产业园、中国工艺文化城、印刷数字化产业园、国际影视娱乐城等一批创新型产业基地和园区建设，逐步形成“一圈、五带、十大集聚区”的文化产业发展格局。推动文化产业与高新技术产业高度融合，全面提高文化产业原始创新、集成创新和引进消化吸收再创新能力，鼓励开发符合时代特征的原创文化产品、衍生产品，发展一批有实力、有特色的文化项目和文化企业，培育一批自主文化品牌，打造区域特色鲜明、具有较强实力和竞争力的文化产业体系，使文化产业成为带动全区产业结构转型升级的支柱产业之一。积极培育文化消费市场，扶持发展文化中介机构，完善文化经纪人制度，激活城乡居民的文化消费潜力。至2015年，文化产业增加值达到75亿元以上。

*提升发展消费性、公共性服务业。*加快苏州南部商务商贸中心建设，培育发展总部经济，着力引进一批国内外知名企业的营运总部、分公司或职能性总部。积极构建现货与电子交易、有形与无形相结合的现代商贸流通体系，大力发展连锁经营、电子商务等新兴业态，完善农村商业网点布局，推进农贸市场升级改造，加强木渎凯马广场、尹山国际汽车城、南环桥农副产品市场等专业市场建设，形成特色鲜明、功能互补的商贸发展格局。稳妥发展房地产业，探索发展旅游地产、科技地产、商贸地产等地产项目。以完善城乡公共服务体系为目

标,创新发展教育培训、医疗卫生、就业保障、体育健身、机构养老、市政服务等公共性服务业,鼓励发展生活娱乐、个性医疗、时尚配餐、网络代理等新型生活服务业态。

（二）着力发展先进制造业

坚持走新型工业化道路,坚持信息化与工业化融合发展,坚持创新发展、集群发展、集团发展,到“十二五”期末,全区工业生产总值力争突破2500亿元。

**优先培育战略性新兴产业。**瞄准世界产业发展方向,加快培育医药及生物技术、新能源与新材料、高端装备、新一代信息技术、节能环保等战略性新兴产业,全力打造一批具有先发优势和引领作用的特色产业基地、产业集群、产业联盟,使新兴产业成为推动全区经济发展的新动力。重点推动医药及生物技术、新能源与新材料、高端装备三大产业成长为支柱产业。**医药及生物技术产业**围绕提升“吴中药港”的实力和知名度,加大科技攻关力度,积极开发具有自主知识产权和关键技术的名牌新产品,加强市场营销,加快发展相关配套产业,进一步完善产业链,重点发展新型化学合成药、高端基因工程药物、营养补充剂、新型医疗器械以及医药服务外包,建成一批医药服务外包、创新药物研发及产业化示范基地。**新能源与新材料产业**重点依托“中国光伏产业示范基地”的品牌优势,完善光伏产业链,提升光伏电池及组件生产,增强集成能力,建设光伏产业研发、制造、应用的重要集聚区;引进和培育一批绿色动力电池研发和制造企业,进一步做大做强动力电池-电动(汽)车行业;大力发展高端新材料产品,形成电子信息材料、纳米生物医药材料、高性能涂层材料、高性能纤维材料、新型光伏材料以及新型建材等产业集群;扶持发展风能、生物质能研发机构和生产企业,抢占产业发展制高点。**高端装备产业**依托三基铸造装备产业园、现代装备科技园等载体,重点发展大型装备、重型装备、成套装备和自动化生产线,形成具有区域特色的产业结构。至2015年,战略性新兴产业产值占规模以上工业产值比重达40%以上。

**提升发展优势主导产业。**加快提升电子信息、机械制造等主导产业发展水平,大力推进纺织、轻工等传统优势产业转型升级,促进各类要素向优势企业集中、向龙头企业集聚,提高规模效益和抗风险能力,培育形成新的竞争优势。充分利用高新技术和现代信息技术提升产业能级,着力加强企业自主创新和技术改造,引导企业的生产体系向高技术、高增值环节延伸,向研发设计、销售服务延伸,提高产品附加值和行业竞争力,全面推进优势主导产业向高端化、品牌化发展。立足产业、园区、企业三个层面,加快培育一批拥有自主知识产权、知名品牌的大公司和企业集团,打造1~2家地标型企业,推进优势主导产业规模化。引导中小企业进一步向“专、精、特、新”方向发展,形成与大企业、大集团分工协作、专业互补的关联产业群体。依法淘汰低水平、高污染、高耗能、安全性差的产品、设备和企业,调整转移一批占地多、效益低的劣势产业。力争至2015年,电子信息、机械制造两大主导产业产值年均增长30%左右,在优势产业中打造4个以上中国品牌产品、50个以上省级品牌产品。

（三）积极发展现代农业

以结构调整为主线,完善产业经济、生态保障、休闲观光、文化科普四大功能,加快发展特色农业、质量农业、科技农业、设施农业、资本农业、合作农业,大力推进农业转型升级。深入实施“六加一”工程,重点发展碧螺春茶叶、太湖大闸蟹、优质蔬菜、藏书羊肉、特色林果、优质畜禽等特色产业,形成3万亩蔬菜、3万亩茶叶、4万亩水稻、5万亩苗木、6万亩果品、10万亩螃蟹、3万头湖羊、10万头猪、150万羽家禽的特色农业产业规模。高标准推进太湖现代农业示范园建设,创建一批集生产、科研、休闲、旅游于一体的农业产业新基地。加快果品结构调整，提升果品产业综合效益。加强农产品市场建设，进一步提升粮食批发交易市场、木渎藏书山羊交易市场、太湖大闸蟹交易市场等十大农产品市场规模，完善农产品营销体系。推进农业产业化经营，加快发展农民专业合作组织，扶持一批产业关联度大、市场竞争力强、辐射带动面广的农业龙头企业，嫁接改造一批农业科技企业，培育一批农业加工企业，创建1~2家国家级农业龙头企业。加强农产品品牌建设，再创2~3个国家级名牌农产品。加大农业科技投入，抓好农业品种的引进、开发和选育，推广测土配方施肥用药技术，大力发展节水型农业，提高农业科技进步贡献率。强化农业设施建设，提高农业机械化水平。推行农业标准化生产和管理，建设一批农产品标准化基地。加强农产品质量安全体系和检验检测体系建设，提高农产品质量安全监管能力。加强粮食流通体系和应急保供体系建设，确保粮食安全供应。做好无公害农产品认定和绿色食品、有机食品认证，至2015年，“三品”农产品达200只。大力发展外向型农业，扩大优势农产品出口。

（四）高效推动产业园区二次创业

以开发区、度假区为重点，加快产业园区二次创业步伐，形成“高、新、优”产业载体平台，实现全区产业集聚集约发展。充分发挥开发区、度假区先行先试的体制优势，以开放创新引领转型发展，打造全区经济发展的主增长极。开发区围绕“提升、精细”要求，进一步提升集聚功能、服务功能、创新功能，聚焦电子信息、高端装备、医药及生物技术、光伏新能源等特色产业，突破关键核心技术，推动产业链延伸和产业间深度链接，建成科技创新的先导区、高端产业的集聚区、集约发展的示范区，争创国家级开发区。着重提高河东、东吴、旺山工业园存量土地的集约利用程度，促进产业转型升级，逐步对产能落后、污染严重的企业实施淘汰、退出，建成生态型、低碳型工业园区。充分发挥吴中出口加工区的区域优势、产业优势和政策优势，加强综合保税功能叠加，打造辐射周边地区乃至整个华东地区的高端制造业基地和现代物流中心。加强吴中科技园的科技招商，加快完善公共服务平台，加强人才高地建设，争创全区创新型经济的示范园区。坚持高起点定位、高水准建设吴淞江科技产业园，以一流的管理机制引进高端项目，使之成为集聚高端工业项目、发展新兴产业的重要载体。度假区围绕“提速、出彩”要求，以打造国内一流、国际知名的旅游度假目的地为目标，强化规划引导作用，不断完善“三区”功能布局，重点突出生态建设，加快发展旅游休闲、文化创意、商务会展、科研服务等服务业，积极发展电子信息、生物医药、节能环保、新能源等产业，精细发展生态农业、观光农业、特色农业，争当全区“走进太湖时代”的排头兵。进一步强化核心区区域性旅游度假集散中心的主体地位，重点加快中央商贸区和金三角地区建设，着力策划引进一批旅游精品工程，形成商贸服务区、酒店集群区、休闲娱乐区、主题公园区、创意产业园区等片区形态，建成生活与自然的生态式发展示范区。完善光福古镇生活配套设施，加快太湖科技产业园建设，形成度假区现代制造业聚集区，建成生产与自然的生态式发展示范区。突出金庭原生态特色，打响“国内内湖生态第一岛”品牌，打造国内外知名的度假胜地和生态家园，建成人与自然的生态式发展示范区。乡镇产业园区加快形成与“两区”协同联动的共建优势，双向互动，加强产业配套、功能衔接、错位发展，实现信息共享、项目共建、利益共有，积极探索实施“区中园”和“区外园”等多种模式的开发建设。

（五）加快构建“四带”产业格局

坚持突出重点、强化特色、完善功能，推动产业集聚、企业集群、资源集约利用，加快构建四条产业带。城南先进制造业集聚带以吴中经济开发区为龙头，带动木渎—胥口、临湖、甪直三大板块联动发展，提档升级传统优势产业，大力发展新兴产业，着力打造电子信息、装备制造、医药及生物技术、新能源与新材料四大产业集群，在苏州南部形成新型工业集聚基地。环太湖文化旅游经济带以太湖旅游度假区为龙头，以东太湖滨湖新城为重点，依托沿湖景区所在乡镇资源，重点发展休闲度假、文化体验、创新创意、民间工艺、人文传播、影视娱乐、体育赛事等产业门类，打造国内外知名旅游目的地，苏州南部文化产业基地。都市经济产业带以中心城区为龙头，带动越溪副中心、东太湖滨湖新城、尹山湖—独墅湖生态商圈、度假区中央商贸区、木渎等板块，重点发展总部经济、科技研发、信息服务、金融保险、现代物流、地产商业等现代服务业，打造都市经济新高地。现代农业产业带以太湖现代农业示范园为龙头，联合东部平原传统农业区、中部沿湖现代农业综合示范区、西部山区茶果林和畜牧区，重点发展特种水产、优质茶叶、高效蔬菜、特色果品、优质水稻、苗木以及湖羊养殖，建成现代农业基地。

**四、加快科技创新步伐，建设创新型城区**

把科技创新作为应对挑战、促进转型、培育后劲的主要举措，大力提倡自主创新，优化科技创新政策环境，构建以企业为主体的技术创新体系，不断提升人才创新素质和参与竞争的能力，把吴中区打造成为优秀人才集聚高地和人才创新创业首选城区。

（一）提升企业自主创新能力

强化企业的创新主体地位，建立健全创新机制。鼓励企业特别是规模企业增加研发投入，至2015年，建成省级以上技术中心、实验室和工程(技术)研究中心30家。鼓励企业与高等院校、科研机构建立产学研合作联盟，建立资源共用、风险共担、利益共享的长效机制，围绕新兴产业、支柱产业的发展需求，开展关键技术联合攻关，加速科技成果转化和技术推广。分梯次培育自主创新企业群，充分发挥大企业在技术创新活动中的引领作用，着力培育一批具有自主知识产权和自主品牌、主业突出、核心竞争力强的大企业。完善科技型中小企业综合服务体系，引导中小企业实现专门技术突破，激发原始创新活力，促进技术转移和扩散。鼓励大中型企业与中小企业开展研发外包，带动形成强大的后备创新企业群体。

（二）加强创新载体与平台建设

高水平规划建设吴中科技园二期、吴淞江科技产业园、太湖科技产业园等新兴创新创业板块，优化科技创新服务平台。各镇、街道根据当地资源、产业发展方向和市场需求，最大限度地整合已有的科技和产业资源，建立适合当地需要的特色产业孵化器，鼓励孵化器向集约化、专业化、多元化、网络化、功能化发展。力争至2015年底，度假区、开发区、各镇及主要街道都建有孵化器，各类孵化器总数达25家，国家级孵化器增至4家。深入推进同济大学苏州研究院、东创科技园、尚德-库特勒研发制造一体化、苏州电器研究院、苏州药检所、西山中科GLP实验室等重大研发机构和服务平台建设，在电子信息、医药及生物技术、新能源新材料等领域建设5个行业创新平台、区域创新平台和创新服务平台，切实提升科技项目孵化和科研成果转化能力，为科技创新工作提供强有力的服务支撑。至2015年底，全区建成科技创业园5家、科技中介机构40家。

（三）培养与引进创新型人才

创新人才引进和集聚模式，建立与吴中重点、新兴产业发展互动、与高科技项目落户对接的快速高效人才引进集聚机制。全面实施“511人才工程”，完善激活现有人才、吸引外来人才、培养未来人才三个核心环节，大力引进和培养高层次创新创业人才，确立主导产业人才竞争优势和新兴产业人才智力优势，建设一支具有较强创新能力和竞争力的人才队伍。至2015年，全区人才总量达12万人，高层次人才数量翻两番，人才资源占人力资源总量的比重提高到35%，高技能人才占技能劳动者比例达33%，引进和培养2名国家“千人计划”人才、50名高层次创新创业领军人才、50名海外高层次人才。建立健全培养、评价、选任、流动、激励和保障等人才发展的政策法规体系，在政策保障、环境配套、生活待遇、发展空间等方面加大激励奖励力度，建立以人才资本价值实现为导向的分配机制，最大限度激发各类人才的创新活力。加强对优秀人才和人才工作先进典型的宣传，营造尊重知识、珍惜人才、鼓励创新、崇尚创业的良好氛围。

（四）优化创新服务环境

积极培育创新环境，提高服务效率，建立有利于创新资源快速集聚、创新合力快速形成、创新成效快速凸显的文化和制度环境。着力突破制约创新发展的制度性障碍，建立公平、高效、完善的创新体制机制，重点构建以政府投入为引导、企业投入为主体、金融资本为支撑、社会资本积极参与的多元化科技投入体系，激发创新活力，提高创新成效。加强科技研发、技术创新、产业发展等各项财政性资金的统筹支持力度，实施资源配置和公共服务向自主创新型企业的倾斜。设立区级信贷风险补偿专项资金，支持科技型中小企业科技成果转化，鼓励银行对科技型企业发放贷款；建立创投引导资金，鼓励创投机构加大对科技型中小企业的投资；开展科技保险工作，帮助企业降低科技研发风险。

**五、加快城乡统筹发展，打造宜居宜业宜游新天堂**

以城市化和城市现代化为目标，调整优化空间布局，增强资源集聚度和综合竞争力，统筹城乡一体发展，丰富城市内涵，把吴中区打造成为宜居宜业宜游的人间新天堂。

（一）整合优化城市发展空间布局

按照苏州市总体规划要求，强化与苏州主城区对接融入，以建设现代化新城区为目标，积极构建一体两翼四片（中心城区为一体，越溪城市副中心、东太湖滨湖新城为一翼，尹山湖-独墅湖商圈为一翼，度假区片，木渎-胥口片，东山-临湖片，角直片）的整体城市发展格局。

一体两翼地区作为融入主城区的先行板块，加快完善和提升现代城市服务功能，大力发展都市经济，增强对全区的辐射带动能力，打造与主城区地位一致、功能错位、互动发展的吴中新城。度假区片重点整合旅游资源，提升休闲娱乐服务功能，加快现代服务业产业链延伸，打造太湖文化历史中心、国内外知名旅游目的地。木渎—胥口片借力苏州中心城区西扩、轻轨一号线通车、南环高架西延，协调发展高端制造、文化创意、生态旅游等产业，重点建设胥江城、中山商业广场、现代装备科技园、环太湖商贸物流园、胥江一号文化创意产业园，打造苏州西部具有较强综合竞争力的区域性板块。东山—临湖片突出生态建设，重点加快温泉度假区、三基铸造装备产业园、太湖现代农业示范园建设，大力发展生态旅游、装备科技、现代农业，打造城乡一体化建设的新样板。角直片加强新旧镇区联动发展，在发展角直特色古镇游的同时，推动产业集约发展，积极发展先进制造业和现代服务业，保护开发澄湖地区，打造旅游特色鲜明、工业实力雄厚、三产兴旺发达的旅游名镇和工业强镇。

着重打造城市建设五大重点板块。改造提升中心城区。全面提升中心城区基础设施水平，加快推进“退二进三”，合理布局滨水绿堤、市民公园，建设“吴中人文客厅、运河城市看台”的运河风光带，繁荣县前街、蠡墅片和吴中商城三大商圈，“接轨、融入”人民路商业中轴，打造科学适用、低碳节能、错落有致的都市楼宇集群区。全力建设东太湖滨湖新城。充分利用东太湖环境资源优势，推进新城规划开发，加快东太湖综合整治工程和中央森林公园等项目建设，全力实施“三心、两轴、一带、五廊、五片区”建设，重点引进国际商务、文化旅游、星级酒店、房地产、运动休闲等高端服务业项目,力争在“十二五”期间与吴江滨湖新城协同发展,建成苏州新的国际化中心商务园,全面打造体现苏州生态宜居、山水城市形象的新型城区。**发展壮大越溪城市副中心**。加快完善行政、商贸、居住、教育等城市功能,大力发展以文化教育、科技研发、商贸商务为主的现代服务业,加快人气、商气集聚,实现与中心城区的衔接呼应,形成具有现代风韵的综合新区。**做优做美尹山湖—独墅湖生态商圈**。加快节点地块改造,尽早推出形态,重点建设一条集滨湖休闲娱乐区、精品休闲娱乐餐饮区、生态湿地公园、文体中心、城市公园为一体的尹山湖特色商业街区,把双湖板块打造成为与金鸡湖

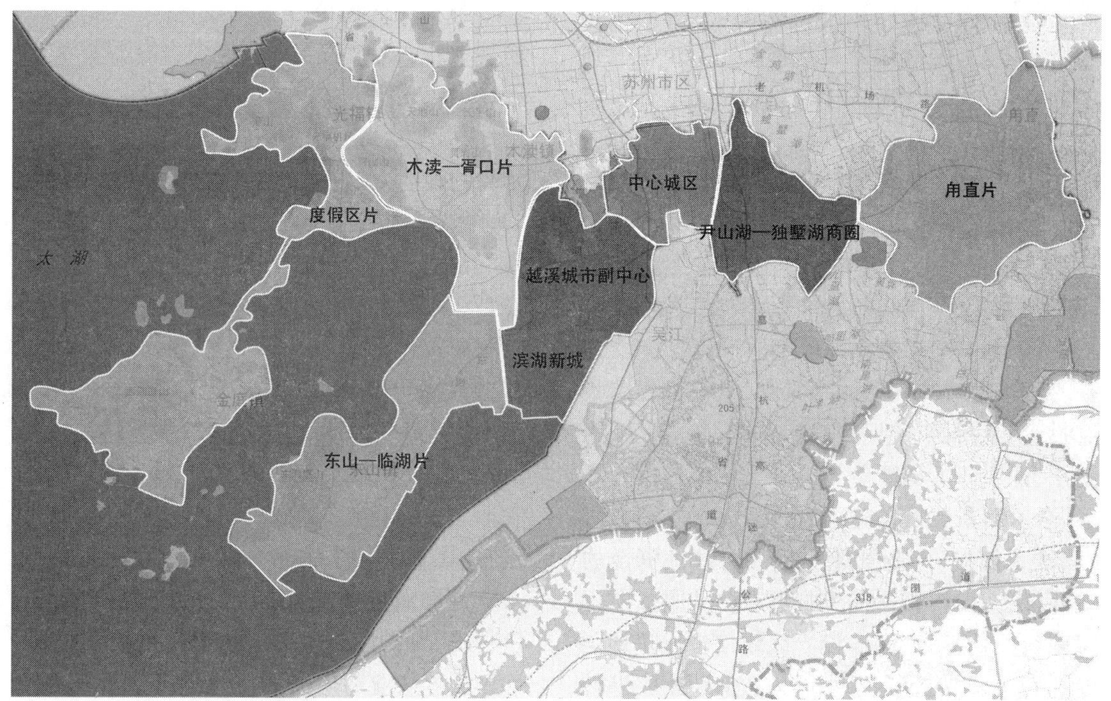


“三湖一体”,与苏州工业园区无缝接轨,充分体现“现代、精巧、生态、休闲、宜居”特征的高端商住板块。**精心打造度假区中央商贸区**。以文化论坛为龙头,加快引进一批度假酒店、商务办公、餐饮娱乐项目,建设一批富有“太湖时代”内涵的时尚地标建筑,尽快形成CBD功能形态,发展成为沿太湖地区的商业中心、商务中心。

### (二)统筹推进城乡一体化建设

坚持城乡一体化发展导向,按照“六有”目标,以木渎镇和太湖现代农业示范园两个先导区综合配套改革为切入点,积极构建工业反哺农业、城市支持农村的新机制。加快富民强村步伐,全面深化农村“五大合作”改革,大力发展土地、社区资产、物业股份合作社,加快发展农产品专业合作社、旅游农业股份合作社,推进镇级合作总社联社改革。全面完成“政社分离”改革,引导优质资源向农村、合作社倾斜,加快合作经济走向市场,鼓励各类合作组织以多种形式参与城市化、工业化和新农村建设,参与农业示范区、农业综合开发和农业生态旅游项目建设,提高各类合作社的致富带富能力,促进农民持续增收和集体资产保值增值。加大“三集中”、“三置换”力度,进一步完善农民集中居住规划,使更多农民变为市民。加大农村土地流转力度,完善土地承包经营权流转市场,流转面积占家庭承包经营土地面积的比重达80%以上。以实施国家级农村环境连片整

治工程为重点，加快农村村庄整治，完善农村基础设施建设，强化农村公共服务体系建设，实现城乡交通、水利、电力、通信、环保等重大基础设施无缝对接，农村卫生和社区服务全覆盖，农村社会保障与城镇并轨，农村教育基本实现现代化。提升农村新型社区管理水平，推进农村社区服务中心设施建设，努力把农村社区建设成为管理有序、服务完善、环境优美、治安良好、生活便利、人际关系和谐的社会生活共同体。

（三）加快构筑完善的基础设施体系

"十二五"时期，围绕经济结构战略性调整和提升区域综合服务功能，加快推进城乡基础设施建设，完善网络体系，提高运行效率，为创造便捷舒适的现代化生活提供有力支撑。

综合交通体系建设。以道路交通建设为重点，构建一体化的综合交通体系。配合苏州市轨道工程建设，建成轻轨 1 号线，做好 2 号线、4 号线及支线的配套工作。完成苏嘉甬高速公路、苏震桃高速公路吴中段、230 省道木渎至越溪段改线、343 省道（苏沪机场路）改拓建、南环高架快速路西延工程，规划东西山环岛连接线建设，实施金庭环岛公路、环太湖路光福段、角直东方大道、机场路、胥口孙武路综合改造，以及一批旅游景区道路建设工程，推进区域道路提标升级。促进公交优先发展，加快建设木渎客运站及一批乡镇公交首末站。加强航道建设和管养，实施苏南运河吴中区段"四改三"、苏西航道"六改五"升级工程，建设吴中港岸线码头。

综合水利设施建设。以保障水安全、改善水环境为重点，全面提升防洪除涝能力、水资源优化调配能力、水环境保护能力。结合东太湖综合治理，调整重建和加固东太湖堤防 36 公里，整治浒光运河、木光运河、大缺港、直心泾港等引排骨干河道，加大西部丘陵地区的山洪治理的力度，实施开发区建成区、蠡墅片区、越溪片区的防洪设施建设，提升地下空间防洪能力。优化水资源配置，增强水资源供给能力，"十二五"期间，地表水资源开发利用率控制在 35%以下，工业用水重复利用率达 85%，集中式饮用水水源水质达标率保持 100%。提升灌溉能力，重点兴建高标准农田灌排设施配套和高扬程提水灌溉站、山塘水池等山区小型水源工程，灌溉水利用系数提高到 0.7。

供水和能源保障体系建设。逐步实现区域联网供水，保障供水安全。扩建吴中新水厂、度假区水厂、东山水厂，改造金庭水厂，新铺设管网 200 公里以上，新增日供水规模 26 万吨。优化配电网结构，加强配电网主干网络建设，新建、扩建临湖变等 5 只 220 千伏输变电工程，香山变等 13 只 110 千伏输变电工程，新增容量 2910MVA，保障电力供需平衡。加强成品油供给体系建设，建设苏州燃料有限公司成品油仓储设施和配套码头，合理布局一批新建、迁建加油站。完善城乡供气管网设施，扩大燃气管网覆盖范围，新建一批加气站。积极开发利用太阳能、生物质能、地热能等清洁能源和再生能源，推广风力和沼气发电，积极探索秸秆发电、秸秆气化等新技术，启动华能太湖清洁能源项目，扩建光大环保能源垃圾焚烧发电项目。

综合防灾设施建设。完善地震监测网，加强项目建设的抗震设计审查工作，推进地震安全示范社区和地震避难场所建设，延伸对农村自建房和农村集中安置点建设抗震设防的监督、管理、指导工作。加强天气监测预警和气候环境监测评估，强化气象公共服务和应对气候变化工作，完成吴中气象监测和公共服务数字化工程。加强对城市综合防灾减灾工作的组织领导和指挥协调，进一步健全救灾工作应急机制、协调机制、信息共享机制、监督机制，强化预警机制。全面加强救灾应急队伍组建、救灾装备配置、灾害信息评估、紧急救援、灾情监测、预警、救助捐赠等工作体系建设。普及减灾、防灾、救灾知识，提高灾害紧急救助能力和减灾救灾综合协调能力,提高公众自救互救能力。

信息基础设施建设。加快公众网建设,提高全区镇(街道)主干网络的容量和传输速率,发展光纤接入、无线接入等多种方式的宽带接入网。应用光电传感、射频识别等技术扩展网络功能,发展并完善综合信息基础设施。完善吴中区电子政务网,推动政务信息资源的应用,推动电子政务公共服务向镇(街道)、村(社区)延伸。大力发展电子商务,降低物流成本和交易成本。鼓励IT企业研发生产面向中小企业的信息系统软件,为中小企业提供合适的信息化解决方案,着力提升中小企业信息化应用水平。

(四)积极建设最佳宜居生态区

以建设资源节约型和环境友好型社会为导向,同步推进经济建设与生态环境建设,同步提升产业竞争力与环境竞争力,努力打造碧水青山、优美整洁、清新宜居的“生态吴中”。

节约利用资源,促进资源的保护与合理开发。大力发展绿色经济、循环经济和低碳经济,重点加强节能、节材、节水和节地工作。积极推进产业结构的生态化重组和低碳产业体系建设,全面推行清洁生产,促进资源节约利用、集约利用和综合利用,大幅降低工业、农业和服务业生产过程中的能耗、物耗和水耗。加快建设市再生资源产业园(角直)和区再生资源回收利用物流中心,打造再生资源回收利用网络体系。严格控制高耗能项目,强制淘汰耗能高的技术、工艺和设备,开展燃煤工业锅炉、绿色照明等十大节能工程,开发一批节能新技术,培育一批节能示范企业,切实降低单位生产能耗。全面建设节材节能住宅和公共建筑,鼓励使用高性能、低耗材、可再生循环利用的建筑材料,推广“绿色建筑”和“绿色施工”。广泛深入开展节水型企业、节水型社区、节水型灌区创建活动,节约利用水资源。严格保护耕地,稳定粮食生产,巩固提高粮食生产能力,“十二五”期末全区耕地保有量不低于27.5万亩。控制建设用地总量,引导人口向城镇集中、居住向社区集中、工业向园区集中、农业用地向规模经营集中,盘活存量用地,提高单位土地产出水平和效益。

加强环境保护,改善区域综合环境质量。完善环境保护体制机制,以削减总量、改善质量、防范风险为着力点,以工业污染全防全控为抓手,以推进环境基础设施均等化为方向,提升区域环境质量。至2015年,空气环境质量达到二级标准的天数超过330天。提高污水处理能力,扩建城南、开发区河东、木渎污水处理厂等污水处理工程,配套污水管网600公里,新增日处理能力18万吨。至2015年,中心城镇生活污水集中处理率达95%,农村生活污水集中处理率达70%。落实主要污染物减排责任制,加大对七子山垃圾焚烧堆场等重点污染源的整治和管理力度,加快减排项目建设,至2015年,工业重点污染源排放达标率达100%,化学需氧量、氨氮含量、总磷含量等水环境污染物年排放量达到总量控制目标。加强噪声和固体废弃物污染控制,噪声达标区覆盖率、工业固体废弃物综合利用和处置率、城镇生活垃圾无害化处理率、医疗废物安全处理率和工业污水处理污泥处置率均达100%。

加强生态建设,构建生态安全保障体系。倡导生态文明的发展理念,编制全区生态文明建设规划,深入开展环境友好企业、绿色社区、绿色学校等各个层面的创建活动,增强全社会环保意识,努力使生态文明建设成为全区上下的共识和自觉行动。大力实施“清水蓝天造绿”工程,完善环境保护体制机制,加强对自然保护区、风景名胜区和森林公园的建设管理,加大对水源涵养区、生态敏感区的保护力度,建立完善责权利相一致、规范有效的生态补偿机制,实现区域生态环境的持续改善。加快沿湖、沿路、沿山等生态湿地、经济林网建设,实施重点生态地区小流域治理、河湖水土保持、矿山整治和宕口复绿等工程，构建区域生态安全屏障。注重生态建设与生态产业发展相结合，推进生态工业、生态农业、生态养殖、生态林业、生态旅游等生态示范区和基地工程建设，重点打造太湖、澄湖、尹山湖、独墅湖四大板块，把“四湖”建设成为生态产业集聚区、生态技术展示区、生态居住示范区。

**六、加快和谐社会建设，塑造富民强区新吴中**

坚持民本、民生、民富发展理念，强调以人为本，加快富民步伐，积极引导服务需求，优先配置公共服务设施，不断提高社会发展水平和社会和谐程度。

（一）完善广覆盖的社会保障体系

加大就业保障力度。把扩大就业摆在更加突出的位置，构建政府、个人、学校、金融机构“四位一体”的就业促进体系，重点帮扶“4050”人员、大学毕业生、本地农村劳动力实现就业。鼓励居民创业，完善创业鼓励政策，整合创业服务资源，建立健全创业公共服务体系，引导居民通过创业促进就业。“十二五”期间，确保每年新增就业2万人，新生劳动力就业率达90%以上。探索城乡统一就业监测制度，严格控制失业率。加强镇村两级就业服务平台建设，优化就业公共服务，确保“零就业家庭”动态消除。至2015年，95%以上的社区（村）实现“充分就业社区”目标。加强劳动力市场依法行政工作，促进劳动就业与劳动关系和谐稳定。

提高社会保险水平。构建以社会保险、社会救助、社会福利为基础，以基本养老、基本医疗、最低生活保障制度为重点，以慈善事业、商业保险为补充的城乡社会保障体系，至2015年，实现社会保险全覆盖。加快提高农村基本养老保障水平，建立养老保险城乡一体、逐步并轨的政策体系，健全农村基本养老保险待遇和被征地农民保养金动态增长机制。完善农村社会医疗保障体系，加快新型农村合作医疗保险制度向城乡居民基本医疗保险制度衔接与转轨，提高农村基本医疗保险实际补偿比例。扩大工伤保险、生育保险覆盖面，调整提高失业保险水平。

完善救济帮扶长效机制。全面整合社会救助资源，健全以城乡低保制度为基础，以医疗、教育、就业、住房、法律等专项援助为辅助，以临时救济、社会帮扶、慈善互助为补充的社会救助体系，建立健全困难群众发现机制、信息共享机制、收入核查机制、救助标准动态增长机制和临时困难救助机制，保障弱势群体的民生权益。大力发展“红十字”、慈善事业和公益性基金会组织，不断提高慈善资金募集能力，探索发展社会慈善、社会捐赠、群众互助等多形式的社会救助机制。

加快保障性住房建设。逐步扩大廉租房建设面积，加快集宿楼、公共租赁房建设，完善多层次的住房保障体系，着力解决新就业职工、进城务工人员及中等偏下收入家庭的住房困难。搞好拆迁安置房统筹协调，完善拆、建、分、管“四位一体”机制，加强项目施工管理，加快建设进度，提升工程品质。实施农村困难群众住房救助和农村住房改造，推进危旧房改造及老住宅小区、老街巷综合整治，实现“住有所居”，推进“住有优居”。

（二）提高基本公共产品服务水平

优先发展教育事业。坚持教育面向现代化，全面形成“以区为主，城乡一体”的教育管理体制，逐步实现城乡学校管理体制、规划布局、办学标准、办学经费、教师配置、办学水平的“六统一”。推动基础教育优质均衡发展，调整优化中小学校布局，新建小学4所以上、初中2所以上，70%的小学、初中建成高水平教育现代化学校，所有普通高中建成省优质高中。加快以公办为主的幼儿园建设，推进0~3岁婴幼儿早期教育，促进学前教育优质健康发展，新建各类幼儿园20所以上。以就业为导向，加快职业教育优质特色发展，江苏省吴中中等专业学校（原区职教中心校）力争建成国家高水平示范性中等职业教育改革发展学校。推进终身教育开放互动发展，主要劳动年龄人口受高等教育的比例达26%，老年教育普及率达30%以上，省级社区教育示范乡镇(街道)达20%，国家级社区教育实验区达50%。积极实施义务教育优质均衡发展示范区建设、教育名师培养等八大重点工程，形成一批区域教育现代化特色和品牌。加强教师队伍建设，积极培养引进高层次教育人才，建设一支师德高尚、业务精湛、结构合理、充满活力的高素质教师队伍。

繁荣文化体育事业。加大政府对公益性文体事业的投入，推进文体信息资源共享工程，加快现代文体中心、青少年活动中心、区图书馆新馆、博物馆、规划展示馆等一批标志性文体设施建设，逐步完善提升区、镇(街道)、村(社区)三级公共文体设施网络。树立精品意识，繁荣文艺创作，努力创作出具有吴中地域文化特色的文艺精品。办好各种大型文化节庆活动，继续开展文化下乡活动，丰富城乡人民群众精神文化生活，加快实施体育基本现代化工程，积极引进和举办大型体育赛事，推进社区健身工程，提升体育事业水平。加强古镇、古村和非物质文化遗产保护，继承和弘扬优秀历史文化。加强档案和地方志编纂工作，推进档案信息化建设，新建区档案馆。

加强公共卫生服务。全面推进医药卫生体制改革，实施基本药物制度，建立健全覆盖城乡居民的基本医疗卫生体系。优化卫生资源配置，加强医疗卫生设施建设，新建扩建一批乡镇卫生院。至2015年，每十万人拥有医生数达190人左右，社区卫生服务普及率达100%。实施科教兴卫战略，加快临床医学重点专科建设，加强卫生人才队伍建设。改善专业公共卫生服务机构服务条件，建立完善疾病预防控制和突发公共卫生事件应急处置机制，加强卫生监督等公共卫生服务体系建设。深入开展爱国卫生运动，实行全民健康教育和健康促进行动，建成国家卫生镇3个以上。强化食品药品监督管理，实施食品药品放心工程，完善农村食品安全“三网”和药品安全“两网”建设，推行食品卫生量化分级管理制度。

扶持发展养老事业。加强为老服务工作，保障老年人权益。建立健全城乡老年居民救助制度，不断完善以居家养老为基础、机构养老为补充的养老服务体系。加快各镇(街道)居家养老服务中心建设步伐，按当地老年人口数规划建设一批管理好、品牌新、服务有特色的新型养老机构。积极推进敬老院建设，改善五保老人的居住环境。加大民办养老机构管理力度，实现民办养老机构经常化、制度化管理。至2015年，全区各类养老床位总数超过5000张，基本实现“老有所养”目标。

发展人口计生妇幼等事业。加强人口研究与调控，完善城乡一体统筹解决人口问题的新机制，引导人口有序流动，优化人口结构和分布。深化计划生育优质服务机制，稳定低生育水平。发挥“世代服务”体系的“六位一体”综合功能，深入推进“优生促进工程”，逐步提高人口素质。推进基层妇女组织建设和青少年权益保障体系建设，全面实施残疾人康复工程和残疾人创业就业工程。稳步推进双拥工作，积极发展婚姻、殡葬、区划地名等社会事业，服务经济社会发展。

(三)推进社会管理现代化

促进文明和谐。以先进文化为导向，深入持久地开展爱国主义、集体主义、社会主义教育，大力开展社会公德、家庭美德教育，实施政务效能、权益保障、诚信服务、素质提升、环境提升“五大工程”，在全社会积极倡导爱国守法、明礼诚信、团结友善、勤俭自强、敬业奉献的基本道德规范，弘扬“创业、创新、创优”的时代精神。建立未成年人思想道德建设长效机制，完善学校、社会、家庭三位一体的未成年人教育网络。深入开展文明行业、文明单位、文明村镇等创建活动，提高公共卫生、公共秩序、公益活动等八大公共文明指数。完善志愿服务网络，加强科普宣传教育，营造科学、文明、向上的社会氛围。

**建设平安吴中。**加强突发公共危机和安全事件预警体系建设，形成覆盖城乡、反应灵敏、统一指挥、功能齐全、运转高效的应对管理机制，有效防范和及时处置自然灾害、事故灾难、公共卫生、社会安全和重大劳资纠纷等各类突发公共事件。强化社会治安综合治理，着力构建组织严密、网络健全、反应迅速的犯罪打击体系、治安防范体系和社会控制体系，努力形成打防控一体化社会治安长效机制，依法打击各种犯罪活动。加强国防教育，加强民兵防空、民兵预备役力量建设，提高国防动员和国民经济保障能力。严格落实安全生产责任制，加强对建筑、交通、矿山、危险化学品等重点领域、重点行业的生产监督管理，坚决防止重大安全事故。加强职业危害监管，保障职工健康。

**建设法治吴中。**坚持人民代表大会制度、共产党领导的多党合作和政治协商制度，自觉接受区人大及其常委会的依法监督和区政协的民主监督。巩固和发展爱国统一战线，充分发挥民主党派、工商联和无党派人士的作用。加强和改善民族、宗教、外事、港澳、侨台等工作，领导和支持工会、共青团、妇联等人民团体开展工作。依法完善村民自治、社区居民自治和企业民主管理制度，建立健全公开、监督、高效的工作机制，切实保障人民群众在政治、经济、文化、社会事务等方面的民主管理、民主监督权利。深化基层民主法治建设，加大“依法治区”创建工作力度。健全各级党委政府依法决策、科学决策、民主决策机制，制定区域管理、社会保障等改善民生的规章和制度。全面开展“六五”普法教育，加强法治文化建设，进一步提高全民法律素质。积极推进司法机制改革，强化司法监督，实现社会公平正义。加强政法队伍建设，规范执法行为，提高执法人员素质和工作效率。有效整合法律援助、司法救助和社会救助资源，保障人人平等获得公正的法律服务和司法救济。全面畅通群众诉求表达、权益保障渠道，完善信访制度，健全“大调解”体系，形成多方联动、快捷高效的调解工作机制。

**优化城市综合管理。**适应社会结构新变化，强化以人为本、注重民生、增强活力、促进和谐的社会管理新理念，探索社会管理新模式，充实新型社区工作人员力量，实现由防控型管理向服务型管理转变。完善社区服务体系，确保群众活动有舞台、交流有平台。继续深化城管体制改革，着力构建“两级政府、三级管理、四级网络”架构，全面推行“区域式联动，网格化管理”模式，推动城市管理力量下沉、重心下移。着眼“依法、长效、精细”要求，健全横边纵底、运转协调的长效管理机制，形成政府规划、市场主导、国资推动、社会参与的经营管理联动局面，不断推进资源商品化、建设产业化、管理市场化、形象现代化。积极开展环境综合整治活动，全面改善市容市貌。加强数字城管建设，探索解决违章搭建、停车、经营、广告等难点问题，不断提升城市管理服务水平成效。继续做好人防工作，实施中心城区地下管线管理系统建设。

## 七、加快机制体制创新，构建市场化的改革开放新格局

吴中发展成就的取得，得益于改革开放。在新的起点上推进“山水苏州·人文吴中”建设，依然要高举改革开放的大旗。

### （一）深化改革

深化经济体制、行政管理体制改革，突破制约科学发展的体制性障碍，增创体制机制新优势，为经济社会发展添活力、增动力。

**加快投融资体制改革。**深化金融体制改革，大力推进金融强区建设。积极争取中资、外资银行机构在吴中布设分支机构和营业网点。充分发挥银行间投融资的主渠道作用，优化信贷投放结构。加快发展新型金融行业，引进和培育各类股权投资企业和股权管理企业，引导

和鼓励各类社会资本进入创投、风投和产业投资领域,促进民间资金转化为产业资本。大力推进企业上市融资,实施创新型企业成长路线图计划,鼓励企业创造条件在国内外股票市场上公开上市,利用资本市场实现直接融资。至2015年底,上市企业达到15家,形成资本市场的“吴中板块”。加快培育发展村镇银行、农民资金互助合作组织、农村小额贷款组织等金融组织,创新完善中小企业和农村金融服务体系。扩大产权交易市场,积极探索非上市企业股权流动管理办法。进一步改善创新创业投融资环境,完善新兴产业创业投资管理机制。推进投资体制改革,完善自主创新担保和再担保体系,探索多种形式的质押贷款,支持借(贷)款机构或担保机构开展商标专用权质押、股权质押、动产抵押等借(贷)款业务。大力吸引海内外创业投资机构,建立健全风险投资体制机制。完善国有资产监督管理,提高国有资产经营公司的运营能力,确保国有资产保值增值。主动对接中央和部属大企业、大集团,争取更多的国有大型企业投资入驻。

**进一步完善市场体系。**贯彻中央、省有关生产要素和商品市场建设的政策法规,促进金融、资本、技术、产权、人力、土地、住房、中介服务以及商品市场既规范有序,又充满活力,起到资源配置的基础性作用。加快大宗物资市场和传统专业商品市场提档升级,加强不同层次的各类专业人力资源市场体系建设。积极拓展租赁和保险市场,完善自然资源有偿使用机制,建立环境保护经济补偿机制。健全以道德为支撑、产权为基础、法律为保障的社会信用制度,重点完善信贷、纳税、合同履约、产品质量的信用记录,推进社会信用体系建设。大力培育和规范发展各类中介组织,抓好一批行业协会(商会)的组建工作。进一步整顿和规范市场秩序,坚决打击制假售假、商业欺诈、偷逃骗税和侵犯知识产权行为,努力建设“诚信吴中”。

**优化民营经济发展环境。**大力发展民营经济,鼓励和引导民营企业进入基础产业、城乡设施、市政公用、社会事业、金融服务等领域,鼓励民间资本参与国有行业重组与改制,提高公用事业、垄断行业运营效率。改进政府对民营企业的监管,建立健全市场准入、税收管理、规费标准、金融贷款、部门服务“五个平等”的服务机制,加强对民营企业的指导和政策协调。整合各类社会资源,为民营企业发展提供信息咨询、人才培训、技术创新、信用评估、融资担保等全方位的优质服务。制定和落实鼓励民营经济发展政策,加大财政支持投入力度,支持民营企业加快技术创新和技术改造步伐。引导民营企业提高自身素质,加快建立现代企业制度和现代产权制度,加快技术创新和技术改造步伐,培育壮大一批有较强竞争力的民营科技企业和民营企业集团。

**优化行政服务体系。**深入推进行政审批制度改革,加强行政服务中心建设,完善“两集中、两到位”行政服务机制,继续精简审批环节、优化办事流程,健全上下协调、部门联动的政府服务体系,提高行政效能。深化政务公开,积极推进行政权力网上公开透明运行,完善决策程序,健全科学民主决策机制和绩效评价机制。加快基层自治组织建设,推进街道(镇)、社区(村)管理体制改革,探索政府行政管理与基层自治有效衔接和良性互动的机制。

### (二)扩大开放

坚持国际开放和区域开放互动,促进经济体制和经济结构与国际接轨。充分利用国际国内两个市场、两种资源,扩大对外开放,增强外向型经济发展能力,提升吴中开放型经济水平,实现对外开放的新突破。

**提升利用外资水平。**着力推进利用外资从速度型向效益型转变、从重视规模向规模质量并重转变,按照产业发展战略,坚持产业发展导向,把利用外资、吸引国际产业转移与产业结构调整结合起来。大力引进新能源、医药及生物技术、新材料、电子信息、高端装备等科技含量高、发展前景好、行业竞争力强的国际投资项目，重点引进一批产业集聚强、影响力大的旗舰型、龙头型项目，形成特色鲜明、布局合理、开放包容、环保高效的开放型经济体系。加快引进一批研发机构、销售中心、采购中心等功能性总部，鼓励和支持外资企业科技研究机构的本地化和研发资源的本土化，吸引更多国际研发中心、区域经济总部进驻。努力扩大外资企业与本土企业的产业联系，做好引进技术的消化吸收和创新提高，促使特色产业链向前后延伸，进一步形成有竞争优势的产业集群。创新外资引进模式，通过增资扩股、兼并收购、楼宇招商、以商引商、以民引外、以外引外等多种渠道，加快外资项目引进。“十二五”期间，累计实际利用外资总量达 20 亿美元。

**优化贸易增长方式。**把扩大外贸出口与产业优化升级紧密结合，引导企业加大市场开拓力度，提高具有自主品牌、自主知识产权的产品出口比重。鼓励加工贸易企业在吴中区设立研发中心和营销机构，延长加工贸易产业链，切实提高出口贸易在中高端制造、研发、服务等环节的国际竞争力。充分利用吴中出口加工区的政策优势，吸引一批高端出口型制造业企业以及信誉好、业务量大的物流公司、配送公司、研发机构进区入驻，增加进出口业务量，实现全区出口新增长。

**稳定实施“走出去”战略。**发挥吴中区医药及生物技术、电子信息、装备制造、新型建材等产业优势和丰富的旅游文化资源，加快企业“走出去”步伐，参与国外资源性项目投资、并购国际营销网络等国际合作。加强对企业“走出去”的政策支持，强化联系服务和监测机制，确保在境外的投资企业正常营运、健康发展。支持企业参加出口信用保险，探索建立贸易摩擦预警机制。

**八、加强规划实施管理，落实配套保障措施**

实现规划纲要的目标和任务，必须充分发挥市场配置资源的基础性作用，激发各类市场主体的积极性和创造性。规划纲要提出的产业布局、发展方向和重点，是对市场主体的指导性意见，政府将积极加以引导；在社会事业、基础设施、资源环境等领域提出的任务，是政府向全区人民作出的承诺，政府将切实履行职责，确保落到实处。

**强化组织保障。**经区人代会讨论通过的规划纲要，是吴中区国民经济和社会发展的纲领性规划，在本区各类规划中具有统领地位，必须形成中长期规划动态实施机制，根据规划纲要逐年分解主要目标、重点任务和重大项目。各部门要按照职责分工，将规划纲要确定的相关任务纳入部门年度计划，明确责任，保持经济社会发展目标的连续性和稳定性。规划中确定的重大项目和重大工程要落实责任单位、落实项目资金、落实检查监督和责任追究体系，确保按时保质完成。加强 23 项专项规划的具体落实，与本纲要形成统一完整的规划体系，确保总体规划的目标任务通过各专项规划得到实施。

**健全公共财政政策。**按照建立公共财政体制的要求，优化财政支出结构，提高社会公共需要的保障水平。转变财政支持经济的方式，财政资金重点用于科技、教育、文化、卫生等社会公益事业，以及农业、基础设施建设、社会保障、社会安全和生态环境等关系到发展、改革和稳定大局的重点支出，确保财政资金的高效运行，全面提高财政资金使用效益。

**落实空间调控政策。**认真执行供地和提高投资强度的有关规定，进一步提高空间集约利用水平。根据空间开发适宜性分区，强化差异化的空间准入政策和不同的建设引导要求，作为项目选址管理的重要依据。继续完善项目投资强度的用地政策，建立以投入产出效益和生态效益等为主要考核标准的用地规模审核制度。开展土地复垦整理，用好城乡建设用地增减挂钩政策,盘活存量土地。推动乡镇工业进园区,提高土地资源使用效益,带动经济结构优化,加大土地置换和土地储备,为吴中区新一轮发展提供土地资源。

完善评估体系。完善发展规划指标体系的评价和统计制度,确保统计数据的权威、准确和及时,加强规划实施的跟踪分析。建立规范的规划评估机制,围绕规划提出的主要目标、重点任务和政策措施,组织开展规划实施情况中期评估,全面分析检查规划实施效果及各项政策措施落实情况,找出规划实施中的问题,提出解决问题的对策建议,并根据中期评估结果和环境变化情况依法适度修订规划内容,调整相关指标。

加强民主监督。进一步完善规划的公众参与和民主监督机制,完善规划的编制程序,增强规划编制过程的公开性,保障全体人民参与规划编制与实施的权利。加强对各项规划的协调以及实施的监督检查,协调解决发展过程中出现的问题。实行重大项目和事项的公示、听证制度,进一步完善民主决策程序。

# 新跨越,新期待,吴中明天更美好

吴中区,苏州中心城区的重要组成部分,是苏州乃至长三角地区山水容量最大、自然生态最优美、人文底蕴最深厚的地区。雅称“山水苏州·人文吴中”。

站在新的历史起点上,按照苏州市“三区三城”建设的总体部署,以科学发展观为指导,吴中区坚持“山水苏州、人文吴中”目标定位和“走进太湖时代”发展战略,将全面推进外资经济、民资经济、国有经济和集体经济“四轮驱动”,重点突出开发区、度假区、建成区和中心镇“四大板块”,着力强化载体布局、特色产业、资源要素和吴中品牌“四个集聚”,加快推进产业转型、人才引育、生态环境、城乡建设、民生幸福、社会管理、典型示范、党建强基等“八大工程”,确保“十二五”末,率先基本实现现代化,为建设更高水平的现代化打下坚实基础,把吴中的明天建设得更美好!

**一是发展更科学,基本实现经济现代化。**转变经济发展方式取得新进展,产业结构调整得到新突破,经济综合实力迈上新台阶,力争在全市经济增幅不断上升、贡献份额不断上升、位次排名不断上升。到2015年末,服务业增加值占GDP比重超50%,新兴产业产值占规模以上工业产值达40%以上,城市化水平超过70%,地区生产总值、地方一般预算收入、全社会固定资产投资在2010年基础上实现翻番,人均GDP达到2万美元。

**二是科教更繁荣,基本实现科教现代化。**科技创新环境不断优化,现代教育体系更加完善,创新人才规模壮大,创新能力显著增强,人力资本和科技进步对经济增长的贡献率进一步提升。到2015年末,全社会研发经费支出占GDP比重达3%以上,高新技术产业产值占规模以上工业产值比重达50%,拥有自主知识产权的高新技术产品产值占高新技术产业产值比重达38%,科技进步贡献率达60%以上,人才贡献率达45%,新增劳动力平均受教育年限达15.5年,万人拥有人才数超过2000名,万人拥有专利授权量75件,百亿元GDP专利授权量550件。

**三是社会更和谐,基本实现社会现代化。**建立完善、高效的城乡一体化公共服务新体系,加强和创新社会管理新体制,进一步强化民主法制和城乡公共文明建设,有效维护公平正义，不断提升居民文明素质和幸福指数，经济社会发展更趋协调。到2015年末，城乡基本社会保险实现全覆盖，基尼系数低于0.4，万人拥有公共文化设施面积、公共体育设施面积分别超过2500平方米和25000平方米，每10万人拥有医生数190人，千人拥有医疗机构床位7张，千名老人拥有社会养老机构床位40张，农村基本医疗保险实际补偿比达70%，城乡公共文明测评指数达85%，平安社会指数不低于95%。

**四是生态更文明，基本实现生态现代化。**资源利用效率明显提升，主要污染物排放总量显著减少，环境质量明显改善，可持续发展能力进一步增强。到2015年末，全社会环保投入占GDP比重达4.5%，陆地森林覆盖率43%以上，生活垃圾无害化处理率、城镇生活污水集中处理率分别达100%和95%，环境质量综合指数超过95分，单位生产总值能耗和二氧化碳、化学需氧量、二氧化硫排放均控制在目标范围内。

**五是农业更高效，基本实现农业现代化。**全区农业规模化布局、标准化生产、产业化经营水平显著提高，农业科技理念、经营理念、特色理念深入人心，“6+1”特色农产品的质量、知名度、竞争力和市场占有率得到进一步提升。更加注重农业精致化管理，育种精挑细选、生产精耕细作、经营精打细算、质量精益求精、服务精细周密，全力打造市民的“绿色餐厅”、“健康厨房”。到2015年，全区高效农业占比达75%，“三品”农产品200只以上，中国名牌农产品3只，中国驰名商标2个。

**六是人民更幸福，基本实现民生现代化。**社会就业更加充分，创业环境更加完善，城乡居民收入普遍较快增长，合理有序的收入分配格局基本形成，居民收入差距进一步缩小。到2015年末，社会登记失业率控制在4%以内，城乡基本社会保险覆盖率100%，劳动报酬占GDP比重达45%左右，城镇居民人均可支配收入、农民人均纯收入分别高于5.5万元和2.5万元，恩格尔系数低于33%，城乡居民健康指数高于95%，公共交通出行率达30%，生活信息化水平不低于90%。

（原载《新华日报》2011年6月23日A8版）

# 太湖珠链　苏州吴中创建国家5A景区

环太湖风景秀丽的6个4A级旅游景区，将串成令游人流连忘返的“太湖珠链”。苏州市吴中区区委常委、宣传部长乐江今天告诉记者，吴中区环太湖六大景区，包括度假区中心区、西山、光福、东山、穹窿山和旺山，将打包创建中国最大的5A级景区，不久的将来，一个旅游景观丰富多彩、配套设施精致完善、旅游服务细致入微、中外游客络绎不绝的苏州（吴中）太湖景区将精彩亮相。

**说起太湖，首先想起谁？**

苏州市吴中区有着极为丰富的山水文化资源，不仅独占国务院规划的太湖13景中的6处，拥有国家4A级景区6个和国务院首批建立的国家级太湖旅游度假区，还拥有国家级历史文化名镇3家、名村2个，世界级非物质文化遗产1项，可谓“山水苏州，人文吴中”。去年，吴中区共接待游客1500万人次，实现旅游收入150亿元。

尽管如此，吴中人没有自满。苏州市吴中区委书记俞杏楠在创建5A旅游景区动员大会上分析说，一提到海南大家就会想到三亚；一提到云南就会想到丽江；一提到瀑布就会想到黄果树;一提到宫殿就会想到北京故宫;但是一提到苏州,首先想到的是园林;一提到太湖,首先想到的却不是苏州吴中;其实吴中区拥有太湖60%的水域和苏州80%的丘陵山体。可见吴中在构建大旅游格局和打造旅游品牌上还有很多文章可做。

**272平方公里景区,我国最大**

“捆绑打包”后的大景区定名为苏州(吴中)太湖旅游景区,景区总面积将达到272平方公里,将涵盖吴中环太湖旅游的最核心区域和最精华资源,建成后将成为我国面积最大、通达性最强的国家5A级景区。为此,吴中区将聚集现有的旅游品牌资源,计划投入15亿元进行整合,力争在两年多的时间里实现这一升级跨越目标。

为此,吴中区已组建了苏州太湖旅游发展集团公司,实行统一规划、开发、管理、促销、保护。将把游客服务中心网络建设和旅游交通体系建设提上日程,未来的太湖旅游景区将连接周边机场及旅游集散中心,在一级游客服务中心设置远程候机楼,联通周边各大机场,在苏州火车站、高铁站开通旅游班车,开通与长三角重点城市集散中心间的旅游班车等,使游客更方便快捷地抵达景区。

**三线皆入地,游客新感受**

吴中区还将理顺内部管理体制,推出联票制。太湖旅游景区拟实行三级票务制度,一级联票为苏州(吴中)太湖旅游景区联票,景区内所有景点通用;二级联票为西山景区联票、光福景区联票、东山景区联票、穹窿山景区联票和旺山景区联票,在各自分景区内通用;三级门票即景区内各分景点门票。联票将实行优惠政策,可以为游客省下不少门票钱。

5A级景点改造还包括三线入地、建筑立面、基础配套设施、环境整治、停车场、旅游厕所和游步道等。在景点内将不再设置旅游购物场所,景点内现有购物处仅出售饮料、简易食品,购物功能全部移至相应的游客服务中心,让游客享受更“原汁原味”的“山水太湖,人文吴中”。

(原载《文汇报》2011年9月1日第3版)

## 实施“四轮驱动”战略　加快集体经济发展

吴中区位于苏州城南,辖七镇八街道、128个行政村(社区),户籍人口60万。2011年,全区完成地区生产总值710亿元,实现地方一般预算收入72亿元。2011年,吴中区始终以科学发展观为统领,围绕率先基本实现现代化目标,实施“四轮驱动”,突出强村富民,加快转型升级,全力以赴创新发展农村集体经济,始终不渝推进农民增收致富,全区农村经济呈现又好又快的发展态势。2011年全区农村集体总资产达205亿元,同比增长26.5%,全区镇村两级集体总收入17.03亿元,稳定收入13.27亿元,其中村级年稳定收入9.01亿元,分别同比增长18%、49%和29%,村均年稳定收入705万元,超千万元村达30个,数量占苏州大市四分之一强,农民人均纯收入17300元,同比增长15.3%,其中财产性收入占比达37.5%,集体经济各项指标位列苏州大市前列。

**一、坚持深化改革,注重机制创新,加快集体经济转型发展**

农村集体经济是农村的“草根经济”,是农民的“贴肉布衫”,也是农民收入倍增计划实施的“动力源”,为此,吴中区不断创新发展,常抓不懈。从2001年率先推进农村合作改革,吴中区成立了全省第一家社区资产股份合作社开始，全区全面推进集体经济转型发展，合作社规模从单个到联社、总社，直至组建集团公司，农民拥有股份从一村、一镇到覆盖全区，创造了省级以上“十个第一”，实现农民人人有股份。全区累计组建各类股份合作社323家，其中社区资产股份合作社132家，土地股份合作社8家，物业股份合作社64家，农产品专业合作社100家，旅游农业股份合作社6家，镇级股份合作联（总）社13家，合作社总资产达120亿元，其中农民现金入股9.6亿元，农民户均分红3000元以上。以合作改革为引领，全区农村集体经济发展方式实现了转型，从村村冒烟转变到集中建设工业区，从建造标准厂房转变到发展大体量的三产综合用房，从小范围村级合作转变到推进镇级总社联社合作，从村域内发展转变到走出去跨区域发展，从多年的原始积累转变到尝试资本运作。同时，依托现有集体资产，进一步优化资源配置，通过“退二进三”、“接一连三”、盘活存量、提升增量、优化结构，大力推进村级集体资产总量上台阶、上规模，做大做强。在这些优化转型中全区集体经济载体建设得到快速发展，全区累计建有标准厂房载体432万平方米、“退二进三”项目载体97.8万平方米。2011年，全区村均年稳定收入达705万元，超千万元村30个。

**二、坚持镇村联动，注重提质增效，实现集体经济抱团发展**

随着集体经济总量的不断壮大，整合有效资源、实施抱团发展是发展集体经济的必然方向，其中做大集体经济市场运作主体是关键。近年来，吴中区探索实施镇、村、农民三方参股的新型合作组织，组建村级、镇级集团公司，努力打造一批具有较大经济规模、较强竞争能力、现代制度管理的旗舰型经济组织。在临湖镇湖桥村成立全国首家集团公司的基础上，2011年，由14个镇（街道）集体资产经营公司和128个村（社区）合作社共同出资组建14家镇级集体经济集团公司，实现镇级集团公司全覆盖，14家镇级集团公司注册资本13.7元，下设城乡一体化建设、房地产开发、现代农业、物业管理、生态旅游等全资子公司52个，惠及农户11.8万户，实现农户受益全覆盖。围绕开工好一批项目、储备好一批资源、引进好一批人才、制定好一批制度，加快培育一批运作规范、规模较大、效益较好、分红较高的集团，不断提升农村集团公司的市场竞争力。全区镇级集体经济集团公司已启动64个重点项目建设，项目用地面积2127亩，建筑面积201.18万平方米，总投资82.43亿元，年度完成投资10亿元，这些项目中文化创意商贸服务等三产项目占70%，项目运行后，预计可增加年收入10.02亿元。充分发挥镇村两级集团公司的龙头带动作用，以项目运作为主要载体，尽快形成规模效应、集聚效应、产业效应，不断提升集体经济主体实力和市场竞争力，加快培育一批在省内叫得响的集团公司品牌项目。

**三、坚持多措并举，注重多元推动，促进集体经济均衡发展**

2011年，吴中区在巩固发展农村集体经济传统产业基础上，通过“抓两头、促中间”，加大资源整合力度，建立生态补偿机制，帮扶薄弱地区发展，推进全区集体经济全面协调均衡发展。把农业产业化“六加一”品牌工程作为涉农地区提升农业增效的主要抓手，以6万亩省级现代农业产业园为引领，全面推进土地流转发展规模农业，加快结构调整，打造“一村一品”特色农业，因地制宜发展古村游、农家乐、渔家欢等休闲农业，不断增强集体经济后劲。全区农业规模经营率达80%，国家级农业旅游示范点7个，“玉品”牌碧螺春、“太湖”牌大闸蟹获中国名牌农产品称号。同时，采取“建房返租”、“强村帮扶”等挂钩结对责任制，在开发区建造富民工业园载体，通过“建房返租”的形式帮扶薄弱村发展，目前已建造薄弱村脱贫转化载体10万平方米，每个薄弱村每年新增收益30~50万元，不断增强薄弱村集体经济发展“造血”功能。同时,加强各级扶持资金、生态补偿资金的统筹力度,采取入股优质项目、集中建设村级工业园或三产配套用房等方式,增强薄弱村“自我造血”功能,建立健全帮扶发展长效机制,促进全区集体经济均衡发展,两年来已下拨市区两级生态补偿资金1.24亿元。2011年,所有村(社区)年稳定收入均在100万元以上,第二轮经济薄弱村帮扶工作全面完成。

**四、坚持政策扶持,注重制度完善,助推集体经济跨越发展**

集体经济持续快速发展,离不开政策的扶持。2011年,区委、区政府先后出台了《关于加快农村集体合作经济发展的若干意见》等20多项扶持政策,吴中区全面实施外资经济、民资经济、国有经济和集体经济“四轮驱动”发展战略,出台了十多项更多、更实的配套政策,在税费减免、财政奖补、考核奖励、信用担保、城乡基础配套等多层次、全方位予以扶持,同时,吴中区坚持集体经济与其他三资经济同等配套土地、资金、人才和服务等资源,加大扶持力度,构建了发展集体经济强有力的制度框架和扶持机制。针对集体组织融资难的问题,加强银企对接,以建行城乡一体化基金为代表的融资产品初步达成20亿元的授信额度,年内首期投放4亿元重点用于集团公司项目建设,为推进产业转型,加快集体经济跨越发展提供强大的资金保障。并进一步完善集体土地、资源配置、税收奖励等扶持政策,促进农村集体经济健康持续发展。到“十二五”末,力争打造“三个一批”,即一大批总收入超亿元的旗舰型总社联社、集团公司,一大批村级收入超3000万元的集体经济发展标兵村,一大批标杆型、体量大、科技含量高、带动能力强的集体经济发展项目。力争实现“三个翻一番”,全区镇村两级集体总资产实现翻番达350亿元,力争400亿元;集体经济总收入实现翻番,达30亿元,力争35亿元,其中村均年稳定收入达到1000万元;农民人均纯收入实现翻番,达2.9万元,力争超3万元。 (农办供稿)

# 大事记

## 1 月

**5~7 日**

△政协第二届苏州市吴中区委员会第四次会议在区大会堂举行。会议听取、审议并通过《政协第二届苏州市吴中区委员会常务委员会工作报告》和《政协二届三次会议以来提案工作情况报告》;选举石钟琪为政协第二届苏州市吴中区委员会副主席,增选顾岳明、戚建明、郑美珍、周阿四、吴仁林、陆增林为区二届政协常务委员;表彰 2010 年度先进政协工委、提案办理工作先进单位、优秀提案及社情民意信息。与会委员还列席区二届人大四次会议,听取并讨论《政府工作报告》。

**6~8 日**

△苏州市吴中区第二届人民代表大会第四次会议在区大会堂召开。会议听取、审议和通过《吴中区人民政府工作报告》、《吴中区人大常委会工作报告》、《吴中区人民法院工作报告》、《吴中区人民检察院工作报告》, 审查《吴中区国民经济和社会发展第十二个五年规划纲要》、《关于 2010 年国民经济和社会发展计划执行情况与 2011 年计划草案的报告》、《关于 2010 年财政预算执行情况和 2011 年财政预算草案的报告》。会议补选孙卓为区人大常委会副主任、赵夫泉为区人大常委会委员。

**13 日**

△副市长王鸿声率队检查吴中区节日市场食品安全工作。

**14 日**

△副市长黄钦一行到香山街道香山村、小横山社区,走访慰问困难党员群众。

**17 日**

△创建全国无障碍建设城市国家考核验收组考核验收吴中区无障碍创建工作。吴中区顺利通过考核验收。

**19 日**

△国家森林防火指挥部有关负责人视察吴中区林业建设及森林防火工作。

**21 日**

△吴中区召开迎新春军政首长座谈会。

**24 日**

△市委常委、军分区司令员周德明到苏苑街道走访。

**25 日**

△吴中区社会福利中心落成乔迁庆典仪式举行。吴中区社会福利中心总投资近 1 亿元,占地面积 54 亩,建筑面积 2 万平方米,设计床位 400 张。

**26 日**

△省委常委、市委书记蒋宏坤一行视察尹山湖商圈规划建设工作

**27~28 日**

△宿迁市宿城区区长卞建军一行到吴中区考察。

**本月**

△泰怡凯公司获得江苏省质监局颁发的 2010 年度江苏省质量奖, 排名位居全省制造

行业之首，也是吴中区首家获得该项殊荣的企业。

△新浪网吴中区旅游局官方微博成立，成为江苏省首家以旅游局名义认证的微博。

## 2 月

**9 日**

△吴中区 2010 年度区级机关作风效能建设总结表彰大会在区大会堂举行。

**17 日**

△世界 500 强企业日本爱信 AW 株式会社、永旺梦乐城(中国)商业管理有限公司签约落户吴中经济开发区。省委常委、苏州市委书记蒋宏坤在签约前分别会见爱信 AW 株式会社社长石川勉一行和永旺梦乐城(中国)商业管理有限公司总经理西尾彻二。

**19 日**

△第十五届苏州太湖梅花节暨第十届“太湖之春”旅游月开幕。

**21~25 日**

△吴中区组团赴北京、深圳两地分别召开’2011 苏州吴中·太湖(北京)投资环境说明暨央企对接会和’2011 苏州吴中·太湖(深圳)科技服务业投资环境说明会。期间,与一批中央和省部属企业及海内外知名企业集团签订重大项目 15 个,涉及科技研发、装备制造、文化创意、创业投资等领域，总投资 130.92 亿元,注册资本 49.65 亿元。

**26 日**

△吴中区举行建区 10 周年庆典活动。庆典晚会揭晓并表彰吴中十大精品工程、十大惠民实事和十大标兵人物。

**28 日**

△全区领导干部会议在区行政中心会议室举行。

**本月**

△春节黄金周期间，全区累计接待游客 81.64 万人次,旅游总收入 8.04 亿元,比上年同期分别增长 40.1%、30.73%,各项指标居苏州大市首位。

## 3 月

**5 日**

△全国“两会”期间,“国家非物质文化遗产——苏州缂丝、核雕作品晋京展”在北京爱慕美术馆开展。核雕精品《后继有人》、《十二金钗》、《刘海戏金蟾》、《单面十八罗汉头》等 53 件作品在展会亮相。文化部副部长赵少华,财政部原部长金人庆,全国人大常委、民进中央专职副主席朱永新,苏州市委副书记、市长阎立,北京师范大学艺术与传媒学院副院长、著名学者于丹等领导和嘉宾出席开幕式。

△温州市政府考察团到吴中区考察农民合作社运行管理。

**7 日**

△“春意满吴中·巾帼展芳菲”——吴中区各界妇女庆“三八”联欢会在苏苑饭店举行。

**12 日**

△区四套班子领导、区级机关有关部门和甪直镇机关干部以及村、企事业单位代表等 300 多人到甪直镇义务植树。

**14 日**

△区政府在吴中经济开发区尹山湖举行区二届人大四次会议议案办理暨城乡综合环境提升工程三年行动计划启动仪式。

**17 日**

△副市长黄钦一行到吴中区走访慰问三洋能源(苏州)有限公司和苏州丽阳光学产品有限公司两家日资企业。

**21 日**

△’2011 苏州·吴中洞庭山碧螺春茶文化旅游节在太湖国际会议中心开幕。

△市人大常委会主任杜国玲一行视察横泾街道新齐村农村污水处理基础设施建设情况。

**22 日**

△安徽省卢江县党政考察团到吴中区考察沿太湖开发工作。

△副市长黄钦在东山宾馆会见来访的三洋电机株式会社专务取缔役、三洋软能源株式会社社长伊藤正人一行。

△市政协主席王金华率市政协考察团调研吴中东太湖综合整治工程。

**24 日**

△"北美高层次人才创业大赛优秀项目、优秀人才暨 2011 年国际精英创业周首次对接会"在吴中区举办。

**29 日**

△市人大常委会副主任朱玉文一行到金庭镇调研古村落保护工作。

**30 日**

△省委常委、市委书记蒋宏坤,市委副书记徐建明一行到苏苑街道南区社区视察社会管理和社区建设工作。

**31 日**

△市人大常委会主任杜国玲率市人大执法检查组到吴中区检查国务院《宗教事务条例》贯彻实施情况。

△副市长黄钦一行到吴中区调研电子商务工作。

**本月**

△甪直镇淞浦村、临湖镇采莲村、横泾街道新路村、香山街道香山村、苏苑街道南区社区等 5 个村(社区)被江苏省依法治省领导小组命名为第六批省级"民主法治示范村(社区)"。至此,吴中区共有 20 个村(社区)被命名为省级"民主法治示范村(社区)"。

## 4 月

**2 日**

△"品名茶 谈合作 谋发展——2011 中外客商苏州吴中碧螺春茶话会"在太湖国际会议中心举行。

**8 日**

△副市长浦荣皋一行到吴中区调研。

△国家银监局副主席蔡鄂生一行到吴中区调研。

**9 日**

△吴中区举行全区重大项目集中开工开业启动仪式。

△浙江长兴县党政代表团到吴中区参观学习度假区项目载体建设工作。

**12 日**

△市人大常委会副主任朱玉文一行到吴中区调研企业自主创新工作。

**13 日**

△全国人大财经委副主任汪恕诚一行到吴中区视察。

**15 日**

△高新区党政代表团到吴中区参观学习现代农业发展工作。

**16 日**

△国家旅游局党组成员、规划建设司司长吴文学一行到吴中区视察调研 5A 级景区创建工作。

**18 日**

△苏州市再生资源甪直产业园项目开工奠基。

**18~19 日**

△吴中区启动"两院院士吴中行"活动。魏敦山、陈勇、吴建屏、马建章、谭建荣、赵淳生、王守觉、薛禹胜等院士和数十名国家"千人计划"获得者、国家杰出青年科学基金获得者、中科院"百人计划"获得者和教育部"长江学者"获得者组成的专家团齐聚吴中。

**19 日**

△国家发改委体改司司长孔泾源一行到吴中区调研城乡一体化建设。

**19~20 日**

△吴中区召开全区农村集体经济工作会

议，期间考察江阴市华西村等4个农村集体经济发展先进村。

**20日**

△副市长梅正荣一行到吴中区调研城市建设和交通建设。

**22日**

△省文化厅副厅长马宁一行到胥口镇调研文化产业发展。

**23日**

△吴中区被省政府命名为省人口协调发展先进县(市、区)。

**26日**

△区委、区政府举行吴中气象业务科普中心落成典礼。省气象局局长翟武全应邀出席活动。

**30日**

△'2011苏州第五届汽车节在木渎凯马广场开幕。本届汽车节吸引40多家主流品牌经销商,参展车型250款。

△吴中区政府邀请中国人民银行苏州分行副行长王文卓作金融工作辅导讲座。

**本月**

△吴中区藏书石雕大师蔡云娣制作的澄泥石壶作品，作为恭祝英国王室威廉王子大婚的礼物,将被陈列在白金汉宫专门区域,成为英国皇室收藏。

△"换肾救夫"的临湖镇居民张苏玲当选由中央文明办主办的"中国好人榜",这是吴中区市民首次获此殊荣。

△苏州工业职业技术学院经省商务厅和财政厅联合认定为江苏省国际服务外包人才培训基地，成为吴中区首家省级国际服务外包人才培训基地。

## 5月

**3日**

△市领导阎立、徐国强一行到吴中区视察太湖文化论坛首届年会准备情况。

**4日**

△吴中区举行纪念"五四"运动92周年暨团员青年风采大赛决赛。

**6日**

△副市长王鸿声一行到吴中区调研寒山摩崖石刻保护工作。

**11日**

△市政协主席王金华一行视察南环桥农副产品批发市场。

△苏州电器科学研究院股份有限公司在深交所挂牌上市。

**12日**

△国家粮食局副局长任正晓一行到吴中区视察粮食储备、大豆产业发展工作。

**16日**

△副市长黄钦一行到吴中区调研创建旅游标准化示范城市工作。

△林周县党政代表团到吴中区考察。

△第十一届科普宣传周开幕式暨科技文化卫生"三下乡"活动在城南街道阳光水榭生活广场举行。

**18~19日**

△太湖文化论坛首届年会开幕。中共中央政治局委员、国务委员刘延东致辞,巴基斯坦总理优素福·拉扎·吉拉尼，印度尼西亚前总统梅加瓦蒂,全国政协副主席、中国文联主席孙家正,江苏省委书记罗志军等中外政要,以及著名学者、文化官员、著名文化人士等约500人出席。本届年会的主题为"加强文明对话与合作,促进世界和谐与发展"。共举办"不同文明的历史启示和现实价值"、"中华文明与世界文明"、"文化多样性与人类文明进步"、"共建世界和谐：政府与民间力量的作用"4场分论坛和"应对共同挑战,增进世界和谐"、"生态文明建设"2场专题会议。

**20日**

△全国人大环资委副主任委员张文台率

中华环保世纪行新闻采访组一行到吴中区考察饮用水源地保护和太湖生态湿地建设情况。

**21 日**

△区委、区政府在城南街道举行全区农村集体经济十大集团成立大会。

**24 日**

△中国药科大学优质生源基地授牌仪式在木渎高级中学举行。

**25 日**

△国家环保部副部长周建一行到吴中区视察农村环境连片整治。

△市长阎立一行到吴中区督办市人大议案及重点建议提案。

△市人大常委会副主任程惠明一行到吴中区调研生态补偿工作。

**26 日**

△洞庭山第二届枇杷节暨"白沙"枇杷开摘启动仪式在东山镇举行。

**27 日**

△副市长黄钦到吴中区协调度假区华侨城项目地块方案。

△苏州环球集团有限公司"环球"商标被国家工商总局认定为"中国驰名商标",成为吴中区首件商品类驰名商标。

**本月**

△老庆泰羊肉馆、角直酱品厂被商务部认定为第二批"中华老字号"企业,加上苏州乾生元食品有限公司、苏州市石家饭店,吴中区共有 4 家"中华老字号"企业。

△吴中区被中国科协命名为 2011~2015 年度全国科普示范区。

△吴中区被省政府授予"江苏省建筑之乡"称号。

## 6 月

**1 日**

△1~3 日,吴中区组团赴北京参加'2011 中日绿色博览会并举办主题为"发展绿色产业、走进太湖时代"的吴中区投资情况说明会。吴中区是绿博会参展单位中唯一的县区级政府,原国务委员、外交部长唐家璇,日本经团联会长米仓弘昌专程视察吴中区展位。期间,区委书记俞杏楠会见日立(中国)有限公司董事长大野信行、日经 BP 社常务董事小浜利之、月岛机械(北京)有限公司常务副总经理长濑裕和,以及三井住友银行、三菱东京 UFJ 银行等日本客商代表。代区长金洁出席博览会高层论坛,发表题为《太湖——苏州的绿色请柬;吴中——太湖最美的地方》的讲演。

△中国建设银行总行副行长赵欢一行到吴中区考察城乡一体化发展。

**2 日**

△副市长周玉龙检查胥江河水质情况,并专题研究胥江河水质整治工作。

△省红十字会会长吴瑞林一行到吴中区调研红十字会理顺管理体制工作。

**3 日**

△区领导俞杏楠、金洁、薛明仁、张炳华召集区监察、水利(水务)、环保、规划等部门和木渎镇、胥口镇有关负责人,实地检查胥江河水质情况,并专题研究胥江河水质整治工作。

△副市长王鸿声率市食品安全督查组视察吴中区食品安全工作暨端午节前食品安全工作。督查组先后监察南环桥农贸市场和麦德龙超市吴中店。

**8 日**

△吴中区与牡丹江宁安、穆棱市粮食产销合作签约仪式举行。

**11 日**

△吴中区首届全民体育运动会开幕式在吴中中等专业学校体育场举行。首届全民体育运动会将历时半年,到 11 月份结束,设田径、篮球、足球等 18 个比赛项目,35 个大项

507个单项,来自全区各部门、各行业的88支运动队近1.5人次将参加运动会。

**12日**

△国务院发展研究中心副主任韩俊一行到吴中区视察城乡一体化发展。

△副市长浦荣皋一行到吴中区检查排查当前突出问题维护社会稳定专项工作。

**14日**

△吴中区首家异地商会——云和商会成立。

**16日**

△在苏州市第五批非物质文化遗产代表性项目名录授牌暨非物质文化遗产保护工作会议上,香山工坊被授予"苏州市非物质文化遗产优秀保护示范基地"称号,角直连厢、邓尉探梅入围第五批苏州市级非物质文化遗产名录。

**17日**

△市委常委、副市长曹福龙到吴中区调研苏州市再生资源角直产业园规划建设。

**21日**

△市人大常委会副主任朱玉文一行到吴中区调研重点督办代表建议办理情况。

**22日**

△22~25日,中共苏州市吴中区第三次代表大会在区大会堂召开,大会听取、审议并通过区委书记俞杏楠作的《全面加强党的先进性建设,又好又快推进现代化进程,努力把吴中的明天建设得更加美好》工作报告和中共吴中区纪委工作报告,选举产生第三届区委委员、候补委员、区纪委委员和出席苏州市第十一次党代会的代表。

**24日**

△吴中区3590名考生参加高考,本二以上达线人数为1071人,比上年增长6.25%。木渎高级中学张茜梦同学以语数外总分411分(选修课2A+)的优异成绩名列苏州大市第二,达清华大学录取分数线。教育部直属"985"高校免试保送生7人(中科大1人,浙大2人,南大2人,同济2人)。

**25日**

△区委召开三届一次全会,选举俞杏楠、金洁、周云祥、沈觅、乐江、许振华、童德准、张炳华、张建祥、叶新、焦亚飞为区委常委,选举俞杏楠为区委书记,选举金洁、周云祥为区委副书记。会议通过区纪委第一次全会的选举结果。

**27日**

△市人大常委会主任杜国玲走访慰问横泾街道尧南社区困难群众家庭。

**6月27日~7月3日**

△吴中区庆祝中国共产党成立90周年广场文化周活动在大会堂广场举行。

**28日**

△国家质检总局副局长刘平军一行到吴中区视察信息技术设备国家重点实验室运行和国家信息网络产品质量监督检验中心项目建设。

**29日**

△中国科学技术大学培东实验基地和培东实验班揭牌仪式在木渎高级中学举行。

△浙江省仙居县考察团到吴中区调研特色民居建设。

△区委举行原四套班子领导"七·一"座谈会,区四套班子领导和原四套班子老领导出席座谈会。

**30日**

△区委举行全区领导干部集体廉政谈话暨廉政承诺仪式。区四套班子全体领导和各镇(区、街道)、区级机关各部门副科职以上干部出席。

△"童心向党·快乐成长"吴中区中小学生庆祝建党90周年歌咏诵读文艺演出在区大会堂举行。

## 7 月

**1 日**

△吴中区庆祝中国共产党成立 90 周年暨先进事迹报告会在区大会堂举行。会上表彰全区先进基层党组织、优秀共产党员、优秀党务工作者。

**2 日**

△由中共苏州市吴中区委、吴中区人民政府和保利置业集团联合主办的“千年苏城·盛世国宝——苏州保利圆明园国宝展”在尹山湖保利观湖国际接待中心开幕。国宝展为期 9 天，展出圆明园四大兽首真品及南北朝佛像等绝世国宝。

**8 日**

△吴中区政协理论研究会成立大会暨第一次理事会议在郭巷街道举行。

**10~12 日**

△第二届生物医药国际精英高峰会暨苏州国际精英创业周吴中分会场活动在太湖论坛国际会议中心举行。中国科协书记处原书记宋南平和市、区领导浦荣皋、俞杏楠、金洁等出席活动。

**11 日**

△省委副秘书长胥爱贵一行到吴中区视察城乡一体化发展工作。

**13 日**

△省委常委、市委书记蒋宏坤视察苏州三洋能源(苏州)有限公司、苏州东山精密制造股份有限公司和三山岛景区，在长桥街道现场调研拆迁安置工作。

△副市长浦荣皋一行到吴中区调研工业经济运行情况，先后调研伟创力电脑(苏州)有限公司、悦虎电路(苏州)有限公司。

△副市长浦荣皋在吴中区会见以色列驻上海总领事馆总领事一行。

**13~14 日**

△省太湖流域湿地保护与恢复工作推进会议在吴中区召开。期间，与会代表参观苏州太湖湖滨国家湿地公园、临湖镇太湖天然湿地、三山岛环岛生态湿地、金庭镇太湖生态湿地修复 4 个湿地保护与恢复项目现场。

**16 日**

△省委常委、省纪委书记弘强一行到吴中区视察调研太湖水源地、水生态保护工作。

**19 日**

△副市长黄钦到吴中区调研重点挂钩项目建设运行情况，先后调研苏州东山精密股份有限公司、开发区 AW(苏州)汽车零部件有限公司项目进展。

**24 日**

△区领导俞杏楠、金洁率区双拥工作领导小组成员，走访慰问驻苏、驻吴部队。

**25~29 日**

△区委书记俞杏楠率代表团赴香港开展服务业招商推介活动。期间，代表团参加苏州市服务业香港招商推介会，拜访一批香港著名的服务业企业代表，考察香港科技园。

**26 日**

△副市长徐惠民到横泾街道调研，考察尧南社区服务中心、德马泰克物流系统（苏州)有限公司、新路村环境整治和水稻示范方建设情况。

**本月**

△吴中区被国家环保部授予“国家生态市(县、区)”称号。

△香山工坊获“中国文化遗产保护与传承典范单位”荣誉称号。

△区评弹团的原创评弹小品《暴式昭担柴》入围苏州市 2011 年度重大版权推广运用计划项目，获 10 万元资金扶持。

△苏州氢洁电源科技有限公司研发出全球首款家用便携式发电机。

# 8月

**3日**

△张家港市党政代表团到吴中区考察。

**4日**

△市委常委、市纪委书记沈文祖一行到吴中区检查胥江水环境整治情况。

△嘉兴市党政考察团到木渎镇考察。

**5日**

△副市长徐惠民到吴中区调研滨湖新城规划。

**6日**

△常熟市党政代表团到吴中区考察。

**9日**

△市委副书记、市长阎立一行调研南区社区创建文明城市复评迎检工作情况。

**10日**

△苏州（吴中）太湖旅游景区创建国家5A级景区千人动员大会在苏州太湖国际会议中心召开。吴中区确定以度假区(含西山、光福景区)为主体,联合穹窿山、东山、旺山等景区,共19个景点,组成苏州(吴中)太湖旅游景区,总面积272平方公里,涵盖吴中环太湖旅游的最核心区域和最精华资源。

**13日**

△代区长金洁率区教育、民政、人力资源和社会保障、住房和城乡建设、城管、水利、环保等部门负责人,参加苏州广播电视总台《沟通·政风行风热线》节目。

**16日**

△区领导俞杏楠、沈觅、许振华、叶新赴开发区调研出口加工区二期、吴淞江科技产业园、独墅湖湿地公园规划建设工作,踏勘金秋洽谈会相关参观节点。

**18日**

△副市长王鸿声一行到吴中区调研文物保护工作。

**20日**

△中国农科院农业信息研究所示范基地揭牌仪式暨苏州稼泰丰农业科技示范园项目推介会在临湖镇举行。国家农业部党组成员张玉香，农业部市场与经济信息司副司长张兴旺,中国农科院党组书记薛亮,市、区领导周玉龙、俞杏楠、金洁出席。苏州稼泰丰农业科技示范园位于临湖镇湖桥村，占地面积10000亩,总投资6亿元。

**22日**

△沪苏浙皖闽赣鲁粤八省市农业农村工作交流会与会代表参观吴中经济开发区旺山村。

△副市长浦荣皋一行到吴中区调研工业企业运行工作。

**23日**

△香港苏州吴县同乡会青年家乡访问团到吴中区参观访问。

**28日**

△第七届中国(苏州)太湖开捕节在太湖国家旅游区举行。首届太湖金秋旅游月同时启动,主题包括太湖美食展、轻车骑游环太湖环保宣传活动、“四季太湖”全国摄影大奖赛作品展、金秋太湖风情特色游、首届太湖国际帆船赛、第三届太湖牛仔啤酒风情节等。

**30日**

△副市长徐惠民一行到吴中区调研东环南延、南环西延工程建设工作。

**31日**

△吴中区“和谐吴中、慈善助学”救助金发放仪式在区社会福利中心举行。区委副书记周云祥、区人大副主任陆培康、区政协副主席石钟琪参加仪式。此次受助学生737名,发放助学救助金近130万元。

**本月**

△吴中区、城南街道红庄社区被省委、省政府表彰为“2006~2010年全省社会治安综合治理先进集体”。

△南环桥市场农副产品批发市场信息化建设提升项目入选2011年中央预算内投资计划，获得资金250万元，是江苏省入选的6个农产品批发项目之一，也是苏州市入选的唯一农产品批发项目。

## 9月

**2日**

△区委中心组召开深入学习贯彻胡锦涛总书记"七一"重要讲话精神专题学习会。全体区委常委，人大、政协主要领导和副区长参加会议，区委书记俞杏楠主持会议并作重要讲话。

**5日**

△以色列驻华使馆农业参赞雪山、西班牙驻华使馆农业参赞思华伟、南非驻华使馆农业参赞华茜乐等4国使馆农业官员参观考察东山镇三山岛，研讨和交流现代农业发展与环境保护、高效农业与旅游休闲农业的互动发展等问题。

**6日**

△吴中区第三次妇女代表大会在吴中区人民大会堂召开。

△区领导俞杏楠、金洁、许振华会见日本池田泉州银行行长服部盛隆一行。

△副市长周玉龙一行到吴中区视察东太湖综合整治工程。

**7日**

△吴中区召开人才工作会议。会议由区委副书记、代区长金洁主持。区委书记俞杏楠作重要讲话。会议表彰奖励11名2010年度区"双创"领军人才。

**8日**

△吴中区举行各界人士中秋座谈会。

△由上海美术馆上海双年展办公室策展、苏州本色美术馆承办的《笔墨终结之后：中国式风景》大型艺术展在郭巷街道本色美术馆内开幕，画展将历时半年，本次展览共展出郎静山、吴冠中等15位国内知名艺术家的作品。

**9日**

△省委常委、市委书记蒋宏坤、市长阎立率市四套班子领导走访慰问越溪实验小学和幼儿园，视察学校特色古船拳运动，参观船拳文化馆，蒋宏坤亲笔题字"越溪古船拳"。

△区委、区政府举行区中小学生综合实践学校落成庆典仪式暨庆祝第二十七个教师节大会。会上表彰各级"名师"和区第九届中青年学科教改带头人。

△吴中区举办台湾同胞投资企业联谊会第三届会员大会暨'2011吴中区台商中秋联欢会。

△国家粮食局局长聂振邦到吴中区视察粮食批发市场。

**13日**

△由吴中区旅游局与建设银行苏州吴中支行合作的太湖旅游龙卡联名卡发行。苏州（吴中）太湖旅游景区创建国家5A级景区金融配套服务同步启动。

△区委书记俞杏楠、区委副书记、代区长金洁率区委、区政府和度假区党工委、管委会相关领导视察香山街道。先后视察"三点一核"度假区东入口项目香山村拆迁现场、度假区中心区道路建设情况，并指导国家5A级景区创建工作。

**14日**

△无锡市锡山区党政代表团到吴中区考察农村专业合作社发展工作。

△省文物局局长龚良、联合国教科文组织法国总部世界遗产中心专员林志宏到甪直古镇考察古镇保护和申遗工作。

**16日**

△水利部党组副书记、副部长矫勇，总规划师兼规划计划司司长周学文一行视察吴中区东太湖综合整治工程。

△昆山市党政代表团到吴中区考察农村集体经济发展工作。

△日本永旺集团旗下永旺梦乐城购物中心项目签约落户开发区。该项目占地170亩，建筑面积15万平方米，总投资6亿元人民币。

**19日**

△国际电工委员会/家用和类似用途电器性能标准化技术委员会主席费比欧到吴中区泰怡凯电器(苏州)有限公司考察国际标准化工作。

**20日**

△市委常委、纪委书记沈文祖一行到临湖镇湖桥村考察调研村级“勤廉指数”测评工作。

**21日**

△吴中区召开领导干部会议，专题传达苏州市第十一次党代会精神。

△吴中区召开“六五”普法工作动员部署大会和争创法治县(市、区)创建工作先进单位推进会。区委书记俞杏楠出席会议并作重要讲话。

**22日**

△温州市永嘉县党政代表团一行到吴中区考察城乡统筹综合改革工作。

△吴中区太湖大闸蟹行业协会、江苏省太湖渔管办联合在东太湖举行苏州吴中太湖蟹开捕仪式。仪式上,东山镇被中国渔业协会河蟹分会授予“中国太湖蟹之乡”称号。

**23日**

△市委常委、常务副市长曹福龙到吴中区国税局调研。

△位于越溪的“SM苏州吴中城市广场”开业。市委副书记徐建明出席开业仪式。

**23日~10月2日**

△区领导俞杏楠、沈觅率经贸招商团赴德国、捷克和俄罗斯招商。

**24日**

△副市长徐惠民考察横泾街道新农村建设工作。

**25日**

△副省长曹卫星率省农委、省科技厅、南京农业大学等单位有关负责人，考察吴中横泾水稻示范方,指导水稻技术示范工作。

**本月**

△《吴中年鉴(2010)》在中国出版工作者协会年鉴工作委员会主办的第五届全国年鉴编校质量检查评比中获特等奖。

△首批由苏州市政府命名的苏州市文化产业示范基地和示范企业名单出炉，吴中区“胥口书画全国文化(美术)产业示范基地”和“木渎镇金枫路创新创意产业街区”两个项目入选苏州市文化产业示范基地,“苏州宝成平面文化产品出口基地”入选苏州市文化产业示范企业。

△吴中区建立全市首个政府采购监督员制度。

## 10月

**2日**

△昆山市党政代表团到吴中区考察。

**2~4日**

△国家林业局副局长孙扎根一行到吴中区视察全国森林防火现代化体系建设观摩会准备工作。

**5日**

△苏州市第二十四个老年节暨“福彩杯”辛卯重阳穹窿登高活动在穹窿山举行。

**5~7日**

△国务院发展研究中心副主任韩俊一行到吴中区调研。

**6日**

△省委书记罗志军一行到吴中区视察调研。

**8 日**

△吴中区纪念少先队建队 62 周年暨“小小民间工艺师”爱心义卖活动在新苏国际购物中心南广场举行。

**11 日**

△副市长徐惠民一行到吴中区调研东环快速路南延、南环快速路西延工程建设。

**12 日**

△’2011 中国·苏州穹窿山孙子兵法文化旅游节暨第二届苏州穹窿山“兵圣杯”世界女子围棋赛开幕式在穹窿山风景管理区举行。

△孙子文化国际研讨会在穹窿山孙武书院举行。

△省科协党组书记、常务副主席徐耀新参观穹窿山。区领导周云祥和市、区科协负责人陪同。

**14 日**

△国家林业局湿地中心主任马广仁一行到三山岛调研湿地营造工作。

**15~19 日**

△区委、区政府举办 2011 苏州吴中·太湖经贸合作洽谈会暨金秋经贸招商周活动，期间举办投资情况说明会、项目集中开工开业仪式等一系列重大活动。本次洽谈会签约项目 42 个，注册资本 137.6 亿元，总投资 356.5 亿元。其中内资项目 33 个，注册资本 88.4 亿元，总投资 235.5 亿元；外资项目 9 个，注册资本 49.2 亿元，总投资 121 亿元。

**15 日**

△苏州观音寺重建主体落成庆典暨如意观音开光法会在金庭镇举行。

△台湾苗栗县代表团和上海海洋大学有关负责人到吴中现代渔业产业园考察现代渔业发展情况。

**17 日**

△吴中区与国家开发银行苏州分行“十二五”开发性金融合作备忘录暨合作项目签约仪式举行。

△中国科学院吴中生物医药研发中心在苏州吴中经济开发区揭牌并投入使用。

△江苏吴中生命科学园二期开工典礼举行。

△吴中区科技金融服务中心揭牌仪式暨资本项目对接会在东创科技园举行。

△原财政部长项怀诚到吴中区考察。

**18 日**

△吴中区重大项目集中开工开业仪式在度假区举行。

△’2011 苏州吴中·太湖经贸合作洽谈会在太湖国际会议中心举行。

△’2011 吴中区发展规划说明会在太湖国际会议中心举行。

△’2011 苏州吴中金融投资环境说明会暨产业投资与区域金融创新论坛在太湖国际会议中心举行。

**19~20 日**

△中科院“深海高技术发展中的水声学问题”技术科学论坛学术报告会在太湖国际会议中心举行。

**19 日**

△省建设厅副厅长张泉考察东山镇。

**23 日**

△吴中区召开全区领导干部会议，传达省委十一届十二次全会精神。

△度假区概念规划国际咨询评审会在太湖国际会议中心召开。

**25 日**

△苏州太湖国家旅游度假区产业发展咨询会在太湖国际会议中心举行。

**26 日**

△苏州市吴中区工商业联合会第三次会员代表大会在姑苏锦江大酒店召开。

**27~28 日**

△《吴中区志（1988~2005）》评审会在穹窿山孙武书院召开，市方志办和各市（县）、区方志办有关专家参加会议。副区长周晓敏到

会致欢迎辞。

△长沙市望城区代表团到吴中区考察城市建设。

**28~30 日**

△中国农业经济学会 2011 年年会暨“三化同步”吴中研讨会在度假区举行。

**28 日**

△苏州市东环南延、南环西延二期工程开工仪式举行。

△《乡梦》——张维良笛艺 40 年音乐会吴中首演在太湖文化论坛举行。

△芬兰科技生态考察团到吴中区开展项目合作考察。

**30 日**

△区领导俞杏楠、张阿梅、孙卓、沈觅、许振华、荣德明陪同市长阎立会见永旺梦乐城株式会社董事、总经理岡崎双一一行,并出席永旺梦乐城项目开工奠基仪式。

**31 日**

△2012 年滨湖新城基础设施建设项目会议在开发区举行。

**本月**

△由《中国国家地理》杂志社、新华日报报业集团、江苏省旅游协会、江苏省摄影家协会联合主办的“走进江苏——江苏最美的地方推选”活动结果揭晓。苏州 18 个景点被推选为“江苏最美的地方”,吴中区占 5 家,列苏州各县市之首。其中,木渎古镇被推选为五星级“江苏最美的地方”,渔洋山风景区、甪直古镇被推选为四星级“江苏最美的地方”,穹窿山、东山陆巷被推选为三星级“江苏最美的地方”。

△吴中区建立全省首个采取义务监督形式的生态补偿资金和涉农资金监督员网络。该监督网由村民代表、村干部代表和所在村人大代表或政协委员组成。

# 11 月

**1~2 日**

△省环保厅副厅长赵挺一行到吴中区考核验收 2010 年度农村环境连片整治工作。

**2 日**

△’2011 环太湖路国际公路自行车赛(苏州赛区吴中区赛段)开赛。来自世界的 21 支参赛车队、126 名运动员参加比赛。

**3 日**

△全国双拥模范城考核检查组到吴中区某部队考察孙子兵法进军营活动开展工作。

△连云港市连云区代表团到吴中区考察城市建设管理工作。

**3~6 日**

△美国德克萨斯州南湖市市长约翰·特罗尔率代表团访问吴中区。区委书记俞杏楠、代区长金洁分别会见。代表团参观吴中经济开发区和江苏省外国语学校,该市的卡罗尔学区与吴中区教育局就双方开展学生互访交流以及教师合作签署合作备忘录。

**4 日**

△吴中区通过民政部农村社区建设实验全覆盖示范单位评估验收。

**5~6 日**

△“两院院士吴中行”系列活动——再生医学与转化高峰论坛在东山宾馆举行。中国工程院院士王正国、卢世璧、付小兵、阮长耿等专家学者和市、区领导浦荣皋、金洁、沈志栋、姜朝晖参加。

**5 日**

△安徽省休宁县政府代表团到吴中区考察。

**6 日**

△LOOK-SHIMANO 合利兄弟业余公路自行车挑战赛暨苏州吴中经济开发区“尹山湖杯”自行车公开赛在尹山湖畔举行。来自全

国各地18个自行车俱乐部车队和200余名业余自行车运动员参加比赛。

**14日**

△市委常委、政法委书记王翔一行到吴中区调研,先后到吴中区法院、城南街道红庄社区、开发区汇川技术公司、天山新材料公司、木渎镇金运花园和木渎派出所等地。

△区委举行“三廉”主题教育活动启动仪式。

**16日**

△文化部文化产业司副司长李小磊一行调研香山工坊园林古建文化产业基地建设。

**17日**

△吴中区举办省委宣讲团省第十二次党代会精神报告会。

**18日**

△中央1号文件督察组到吴中区视察水利工作和东太湖工程推进情况。

△吴中区政协书画协会成立仪式在高风堂艺术馆举行。

△吴中区文学艺术界联合会第三次代表大会在区委党校举行。

△中央电视台《道德观察》栏目组一行到吴中区为金庭镇“爱心接力”制作专题报道。区委常委、宣传部长乐江接受栏目组采访。

**21~22日**

△宿城区委书记李健一行到吴中区考察。

**21日**

△圣恩寺举行圆通宝殿落成暨千手观音开光庆典活动。

△由日本爱信投资建立的AW(苏州)汽车零部件公司在吴中区旺山工业园开建,该项目总投资2.85亿美元,首期注册资本1亿美元,预计2013年投产。

**23日**

△张家港党政代表团到吴中区考察。

**24~26日**

△区委书记俞杏楠率队赴清华大学、清华科技园考察。

**25日**

△苏州安洁科技股份有限公司在深圳证券交易所中小板上市。

**26日**

△中国工艺文化城开街试运营庆典活动在光福镇举行。中国工艺文化城项目是苏州市“十二五”文化产业重点支持项目、太湖5A级景区项目申报组成部分,项目总体规划用地约1500亩,总建筑面积100万平方米,总投资约30亿元人民币。已完成主体设施8.5万平方米,中工美珍宝馆、呈辉艺术馆和300多户大师工坊、工作室、院校基地同时开业。

**27日**

△以《太湖时代 韵动吴中》为主题的吴中区首届全民体育运动会闭幕式颁奖典礼在苏州太湖国际会议中心举行。本届体育运动会以“全民健身、你我同行”为主题,历时5个多月,1.5万名干部职工和市民群众参加比赛,产生金牌593枚、银牌417枚、铜牌264枚,评出优秀组织奖11家,道德风尚奖11家。区委副书记、代区长金洁在闭幕式上致辞。

△吴中区旺山水土保持科技示范园获水利部和教育部颁发的“全国中小学水土保持教育社会实践基地”称号。

**28日**

△吴中区科学技术协会第三次代表大会在姑苏锦江大酒店举行。

△黑龙江省宁安市政府考察团到吴中区考察。

**29日**

△新疆伊犁州党政代表团到吴中区考察。

**30日**

△中国摄影家协会考察组到吴中区考察。

**本月**

△光福镇被中国花卉协会授予“中国花木之乡”称号。

△西山中科化学品安全测试公共服务平台、电科院电力变压器检测公共服务平台、苏州吴中科技创业园科技创业服务标准化建设、角直水乡古镇手摇船旅游服务标准化等4个项目入选2011年度省级现代服务业发展专项引导资金投资计划（苏州市区共5个项目入选),总计获引导资金计划640万元(列苏州大市范围第二位)，项目数和资金数均创历史新高。

△江苏神王集团、苏州三基铸造装备股份有限公司、苏州皇家整体住宅系统股份有限公司被江苏省经信委认定为2011年省企业技术中心。截至11月,吴中区共有9家省认定工业类企业技术中心。

△香山街道郁舍村被农业部中国农村合作经济管理学会、中国绿色协会等单位评为“中国书画之乡”，郁舍村党支部书记是建华被评为“2011中国魅力乡村建设十佳功勋人物”。

△香山工坊在第二届中国文化遗产保护与传承高峰论坛上被授予“中国文化遗产保护与传承典范单位”称号。

△2011年吴中区冬季征兵259名，大专以上文化程度57人,高中、中技等文化程度202人。其中中国人民解放军168人,武警和消防91人。

# 12月

**6~7日**

△区领导俞杏楠、金洁、周云祥、张炳华、薛明仁、沈志栋、姜朝晖率区相关部门、相关科技载体，赴南京开展科技人才工作高校行活动。

**8日**

△苏州市副市长黄钦一行到吴中区调研国家5A级景区创建工作。

△区领导俞杏楠、金洁、许振华会见三洋电机株式会社考察团一行。

**10日**

△全国政协副主席王志珍一行视察吴中区。

**12日**

△吴中区组织相关部门、科技载体和各镇(区、街道)主要负责人及部分企业代表,赴上海交通大学开展科技人才高校行活动,并举行2011苏州吴中(上海)科技人才工作说明会。

△在广东东莞召开的全国加工贸易转型升级经验交流暨工作座谈会上，吴中区科沃斯机器人科技(苏州)有限公司荣获“全国加工贸易转型升级示范企业”称号。

**13~14日**

△吴中区党政代表团考察南京市、常州市武进区和苏州工业园区、高新区等地。

**15日**

△区委三届二次全体(扩大)会议在区大会堂召开,回顾总结2011年工作,全面部署2012年任务。区委书记俞杏楠作题为《迎接十八大,迈向现代化,在更高起点上开创科学发展新局面》的讲话。

**17~18日**

△中国生态文明研究与促进会第一届(苏州)年会在吴中区召开。

**18日**

△江苏省水利厅厅长吕振霖一行到横泾街道调研新路村生态驳岸建设和村庄整治工作。

**19日**

△苏州市人大常委会主任杜国玲一行到吴中区视察古村落保护工作。

**21 日**

△苏州市委常委、宣传部长蔡丽新视察郭巷街道本色美术馆。

△张家港党政代表团到吴中区参观考察农村村庄环境整治工作。

**22 日**

△吴中区举行吴中海外高级人才回国创业项目对接会。

**23 日**

△区领导俞杏楠、荣德明会见浙江嘉兴市党政代表团。

**26 日**

△苏州军分区司令员杨晋、政委蔡凡秀一行到吴中区调研基层武装工作。

**27 日**

△苏州国际影视娱乐城开工仪式在木渎镇举行。

**28 日**

△苏州市委副书记、市长阎立到吴中区调研工作，先后察看香山工坊、中国工艺文化城、苏福红木文化传播中心等文化产业聚集地，并听取舟山核雕城规划、度假区华侨城等重点项目的建设情况汇报。

△吴中区举行区金融办成立揭牌仪式，并召开全区金融工作座谈会。

**29 日**

△由日本亚洲投资株式会社、国发创投、吴中创投共同发起设立的日亚吴中国发创业投资基金成立，首期规模 2 亿元。

**30 日**

△省级法治县（市、区）创建工作先进单位检查考核组到吴中区进行检查考核。

# 吴中区概况

## 自然、建制

**【位置面积】** 苏州市吴中区(包括苏州太湖国家旅游度假区)位于苏州市南部和西部,据太湖之滨,地理坐标为东经119°55′~120°54′,北纬30°56′~31°21′。四周分别与苏州城区、苏州工业园区、苏州高新技术产业区(苏州市虎丘区)、吴江市和昆山市接壤。西衔太湖,与无锡市、宜兴市、浙江省湖州市隔湖相望。全区总面积745平方公里(不含太湖水域),太湖水域面积2425平方公里,其中属吴中区的水域约1486平方公里。全境东西长92.95公里,南北宽48.1公里。

**【地理】** 吴中区地处长江下游,为太湖水网平原的一部分。整个地势自西向东微微倾斜,平原海拔高度由6.5米降至2米左右,略呈西高东低态势。境内水网密布,江、河、湖泊众多,20多条骨干河道纵横交错,沟通太湖、澄湖、独墅湖、镬底潭、九里湖、黄泥兜、石湖、黄家荡等湖荡。吴淞江自西向东串连太湖、京杭大运河,流经上海市区(苏州河),与黄浦江交汇后入海;浒光运河由北至南连结京杭大运河和太湖;木光河、胥江运河、苏东运河在境内西南部分别将苏州城区与木渎、光福、胥口、横泾、临湖、东山、太湖沟通。全境东部以平原为主,由水网平原、低洼圩田平原、湖荡水网平原、滨湖水网平原以及山前冲积平原构成;西部有低山丘陵,系浙西天目山向东北延伸的余脉,成岛状分布在除东部角直之外的太湖之中和沿岸境内。境内山脉最高峰为穹窿山主峰笠帽峰,海拔341.7米,其次为西山主峰缥缈峰,海拔336.6米。土质主要有水稻土、黄棕土、沼泽土和石灰岩土4种类型。

**【资源】** 吴中区以平原为主,江、湖、河、荡众多,太湖水产丰富,沿太湖多低山丘陵,盛产苗木、花卉和果品,是洞庭山碧螺春茶的原产地。主要农副产品有优质稻米、茶叶、枇杷、杨梅、柑橘、白果、桂花、板栗、莼菜、红菱、莲藕、芡实、荸荠、茭菰、席草、花卉、苗木、太湖大闸蟹、太湖银鱼、白虾、白鱼、梅鲚鱼、青鱼、鳗鱼、鳜鱼、黄鳝、鳖、河蚬、藏书山羊、东山湖羊、生态草鸡等。洞庭山碧螺春茶为中国驰名商标。

**【气候】** 苏州市吴中区地处中国大陆东部沿海,位于北亚热带湿润的季风气候区内,具有夏季温暖潮湿多雨、冬季干燥寒冷、四季分明、热量富裕、雨量适宜、日照充足的特点。

附表：

## 2011 年气象资料

| | 单　位 | 2011 年 |
|---|---|---|
| 一、温度 | | |
| 年平均气温 | 摄氏度 | 16.9 |
| 年极端最高气温 | 摄氏度 | 37.2 |
| 出现日期 | 年.月.日 | 2011.7.3 |
| 年极端最低气温 | 摄氏度 | -5.9 |
| 出现日期 | 年.月.日 | 2011.1.16 |
| 二、降水 | | |
| 年降水总量 | 毫米 | 911.0 |
| 年降水日数 | 天 | 114 |
| 一日最大降水量 | 毫米 | 62.8 |
| 出现日期 | 年.月.日 | 2011.6.18 |
| 三、日照 | | |
| 年日照时数 | 时 | 1773.1 |
| 年日照百分率 | % | 40 |
| 四、湿度 | | |
| 年平均相对湿度 | % | 70 |
| 五、风速 | | |
| 年平均风速 | 米/秒 | 1.9 |
| 六、气压 | | |
| 年平均气压 | 百帕 | 1016.5 |
| 七、霜期 | | |
| 终霜日期 | 年.月.日 | 2011.3.17 |
| 初霜日期 | 年.月.日 | 2011.11.26 |

（气象局）

**2011 年各月气象要素**

| 月份 | 平均气温（摄氏度） | 降水量（毫米） | 降水日数（日） | 日照时数（小时） |
|---|---|---|---|---|
| 1 | 1.1 | 19.4 | 9 | 129.6 |
| 2 | 5.7 | 17.1 | 4 | 110.5 |
| 3 | 9.4 | 48.8 | 7 | 186.9 |
| 4 | 16.2 | 55.4 | 7 | 206.1 |
| 5 | 21.8 | 52.7 | 8 | 187.6 |
| 6 | 24.6 | 300.8 | 21 | 95.4 |
| 7 | 29.8 | 111.3 | 14 | 180.0 |
| 8 | 28.1 | 187.9 | 20 | 126.6 |
| 9 | 24.5 | 8.9 | 2 | 170.1 |
| 10 | 19.0 | 61.0 | 8 | 135.6 |
| 11 | 16.3 | 21.8 | 9 | 114.6 |
| 12 | 6.0 | 25.9 | 5 | 130.1 |

（气象局）

**【建置沿革】** 苏州市吴中区历史悠久，4000多年前已有文字记载。商末属泰伯、仲雍建立的“勾吴”古国；春秋、战国时先后属吴、越、楚；秦代建吴县；东汉设吴郡领吴县；三国时属孙权吴国；晋、南朝梁、陈时分别隶属吴郡、吴州；隋、唐建置多变，先后属苏州、吴州、吴郡，唐武则天时吴县分设吴、长洲两县；宋代随苏州隶属江南道；元、明时吴、长洲两县仍属苏州府；清雍正二年（1724）设元和、长洲、吴县三县至清末；民国元年（1912）苏州改称吴县，民国 17 年（1928）划吴县城区建苏州市，市、县分治，民国 19 年（1930）撤苏州市，仍并入吴县；解放后，复划吴县城区建苏州市，实行市县同城分治；1950 年划沿太湖部分地区建立太湖区，1953 年太湖区改设为震泽县，1959 年撤震泽县，并入吴县，隶属苏州专员公署；1983 年，撤苏州地区行政公署，苏州实行市管县体制；1989 年，吴县县政府驻地由苏州市东大街迁至吴县长桥镇；1995 年 6 月，撤吴县，设吴县市，市政府驻地设在长桥镇。

2000 年 12 月 31 日，经国务院批复，撤吴县市，设立苏州市吴中区和相城区，吴中区区政府驻地设在长桥镇。2001 年 3 月 1 日，新设立的苏州市吴中区和相城区按调整后的建制运行。

2002 年 3 月 25 日，第九届苏州市委第十八次常委会议决定将苏州太湖国家旅游度假区升格为正处级建制，由吴中区管理，享受吴中区的管理权限。

【行政区域】 2011 年底，吴中区辖 4 个区、7 个镇、8 个街道、1 个场圃，共有 86 个居民委员会、84 个村民委员会、2290 个村民小组。

4 个区：苏州太湖国家旅游度假区、苏州吴中经济开发区、西山国家现代农业示范园区、穹窿山风景管理区。

7 个镇：甪直、木渎、胥口、临湖、东山、光福、金庭（其中光福、金庭两镇属苏州太湖国家旅游度假区管辖）。

8 个街道：长桥、郭巷、横泾、越溪、城南、香山、苏苑、龙西。

1 个场圃：苏州市吴中区林场。

区行政中心（中共苏州市吴中区委、区人大常委会、区人民政府、区政协）地址：苏州市吴中区太湖东路 288 号。

## 经济、社会

【交通】 吴中区地处长三角中心位置，苏南水陆交通要津。2011 年末，全区等级公路总里程 1156 公里。以苏嘉杭高速、绕城高速西南段、苏沪高速、苏昆太高速为主的主框架，以 227 省道、230 省道、343 省道和吴中大道、东方大道、东山大道、环太湖公路、东山环山路等 27 条区镇公路为辅的次骨架，以纵横交错的镇村公路为补充，构成全区的公路网络，所有镇和街道均可在 15 分钟内驶上高速公路。建设中的苏州市 4 条轨道交通线全部穿越吴中区，京沪高铁、沪宁铁路、沪宁高速和 312 国道毗邻吴中区。境内河道众多，总里程 330 公里，其中有京杭大运河，苏申内、外港线，浒光运河和苏西线等 7 条等级河道，水上运输十分便捷。全长 4308 米的太湖大桥，是中国内湖最长的公路大桥，连接太湖中最大的岛屿西山岛。

【文化旅游】 吴中区历史悠久，是吴文化的发源地。约 1 万年前的旧石器时代，吴地已有先民生息繁衍。5000 年前的新石器时代，创造了“良渚文化”。3000 多年前，泰伯在吴地建“勾吴”古国。公元前 221 年，秦设“吴县”，县名沿用至 20 世纪。

千百年来，吴中大地人文荟萃，英才辈出。有兵圣孙武、草圣张旭、塑圣杨惠之、绣圣沈寿、北宋名臣范仲淹、建筑大师蒯祥等一批伟大的政治家、文学家、艺术家。

吴中区民间工艺发达，形成刺绣、雕刻、缂丝、建筑技艺、青铜铸造、古琴制作、书画装裱等行业。技艺精巧、匠心独具，深受历代皇室和平民喜爱，成为独树一帜的苏派之作。

吴中区境内名胜古迹云集，旅游资源丰富。“太湖风光美，一半在吴中”，现为全国重点风景名胜区之一的太湖风景名胜区，共有 13 个著名景区，其中东山、西山、光福、木渎、甪直、石湖 6 个景区均在吴中区境内。2011 年底，全区有县级以上文物保护单位 117 处，其中国家级文物保护单位 7 处，省级文物保护单位 19 处。有木渎、甪直、东山 3 个全国历史文化名镇，金庭、光福 2 个江苏省历史文化名镇，东山陆巷村、金庭明月湾村 2 个全国历史文化名村。

【人口】 2011 年末，全区（含度假区）户籍总户数 185191 户，户籍总人口 603271 人，其中：男性 295993 人，女性 307278 人。年内出生 6562 人，出生率为 10.90‰；年内死亡 3501 人，死亡率为 5.82‰；年自然增长人口 3061 人，自然增长率为 5.09‰。 （统计局）

【民族】 吴中区常住人口以汉族为主，少量少数民族。2011 年底，少数民族常住人口 1768 人，族别数 34 个。 （宗教局）

【宗教】 吴中区宗教有佛教协会、道教协会、基督教三自爱国会、天主教爱国会4个宗教团体。2011年底,全区经批准对外开放的宗教活动场所共有60处,其中,寺观教堂13处(佛教寺院10处,道教宫观2处,基督教堂1处);固定处所47处(佛教34处,道教7处,天主教2处,基督教4处)。宗教教职人员218人。 (宗教局)

**【语言】** 吴中区语言系苏州地方方言,属吴语语系,当地人主要讲苏白。

**2011年吴中区国民经济和社会发展主要指标**

| 项 目 | 单 位 | 2011年 | 2010年 |
|---|---|---|---|
| **行政区划** | | | |
| 1. 区、镇、街道 | 个 | 19 | 19 |
| #镇 | 个 | 7 | 7 |
| 街道 | 个 | 8 | 8 |
| 2. 村民委员会 | 个 | 84 | 84 |
| 居民委员会 | 个 | 86 | 86 |
| **面 积** | | | |
| 1. 全区总面积 | 平方公里 | 2231 | 2231 |
| 不含太湖水域面积 | 平方公里 | 745 | 745 |
| 2. 年末耕地面积 | 公顷 | 11593 | 11890 |
| #水田 | 公顷 | 7067 | 7265 |
| **人 口** | | | |
| 1. 年末户籍户数 | 户 | 185191 | 184096 |
| 2. 年末总人口 | 人 | 603271 | 600441 |
| #女性 | 人 | 307278 | 305663 |
| 3. 年内出生人口 | 人 | 6562 | 6526 |
| 出生率 | ‰ | 10.90 | 10.88 |
| 4. 年内死亡人口 | 人 | 3501 | 3486 |
| 死亡率 | ‰ | 5.82 | 5.81 |
| 5. 年内自然增长人口 | 人 | 3061 | 3040 |
| 自然增长率 | ‰ | 5.09 | 5.07 |
| 6. 年内迁入人口 | 人 | 6497 | 6403 |
| 年内迁出人口 | 人 | 6393 | 7570 |
| 7. 人口平均预期寿命 | 岁 | 81.37 | 81.04 |

续表

| 项　　目 | 单 位 | 2011 年 | 2010 年 |
|---|---|---|---|
| # 男 | 岁 | 78.95 | 78.7 |
| 女 | 岁 | 83.71 | 83.34 |
| 8. 年末暂住人口数 | 人 | 720178 | 726209 |
| # 女 | 人 | 316879 | 332811 |
| **从业人员** | | | |
| 全社会从业人员 | 万人 | 58.42 | 58.29 |
| 1. 第一产业 | 万人 | 5.17 | 5.61 |
| 2. 第二产业 | 万人 | 32.32 | 33.21 |
| 3. 第三产业 | 万人 | 20.93 | 19.47 |
| **地区生产总值** | | | |
| 地区生产总值(现行价) | 万元 | 7006628 | 6023036 |
| 1. 第一产业 | 万元 | 191137 | 167518 |
| 2. 第二产业 | 万元 | 3819546 | 3380583 |
| # 工　业 | 万元 | 3519646 | 3123044 |
| 3. 第三产业 | 万元 | 2995945 | 2474935 |
| 第三产业增加值占 GDP 比重 | % | 42.8 | 41.1 |
| 人均地区生产总值 | 元 | 116422 | 100376 |
| 万元地区生产总值耗电量 | 千瓦小时 | 814 | 876 |
| **农林牧渔业** | | | |
| 1. 农林牧渔业总产值(现行价) | 万元 | 328901 | 288000 |
| 2. 主要农产品产量 | | | |
| 粮　食 | 吨 | 20769 | 28044 |
| 油菜籽 | 吨 | 1317 | 2099 |
| 茶　叶 | 吨 | 276 | 257 |
| 水　果 | 吨 | 27022 | 25899 |
| 蚕　茧 | 吨 | — | — |
| 水产品 | 吨 | 23536 | 23852 |
| 生猪出栏数 | 万头 | 11.78 | 13.57 |
| 家禽出栏数 | 万羽 | 84.15 | 88.39 |
| **工　业** | | | |
| 1. 企业个数(正常运营) | 个 | 10203 | 8122 |

续表

| 项　　目 | 单 位 | 2011 年 | 2010 年 |
|---|---|---|---|
| # 规模以上 | 个 | 837 | 1207 |
| # 高新技术产业 | 个 | 209 | 268 |
| # 内资企业 | 个 | 419 | 666 |
| # 国有、集体企业 | 个 | 8 | 12 |
| 私营企业 | 个 | 385 | 619 |
| 外国和港澳台商投资企业 | 个 | 418 | 541 |
| 2. 资产合计 | 万元 | 11182400 | 10087573 |
| # 规模以上 | 万元 | 9871504 | 9273564 |
| 3.工业总产值(现行价) | 万元 | 15401364 | 13053138 |
| # 规模以上 | 万元 | 12182375 | 10239077 |
| # 内资企业 | 万元 | 3929795 | 3331784 |
| # 国有、集体企业 | 万元 | 224863 | 148457 |
| 私营企业 | 万元 | 3173494 | 2655444 |
| 外国和港澳台商投资企业 | 万元 | 8252580 | 6907293 |
| 4. 主营业务收入 | 万元 | 15019248 | 12734005 |
| # 规模以上 | 万元 | 11989568 | 10004527 |
| 5. 工业销售产值(现行价) | 万元 | 15156060 | 12801325 |
| # 规模以上 | 万元 | 12063039 | 10066399 |
| 6. 利税总额 | 万元 | 991077 | 976793 |
| # 规模以上 | 万元 | 816224 | 751541 |
| # 内资企业 | 万元 | 251571 | 221864 |
| # 国有、集体企业 | 万元 | 10436 | 8051 |
| 私营企业 | 万元 | 213122 | 184535 |
| 外国和港澳台商投资企业 | 万元 | 564652 | 529677 |
| 7. 利润总额 | 万元 | 549066 | 594327 |
| # 规模以上 | 万元 | 460984 | 455547 |
| 8. 负债总计 | 万元 | 6203529 | 5473468 |
| # 规模以上 | 万元 | 5388044 | 4938732 |
| 9. 规模以上工业企业主要产品产量: | | | |
| 钢 材 | 吨 | 42284 | 45317 |
| 水 泥 | 立方米 | 7366771 | 5406923 |

续表

| 项　　目 | 单 位 | 2011 年 | 2010 年 |
|---|---|---|---|
| 生 铁 | 吨 | 55007 | 56046 |
| 服 装 | 万件 | 16583 | 21320 |
| 化学药品原药 | 吨 | 1068 | 1363 |
| 涤纶纤维 | 吨 | 20686 | 27347 |
| 彩色电视机 | 万台 | 12.86 | 7.58 |
| 家用吸尘器 | 万台 | 818.96 | 702.88 |
| 电动手提式工具 | 万台 | 100.93 | 80.07 |
| **固定资产投资** | | | |
| 1. 全社会固定资产投资完成额 | 万元 | 3155003 | 2514025 |
| （1）第一产业 | 万元 | 15417 | 9048 |
| 第二产业 | 万元 | 1038288 | 906050 |
| #工　业 | 万元 | 1018604 | 884614 |
| 第三产业 | 万元 | 2101298 | 1598927 |
| （2）内　资 | 万元 | 2804133 | 2228169 |
| #国有经济 | 万元 | 658680 | 449987 |
| 集体经济 | 万元 | 324155 | 265563 |
| 私营个体经济 | 万元 | 1152432 | 1016517 |
| 港、澳、台商投资企业 | 万元 | 76806 | 89440 |
| 外商投资企业 | 万元 | 274064 | 196416 |
| （3）城镇投资 | 万元 | 887116 | 642551 |
| 农村投资 | 万元 | 1298961 | 1144119 |
| 房地产开发投资 | 万元 | 968926 | 727355 |
| 2. 本年新增固定资产 | 万元 | 2005113 | 2074763 |
| 3. 商品房销售建筑面积 | 万平方米 | 96.86 | 126.14 |
| #住　宅 | 万平方米 | 76.58 | 91.12 |
| 商品房销售额 | 万元 | 966759 | 1249626 |
| #住　宅 | 万元 | 745801 | 934973 |
| **国内贸易、对外经济、引进内资** | | | |
| 1. 社会消费品零售总额 | 万元 | 2362333 | 2009812 |
| #批发和零售业 | 万元 | 2196598 | 1851548 |
| 住宿和餐饮业 | 万元 | 165735 | 158264 |

续表

| 项　　目 | 单 位 | 2011 年 | 2010 年 |
|---|---|---|---|
| 2. 进出口贸易总值 | 万美元 | 938152 | 681152 |
| #出　口 | 万美元 | 663987 | 438463 |
| 进　口 | 万美元 | 274165 | 242689 |
| 3. 新批利用外资项目 | 个 | 77 | 104 |
| 当年新增注册外资 | 万美元 | 101693 | 111573 |
| 当年实际利用外资 | 万美元 | 45395 | 45342 |
| 4. 境外承包劳务合同金额 | 万美元 | 765 | 586 |
| 完成对外承包营业额 | 万美元 | 1276 | 719 |
| 5. 接待境外旅游者人数 | 万人次 | 5.73 | 6.76 |
| 接待境外游客人天数 | 万人天 | 7.53 | 8.09 |
| 旅游外汇收入 | 万美元 | 1648 | 1717 |
| 6. 协议引进内资项目 | 个 | 629 | 810 |
| 协议引进投资总额 | 万元 | 785656 | 683658 |
| 内资项目注册资本 | 万元 | 617210 | 560693 |
| 实际到账外地资金 | 万元 | 695056 | 632558 |
| **市场主体** | | | |
| 1. 年末个体工商户数 | 户 | 40834 | 36306 |
| 年末个体工商户注册资金 | 万元 | 258026 | 205355 |
| 当年新增个体工商户数 | 户 | 10340 | 9149 |
| 当年个体工商户新增注册资金 | 万元 | 82850 | 70745 |
| 2. 年末内资企业数 | 家 | 22825 | 19465 |
| #私营企业 | 家 | 21066 | 17874 |
| 年末内资企业注册资金 | 万元 | 13009893 | 10100203 |
| #私营企业 | 万元 | 6487919 | 5590805 |
| 当年新增内资企业数 | 家 | 4431 | 4187 |
| #私营企业 | 家 | 4198 | 4025 |
| 当年内资企业新增注册资金 | 万元 | 2951997 | 3170840 |
| #私营企业 | 万元 | 1105952 | 1586932 |
| 3. 年末外国和港澳台商投资企业数 | 家 | 1316 | 1305 |
| 年末外国和港澳台商投资企业投资总额 | 万美元 | 1215577 | 1004924 |
| 年末外国和港澳台商投资企业注册资金 | 万美元 | 666138 | 538669 |

续表

| 项　　目 | 单 位 | 2011 年 | 2010 年 |
| --- | --- | --- | --- |
| 当年注册外国和港澳台商投资企业数 | 家 | 57 | 68 |
| 当年注册外国和港澳台商投资企业投资总额 | 万美元 | 43170 | 51317 |
| 当年注册外国和港澳台商投资企业注册资金 | 万美元 | 23938 | 36273 |
| **财政、金融** | | | |
| 1. 全口径财政收入 | 万元 | 2501297 | 2306232 |
| # 一般预算收入 | 万元 | 1282042 | 1084214 |
| 2. 地方财政收入 | 万元 | 1942988 | 1822383 |
| # 地方一般预算收入 | 万元 | 723733 | 600365 |
| 基金收入 | 万元 | 1219255 | 1222018 |
| 3. 财政总支出 | 万元 | 1857859 | 1788969 |
| # 一般预算支出 | 万元 | 636183 | 544865 |
| 基金支出 | 万元 | 1221676 | 1244104 |
| 4. 金融机构年末存款余额 | 万元 | 10345142 | 9492215 |
| # 居民储蓄存款余额 | 万元 | 4106783 | 3712145 |
| 5. 金融机构年末贷款余额 | 万元 | 8210560 | 7248008 |
| **旅　游** | | | |
| 1. 接待中外游客人数 | 万人次 | 1650.0 | 1550.48 |
| 2. 旅游总收入 | 亿元 | 174.0 | 152.72 |
| **人民生活** | | | |
| 1. 年末单位从业人员 | 人 | 83090 | 82033 |
| # 在岗职工 | 人 | 80483 | 80257 |
| 2. 从业人员平均劳动报酬 | 元 | 49475 | 45182 |
| # 在岗职工年平均工资 | 元 | 49243 | 44797 |
| 3. 城镇居民人均可支配收入 | 元 | 36509 | 32110 |
| 城镇居民人均生活消费支出 | 元 | 22025 | 19827 |
| 城镇居民人均住房使用面积 | 平方米 | 37.7 | 34.8 |
| 4. 农村居民人均纯收入 | 元 | 17162 | 14659 |
| 农村居民人均生活消费支出 | 元 | 12164 | 10170 |
| 农村居民人均住房使用面积 | 平方米 | 78.7 | 76.5 |
| **电　力** | | | |
| 全社会用电量 | 万千瓦小时 | 570277 | 527433 |

续表

| 项　　目 | 单 位 | 2011 年 | 2010 年 |
| --- | --- | --- | --- |
| #农业用电量 | 万千瓦小时 | 1996 | 2060 |
| 工业用电量 | 万千瓦小时 | 416684 | 389775 |
| 建筑业用电量 | 万千瓦小时 | 10783 | 9283 |
| 城乡居民生活用电 | 万千瓦小时 | 67661 | 62941 |
| **科　技** | | | |
| 1. 年末专业技术人员数 | 人 | 68734 | 60249 |
| #高级职称 | 人 | 4362 | 3693 |
| 中级职称 | 人 | 19757 | 17174 |
| 初级职称 | 人 | 12990 | 11246 |
| #研究生 | 人 | 814 | 657 |
| 本 科 | 人 | 23464 | 20641 |
| 专 科 | 人 | 25719 | 22555 |
| 2. 专利申请量 | 件 | 6204 | 4901 |
| 专利授权量 | 件 | 3804 | 3567 |
| 3. 科技计划项目 | | | |
| （1）国家级项目 | 项 | 14 | 17 |
| （2）省级项目 | 项 | 35 | 27 |
| （3）市级项目 | 项 | 70 | 68 |
| 4. 科技成果 | 项 | 7 | 9 |
| **教育、文化、体育** | | | |
| 1. 小学学校数 | 所 | 27 | 27 |
| 在校学生人数 | 人 | 35123 | 32346 |
| 专任教师人数 | 人 | 2172 | 2067 |
| 2. 普通中学学校数 | 所 | 25 | 25 |
| 在校学生人数 | 人 | 22580 | 24053 |
| 专任教师人数 | 人 | 2573 | 2567 |
| 3. 幼儿园数 | 所 | 42 | 50 |
| 在园幼儿人数 | 人 | 17535 | 18244 |
| 专任教师人数 | 人 | 989 | 977 |
| 4. 电影放映单位 | 家 | 1 | 3 |
| 影剧院 | 家 | 1 | 2 |

续表

| 项　　目 | 单 位 | 2011 年 | 2010 年 |
|---|---|---|---|
| 电影放映场次 | 场次 | 75 | 118 |
| 5. 公共图书馆数 | 个 | 1 | 1 |
| 总藏量 | 万册 | 22.7 | 21.2 |
| 6. 文物保护单位数 | 处 | 117 | 116 |
| # 国家级 | 处 | 7 | 7 |
| 省　级 | 处 | 19 | 16 |
| 文物藏品 | 件 | 5329 | 5329 |
| # 一级品 | 件 | 55 | 55 |
| 7. 艺术表演团体数 | 个 | 2 | 2 |
| 演出场次 | 场次 | 2620 | 2713 |
| 8. 体育场馆数 | 个 | 12 | 12 |
| **卫　生** | | | |
| 1. 卫生机构数 | 所 | 257 | 242 |
| # 医院 | 所 | 17 | 17 |
| 2. 卫生机构床位数 | 张 | 3474 | 3081 |
| 3. 卫生技术人员数 | 人 | 4205 | 3610 |
| # 医生人数 | 人 | 1530 | 1381 |
| **社会福利和社会保障** | | | |
| 1. 社会福利院、敬老院数 | 所 | 12 | 11 |
| 床位数 | 张 | 1148 | 980 |
| 在院人数 | 人 | 456 | 375 |
| 2. 社会救济对象总人数 | 人 | 21016 | 20015 |
| 接受低保户数 | 户 | 2573 | 2725 |
| 接受低保人数 | 人 | 7097 | 7481 |
| 3. 城镇登记失业人数 | 人 | 4325 | 4287 |
| 城镇登记失业率 | % | 2.52 | 2.98 |
| 4. 城镇养老保险参加人数 | 万人 | 26.59 | 23.69 |
| 城镇医疗保险参加人数 | 万人 | 33.00 | 29.03 |
| 城镇失业保险参加人数 | 万人 | 24.67 | 22.01 |
| 农村合作医疗参加人数 | 万人 | 26.08 | 27.83 |
| 农村养老保险参加人数 | 万人 | 0.81 | 0.67 |

（统计局）

# 吴中区机构设置和领导人名单

（2011年底）

**【中共苏州市吴中区第三届委员会】**

书 记 俞杏楠

副书记 金 洁(女) 周云祥

常 委 俞杏楠 金 洁(女) 周云祥 沈 觅 乐 江(女) 许振华 童德准 张炳华 张建祥 叶 新 焦亚飞

**【中共苏州市吴中区纪律检查委员会】**

书 记 叶 新

副书记 孙文春 王雅音(女)

常 委 叶 新 孙文春 王雅音(女) 陆为民 金建生 陆菊泉 许 玲(女)

**【区委工作部门】**

**区委办公室**

主 任 吴敬宇

副主任 周凤祥 陈 洁(女) 毛 刚 许晓峰 吴海龙 华利民 吴建明 何建兴(兼) 孙春根(兼)

**组织部(非公经济党工委)**

部 长 张炳华

副部长 胡建平 顾玉琪 徐晨阳

非公经济党工委书记 胡建平

副书记 姚玮峰

**宣传部(精神文明建设指导委员会办公室、哲学社会科学联合会)**

部 长 乐 江(女)

副部长 周钰坪(女) 曹 富 戴晓东

文明办主任 周钰坪(女)

副主任 沈志枫

社科联主席 曹 富

**统一战线工作部**

部 长 陆增林

副部长 金明德 夏 健 唐根福

**政法委员会(社会治安综合治理委员会办公室、依法治区办公室)**

书 记 张建祥

副书记 沈志栋(兼) 张 旋(兼) 黄孜明 蒋兆忠 沈文群(女)

综治办主任 沈文群(女)

副主任 喻振林 徐兴奎

依法治区办公室副主任 赵继昌

**国资党委**

书 记 沈志栋

副书记 颜跃明

委 员 冯建义 翁建明 赵建明 顾祥元 林水元 周菊坤

纪委书记 颜跃明

**农村工作办公室**

主 任 顾建列

副主任 徐永昌 赵静方 沈 波 仉 勇

**机构编制委员会办公室**

主 任 陆育新(女)

副主任 许国瑾

**台湾工作办公室(台湾事务办公室)**

主 任 周凤祥

**610办公室**

主 任 仇全官

副主任 包建方 张震华

**区级机关工作委员会**

书 记 董明清

副书记 陈菊林

委 员 郑琪玮 郁建国

纪工委书记 郁建国

**老干部局**

局　长　顾玉琪(兼)

副局长　薛国强　徐　磊

**【区委直属事业单位】**

**党校(行政学校)**

校　长　周云祥

副校长　蔡正信(常务)　黄　东

　　　　朱菊妹(女)

行政学校校长　蔡正信

**接待办公室**

主　任　孙春根

副主任　毛曦雪　周　韵(女)

　　　　周苏国(兼)

**档案局(档案馆)**

局(馆)长　陆卫平

副局(馆)长　朱翔凌　翁建明

**【区机关党组　党委】**

**人大常委会党组**

书　　记　孙　卓(女)

副 书 记　冯　健　陆培康

党组成员　顾钰根　仲长春　张振新

**政府党组**

书　　记　金　洁(女)

副 书 记　许振华

党组成员　薛明仁　沈志栋　荣德明

　　　　　冯建荣　张　旋　顾益坚

**政协党组**

书　　记　张阿梅

副 书 记　石钟琪　陆凤良

党组成员　刘克平　褚小平　马永衍

　　　　　沈红卫

**法院党组**

书　　记　钟　毅

党组成员　陆雪昌　朱　巍　吴　健

　　　　　张永平(女)

纪检组长　张永平(女)

**检察院党组**

书　　记　王建华

副 书 记　郁建芳(女)

党组成员　游桂芳(女)　陈志新

　　　　　袁　佳(女)

纪检组长　袁　佳(女)

**总工会党组**

书　　记　盛解元

副 书 记　陈培华

党组成员　胡艳明　夏　巍(女)

纪检组长　陈培华

**工商联党组**

书　　记　金明德

党组成员　朱　荧　陆　军

**科技局党组**

书　　记　王泽民

副 书 记　龚　艳(女)

党组成员　王立勇　赵学福　夏钰林

纪检组长　夏钰林

**民政局党组**

书　　记　李　华

副 书 记　顾龙官

党组成员　黄玉平　高健魁　尹国林

纪检组长　顾龙官

**司法局党组**

书　　记　史才林

党组成员　徐建华　杨红玉(女)　王晓刚

纪检组长　徐建华

**财政局党组**

书　　记　张菁华

党组成员　李培英(女)　黄爱南　颜跃明

纪检组长　黄爱南

**城市管理局党组**

书　　记　杨和芳

党组成员　王　华　王晓菊(女)

纪检组长　王晓菊(女)

**商务局党组**

书　　记　陆建明

党组成员　黄文伟　周忠伟　鲍丽君(女)
　　　　　朱　亮
纪检组长　鲍丽君(女)

**文化体育局党组**

书　　记　李　强
党组成员　王剑云　唐峥嵘　徐晓军
　　　　　奕国栋
纪检组长　唐峥嵘

**人口和计划生育局党组**

书　　记　丁晓娟(女)
党组成员　徐雪英(女)　马小红(女)
　　　　　张　炜
纪检组长　徐雪英(女)

**审计局党组**

书　　记　陶君玉(女)
副 书 记　岳雄伟
党组成员　吴菊林　陆建伟　沈　曦(女)
纪检组长　吴菊林

**环境保护局党组**

书　　记　姚瑞元
副 书 记　许建良
党组成员　杨飞镛　周海元　吴荣源
　　　　　浦惠民
纪检组长　吴荣源

**安全生产监督管理局党组**

书　　记　顾建东
副 书 记　沈涛龙
党组成员　栗昆宗　张新华
纪检组长　栗昆宗

**旅游局党组**

书　　记　程　飞(女)
副 书 记　王罕红
党组成员　戴阿明　徐　敏　周丽强
纪检组长　戴阿明

**民族宗教事务局党组**

书　　记　夏　健
党组成员　陆金林　徐雪元　陆吉富
纪检组长　陆吉富

**信访局党组**

书　　记　李福林
党组成员　冯　印(女)　沈亚民　顾利青
纪检组长　冯　印(女)

**外事和侨务办公室党组**

书　　记　贺　悦
副 书 记　梅建琴(女)
党组成员　郭福堂　顾敏娟(女)
　　　　　张　艳(女)
纪检组长　顾敏娟(女)

**档案局党组**

书　　记　陆卫平
党组成员　朱翔凌　翁建明　曹　炯(女)
纪检组长　曹　炯(女)

**行政服务中心党组**

书　　记　周一风
副 书 记　顾文明
党组成员　徐明东　高　瑾(女)
纪检组长　高　瑾(女)

**供销合作社党组**

书　　记　潘　强
党组成员　徐乐萍(女)　赵建惠
纪检组长　赵建惠

**发展和改革局党委**

书　　记　岳林芳
副 书 记　韩　江　秦　刚
党委委员　张庆发　高同银　王建瑾(女)
　　　　　石燕华(女)　黄国锋
　　　　　薛继红(女)　朱伟荣
纪委书记　高同银

**经济和信息化局党委**

书　　记　王卫星
副 书 记　章为民
党委委员　张　烨　张道元　陈　鸣
　　　　　尤　歆(女)
纪委书记　尤　歆(女)

**教育局党委**

书　　记　陈伟骏

副 书 记　殷　虹(女)
党委委员　张平国　周兴元　朱　洪
　　　　　黄熙宗(兼)
纪委书记　张平国
副 书 记　朱　洪

**人力资源和社会保障局党委**

书　　记　王永良
副 书 记　周晓红(女)
党委委员　袁建东　于卫良　解振同
　　　　　荣伟铭
纪委书记　于卫良

**住房和城乡建设局党委**

书　　记　陈嘉维
副 书 记　汪庆丰　陈哲敏
党委委员　沈雪华　张洪良　赵继红
　　　　　庄春华
纪委书记　陈哲敏

**交通运输局党委**

书　　记　陆月根
副 书 记　黄　斌
党委委员　朱水坤　周云明　李忠军
　　　　　顾满泉　金钰康
纪委书记　黄　斌

**水利局党委**

书　　记　李向上
副 书 记　孙新元
党委委员　李文君　李小琴(女)
　　　　　秦荷英(女)　李金根
纪委书记　秦荷英(女)

**农业局党委**

书　　记　张少华
副 书 记　沈亚夫　李　东
党委委员　张　健　顾志华　黄炳元
　　　　　赵伟政　林建良
纪委书记　李　东

**卫生局党委**

书　　记　蒋连保
副 书 记　顾巧根　吴小兵
党委委员　王金海　杨　斌　欧阳元
纪委书记　欧阳元

**粮食局党委**

书　　记　沈玉宝
副 书 记　朱钰文
党委委员　李惠芬(女)　金凤鸣　尤林明
纪委书记　李惠芬(女)

**机关事务管理中心党委**

书　　记　胡江松
党委委员　顾志男　卢建平　张筠凤(女)
　　　　　顾振华
纪委书记　张筠凤(女)

**江苏省吴中中等专业学校党委**

书　　记　黄熙宗
党委委员　顾国清　夏克寒　杨　兵
　　　　　汤晓敏(女)　王　炯
　　　　　付欣友(女)

**【纪委工作部门】**

**办公室**

主　任　陆菊泉

**监察一室**

主　任　陆为民

**监察二室**

主　任　周金林

**监察三室**

主　任　金建生

**教育调研室**

主　任　董春华

**信访室**

主　任　李见明

**纪检监察室**

主　任　宋　阳

**执法监察室**

主　任　吴　荣

**党风廉政建设室**

主　任　卢叶青

【苏州市吴中区第二届人民代表大会常务委员会】

主　任　—

副主任　孙　卓(女)　冯　健　陆培康
　　　　崔玮珈(女)

委　员　(按姓氏笔划为序)
　　　　马德寅　王　佳(女)　王正明
　　　　叶春龙　朱建兴　仲长春
　　　　杨伟根　杨静漪(女)　汪如萍(女)
　　　　张振新　陈玉珍(女)　金永福
　　　　周菊明　赵夫泉　胡建平
　　　　施玉根　袁中秋　顾钰根
　　　　钱建伟　唐华琴(女)

【区人大常委会工作部门】

**人大办公室**

主　任　袁中秋

副主任　钱建伟　王正明　姚继元
　　　　詹　红(女)

**人事代表联络工作委员会**

主　任　赵夫泉

副主任　王江红(女)

**内务司法工作委员会**

主　任　施玉根

副主任　周雪芳

**财政经济工作委员会**

主　任　陈　晞

副主任　卞杏娣(女)

**城建环保工作委员会**

主　任　钱建伟

**教科文卫工作委员会(外事民宗侨台工作委员会)**

主　任　周菊明

副主任　刘建梅(女)

**人大工作研究室**

主　任　王正明

【苏州市吴中区人民政府】

代区长　金　洁(女)

副区长　许振华　薛明仁　周晓敏(女)
　　　　沈志栋　荣德明　冯建荣

【区政府工作部门】

**政府办公室(法制办、人防办、金融办)**

主　任　顾益坚

副主任　金　楠　姚胜武　席与翀
　　　　庞晓平(女)　姜　昊　周福勇
　　　　魏　强　唐　顺　陆志伟(兼)
　　　　李福林(兼)　孙春根(兼)
　　　　周一风(兼)

法制办副主任　唐　顺

人防办主　任　魏　强

金融办主　任　金　楠

**发展和改革局(统计局、物价局、服务业发展办公室)**

局　长　岳林芳

副局长　韩　江　秦　刚　张庆发
　　　　王建瑾(女)　石燕华(女)
　　　　黄国锋

统计局局长　韩　江

物价局局长　秦　刚

服务业发展办公室主任　岳林芳

**经济和信息化局(中小企业局)**

局　长　王卫星

副局长　章为民　张道元　陈　鸣
　　　　童为民

中小企业局局长　章为民
　　　　　副局长　徐兆艺

**教育局**

局　长　陈伟骏

副局长　殷　虹(女)　周兴元
　　　　徐伟英(女)

**科学技术局(知识产权局)**

局　长　王泽民

副局长　龚　艳(女)　张文华　王立勇

赵学福
知识产权局局长　龚　艳(女)
**监察局(与区纪委合署办公)**
局　长　孙文春
副局长　周金林　周钰华(女)　吴逸凯
**民政局**
局　长　赵小平
副局长　顾龙官　黄玉平　高健魁
尹国林
**司法局**
局　长　史才林
副局长　徐建华　杨红玉(女)　王伟男
王晓刚　顾静瑜
**财政局(国有资产监督管理局)**
局　长　朱筱菁(女)
副局长　张菁华　李培英(女)
国有资产监督管理局局长　朱筱菁(女)
**人力资源和社会保障局**
局　长　王永良
副局长　周晓红(女)　袁建东　解振同
荣伟铭　宋银林
**住房和城乡建设局(地震局)**
局　长　陈嘉维
副局长　汪庆丰　陈哲敏　沈雪华
张洪良　庄春华
地震局局长　汪庆丰
**城市管理局(城市管理行政执法局)**
局　长　杨和芳
副局长　王　华　陈　刚
**交通运输局**
局　长　陆月根
副局长　朱水坤　周云明　李忠军
周为民
**水利局(水务局)**
局　长　李向上
副局长　孙新元　李文君　李小琴(女)
李金根
水务局局长　孙新元
**农业局(林业局、水产局)**
局　长　张少华
副局长　沈亚夫　李　东　马惠民
顾志华　黄炳元　赵伟政
林建良
林业局局长　李　东
水产局局长　沈亚夫
**商务局**
局　长　陆建明
副局长　黄文伟　周忠伟　鲍丽君(女)
朱培方　朱　亮
**文化体育局(文物局)**
局　长　李　强
副局长　王剑云　唐峥嵘　徐晓军
陆彩霞(女)　奕国栋
文物局局长　王剑云
**卫生局(食品药品监督管理局)**
局　长　蒋连保
副局长　吴小兵　倪英明(女)　王金海
杨　斌
食品药品监督管理局局长　顾巧根
**人口和计划生育局**
局　长　丁晓娟(女)
副局长　徐炜琴(女)　徐雪英(女)
马小红(女)　张　炜
**审计局**
局　长　陶君玉(女)
副局长　岳雄伟　吴菊林　陆建伟
沈　曦(女)
**环境保护局(太湖水污染防治办公室)**
局　长　姚瑞元
副局长　许建良　杨飞镛　王　健(女)
周海元　浦惠民
太湖水污染防治办公室主任　许建良
**安全生产监督管理局**
局　长　顾建东
副局长　沈涛龙　栗昆宗　宋晓华
张新华

**旅游局**
局　长　程　飞(女)
副局长　王罕红　戴阿明　徐　敏
　　　　周丽强　蒋红萍(女)
**民族宗教事务局**
局　长　夏　健
副局长　陆金林　徐雪元
**粮食局**
局　长　沈玉宝
副局长　朱钰文　金凤鸣　尤林明
**信访局**
局　长　李福林
副局长　冯　印(女)　沈亚民　顾利青
**外事和侨务办公室(港澳事务办公室)**
主　任　贺　悦
副主任　梅建琴(女)　郭福堂
　　　　顾敏娟(女)　张　艳(女)
港澳事务办公室主任　梅建琴(女)

**【区政府派出机构】**
**行政服务中心**
主　任　周一风
副主任　顾文明　徐明东

**【区政府直属事业单位】**
**机关事务管理中心**
主　任　胡江松
副主任　顾志男　卢建平　顾振华
**供销合作社**
主　任　潘　强
副主任　徐乐萍(女)
**江苏省吴中中等专业学校**
校　长　黄熙宗
副校长　袁月英(女)　顾国清　夏克寒
　　　　杨　兵　汤晓敏(女)　王　炯

**【政协苏州市吴中区第二届委员会】**
主　席　张阿梅
副主席　石钟琪　陆凤良　钱鹤平
　　　　刘克平　赵建明
秘书长　沈红卫
副秘书长　李　卫(女)
**常务委员(按姓氏笔划为序):**
王伟男　石月平　叶晓明(女)　朱国华
朱素珍(女)　刘燕山　许进良　孙文春
李　卫(女)　杨和兴　肖兴元　吴仁林
吴建国　吴时欣　沈新华　宋晓华
宋瑛鹰(女)　张　旺　张文华　张文泉
陆建华　陆锡明　陆增林　陈惠刚
严双喜　时新华　周阿四　周钰坪(女)
周黎敏(女)　郑美珍(女)　金玉明
金柿根　胡惠萍(女)　胡艳明　荣　跃
贯　澈　袁月英(女)　徐培国　徐金泉
顾志男　顾岳明　黄自力(女)
曹菊英(女)　盛林华　戚建明　蒋云泉
彭正祥　虞永芳　潘建林

**【区政协工作部门】**
**政协办公室**
主　任　李　卫(女)
副主任　顾岳明　魏苏涛(女)
**提案委员会**
主　任　顾岳明
副主任　周阿四
　　　　柯菊明(兼)　沈　斌(兼)
**经济科技委员会**
主　任　周阿四
副主任　荣德明(兼)
**社会事业委员会**
主　任　戚建明
副主任　王泽民(兼)
　　　　唐华琴(女)(兼)
**城乡建设委员会**
主　任　吴仁林
副主任　陈嘉维(兼)　汪庆丰(兼)
**港澳台侨、民族宗教委员会**

主　任　郑美珍(女)
副主任　张永康　范伯乐(兼)
　　　　夏　健(兼)

**文史委员会**

主　任　吴建国
副主任　胡惠萍(女)　王剑云(兼)

**【苏州市吴中区人民法院】**

院　长　钟　毅
副院长　黄明康　陆雪昌　朱　巍
　　　　吴　健
政治处主任　张永平

**【苏州市吴中区人民检察院】**

检 察 长　王建华
副检察长　郁建芳(女)　游桂芳(女)
　　　　　陈志新

**【民主党派】**

**民进吴中区委**

主　委　钱鹤平

**民盟吴中区总支**

主　委　赵建明

**九三学社吴中区支社**

主　委　胡惠萍(女)

**【人民团体】**

**总工会**

主　席　盛解元
副主席　陈培华　胡艳明　夏　巍(女)

**共青团吴中区委员会**

书　记　沈　斌
副书记　张　军　舒　心

**妇女联合会**

主　席　唐华琴（女）
副主席　顾向明(女)　顾娟英(女)

**科学技术协会**

主　席　陆建华
副主席　矫文忠　马东虹(女)
兼职副主席　柯菊明　王泽民　陈伟骏
　　　　　　王　云

**工商业联合会**

主　席　周黎敏(女)
副主席　金明德　朱　荧　陆　军
兼职副主席　朱利荣　许进良　张祥荣
　　　　　　陆凤根　徐　敏　黄伟良
　　　　　　章为民　胡德霖　吴伟东
　　　　　　袁永峰　蒋元生
　　　　　　顾铁群(女)　王春生
　　　　　　李君图　郏　勤(女)

**文学艺术界联合会**

主　席　柯德银
副主席　张国英(女)　凌　奕

**归国华侨联合会**

主　席　顾炯文(女)
副主席　何国平

**残疾人联合会**

理 事 长　吴金泉
副理事长　余休林　陈其林　沈金林

**红十字会**

会　长　周晓敏(女)(兼)
副会长　朱瑞良

**【二级局单位】**

**机要保密局**

局　长　吴建明

**运输管理处**

主　任　顾丽明

**航道管理处**

主　任　管永洪

**公路管理处**

主　任　石熙徵

**市政公用局**

局　长　陈哲敏(兼)

**反贪污贿赂局**

局　长　陈秋明

**反渎职侵权局**

局　长　周晓军

**行政中心管委会**

主　任　顾志男(兼)

**财政支付中心**

主　任　柳春红(女)

**社会保险基金管理中心**

主　任　荣伟铭(兼)

**就业管理指导中心**

主　任　刘　辰

**经济责任审计中心**

主　任　陆建伟(兼)

**事业单位登记管理局**

局　长　许国瑾(兼)

**卫生监督所**

所　长　张晓逸

**疾病预防控制中心**

主　任　胡伟忠

**城市管理行政执法大队**

大队长　王　华(兼)

**便民服务中心**

主　任　高建伟

**【垂直管理单位】**

**人武部**

政　委　童德准

部　长　沈林林

副部长　徐建荣

**苏州海关驻吴县办事处**

主　任　李永江

副主任　赵学林　龚　平

**苏州出入境检验检疫局吴中办事处**

主　任　陈　明

**苏州市吴中区国家税务局**

局　长　徐福友

副局长　夏　洁　顾鹏飞　陈　健

**苏州市吴中地方税务局**

局　长　陈俊良

副局长　郑嵩怡　顾振瑞　舒建宏　戴建忠

**苏州市公安局吴中分局**

局　长　张　旋

政　委　施关亮

副局长　仇全官　曹建荣　曹伟忠　李　涛　周建军

**苏州市吴中工商行政管理局**

局　长　茅崧崧

副局长　曹　勇　徐根林　朱利荣　过钦军

**苏州市国土资源局吴中分局**

局　长　张春明

副局长　王　平　殷　华　俞振武　冯富荣　苏伟强

**苏州市规划局吴中分局**

局　长　祁　刚

副局长　金雪明　阳红卫

**苏州市吴中质量技术监督局**

局　长　张爱军

副局长　屠怡文　邱建军

**气象局**

局　长　蒯志敏

**【苏州太湖国家旅游度假区】**

党工委书记　—

副 书 记　金　洁(女)　焦亚飞

党工委委员　徐毓隆　潘向荣　何　平　沈坤生　郑　刚

管委会主任　金　洁(女)

副 主 任　焦亚飞　孙　瑜　徐毓隆　潘向荣　何　平　王晓岚(女)

主任助理　金　澄　薄建新

**【度假区工作部门】**

**党政办公室(政法办公室)**

主　任　何建兴

副主任　陈　瑜　丁轶宇　宋金元
　　　　马安沧
政法办公室主任　陈　瑜

**组织人事和劳动社保局**

局　长　金　澄
副局长　王利华　赵　山

**纪工委(监察局)**

书　记　沈坤生
副书记　陈务农
监察局局长　陈务农
副　局　长　陆玉英(女)

**总工会**

主　席　顾建国(兼)

**机关党委**

书　记　鲍　羚(女)
副书记　徐　军(女)

**社会事业局**

局　长　李　青
副局长　吴　坚

**住房和城乡建设局**

局　长　钱　江
副局长　顾建国　沈爱华(女)　柳青华

**招商局**

局　长　戴小林
副局长　张　伟　秦　铮

**农业发展局(环境保护局、农村工作办公室)**

局　长　史拥军
副局长　王智青(女)　张建良

**经济发展局(旅游局)**

局　长　张月兴
副局长　李佳良　王月新　殷　磊

**太湖科技产业园**

主　任　李文龙
副主任　杨永康(兼)　王剑钦

**财政分局**

局　长　朱伯清
副局长　柳培康　朱炜烨

**交通分局**

局　长　周为民

**审计分局**

局　长　李　芳(女)

**房产管理中心**

主　任　柳青华

**610 办公室**

主　任　徐福龙
副主任　张水元

**【西山国家现代农业示范园区】**

党工委书记　盛解元
党工委委员　仲长明　周　军　金剑良
　　　　　　胡　伟
管委会主任　顾建列
副　主　任　王　云　金剑良

**【吴中经济开发区】**

党工委书记　沈　觅
副　书　记　李永泉　王苏春　罗家荣
党工委委员　浦建清　顾建明　刘叶明
　　　　　　朱凤泉　骆兴男
管委会主任　李永泉
副　主　任　王苏春　顾建明　刘叶明
　　　　　　朱凤泉　骆兴男
主任助理　徐　坚　徐国雄

**【开发区工作部门】**

**纪工委(监察局)**

书　记　罗家荣
副书记　金建伟　莫玉方　丁正语
监察局局长　金建伟
副　局　长　莫玉方　俞　越

**党政办公室**

主　任　陆志伟
副主任　张文新　陈　江　吴晓红(女)
　　　　袁栋华

**政法办公室(综治办)**

主　任　顾炳元

副主任　司马健英(女)
综治办主任　司马健英(女)
副　主　任　刘文兴

**组织人事和劳动社保局**

局　长　徐永林
副局长　秦水英(女)　喻龙兴
　　　　刘燕婷(女)

**招商局**

局　长　高　倩(女)
副局长　周志锋　钱　锦

**经济发展局**

局　长　陈　燕(女)

**社会事业局**

局　长　孙龙英(女)
副局长　吾为人　胡　青(女)

**建设局**

局　长　张　伟
副局长　邹文明　郁永德　金剑锋

**总工会**

主　席　顾建忠
副主席　朱彩萍(女)

**机关党委**

书　记　陈　燕(女)
副书记　方　针　石建新

**非公经济党委**

书　记　秦水英(女)

**吴中科技园管委会**

主　任　任进德
副主任　张　雄　陈　静(女)

**吴中出口加工区管委会**

主　任　仲益民
副主任　姚　静(女)　周健华

**人武部**

部　长　蔡云峰

**财政分局**

局　长　张正才
副局长　舒兴元　顾进方

**房管分局**

局　长　王永芳(女)

**交通分局**

局　长　顾满泉

**审计分局**

局　长　张伟平

**【穹窿山风景管理区】**

党工委书记　姚　东
副　书　记　徐雪棣　唐耀冰
委　　　员　张　明　赵燕萍(女)
　　　　　　惠进根(兼)　王振伟(兼)
　　　　　　王建平
管委会主任　徐雪棣
副　主　任　张　明　潘东华　吴建卫
纪工委书记　唐耀冰
工 会 主 席　吴建新

**【街道、镇、场】**

**长桥街道**

党工委书记　邹水元
副　书　记　徐炳良　张菊泉　秦晓良
委　　　员　张伟荣　朱振华　张继华
　　　　　　季苏毅　张全荣　庄小明
　　　　　　周琬虹(女)
办事处主任　徐炳良
副　主　任　张继华　柳建刚
　　　　　　陆梅华(女)
人大工委主任　吴林木
政协工委主任　曹菊英(女)
副　　主　　任　汪成洁(女)(兼)
纪 工 委 书 记　朱振华
副　　书　　记　汪成洁(女)
工　会　主　席　吴永明
财政局长桥分局局长　尚宝清(女)

**郭巷街道**

党工委书记　徐国雄
副　书　记　张剑清　陆振荣

委　　员　沈映珍(女)　赵炳男
　　　　　张炳元　吕永刚　金春林
　　　　　林永明　姚玉泉　朱文明
办事处主任　张剑清
副 主 任　沈映珍(女)　金春林
　　　　　李永亮
人大工委主任　查伟峰
副　主　任　沈和国
政协工委主任　肖冬梅(女)
副　主　任　赵炳男(兼)
纪工委书记　陆振荣
副　书　记　林　玺
工 会 主 席　曹土林

**横泾街道**

党工委书记　许文龙
副 书 记　张建新　肖兴元　吴建德
委　　员　陈德宇　徐海林
　　　　　赵月珍(女)　郁　兴
　　　　　褚会男　张东民
办事处主任　张建新
副 主 任　陈德宇　顾春明　沈志芳
　　　　　蔡文娟(女)
人大工委主任　周荣清
副　主　任　金华红
政协工委主任　朱明强
副　主　任　徐海林(兼)
纪工委书记　张建新
工 会 主 席　刘忠宝

**城南街道**

党工委书记　徐建文
副 书 记　姚善生　莫林男
委　　员　严　鸣　庄阿四　杨　文
　　　　　龚　恩　吴川英(女)
　　　　　陈建宏　沈　敏　胡伟新
办事处主任　姚善生
副 主 任　杨　文　龚　恩
　　　　　吴川英(女)　朱振冲
人大工委主任　王雷源
副　主　任　韩云亮
政协工委主任　—
副　主　任　庄阿四(兼)
纪工委书记　严　鸣
副 书 记　姜金国

**越溪街道**

党工委书记　吕崇才
副 书 记　郁文明　周进瑞
委　　员　陆纪新　顾　明
　　　　　仇玫行(女)　陈龙元
　　　　　顾焕忠　许建华
　　　　　朱菊珍(女)
办事处主任　郁文明
副 主 任　仇玫行(女)　顾焕忠
　　　　　徐海全　仲文友
人大工委主任　周征岳
副　主　任　王雪根
政协工委主任　金雪明
副　主　任　顾　明(兼)
纪工委书记　陆纪新
副　书　记　薛招福
工 会 主 席　钱四男

**香山街道**

党工委书记　朱福明
副 书 记　薛　华　戚　敏
委　　员　徐　宏(女)　虞晓东
　　　　　戚连康　徐向东　沈惠男
　　　　　谢祥伦
办事处主任　薛　华
副 主 任　徐向东　许晓华　王　明
　　　　　孙德群
人大工委主任　徐兴明
副　主　任　顾金法
政协工委主任　马　炎

副　主　任　虞晓东(兼)
纪工委书记　徐　宏(女)
副　书　记　张金铭
工会主席　王　正

**苏苑街道**

党工委书记　王祉明
副　书　记　杨　霞(女)　王　强
委　　　员　徐旻霞(女)　蒋苏祥
　　　　　　许祥武　麻琪彬
办事处主任　杨　霞(女)
副　主　任　蒋苏祥　黄卫新(女)
　　　　　　范建华
人大工委主任　沈炳根
副　主　任　严正观
政协工委主任　俞慧娥(女)
副　主　任　徐旻霞(女)(兼)
纪工委书记　王　强
工会主席　徐旻霞(女)

**龙西街道**

党工委书记　许长根
副　书　记　张建琳(女)　汤宝林
委　　　员　祝才千(女)　李东毅
　　　　　　顾　民　余文兰(女)
办事处主任　张建琳(女)
副　主　任　汤宝林　顾　民　陈琴明
　　　　　　刘　臻(女)
人大工委主任　朱永庆
政协工委主任　沈新华
副　主　任　余文兰(女)(兼)
工会主席　钱　华

**木渎镇**

党委书记　戈福林
副书记　包勤康　张少怡　邱伟芳
委　　员　顾金坤　宋建坤　陈小兴
　　　　　俞　菊(女)　王　军
镇　　长　包勤康
副镇长　徐金男　李云海　许　军
　　　　许　峰　张伟忠　陈仕宝
人大主席　王金福
副主席　杨玉双(女)
政协工委主任　黄　敏
副　主　任　俞　菊(女)(兼)
纪委书记　顾金坤
副　书　记　戴水清
总工会主席　钱　军
财政局木渎分局局长　惠金芳

**木渎镇藏书办事处**

主　　任　张少怡
副主任　冯绍军

**甪直镇**

党委书记　陆振华
副书记　周学斌　沈杉楠　金柿根
委　　员　石　青(女)　王　岳　王　民
　　　　　顾汉明　陈菊林　王林男
　　　　　居海荣
镇　　长　周学斌
副镇长　石　青(女)　居海荣　顾汉明
　　　　洪涛生　马景亮
人大主席　查小林
副主席　朱学新
政协工委主任　杨三元
副　主　任　陈菊林(兼)
纪委书记　王　岳
副　书　记　王宗林
总工会主席　吴秋荣
财政局甪直分局局长　王林男

**甪直镇车坊办事处**

主　　任　—
副主任　陆道荣　秦　强

**胥口镇**

党委书记　莫玉林

副 书 记 吕炳根 沈小红 刘澄寅
委 员 徐卫东 郑尧标 冯尊华
顾洪建 周雪明 夏益鸣
李 群(女)
镇 长 吕炳根
副 镇 长 沈小红 顾洪建 周雪明
陆文洪 韩 蓓(女) 王 京
人大主席 赵雪元
政协工委主任 许小芳(女)
副 主 任 徐卫东(兼)
纪 委 书 记 刘澄寅
副 书 记 顾林官
总 工 会 主 席 沈建康
财政局胥口分局局长 周雪明

**东山镇**

党委书记 唐龙生
副 书 记 吴 妤(女) 贺世成
吴金凤(女)
委 员 朱 健 李少雄 肖卫源
汤卓献 陆 韧 吾永康
镇 长 吴 妤(女)
副 镇 长 肖卫源 马志伟 叶补福
张 蕾(女)
人大主席 朱正龙
副 主 席 周丽华(女)
政协工委主任 邱惠萍(女)
副 主 任 汤卓献(兼)
纪委书记 李少雄
副 书 记 周景裕
工会主席 顾林林
财政局胥口分局局长 王继红

**临湖镇**

党委书记 沈伟民
副 书 记 谈建强 顾 强
委 员 张忠霖 徐建军 查志福
孔岳荣 吴春耘 沈华芳(女)
朱华平 李文斌
镇 长 谈建强
副 镇 长 徐建军 沈华芳(女) 严金泉
孔建强
人大主席 吴根兴
政协工委主任 滕开禄
副 主 任 孔岳荣(兼)
纪委书记 张忠霖
副 书 记 李文华
工会主席 史文刚
财政局临湖分局局长 黄培龙

**临湖镇浦庄办事处**

主 任 计宏伟
副 主 任 吴雪珍(女)

**光福镇**

党委书记 刘龙俊
副 书 记 王卫国 浦志华
委 员 方国顺 陆彩娥(女) 顾建宏
盛新根 许文清 朱钰兴
吴永明 黄海斌
镇 长 王卫国
副 镇 长 方国顺 盛新根 钱建良
李 晴(女)
人大主席 孙玉林
副 主 席 张兴娣(女)
政协工委主任 杨永康
副 主 任 顾建宏(兼)
纪委书记 浦志华
副 书 记 钱建良
工会主席 徐海忠

**金庭镇**

党委书记 王显军
副 书 记 周月明 钱家龙
委 员 周晓春 曹伟兴 黄雪峰
陆亦章 凌 峰 王丽琴(女)
镇 长 周月明

副 镇 长　周晓春　陆亦章
　　　　王丽琴(女)　仲长明
人大主席　朱建兴
副 主 席　陆华芳(女)
政协工委主任　胡　勇
副　主　任　黄雪峰(兼)
纪委书记　钱家龙
工会主席　周永珍(女)

**林　场**

书　记　徐雪棣
委　员　惠进根　王振伟
场　长　惠进根
副场长　王振伟　陈勤华

**【公　司】**

**城市建设投资发展有限公司**

董 事 长　赵建明
总 经 理　徐天骅
副总经理　王荣清　徐志英
财务总监　江　滨

**工业资产经营有限公司**

董 事 长　赵建明
总 经 理　张　平
财务总监　江　滨

**国裕资产经营有限公司**

董 事 长　冯建义
总 经 理　沈　哲
副总经理　张建明
财务总监　潘瑞男

**旅游发展有限公司**

董 事 长　姚　东
总 经 理　姚　东
副总经理　李水明　杨玉香(女)
财务总监　徐　蕴(女)

**太湖旅游发展集团公司**

董 事 长　周菊坤
总 经 理　徐学明
副总经理　沈博名

**太湖洞庭古村旅游发展有限公司**

董 事 长　周菊坤
总 经 理　周菊亮
副总经理　周晓春(兼)　府建男
财务总监　潘瑞男

**创业投资有限公司**

董 事 长　翁建明
总 经 理　李文龙
副总经理　赵建明　柯毅斐
财务总监　许晓华(女)

**太湖现代农业发展有限公司**

董 事 长　林水元
总 经 理　朱继伟
副总经理　徐海龙　陈　强
财务总监　张　英(女)

**交通建设投资公司**

董 事 长　顾祥元
总 经 理　董志勋
副总经理　周洪泉
财务总监　张　燕(女)

**江苏吴中经济技术发展总公司**

董 事 长　郁克铭
总 经 理　江福根
副总经理　华　伟　李　强
财务总监　舒兴元(兼)

**东太湖建设发展股份有限公司**

董 事 长　郁克铭
总 经 理　钱卫方

副总经理　徐志英(兼)　尤培泉
财务总监　张　燕(女)

**太湖旅业发展有限公司**

董 事 长　金佳林
总 经 理　金佳林
副总经理　顾雪娟(女)　缪金龙
财务总监　王维元

**太湖城市投资发展有限公司**

董 事 长　金佳林
总 经 理　李新华
副总经理　沈敏华　张培根
财务总监　王维元

**农业园区有限责任公司**

董 事 长　王　云
总 经 理　仲长明

# 表 彰 和 奖 励

## 关于表彰吴中区集体林权制度改革工作先进集体和先进个人的决定

中共苏州市吴中区委员会　苏州市吴中区人民政府

吴委发〔2011〕1 号

2011 年 1 月 6 日

近年来,我区坚持以邓小平理论和“三个代表”重要思想为指导,深入贯彻落实科学发展观,按照统筹城乡发展的要求,紧紧围绕提升林业产业水平、致富林区农民的目标,进一步解放思想、实事求是、与时俱进,加强领导、拓展思路、狠抓落实,全面快速有序完成了集体林权制度主体改革工作,成为全省首个通过集体林权制度改革的县级单位,并涌现了一大批先进集体和先进个人。

为表彰先进、树立典型,区委、区政府决定授予东山镇三山村等 9 家单位集体林权制度改革工作先进集体,王玮等 30 名同志集体林权制度改革工作先进个人。

希望受到表彰的先进集体和个人,珍惜荣誉,再接再厉,争取在今后的工作中再创佳绩。全区各级各部门要以先进为榜样,认真学习党的十七大和十七届三中、四中、五中全会精神,进一步提高认识,明确目标,创新机制,扎实工作,继续认真做好集体林权制度配套改革工作,为加快推进“绿色吴中”建设、率先基本实现现代化作出新的更大的贡献。

**附件 1:吴中区集体林权制度改革工作先进集体和先进个人名单**

1. 吴中区集体林权制度改革工作先进集体先进集体

东山镇三山村　金庭镇东蔡村
光福镇香雪村　越溪街道旺山村
胥口镇箭泾村　香山街道墅里社区
横泾街道尧南社区
穹窿山风景管理区穹窿社区
木渎镇农林服务中心

2. 吴中区集体林权制度改革工作先进个人(按姓氏笔画排序)

王　玮　王建根　刘剑平　朱兴淦
朱迎春　朱建群　朱燕芬　许火根
许晓华　吴建新　宋文彬　张汉明
张朝阳　李福林　杨大强　陆卫平
陈永康　施雪根　唐松林　徐建林
陶林根　顾水元　顾香娣　高　峰
蒋玉忠　蒋金伟　蒋荣方　蒋颖灿
谢月男　韩惠鹤

**附件 2:苏州市集体林权制度改革工作先进集体和先进个人名单**

1.苏州市集体林权制度改革工作先进集体

吴中区人民政府
吴中区农业局
吴中区档案局
吴中区木渎镇人民政府
吴中区金庭镇人民政府
吴中区光福镇人民政府
吴中区木渎镇姑苏村

吴中区金庭镇石公村

2. 苏州市集体林权制度改革工作先进个人

吴敬宇 朱根水 殷 华 周荣清 邱伟芳 沈涛龙 黄永春 杨忠星 许火根 冯泉元 王建锭 顾卫列 李忠华 诸美良 顾三元 许玉英

# 关于表彰区级机关“争创五型机关”先进集体、“争做五型干部”先进个人、“服务经济、关注民生”创新工作先进单位的决定

## 中共苏州市吴中区委员会 苏州市吴中区人民政府

吴委发〔2011〕3号

2011年1月26日

2010年，我区以“三个代表”重要思想和科学发展观为指导，全面贯彻落实党的十七届四中、五中全会精神，紧紧围绕全区经济和社会发展大局，以“强服务、保增长、促发展”为重点，以区级机关作风效能建设“转型升级年”活动为抓手，大力深化“争创五型机关，争做五型干部”主题教育活动和“服务经济、关注民生”创新服务活动，区级机关作风进一步转变，服务水平进一步提升，工作效能进一步增强，涌现出了一大批先进集体和先进个人。

为了进一步巩固和扩大机关作风建设的成果，树立典型、激励先进，深入推进2011年区级机关作风效能建设的发展，区委、区政府决定，对区委办等28个“争创五型机关”先进集体、马唯杰等100名“争做五型干部”先进个人、区纪委等21个“服务经济、关注民生”创新工作先进单位予以表彰。

希望受到表彰的单位和先进个人要珍惜荣誉，戒骄戒躁，继续努力，在深化机关作风效能建设，提高科学发展能力和服务发展水平方面继续发挥表率作用，为实现我区“两个率先”以及构建“和谐吴中”作出新的更大贡献。全区各级党组织和全体机关党员干部要学习先进，争创先进，始终紧紧围绕发展这个中心、服务这个理念，效率这个根本，在新的一年里，积极投身机关作风效能建设实践，同心同德，开拓进取，以新的姿态和优异的成绩，为我区实现“两个率先”、构建和谐社会而努力奋斗！

**附件1：区级机关2010年度“争创五型机关”先进集体（共28个）**

区委办 区人大办
区政府办 区政协办
区纪委 区委组织部
区委宣传部 区委政法委
区委统战部 区级机关党工委
区法院 区检察院
区发改局 区经信局
区民政局 区司法局
区财政局 区商务局
区文体局 区宗教局
区行政服务中心 区人武部
区国税局 吴中地税局
吴中工商局 吴中公安分局
苏苑街道 龙西街道

**附件 2:区级机关 2010 年度“争做五型干部”先进个人(共 100 人)**

马唯杰 黄建华 徐　正 吴建国
蒋　吉 姚玮峰 张杰峰 孙玉英
庄学峰 沈　波 胡伟新 薛　华
徐　磊 许建根 朱　今 黄永江
赵　晶 艾云松 张国英 朱菊珍
顾渭平 姚月明 周　韵 陆海兵
孙宝华 张　敏 张春玲 杨　隽
阙小方 孙新健 周　季 卢剑锋
王桂英 蒋　勇 张平国 孙含英
王立勇 徐道赓 王柱祥 王拥护
顾明芳 叶新红 周晓红 董静平
马文兰 沈雪华 潘　虹 孙蓉燕
杨和芳 黄新东 李忠军 陆　敏
李小琴 顾备军 顾志华 施玲英
沈敏东 朱　亮 陆彩霞 吴唯敏
徐丽辉 吴敏彦 吴　莺 任　怡
赵红卫 李　平 张小林 吕晓红
王根友 林卫东 刑　政 陈雪生
顾敏娟 胡江松 卢森林 沈小明
姚晓明 吴翔峰 苏伟强 俞慧娥
范建华 余文兰 陆亚男 徐建荣
金　星 许文根 周洪斌 李睿鑫
吴亚琼 周　诚 于莉萍 刘　军
陈建华 沈小红 朱　喆 李兴荣
沈华明 王小莉 姜　林 王　俊

**附件 3:区级机关 2010 年度“服务经济、关注民生”创新工作先进单位(共 21 个)**

区纪委 区委政法委
区委农办 区级机关党工委
区法院 区检察院
区民政局 区财政局
区人社局 区城管局
区水利局 区文体局
区计生局 区审计局
区环保局 区旅游局
区行政服务中心 区国税局
吴中地税局 区交巡警大队
吴中国土分局

# 关于对 2010 年度为全区经济社会发展作出突出贡献的单位和个人给予表彰的决定

## 中共苏州市吴中区委员会　苏州市吴中区人民政府

吴委发〔2011〕5 号

2011 年 2 月 11 日

2010 年,在苏州市委、市政府的正确领导下,全区上下积极应对后国际金融危机带来的严峻挑战和国内外环境的深刻变化,转变思路、抢抓机遇,团结一心、锐意进取,强化保增速、调结构、促转型、惠民生的各项政策措施,经济社会实现平稳较快发展,全区财税收入继续保持稳健增长,三次产业结构更趋优化,城乡一体化进程步伐加快,社会和谐稳定,人民安居乐业。在此过程中,涌现出了一大批先进单位和先进个人。为树立典型,全面推进产业升级、自主创新、改革开放、城乡统筹、民生改善、环境优化等各方面工作,经区委、区政府研究，决定对在2010年度财税工作等七个方面作出突出贡献的单位和个人予以表彰。

希望受表彰的先进单位和个人再接再厉，再创佳绩；全区各级各部门、各单位、各企业，要以先进为榜样，提升理念，优化作风，扎实工作，为把吴中区建设成为高端产业城区、最佳宜居城区和文化旅游强区做出新的更大贡献。

**附件：吴中区2010年度综合表彰名单**

**一、财税工作**

1. 吴中区2010年度财政贡献奖

开发区　木渎镇　度假区

2. 吴中区2010年度财政贡献鼓励奖

胥口镇　角直镇　长桥街道

3. 吴中区2010年度纳税大户

江苏吴中集团有限公司
惠氏制药有限公司
苏州鹰汉房地产开发有限公司
苏州招商南山地产有限公司
三洋能源(苏州)有限公司
苏州中辉房地产开发有限公司
苏州安洁科技股份有限公司
苏州东瑞制药有限公司
苏州市新吴城集团有限公司
苏州汇德电气制造有限公司
中海英奥置业(苏州)有限公司
苏州维信电子有限公司
苏州银行股份有限公司
苏州新城万博置业有限公司
柳道万和(苏州)热流道系统有限公司
苏州华昌机电有限公司
适新科技(苏州)有限公司
苏州浙建地产发展有限公司
重村钢模机械工业(苏州)有限公司
苏州诚河置业有限公司
苏州广远置业有限公司
苏州锦派置业有限公司
维讯柔性电路板(苏州)有限公司
苏州兴力达房地产开发有限公司
苏州吴中经济开发区建设管理所
苏州市烟草公司吴城分公司
苏州东山精密制造股份有限公司
苏州石川制铁有限公司
苏州晶瑞化学有限公司
苏州电器科学研究院股份有限公司
苏州鑫苑置业发展有限公司
苏州上投置业有限公司
苏州华夏五金机电城投资开发有限公司
苏州港龙置业有限公司
江苏仁泰地产发展有限公司
苏州泰隆房地产开发有限公司
尼盛置业(苏州)有限公司
苏州宇邦新型材料有限公司
德马泰克物流系统(苏州)有限公司
苏州佳值电子工业有限公司
苏州地福房地产开发有限公司
信音电子(中国)股份有限公司
新兴精密电子(苏州)有限公司
苏州利星汽车服务有限公司
苏州昂内房地产开发有限公司
嘉彰科技(苏州)有限公司
苏州华电电气股份有限公司
苏州嘉盛房地产开发有限公司
苏州嘉盛建设工程有限公司
闳晖科技(苏州)有限公司
苏州琦美模具有限公司
苏州凯达路材股份有限公司
上海中技桩业股份有限公司苏州分公司
苏州信德房地产开发有限公司
第一汽车(苏州)服务贸易有限公司
远东服装(苏州)有限公司
苏州久元房地产发展有限公司

苏州杭达水泥制品有限公司
苏州绕城高速公路有限公司
可口可乐装瓶商生产(东莞)有限公司苏州分公司
苏州宏盛商品混凝土有限公司
适新模具技术(苏州)有限公司
藤兴工业有限公司
苏州吴城电力建设有限公司
苏州东兴房地产开发有限公司
呈辉工艺文化城(中国)有限公司
苏州帝凯维动物营养有限公司
苏州市南环桥市场发展股份有限公司
苏州太湖之星开发建设有限公司
苏州新绣地产有限公司
苏州不二工机有限公司
苏州永承包装印刷有限公司
禾海(苏州)新型建材有限公司
苏州宝信汽车销售服务有限公司
苏州永诚房地产开发有限公司
苏州鑫康房产开发有限公司
苏州华之杰电讯有限公司
苏州三洋机电有限公司
江苏长江节能实业发展有限公司
广运科技(苏州)有限公司
苏州市吴中区燃气有限公司
盛州橡塑胶(苏州)有限公司
苏州天马精细化学品股份有限公司
苏州东山墅房地产开发有限公司
苏州均华精密机械有限公司
爱而泰可新材料(苏州)有限公司
宏全企业(苏州)有限公司
苏州林通新材料科技有限公司
苏州吴中城投置业有限公司
苏州市福鑫商品房开发有限公司
苏州新华美塑料有限公司
苏州制氧机有限责任公司
苏州嘉德房地产开发有限公司
苏州南久和混凝土有限公司
苏州天浩房地产有限公司
苏州世家置业有限公司
江苏省吴中经济技术发展总公司
苏州市永创金属科技有限公司
苏州市吴中区协力商社
苏州市金都置业有限公司
苏州吴城建设开发有限公司
苏州市吴中区东吴建筑有限责任公司
苏州市吴中区胥口冷作厂
国产实业(苏州)混凝土有限公司
元磁新型材料(苏州)有限公司
苏州维鲸电子绝缘材料有限公司
苏州邓尉山置地有限公司
苏州市骏达房地产开发有限公司
苏州市金竹置业发展有限公司
苏州丰润房地产有限公司
苏州锦和置业有限公司
苏州市大元置业有限公司
苏州永盛混凝土有限公司
苏州万恒商贸有限公司
苏州英田电子科技有限公司
江苏景盟针织企业有限公司
苏州宇和房地产有限公司
苏州东瑞医药科技有限公司
苏州森联城建投资有限公司
苏州安和制衣有限公司
苏州久阳房地产开发有限公司
和成(中国)有限公司
三洋家用电器(苏州)有限公司

## 二、国资工作

吴中区2010年度国有资产投融资做大做强先进集体

苏州市吴中城市建设投资发展有限公司
苏州市吴中国裕资产经营有限公司
江苏省吴中经济技术发展总公司
苏州太湖旅业发展有限公司

## 三、工业经济

1. 吴中区2010年度招商引资先进单位

开发区　长桥街道　木渎镇
胥口镇　角直镇

2. 吴中区 2010 年度投资大户

**内资投资大户 10 名**

苏州海良精工科技有限公司
苏州广成建材有限公司
苏州市吴中区晨浩塑业有限公司
苏州万丽织造有限公司
苏州八骏机械科技有限公司
苏州市永创金属科技有限公司
苏州恒泰精密钣金有限公司
苏州市建诚装饰材料有限公司
苏州好时纺织品有限公司
苏州友新实业集团有限公司

**外资投资大户 10 名**

昱鑫科技(苏州)有限公司
苏州宏星食品包装有限公司
迎新科技(中国)有限公司
加铝包装(苏州)有限公司
苏州惠盈汽车销售服务有限公司
配伟奥精密金属部件(苏州)有限公司
苏州中央可锻有限公司
远纺织染(苏州)有限公司
嘉威光电(苏州)有限公司
东研(苏州)热处理有限公司

3. 吴中区 2010 年度科技创新先进企业

苏州西山中科实验动物有限公司
江苏吴中实业股份有限公司
苏州皇家整体住宅系统有限公司
苏州药明康德新药开发有限公司
苏州天马医药集团有限公司
苏州少士电子科技有限责任公司
苏州东瑞制药有限公司
苏州三基铸造装备股份有限公司
泰怡凯电器(苏州)有限公司
苏州振吴电炉有限公司

4. 吴中区 2010 年度优秀出口企业

苏州维信电子有限公司
伟创力电脑(苏州)有限公司
赛维 LDK 太阳能高科技(苏州)有限公司
三洋能源(苏州)有限公司
泰怡凯电器(苏州)有限公司

5. 吴中区 2010 年度优秀建筑企业

苏州嘉盛建设工程有限公司
江苏华新建设工程有限公司
苏州市吴中区吴中建设有限公司
苏州市东渚建筑安装有限公司
苏州市越城建筑安装有限公司

6. 吴中区 2010 年度节能减排先进企业

江苏神王集团有限公司
华新金猫水泥(苏州)有限公司
苏州角直新区污水处理厂
苏州市吴中区胥口污水处理厂
苏州市江远热电有限责任公司

## 四、服务业

1. 吴中区 2010 年度服务业发展先进单位

开发区　木渎镇　度假区
长桥街道　胥口镇

2. 吴中区 2010 年度创业投资先进企业

苏州市吴中创业投资有限公司
苏州国发创业投资控股有限公司

3. 吴中区 2010 年度优秀旅游企业

吴中旅游发展有限公司
木渎旅游发展实业公司
角直旅游发展公司
中华园大饭店
宝岛花园酒店
洞庭山天然泉水厂
安住集团牛仔风情度假村
苏州江南茶文化博物馆(碧螺山庄)
江苏怡景旅游产业管理有限公司
春秋旅行社

4. 吴中区 2010 年度优秀文化企业

穹窿山“天下第一智慧山”文化产业园
本色美术馆
香山工坊

苏报集团数字化产业园
姚建萍刺绣艺术馆
5. 吴中区 2010 年度优秀房地产企业
江苏吴中地产集团有限公司
苏州招商南山地产有限公司
中海英奥置业(苏州)有限公司
苏州新城万博置业有限公司
苏州浙建地产发展有限公司
苏州越兴置业有限公司
苏州中辉房地产开发有限公司
苏州隆兴置业有限公司
苏州锦派置业有限公司
苏州港龙置业有限公司
6. 吴中区 2010 年度优秀物业管理企业
苏州市天翔物业管理有限公司
苏州工业园区置信物业服务有限公司
南京仁恒物业管理有限公司苏州分公司
苏州华新国际物业管理有限公司
苏州市好易捷物业管理有限公司
7. 吴中区 2010 年度优秀餐饮企业
百盛天地大酒店
香雪海大酒店
石家饭店
锦阳渔港大酒店
好阳光大酒店
8. 吴中区 2010 年度优秀专业市场（商场、特色商业街）
凯马广场
苏州临湖渡村羊毛衫特色街区
苏州市粮食批发交易市场
苏州华夏五金机电城
东吴国际商城
9. 吴中区 2010 年度国际服务外包先进企业
苏州药明康德新药开发有限公司
苏州西山中科实验动物有限公司
苏州鸿扬卡通制作有限公司
苏州嘉航国际货运代理有限公司
苏州展博电子科技有限公司

**五、2010 年度名品名牌企业**

江苏神王集团有限公司
苏州振吴电炉有限公司
苏州林华医疗器械有限公司
苏州市好得睐美食食品有限责任公司

**六、城乡一体化工作**

1. 吴中区 2010 年度集体稳定收入超千万元村(社区)
临湖镇湖桥村
木渎镇天平村
长桥街道龙桥社区
木渎镇西跨塘村
长桥街道先锋社区
角直镇淞南村
角直镇甫里社区
长桥街道龙西社区
木渎镇姑苏村
越溪街道旺山村
长桥街道新家社区
木渎镇灵岩村
木渎镇金山村
木渎镇香溪社区
临湖镇石庄村
城南街道南石湖社区
城南街道红庄社区
临湖镇浦庄村
长桥街道蠡墅社区
临湖镇界路村
城南街道新江社区
角直镇淞港村
长桥街道新北社区
2. 吴中区 2010 年度先进农村股份合作社
临湖镇湖桥集团有限公司
胥口镇物业股份合作总社
木渎镇天平村新华社区股份合作社
东山吴侬碧螺春茶叶专业合作社
苏州洞庭西山碧螺春茶叶专业合作联社

3. 吴中区2010年度新农村建设先进单位

临湖镇

东山镇

角直镇

穹窿山风景管理区

胥口镇采香泾村

横泾街道长远村

东山镇三山村

吴中区横泾千亩水稻示范基地

吴中区农产品现代物流中心

苏州市邓尉茶叶有限责任公司

**七、精神文明建设**

1. 吴中区2010年度社会主义精神文明建设十佳新人

临湖镇石塘村村民 张苏玲

胥口派出所联防队员 陈 华

吴中人民检察院干警 李敬芳

越溪派出所联防队员 贾月明

区旅游局旅游咨询服务中心工作人员 王续明

藏书实验小学教师 姚雪芳

苏州海创电子有限公司总经理 李金龙

苏苑街道苑东社区居民 张俭民

吴中区公共汽车有限公司职工 徐 勇

角直镇个体工商户 缪卫忠

2. 吴中区2010年度社会主义精神文明建设十佳新事

胥口镇“百企帮百家”让慈善之光照亮每个角落

木渎镇开通全国首家镇级市民学习网站倡导全民学习之风

宝带实验小学“家长义工”为学生保驾护航

龙西街道“图书银行”让居民共享图书资源

“维稳妈妈”显身手

东湖小学圆无臂儿童入学梦

吴中检察院设立“认罪轻案刑事检察室”打造高效平台

横泾街道“书房伴我成长”家庭小书房创建活动

越溪实验小学推广船拳弘扬吴地优秀文化

吴中法院全程教育模式受最高法院肯定

## 关于表彰2010年度全区“平安吴中”和“法治吴中”建设先进集体、先进个人的决定

中共苏州市吴中区委员会　苏州市吴中区人民政府

吴委发〔2011〕18号

2011年3月8日

过去的一年,全区上下在区委、区政府的正确领导下,坚持以“三个代表”重要思想和党的十七大、十七届五中全会精神为指导,认真贯彻落实科学发展观,深入推进“平安吴中”和“法治吴中”建设,社会保持和谐稳定,法治工作得到提升,为全区实现经济社会又好又快发展创造了良好的社会环境和法治环境。为进一步发扬成绩,表彰先进,区委、区政府决定授予木渎镇等22个镇(街道、单位)为“平安吴中”建设先进集体,吴建新等32名同志为“平安吴中”建设先进个人;决定授予角直镇等23个镇(街道、单位)为“法治吴中”建设先进集体,沈文跃等31名同志为“法治吴中”建设先进个人。

希望受到表彰的先进集体和先进个人珍惜荣誉、戒骄戒躁,再接再厉、再创佳绩。各地、各部门要以先进为榜样,切实增强责任感和使命感,加强组织领导,加大工作力度,狠抓措施落实,推动“平安吴中”和“法治吴中”建设再上新台阶,为实现吴中区“十二五”良好开局作出新的更大的贡献,以优异的成绩迎接中国共产党成立90周年。

**附件1:2010年度全区“平安吴中”建设先进集体、先进个人名单**

**一、“平安吴中”建设先进集体(22个)**

木渎镇　角直镇
临湖镇　光福镇
金庭镇　长桥街道
郭巷街道　横泾街道
越溪街道　城南街道
香山街道　苏苑街道
龙西街道　区综治办
区教育局　区人力资源和社会保障局
区住房和城乡建设局区城管局
区信访局　吴中公安分局
吴中交巡警大队
城区综合治理联合会

**二、“平安吴中”建设先进个人(32名)**

吴建新　穹窿山风景管理区工会主席
唐双荣　角直镇车坊办事处司法所所长
许晓峰　区委办公室副主任
席与翀　区政府办公室副主任
孙文春　区委组织部副部长、老干部局局长
曹　富　区委宣传部副部长、区社科联主席
夏　健　区统战部副部长、区宗教局局长
华　伟　区委农办农村发展科科长
陈菊林　区级机关党工委副书记
仇全官　区委610办主任、吴中公安分局副局长
顾才兴　区维稳办副主任
吴明华　区总工会维保部副部长
张　军　团区委副书记
毛晓华　区妇联科员
杨　慧　江苏省统计局吴中调查局局长
周金林　区监察局副局长
陈瑞兴　区财政局人秘科副科长
赵书林　区交通运输局安全科科长
徐益民　区文体局主任科员
杨　斌　区卫生局副局长
徐雪英　区计生局副局长
陶　凯　区环保局科员
蒋月春　区安监局科员
王罕红　区旅游局副局长
周妹芳　区外管办办事员
邹嘉诚　吴中工商局市场合同科科长
佘轶华　吴中公安分局治安大队教导员
秦　峰　吴中公安分局治安大队副大队长
金　健　吴中消防大队副大队长
周定芳　度假区公安分局治安大队教导员
王之宣　度假区公安分局科员
唐国伟　度假区交巡警大队大队长

**附件2:2010年度全区“法治吴中”建设先进集体、先进个人名单**

**一、法治吴中建设先进单位(23个)**

角直镇　木渎镇
胥口镇　临湖镇
东山镇　光福镇
长桥街道　横泾街道
香山街道　区法院
区检察院　区法治办
区发展和改革局　区经济和信息化局

区民政局　　　　　区司法局
区水利局　　　　　区农业局
区人口和计划生育局　区旅游局
吴中工商局吴中国土资源局
区法制办

**二、法治吴中建设先进个人(31名)**

沈文跃　开发区政法办法治科科长
柳亚明　木渎镇司法所所长
杨三元　甪直镇党委副书记、政协工委主任
张忠霖　临湖镇纪检书记
金春林　郭巷街道办事处副主任
周根泉　横泾街道政法综治科科长
俞炳根　香山街道政法综治科科长
蒋苏祥　苏苑街道党工委副书记
李东毅　龙西街道办事处副主任
唐耀冰　穹窿山风景区党工委副书记
董春华　区纪委教育调研室主任
施玉根　区人大内司委主任
戚建明　区政协社会事业委主任
姚玮峰　区委组织部干部科科长
丁华强　区委宣传部宣传科科长
薛晓燕　区委政法委办事员
郁建国　区级机关党工委委员
顾霞勤　区妇联权益部部长
周兴元　区教育局副局长
于卫良　区人力资源和社会保障局纪检书记
黄　斌　区交通运输局党委副书记
李桂兴　区商务局法制科副科长
陆彩霞　区文化体育局副局长
倪英明　区卫生局副局长
吴荣源　区环保局纪检书记
顾文明　区行政服务中心副主任
吾晓钧　吴中国税局征管科科长
唐继宇　吴中地税局征管科副科长
施关亮　吴中公安分局政委
邹国忠　度假区公安分局业务科科长
邱建军　吴中质监局副局长

# 关于表彰2010年度吴中区城乡一体化工作先进集体、先进个人的决定

## 中共苏州市吴中区委员会　苏州市吴中区人民政府

吴委发〔2011〕24号

2011年3月10日

2010年，全区各地各部门全面贯彻党的十七大和十七届三中、四中、五中全会精神，以邓小平理论和“三个代表”重要思想为指导，深入贯彻落实科学发展观，全面推进城乡一体化发展综合配套改革工作，坚持以发展农村经济、增加农民收入为中心，取得了农民全面发展、农业全面提升、农村全面进步的良好局面，涌现出了一批先进典型。为表彰先进，树立典型，进一步推动全区城乡一体化改革发展实现新突破、再上新水平，区委、区政府决定，授予木渎镇等10个单位为“城乡一体化工作创新奖”，甪直镇等39个单位为“城乡一体化工作推进奖”，甪直镇经管办等10个单位为“城乡一体化工作特色奖”，木渎(藏书)苗木市场等10个单位为“发展现代农业先进单位”，胥口镇采香泾村等10个单位为

"农村环境建设先进村(社区)",长桥街道等10个单位为"农村集体经济发展先进单位",临湖镇湖桥村等7个单位为"科学发展示范先锋村(社区)",王雪峰等52人为"城乡一体化工作先进个人"。

希望受表彰的先进单位和个人要珍惜荣誉,发扬成绩,再接再厉,在城乡一体化改革发展中,更好地发挥示范带头作用。全区各地各部门要以先进为榜样,坚持以科学发展观统领经济社会发展全局,解放思想,实事求是,与时俱进,深化综合配套改革,推进城乡统筹发展,为实现我区城乡一体化改革发展新一轮跨越做出新的贡献。

**附件1:2010年度城乡一体化工作先进集体和先进个人名单**

**一、城乡一体化工作创新奖**

木渎镇　临湖镇
东山镇　胥口镇
区委农办　区水利局
区环保局　区文体局
区农业局　区委政法委

**二、城乡一体化工作推进奖**

甪直镇　光福镇
金庭镇　长桥街道
郭巷街道　横泾街道
越溪街道　城南街道
香山街道　穹窿山风景管理区
区委办　区人大办
区政府办　区政协办
区纪委　区委组织部
区委宣传部　区委党校
区发改局　区人社局
区住建局　区民政局
区卫生局　区粮食局
区教育局　区科技局
区财政局　区交通局
区旅游局　区计生局
区审计局　区行政服务中心
区接待办　区国土分局
区气象局　吴中工商局
区规划分局　区质监局
区公安分局

**三、城乡一体化工作特色奖**

甪直镇经管办
胥口镇土地管理服务中心
东山镇农林服务中心
金庭镇动物防疫站
横泾街道水利站
临湖镇水利站
木渎镇国土所
光福镇文体中心
郭巷街道劳动保障服务中心
越溪街道社区卫生服务中心

**四、发展现代农业先进单位**

木渎(藏书)苗木市场
东山太湖大闸蟹交易市场
苏州众仕达蔬菜食品有限公司
苏州金记食品有限公司
甪直镇江湾水八仙示范基地
横泾街道上林村畜禽生态养殖示范基地
苏州市吴中区东山雨花绿蔬菜专业合作社
苏州市东山清熙农产品专业合作社
苏州市金庭镇天王坞茶果专业合作社
苏州临湖鱼米之乡生态农业专业合作社

**五、农村环境建设先进村(社区)**

胥口镇采香泾村
横泾街道长远村
临湖镇浦庄村
越溪街道旺山村
东山镇新潦村
光福镇邓尉村
穹窿山风景区穹窿社区
城南街道南石湖社区

甪直镇甫南村
金庭镇蒋东村

六、农村集体经济发展先进单位

长桥街道　木渎镇
城南街道南石湖社区
城南街道红庄社区
甪直镇淞港村　长桥街道新北社区
木渎镇五峰村　郭巷街道国泰社区
东山镇三山村　木渎镇香溪社区

七、科学发展示范先锋村(社区)

临湖镇湖桥村　长桥街道龙桥社区
木渎镇天平村　木渎镇西跨塘村
长桥街道先锋社区　甪直镇淞南村
甪直镇甫里社区

八、城乡一体化工作先进个人

王雪峰　汪如萍　徐　正　钱鹤平
胡建平　汤健民　朱贤君　赵静方
徐全林　华　伟　周　季　王卫星
张平国　钱卫芳　顾龙官　王　玮
宋银林　周炳根　周云明　孙新元
黄炳元　唐峥嵘　欧阳元　顾向明
李　亮　浦惠民　朱钰文　黄文伟
吕晓红　董志勋　陆建华　洪　伟
顾振瑞　邹嘉诚　曹建荣　王　瑛
蒋苏华　汤晓峰　邱云根　金雪明
彭文东　贺世成　吴根兴　刘剑平
周晓春　卢炳男　陆泉弟　翁建华
陈龙元　刘建根　韩惠鹤　陈　亮

附件2:获省、市表彰的先进集体和先进个人名单

一、江苏省社会主义新农村建设先进村

临湖镇湖桥村　木渎镇西跨塘村
东山镇三山村　胥口镇采香泾村

二、苏州市城乡一体化改革发展先进单位

木渎镇　临湖镇

三、苏州市村级经济发展标兵村

临湖镇湖桥村　长桥街道龙桥社区
木渎镇天平村

四、苏州市村级经济发展百强村

临湖镇浦庄村
临湖镇石庄村
临湖镇界路村
甪直镇淞南村
甪直镇淞港村
甪直镇甫里村
木渎镇西跨塘村
木渎镇姑苏村
木渎镇灵岩村
木渎镇金山村
木渎镇香溪社区
胥口镇箭泾村
东山镇三山村
越溪街道旺山村
横泾街道尧南村
长桥街道先锋社区
长桥街道龙西社区
长桥街道新家社区
长桥街道蠡墅社区
长桥街道新北社区
城南街道南石湖社区
城南街道红庄社区
城南街道新江社区
城南街道东湖社区
城南街道宝带桥社区

五、苏州市农民增收致富十强镇

长桥街道

六、苏州市农民增收致富十强村

木渎镇香溪社区

七、苏州市十佳现代农业示范园区

苏州太湖现代农业示范园

八、苏州市十佳新型合作经济组织

苏州湖桥集团

**九、苏州市十佳新型社区**

郭巷街道国泰社区

**十、苏州市建设社会主义新农村示范村(第五批)**

木渎镇金山村

木渎镇尧峰村

甪直镇淞浦村

胥口镇新峰村

东山镇新潦村

临湖镇浦庄村

光福镇邓尉村

光福镇太湖渔港村

光福镇香雪村

横泾街道长远村

横泾街道新齐村

郭巷街道独墅湖社区

越溪街道溪上社区

香山街道舟山村

**十一、苏州市城乡一体化改革发展工作先进个人**

顾建列　张少华　戈福林　贺世成

葛惠兴　徐顺兴　宋甫林

# 关于表彰2010年度吴中区和谐(示范)社区的决定

## 中共苏州市吴中区委员会　苏州市吴中区人民政府

吴委发〔2011〕26号

2011年3月17日

2010年,全区上下围绕构建"和谐吴中"目标,认真贯彻区委、区政府《关于开展和谐社区建设的实施意见》(吴委发〔2006〕33号),深化居民自治,加强社区管理和社区服务,改善社区基础设施和居民生活环境,丰富社区精神文化活动,涌现出了一批"居民自治、管理有序、服务完善、治安良好、环境优美、文明祥和"的示范社区。为表彰先进、树立典型,推动全区和谐社区建设,决定命名越溪街道教育园社区等2个社区为"吴中区和谐示范社区",郭巷街道尹山社区等7个社区为"吴中区和谐社区"。

希望受表彰的社区再接再厉,进一步营造好安居乐业、和睦相处的生活环境。各级、各部门要认真贯彻落实党的十七大和十七届五中全会精神,按照构建社会主义和谐社会的总体要求,继续加大和谐(示范)社区创建力度,动员和组织广大社区居民共同参与和谐社区建设,为构建和谐吴中作出积极的贡献。

**附件:2010年度吴中区和谐(示范)社区名单**

**一、区"和谐示范社区"**

越溪街道教育园社区

郭巷街道独墅湖社区

**二、区"和谐社区"**

郭巷街道尹山社区

越溪街道溪江社区

越溪街道吴山社区

城南街道南港社区

城南街道桂苑社区

城南街道阳光苑社区

城南街道商贸城社区

# 关于表彰“十一五”期间人口和计划生育工作先进集体和先进个人的决定

## 中共苏州市吴中区委员会　苏州市吴中区人民政府

吴委发〔2011〕27号

2011年3月21日

“十一五”以来,全区各地各部门坚持以邓小平理论和“三个代表”重要思想为指导,牢固树立和认真落实科学发展观,认真贯彻中央和省有关人口与计划生育工作的各项指示精神,紧紧围绕区委、区政府确定的经济社会发展总体目标和部署,以人为本、求真务实、开拓进取、扎实工作,为全区经济社会又好又快发展创造了良好的人口环境,涌现出了一批先进集体和先进个人。为进一步激励先进、树立典型,推动全区人口和计划生育工作实现新突破、再上新水平,区委、区政府决定对全区在“十一五”期间人口和计划生育工作中做出显著成绩的40个先进单位和80名先进个人予以表彰。

希望受表彰的单位和个人珍惜荣誉,再接再厉,在今后的工作中继续发扬成绩,再立新功。各地各部门要向先进集体和先进个人学习,进一步弘扬争先创优的时代精神,不断开创全区人口和计划生育工作新局面,为推进我区“山水苏州·人文吴中”建设创造更加良好的人口环境。

**附件:吴中区“十一五”期间人口和计划生育工作先进集体和先进个人名单**

**一、先进集体**

木渎镇:木渎镇人民政府　姑苏村　木渎派出所

角直镇:角直镇人民政府　澄湖村　角直财政分局

胥口镇:子胥社区　胥口中心幼儿园

东山镇:东山镇人民政府　三山村　东山派出所

临湖镇:界路村　石塘村　临湖派出所

光福镇:府巷村　光福派出所

金庭镇:蒋东村　金庭地区人民医院

长桥街道:长桥街道办事处　新家社区　长桥城管中队

郭巷街道:黄潦泾社区　尹山社区　郭巷卫生院

横泾街道:新路村　横泾卫生院

越溪街道:越溪街道办事处　张桥村　越溪卫生院

城南街道:东湖社区　城南城管中队

香山街道:梅舍村

苏苑街道:东吴花园社区

龙西街道:龙苑社区

区级机关:法　院　财政局　卫生局　综治办　人力资源和社会保障局　江苏省外国语学校

**二、先进个人**

木渎镇:余林泉　汪筱妍　李丽芳　濮雪华　胡建芳

角直镇:顾福男　朱金萍　顾健华　李建萍　顾丽花

胥口镇:朱虎泉　徐　锐　马培珍　顾建龙

东 山 镇：邱惠萍 叶补福 马春妹 叶凤珠
临 湖 镇：莫玉林 谭 吉 张 艳
光 福 镇：张兴娣 高 岚 沈云妹 石梅芳
金 庭 镇：沈惠虎 金敏胜 周静华 秦惠红
长桥街道：莫伟林 薛 秋 张 燕
郭巷街道：沈映珍 林永明 吴 敏
横泾街道：赵月珍 李培根 李雪英
越溪街道：仇玫行 陆培根 刘长玲
城南街道：吴川英 孟 玲 许红英 彭正红
香山街道：徐 宏 郁丽青 徐 萍 顾晓红
苏苑街道：顾莉华 周美华
龙西街道：吉 明 蔡敏赟
穹窿山景区：孙学清 张慧婷
区级机关：张若英 梁 姝 沙永方 于莉萍 尹国林 王 华 卞水金 姚雪艳 李 强 聂建华 周 瑛 徐琴华 王丽佳 孙梓钧 谢景芳 周钰坪 顾蔚雯 陈 洁 沈 斌 陶 洋 徐雪英 王瑞兵 刘 明 胡鸣敏 毛根祥

## 关于表彰先进基层党组织、优秀共产党员和优秀党务工作者的决定

### 中共苏州市吴中区委员会

吴委发〔2011〕57 号

2011 年 6 月 17 日

近年来，我区各级党组织和广大共产党员坚持以邓小平理论和“三个代表”重要思想为指导，认真落实科学发展观，在加快建设高水平小康社会、率先基本实现现代化的进程中，坚定党的领导、践行党的宗旨，立足岗位，积极进取，勇于开拓，奋力拼搏，充分发挥了党组织的战斗堡垒作用和共产党员的先锋模范作用，涌现出了一大批事迹突出、业绩显著的先进典型。为表彰先进、弘扬正气，动员全区各级党组织和党员、干部在改革开放和社会主义现代化建设中更好地发挥战斗堡垒作用和先锋模范作用，值此纪念中国共产党诞生 90 周年之际，区委决定，对木渎镇机关党总支等 30 个先进基层党组织、周玉明等 100 名优秀共产党员、屠建钢等 30 名优秀党务工作者予以表彰。

希望受表彰的先进集体和个人，把荣誉作为新的起点，谦虚谨慎，戒骄戒躁，再接再厉，奋发进取，为推进吴中区经济社会更好、更快、更大发展作出新的贡献。

区委号召全区各级党组织、广大共产党员和党务工作者，以先进为榜样，高举中国特色社会主义伟大旗帜，坚持邓小平理论和“三个代表”重要思想为指导，深入贯彻落实科学发展观，紧紧围绕全区“十二五”发展目标任务，继续解放思想，坚持改革创新，振奋精神，坚定信心，把握大局，开拓进取，全面推进“吴中明天更美好”，为率先基本实现现代化、建设更加富裕和谐新吴中而努力奋斗！

**附件1:吴中区先进基层党组织、优秀共产党员和优秀党务工作者名单**

**一、先进基层党组织名单(30个)**

木渎镇机关党总支
苏州天马医药集团公司党支部
角直镇淞南村党委
三洋能源(苏州)有限公司党支部
东山精密股份有限公司党支部
临湖镇湖桥村党委
临湖派出所党总支
光福镇福利村党委
金庭镇东河社区党总支
长桥街道龙桥社区党委
泰怡凯电器(苏州)有限公司党支部
郭巷街道国泰社区党委
横泾街道尧南社区党委
越溪街道溪上社区党总支
城南街道新江社区党总支
香山街道香山村党总支
苏苑街道澹台湖社区党总支
龙西街道吴中苑社区党总支
吴中经济开发区机关党委
度假区党政办党支部
苏州穹窿山景区开发有限公司党支部
区公路管理处党支部
苏州粮食批发交易市场有限公司党总支
区卫生监督所党支部
宝带实验小学党总支
区人民法院党总支
区国税局党委
吴中国裕资产经营有限公司机关党支部
区住房和城乡建设局机关党支部
苏州吴中供水有限公司党支部

**二、优秀共产党员名单(100名)**

周玉明　木渎镇金山村党总支书记
杨文忠　木渎人民医院副院长
殷泉源　木渎派出所副主任科员、民警
吴金根　木渎实验小学党支部书记、校长
苏萍萍(女)木渎镇白塔社区党支部书记
赵金香(女)角直镇妇联主席、计生助理
吕金官　角直镇车坊办事处经管办主任
俞伟明　角直镇江湾村党总支书记
王家燕(女)角直成人教育中心校办公室主任
金冬泉　角直镇热电厂厂长
周雪忠　苏州市角直旅游发展公司总经理
刘文东　纪元电子科技(苏州)有限公司党支部书记、行政部副部长、工会主席
陆兴全　胥口镇安监办主任、安全监察中队长
邱春华　胥口中心小学党支部书记、校长
许建华　苏州香山工坊建设投资发展有限公司党支部书记、总经理
喻菊芳(女)胥口镇箭泾村卫生协管员
孟晓庆　东山中心小学党支部书记、校长
杨忠星　东山镇农林服务站主任
贺世成　东山镇党委副书记
周方荣　东山自来水厂党支部书记、厂长
许秋生　东山华侨公墓党支部书记、管委会主任
徐菊芳(女)临湖卫生院党支部书记、院长
邱　森　临湖镇农林中心副主任
秦立民　临湖第二中学党支部书记、校长
张剑虹　临湖镇民政助理
许根寿　临湖镇界路村党委书记
柴彩兴　光福镇府巷村党委书记
浦孝东　光福镇机关党支部副书记、党政办主任
陈兴福　光福镇司法所所长、信访办主任
俞文娟(女)香雪海旅游公司总经理
卞伟良　光福镇迂里村村委会主任
王智力　苏州西山旅游发展有限公司董事长
沈仕东　金庭镇环卫所所长
马文清　金庭交巡警中队中队长
徐凤娟(女)吴中区龙鑫手套公司生产主任

黄利萍(女)金庭镇秉常村党总支副书记、村会计
林永珍(女)长桥街道新北社区党支部委员
陆菊芳(女)长桥街道经服中心党支部副书记、拆迁安置中心副主任
吴　梅(女)长桥人民医院护士长
王建冬　长桥交警中队民警
龚云弟　郭巷街道徐浜社区党总支书记
查全男　苏州市城南建筑安装工程有限公司郭巷分公司党支部书记、经理
胡春华　郭巷派出所民警
吴建国　郭巷街道党政办副主任、民政助理
陈小弟　郭巷街道戈湾社区党总支书记
骆兴男　横泾街道党工委书记
赵坤云　横泾街道上巷社区党委书记
陆水土　苏州市宏业预制构件有限公司党支部书记、董事长
施健学　横泾卫生院党支部书记、院长
薛金钰　横泾街道建管拆迁科副科长
虞文娟(女)越溪实验小学党支部书记、校长
钱龙火　越溪街道珠村社区原书记
殷福根　越溪街道旺山公墓主任
朱正超　越溪街道莫舍社区党总支书记
顾炳生　苏州市宏利来服饰有限公司总经理
吴晓琳(女)城南街道组宣科副科长
沈伟珍(女)城南街道碧波社区党支部书记、居委会主任
龚玉根　城南街道办事处拆迁安置科科长
刘建根　城南街道红庄社区党委书记
刘毛根　碧波实验小学工会主席
顾卫列　香山街道墅里社区党总支书记
高　峰　香山街道舟山村党委书记
彭淑贞(女)苏苑街道退休教师
李根媛(女)苏苑街道西塘社区党总支书记、居委会主任
顾莉华(女)苏苑街道苑东社区党支部书记、居委会主任
庄祥男　吴中科技创业园党支部书记、部门经理
徐　炳　苏苑街道团工委书记、纪检干事
成玉东　龙西街道龙华苑社区党总支委员、第五党支部书记
仲文良　龙西街道美之雅社区党总支委员、美之国小区业主委员会主任
何铁军　龙西街道吴中苑社区吴中二村第一党支部书记
徐金妹(女)龙西街道城西苑社区第五党支部书记
王晓岚(女)吴中经济开发区招商局局长
张　伟　吴中经济开发区建设局副局长
陆玉英(女)度假区监察局副局长、机关妇工委主任
单秀华　度假区经发局项目办主任
朱丽芳(女)穹窿山风景管理区党政办副主任、组织干事、党校专职副校长、团委书记
徐　勇　吴中区公共汽车有限公司司机
莫永祥　区发展和改革局行政服务科科长
花建国　区人力资源和社会保障局工资福利科科长
任　华　市国土资源局吴中分局角直中心所所长
沈　云　区经济和信息化局主任科员
方吕君(女)区粮食局团支部书记、人事监察科副科长
卢全兴　吴中人民医院内科主任
阙惠庭　区农林环境监测站站长
钱彩源　区水生动物疫病预防控制中心主任

龚文莲(女)苏苑高级中学教技室副主任
毛春宝 区社会福利中心常务副主任
殷盘根 区信访局副主任科员
金丹(女)区城管局纪检监察室主任
冯爱忠 区委办秘书科副科长
王卫江 吴中公安分局禁毒科科长
杨维敏 吴中公安分局副主任科员
荣季虹(女)吴中城市建设投资发展有限公司财务经理
宋志宏 区级机关事务管理中心总务科科长
潘杏英(女)区行政中心管委会会务接待二科科长
朱华新 区住房和城乡建设局办公室主任、人事监察科科长
李文君 区水利(水务)局党委委员、副局长
沈建伟 江苏吴中医药集团有限公司苏州第六制药厂党总支书记、厂长
金孝萍(女)江苏吴中集团中元建设开发有限公司财务总监
顾新华 苏州江南航天机电工业有限公司总装车间电工

## 三、优秀党务工作者(30名)

屠建钢 木渎镇新区管理委员会党总支委员、副主任
沈云弟 角直镇党委组织干事
杨向前 胥口中学党支部书记、校长
席根福 东山镇渡桥村党总支书记
孔岳荣 临湖镇党委组织、宣传委员
朱钰兴 光福镇党委组织委员
吴福元 金庭镇东蔡村党总支书记
季苏毅 长桥街道党工委委员、派出所所长
秦晓良 郭巷街道党工委副书记、纪工委书记
沈学群 横泾街道纪工委副书记、街道机关党支部书记
刘文兴 越溪街道党工委副书记
姜金国 城南街道纪工委副书记
张国平 度假区公安分局香山派出所教导员
李建霞(女)苏苑街道苑北社区党委副书记
莫雪娥(女)龙西街道新苑社区党总支书记、居委会主任
曹嘉明 吴中经济开发区组织人事和劳动社保局组织科科长
金澄 度假区组织人事和劳动社保局局长
高同银 区发展和改革局纪委书记
周晓红(女)区人力资源和社会保障局党委委员、副局长
袁坚 区经济和信息化局党委副书记、纪委书记、副局长、中小企业局局长
包福男 区农业局农业执法党支部书记、农业行政执法大队大队长
金迎春(女)区教育局纪检监察室主任
徐乐萍(女)区供销合作社党组成员、副主任
陆为民 区纪委常委、党支部书记
石建新 区委组织部副主任科员、组织科科长
曹富 区委宣传部副部长、区社科联主席
董明清 区级机关党工委书记
陈哲敏 区住房和城乡建设局党委副书记、纪委书记、市政公用局局长
朱忆 区水利(水务)局党委办主任
莫苏珍(女)苏州市南环桥市场发展股份有限公司党委副书记、办公室副主任

**附件2:苏州市先进基层党组织、优秀共产党员、优秀党务工作者名单**

**一、先进基层党组织名单(2个)**

苏苑街道南区社区党委

木渎镇天平村党委

**二、优秀共产党员名单(2名)**

吴惠生　　东山镇三山村党支部书记

高本大　　苏苑实验小学党总支书记、校长

**三、优秀党务工作者(2名)**

秦水英(女)吴中经济开发区非公有制经济党委书记、组织人事和劳动社保局副局长

吴海泉　　三洋能源(苏州)有限公司党支部书记

**附件3:江苏省优秀党务工作者名单**

殷　虹(女)吴中区教育局党委副书记、副局长

# 关于表彰2008~2010年度吴中区文明单位的决定

## 中共苏州市吴中区委员会　苏州市吴中区人民政府

吴委发〔2011〕103号

2011年12月23日

近年来，全区上下坚持以邓小平理论和“三个代表”重要思想为指导,全面贯彻党的十七大精神,深入贯彻落实科学发展观,广泛深入地开展各项群众性精神文明创建活动,有力地促进了全区城乡文明程度和市民文明素质的提高,促进了经济和社会的全面发展,为率先基本实现现代化和加快建设更加美好的吴中做出了积极贡献。为进一步总结经验、鼓励先进，区委、区政府决定命名胥口镇等239个单位为2008~2010年度吴中区文明单位。

希望受到表彰的单位珍惜荣誉，充分发挥先进典型在全区各项文明建设中的示范带头作用,再接再厉,继续努力,以更高的追求、更远的目标、更扎实有效的措施,不断取得新的成绩。全区各级各部门,要认真学习先进,争创先进,紧紧围绕经济建设中心任务,切实加强社会主义精神文明建设，为进一步推进“吴中明天更美好”建设做出新的贡献。

**附:2008~2010年度吴中区文明单位(239个)**

**一、文明镇(街道)5个**

胥口　　东山镇　　临湖镇

长桥街道　　横泾街道

**二、文明村(社区)53个**

木渎镇姑苏村　　木渎镇五峰村

木渎镇西跨塘村　　木渎镇尧峰村

木渎镇天平村　　木渎镇金山村

甪直镇淞南村　　甪直镇淞港村

甪直镇甫田村　　甪直镇江湾村

胥口镇采香泾村　　胥口镇箭泾村

东山镇三山村　　东山镇渡口村

临湖镇湖桥村　　临湖镇牛桥村

临湖镇浦庄村　　临湖镇界路村

光福镇福利村　　光福镇府巷村

光福镇太湖渔港村　　金庭镇蒋东村

金庭镇庭山村
金庭镇石公村
横泾街道新路村
横泾街道长远村
横泾街道新齐村
越溪街道旺山村
越溪街道张桥村
木渎镇南亭社区
胥口镇子胥社区
长桥街道龙桥社区
长桥街道先锋社区
长桥街道苏蠡天怡社区
郭巷街道独墅湖社区
郭巷街道黄潦泾社区
郭巷街道姜庄社区
郭巷街道尹山社区
横泾街道尧南社区
越溪街道溪上社区
越溪街道莫舍社区
城南街道新江社区
城南街道红庄社区
城南街道南石湖社区
香山街道小横山社区
苏苑街道南区社区
苏苑街道苑北社区
苏苑街道东吴花园社区
苏苑街道苑东社区
苏苑街道西塘社区
龙西街道龙苑社区
龙西街道盘蠡苑社区
龙西街道城西苑社区

## 三、文明单位 181 个

区级机关及下属单位

区纪委(监察局)
区法院
区检察院
区委办
区人大办
区政府办
区政协办
区委组织部
区委宣传部
区委统战部
区委农办
区委区级机关党工委
区委老干部局
区委党校
区总工会
团区委
区妇联
区工商联
区文联
区发展和改革局
区经济和信息化局
区教育局
区民政局
区司法局
区财政局
区人力资源和社会保障局
区城管局
区农业局
区商务局
区文化体育局
区人口与计划生育局
区审计局
区安监局
区旅游局
区宗教局
区信访局
区外事和侨务办公室
区接待办
区档案局
区级机关事务管理中心
苏州出入境检验检疫局吴中办事处
区行政服务中心
吴中区国家税务局
吴中地方税务局
吴中工商行政管理局
吴中地方税务局第一税务分局
苏州市公安局吴中分局
吴中质量技术监督局
苏州市国土资源局吴中分局
苏州市吴中区电信局
吴中区气象局
区城区幼儿园
苏苑实验小学
宝带实验小学
迎春中学
苏苑高级中学
江苏省吴中中等专业学校
区城区环境卫生管理所

区房产交易管理所
区建设工程质量监督站
木渎房产管理所
区公路管理处
区堤闸管理所
吴中区横泾水利管理服务站
区卫生监督所
区妇幼保健所
苏州粮食交易批发市场
苏州吴中粮食储备库
江苏吴中集团有限公司
苏州吴中供水有限公司
吴中城市建设投资发展有限公司
武警苏州市消防支队长桥中队

度假区

度假区监察局
度假区经发局(旅游局)
度假区社会事业局
苏州开泰出租汽车有限公司(合资)
苏州市太湖旅游中等专业学校
苏州太湖国家旅游度假区公安消防大队

开发区

开发区党政办
开发区监察局
开发区招商局
开发区建设局
开发区组织人事和劳动社保局
开发区人武部
吴中出口加工区
吴中科技园
开发区财政分局
开发区国土中心所
吴中区国税局第一税务分局
吴中地方税务局第六税务分局
苏州市江远热电有限责任公司
苏州华电电气股份有限公司
苏州石川制铁有限公司
苏州穹窿山景区开发有限公司

长桥街道

长桥中心小学
长桥街道环境卫生管理站
泰怡凯电器苏州有限公司
吴中区国税局第六税务分局
长桥派出所
苏州校友生态绿化工程有限公司

郭巷街道

郭巷中心小学
郭巷卫生院
郭巷派出所
苏州和诚汽车销售服务有限公司
苏州城南建筑安装工程有限公司郭巷分公司

横泾街道

横泾中心小学
横泾派出所
横泾成教文体中心
横泾劳动社会保障服务所
苏州市吴中区三星金属制品有限公司
德马泰克物流系统(苏州)有限公司
苏州海创电子有限公司

越溪街道

越溪实验小学
越溪派出所
旺山生态农庄旅游发展有限公司
苏州市宏利来服饰有限公司
苏达塑料包装制品有限公司
苏州市越海拉伸机械有限公司

城南街道

碧波实验小学
苏州外事旅游车船有限公司
苏州少士电子科技有限责任公司
苏州吴中经济开发区预防保健所
苏州东点置业有限公司

香山街道

香山中学
度假区中心小学

吴中区国税局第五税务分局

苏苑街道

苏苑街道社区服务中心

百盛天地大酒店

苏州市新苏国际购物中心有限公司

新金都饭店

龙西街道

龙西街道社区服务中心

木渎镇

木渎工商分局

吴中公安分局木渎派出所

吴中交巡警大队木渎中队

吴中区国税局第二税务分局

吴中地方税务局第三税务分局

木渎实验小学

木渎镇藏书实验小学

木渎实验中学

江苏省木渎高级中学

角直镇

角直房管所

吴中区国税局第四税务分局

吴中地方税务局第五税务分局

角直城管中队

角直热电厂

角直旅游公司

角直房产公司

胥口镇

吴中公安分局胥口派出所

胥口中心小学

胥口中学

胥口交警中队

三洋能源(苏州)有限公司

江苏神王集团有限公司

东山镇

东山镇财政分局

东山镇农林服务中心

东山中心小学

吴中交巡警大队东山中队

苏州市东山冶金机械厂

东山华侨公墓管委会

苏州伟业金属制品有限公司

临湖镇

临湖镇派出所

临湖镇第一中心小学

临湖镇第一中学

临湖镇卫生院

苏州飞眠长马针织服装有限公司

苏州市佳阳针织服装有限公司

苏州市金匠工程建设有限公司

吴中区国税局第三税务分局

光福镇

光福中学

光福交巡警中队

光福镇财政所

光福派出所

苏州安洁科技股份有限公司

苏州不二工机有限公司

苏州增发化纤有限公司

苏州市欣龙塑胶模具有限公司

金庭镇

金庭镇财政所

金庭镇交管所

西山中心小学

苏州西山中科实验动物有限公司

西山龙鑫手套厂

# 中共吴中区委员会

## 综 述

**【经济实力不断增强】** 2011年，全区完成地区生产总值701亿元，增长12%；实现地方一般预算收入72.4亿元，增长20.6%；完成工业总产值1540亿元，其中规模以上工业产值1218亿元，分别增长18%和23.8%；城镇居民人均可支配收入3.65万元、农民人均纯收入1.71万元，分别增长13.7%和16%。有效投入不断加大。135个重点项目建设全面推进，区四套班子领导领办挂钩重点项目40个，项目投资进度明显加快。完成固定资产投资315.5亿元，增长25.5%。国有公司进一步做大做强，注册资本增至146亿元，全区国有企业资产总额突破450亿元，完成项目投资超百亿元。招商选资成效明显，新增民资内资注册资本337亿元；引进外资项目77个，新增注册外资10亿美元，实际利用外资4.54亿美元。内外需市场继续扩大。实现进出口总额94亿美元，其中出口66亿美元；完成中方境外投资额2031万美元，外经合同额765万美元，营业额1276万美元。全年完成社会消费品零售总额236亿元。完成商品房销售131万平方米，销售收入128亿元；实现汽车销售90亿元，入库税收1.53亿元。富民强村工程深入推进。出台实施《关于加快农村集体合作经济发展的若干意见》，组建15大农村集体经济集团，实现镇级经济集团全覆盖，全区各类农村合作经济组织达323家。镇村集体总资产205亿元、集体总收入17亿元、村均稳定收入705万元，超千万元村30个，合作社户均分红3000元以上，区级薄弱村年稳定收入均超百万元。 （区委办）

**【转型升级持续推进】** 优势新兴产业加速发展。生物医药、新能源新材料、节能环保、装备制造、电子信息等五条产业链集聚效应、规模效益日益显现，五大产业占全区工业产值的比重83.2%，以“吴中药港”为代表的一系列高端制造业品牌影响力持续提升。实现高新技术产业产值576亿元，增长32.7%，新兴产业产值331亿元，增长13.1%，占全区规模以上工业比重分别达48.3%和28%。服务业提速计划加快实施。中国工艺文化城一期、SM城市广场等龙头项目顺利开业，凯马广场成功创建“中国特色商业街区”，南环桥批发市场销售突破150亿元。建成国家级检测平台6家、省级检测平台4家，以生产性服务为核心的“中间产业群”健康发展。服务外包产业继续壮大，完成接包合同额1.17亿美元，离岸执行额4000万美元。全区服务业增加值突破300亿元，占GDP比重提高到42.8%。特色现代农业加快发展。太湖现代农业示范园全面完成“三规合一”规划体系，临湖万亩养殖基地全面建成。果品结构调整成效显著，新增高效农业面积超1.2万亩，特色农业“6+1”工程产值超60亿元。吴中区被授予“中国名茶之乡”荣誉称号，太湖现代农业(渔业)示范园区成功创建省级产业园，东山镇获评“中国太湖蟹之乡”，光福镇获评“中国花木之乡”。文化产业持续加强。太湖文化论坛首届年会成功举办。全区7个项目列入市“十二五”文化产业重点项目名录，项目总数、投资总额、超20亿元项目数等多项指标均列全市第一。光华文化创意产业园、苏州国际影视娱乐城、苏报集团印刷数字化产业园、胥江一号文化创意园、香山工坊古建文化产业基地等重点项目进展顺利，“一圈五带十大集聚区”的文化产业发展格局初步显现。文化产业增加值占GDP比重提升至4.5%。旅游产业不断壮大。编制完成《创建国家5A级景区提升方案》，组建成立太湖旅游发展集团公司，苏州（吴中）太湖旅游景区创建国家5A级景区工作全面启动。旅游标准化建设深入推进，顺利通过国家验收。姑苏十二娘文化风情园、穹窿山万鸟园、欢乐胥江主题广场等项目全面落成，金庭观音园主体工程完工，泰达酒店、孙武文化园等项目加快建设。全年接待游客超1650万人次，实现旅游收入174亿元以上，分别增长6.4%和13.9%。（区委办）

**【创新能力加快提升】** 载体建设加速推进。吴淞江科技产业园、出口加工区二期、吴中科技园二期、太湖科技产业园等重点载体建设全面提速。国家级开发区创建、综合保税区创建工作加快推进。龙头项目加快培育，电科院、安洁科技2家企业成功上市，爱信AW、永旺梦乐城两大世界500强项目实现“当年引进当年开工”，双银国际金融城、再生资源产业园等项目加快建设。人才强区战略深入实施。“吴中十大人才计划”全面启动，“两院院士吴中行”、“吴中科技人才高校行”等特色活动顺利开展，全年引进各类人才7782名，增长11.6%，其中高层次人才引进增长12%；全区人才资源总量突破8万人，7人入选省“双创人才计划”，21人成为省“333”工程培养对象，8人入选市“姑苏人才计划”，区级创新创业领军人才达22人。企业创新主体加快培育。出台《关于进一步加快吴中区金融业发展的若干意见》，成立区科技金融服务中心，与国开行苏州分行全面开展“十二五”开发性金融合作。瑞红电子、三基铸造获国家科技重大专项扶持，西山实验动物基地GLP大楼投入运行，吴中生命科学园二期动工建设。企业创新孵化载体建设加快推进，中科院吴中生物医药研发中心揭牌成立，东创科技园入驻各类企业89家，博济科技创新园入驻企业110家。全年新增高新技术企业27家、高新技术产品107个；申请专利6204件，其中发明专利1382件，荣获“2009~2010年全国科技进步先进区”称号。（区委办）

**【城乡面貌明显改善】** 规划布局继续优化。东太湖苏州滨湖新城吴中片区30平方公里概念性规划编制出台，4.6平方公里核心区设计方案初步完成；度假区、东山镇总规修编有序开展，角直、郭巷片区总规和临湖、胥口、木渎胥江城、郭巷街道、吴淞江科技产业园等一批控规完成编制；度假区中心区、蠡墅老街、豪仕登地块、县前街商圈，以及角直、木渎、胥口等板块城市设计国际招标相继形成成果。拆迁安置平稳开展。出台区级国有土地、集体土地房屋征收（拆迁）管理办法，征收（拆迁）安置管理加强，长桥新南、新北拆迁顺利完成，木渎、郭巷等地拆迁安置工作全面加快，其他板块全力推进，完成拆迁175.8万平方米，安置房交房超61万平方米。城市建设亮点纷呈。城区在建高层建筑15座，中润广场、双冠双银等项目加快建设；太湖路综合改造全面启动，蠡墅片区市政道路综合改造有序推进；越溪副中心区间道路网架全面贯通，尹山湖运动公园、独墅湖湿地公园建设基本竣工；东太湖综合整治生态清淤项目一期全面完成，堤线调整和洪道疏浚工程基本完工。完成东吴花园、水香七村等8个老小区综合改造,惠及135幢住宅、3400户居民,改造面积超20万平方米。城市管理有效增强,“市容环卫杯”竞赛常态化开展,“区域式联动、网格化管理”模式深入推进,数字城管二期工程基本建成,城市管理智能化水平不断提高。大交通格局加速形成。东山环岛公路全线贯通,绕城高速光福连接线支线建成通车,轻轨1号线木渎段主体工程基本完工,木东公路横泾段等道路改造进展顺利,东环南延、南环西延、孙武路、343省道吴中段、金庭环岛公路、斜港大桥重建等工程全面启动,苏南运河吴中段航道整治、公交基础设施建设持续推进。城乡一体化进程加快推进。全区“三集中”、“三置换”工作扎实开展,90%的农村工业企业进驻各类工业小区,35%的农户入住集中居住区,75%的农业耕地实现规模经营。城乡综合环境提升工程全面开展,全年完成农村连片整治重点项目44个、重点村庄整治14个,行政村整治率达60%。　　(区委办)

**【党的建设得到加强】**　教育宣传活动有序开展。网上党校建设全面推进,实现全区网上党校全覆盖,党员干部教育培训加强。以庆祝建党90周年为契机,评选表彰一批先进基层组织和个人,创先争优的精神风尚得到进一步弘扬。干部队伍建设不断加强。完成区、镇党委换届工作,两级班子结构得到进一步优化。探索干部人事制度改革,健全区委“五人小组”工作机制,建立重要岗位领导干部人选区委委员征求意见制度,首次开展实名推荐“一把手”后备人选和公推正科职干部人选,初步建立干部调整前后综合评估制度,选人用人公信度不断提升,干部人事制度创新成果获评苏州市组织部门“2011年度创新工作”。突出抓好年轻干部培养工作,统筹抓好选调生、年轻后备干部、大学生村官的日常管理和培养使用。以“提升五种能力、树立五个榜样”为要求,基层党建品牌培育全面加强。非公企业党建工作全力推进,实现党组织应建已建率、党建工作覆盖率和指导员选派率“三个全覆盖”,非公党建创新举措和工作实效获中组部肯定。反腐倡廉和作风建设深入推进。领导干部集体廉政谈话、廉政承诺和“三廉”主题教育等活动全面开展,建成“横向到边、纵向到底”的党风廉政建设责任制。严格执行“三禁规定”,深入开展纠风专项治理,立案查处一批违纪违法案件。成立区作风效能建设领导小组,加强效能监察,加大考核力度,考核范围延伸至镇、村,村级“勤廉指数”测评工作稳步推进;督查督办工作创新实施,区委、区政府重大决策执行有力,各项工作得到有效落实。民主法制建设水平继续提升。加强党对人大、政协工作的领导,支持人大及常委会依法履行职能,更好地发挥人民政协协调关系、汇聚力量、建言献策、服务大局的作用。支持各民主党派加强自身建设,更好地履行参政议政、民主监督的职能。积极支持工、青、妇等群众团体依法创新工作,全区群团组织全面完成换届工作。认真做好新形势下的统战、民族、宗教、外事、对台、侨务、双拥、档案、国防后备力量建设、老干部、老年人、妇女儿童、残疾人、红十字等工作,形成共商大计、共谋发展的良好局面。　　(区委办)

# 重要会议

**【中共苏州市吴中区第三次代表大会】**　2011年6月22-25日,中共苏州市吴中区委员会召开第三次代表大会。主要任务是:高举中国特色社会主义伟大旗帜,以邓小平理论和“三个代表”重要思想为指导,深入贯彻落实科学发展观,回顾总结第二次党代会以来的各项工作,审议确定今后5年经济社会发展的目标任务;选举产生中国共产党苏州市吴中区第三届委员会和纪律检查委员会；选举产生出席中国共产党苏州市第十一次代表大会的代表，动员全区各级党组织、全体共产党员和广大人民群众，紧紧围绕“山水苏州、人文吴中”目标定位和“走进太湖时代”发展战略，进一步解放思想、坚定信心，开拓创新、务实奋进，在新的起点上全面加强党的先进性建设，又好又快推进现代化进程，努力把吴中的明天建设得更加美好。区委书记俞杏楠作题为《全面加强党的先进性建设，又好又快推进现代化进程，努力把吴中的明天建设得更加美好》的工作报告。 （区委办）

**【中共苏州市吴中区委工作务虚会】** 2011年11月19~20日，中共苏州市吴中区三届委员会召开区委工作务虚会议。主要任务是：按照市第十一次党代会的最新精神，针对明年面临的新形势，针对市委、市政府提出的新要求，集思广益、博采众长，统一思想、明确目标，谋划明年的工作思路，力争工作一年更比一年好。区委书记俞杏楠分别在区四套班子领导务虚会、度假区开发区党政领导务虚会、镇（街道）主要领导务虚会上作重要讲话。 （区委办）

**【中共苏州市吴中区委三届二次全体（扩大）会议】** 2011年12月13~15日，中共苏州市吴中区三届委员会召开第二次全体（扩大）会议。主要任务是：认真贯彻落实党的十七大和十七届六中全会，以及省、市党代会精神，总结全年工作，部署新一年目标任务，动员全区上下进一步解放思想、凝聚共识，开拓创新、奋力争先，在率先基本实现现代化道路上阔步前行。区委书记俞杏楠作题为《迎接十八大，迈向现代化，在更高起点上开创科学发展新局面》的工作报告。 （区委办）

**【其他重要会议】** 1月21日　全区领导干部会议

1月22日　中共苏州市吴中区二届区委第八十四次常委（扩大）会议

1月26日　全区旅委会成员会议

2月9日　区级机关作风效能建设总结表彰大会

2月16日　全区2010年度表彰大会

2月18日　全区党风廉政建设暨纪检监察工作会议

2月28日　全区领导干部会议

3月1日　中共苏州市吴中区二届区委第八十五次常委（扩大）会议

3月4日　全区档案工作会议

3月11日　全区经济工作汇报会

3月14日　全区政法工作会议

3月14日　全区统战工作会议

3月17日　全区城乡一体化工作会议

3月21日　中共苏州市吴中区二届区委第八十六次常委会议

3月21日　中共苏州市吴中区二届区委第八十七次常委（扩大）会议

3月23日　全区工会工作会议

3月23日　全区人口和计划生育工作会议

3月25日　度假区全体干部会议

3月29日　中共苏州市吴中区二届区委第八十八次常委（扩大）会议

3月30日　吴中区全国文明城市复评迎检动员大会

4月6日　“吴中明天更美好”主题教育实践活动动员大会

4月13日　中共苏州市吴中区二届区委第八十九次常委（扩大）会议

4月15日　太湖文化论坛首届年会筹备工作动员大会

4月19~20日　全区农村集体经济工作会议

4月22日　中共苏州市吴中区二届区委

第九十次常委(扩大)会议

4月22日 全区领导干部会议

4月27日 吴中区载体和重大项目建设推进大会

4月28日 吴中区基层工作联络小组会议

4月30日 中共苏州市吴中区二届区委第九十一次常委(扩大)会议

5月5日 全区领导干部会议

5月14日 全区国资工作会议

5月16日 中共苏州市吴中区二届区委第九十二次常委(扩大)会议

5月24日 中共苏州市吴中区二届区委第九十三次常委(扩大)会议

5月27日 全区安置房建设现场推进会

6月10日 中共苏州市吴中区二届区委第九十四次常委会议

6月14日 全区领导干部会议

6月17日 中共苏州市吴中区二届区委第九十五次常委(扩大)会议

6月20日 中共苏州市吴中区二届区委第九十六次常委会议

6月22日 中共苏州市吴中区二届区委第九十七次常委会议(民主生活会)

7月1日 吴中区庆祝建党90周年暨先进事迹报告会

7月3日 中共苏州市吴中区三届区委第一次常委会议

7月12日 全区水环境整治工作推进会

7月18日 中共苏州市吴中区三届区委第二次常委(扩大)会议

7月20日 全区经济工作分析会

7月20日 全区综治领域社会管理创新工作会议

7月29日 全区城乡一体化暨集体经济工作推进会

8月3日 中共苏州市吴中区三届区委第三次常委(扩大)会议

8月8日 全区作风效能建设推进会

8月10日 苏州(吴中)太湖旅游景区创建国家5A级景区动员大会

8月12日 吴中区创建国家公共文化服务体系示范区工作推进会

8月19日 中共苏州市吴中区三届区委第四次常委会议

8月26日 国防动员委员会全体(扩大)会议、区委常委议军暨党管武装工作述职会议

8月27日 全区区属公司领导干部会议

9月2日 中共苏州市吴中区三届区委第五次常委(扩大)会议

9月3日 度假区拆迁安置工作会议

9月7日 全区人才工作会议

9月14日 全区基层党建工作推进会

9月21日 全区"六五"普法工作动员部署大会和争创省级"法治县(市、区)创建工作先进单位"推进会

9月21日 全区领导干部会议

10月23日 全区领导干部会议

10月24日 中共苏州市吴中区三届区委第六次常委会议

11月4日 中共苏州市吴中区三届区委第七次常委(扩大)会议

11月14日 中共苏州市吴中区三届区委第八次常委会议

11月22日 区、镇两级人大换届选举工作会议

11月22日 全区领导干部会议

11月29日 中共苏州市吴中区三届区委第九次常委会议

12月5日 全区领导干部会议

12月10日 中共苏州市吴中区三届区委第十次常委(扩大)会议

12月17日 全区领导干部会议

12月21日 中共苏州市吴中区三届区

委第十一次常委会议

12月21日　中共苏州市吴中区三届区委第十二次常委会议

12月21日　全区领导干部会议

12月26日　中共苏州市吴中区三届区委第十三次常委(扩大)会议

12月27日　吴中区人大代表、政协委员视察活动通报会

12月28日　全区信访工作会议

12月29日　中共苏州市吴中区三届区委第十四次常委会议　（区委办）

## 重要决策和活动

**【重要决策】** 1月12日　区委出台《关于做好2011年镇党委换届工作的意见》

2月15日　区委、区政府出台《关于做好2008~2010年度吴中区劳动模范推荐评选工作的意见》

3月10日　区委、区政府印发《2011~2015年苏州市吴中区党的基层组织建设规划》

3月24日　区委出台《中共苏州市吴中区委关于进一步加强和改进新形势下工会工作的意见》

3月25日　区委、区政府出台《关于吴中区全国文明城市复评迎检工作的实施意见》

3月25日　区委、区政府出台《关于2011年度区级机关作风效能建设的实施意见》

4月7日　区委　、区政府印发《关于完善农村社会保障工作的若干意见》

4月13日　区委、区政府出台《关于加快吴中区金融业发展的意见》

4月13日　区委、区政府出台《关于2011年度对镇(区、街道)实行重点工作考核的意见》

4月22日　区委作出《中共苏州市吴中区委关于率先基本实现现代化的决定》

4月22日　区委出台《关于在“十二五”期间开展“吴中明天更美好”主题教育实践活动的意见》

4月23日　区委作出《关于召开中国共产党苏州市吴中区第三次代表大会的决议》

4月26日　区委、区政府出台《关于组建基层工作联络小组的意见(试行)》

5月4日　区委印发《在全区开展“又好又快‘十二五’、真抓实干开好局”主题教育实践活动的实施方案》

6月7日　区委、区政府印发《吴中区中长期人才发展规划纲要(2011~2020年)》

6月14日　区委、区政府印发《关于推进吴中水利现代化建设的实施意见》

6月16日　区委、区政府出台《关于进一步加强和完善全区机构编制管理的通知》

6月30日　区委、区政府出台《关于加快农村集体合作经济发展的若干意见》

7月7日　区委、区政府印发《苏州市吴中区2011年太湖水污染防治暨水环境综合治理工作实施意见》

8月16日　区委出台《关于在全区开展村级“勤廉”测评工作的意见》

8月23日　区委、区政府出台《关于进一步深入推进全区作风效能建设工作的通知》

8月27日　区委、区政府印发《2011~2015年法治吴中建设规划》

8月27日　区委出台《吴中区科级领导干部选拔任用和交流工作意见》

8月29日　区委、区政府出台《吴中区全面实施“十二五”期间十大民生事业的实施意见》

9月5日　区委、区政府出台《关于进一步加强人才工作的意见》

9月6日　区委、区政府出台《关于成立吴中区农村集体资产管理委员会的通知》

9月14日　区委、区政府印发《苏州(吴中)太湖旅游景区创建国家5A级景区实施方案》

11月4日　区委、区政府出台《关于在全区推行勤廉预警工作的实施意见》

12月20日　区委出台《关于做好区人大、政府、政协工作部门(专委会)和各镇人大、政府领导班子换届人事安排的有关意见》

12月21日　区委出台《关于进一步加强和改进人民政协工作的意见》

12月29日　区委、区政府出台《关于深化平安吴中建设的意见》　(区委办)

**【重要活动】** 1月25日　吴中区社会福利中心落成乔迁庆典仪式

2月26日　建区10周年庆典活动

3月7日　吴中区庆"三八"妇女节暨吴中巾帼创先争优事迹报告会

4月2日　"品名茶、谈合作、谋发展"'2011中外客商苏州吴中碧螺春茶话会

4月9日　全区重大项目集中开工开业启动仪式

4月18日　"两院院士吴中行"启动仪式

4月26日　吴中区气象业务科普中心落成典礼

5月9日　深入推进创先争优活动动员大员、党员关爱基金现场募捐活动

5月21日　吴中区农村集体经济十大集团成立大会

6月30日　吴中区领导干部集体廉政谈话暨廉政承诺仪式

8月26日　吴中区党政领导"军事日"活动

8月31日　"和谐吴中 慈善助学"救助金发放仪式

9月9日　吴中区庆祝第二十七个教师节暨区中小学生综合实践学校落成庆典活动

10月15~19日　'2011苏州吴中·太湖经贸合作洽谈会暨金秋经贸招商周

10月25日　苏州太湖国家旅游度假区产业发展报告会

11月11日　"三廉"主题教育活动启动仪式

11月17日　省委宣讲团省第十二次党代会精神报告会

11月27日　吴中区首届全民体育运动会闭幕式

12月6~7日　吴中科技人才工作南京高校行活动

12月12日　吴中科技人才工作上海高校行活动

12月24日　全区加强党员领导干部执政能力建设学习报告会

12月28日　区金融办成立揭牌仪式

(区委办)

# 纪检监察工作

**【保障重大决策部署落实】** 年内，会同区发改、财政等部门监督检查全区9项使用中央、省新增资金工程项目和28项市、区两级重点工程,会同区国资、财政等部门开展对国有集体资金投资建设工程情况和镇、村两级集体资产监管情况的调研。继续对东太湖综合整治工程开展纪检监察派驻工作，指导项目建设单位强化工程领域的党风廉政建设。加强对政府采购工作的监督，规范政府采购的市场行为。推进市、区两级挂牌安全隐患整改工作,落实各地安全生产监管责任。开展规范征地拆迁行为专项检查工作，切实维护群众利益。对全区水环境综合整治工作开展专项督查,形成专题报告,保证区委、区政府确定的各项综合治理工作目标任务按照时序进度落实到位。　(纪检委)

【落实党风廉政建设责任制】 贯彻落实省委惩防体系“5+1”文件精神，分解落实“五大机制”构建任务。“医疗保险定点单位资格认定及稽查管理”、“加强职业危害管理” 等5个重点制度项目获得市级立项。在“苏州吴中”政务网站设立“工程建设领域项目信息和信用信息公开专栏”，促进工程项目建设在阳光下运行。推进三项重点工作，拓展基层党风廉政建设的深度和广度。推进村级“勤廉指数”测评工作。14个镇（区）、街道均成立测评工作小组，127个行政村和村改居社区全部成立整改小组和整改监督小组、选聘调查员。构建人员信息库，建立联系点制度等。选定三山、湖桥、尧南为先行试点村，突出示范效应。将村级“勤廉指数”测评纳入全区作风效能考核，加强结果运用。深入推进非公企业纪律监督工作。全区有1100多家非公企业建立纪律监督组织。实行联系点制度，推进党务公开，提升非公企业纪律监督工作水平。推进基层党组织党务公开。巩固镇（区）、街道、村（社区）党务公开全覆盖工作成果，推进党务公开向事业单位、国有企业、非公企业等基层党组织延伸。 （纪检委）

【查办违纪违法案件】2011年全区收信接访110件次，均已结案。查处各类违纪违法案件59件，涉及乡科级干部案件8件，为国家、集体挽回直接经济损失734.42万元。参与综治工作，做好重大节日期间的维稳工作。规范“乡案县审”工作，建立审理助辩队伍，推进全区案件审理工作。 （纪检委）

【推进作风效能建设】 2011年，全区作风效能建设由区级机关向镇（区）、街道和村（社区）延伸。认真修订《吴中区行政权力网上公开透明运行工作考核办法》，将考核结果列入年度的机关效能百分考核。巩固和完善“两集中、两到位”工作，实施重大项目绿色通道审批情况的督查工作。开展保障性住房安居工程专项效能监察。认真受理和处置行政效能投诉10件，做好上级政风行风热线交办信9件，均按时办结。 （纪检委）

【领导干部廉洁自律】 开通廉吏暴式昭网上纪念馆，编排廉政戏剧下乡巡演，制作反腐倡廉特色版面下乡巡展，组织案件集中剖析，大规模开展谈廉诺廉活动，新打造一条“勤廉乡村”观览线。以“一测、二写、三警、四促”系列活动为抓手，在全区深入开展“思廉、树廉、讲廉”主题教育活动。深化廉洁文化“六进”工作，年内新增1家省级廉政教育基地和7家市级廉洁文化建设示范点。实行区属国有企业公务用车制度改革，处置公务用车14辆。开展公务用车使用军警用号牌专项治理和党政机关公务用车问题专项治理，全区纠正违规安装警报器和标志灯具公务用车65辆，违规借车3辆，超标车2辆。发挥群众监督的作用，全年组织监督网络队伍开展活动16次，征集有效工作信息101条。发挥电子监察的作用，全年发现异常项14件，违规项110件，向责任部门发出电子交办函3份。注重发挥好信访监督作用，全区各单位开展对集体诫勉提醒、纠偏、纠错204个次，对个人诫勉提醒、纠偏、纠错150人次。 （纪检委）

【解决损害群众利益的突出问题】 联合有关部门成立10人评议组扎实开展纳税人评议政风行风活动。评议全区公安（交警）、国土等10个重点评议部门及83个基层站所（服务窗口）的政风行风建设。召开专题会议204次，发放调查问卷2510份，征求并反馈意见建议57条，建立完善制度22项。会同区发改、工商等部门联合开展对全区行业协会、市场中介组织服务和收费情况的抽检工作，重点抽查30家单位，发现存在问题12个，提出整改建议，并加以跟踪督查。督促卫生主管部门加大对下属医院、卫生所等的宣教力度，增强医务

人员廉洁从业的自觉性。督促卫生主管部门健全医院收费管理制度,做好医疗服务项目、收费标准等的公开工作。 (纪检委)

# 组织工作

**【区委和镇党委换届工作】** 加大对镇党委换届选举工作的指导力度,召开镇党委换届选举工作会议,下发《关于做好2011年镇党委换届工作的意见》,编印《2011年镇党委换届选举参考材料》,确保选举程序规范有序。全过程督查人事安排和换届选举工作。整个换届从2011年1月份开始到3月中旬结束,全区7个镇17114名党员参与镇党委选举,参与率92.5%。成立区委换届选举工作筹备小组,召开区委换届选举工作会议,下发《关于认真做好中国共产党苏州市吴中区第三次代表大会代表选举工作的通知》。6月22日至25日召开区第三次代表大会,选举产生新一届区委、区纪委领导班子,区委委员、区纪委委员均以高票当选,为全区"十二五"发展奠定了扎实的组织基础。调整后,三届区委设委员29人,候补委员6人,平均年龄为44.83岁;区委常委领导班子11人,平均年龄44.91岁;新一届区纪委设委员15人,平均年龄为44.41岁。 (组织部)

**【领导班子和干部队伍建设】** 结合换届工作,进一步调优调强各级领导班子和干部队伍建设。换届以来,召开常委会4次,调整干部125人,全委会征求意见21人,常委会票决108人,提拔26人,任前公示26人,试用期2人,交流干部36人。加强年轻干部队伍建设,全年新提拔干部中近一半为35岁左右年轻干部,经滚动调整,优化形成235人的局镇级后备干部队伍,选任3名干部为局长助理,选派2名干部赴宿迁、2名干部到市局进行挂职,挑选24名年轻干部开展新一轮双向挂职工作,定向选聘17名大学生村官,动态保持"一村一社区一大学生"。完善干部管理机制,修订完善《中共苏州市吴中区委管理的干部职务名称表》,制订《吴中区科级领导干部选拔任用和交流工作意见》,推进干部选拔管理任用的制度性和规范化建设。配合市委组织部,做好对区人大、政府、政协届中调整和党委换届考察工作,及时部署开展镇党委换届考察工作,谋划镇党委换届人事安排。 (组织部)

**【干部教育培训】** 全年选送领导干部参加省级调训班次6个、市级调训班次13个,其中县处级领导干部14名、科级领导干部84名。根据《2011年全区干部教育培训工作要点》做好办班深学,严格实施培训计划,杜绝发生重复、交叉培训,完成新一轮大规模培训干部工作,全年共举办培训班341期(次),培训规模21584人次。做好自主选学和在职自学,依托市"菜单式"讲座这一重要学习平台,结合领导干部自主选学需求,通过发文通知、短信提示等手段,做好服务协调工作,提供领导干部参加学习的组织保障,全年参与学习的科职干部3600多人次。 (组织部)

**【干部人事制度改革】** 开展"一报告两评议"工作,在区委全委会上详细通报选拔任用干部情况,民主评议和测评新提拔、新任职的镇(街道)、区级机关主要领导。做好领导干部试用期考核,全年开展试用期考核48名。探索试行公开署名推荐领导干部,多主体多渠道地举荐党政人才。推荐主体为全区正科职以上领导干部205名;推荐范围为全区符合推荐条件的所有干部466名;推荐方式为公开署名推荐;推荐岗位包括:镇(街道)党(工)委书记和镇长(主任)后备人选各5名,区属公司董事长、总经理后备人选5名,区级机关及两区下属机关“一把手”人选每个岗位各3名。这次由公开署名推荐替代无记名推荐，在推荐主体、范围、形式和效果等方面有较大改变，是干部提名推荐方式的一次有益探索。

（组织部）

**【干部监督工作】** 设立严肃换届风气联系点，负责镇党委换届选举工作的主要环节检查监督。建立查核专办制度，组织专门力量受理涉及换届工作的问题。各镇换届风气测评总体好评率90.47%。执行任前公示制度，开展干部任前公示26次。做好来信来访工作，全年办理来信来访15件，基本结办率100%。落实经济责任审计工作，对40人进行任期内和离任经济责任审计。对新任职的副科级以上领导干部开展廉政谈话，对年度测评群众反映不佳的干部开展诫勉谈话。扩大审计覆盖面，结合乡镇党政主要领导调整情况，对角直、金庭、临湖开展“三责联审”。（组织部）

**【人才工作和人才队伍建设】** 坚持区委“一把手抓第一资源”，调整充实区人才工作领导小组成员，出台《关于进一步加强人才工作的意见》，对“十二五”期间全区各类人才引进、培养任务明确落实到各条线、各板块，实行量化考核。举办苏州国际精英创业周吴中分会场，期间有4家创业载体、30家创业投资公司、25家企业，与110名参会高层次人才就52个人才创新创业项目进行对接洽谈，签约项目23个，达成合作意向项目22个，8个创新创业项目落户吴中区。成功举办“北美高层次人才创业大赛优秀项目、优秀人才暨2011年国际精英创业周首次对接活动”，有42个创业大赛优秀项目，50多位博士人才和风投公司参加对接活动。组织开展“两院院士吴中行”、“生物医药高峰会”等活动。接收11名科技镇长团成员，安排担任区、镇两级相应领导职务，推进高校与地方、企业的合作。申报国家“千人计划”4人次、江苏省科技创新团队4个、省创新团队3个、省双创人才6人次、江苏省第四期“333高层次人才培养工程”培养对象18人次、“333工程”项目资助7人次、江苏省“企业博士集聚计划”项目10个、姑苏创新创业领军人才17人次、姑苏重点产业紧缺人才资助申报43人次、“苏州市杰出人才奖”1人次、苏州市科技创新创业市长奖1人次。

（组织部）

**【非公经济党组织建设】** 制订《关于进一步加强非公有制企业党组织组建工作的通知》，组织开展非公企业党组织“百日推千家”专项活动。开展机关党组织和非公企业的“双帮双比”活动，制订《关于在全区机关党组织服务创新创业行动中开展“双帮双比”活动的实施意见》，全区63个区级机关党组织188名党建指导员全面挂钩乡镇、街道，建立工作联系点，帮扶组建非公企业党组织。发挥基层工作联络小组作用，下发《关于在非公企业党建中发挥基层工作联络小组作用的通知》，帮助指导基层单位解决实际问题，确保按时超额完成全区组建任务。以“协会+N个支部”、“工会+N个支部”、“商会+N个支部”等组建模式，开展非公企业党组织组建“拓面提质”活动。新建党组织的企业2782家，其中单独建立党支部的企业367家，建立联合支部的企业2415家，提前超额完成组建任务。《全国非公有制经济组织创先争优活动情况快报》专门肯定吴中区非公企业党组织组建工作的特色做法。（组织部）

**【农村党组织建设】** 抓好“先锋村”创建和薄弱村帮扶工作，胥口镇党委和角直镇淞浦村党总支等22个村（社区）通过市级“先锋镇”、“先锋村”考核验收。召开全区新一轮经济薄弱村工作会议，确定18个村作为区级重点进行帮扶，实行区级机关帮扶单位“五帮一”制度,力争用3年时间基本完成脱贫任务。制订下发《关于完善村干部激励保障机制的实施办法》,4名村党组织书记充实到基层党政班子,5名基层党组织书记被评为市“新农村建设带头人”,7名村干部挂靠事业编制。

(组织部)

【社区党组织建设】 制订《关于构建“六位一体”社区党建机制的实施方案》,以建立健全社区党建“六个机制”为目标,推动社区党建工作更好地创特色、出经验、树品牌。制订《关于社区党建“三强一化”的实施方案》,调整优化社区党组织设置,健全社区党组织和党员联系服务群众机制。指导机关、高校与街道党员服务中心开展党建共建活动,全年组织开展广场文艺、法律咨询服务、调查问卷等活动百余场。全区成立党员志愿者服务队69个,开展党员志愿服务活动603次,提供志愿服务2898人次。龙西街道新苑社区成立“党员义工社”、新景苑成立“红色先锋团”,越溪街道教育园社区成立“先锋志愿在行动”等系列志愿服务活动,区财政局、人社局被市委组织部评为苏州市“在职党员进社区”活动先进集体。 (组织部)

【党员教育管理工作】 组织天平村、蓝缨学校等4个单位参加市第二批党员“出口”试点工作。下发《全区2011年度党员发展工作规划》,加强对党员发展工作的宏观指导。制订《2011年度全区党员教育工作要点》,增强党员教育的针对性和实效性。召开全区庆祝建党90周年暨先进事迹报告会,表彰全区30个先进基层党组织、100名优秀共产党员和30名优秀党务工作者。以开展“创建先进教学服务平台、创建示范终端站点、争当优秀站点管理员、争当学用标兵”活动为契机,重点围绕“管、学、用”3个环节,推进远程教育工作创新。加强远程教育网站的建设和维护,及时做好站点设备更新工作。 (组织部)

# 宣传思想工作

【理论武装开创新局面】 以深化学习型党组织建设为重点推进理论学习。深化理论学习。协助区委制订全年中心组理论学习计划,指导、服务全区各级党委抓好中心组学习。全年进行纪念建党90周年、党的十七届六中全会精神等8次专题集中理论学习,举办领导干部廉政建设等5次专题讲座,在市委理论学习考核组的旁听考核中,受到高度评价。拓展理论研究。在区委中心组开展理论研讨,将成果汇编成《加强和改进新形势下党的群众工作专题汇编》。组织开展建区10周年理论研讨论文征集评比活动,召开理论研讨会。选送的3篇论文入选苏州市纪念建党90周年理论研讨会论文汇编。《加强信息化学习载体建设,扎实推进学习型党组织建设》经验材料入选《苏州市推进学习型党组织建设经验材料汇编》。

以基层党校为主阵地推进党员教育工作。抓好专职副校长队伍建设。加强党校阵地建设。发挥基层党校在教育培训中牵头抓总的作用。优化网上党校建设,以交流会、推进会等形式,逐步完善基层网上党校学习栏目。打响“百人千课下基层”品牌。紧扣“吴中明天更美好”主题,协助区委制订年度主题教育实践活动方案。在全区组织开展“吴中明天更美好——百人千课下基层”宣讲活动。以政治理论、党史国情、社科知识、社会主义核心价值体系和区委区政府重大决策部署等为宣讲内容,有效整合区内外各类宣讲资源,深入机关、农村(社区)、企业、军(警)营等开展宣讲,全年送课下基层1100多场次,受教育干部群众13余万人次。鼓励、指导基层以组建讲师团、开辟讲坛论坛、依托网上党校、社区信息港等形式，全面推进党员教育。

以纪念建党90周年为契机推进党史工作。编撰出版《烽火太湖——新四军太湖抗日游击支队史》一书，举办“弘扬新四军太湖游击队精神”座谈会。组织全区260多名党员干部参观全省庆祝建党90周年“今日江苏”大型摄影展。开展“学党史、知党情、跟党走”活动，在基层开设党史讲座30余场，成功举办“光辉的历程——纪念中国共产党成立90周年大型党史图片展”和吴中区庆祝建党90周年“党在我心中”党史知识竞赛。　（宣传部）

**【聚焦中心工作】**　引领舆论导向。围绕“吴中明天更美好”主题和转型创新发展主线，全年在各级各类媒体刊发稿件3000多篇次。其中，在《人民日报》及其《海外版·欧洲刊》刊稿7篇，在《新华每日电讯》、《中国日报》、《经济日报》、《光明日报》、《香港文汇报》等刊稿32篇，在《新华日报》刊发专版6个、刊稿22篇（其中头版2篇），在《苏州日报》刊发专版32个，头版34篇，头条4篇。助力经济外宣。参与组织北京、深圳两地招商、中日绿博会、深圳文博会和’2011苏州吴中·太湖金秋经贸招商周等重大活动，全面更新制作吴中区投资宣传资料和招商形象片。参与组织中外客商碧螺春茶话会、区重大项目开工开业仪式、两院院士吴中行、吴中科技人才高校行等活动。策划专项行动。以创建国家5A级景区为契机，联手《苏州日报》精心策划专版图文报道，连续用6个版面生动展示创建工作的最新动态。借力各大主流新闻媒体“走、转、改”活动，推出《“十大检测平台”助推吴中创新转型》等一批有思想、有内涵、接地气、惠民生的新闻报道。

聚焦重大活动，服务全区大局。以建区10周年为契机，联手苏报集团、苏州广电总台等主流媒体，精心策划制作吴中十大精品工程、十大标兵人物、十大惠民实事系列报道，拍摄制作电视形象片《飞翔的吴中》和巡礼片《山水苏州、人文吴中》，组织“万人看吴中”活动，展示建区十年发展成就。太湖文化论坛首届年会召开期间，做好媒体服务及新闻发布、报道工作，充分展示吴地特色文化，宣传吴中文化品牌。紧扣纪念建党90周年主题，结合区第三次党代会、市第十一次党代会召开，在《新华日报》、《苏州日报》、苏州电视台一套等主流媒体开设专题专栏专版，展示吴中“十一五”发展的辉煌成就和“十二五”发展的美好愿景。

聚焦舆情动态，服务社会和谐。强化舆情监督。密切关注日常舆情动态，做到每日监看、每周例会、每月上报、每季通报，坚持“第一时间、权威发布、速报事实、慎报原因”的原则，先后对20余起突发事件进行有效应对。规范新闻发布。完善新闻发布制度和重大突发事件新闻报道快速反应机制，根据舆论形势发展需要选择最佳发布方式，做到经济社会发展亮点及时报，突发事件适时报，重大活动预先报。举办碧螺春茶文化旅游节、’2011苏州吴中·太湖金秋经贸招商周、金庭“爱心接力”等新闻通气（发布）会、专访活动10场次。引领网络舆论。组织全区宣传干部参加苏州市互联网新闻管理系统培训2次，探索试点组建基层网评员队伍。针对一些论坛、微博上的不实信息，及时组织辟谣，传递正面声音。　（宣传部）

**【精神文明建设新突破】**　群众性精神文明创建工作扎实推进。全力做好全国文明城市复评迎检工作。广泛发动、全面部署全国文明城市复评迎检。全年下发宣传海报、宣传品2万余份，发放入户调查问卷20万份，加密城区主次干道、主要交通路口公益广告，营造人人知晓、个个参与的创建氛围。狠抓落实，对照指标体系要求，组织各类自查、检查、督查，检查督查情况实行一天一反馈、一周一通报、一轮一总结，编撰《创建专刊》15期，确保《全国文明城市测评体系》和《全国未成年人思想道德建设测评体系》600多个指标全面达标,较好地完成中央、省、市组织的暗访测评任务。认真组织开展区级文明单位评选活动。3~9月,经过宣传发动、自查申报、评审筛选、现场考评等程序,评选产生239家吴中区文明单位。指导越溪街道旺山村成功争创第三批全国文明村,成为全区第一个全国文明村。

道德模范先进典型不断涌现。推进公民思想道德教育。组织开展“讲文明树新风”活动,推动全区各地开展全民阅读活动和“我们的节日”主题活动,提高市民文明素养和思想道德素质。精心培育先进典型。全年与《姑苏晚报》、《城市商报》合作,在全区开展“文明之旅·寻访身边的道德模范”活动。组织承办苏州市“道德模范故事汇”专场巡演,评选2011年度全区精神文明建设十大新人新事。宣传道德模范先进事迹。以金庭镇涌现出的“爱心接力”感人事迹为契机,在全区范围内开展“道德力量·人性光辉”新闻行动,组织“爱心接力·人性光辉”大讨论,央视《道德观察》栏目专门制作并播出“吴中区爱心接力”专题片。年内张苏玲等5人获评“中国好人”。

未成年人健康成长环境不断优化。组织开展《全国未成年人思想道德建设测评体系》迎检工作。完善区、镇(街道)、村(社区)三级未成年人思想道德建设领导小组、工作协调小组,规范各地青少年活动室、心理咨询室、公益上网场所。组织开展“缤纷的冬日”吴中区未成年人音乐艺术展演,暑期243项“七彩的夏日”活动受到区委高度肯定。建区10周年期间,举办“吴中发展我成长”主题征文、摄影、书画大赛作品展;围绕纪念建党90周年,组织开展“童心向党·快乐成长”系列活动。与苏广电生活广播联合举办“童心飞扬——‘阳光地带’小主持人海选”活动,扩大“阳光地带”栏目的品牌影响力。

各类志愿服务活动蔚然成风。拟定下发《吴中区社会志愿服务工作要点》,推动开展“讲文明树新风,文明城市志愿服务九大行动”。文明交通志愿服务广泛开展。全区招募80名文明交通定岗定职志愿者,在城区主要交通路口开展文明劝导服务。全国文明城市复评迎检期间,区级机关党员志愿者3000多人次参与文明交通协勤。志愿服务内容不断拓展。组织开展“红红火火过大年”、“关爱空巢老人”、“关爱农民工”等主题志愿服务活动。龙西街道新苑社区荣膺全市“关爱空巢老人”示范社区称号。创新推出网络文明传播志愿者工作。在中国文明网、新浪网等主流网站开通博客、微博,定期更新内容,追踪热点事件。 (宣传部)

**【文化建设再结新硕果】** 建党90周年纪念活动有声有色。组织开展“党在我心中”主题征文和红色电影放映月活动。“七一”前夕,在吴中大会堂广场举办“区级机关庆祝建党90周年‘国税杯’红歌赛专场”、“颂歌献给党——民营(个私)企业专场”、“童心向党——青少年经典诵读专场”等8场广场文化周活动。指导全区各地各部门策划以纪念建党90周年为主题的广场文艺演出50多场次,营造热烈浓厚的庆祝氛围。

群众性文体活动精彩纷呈。举办吴中区首届全民体育运动会,通过文化部组织的“中国民间文化艺术之乡”实地考核。依托“广场文艺月月演”、文化科技卫生“三下乡”、数字电影“四进工程”等活动品牌,开展送书、送戏、送电影下乡活动。组织大型原创歌舞剧——《桃花坞》走进吴中演出活动,开展优秀评弹曲目进村(社区)和文明百村(社区)欢乐行活动,全年组织各类下基层惠民活动46场次,放映数字电影2000多场次。

文艺精品创作不断涌现。文学杂志《东吴》成功复刊,编辑出版《吴中书法篆刻精品集》,续编出版“吴中绝技”系列丛书之三——《中国核雕》。举办张维良从艺40年音乐会,由姚建萍领衔创作的大型苏绣艺术品《富春山居图》合璧及《世纪和平——百鸽图》在天津文交所正式上市。歌曲《90春的你,90后的我》等12部优秀作品参加苏州市2011年群众文艺大汇演,组织17件作品参加了苏州市庆祝中国共产党成立90周年美术、书法、摄影大赛。工艺大师蔡云娣制作的澄泥石壶《早生贵子》作为英国威廉王子新婚大礼,备受关注。江全官作品《"本家"升上来》获首届全国农民摄影大展荣誉佳作奖,葛芳获江苏省第四届紫金山文学奖新人奖。良子动漫制作的动画片《老鹰抓小鸡》获第七届中国国际动漫节"美猴奖"提名,入围"中国动画系列连续片"类作品提名。（宣传部）

# 统一战线工作

**【"一线工作法"推进社区(村)统战】** 起草《以"一线工作法"推进社区(村)统战工作的意见》,得到市委统战部、区委领导的肯定,分别以文件形式转发。组织召开机关、基层、各界人士片会、座谈会,听取意见,利用集体智慧,结合社区工作实际,设想通过采取一线工作的方法,与广大人民群众面对面交流,了解情况,宣传政策,掌握实情,以"虚功实做"的精神,开展统一战线工作。全年,全区统战干部到65个社区(村)开展"一线工作法"活动70余次,与350人次的统战成员及普通群众进行面对面交流座谈,为他们解决实际问题35项。《姑苏晚报》专题报道吴中区开展的"一线工作法"活动。（统战部）

**【民主政治建设工作】** 开展统一战线调研献策活动,在"1010"建言献策信息"直通车"工作基础上,成立党外人士建言献策联合调研小组,围绕当前经济社会热点、难点问题,开展联合调研,调研成果直接以"直通车"形式上报区领导,年内上报6篇。做好党派组织发展工作,召开民主党派、无党派组织发展建设座谈会,就党派机关建设、组织发展、换届工作等有关事项进行座谈,听取意见,提出要求。确保民主党派组织顺利圆满完成换届选举任务。民进吴中区委、民盟吴中区总支先后于9月18日、11月19日召开会议,选举产生新一届领导班子。针对吴中区其他民主党派组织成员不断增多的实际,报区委同意,致公党吴中区支部、民建吴中区支部9月份成立。至年底,吴中区有民主党派基层组织5个,成员307人,无党派知识分子联谊会会员57人。（统战部）

**【港澳及海外联络工作】** 加强与香港苏州吴县同乡会、吴县海外联谊会等社团的联络联谊。年内,先后多次往返香港、深圳等地与港澳代表人士见面交谈,通报两地工作开展情况,了解政情、商情、社情,促进两地交流与合作。8月份"香港苏州吴县同乡会青年家乡访问团"到吴中参观访问。专门成立接待工作领导小组,制订接待方案,做到精心部署,周密安排。访问团成员回港后,纷纷用打电话、发电子邮件等方式对这次"家乡行"给有关领导致谢并表露内心的感受,凝聚在港同胞爱国、爱港、爱乡的力量。（统战部）

**【庆祝建党90周年系列活动】** 开展统一战线纪念中国共产党建党90周年系列主题活动。组织民主党派、无党派、民族宗教界、非公经济界、侨界等统一战线成员和统战机关干部,召开各种形式座谈会,聘请专家教授专题解读胡锦涛总书记讲话精神。组织机关党员干部赴井岗山革命根据地"红色之旅";承办"颂歌献给党——吴中区民营(个私)企业庆祝建党90周年文艺专场"晚会;在侨界开展"党旗飘飘、幸福侨界"摄影作品展和"迎接建党90周年吴中明天更美好"征文活动;在民族

宗教界开展“颂党恩”书画作品展和文艺汇演；在民主党派、无党派中召开纪念建党90周年理论学习专题研讨会等。 （统战部）

**【非公有制经济代表人士综合评价】** 开展非公有制经济代表人士综合评价工作是新形势下经济领域统战工作方式方法的有益探索和有效途径,是统战部门人物工作走向制度化、规范化的重要标志。贯彻中央16号文件《关于加强和改进新形势下工商联工作的意见》和省、市《关于工商联(商会)换届工作的意见》精神,对推荐为区工商联执委、常委的全区101名非公经济代表人士，从思想政治表现、诚信守法状况、企业经营状况、履行社会责任情况等4个一级评价指标和16个二级评价指标,联合人社、公安、工商、税务、纪检、监察等部门,开展综合评价,坚决防止把政治表现和道德品行差、有违法犯罪行为的人进入区工商联(总商会)组织,保障工商联(总商会)完成换届人事安排工作。 （统战部）

# 农村工作

**【农村经营管理】** 贯彻实施区委、区政府提出的外资经济、民营经济、国有经济、集体经济“四轮驱动”发展战略,强化农村集体资产经营管理,创新管理机制和经营模式,引导各地通过“退二进三”、政府回购等途径,助推帮扶、抱团发展等方式,促进全区集体经济持续跨越式发展。年底,全区农村集体总资产205亿元,镇村两级集体总收入17.03亿元,村均稳定收入705万元,超千万元村30个,全面“消灭”年稳定收入100万元以下的村。科学运作“三资”监管平台,推进土地适度规模经营,加快农村土地向农业种养能手、农业龙头企业和农民合作经济组织集中。全区累计规模经营面积13.67万亩，占总耕地面积80%。全区农民人均纯收入17300元，同比增长15.1%,连续9年实现两位数增长,其中财产性收入占比37.5%。 （农　办）

**【城乡一体化改革发展】** 全区“三集中”扎实推进，90.2%的农村工业企业进入工业园,适度规模经营比例80%，建成安置小区82个、安置房112.43万平方米,4.03万户农户入住集中居住区,集中居住率35%。以农业产业化“六加一”工程为龙头,在科技创新、规模集聚、绿色生态三方面打造现代农业新亮点。全区新增“三品”农产品24个,拥有“三品”农产品总量达200个，拥有省级以上名牌农产品15个,其中中国名牌农产品2个。新增规模以上农业招商引资项目26个，总投资12.15亿元,21个市级以上农业龙头企业销售额突破40亿元。加快建设“5个万亩”基地,优质果品总面积到6.96万亩。全区拥有全国农业旅游示范点7个、星级农家乐47家。城乡就业体系日趋完善,全年培训城乡劳动者29500人，登记失业的被征地农民就业率近100%。农保与城保全面接轨,19.11万名失地农民进入城保体系,32073个退休农民每月领取平均728元养老金，征地老年农民养老金提高到每月510元。村级社区服务中心实现全覆盖,村均面积1836平方米。全区投入农村生态环境建设资金超2亿元,农民生活环境不断优化。全区陆地森林覆盖率29.5%,全区农村改水、改厕普及率分别100%和96.2%。全区拥有新农村建设省级示范村、先进村13个,市级示范村55个，全国环境优秀乡镇实现全覆盖,旺山村、湖桥村率先获得“国家级生态村”称号。2个市级城乡一体化先导区产业发展规划编制全面完成进入实施阶段,太湖现代农业(渔业)示范区成功创建省级现代农业(渔业)产业园。 （农　办）

**【农村合作改革】** 深化完善农村合作改革，

通过优化整合各类资源，提高农民组织化程度，全区合作经济组织形式不断丰富，体量不断增大。全区组建各类农村合作经济组织323家，其中社区资产股份合作社132家，土地股份合作社8家，物业股份合作社64家，农产品专业合作社100家，旅游农业股份合作社6家，镇级股份合作联（总）社13家，各类合作社总资产120亿元。由镇（街道）集体资产经营公司和村（社区）合作社共同出资组建14家镇级集体经济集团公司，累计注册资本13.7亿元，惠及拥有股份的农户11.8万户，实现集体经济镇级集团全覆盖，使全区农村集体合作经济走上规模化、市场化、集团化道路。加大合作社规范管理力度，有效提升合作社运行效益，提高农民收益。全区80%以上的合作社年内实现分红，全区农民股金分红户超3000元。（农　办）

## 机构编制工作

**【概况】** 2011年，吴中区设置区委工作机构7个，区委派出机构5个，部门管理机构1个，区委直属事业单位3个；并按党章规定，设置区纪律检查委员会机关；设置区政府工作部门26个，区政府派出机构5个，区政府直属事业单位1个，区级社社有资产管理机构1个；区人大工作机构7个；区政协工作机构7个；区社会团体12个；区民主党派3个；法院、检察院；区政府下辖7个镇8个街道。全区党政群机关行政编制数1123名，在职人数为1052人。其中，区级机关行政编制数为605名（含物价专项行政编制9名），在职人数为633人（含使用物价专项编制人员3人）；镇、街道行政编制数为518名，在职人数为419人。区级机关后勤服务人员编制数为248名，在职人数为247人。开发区、度假区、西山农业园区、穹窿山风管区等四区机关地方事业编制数为185名，在职人数为154人。政法专项编制数为248名，在职人数为207人。全区全民所有制事业单位383个（合署办公事业单位不计个数），事业单位编制数为13359名（包括乡镇事业单位事业编制空编70名），在职人数为10782人。其中，全额拨款事业单位219个，编制数为8148名，在职人数为7819人；差额拨款事业单位67个，编制数为3292名，在职人数为1920人；自收自支事业单位97个，编制数为1849名，在职人数为1043人。全额拨款事业单位中，参照公务员制度管理的事业单位33个，编制数为320名，在职人数为304人。（编　办）

**【行政管理体制改革】** 年内，核销全区党政群机关使用的自定编制，并相应核定后勤服务人员编制，完成自定编制清理消化任务，巩固和深化改革成果。开展对全区8个区属街道的管理体制调研，全面了解街道目前体制机制运行情况，认真分析研究涉及的体制机制问题，提出初步改革方案，为下一步街道行政管理体制改革做好准备工作。开展经济发达镇行政管理体制改革试点。苏州市编办《关于推进经济发达镇行政管理体制改革试点工作的通知》（苏编办〔2010〕106号）明确木渎镇为经济发达镇行政管理体制改革市级试点镇。开展经济发达镇行政管理体制改革试点工作，加强与其他县市区工作交流，学习借鉴好的做法和经验；加强对试点镇的调研，听取各部门意见，梳理经济发达镇发展过程中遇到的体制机制障碍，探索机构设置综合、管理扁平高效、运行机制灵活的新型基层政府管理架构，初步拟定《吴中区经济发达镇行政管理体制改革试点工作方案》，上报市委市政府审批。（编　办）

**【"三责联审"工作】** 年内，会同区委组织部、区审计局对金庭镇、甪直镇、临湖镇、横泾街道党政主要领导任职期间履行选人用人责任、机构编制责任和任期经济责任的情况进行“三责联审”。联审对象是:盛解元、周月明,周培根、吴金泉,莫玉林,骆兴男、许文龙。审核期间,通过听取汇报、民主测评、个别访谈、查阅资料、实地查验等方式认真审核联审对象任职期间履行机构编制责任情况,形成机构编制责任审核报告,反馈给联审单位领导班子。 (编 办)

**【事业单位登记管理工作】** 做好事业单位法人登记工作。全年办理事业单位新设立登记4家、变更登记74件次、注销登记15家、证书补领1家。按时做好事业单位年检工作。至3月31日,全区应参加年检的事业单位344家全部通过年检。 (编 办)

**【公益性岗位用工管理】** 根据区委办公室、区政府办公室《印发〈关于加强区级机关和区属事业单位公益性岗位用工管理的意见〉的通知》(吴委办〔2009〕35号),加强对编外用工的统一管理,严格控制公益性岗位用工数量。与区人力资源和社会保障局、财政局、监察局协商联办,建立公益性岗位用工管理联席会议制度,区级机关和区属事业单位需要公益性岗位用工人员,需提出申请,由公益性岗位用工管理联席会议研究核定,所有单位一律不得突破核定数额。至年底,核定公益性岗位用工人员213名,实有公益性岗位人员204人。 (编 办)

## 机关党建

**【区级机关党的思想建设】** 2011年,学习贯彻落实胡锦涛总书记在纪念建党90周年大会上的重要讲话、区委三届二次(扩大)会议和全区党建工作会议等精神,提升党员队伍的政治素养;举办机关党员干部道德素养专题教育讲座;联合区委组织部、区人社局、区委党校对600余名中层干部分3期进行培训,提高了全体党员干部的思想政治素质。坚持和完善领导班子中心组理论学习旁听、组织生活旁听、在职领导干部菜单式学习等制度,扎实推进机关党员干部的理论学习。年内到区政法委、国税局、残联等单位开展组织生活旁听10次,组织区法院、住建局、城管局等单位开展中心组理论旁听9次。三实施“党员关爱、双帮双比、学模范争先进“三大行动”,使机关创先争优活动进一步深化。

(机关党工委)

**【区级机关党的组织建设】** 机关党组织规范化建设。2011年,机关党工委下属党组织51个,其中基层党委2个(22个支部),直属党支部33个、总支16个(67个支部),党员2228名。年内换届改选5个党支部、2个总支,调整、增补25个基层党组织班子成员计74人次,新建公积金管理中心和区民兵训练中心2个党支部。机关党员发展工作。组织举办机关部门180余人参加的入党积极分子培训班;七一前夕,组织区级机关各单位的150多名新老党员集聚光福革命烈士陵园,举行入党宣誓仪式。年内,审批接收预备党员25名,转正预备党员30名。机关党组织管理。做好区级机关党员代表的选举工作,选举产生46名机关党员代表,完成区第三次党代会区级机关党代表的选举任务。通过“十佳先进党组织”、“十佳党日活动”、“十佳党务干部”等“三十佳”评选活动,发掘和表彰一批先进模范,提高机关党组织的生活质量。

(机关党工委)

**【区级机关作风效能建设】** 创新服务思路。组织开展“服务经济、关注民生”创新服务活动。收到机关各单位申报创新项目73项。12

月份，组织服务对象考核测评区级机关各单位创新工作。其中，19个基层党组织的创新工作被评为区作风效能建设创新工作先进单位。创新帮扶办法。结合"双千服务实践"和"双帮双比"活动，全面开展"521"挂钩帮扶活动，切实加强与"5个企业、2个农村、1个社区"的联系帮扶。建立"521"挂钩服务联络信息库，区级机关挂钩企业355家、村172个、社区71个。年终，对区级机关进行调查问卷活动，下发至企业、农村、社区调查函639份，机关服务满意率99.8%。其中，机关走访服务企业、农村、社区2709人次，解决项目建设、政策扶持、人才资源、技术力量、民生等问题341个，争取区以上政策资金3.04亿元，提供捐助512万元。创新督查指导方式。实施调研指导。将5、6、10、11月定为机关调研指导月，分成3个组对区级机关71个单位进行作风效能建设调研指导。8月，拍摄专题片《太湖潮起唱大风》。推进明查暗访。从3月起，25名监督员分组对区级机关作风效能建设开展明查暗访活动，有效震慑个别部门行政"不作为"、"慢作为"、"乱作为"等现象。搞好沟通联络。定期召开联席会议，及时掌握区级机关各单位工作动态和存在的问题，并责令整改；建立机关作风效能建设电子信息交流平台。加强日常工作督查。建立日常工作记录信息库，特别是对区委重要活动、会议，要求上报的重要材料进行统计、汇总、跟踪并及时反馈。创新考评机制。注重定期考核与全程考核相结合、暗访督查与日常考核相结合、考核结果与激励评价相结合，组织相关人员对区级机关开展一年2次的作风效能督查考核，组织开展机关互评、机关内部人员评议、"千人百企"调查测评等活动，下发测评卷5000余份。

（机关党工委）

**【区级机关党风廉政建设】** 以"社会主义法治文化建设年"活动为主题，以反腐倡廉为重点，全面推进廉洁文化进机关活动。和区纪委联合发文，部署吴中区廉洁文化进机关工作，通过开展"三廉"主题教育、一把手为全体党员上廉政党课、观看电教片等形式，引导党员干部自我反思，寻找差距；通过"廉石杯"摄影作品比赛、案件旁听、"以人为本、执政为民"主题征文和发送廉政短信、"廉内助"培训、赠送廉政读物等，时刻提醒机关干部自重、自省、自警、自励；举办区级机关"勤廉"主题演讲比赛，展示区级机关党风廉政建设成果。

（机关党工委）

**【区级机关精神文明建设】** 纪念建党90周年系列活动。组织180余名机关党员干部参加"万人看吴中"活动；配合全区做好建党90周年"党在我心中"党史知识竞赛有关工作；协同区委宣传部、区文体局举办区级机关"国税杯"红歌赛等活动。文明创建活动。抓好党员志愿者文明交通协勤巡视工作，协同区委宣传部组织全区71个机关单位900余名党员志愿者进行文明交通协勤活动。配合区文明办开展党工委系统文明单位的申报工作。群团组织建设活动。抓好工会基础建设，使整个区级机关工会组织健全，制度落实；开展"二争一树"活动，指导好基层工会开展劳动竞赛和技能比武；针对机关特点，开展文化体育活动；严格按照区总工会要求，做好区级机关出席区总第三次代表大会代表选举工作；认真做好"十佳先进工会"评比活动；联合区计生局在党校举办机关男性生殖健康专题讲座。机关团工委开展"三五"学雷锋、迎"五四"团员青年培训、"挥洒青春活力，传承志愿精神，助创5A吴中行"主题团日等活动。机关妇工委组织开展女性维权及法律咨询、"巾帼建功"、"科学家教进万家"、"吴中女性大讲堂"等活动。组队参加区首届全民体育运动会。负责组建党群、行政司法和垂直部门3支机关综合代表队参加其中的多项比赛，3支代表队

分别获得团体总分前十名及“体育道德风尚奖”荣誉称号,机关党工委被授予比赛的最高奖项“优秀组织奖”。（机关党工委）

**【区级机关党建研究会工作】** 协助承办第41次苏州市市、区机关党建工作交流会;对113个会员单位11个片开展党建研究片活动,收到理论调研文章130多篇,其中有35篇论文分获一、二、三等奖及优秀奖。利用苏州市委市级机关工委信息平台及姑苏机关党建群,增强机关党建工作的上下联动,拓展吴中机关党建网络平台,建立吴中机关党建群,突出抓好基层党组织的互动交流。认真抓好《吴中机关党建》会刊的编辑工作,在《苏州市机关党建网》和《江苏省党建网》发布信息50多篇。（机关党工委）

## 老干部工作

**【概况】** 2011年,区老干部工作以组织开展创先争优,离退休党员干部牵手大学生村官主题实践活动,争创示范性老干部活动阵地为重点,加强离退休干部服务管理工作,不断提高老干部工作科学发展水平。至年底,全区离休干部共285人,其中地市级32人,处级91人,一般离休干部162人;科级以上退休干部835人,其中地市级退休干部3人,处级退休干部52人,科级退休干部780人。

（老干部局）

**【营造关心尊重老干部的社会氛围】** 精心策划一些符合老同志实际,受到老同志欢迎的活动。在七一前夕组织开展纪念建党90周年走访慰问老干部活动。开展“五好”离退休干部党支部、“四好”离退休干部党员和“三好”老干部评选表彰活动。举办全区离退休干部党支部书记培训班。组织开展《党旗飘飘——纪念建党九十周年》征文、书画摄影作品征稿活动,并评选出优秀作品编辑成册,出版后在全区发行1800余册。召开离退休干部纪念建党90周年座谈会。邀请党史专家为老干部讲党课。举办吴中区离退休干部纪念中国共产党成立90周年文艺联欢活动。积极运用现代媒体,宣传老同志在革命、建设、改革进程中作出的历史功绩,宣传老干部工作的方针政策,营造全区更加尊重、关心、爱护老干部,更加重视、理解、支持老干部工作的良好氛围。

（老干部局）

**【发挥老干部余热】** 5月份,开展离退休党员干部牵手大学生村官主题实践活动。通过“牵手活动”的开展,调动全区广大离退休党员干部开展创先争优活动的积极性,特别是在关心大学生村官扎根基层工作、关爱大学生村官健康成长工作中,展示新时期离退休党员干部永葆共产党员先进性、续写人生辉煌的精神风貌,影响和带动大学生村官。全区有127名离退休干部与79名大学生村官牵手结对。（老干部局）

**【落实离退休干部生活待遇】** 健全完善离休干部医药费保障机制。主动协调财政、卫生和人社部门,增加定点门诊和药房,尽量满足老干部看病就医需求;认真研究制订离休干部报销医药费和扩大药品目录的措施。建立健全困难离退休干部帮扶机制。深入老干部中间,摸清实情,争取相关部门的支持,增加帮扶资金,扩大覆盖面。年内增加帮扶资金近50万元,到殡仪馆参加吊唁去世的离休干部21次,看望住院离退休干部138次,走访特困户59次,无固定收入离休干部遗属37次。

（老干部局）

**【提高离退休干部服务管理水平】** 开展亲情、细微的“三心”(孝心、尽心、同心)服务,让老同志感受组织上的温暖。制订老干部片组定期会议制度，共同探讨、交流老干部服务管理工作。做好“双高期”离休干部服务管理工作。对离休干部提供更多个性化、有针对性的服务。通过心理疏导和精神慰藉，帮助他们消除心理上的忧郁感、孤独感、失落感等不良情绪，保持良好的心理状态。推进“四就近”工作。利用社区资源，让老同志就近学习、就近活动、就近得到关心照顾、就近发挥作用。与民政、财政、人社、卫生等有关部门协调，积极探索利用社区资源做好离退休干部服务工作的办法，对老干部居住比较集中的城区和乡镇，分别在东大街吴县新村和木渎镇南亭社区建立2处“老干部托老所”。以苏苑街道南区社区创建市级示范点引领作用，及时推广并总结经验。组织做好离退休干部健康保健疗养工作。加强老干部病房建设，解决部分老干部住院难的问题。与区卫生局沟通协调，在新建的吴中区人民医院和老年病医院住院大楼增设30间老干部病房，并在老的住院大楼保留20间老干部病房，用于老干部康复治疗和心理咨询，改善老干部就医条件。提高离休干部和遗属的春节慰问金到每人1000元。

（老干部局）

**【改善离退休干部学习活动条件】** 加大投资力度，建设好老干部活动中心、老干部大学。老干部活动中心、老干部大学11月竣工并投入使用。推进规范管理。根据离退休干部学习活动的需要，制定老干部活动中心、老干部大学工作计划和长远规划。注重规范管理和科学管理，推动老干部活动中心、老干部大学工作持续、健康发展。组织开展创建示范性老干部活动中心（室）活动，3月，会同区委组织部、区文体局和民政局联合下发文件，在全区范围内开展创建城乡离退休干部活动中心（室 ）规范化、网络化、一体化工作，确保城乡老干部步行15分钟范围内，就能达到“四就近”服务，真正使老同志“走出来，动起来，乐起来”，满足老同志需要。（老干部局）

# 党校工作

**【党员干部的教育培训工作】** 配合全区中心工作和发展大局，发挥党校干部培训教育主渠道、主阵地作用。全年举办各种培训班61期，培训学员6105人次，其中，主体班14期，参训学员1506人。在教学中积极探索新的培训方法和教育模式，重点围绕“贴近基层实际、把握时代要求、创出办学特色”等方面提高干部教育培训实效。（党　校）

**【党员干部学历教育工作】** 学历教育是党校教师日常练兵的舞台，利用地处苏州城区，授课条件优越，师资队伍稳定，社会声誉较高的优势，创新思路，扩大宣传，新辟与高校合作办学的模式，实现学历教育由党校函授向成人教育的转轨。先后共录取本科新生209名，大专新生264名。（党　校）

**【教育科研工作】** 坚持以教学培训工作为中心，抓好科研工作。围绕区委中心工作，精选调研课题、精做调研方案、精写调研报告，其中由常务副校长蔡正信带领的课题组撰写的《以高层次人才引领经济转型升级——吴中区高层次人才引进与培养》调研报告，得到区委的充分肯定并作重要批示。全年在省级刊物发表文章8篇，市级刊物发表3篇，区级12篇。（党　校）

# 对台事务

**【服务对台经济】** 坚持“服务台商、服务招商”的方针，充分发挥职能优势，积极开展对台招商。2011年,有16家台资企业新落户吴中区,总投资12477万美元,合同外资7183万美元。深入企业开展调研走访,了解企业发展现状、发展目标及存在的瓶颈,积极协调相关部门,帮助企业排忧解难。组织召开区重点台企座谈会,倾听企业意见,对他们提出需要政府协调解决的问题,积极向有关部门反映,以求妥善处理。向市台办汇报并邀请东吴证券对相关台企开展上市咨询,为企业出谋划策。年内信音电子(苏州)有限公司上市前的准备工作基本完成。通威特殊涂料(苏州)有限公司等企业通过兼并重组,计划利用借壳上市等方式提升企业的竞争力。　(台　办)

**【涉台交流交往和宣传】** 年内,审批因公赴台93批210人次,其中赴台经贸考察1批4人次,企业技术骨干赴台培训90批200人次,跨地区2批6人次。落实赴台人员行前教育,内容包括岛内政治、大陆对台方针、赴台注意事项和涉台用语等,杜绝任何政治问题。做好涉台刊物征订、赠阅工作,及时传递台湾的各方面情况及大陆的相关政策。《海峡广角》、《台湾周刊》、《两岸关系》赠送给区委、区政府主要领导和分管领导、区台属联谊会会长。抓好赴台人员行前教育,特别是企业赴台人员的行前教育、辅导,确保赴台安全有序。协助做好相关涉台工作。积极协调航空公司,尽量满足春节前大批台商、台胞们集中返台需求,完成机票预订专项工作任务。

(台　办)

**【规范台商联谊会开展】** 精心举办区台商迎新春招待会和中秋联欢会,凸显区委、区政府对在吴台资企业和台商台胞的关心与支持。9月9日在太湖国际文化论坛召开吴中区台企联谊会第三届会员大会暨换届典礼。全年召开5次台商联谊会理监事会议,组织一日游、钓鱼比赛、羽毛球比赛等各类活动。每季度和中秋、国庆前组织1次联谊活动。鼓励会员充分利用自身优势,将大陆两岸关系的政策和措施及时、有效地向岛内传递,增进两岸了解,扩大共识。支持台属成员利用各种方式参政议政,建言献策。台属联谊会向政协提交保护吴中区藏书马冈山英雄冢的提案,引起领导的重视,木渎镇政府已整治,墓区周边环境得到改善,规划中的二期将与旅游景点合为一体作为旅游纪念地,保证正常参观瞻仰。引导台商热心公益事业,回馈社会。台商太太们举办"寒冬送温暖"、"六一关爱孤残儿童"和"洁净太湖、放养花白鲢"等爱心活动,参与苏州市台协妇联会举办的"2011圣诞爱心慈善晚会"活动。年内全区台企联谊会捐款97600元,捐物资价值超万元。　(台　办)

**【妥善处理涉台纠纷和台商台胞信访】** 全年受理来信、来访和投诉40余起,涉及房产、台商之间、劳资方面、工伤事故纠纷等。在处理信访和投诉中,坚持不论企业规模,不论事情大小,都热情接待、认真倾听、及时受理,坚持"客观、公正、及时、有效"的原则,依靠地方政府和职能部门,多做沟通疏导工作,多听双方意见,积极协调,妥善处理。对台企的求助,符合政策范围内的,如台商子女入学、升学等问题能当场解决的当场解决,不能立即解决的理清原委、定性归类,提出处理方案,积极协调有关方面研究处理。做到依法不逾法,维权不越权,有诉必处理,件件有答复。

(台　办)

# 接待工作

**【接待工作情况】** 2011年,区接待办公室参与接待中央领导、中央机关和各省、市、自治区考察团(组)共280批14063人次。其中国家领导人7批(次);部级领导21批(次);地市级领导100批(次)。另接待联合国工业发展组织中国投资促进办事处主任罗响，巴基斯坦总统阿西夫·阿里·扎尔达里。

（接待办）

附表：

**接待部省级以上领导情况表**

| 日 期 | 来 访 单 位 | 带队人 | 职 务 |
|---|---|---|---|
| 1月10日 | 江苏省政协 | 陆 军 | 原副主席 |
| 2月25日 | 中国文联党组 | 覃志刚 | 副书记 |
| 3月11日 | 贵州省人民政府 | 辛维光 | 副省长 |
| 3月27日 | 江苏省政府、民盟江苏省委 | 曹卫星 | 副省长、主委 |
| 3月30日 | 环保部 | 万本太 | 总工程师 |
| 4月5日 | 民进中央 | 朱永新 | 副主席 |
| 4月8日 | 银监会 | 蔡鄂生 | 副主席 |
| 4月10日 | 财政部 | 金人庆 | 原部长 |
| 4月11日 | 江苏省政府 | 何 权 | 副省长 |
| 4月13~14日 | 全国人大财经委 | 汪恕诚 | 副主任 |
| 4月14日 | 江苏省人大 | 李全林 | 常务副主任 |
| 4月30日~5月2日 | 中办 | 樊士晋 | 副主任 |
| 4月30日 | 江苏省人大 | 王敏生 | 原副主任 |
| 5月12日 | 国家粮食局 | 任正晓 | 副局长 |
| 5月12日 | 上海市委 | 吴志明 | 常委 |
| 5月17~19日 | 中共中央政治局、国务院 | 刘延东 | 政治局委员委员、国务委员 |
| 5月17~19日 | 全国政协 | 孙家正 | 副主席 |
| 5月17~19日 | 全国政协 | 张梅颖 | 副主席 |
| 5月17~19日 | 全国人大 | 许嘉璐 | 原副委员长 |
| 5月23日 | 公安部 | 孟建柱 | 国务委员、部长 |
| 5月25日 | 环保部 | 周 建 | 副部长 |
| 5月26日~6月6日 | 全国政协 | 郝建秀 | 原副主席 |
| 5月29日 | 江苏省委、省人大常委会 | 陈焕友 | 原书记、主任 |
| 5月30日 | 中科院 | 李家祥 | 副院长 |

续表

| 日 期 | 来 访 单 位 | 带队人 | 职 务 |
|---|---|---|---|
| 6月3日 | 中组部 | 李智勇 | 副部长 |
| 6月3~6日 | 上海市政协 | 冯国勤 | 主席 |
| 6月5日 | 江苏省政府 | 俞兴德 | 原副省长 |
| 6月28日 | 国家质检总局 | 刘平均 | 副局长 |
| 6月29~30日 | 国务院综改办 | 王卫星 | 主任 |
| 7月4日 | 国家统计局 | 谢鸿光 | 副局长 |
| 7月6日 | 国家能源中心 | 李仰哲 | 主任 |
| 7月16日 | 江苏省委、纪委 | 弘 强 | 常委、书记 |
| 7月16日 | 青海省政府 | 王令浚 | 副省长 |
| 8月14日 | 国家发展研究中心 | 韩 俊 | 副主任 |
| 8月22日 | 江苏省委、省政府 | 黄莉新 | 常委、副省长 |
| 9月30日~10月5日 | 宁夏自治区党委 | 张 毅 | 书记 |
| 10月4日 | 海关总署 | 于广洲 | 署长 |
| 10月5日 | 江苏省委 | 罗志军 | 书记 |
| 11月11~12日 | 省军区 | 任潮海 | 原政委 |
| 11月24日 | 全国政协 | 阿不来提·阿不都热希提 | 副主席 |
| 12月1日 | 中央、中纪委、解放军总政治部 | 孙忠同 | 委员、副书记、原副主任 |
| 12月1日 | 全国政协、博鳌论坛 | 周文重 | 常委、秘书长 |
| 12月12日 | 江苏省委、省人大常委会 | 陈焕友 | 原书记、主任 |

(接待办)

# 吴中区人民代表大会

## 综 述

苏州市吴中区第二届人民代表大会第四次会议的代表246名,其中:工人、农民代表115名,干部代表92名,非中共党员代表79名,妇女代表82名。具有大专以上文化程度的代表172名。

开展法律监督。开展专项执法检查,组织人大代表对《价格法》、《专利法》贯彻实施情况进行了执法检查,调研和视察活动,促进相关法律法规的贯彻实施。加大司法监督力度,专题听取关于区人民检察院查办和预防贪污贿赂、渎职侵权犯罪工作汇报,组织部分代表参加法院旁听庭审活动,听取区政府关于吴中区“六五”普法规划制订情况和主要内容的汇报。开展工作监督。加强对计划、财政预算的审查监督,听取、审议区政府关于全区2010年财政决算情况和本级财政预算及其他财政收支情况的审计工作等汇报,听取、审议区政府关于2011年上半年国民经济与社会发展计划执行情况和2011年上半年财政预算执行情况的汇报。加强对经济社会发展中的重大事项的监督,听取、审议度假区管委会关于度假区规划和建设情况的汇报。加强对人民群众关注的民生问题的监督,组织人大代表专题视察和听取区政府关于全区农村村庄生活污水处理设施运行情况的汇报,听取全区旅游产业发展的情况汇报,听取全区流动人口服务管理工作情况的汇报,开展对安置房建设情况、让农民增收调研活动,组织常委会组成人员和区、镇两级人大代表专项视察政府十项重点实事工程建设进展情况。依法做好人事任免工作,开展对政府职能部门的工作评议。加强代表和基层人大工作。加强培训,提高代表的履职能力。组织开展主任接待代表日活动,为充分发挥代表的议政督政作用提供良好的平台和有效的服务。做好对区二届人大四次会议议案和代表建议的督办工作。积极推进“一个载体、两项制度”建设,全区建成“人大代表之家”62家,开展代表接待选民和代表向选民述职活动。深入基层人大开展指导,促进和推动了基层人大工作。加强自身建设。加强政治理论和人大业务、法律知识的学习,提高办文、办事、办会质量,提升做好人大工作的责任感和使命感。重视效能建设,注重围绕全区工作大局以及人民群众普遍关心的、社会反映强烈的热点问题,深入基层,深入群众,开展调研。促进常委会工作制度化和规范化,持续开展常委会接待代表日制度,全年接待区、镇两级代表46名。

(人大办)

## 重要会议

**【区二届人大四次会议】** 2011年1月6~8日召开。246名区人大代表中238名代表出席会议。会议听取、审议区人民政府区长俞杏楠所作的《吴中区人民政府工作报告》、区人大常委会副主任冯健所作的《吴中区人大常委会工作报告》、区人民法院钟毅院长所作的《吴中区人民法院工作报告》、区人民检察院检察长王建华所作的《吴中区人民检察院工作报告》,审查《吴中区国民经济和社会发展第十二个五年规划纲要》、《关于2010年国民经济和社会发展计划执行情况与2011年计划草案的报告》、《关于2010年财政预算执行情况和2011年财政预算草案的报告》,并作了相应的决议。通过查士宏辞去区人大常委会副主任职务的请求报告,补选孙卓为区人大常委会副主任、赵夫泉为区人大常委会委员。确立"加快城乡环境整治和管理,进一步提升综合环境质量"的议案,大会收到代表建议、批评、意见61件。（人大办）

**【区二届人大常委会会议】** 年内,区二届人大常委会共召开会议10次。

第二十四次会议　2月17日召开。会议听取、审议并通过《区人大常委会2011年工作要点》和《2011年2月~2012年1月主要工作安排一览表》,表决通过有关人事任免事项。

第二十五次会议　3月3日召开。会议听取和审议区委书记俞杏楠所作的人事任命提请说明。书面印发和审议关于金海龙请求辞去区人大常委会主任职务的报告、关于俞杏楠请求辞去区人民政府区长职务的报告。经投票表决,通过区长俞杏楠提请的人事任命,选举金洁为吴中区人民政府副区长,经过两次投票,通过关于金洁任苏州市吴中区人民政府代理区长的决定。以举手表决的方式,通过关于接受金海龙辞去区人大常委会主任职务请求的决定和关于俞杏楠请求辞去区人民政府区长职务请求的决定。

第二十六次会议　4月27日召开。会议听取、审议区旅游局局长程飞受区政府委托所作的《关于全区旅游资源和产业发展情况的汇报》。

第二十七次会议　6月17日召开。会议听取和审议区财政局局长郑刚受区政府委托所作的《关于吴中区2010年本级财政决算草案的报告》,以举手表决的方式通过关于批准苏州市吴中区2010年本级财政决算的决议,听取和审议区审计局局长陶君玉受区政府委托所作的《关于2010年本级财政预算执行情况和其他财政收支情况的审计工作报告》;听取和审议区人民政府代区长金洁提请的人事任免报告,听取和审议区人民法院院长钟毅提请的人事任免报告,经投票表决,通过沈志栋为苏州市吴中区人民政府副区长等人事任免事项。书面印发和审议关于张炳华请求辞去区人民政府副区长职务的报告,以举手表决的方式,通过关于接受张炳华请求辞去区人民政府副区长职务的决定。

第二十八次会议　6月29日召开。会议听取和审议区人民政府代区长金洁提请的人事任免报告,经投票表决,决定任命荣德明为苏州市吴中区人民政府副区长。书面印发和审议关于周云祥、张建祥请求辞去区人民政府副区长职务的报告,以举手表决的方式,通过关于接受周云祥、张建祥请求辞去区人民政府副区长职务的决定。

第二十九次会议　7月11日召开。会议听取和审议区人大常委会副主任孙卓、区人民政府代区长金洁提请的人事任免报告,经投票表决,通过许振华、冯建荣为苏州市吴中区人民政府副区长等人事任免事项。书面印发和审议关于焦亚飞请求辞去区人民政府副区长职务的报告,以举手表决的方式,通过关于接受焦亚飞请求辞去区人民政府副区长职务的决定。

第三十次会议　8月30日召开。会议听取和审议区发展和改革局局长岳林芳受区政府委托所作的《关于2011年上半年国民经济与社会发展计划执行情况的报告》，听取和审议区财政局局长郑刚受区政府委托所作的《关于吴中区2011年上半年财政预算执行情况的报告》，听取和审议区司法局局长史才林受区政府委托所作的《苏州市吴中区“六五”普法规划制定情况和主要内容的汇报》；以举手表决的方式，通过苏州市吴中区人民代表大会常务委员会关于开展第六个五年法制宣传教育的决议，听取和审议区人民检察院检察长王建华所作的《苏州市吴中区人民检察院查办和预防贪污贿赂、渎职侵权犯罪工作情况汇报》，表决通过有关人事任免事项。

第三十一次会议 10月28日召开。会议听取和审议区人民政府副区长许振华所作的《关于区二届人大四次会议议案和代表建议办理情况的汇报》，听取和审议区人民政府副区长许振华所作的《关于2011年区政府十项重点实事项目实施情况的报告》，表决通过有关人事任免事项。

第三十二次会议 11月16日召开。会议听取和审议区人大常委会副主任冯健所作的《关于对全区区、镇两级人民代表大会换届选举决定草案的说明》，并以举手表决的方式通过有关决定和其他事项。

第三十三次会议 12月8日召开。会议听取和审议区人民政府代区长金洁提请的人事任免报告，听取和审议区人大常委会陆培康副主任所作的《关于补选一名苏州市第十四届人大代表的说明》。补选俞杏楠为苏州市第十四届人大代表，并以投票表决的方式通过金洁代区长提请的人事任免事项。

（人大办）

**【区二届人大常委会主任会议】** 年内，区二届人大常委会共召开13次主任会议。

第四十四次会议 2月14日召开。为17日召开的第二十四次常委会会议作准备。

第四十五次会议 3月2日召开。为3日召开的第二十五次常委会会议作准备。

第四十六次会议 3月22日召开。专题听取区水利局局长李向上受区政府委托作的关于《吴中区农村村庄生活污水处理设施运行情况汇报》。

第四十七次会议 4月18日召开。为27日召开的第二十六次常委会会议作准备。

第四十八次会议 5月31日召开。专题听取度假区管委会关于度假区规划和建设工作情况的汇报。

第四十九次会议 6月16日召开。为17日召开的第二十七次常委会会议作准备。

第五十次会议 6月28日召开。为29日召开的第二十八次常委会会议作准备。

第五十一次会议 7月11日召开。为11日召开的第二十九次常委会会议作准备。

第五十二次会议 7月21日召开。专题听取区科技局局长王泽民受区政府委托作的《关于全区人才引进培养和人才政策落实情况的汇报》。

第五十三次会议 8月22日召开。为30日召开的第三十次常委会会议作准备。

第五十四次会议 9月26日召开。专题听取区政府关于全区流动人口服务管理工作情况的汇报。

第五十五次会议 10月27日召开。为28日召开的第三十一次常委会会议作准备。

第五十六次会议 12月6日召开。为8日召开的第三十三次常委会会议作准备。

（人大办）

## 法律监督

**【贯彻法律实施情况监督】** 组织人大代表执法检查区政府贯彻《价格法》、《专利法》情况，通过现场检查、听取汇报，代表们对百姓关注的物价高、企业的科技研发和保护这些热点问题，提出意见建议推动政府加强和改善宏观调控,深化政府价格改革,规范市场价格行为,保护消费者和经营者合法权益,为保持国民经济持续快速健康发展发挥了重要作用;促进政府深入开展知识产权法制宣传，加大科技经费投入,加强专利管理和保护,着力培育以企业为主体的自主知识产权的保护和发展，为推进全区科技创新、转型升级作出贡献。常委会听取和审议区政府关于《苏州市吴中区"六五"普法规划制定情况和主要内容的汇报》,通过开展第六个五年法制宣传教育的决议。 (人大办)

**【两院监督】** 常委会会议听取和审议区人民检察院检察长王建华所作的《苏州市吴中区人民检察院查办和预防贪污贿赂、渎职侵权犯罪工作情况汇报》,检察机关能够加强侦查一体化、执法规范化、队伍专业化建设,查办贪污贿赂、渎职侵权犯罪案件,开展预防职务犯罪工作,为推动全区党风廉政建设,保障经济社会健康发展和促进社会和谐稳定，较好地发挥检察职能作用。组织市、区、镇三级人大代表旁听法院的庭审工作，听取法院关于人民陪审员工作情况的汇报，与部分人民陪审员座谈交流,提出建议。 (人大办)

## 工作监督

**【审议监督】** 加大对区级财政的审查和监督力度,注重从预算编制到执行、决算的全过程监督。听取、审议区政府关于全区2010年财政决算情况和2010年本级财政预算及其他财政收支情况的审计工作等汇报。在审查监督过程中，坚持程序性审查与实质性审查相结合,强化财政监管力度,维护财税法律法规的严肃性。加大对城市建设的监督力度,人才工作情况、度假区规划和建设、旅游产业发展等重要工作,开展专题调研,组织区人大代表视察,听取和审议工作汇报,提出建设性意见和建议。加大民生问题的监督力度,听取区政府关于全区农村村庄生活污水处理设施运行情况的汇报，开展安置房建设情况和如何让农民增收的调研活动。 (人大办)

**【组织视察】** 10月28日,区人大常委会组织部分区人大代表视察政府十项实事工程。代表们先后视察食品流通环节快速检测实验室、胥口镇马舍村重点村庄整治项目、临湖农贸市场升级改造项目、横泾街道新齐村林家浜污水处理工程、吴中区社会福利中心、招商小石城幼儿园。代表们充分肯定区政府以民生需求为导向,推进实事工程所取得的成效,建议区政府要进一步狠抓项目进度和工程质量监管,加强工程后续管理,切实发挥工程应有效益,让全区人民共享改革发展成果。 (人大办)

## 代表活动

**【加强代表工作】** 为有效开展代表小组活动，制订区人大代表小组闭会期间活动的意见,指导代表在闭会期间开展视察、调研等活动。加强业务知识的培训,组织市、区、镇三级人大代表参加如何撰写代表议案、建议的业务培训,帮助各镇、街道人大开展各种形式的培训学习活动,不断提高代表履职水平。深化常委会领导接待代表日制度，全年常委会领导举办5次代表接待日活动,接待区、镇两级代表46名，听取代表反映有关社会保障、环境保护、交通运输、社会治安、新农村建设等问题42个。年内邀请代表列席常委会会议70人次,组织代表参加调研视察、执法检查、工作评议等活动300多人次。在区、镇两级人大代表中继续开展“认真履行代表职责，促进和谐社会建设”的主题活动，组织代表深入学习法律法规，走访联系选民，进行持证视察，参加执法检查，提出建议意见，开展扶贫帮困，争当岗位标兵。 （人大办）

**【督办议案建议】** 对区二届人大四次会议主席团交办的“关于加强城乡环境整治和管理，进一步提升综合环境质量”的议案，与政府和承办单位共同研究，督促制订议案的实施方案，区政府高度重视，将“城乡综合环境提升工程”列为2011年度重点实事项目，确定三年行动计划，成立领导小组，全面推进议案办理。为提高监督效果，10月，分成4个小组赴各镇、街道，针对议案提出的有关问题视察调研，实地考察，听取镇（街道）政府（办事处）议案领导小组相关负责人的汇报，全面了解议案办理情况，形成4份关于各地议案办理进展情况的调研报告。至年底，1件议案、61件建议全部按时答复，其中，满意58件，基本满意3件，区政府领导重点督办件满意9件，满意率100%。 （人大办）

**【常委会任免国家工作人员情况】** 2011年，区二届人大常委会共依法任免国家机关工作人员60人（次）（详见附表）。 （人大办）

**附表：** **2011年吴中区二届人大常委会任免国家机关工作人员名单**

| 姓名 | 任命职务 | 免去职务 | 日期 | 届/次 |
|---|---|---|---|---|
| 卞杏娣 | 区人大常委会财政经济工作委员会副主任 | | 2.17 | 二届二十四次 |
| 詹　红 | 区人大常委会办公室副主任 | | 2.17 | 二届二十四次 |
| 查伟峰 | 区人大常委会郭巷街道人大工作委员会主任 | | 2.17 | 二届二十四次 |
| 施金华 | 区人大常委会长桥街道人大工作委员会副主任 | | 2.17 | 二届二十四次 |
| 吕晓东 | 区人民法院刑事审判庭庭长 | | 2.17 | 二届二十四次 |
| 王丽芳 | 区人民法院经济开发区人民法庭副庭长 | | 2.17 | 二届二十四次 |
| 王东海 | 区人民法院执行局副庭长 | | 2.17 | 二届二十四次 |
| 徐　剑 | 区人民法院刑事审判庭副庭长 | | 2.17 | 二届二十四次 |
| 周长丽 | 区人民法院木渎人民法庭副庭长 | | 2.17 | 二届二十四次 |
| 吴婉瑾 | 区人民法院审判员、角直人民法庭副庭长 | | 2.17 | 二届二十四次 |
| 朱　强 | 区人民法院审判员、经济开发区人民法庭副庭长 | | 2.17 | 二届二十四次 |

续表

| 姓名 | 任命职务 | 免去职务 | 日期 | 届/次 |
|---|---|---|---|---|
| 郑慧玲 | | 区人大常委会办公室副主任 | 2.17 | 二届二十四次 |
| 张剑清 | | 区人大常委会郭巷街道人大工作委员会主任 | 2.17 | 二届二十四次 |
| 吕晓东 | | 区人民法院经济开发区人民法庭庭长 | 2.17 | 二届二十四次 |
| 王丽芳 | | 区人民法院民事审判庭第一庭副庭长 | 2.17 | 二届二十四次 |
| 孙宝华 | | 区人民法院刑事审判庭庭长 | 2.17 | 二届二十四次 |
| 卢叶青 | | 区人民检察院检察员 | 2.17 | 二届二十四次 |
| 金　洁 | 苏州市吴中区人民政府副区长 | | 3.3 | 二届二十五次 |
| 吕晓东 | 区人民法院审判委员会委员 | | 4.27 | 二届二十六次 |
| 狄　蕾 | 区人民法院审判委员会委员 | | 4.27 | 二届二十六次 |
| 张　敏 | 区人民法院行政庭副庭长 | | 4.27 | 二届二十六次 |
| 施　展 | 区人民法院执行局副庭长 | | 4.27 | 二届二十六次 |
| 沈志栋 | 苏州市吴中区人民政府副区长 | | 6.17 | 二届二十七次 |
| 陈伟骏 | 吴中区教育局局长 | | 6.17 | 二届二十七次 |
| 陈建华 | | 吴中区教育局局长 | 6.17 | 二届二十七次 |
| 曹振海 | | 区人民法院审判员 | 6.17 | 二届二十七次 |
| 荣德明 | 苏州市吴中区人民政府副区长 | | 6.29 | 二届二十八次 |
| 许振华 | 苏州市吴中区人民政府副区长 | | 7.11 | 二届二十九次 |
| 冯建荣 | 苏州市吴中区人民政府副区长 | | 7.11 | 二届二十九次 |
| 顾益坚 | 吴中区人民政府办公室主任 | | 7.11 | 二届二十九次 |
| 孙文春 | 吴中区监察局局长 | | 7.11 | 二届二十九次 |
| 史才林 | 吴中区司法局局长 | | 7.11 | 二届二十九次 |
| 沈玉宝 | 吴中区粮食局局长 | | 7.11 | 二届二十九次 |
| 沈伟民 | | 吴中区人民政府办公室主任 | 7.11 | 二届二十九次 |

续表

| 姓名 | 任 命 职 务 | 免 去 职 务 | 日期 | 届/次 |
|---|---|---|---|---|
| 叶建中 | | 吴中区监察局局长 | 7.11 | 二届二十九次 |
| 吴开印 | | 吴中区司法局局长 | 7.11 | 二届二十九次 |
| 顾火泉 | | 吴中区粮食局局长 | 7.11 | 二届二十九次 |
| 周雪芳 | 吴中区人大常委会内务司法工作委员会副主任 | | 7.11 | 二届二十九次 |
| 吴林木 | 吴中区人大常委会长桥街道人大工作委员会主任 | | 7.11 | 二届二十九次 |
| 王健元 | | 吴中区人大常委会内务司法工作委员会副主任 | 7.11 | 二届二十九次 |
| 姚永根 | | 吴中区人大常委会长桥街道人大工作委员会主任 | 7.11 | 二届二十九次 |
| 王　娜 | 吴中区人大常委会城南街道人大工作委员会委员 | | 8.30 | 二届三十次 |
| 谢心阳 | 区人民法院立案庭庭长 | | 8.30 | 二届三十次 |
| 肖仁刚 | 区人民法院木渎法庭庭长 | | 8.30 | 二届三十次 |
| 府咏华 | | 吴中区人大常委会城南街道人大工作委员会委员 | 8.30 | 二届三十次 |
| 谢心阳 | 区人民法院审判委员会委员 | | 10.28 | 二届三十一次 |
| 辛　欣 | 区人民法院审判员 | | 10.28 | 二届三十一次 |
| 周　伟 | 区人民法院审判员 | | 10.28 | 二届三十一次 |
| 苗　倩 | 区人民法院审判员 | | 10.28 | 二届三十一次 |
| 苗郑青 | 区人民法院审判员 | | 10.28 | 二届三十一次 |
| 蒋吉伟 | 区人民检察院检察委员会委员 | | 10.28 | 二届三十一次 |
| 李敬芳 | 区人民检察院检察委员会委员 | | 10.28 | 二届三十一次 |
| 杨　隽 | 区人民检察院检察委员会委员 | | 10.28 | 二届三十一次 |
| 戴福妹 | | 区人民检察院检察员 | 10.28 | 二届三十一次 |
| 朱筱青 | 区财政局局长 | | 12.8 | 二届三十二次 |
| 郑　刚 | | 区财政局局长 | 12.8 | 二届三十二次 |

（人大办）

# 吴中区人民政府

## 综 述

【国民经济】 2011年，全区实现地区生产总值701亿元、地方一般预算收入72.4亿元,分别增长16.3%、20.6%；完成全社会固定资产投资315.5亿元,增长25.5%;完成工业总产值1540亿元，其中规模以上工业产值1218亿元,分别增长18%、23.8%。 （政府办）

【产业结构】 高新技术产业、新兴产业产值占规模以上工业总产值比重分别为48.3%、27.5%，苏州电科院和苏州安洁科技成功上市。实现社会消费品零售总额236亿元,完成服务外包接包合同额1.3亿美元、离岸执行额5000万美元,分别增长80.6%和62.3%。组建运行区科技金融服务中心,与国开行、进出口银行以及中以高科技产业基金、日亚创投基金等国内外金融机构的战略合作进展顺利。文化、旅游产业加快发展,中国工艺文化城一期建成开街,胥江一号、苏州国际影视娱乐城等项目有序推进,7个项目入选苏州市“十二五”文化产业重点项目名录,文化产业增加值占GDP比重提升至5%;苏州(吴中)太湖旅游景区创5A工作全面启动,旅游标准化建设通过国家验收，甪直镇获评全国特色景观旅游名镇;全年接待游客1650万人次,旅游总收入174亿元。商品房供应结构进一步优化,房地产业在调控中平稳发展。特色农业成绩显著,绿色、有机、无公害农产品增至200个。获评中国名茶之乡、全国休闲农业乡村旅游示范县,东山镇、光福镇分别被授予中国太湖蟹之乡、中国花木之乡。 （政府办）

【创新能力】 完成技改投入超70亿元,组织参与起草国家标准、行业标准8项,新增全国专业技术标准化工作组1个、中国驰名商标1件、省市级企业技术中心11家、高新技术产品105个、高新技术企业27家、省重大科技成果转化项目1个,瑞红电子、三基铸造等4个项目获国家科技重大专项资金支持，国家资质检测平台增至6家。开展国家“千人计划”、省“双创计划”等申报工作,举办国际精英创业周对接会、“两院院士吴中行”、“科技人才工作高校行”等活动,引进培养各类人才近万名,其中高层次人才710名。 （政府办）

【四轮驱动】 外资经济、民资经济、国有经济、集体经济“四轮驱动”贡献突出。新增注册外资10.17亿美元，完成进出口总额93.8亿美元、其中出口66.4亿美元。精心组织金秋洽谈会、北京央企对接会等招商活动,成功引进日本丰田汽车、永旺集团、爱信精机等世界500强投资项目。新增民资内资注册资本337亿元,东山精密、天马精化、仓景国际等企业积极扩大境外投资业务，临湖镇被评为省级出口针织服装产业集聚监管示范区。全区国有公司注册资本、资产总额分别达141亿元、450亿元。制订实施《吴中区关于加快农村集体合作经济发展的若干意见》,镇级集体经济集团全面组建,集体总资产达205亿元,村均稳定收入705万元,超千万元村增至30个,所有行政村集体经济年收入全面突破百万元。 (政府办)

【四大板块】 开发区、度假区、中心城区和中心镇“四大板块”竞相发展。开发区新兴板块与建成区功能形态不断完善,出口加工区等特色载体承载能力全面提升,创建国家级经济开发区、综合保税区工作稳步推进,实现工业总产值732亿元,进出口总额、出口额分别增长66.6%、86.8%。度假区“三点一核”开发建设全面展开,休闲娱乐、度假会务配套设施不断完善,服务业增加值占比达52%。中心城区积极向总部经济、智慧经济转型,长桥街道地方一般预算收入增幅位列全区榜首。木渎、胥口、角直、东山、临湖等中心镇注重特色、错位发展,各项主要经济指标增势稳健。

(政府办)

【城市功能配套】 完成角直镇、郭巷街道总体规划和吴淞江科技产业园等重大经济板块控制性详规;优化调整滨湖新城30平方公里吴中片概念性规划,完成县前街、豪仕登地块和蠡墅老街等重点区域城市设计,区域规划体系更趋完善。尹山湖—独墅湖绿化景观工程竣工,绕城高速光福互通成功连接,东山环岛公路建成通车,轻轨2号线、冬青路等沿线拆迁安置稳妥推进,东环南延、南环西延、金庭环岛公路等道路建设全面启动,苏南运河、苏西线航道、浒光运河整治加快实施,城市基础配套日益优化。镇村农贸市场三年升级改造任务圆满完成,电力、电信、邮政、人防等工作发展良好。 (政府办)

【农村改革发展】 全面落实苏州城乡一体化先导区试点各项政策,进一步深化综合配套改革,农村发展活力进一步增强。科学分解土地增减挂钩周转指标,“三集中三置换”成效显著,全区农村工业企业入园率达90.2%,农业适度规模经营达75%,成功承办全国“三化同步”研讨会。生态补偿政策全面落实,发放补偿资金6465万元。“四放心”粮油工程启动实施,临湖高效水产、横泾优质水稻等示范基地建成,太湖现代农业(渔业)产业园创成省级现代渔业产业园。制订出台国有土地(集体土地)房屋征收(拆迁)补偿办法,完成拆迁175.8万平方米,安置房交房超61万平方米。 (政府办)

【环境治理保护】 加快“绿色吴中”建设,新增林地4100亩,复绿宕口73万平方米,新建生态河道16.4公里,绿化覆盖率29.5%,旺山村、湖桥村获评国家生态村,三山岛升格为国家湿地公园(试点)。深入推进“碧水蓝天”工程,完成单位GDP能耗、污染物减排和21个太湖水污染防治重点项目年度任务,实现1688家工业企业污水接入管网和44处农村环境连片整治,再创三星级以上“能效之星”企业6家。新改建水利配套设施46座,疏浚河道142公里,获评中央财政小型农田水利建设重点县。大力实施城乡综合环境三年提升工程,新增22个省卫生村和市健康村。继续开展“市容环卫杯”等竞赛活动,数字城管二期工程全面完成。 (政府办)

【社会保障体系建设】 深入实施就业富民工程,组织各类公共就业服务活动201期,新增就业岗位4.8万个,其中面向本地劳动力9400余个,城镇困难人员实现就业6900余名,吴中区籍应届高校毕业生就业率达95%,城镇登记失业率降至2.6%。加大创业扶持力度,创业直接带动就业超1万人。深化农村五大合作改革,股金分红户均超3000元。城镇“五险”净增参保2.9万人,城乡居民医疗保险人均筹资标准提高到500元，城乡最低生活保障标准提升到每月500元，被征地农民置换城保养老人员养老金、农保基础养老金、被征地老年人员保养金分别提高到每月719元、200元、510元。开展“圆梦行动”社会助残、贫困大中学生医疗救助等活动，区社会福利中心搬迁启用。实施保障性住房建设，新建公共租赁房、限价商品住房、经济适用房2157套(间)，新增住房公积金缴存4.8万人。

(政府办)

**【社会事业建设】** 教育事业全面发展，高水平通过县级政府教育工作省级督导考核，全面完成义务教育阶段学生E卡通发放工作；公办幼儿园全部建成省、市优质幼儿园，碧波实验小学实现国际青少年机器人奥林匹克大赛“八连冠”，区中小学生综合实践学校入选全省唯一的中央专项彩票公益金支持示范性项目；全区高考本二上线再超千人，木渎高级中学又一学生获“李政道奖学金”；区老年活动中心和老年大学落成启用，老年教育普及率35%。完成建区10周年庆典、全区首届全民体育运动会等重大活动，成功承办环太湖国际公路自行车赛、穹窿山兵圣杯世界女子围棋赛、第十七届亚洲山地车锦标赛等重大赛事，太湖文化论坛首届年会召开。春秋古城遗址入选全国十大考古新发现，碧螺春茶制作技艺入选国家级非物质文化遗产名录，木渎、角直、胥口再次获评“中国民间艺术之乡”。加快完善食品安全监测网络，稳步推进区域卫生信息化工程，严格落实国家基本药物制度，区精神卫生康复中心即将启用。全民科学素质行动计划深入实施，低生育水平保持稳定，获评全国科普示范区和省人口协调发展先进区。吴中档案信息管理系统正式上网运行，年鉴、地方志工作取得新成绩。(政府办)

**【社会管理建设】** 制订实施“六五”普法规划，高标准推进城乡社区“五位一体”综治办建设，社会矛盾纠纷调处成功率99.8%，获评全国农村社区建设实验全覆盖示范单位。高度重视科技强警，创新“社区单元警务”模式，各类违法犯罪活动得到有效预防和严厉打击。扎实推进危化品单位安全标准化建设，深入开展事故隐患排查治理和重点领域专项整治，在全市率先配备村(社区)安全生产监管员。不断强化基层应急队伍建设，连续6年无较大森林火灾，获省级气象为农服务示范区。开展全国文明城市复评迎检工作，旺山村获评全国文明村，5人荣登“中国好人”榜。民族宗教、价格监管等工作不断加强。(政府办)

**【政府建设】** 服务效能更显优化。以“服务经济、关注民生”为主题，加快完善便民、利民、惠民各项政策举措。深入开展机关作风效能“服务品牌年”建设，进一步拓宽行政审批“绿色通道”，进驻中心事项平均承诺时限缩减至5.62天，提速10.04%。便民服务中心进驻和联动单位增至43家，满意率99%。“吴中在线”信息化服务平台、“5+2太湖旅游驿站”、国税“服务E站”、地税“税企心桥”、“质检引航破壁”等一批服务创新品牌广获好评。依法行政继续深化。自觉接受人大的法律监督和政协的民主监督，加强与人大代表、政协委员的沟通联系，高质量办复议案、建议62件、提案150件。制订实施《区人民政府常务(区长办公)会议议事规则》，推进行政权力网上公开透明运行，主动发布政务信息5000多条、公开文件500多份，行政审批事项结果全部上网公布。办理回复领导信箱1717件，答复公众监督6656件，区信访局获全省信访先进集体。制度建设全面强化。全面落实领导干部“三责联审”，完善公务员培训、考核、评价机制，工程建设、政府采购等重点领域的执法监察不断加强。探索建立财政支出绩效评价体系，严格因公出国(境)、车辆购置等制度规定，努力提高财政资金使用效益。完成财政财务审计项目68个、工程审计项目675个，核减5.1亿元，区审计局获全国审计宣传工作先进单位。组建成立太湖旅游集团和区金融工作办公室，接待、外事、侨务、机关事务管理等工作取得新进展。（政府办）

## 重要会议

**【区政府常务会议】** 4月26日，召开区政府第二十五次常务（区长办公）会议，主要内容：关于《吴中区服务业发展引导资金管理办法》，《关于推进吴中水利现代化建设的实施意见》和《“十二五”期间吴中水利现代化建设具体安排》，关于《吴中区集体土地房屋拆迁管理实施办法（暂行）》，关于《吴中区地方公路建设管理办法（暂行）》，关于《吴中区企业用地回购实施办法》，关于《吴中区农村小额贷款公司财政补贴补充规定》，关于《苏州市吴中区环境保护专项资金管理办法》，《关于建立健全基层医疗卫生机构补偿机制的实施意见》和《吴中区政府办基层医疗卫生机构经费预拨管理办法》，关于《吴中区肉菜流通追溯体系建设实施方案》，关于延长降低吴中区城镇职工医疗保险用人单位征缴费率执行期和恢复工伤保险用人单位征缴费率，《关于在全区村（社区）配备安全生产监管员的实施意见》，组织学习《安全生产法》，布置当前工作。

8月15日，召开区政府第二十六次常务（区长办公）会议，主要内容：关于《'2011苏州吴中·太湖经贸合作洽谈会暨金秋经贸招商周活动总体方案》，《关于进一步推进企业上市工作的意见》，《关于支持新兴产业重点企业加快发展的实施意见》，关于《吴中区“十二五”服务业发展规划（草案）》，《关于政府性资金投资项目建设过程中资产处置和利用工作的情况汇报》，《关于加强全区地名管理工作的实施意见》，《关于进一步加强全区新增建设用地工业项目预审管理的意见》，《吴中区政府投资建设项目设计招标投标管理办法》，《苏州市吴中区国有土地上房屋征收与补偿暂行实施办法》，《苏州市吴中区残疾人事业“十二五”发展规划》，组织学习《行政强制法》，布置当前工作。

9月7日，召开区政府第二十七次常务（区长办公）会议，主要内容：关于《吴中区人民政府常务（区长办公）会议议事规则》，关于2011年吴中区军转干部安置情况的汇报，关于《苏州市吴中区保障随军家属就业暂行办法》，关于《苏州市吴中区重性精神疾病患者免费服药和服药后安全检测项目实施方案》，《关于加强吴中区科技金融工作的意见》，关于政府规范性文件清理工作情况的汇报，关于《苏州市吴中区法治政府建设指标体系》，关于加强全区人防经费归口管理的请示，组织学习《江苏省农产品质量安全条例》，布置当前工作。

10月12日，召开区政府第二十八次常务（区长办公）会议，主要内容：《关于进一步加快吴中区金融业发展的若干意见（试行）》，《吴中区人民政府金融工作办公室主要职责内设机构和人员编制规定》，《关于实施吴中实验小学扩建工程并调整其管理体制的请示》，《关于进一步做好吴中区机关使用正版软件工作的实施方案》，《吴中区餐厨垃圾专项治理实施意见》，《关于建立健全吴中区物业纠纷调解工作机制的实施意见》，关于申请2010年度农业规模经营补助资金的情况汇报，关于在我区实施自然灾害民生保险的请示，组织学习《苏州市行政调解办法》，布置当前工作。

11月11日，召开区政府第二十九次常务（区长办公）会议，主要内容：关于《吴中区财政支出绩效评价办法（试行）》，《关于推进吴中区农产品平价直销店（区、点）建设稳定菜篮子价格的实施意见》,关于《苏州市吴中区价格调节基金使用管理暂行办法》,关于《吴中区污水处理费征收使用管理办法》,《关于“十二五”期间气象现代化建设项目的申请》,关于《吴中区区属国有公司代建政府性资金建设项目管理办法》,关于《吴中区区级储备粮收储一体化管理意见》,关于调整我区退役士兵货币安置金的请示,《关于进一步加强城乡社区建设和管理的意见》,关于调整社区党组织和居委会有关经费的请示。

12月26日,召开区政府第三十次常务(区长办公)会议,主要内容:关于天枫苑西区安置房回购价格相关事宜,关于《吴中区区级财政专项资金管理办法》,关于2012年度城乡居民(农村)医疗保险工作意见的请示,关于《吴中区专利专项资金管理试行办法》,《关于规范宗教活动场所建设项目管理的意见》和《关于加强吴中区宗教活动场所管理的意见》,《关于加快推进法治政府建设的实施意见》,学习《突发事件应对法》,布置当前工作。

(政府办)

**【其他重要会议】** 1月14日 国家基本药物制度实施推进工作会议

1月24日 政府工作部门(扩大)会议

1月27日 全区民政工作会议

2月15日 农村环境连片整治工作会议

2月25日 第四届“吴中市容环卫杯”竞赛活动动员大会

3月8日 全区统计工作会议

3月9日 全区商务工作会议

3月10日 全区消防工作会议

3月14日 全区政法工作会议

3月17日 全区城乡一体化工作会议

3月18日 全区2011年度环境保护、人力资源和社会保障、安全生产目标责任工作会议

3月23日 全区人口和计划生育工作会议

3月29日 全区森林防火工作会议

4月8日 全区卫生、食药监工作会议

4月19日 全区农村集体经济工作会议

4月27日 全区载体和重大项目建设推进大会

4月28日 全区交通运输工作会议

4月29日 全区创建旅游标准化示范城市工作会议

5月3日 政府廉政建设暨综合督查工作会议

5月10日 全区国土资源管理工作会议

5月12日 全区防汛防旱工作会议

5月14日 全区国资工作会议

5月21日 全区农村集体经济十大集团成立大会

5月27日 全区安置房建设现场推进会

6月4日 全区水环境整治工作会议

7月5日 全区安全生产工作会议

7月12日 全区水环境整治工作推进会

7月20日 综治领域社会管理创新工作会议

7月28日 城乡综合环境提升工程视察推进会

7月29日 全区城乡一体化暨集体经济工作推进会

8月10日 苏州(吴中)太湖旅游景区创建国家5A级景区动员大会

8月12日 全区创建国家公共文化服务体系示范区工作推进会议

8月16日 全区依法行政暨深入推进行政指导工作会议

8月24日 全区农村环境连片整治工作会议

9月7日 全区人才工作会议

9月21日 “六五”普法工作动员部署大会和争创法治县(市、区)创建工作先进单位推进会

9月28日 全区森林防火工作会议

10月9日 全区工业结构调整和优化升级联席会议

10月14日 全区重点交通工程建设推进会

10月24日 全区工业经济工作推进会

10月27日 中心城区第四届“吴中市容环卫杯”竞赛活动总结表彰大会

11月14日 全区水利工作暨中央财政小型农田水利重点县建设动员会议

12月2日 全区学校安全卫生工作会议

12月30日 全区校车管理暨无证幼儿园清理整顿工作会议 （政府办）

## 重要决策和活动

**【重要决策】** 1月4日 印发《吴中区人口和计划生育公益金管理办法》，明确吴中区人口和计划生育公益金管理机构、主要来源、救助标准、申领程序、法律责任等内容。

1月12日 印发《关于加强农贸市场价格管理的若干意见》，明确吴中区加强农贸市场价格管理的建立部门联动机制、加强摊位管理、加强宣传设施建设、落实明码标价、组织考核奖励等措施。

3月7日 转发《吴中区工业项目建设工程联合竣工验收暂行办法》，明确吴中区工业项目建设工程联合竣工验收的范围、操作方法、工作程序、保障措施等。

3月9日 印发《区二届人大四次会议加强城乡环境整治和管理进一步提升综合环境质量议案办理暨城乡综合环境提升工程三年行动计划（2011~2013年）实施意见》，明确《行动计划》的指导思想、总体目标、主要任务、2011年实施方案、保障措施等。

4月15日 印发《苏州市吴中区国民经济和社会发展第十二个五年规划纲要》，公布苏州市吴中区国民经济和社会发展第十二个五年规划纲要相关内容。

4月21日 印发《关于公布吴中区第三批非物质文化遗产代表作名录和第一批非物质文化遗产代表作名录扩展项目的通知》，公布吴中区第三批非物质文化遗产代表作名录和第一批非物质文化遗产代表作名录扩展项目。

5月5日 印发《苏州市吴中区环境保护专项资金管理办法》，明确吴中区环保专项资金的使用范围、项目申报和审批、资金拨付和使用、资金监督检查等内容。

5月10日 印发《吴中区2011年食品安全工作意见》，明确2011年吴中区食品安全工作的指导思想、工作目标、工作任务、工作要求等。

5月17日 印发《吴中区地方公路建设管理办法》，明确吴中区地方公路建设规划、前期工作、建设管理、资金管理、交（竣）工验收等内容。

5月20日 印发《吴中区服务业发展引导资金管理办法》，明确吴中区服务业发展引导资金的使用范围、方式、项目条件和程序、资金管理、监督管理等内容。

6月15日 批转《吴中区2011年招收初中和高中段新生事业计划》，明确吴中区2011年初中、普通高中、职业学校招生事业计划等内容。

8月18日 印发《吴中区集体土地房屋拆迁管理实施办法（暂行）》，明确吴中区集体土地房屋拆迁管理相关内容。

8月30日 印发《关于支持新兴产业重点企业加快发展的实施意见》，明确吴中区支持新兴产业重点企业的背景、指导思想、发展目标、主要措施等内容。

9月1日 印发《关于加强全区地名管理工作的实施意见》，公布加强全区地名管理工作的相关内容。

9月19日 印发《苏州市吴中区国有土地上房屋征收与补偿实施办法(暂行)》,公布苏州市吴中区国有土地上房屋征收与补偿实施相关规定。

9月21日 印发《吴中区政府投资建设项目设计招标管理实施办法》,明确吴中区政府投资建设项目设计招标管理有关内容。

10月9日 印发《苏州市吴中区人民政府常务(区长办公)会议议事规则》,公布吴中区人民政府常务(区长办公)会议议事规则相关内容。

10月11日 印发《关于进一步推进企业上市工作的意见》,公布关于进一步推进企业上市工作的有关内容。

10月13日 印发《关于进一步加快吴中区金融业发展的若干意见》,公布关于进一步加快吴中区金融业发展的相关内容。

11月30日 印发《吴中区污水处理费征收使用管理办法办法》,公布吴中区污水处理费征收使用管理相关内容。 (政府办)

**【重要活动】** 2月19日 第十五届苏州太湖梅花节暨第十届“太湖之春”旅游月开幕式

2月21~25日 赴北京、深圳举办’2011苏州吴中·太湖(北京)投资环境说明暨央企对接会和’2011苏州吴中·太湖(深圳)科技服务业投资环境说明会

2月26日 建区10周年庆典活动

3月21日 ’2011苏州·吴中洞庭山碧螺春茶文化旅游节开幕式

4月18~19日 “两院院士吴中行”活动

4月30日 ’2011苏州第五届汽车节开幕式

5月26日 2011年吴中区洞庭山第二届枇杷节暨“白沙”枇杷开摘启动仪式

6月1~3日 在北京’2011中日绿色博览会上举办主题为“发展绿色产业、走进太湖时代”的吴中区投资情况说明会

6月11日 首届全民体育运动会开幕式

7月10~12日 第二届生物医药国际精英高峰会暨苏州国际精英创业周吴中分会场活动

8月6日 香山工坊“承香堂”落成典礼暨香山里文化艺术旅游投资项目签约仪式

8月28日 ’2011第七届中国(苏州)太湖开捕节暨第一届太湖金秋旅游月开幕式

9月5日 第三届苏州市创业家峰会吴中专场活动

10月12日 ’2011中国·苏州穹窿山孙子兵法文化旅游节暨第二届苏州穹窿山“兵圣杯”世界女子围棋赛开幕式

10月15~19日 ’2011苏州吴中·太湖经贸合作洽谈会暨金秋经贸招商周活动

11月5~6日 “两院院士吴中行”系列活动——再生医学与转化高峰论坛

11月27日 全区首届全民体育运动会闭幕式

12月6~7日 赴南京开展科技人才工作高校行活动

12月12日 ’2011苏州吴中(上海)科技人才工作说明会 (政府办)

# 人事工作

**【人才工作】** 全年引进各类人才7782名,其中博士54名、硕士314名,引进人才总数增长11.6%,引进高层次人才总数增长12%。培养高技能人才600名,各类城乡劳动者培训40143人次。吴中技工学校被人社部确认为国家级重点技工学校。举办北美高层次人才创业大赛优秀项目、优秀人才对接会和生物医药高峰会,积极承接苏州国际精英创业周,组团赴美国、加拿大参加市政府举办的国际精英创新创业系列活动,10个创新创业项目落户吴中。 (人社局)

【公务员管理】 配合市局做好2011年公务员招录工作，招录公务员26名。按照“大规模培训干部”的要求，集中培训全区495名机关中层干部，组织87名副科职领导干部参加任职培训，组织19名新招录公务员参加初任培训。 （人社局）

【事业单位管理】 审核完善部门上报的事业单位岗位设置方案，推进事业单位岗位设置管理工作。公开招聘事业单位工作人员64人。事业单位合同鉴证4325份。组织914人参加计算机信息化继续教育培训、311人参加技术等级培训考核。 （人社局）

【工资审批】 完成事业单位退休人员绩效工资工作，稳慎推进公共基层卫生及其他事业单位绩效工资工作。落实苏州市最低工资标准、工资指导线、劳动力市场工资指导价位和人工成本信息发布制度，监督和督促企业合理增加职工工资，推动建立与经营发展水平相适应的工资正常增长机制。 （人社局）

【专业技术人员管理】 加强专业技术人员管理，共完成197人高级职称的审核推荐工作，中级职称306人，初定职称1324人，完成全国会计专业资格考试1560人。 （人社局）

【军转安置】 安置军转干部35名，其中市垂直条线安排25名，实际安排10名，比去年减少7名，减轻全区军转安置压力。 （人社局）

## 信访工作

【概况】 2011年，区信访局接待受理群众来信来访2784件次，其中：受理办来信486件；来区上访537批2748人次（其中集访77批1518人次），到市集访18批391人次，赴省集访2批10人次和进京访11批13人次。区党政领导接待办理群众来访129批553人次，办理区领导批示及上级交办信访事项119件。网上公众监督受理6656件，受理电话访55件。全年区信访局牵头召开各类比较重大的协调会51次。年内，在全国“两会”、建党90周年、省和市党代会期间没有发生有影响的信访群体性事件和个人极端行为。吴中区被省信访局、省人力资源和社会保障厅授予的2006~2010年度全省信访系统先进集体”称号。 （信访局）

【完善领导干部接访机制】 每月10号，区领导准时到区人民来访接待中心接待上访群众。在接访过程中，落实相关律师参与接待，相关部门陪访。信访部门做好接访记录、整理和督办工作。做到确保群众来访有人接待，确保反映的问题有人过问，确保接访后交办事项有人落实，确保在规定时间内向接访领导和上访群众反馈办理情况。区委、区政府2位主要领导实行的约访接待工作，解决几个比较难度大的信访老户。领导定期接待群众机制做到常态化、规范化、机制化，解决大量的信访问题。 （信访局）

【特殊时期信访稳定工作】 确保全国“两会”、建党90周年、党的十七届六中全会、省和市党代会等等特殊时期及敏感时段信访工作稳定。强化责任意识。区委、区政府在重大活动和特殊时期的前夕都超前谋划召开信访工作会议。全区坚持“属地管理、分级负责”和“谁主管、谁负责”工作原则，把责任意识贯穿特殊时期及敏感时段的始终。强化督查力度。2月23日，区联席办下发《信访重点户稳控交办单》，涉及15家责任单位24件31人。10月9日，下发交办单涉及13家责任单位18件21人。区联席办组成专项督查小组，深入一线，加大督查督办力度。强化值班工作。各责任单位实施信访信息“零报告”制度,在每天下午3点向区联席办汇报当日动态。

(信访局)

**【信访问题处理力度加大】** 坚持把解决信访问题作为工作的落脚点，推动大量信访事项得到停诉息访。深入开展矛盾纠纷排查化解工作。在排查纠纷中,把联席会议各专项小组开展的条线排查与各责任单位开展的区域排查有机结合起来,做到纵向到底、横向到边,早发现、早化解,不积累、不上行。重点关注潜在矛盾纠纷,区人社局、区住建局、区环保局等部门积极发挥部门职能优势，把绝大多数信访突出问题化解在萌芽状态。全年排查出各类信访矛盾纠纷175件,及时化解171件。全力攻克信访积案。通过2009~2011年连续3年的不懈努力,运用领导包案、经济救助、教育疏导等综合手段，信访积案攻坚活动成效明显。年内,市重点交办4件,市联席办重点交办的省十二次党代会期间重点信访人员5人和省联席办交办的5名一类积案，全部化解。

(信访局)

**【完善信访制度】** 全区社会矛盾纠纷排查、社会稳定风险评估、信访形势研判、领导干部定期接访、信访目标考核、工作责任追究等机制逐步健全。全区建立起各级“主要领导负总责,分管领导具体抓,其他领导一岗双责”的责任体系，当发生信访突出问题及群体性事件由区联席会议12个专项小组来牵头解决的大信访格局基本形成。基层各镇(街道)信访工作机制亮点纷呈。东山镇政府成立信访网络信息管理员，金庭镇政府每月召开两次调解主任会议,香山街道实行10天办毕时限制度，横泾街道全面推广上林村的变上访为走访的好做法。

(信访局)

**【畅通信访渠道】** 拓宽信访渠道。以区人民来访接待中心为平台,联合十家进驻单位,实行统一受理、联合接待、分类办理,为信访群众提供一站式服务。完善区长热线电话和网上信访办理工作,引导群众通过电话、网上信箱反映诉求。全年办理网上信访6656件,接听群众来电123次，受理人民建议15条,形成“信、访、网、电”四位一体的诉求表达渠道。依法规范秩序。区委政法委、区公安分局和区信访局等部门之间相互协调,相互配合,及时宣讲法律政策,发放告知单,及时规定证据,及时依法处理。

(信访局)

# 外事和侨务工作

**【接待工作】** 2011年,完成各类接待任务15批145人次。1月13日,新加坡吉保发展有限公司总裁高克成先生率5人团到吴中区考察并参观东山启园和雕花楼。3月25日,香港苏州吴县同乡会名誉会长、香港翔龙制衣有限公司董事长、著名慈善家朱恩馀先生一行到东山镇华侨公墓祭扫先祖。4月8日,美籍华人、美国密歇根大学基因工程博士后和密歇根大学医学博士姚寿南先生参观访问吴中人民医院，希望通过自己的资源和优势为家乡在打造重点专科、培训专业人才、现场手术指导等方面提供帮助。4月22日,法籍华人沈乃芝携沈氏后人到甪直寻根。了解到沈宽夫老宅、万盛米行旧址和沈家祠堂被列入第六批苏州市文物保护单位并要重新整修的情况，希望能为当地政府提供线索资料，并表示可帮助募集资金,以传承甪直历史文化。4月29日，区委书记俞杏楠和区政府代区长金洁在苏苑饭店吴宫厅会见日本池田泉州银行行长服部盛隆一行。5月18日,太湖文化论坛首届年会在吴中区召开。成功接待印度尼西亚前总统梅加瓦蒂，外交部部长助理吴海龙等贵宾。11月3~6日，友好交流关系城市美国德克萨斯州南湖市市长约翰·特罗尔先生率领代表团访问吴中区。区委书记俞杏楠和区长金洁分别会见代表团一行。期间代表团参观江苏省外国语学校，并就两地开展教育交流与合作事宜进行座谈。在约翰·特罗尔市长和区政府副区长周晓敏的见证下，南湖市卡罗尔学区与吴中区教育局就双方开展学生互访交流以及教师合作签署合作备忘录。11月23~25日，日本池田泉州银行副行长昌尾一弘一行考察访问吴中区。区委常委、常务副区长许振华会见宴请考察团。（外侨办）

**【因公出国(境)】** 根据区委、区政府的年度对外交往任务需要，按照统筹安排、总量控制和有保有压的原则，认真编制吴中区因公出国(境)团组年度计划，作为吴中区因公出国(境)初审的重要依据。全年办理因公出国(境)任务57批157人次，其中上组团39批40人次，自组团18批117人次，出国团组和人数严格控制在规定的范围之内，做到管理和服务的有效统一。（外侨办）

**【服务企业申报APEC商务旅行卡】** 为方便吴中区企业“走出去”、助推企业做强做大，外侨办充分利用外事职能优势，大力开展APEC商务旅行卡推介申办工作，主动为企业“走出去”办实事、解难题。全年受理APEC商务旅行卡申办材料10家企业25位高管，其中7家企业的16位高管顺利获得APEC商务旅行卡，其余在进一步办理之中。（外侨办）

**【友好互访】** 5月30日~6月7日，韩国大邱东区智妙小学师生访问团一行13人到吴中区友好交流访问。此次到访团是吴中区和韩国大邱东区开展小学生家庭住宿式修学互访活动的第三批成员。在苏苑实验小学的精心安排下，韩国学生迅速融入苏苑实验小学的学习生活，与结对学生一起上课，学习中国书画、歌曲、剪纸、象棋、陶泥制作；外出观赏太湖、苏州园林和园区金鸡湖风光；深入学生家庭体验生活，了解吴中区的风土人情；与苏苑实验小学学生一起欢度六一国际儿童节、中国传统佳节——端午节，参与节目演出和游艺活动等，交流成果丰硕。吴中区苏苑实验小学结对师生12名于10月31日~11月7日回访韩国大邱东区智妙小学。（外侨办）

**【慰问日本受灾友城】** 在日本发生重大地震、海啸及核辐射灾难后，外侨办心系日本各友好建交城市(地区)及长期以来与吴中区有着密切合作关系的日本池田泉州银行，第一时间通过各种渠道代表吴中区委、区政府向大分县大山町、大阪府阪南市、崎玉县小川町、滋贺县琵琶町、新泻县新泻市、奈良县生驹市、神奈川县川崎市中原区、和歌山县太地町以及池田泉州银行表达最深切的同情和慰问，送去吴中区人民衷心期望日本人民早日克服困难，战胜灾害，尽快恢复生活秩序，重建美好家园的祝福。（外侨办）

**【侨界“关爱工程”】** 春节前夕，走访慰问归侨10户11人，困难侨眷10户；中秋前夕，走访慰问木渎、胥口、金庭、角直、临湖、光福等6个镇，苏苑、龙西、横泾、香山、郭巷等5个街道和度假区、开发区19户海外博士生及“四有人士”家庭；重阳节走访龙西、香山街道，长桥、东山镇80岁以上高龄侨眷28户，向侨眷们送上区委、区政府对海外华人华侨节日的问候，积极宣传地方政府为鼓励海外人才回国创业所出台的政策支持和优惠措施，引导海外专业人士回国创业发展。

（外侨办）

**【侨务外宣】** 利用《华人时刊》、《欧洲时报》等外宣资源，免费宣传吴中的历史文化和人文环境，助推企业发展。6月22日，在《欧洲时报》刊登《穿越木渎——江南的梦境》专版,全面介绍木渎镇的旅游、文化和招商信息。在《华人时刊》第3期、第7期、第8期分别刊登《魅力穹窿山,大气写春秋》、《苏州斯莱克——站在世界易拉罐装备生产尖端》、《苏州皇家——中国木结构建筑领头羊》宣传版面。(外侨办)

# 民族宗教事务

**【概况】** 2011年,吴中区有少数民族46个,少数民族总人口9882人,其中,常住少数民族人口1768人,族别数34个;流动少数民族人口8000余人,族别数46个。经批准设立的宗教团体4个,分别是佛教协会、道教协会、天主教爱国会、基督教三自爱国运动委员会。经批准对外开放的宗教活动场所60处,其中,寺观教堂13处,固定处所47处。全区宗教教职人员218人。(宗教局)

**【民族团结进步事业】** 组织开展为少数民族贫困家庭"圆梦行动"。千方百计筹措资金,为少数民族贫困家庭解决实实在在的困难,帮助他们改善生产、生活条件,实现梦想。春节前组织宗教界开展"献爱心、送温暖"活动,给15户贫困户送上生活用品和慰问金2万元;同时,筹集5万元资金,为6户少数民族贫困户送上洗衣机、彩电、冰箱、空调等家用电器,为他们实现梦想。少数民族服务管理工作到位。真心为少数民族群众办实事、做好事,着力推进民族工作进社区,培育社区民族工作典型,建立健全服务管理机制,搭建联系服务平台,更新少数民族人员信息,实施动态管理。全年为5位少数民族家庭成员办理民族成分变更手续;为35名少数民族学生办理中、高考加分手续;为2名外来少数民族子弟解决入学问题,帮助龙西街道建立龙西少数民族联谊分会。龙西街道美之雅社区被授予市级"民族工作示范社区"称号。少数民族人员矛盾纠纷调处工作扎实有效。加强与地方党委政府及相关部门的横向沟通联系,健全完善信息互通机制,确保信息渠道畅通。全年会同相关部门调解处置涉及少数民族人员各类矛盾纠纷事件6起。(宗教局)

**【宗教事务管理】** 宗教场所规范化管理建设稳步推进。严格按照《吴中区宗教场所基本建设项目管理意见》、《吴中区宗教场所财务管理指导意见》、《年度工作目标责任书》和《年度安全管理工作责任书》等制度措施要求,加大对宗教场所新建、扩建、改建项目申请报批制度、财务管理制度和安保制度措施贯彻执行情况的督查力度,杜绝各类违规问题的发生。深化宗教场所负责人考核考评工作。每半年组织民宗局干部、属地政府和村(社区)民宗工作分管领导、宗教团体负责人、场所教职人员和信教群众代表按《吴中区宗教场所负责人百分考核细则》内容,对各宗教场所负责人进行民主测评考核。深入开展"和谐文明宗教场所"创建活动。按照"爱国爱教好、规范管理好、场所建设好、服务社会好、安全稳定好、道风建设好"6个方面创建标准要求,考核评比各宗教场所创建工作,推动各项制度的贯彻执行,促进宗教场所规范化管理工作全面进步。全年通过省、市民宗局创建达标验收14个,光福铜观音寺被省宗教局列为省级示范场所。农村乱建寺庙专项治理工作成果进一步巩固。组织开展农村乱建寺庙专项治理"回头看"工作。按照拆除到位、改建彻底、封存严实的要求,会同各镇、区(街道)拆、改、封非法土庙28处,有效遏制全区农村乱建寺庙"回潮"势头。抵御渗透工作成效显著。严格落实境外人员和外来人员在本区过宗教生活登记报备制度、讲经传道制度和捐赠审批制度。完善抵御渗透信息互通机制。加大非法宗教活动查处打击力度，确保全区宗教领域和睦稳定。全年成功有效阻止了基督教非法聚会活动7起；取缔基督教非法聚会点29处；查处假僧假道利用非法宗教场所骗钱敛财事件2起。（宗教局）

【宗教文化传承与宣传】 推进宗教文化旅游资源开发，打造吴中宗教文化旅游特色品牌，为创建5A级旅游景区作贡献。加强宗教文化挖掘与宣传。指导各宗教团体进一步挖掘宗教文化资源，编著宗教文化系列丛书，制作吴中宗教文化旅游宣传资料，利用局网站和苏州电视台五套《吴中报道》、《魅力太湖》专栏等，面向全社会广泛宣传宗教名胜及历史文化，加大宗教文化旅游宣传促销力度，努力提升吴中宗教文化旅游知名度。加强宗教场所文化建设。强化品牌意识，加强软硬件建设，美化寺观教堂环境，健全文化功能，提升文化品位和文明形象，提高旅游接待能力。加强名寺名观建设。推进穹窿山上真观、东山灵源寺、西山观音寺三大宗教项目建设，使一批历史悠久、宗教文化底蕴深厚的寺庙宫观成为宗教文化旅游的新亮点，促进宗教文化资源转化成旅游资源。至年底，上真观对外开放，观音寺土建完工进入装修，灵源寺按修复建设规划稳步推进。（宗教局）

【服务经济社会发展】 指导区佛教协会与木渎镇山陵文化有限公司联合创办木渎山陵文化研究会，使佛教文化与殡葬文化有机结合，推动山陵殡葬文化的改革与发展，促进木渎镇山陵文化有限公司经济收益实现新的突破。指导区基督教三自爱国会与城西中学一名贫困学生结对助学。发动宗教界人士开展“献爱心、送温暖”活动，着力为贫困群众解难事、办实事、做好事。全年宗教界人士走访慰问65户贫困户，为他们送上生活用品和慰问金10多万元。（宗教局）

# 机关事务管理

【公共机构节能】 着重从传播节能理念、普及节能知识，建立健全规章制度、理顺工作机制等环节入手，推进公共机构节能工作。全年发放节能宣传图册8600本，办理群发节能短信，开展主题节能宣传周活动，组织参与全国公共机构节能工作培训、全省公共机构网上答题知识竞赛、“联通杯”公共机构金点子征集等活动；拟定出台《区公共机构节能考核内容和办法》、《节能工作联络员制度》，实施全区公共机构片组管理。做好对全区公共机构“水及能源消费情况”、“建筑基本情况”、“建筑能源消费情况”的统计汇总工作并督查、指导开发区、度假区、穹窿山风景区及苏苑、龙西等街道（乡镇）节能数据采集、汇总统计工作。（机关事务管理中心）

【后勤保障】 年内完成“两会”、“金秋洽谈会”等会议、演出、广场活动的服务保障任务376场次；提供自助中餐6.3万人次；办理省、市机关通行证680张，换发行政大院通行证225张；疏导上访24批、790人；维修保养各类设施设备700余次；收发文件、信函210万余份；实施行政大院地下车库监控设备改造、大会堂层顶防水堵漏两项工程（共重做防水200平方米、改造落水管道4处、新增定点定位探头3对）；做好行政大楼办公室调整整修，公共区域墙面、顶面及6号楼部分办公室粉刷修复，行政中心办公楼外墙、幕墙玻璃清洗等工作。（机关事务管理中心）

【事务管理】 做好30多个机关部门日常财务管理，离退休人员医药费核对报支、地方生活补贴发放、协保到期人员关系转接以及10个水电费回收，59户房租金收缴，43户店铺

(住房、自行车库)租赁合同续签等工作;完成“两会”、“区文体中心奠基典礼”、“金秋洽谈会”等区大型活动的相关后勤保障任务及北京深圳招商会、建区10周年庆典活动等14个区大型活动结算、结帐工作;配合市、区两级审计局对本单位及区委、区政府、统战部、侨联等部门进行领导干部责任审计、离任审计;针对吴县、东吴2个老新村因道路狭窄存在的消防隐患,为2个新村配备消防水管并对保安进行消防知识、消防技能培训。

(机关事务管理中心)

**【商务中心项目管理】** 结合吴中商务中心整体施工进度,设立吴中商务中心临时办公室并抽调技术骨干充实管理力量,会同国裕公司做好智能化设施设备、水电施工图纸交接,入驻单位办公用房配置调整,预埋管线照相留底,办公家俱选样等各项启用前期准备工作。按照《苏州吴中商务中心后勤保障项目管理方案》,做好外包项目招投标,水电、餐饮等岗位服务人员招聘及岗前培训工作。

(机关事务管理中心)

# 政协吴中区委员会

## 综　述

2011年初，政协第二届苏州市吴中区委员会有委员272名，常务委员59名。区政协二届四次全会选举石钟琪为二届政协副主席，增选6人为二届政协常委。二届十六、十七次常委会增选8人为二届政协委员，免去2名常委，7名委员。至年底，共有委员273名，常务委员57名。下设办公室和6个专门工作委员会。

服务发展大局，参政履职取得新成果。强化中心意识和大局观念，抓大事，议要事，献良策，把各参加单位和广大委员的积极性、主动性、创造性引导到促进经济发展转型升级，助推科学发展上来。在“十二五”规划编制中，深入了解基层和群众意愿，为编制“十二五”规划献计献策，下发“关于开展为我区‘十二五’规划建言献策活动的通知”，发动全体委员结合工作实际，行业特点，专业特长和自身优势，积极献智献策。

推动工作落实，民主监督实现新突破。注重强化提案在民主监督中的主渠道作用，落实提案征集措施，不断完善办理机制，抓学习培训，抓质量提高，抓激励表彰，努力增强提案的组织程度和办理效果。加强社情民意在民主监督中的“直通车”作用，深入了解民情，充分反映民意，广泛集中民智，实现政协工作的创新发展。妥善解决许多人民群众生产生活中的现实问题，推动机关工作的落实，注重发挥委员在民主监督中的作用。70多位政协委员被有关部门和镇(区)、街道聘为特约监督员、特约检查员、行风评议员、党风联络员，积极参与对相关部门的政风行风监督检查和民主评议活动，较好地发挥民主监督作用。

发挥独特优势，团结和谐呈现新面貌。加强与民主党派、工商联、人民团体、无党派人士和各界委员之间的联系和沟通，营造民主和谐、合作共事的政治氛围。区政协文史委与吴地历史文化研究会联合出版《帝王遗迹　吴地寻踪》、《吴中石雕技艺》等书，区政协工作研究会撰写《大力发展楼宇经济》、《积极应对国际金融危机，大力推进民营工业经济健康发展》、《关于对社会主义新农村建设中农民建房的几点思考》等调研报告，为全区经济社会发展建言献策。

坚持以人为本，服务民生展现新作为。对全区40个重点项目领办挂钩，参与基础设施、服务业、内资及外资制造业等项目，深入一线，踏勘现场，了解情况，协调解决有关问题。扎实开展“三走进三服务”活动，重点联系5家企业，2个村、1个社区、2户农户，帮助甪直镇澄墩村落实资金98万元，向临湖镇困难户学生捐助入学费2万元。　（政协办）

## 重要会议

**【政协二届四次会议】** 2011年1月5~7日政

协第二届苏州市吴中区委员会第四次会议在区大会堂召开。会议听取和讨论区委书记金海龙在开幕会上所作的重要讲话；听取和审议张阿梅主席代表区政协二届常委会所作的《政协第二届苏州市吴中区委员会常务委员会工作报告》和陆凤良副主席所作的《政协二届三次会议以来提案工作情况报告》;与会委员列席区二届人大四次会议，听取和讨论区长俞杏楠所作的《政府工作报告》及其他报告；会议选举石钟琪为政协第二届苏州市吴中区委员会副主席,增选顾岳明、戚建明、郑美珍、周阿四、吴仁林、陆增林为吴中区政协二届常委会委员。提交提案234件,经审查立案178件。会议通过大会决议,表彰2010年度先进政协工委(城区小组)、提案办理工作先进单位、优秀提案及社情民意信息。

(政协办)

**【常委会议】** 2011年，区二届政协共召开常委会议3次。

二届十五次　1月7日召开。会议审议通过《区政协常委会2011年工作要点》(讨论稿)。会议结束前,区政协主席张阿梅作重要讲话。

二届十六次　4月14日召开，会议由区政协副主席陆凤良主持。常委们视察独蠡湖生态公园、尹山湖二期运动公园、吴淞江科技产业园和出口加工区的建设情况，听取吴中经济开发区管委会李永泉主任关于开发区发展情况的介绍。审议通过有关人事和委员调整事项,增补邱惠萍、杨永康、肖冬梅、朱明强、金雪明、周招媛为二届政协委员;因工作调动,免去贺世成、李青、徐炳良、查伟峰、谈建强、李东二届政协委员职务;免去刘燕山二届政协委员职务。最后,张阿梅主席作总结讲话。

二届十七次　8月3日召开。会议由区政协副主席陆凤良主持。上午,常委们视察金庭观音院、光福铜观音寺和穹窿山上真观等宗教场所的建设情况。下午,常委们集中听取区政府副区长薛明仁就全区上半年度经济社会发展情况的通报;听取区委统战部副部长、区宗教局局长夏健关于区民族宗教工作情况的介绍。听取区政协2个调研组关于“加强圩区建设管理　提升防灾抗灾能力”、“进一步规划提升吴中环太湖创5A景区内旅游酒店和品质”的调研情况汇报，审议通过有关《建议案》。审议有关委员调整事项,增补郑勤、金文渊为二届政协委员。

(政协办)

**【主席会议】** 2011年，区二届政协共召开主席会议10次。

第三十三次会议　2月12日召开。通报2010年度各专委会考核情况,协商讨论2011年《专委会工作百分考核办法》、《基层工委、联系小组百分考核办法》,布置近期工作。

第三十四次会议　2月17日召开。秘书长沈红卫组织集体学习。会议明确重点提案督办领导分工,讨论今年常委会调研课题。

第三十五次会议　3月29日召开。商讨常委会调研课题,布置当前工作。

第三十六次会议　4月8日召开。协商讨论二届十六次常委会的有关事宜。

第三十七次会议　5月25日召开。回顾总结上半年工作、提案督办情况、调研工作等。

第三十八次会议　6月28日召开。明确领导分工,布置当前工作。

第三十九次会议　7月22日召开。传达市政协常委会精神，协商区政协二届十七次常委会议有关事宜。

第四十次会议　11月11日召开。回顾总结全年工作,并就帮扶活动、片会、年终考核等进行布置。

第四十一次会议　12月2日召开。传达市政协会议精神,学习《县区政协要强化四种意识》。

第四十二次会议　12月13日召开。协商确定基层先进单位，决定“政协工作总结会议”等有关事宜。（政协办）

## 议政监督

**【政治协商】** 按照围绕中心、突出重点、与时俱进、开拓创新的工作思路，努力做好服务大局、建言献策、协调关系等各项工作。在“十二五”规划编制中，本着“协商在决策之前”的工作原则，深入了解基层和群众意愿，为编制“十二五”献计献策。专门下发“关于开展我区‘十二五’规划建言献策活动的通知”，发动全体委员结合各自的工作实际、行业特点、专业特长和自身优势，积极建言献策。对全区圩区管理建设和环太湖5A景区内旅游酒店布局等问题组成专题调研组开展全面调查，形成《关于加强圩区建设管理，提升防灾抗灾能力的建议案》、《关于进一步规划提升吴中环太湖创5A景区内旅游酒店布局和品质的建议案》。区委、政府领导对政协提交的提案、建议给予充分肯定和高度评价，分别以文件形式给予答复，要求有关部门认真采纳建议并组织落实。（政协办）

**【强化提案主渠道作用】** 落实提案征集措施，不断完善办理机制，抓学习培训，抓质量提高，抓表彰激励，努力增强提案的组织程度和办理效果。广大政协委员和各参加单位紧紧围绕热点、难点问题，全年收到182件，立案153件。区政府领导十分重视，研究落实提案办理措施，强化办理责任制，加大提案办理领导力度。区政协班子领导督办重点提案，提案委开展提案“回头看”等形式，使建议得到采纳和落实，发挥提案工作反映民意、集中民智、实现民愿的独特作用。（政协办）

**【加强社情民意“直通车”作用】** 积极扩大委员和社会各界的联系，拓展信息搜集渠道，在维护群众利益上报实情、建真言、献良策。把社情民意信息工作列入各专委会、基层工委和各委员联系小组百分考核。通过深入了解民情，充分反映民意，广泛集中民智，社情民意信息量明显提升。全年收到社情民意5条，经过认真办理，妥善解决相关问题。

（政协办）

**【监督视察】** 70多位政协委员被区有关部门和镇（区）、街道聘为特约监督员、特约检查员、行风评议员、党风联络员，委员积极参与对相关部门的政风行风监督检查和民主评议活动，发挥民主监督作用。各基层政协工委、城区委员联系小组分别组织委员赴农贸市场、超市、学校食堂等场所，监督检查食品安全、食品卫生问题；视察学校安保工作，拆迁安置小区的基础设施、环境卫生，社区卫生服务站，农村村庄整治、生活污水处理，企业用工，外来人口管理等问题，向相关部门提出改进意见，发挥政协民主监督的作用。

（政协办）

# 民主党派·工商联·人民团体

## 民进吴中区委员会

**【概况】** 2011年,民进区委新增会员7人,转入2人,转出2人。年末共有会员122名,其中教育界占26.9%,文化艺术界占26.9%,医卫界占15.7%,金融、企业界占17.4%,行政管理占9.7%,法律界占3.5%。提任市政协委员2人,区政协委员(含常委)30人,区人大代表(含常委)4人。 (民 进)

**【议政论坛】** 2011年12月24日,民进区委在苏州金都饭店举行第五次议政论坛活动,论坛的主旨是“惠民生、促和谐”,主题是“创新社区管理模式,巩固城乡一体化成果”。议政论坛共收到调研报告12篇,有8位会员上台议政献言。出席本次论坛的领导和嘉宾有民进苏州市委主委张昕、副主委顾和祥、秘书长廖群,区政协提案委、区农办、区民政局、区文体局等单位领导,以及区委统战部领导。吴中民进全体会员参加活动。2011年3月,《团结报》对吴中民进议政论坛活动进行深度报道。 (民 进)

**【民进区委换届】** 2011年9月18日,在区委党校召开全体会员大会,选举新一届区委会。民进江苏省委副主委徐菊英,民进苏州市委主委府采芹及市委统战部领导,区四套班子领导、区委组织部领导和区委统战部领导,兄弟民进组织、各兄弟党派等有关单位的负责人莅临大会。经过全体会员无记名投票选举,钱鹤平等13名会员高票当选第三届吴中区委委员;钱鹤平连任新一届委员会主委,李卫、金玉明、陆彩霞当选区委副主委,任命钱家荣为秘书长。 (民 进)

**【开明图书室】** 2011年11月1日,民进区委第二家“开明图书室”在香山街道墅里社区文体活动中心正式启用。苏州市政协副主席、民进苏州市委主委府采芹,吴中区政协副主席、民进苏州市吴中区委主委钱鹤平,太湖旅游度假区党工委委员、管委会副主任孙瑜等领导出席。这是继横泾街道尧南社区后第二家民进区委资助建成的社区开明图书室。 (民 进)

**【统战理论学习小组】** 2011年3月2日,统战理论学习小组成立。统战理论学习小组的首要任务是学习统战理论、多党合作理论,上级有关文件,以及有代表性、有影响力的文章等;其次是结合学习,围绕参政党建设,做些力所能及的研究工作,用理论来武装会员头脑。全年,统战理论学习小组多次开展理论学习活动,积极撰写学习心得与理论文章,在《团结报》、《民主》、《江苏民进》、《苏州民进》、《苏州政协》等刊物发表文章20多篇。 (民 进)

**【庆祝中国共产党成立90周年理论学习研讨**

会】 2011年6月28日，民进区委举办庆祝中国共产党成立90周年理论学习研讨会，回顾中国共产党成立史，重点研讨前苏联解体的历史教训。通过学习和研讨深化会员对坚持走中国特色社会主义政治发展道路的重要性和必要性的认识，坚定民主党派发挥参政党作用，更好地推进社会主义多党合作事业再上新台阶的信念。 （民 进）

**【纪念辛亥革命100周年座谈会】** 2011年10月9日，民进区委举行纪念辛亥革命100周年座谈会，缅怀革命先辈为民族独立和国家富强艰苦奋斗的光荣历史，深化对我国社会主义政治制度优越性和走中国特色社会主义道路历史必然性的认识。民进区委思想宣传报道小组和统一战线理论学习小组成员参加了座谈。 （民 进）

**【联合调研】** 2011年，民进江苏省委重点调研课题“社会化服务引领农业合作组织快速发展”，交由民进淮安市委、无锡市委、吴中区委、太仓市总支共同承担。民进区委派出精干力量参与无锡、淮安、太仓的调研，并于11月初，会同民进江苏省委、民进淮安市委、无锡市委、太仓市总支在吴中区进行调研活动。民进江苏省委云建副秘书长出席此次调研活动。在吴中区调研期间，调研组先后走访东山古尚锦碧螺春茶叶专业合作社、横泾水稻专业合作社、木渎镇金星社区股份合作社和长桥街道。通过听取相关介绍，与合作社代表直接交流，深入了解吴中区农村经济合作组织的现状、经验及需解决的问题。调研组还组织召开座谈会，充分了解中共吴中区委、区政府在推进农村股份合作改革中的经验。为课题组形成有分量、有深度的调研报告奠定基础。并向中共江苏省委、省政府建言献策。

（民 进）

**【吴中民进青年志愿队】** 2011年，民进区委成立吴中民进青年志愿队，深入社会实际，发挥青年会员的主观能动作用。7月，青年志愿队走进吴中苑社区，开设法律、养生讲座，开展现场咨询活动。11月，青年志愿队走进郭巷的本色美术馆，为CIID 2011年第二十一届（苏州）年会提供志愿者服务。 （民 进）

**【吴中民进经济界联谊会】** 2011年，民进区委成立吴中民进经济界联谊会。吴中民进经济界联谊会成员主要由企业界、法律界、金融界、民间工艺界、中介界等方面的会员组成。经济界联谊会虽然人员不多、结构简单，但是活力不小、后劲十足。自经济界联谊会成立后，他们在社会服务、参政议政、会员联络、经济发展、管理研讨等方面开展工作，为吴中民进带来活力。 （民 进）

**【送春联进社区】** “进社区，送春联”是民进区委社会服务的一项传统内容。2011年1月24日，民进区委书画界会员在钱鹤平主委、李卫副主委的带领下，到横泾街道尧南社区，进行送春联，送祝福活动。为村民撰写春联近千幅，受到居民的欢迎和各方面的好评。活动期间，苏州市政协副主席、民进苏州市委主委府采芹，民进苏州市委秘书长顾和祥也来到活动现场，慰问正在写春联的民进书画界会员。

（民 进）

## 民盟吴中区总支

**【概况】** 2011年11月，民盟吴中区总支召开第三次盟员大会，进行换届选举工作。赵建明继任新一届总支主任委员，盛林华、袁月英、张文华任总支副主委；戴嘉禾、周钰华、徐芳、张美元、陈刚、宋银林、王健7人任总支委员，总支委员共11人。下设教育、经科、文卫、综合4个支部和文史、法律、民营企业3个工作小组。年内新增盟员5人,至年末,有盟员86人。盟员中有省政协委员1名;市人大代表1名;市政协委员2名(含副主席1名);区人大代表2名;区政协委员21名(含副主席1名、常委5名)。有9名盟员被聘为市、区特约检察员、特约审计员、特约党风监督员、人民法院陪审员等职。民盟总支连续5年获民盟市委"建言献策组织奖";2011年5月,被民盟中央授予"纪念中国民主同盟成立70周年先进集体"称号,2名盟员获民盟省委"先进个人",4名盟员获民盟市委"先进个人"称号。

(民　盟)

**【参政议政】** 2011年,民盟吴中区总支在区政协二届四次全会上共递交集体和个人提案19件,其中《关于我区中小创新型企业创业板上市的建议》、《关于推行居家养老服务集约化运作,提高服务效率和水平的建议》、《关于大力扶持香山郁舍村特色文化产业发展的建议》3件提案被评为区政协优秀提案,后者被列为区政府领导督办提案。另一件《关于保护舟山核雕特色传统工艺村原生态风貌的建议》提案,由省政协委员递交省政协会议(300号提案),被列为省、市政府领导督办提案。其建议被省、市政府所采纳,舟山核雕村得到有效保护。参与区委统战部"建言献策"调研活动,撰写《关于加强越溪船拳非物质文化遗产传承工作的建议》调查报告,所提意见被区委领导所采纳。年内撰写社情民意信息25件,其中:盛林华、张彩萍获民盟苏州市委"社情民意信息工作"二等奖;王健、任建兴、余香华、肖梅、殷人平、李和明获三等奖;有6条信息被民盟江苏省委采用。(民　盟)

**【《吴中盟讯》专刊创办10周年】** 《吴中盟讯》创刊于2002年初,由已故民盟中央主席费孝通先生题写刊名,至2011年底,已创办10周年,共出刊60期,编辑刊出文章约130余万字。10年中,向民盟中央、省委、市委推荐并录用的文章100多篇。其中《中央民盟》1篇,《江苏民盟》22篇,《苏州民盟》40余篇,《苏州政协》、《吴中政协》录用文章30余篇,推荐参加种类征文并获奖文章30余篇。

(民　盟)

**【"建文帝与穹窿山"研究】** 总支文史工作小组以"建文帝与穹窿山"为课题,开展"建文帝出亡隐居穹窿山"的历史考证研究,该研究课题被列为2011年区科技局社会科学项目。胡金楠等文史工作人员,通过研究《明史》,翻阅方志古籍、搜集历史资料、踏勘穹窿山遗址遗迹,并把全国各地"建文帝出亡"学说与"穹窿山说"进行比较后,撰写了《乾隆六游穹窿山三进拈花寺之谜》、《明史关于建文帝的记载自相矛盾》、《朱棣对建文帝长达20年的搜捕》、《两个和尚与建文、永乐两代君主的关系》、《明清以来有关建文帝出亡各地主要学说》、《苏州有关建文帝与穹窿山的记载和遗迹》、《学者报人徐作生认定穹窿山是建文帝的隐居地和葬身地》、《建文帝出亡隐居穹窿山历史还原》、《建文帝后裔隐居苏州之谜》等系列文章。该系列文章得到吴文化研究会的认可,被编入《帝王遗迹,吴地寻踪》一书,由广陵书社公开出版。(民　盟)

**【民主监督,社会服务】** 2011年,9名盟员被聘为特约人民法院陪审员、特约检察员、特约审计员、特约党风监督员的盟员,认真履行职责,参加各项检查、调研和监督活动,发挥参政议政和民主监督作用。民盟总支倡导全体盟员无私奉献社会,按照"出主意、想办法、做好事、办实事"的要求,充分发挥民盟界别和智力优势,突出服务特色,选好切入点,把社会服务工作与参政议政和岗位工作结合起来,开拓思路,努力探索社会服务工作的新方法、新形式、新机制。《关于大力扶持香山郁舍村特色文化产业发展的建议》、《关于保护舟山核雕特色传统工艺村原生态风貌的建议》2件提案，以及《关于加强越溪船拳非物质文化遗产传承工作的建议》的建议，都是通过参政议政的平台，达到了社会服务的目的，深受街道社区和人民群众的好评。年内，先后开展扶贫助学、帮困捐款活动。配合中共市委开展的“共产党员关爱帮扶生活困难群众行动”，捐款共计 8300元。教育、经科、文卫、综合4个支部开展结对帮困助学活动，每年捐助4名助学对象8000余元。还开展医疗保健咨询、花木栽培咨询、挖掘人文资源、撰写系列文章等社会服务。（民　盟）

**【岗位业绩】** 核雕大师宋水官的核雕作品《四大天王》、《十分欢喜》获江苏省艺博杯两项金奖，《八仙寿庆》获中国工艺美术行业协会精品展金奖，《红船》、《十八罗汉》作品被“神舟8号”飞船承载巡游太空，《悠悠》作品入选深圳大运会吉祥物；盛林华、袁月英获民盟江苏省委“先进个人”荣誉称号；周招媛被江苏省名牌事业促进会和工程建设监督管理办公室授予“江苏省优秀企业家”和“江苏省诚信施工企业家”荣誉称号；王巧珍获省“巾帼植绿先进个人”、市“百名优秀创业女性”、区“劳动模范”荣誉称号；张炳元获省总工会“江苏省工会工资集体协商优秀指导员”荣誉称号、参加吴中区首届全民体育运动会，获得成人部机关男子组象棋比赛第一名；周玉珍获市卫生系统“百名医德医风标兵”、区“十大行业巾帼之星”荣誉称号；潘力行发表文章30余篇，出版百篇文集《恬澹养遐龄》、《时时怀念，深深感恩》文章获民盟市委“庆祝中国共产党成立90周年”征文一等奖；胡金楠在省市报刊发表文章30余篇，参与编辑《帝王遗迹，吴地寻踪》，并为该书撰写文章11篇8万余字，由广陵书社公开出版，《民盟，是个奉献的舞台》等2篇文章获民盟市委“纪念中国民主同盟70周年”征文一等奖、二等奖。（民　盟）

# 九三学社吴中区支社

**【概况】** 2011年，九三学社吴中支社新社员发展4名，年末共有社员36人，其中7人担任市、区两级政协委员，4人担任市、区两级人大代表。支社被九三学社江苏省委评为2011年度组织工作先进集体。（九三学社）

**【参政议政】** 2011年，在区政协二届四次全会上共提交提案11件，其中集体提案6件；提交苏州市政协十二届四次全会提案4件；市十一届四次全会建议案1件。平时提交提案4件、社情民意4件，九三市委建议稿1条。2011年支社被九三苏州市委评为2010年度调研（提案）工作先进集体，胡惠萍被评信息工作先进个人二等奖。支社提交的《关于加强对青少年健全人格教育的建议》、《关于加强民营企业经营者培训的建议》被评为吴中区“2010年度优秀提案”得到表彰。参与区委统战部组织的各民主党派联合调研，支社主笔撰写题为《加强种养业生产监管确保农产品质量安全》的调研报告，得到区政府、统战部的好评。（九三学社）

**【组织建设】** 2011年，支社以学习科学发展观活动为契机，组织社员开展学习活动。一是参加各类形式多样的培训班、专题学习会。多次组织社员集中讨论学习中共十七届六中全会精神，学习胡锦涛总书纪在中国共产党成立90周年大会上的讲话，学习丛斌副主席在九三学社全国社会服务工作研讨会上的讲话。组织社员了解并学习杨佳先进事迹。发动社员参加建党90周年暨辛亥革命100周年征文,撰写纪念文章《缅怀先辈 做好人 办好事》,并在九三苏州社讯上发表。参加全国“富得宝杯”社章社史知识竞赛活动,认真开展讨论加强思想建设。支社新发展4名年轻社员(其中一人是吴江市发展的),分别来自农业、医疗、商业及法律行业,拓展了支社成员在社会各个条线上的分布,提升支社的参政议政能力。（九三学社）

**【社会服务】** 支社充分利用人才资源优势,有计划地开展一系列的社会服务活动。施宝兴2011年在木渎成教中心开设《市民网上保健知识讲座》,共70讲,还赴太仓、相城区、临湖、胥口等地开展各类健康咨询、保健知识讲座,听课、咨询人数达千余人。《苏州日报》还专门撰文《九年千场讲座　听众十万人次》报道施宝兴这种退而不休为科普宣传发挥余热的工作热情。（九三学社）

**【岗位建功】** 支社社员大多在单位中是领导和骨干,他们在岗位刻苦钻研、不断创新,为吴中区发展作出自己的贡献。施宝兴2011年撰写的2篇文章《警惕生物钟危险时刻》、《大寒谨防脑供血不足》刊登在《健康》杂志上;钱宏法获得2010年度苏州市结核病防治工作先进个人,并担任苏州医学会呼吸专业委员会第二届委员,在《临床肺科杂志》上发表医学论文,2011参加中华医学会第十二次全国呼吸病学术会议交流;朱彩萍获得本年度江苏省第二次R&D资源清查先进个人;严勤荣获区级机关妇女读书心得三等奖,所撰《只要心灵不卑微,只要心中有信念——答〈我们的日子为什么这么难〉》一文获吴中区纪念建党90周年主题征文比赛一等奖;朱同清3项发明申请国家专利;张文波9月出版著作《钢铁行业废水处理技术与工程案例》,他的事迹被《中国报道》杂志2011年度11期,以《环保事业的创新者——记苏州市创新净化有限公司董事长》为题作了报道。（九三学社）

# 吴中区总工会

**【概况】** 2011年,全区建会2118家,为全年任务的132%,全区规模以上企业普遍建立工会。其中,独立建会189家,完成全年任务的114%,覆盖建会1923家,完成全年任务的134%,新增会员82565人。全区21家建会难点企业建会20家,世界500强辉瑞制药有限公司进入筹建阶段。2011年,吴中区总工会被苏州市总工会评为工会组建工作优胜单位。（总工会）

**【宣教工作】** 2011年,培育区级职工读书站26家,三洋能源(苏州)有限公司职工读书站被评为国家级示范点、江远热电公司职工读书站等8家单位被评为苏州市级示范点。开展“送知识、送文化下乡”活动;组织开展“十二五”规划知识竞赛。选送江远热电公司职工合唱队参加市总组织的“工人阶级跟党走”主题歌会,荣获三等奖。区总选派3名选手参加“新苏州人”歌手大赛,吴中集团马源捷荣获金奖。苏州腾飞精密机械有限公司陆培荣等10人被评为苏州市非外资企业在职职工“健康明星”。全年编辑《吴中工会信息》20期,在《江苏工人报》、《苏州日报》、省总网站等平面媒体发表文章58篇。区总工会被评为江苏省新闻舆论先进集体。（总工会）

**【维权机制建设】** 2011年,全区4646家企业签订工资集体协商专项合同,为全年任务的105.5%,其中独立建会企业签订专项合同1272份,为全年任务的101.9%、签订区域专项合同137份涵盖3374家企业,为全年任务的106.9%。百人以上职代会522家,为全年任务的112%。区总工会被苏州市总工会评为工资集体协商工作优胜单位。信音电子(中国)有限公司等26家企业为2010年度劳动关系和谐企业。苏州新华美塑料有限公司等11家企业被评为苏州市2010年度劳动关系和谐企业。三洋能源(苏州)有限公司成为江苏省第三批模范劳动关系和谐企业。区总全年参与10起群体性劳资纠纷处理,接待职工信访36件次。区总工会获得2006~2010年度全市法制宣传教育先进单位。（总工会）

**【扶贫帮困工作】** 2011年，区总为66名特困职工发放《特困职工救助证》。为特困职工发放生活救助金24.84万元，发放物价补贴共计2.75万元。为21名临时救助对象发放5.3万元。帮扶中心共接待上访职工30人,解决困难职工各类纠纷10多起。开展以“心系职工情,温暖进万家”为主题的元旦、春节送温暖活动。区总工会共慰问走访困难职工333名,送温暖资金共计35.57万元；走访慰问困难离退休职工131名,发放慰问金共计15.65万元;为131名特困职工等家庭子女发放助学金13.07万元。帮扶中心全年共计发布19场招聘信息,提供招聘摊位175个,提供招聘岗位达4185个。区总机关党员干部与21名困难职工进行“一对一”帮扶,发放帮扶金2.46万元。（总工会）

**【劳动竞赛和生产保护】** 2011年，全区职工“创新促发展、建功十二五”劳动竞赛启动。举办吴中区第四届“吴中市容环卫杯”和吴中区动漫行业劳动技能竞赛等活动。全区各级工会组织职工提合理化建议5230条，实施1108条,产生经济效益6700万元。深入开展“工人先锋号”活动。苏州穹窿山景区开发有限公司、苏州和诚汽车销售服务有限公司、苏州少士电子科技有限公司、吴中区公共汽车有限公司等8家单位获得苏州市“工人先锋号”称号。区总加强对各类企业安全生产、劳动保护工作的监督检查，参与处理死亡事故15起,死亡人数15人;参与6月份“安全生产月”的版面宣传和现场咨询活动。全年签订劳动安全卫生专项集体合同466家。开展“安康杯”竞赛活动。苏州吴中供水公司生产设备部被评为全国“安康杯”竞赛活动优胜班组;苏州江南航天机电工业有限公司被评为江苏省“安康杯”竞赛优胜企业;藤兴工业有限公司成型车间设备小组被评为苏州市“安康杯”竞赛优胜班组;吴中区总工会被评为苏州市“安康杯”竞赛组织工作优秀单位。（总工会）

**【劳动模范管理】** 认真做好各级劳动模范先进的推荐评选工作。评选2008~2010年度吴中区劳动模范60名，江苏省劳动模范7名，苏州市五一劳动奖章5名，苏州市五一劳动奖状1家,全国五一劳动奖章1名。为92名劳模发放“三金”84.31万元;为333名劳模发放荣誉津贴及医疗补贴总计20.3万元;为73人办理补充养老保险;为60名区级劳模办理吴中区免费游园证；为吴中区所有劳模办理“吴中区劳模就医优先证”；为5名困难劳模提供临时救助,共计11000元;为33名特困劳模提供1500~2000元不等的经济补助。区总工会与中国光大银行苏州分行召开吴中区企业界劳模金融服务对接会，为中小企业营造良好的融资环境，得到各级领导的高度重视和劳模企业的普遍欢迎。（总工会）

## 共青团吴中区委员会

**【概况】** 2011年末，全区发展新团员3682名，超龄离团、出团943名。申请入党团员1864名。各基层团组织“推优”400名,其中经“推优”入党245名,年末全区基层团(工)委40家,其中乡镇、街道团(工)委18家(含开发区、度假区团工委),学校团委12家,企业团委2家,区级机关团(工)委8家。共辖支部

822 个(含团总支 93 个),团员 40864 名。区青年联合会有委员 123 名,有区级机关青联、财政青联、审计青联、经信青联、木渎镇青联等 5 家团体会员。吴中区少先队工作委员会下辖中学少先队大队部 18 个,小学少先队总部 31 个。 (团区委)

**【纪念五四运动 92 周年】** 举办纪念五四运动 92 周年暨吴中区团员青年风采大赛活动。活动加入青年喜闻乐见的时尚元素，烘托别开生面的舞台效果，有效结合广大青年的兴趣点。活动现场同时启动“挥洒银豪,点染彩墨——迎建党 90 周年 T 恤涂鸦大赛”,以“青年志愿者”、“纪念建党 90 周年”、“吴中明天更美好”3 个方面为主题，把广大团员青年对党和家乡的热爱以涂鸦的形式展现出来,累计收集到涂鸦作品 200 余件。 (团区委)

**【纪念少先队建队 62 周年】** 团区委、区少工委在全区广泛开展纪念少先队建队 62 周年暨“小小民间工艺师”主题活动,号召全区少先队员学习优秀传统文化、继承民间精湛工艺。在建队节期间举行“爱心涌动·吴韵飞扬——小小民间工艺师爱心义卖”活动,组织少先队员们将自己制作的工艺品进行集中义卖,所得款项全部纳入区青少年爱心基金,专项用于资助贫困学生。 (团区委)

**【非公经济组织团建】** 团区委始终坚持“基层第一、重心下移”原则,探索工作规律,创新运行机制，激发全区各级团组织和广大团员青年的工作热情，开创党建带团建工作新局面。全面开展规模以上非公经济团建工作,摸清工作底数、确定工作对象、明确工作目标,为实现规模以上非公团建的全覆盖打下坚实基础。 (团区委)

**【乡镇、街道团的组织格局创新工作】** 按照上级团组织的统一部署,目标一致,全面推进各个环节工作落实。全区各镇、街道组织格局创新工作的各项任务于 9 月底前顺利完成,编外副书记的选拔聘任工作同步结束。全区新增镇、街道编外副书记 39 名。组织格局创新工作开展以来，全区基层团组织体系更加完善,力量更加充实,服务团员青年能力显著提高,创造力、凝聚力、战斗力显著增强,镇、街道团(工)委在基层团建中的桥头堡作用进一步凸显。 (团区委)

**【区青联换届】** 2011 年,团区委、区青联积极抓好换届筹备工作,及时下发《关于提名推荐苏州市吴中区青年联合会第三届委员会委员的通知》,展开委员推荐审核,将工作做在前面,将重点抓在前面,将压力放在前面,扎实有序推进青联换届工作。10 月 27 日,区青联第三届委员会第一次全体会议顺利召开,选举产生了新一届常委、主席、副主席,圆满完成各项既定议程。 (团区委)

**【“青春加油站”——吴中青年素质提升工程】** 按照“分类别、全覆盖、重提升”的总体思路,结合前期开展的调研摸底情况，团区委在全区开展“青春加油站——青年素质提升工程”,用 3 年时间对全区外来务工人员、学生、机关、社会闲散人员、企业职工等青年群体进行多种形式、多种层次的综合素质提升培训。一年来,累计受益青年数千人,初步构建起团组织推进青年就业创业的工作体系，实现各类青年群体“在培训中覆盖、在覆盖中引导、在引导中提升”的目标任务。 (团区委)

**【青年企业家商会建设】** 为顺应全区经济社会发展需要和青年企业家的自身需求，团区委联合区工商联于 2010 年底成立区青年企业家商会。青商会现有会员单位 34 家,总注册资金逾 8 亿元人民币。2011 年,通过开展山西孝义考察交流、“税企心桥、携手青商”、韩国西全州青年会议所交流访问、企业人力咨询现状调查等各类活动,青商会的组织活力、青年企业家参与社会服务的意识、青年企业家在全区经济社会发展大局中的贡献都得到了增强。 （团区委）

**【团干部队伍建设】** 完善团区委机关管理制度,切实转变作风改进效能,努力创建学习型机关。邀请市反贪局局长朱宏军,就如何做好团干部的反腐倡廉工作在基层团委书记培训班上作专题讲座。邀请市委党校教授方伟和区青商会会长张成,分别以“党的光辉历程和历史启示”、“青年成长成才的几点思考”为题，为全区 200 名基层团支部书记作关于党史教育和青年成长的专题辅导。根据省、市团组织有关要求,在全区团干部中开展“青春邀约、携手成长”基层大走访活动,团区委机关全体成员每人挂钩 1 个联系点和 5 名团员青年，各基层团组织积极开展相应的挂钩联系工作,进一步建立健全团组织联系基层、青年的长效机制。 （团区委）

**【青少年维权工作】** 2011 年，区财政首度将预防青少年违法犯罪工作经费纳入预算。区综治委将未成年人零犯罪社区创建工作情况纳入对镇、街道的综合考评。团区委以弱势群体青少年和农民工子女为主要对象，以团组织和志愿者组织为主要力量,大力推行“1+1”结对帮扶活动。积极开展 “共青团与人大代表、政协委员面对面”活动,建立健全经常性的联系交流机制，进一步营造关爱青少年健康成长的社会氛围。 （团区委）

**【志愿者行动】** 团区委坚持面向社会、面向大众的志愿服务理念，积极动员全区青年志愿者参与各类志愿服务活动。在全国文明城市复评迎检过程中，配合区文明办组织数百名志愿者走上街头开展交通协勤服务;3 月 5 日，统一组织青年志愿者服务团队和青年文明号集体赴横泾街道尧南社区,开展“创先争优我先行、和谐社会我服务”大型学雷锋志愿服务行动;围绕全区党政中心工作,积极承接广场文化月月演、区全民运动会等志愿服务活动,累计服务近 300 人次。 （团区委）

**【“爱心护航”助学行动】** “爱心护航”助学行动旨在大力弘扬扶贫济困人道主义精神,关注贫困学生,定期向来自全区各乡镇、街道的 16 名贫困少先队员发放助学款和学习用品。在定向捐助的同时,还通过上门慰问等方式,将少先队组织的温暖传递到孩子的心中,进一步营造积极向上、温馨健康的活动氛围。

（团区委）

# 吴中区妇女联合会

**【概况】** 2011 年末,全区有乡镇妇联 7 个(甪直、光福、胥口、木渎、临湖、东山、金庭),街道妇工委 8 个(长桥、郭巷、横泾、香山、苏苑、龙西、城南、越溪),度假区、开发区、穹窿山风景管理区妇工委各 1 个,区级机关妇工委 1 个,系统党委妇委会 13 个,村、社区妇代会(妇联)170 个。区妇联先后获得 2011 年度《中国妇女》宣传工作先进单位、2011 年度《莫愁》杂志宣传工作先进单位、2008 ~ 2010 年度吴中区文明单位、区级机关 2011 年度“服务经济、关注民生”创新工作先进单位。 （妇　联）

**【三八节庆祝活动】** 3 月 7 日，在区委党校召开庆祝“三八”妇女节暨吴中巾帼创先争优事迹报告会。区委书记俞杏楠出席大会并作重要讲话。大会表彰吴中区 10 名“巾帼建功”标兵及 25 名先进个人,并由“巾帼建功”标兵代表进行事迹演讲。同日下午,在苏苑饭店举行“春意满吴中·巾帼展芳菲”——吴中区各界妇女庆“三八”联欢会。区长金洁、区委副书记孙卓、区委宣传部部长乐江、人大常委会副主任崔王卡珈、副区长周晓敏出席联欢会。区女干部联谊会、女企业家联谊会、女性发展研究会、女大学生村官联谊会会员以及吴中区各界妇女代表共230多人参加联欢活动。（妇　联）

**【“双学双比”活动】** 继续推进妇女小额担保贷款工作，印制2万份妇女小额贷款宣传手册，下发至各村、社区，及时把政策宣传到位。加强“巾帼创业就业实践基地”建设，木渎镇苏州市双凤服饰有限公司、东山镇苏州鑫叶自动化设备有限公司入选市妇联命名的首批“巾帼示范来料加工基地”。苏州恒升机械有限公司、胥口镇苏州日中天化纤有限公司两家单位入选市妇联命名的第三批苏州市“巾帼就业创业实践基地”。建立吴中区“好勤嫂”家政服务中心，开展妇女创业就业培训，提供推荐就业、指导创业、就业创业后续跟踪等一条龙服务。（妇　联）

**【“巾帼建功”活动】** 举办吴中区“‘三八’架金桥·春风送岗位”女性招聘专场，组织87家单位进场招聘，提供2785个岗位，初步达成就业意向300余人。抓住2011年“巾帼建功”活动20周年契机，开展“巾帼建功”先进个人评选表彰活动，培树省级先进1名，市级3名，区级标兵10名、先进个人25名；围绕“吴中巾帼展风采 创先争优建新功”主题举办吴中巾帼创先争优事迹报告会，由“巾帼建功”标兵代表进行事迹演讲，宣传优秀妇女典型；规范“巾帼文明岗”的动态管理，制定下发《吴中区“巾帼文明岗”管理办法》，在全区开展“巾帼文明岗”自查自检工作，至2011年底，共建成区级以上“巾帼文明岗”144只，其中全国级1只，省级16只，市级28只，区级99只。（妇　联）

**【“和谐家庭”创建活动】** 实施“家庭文明”工程，在“5·15”国际家庭日期间举行“让吴中明天更美好”广场宣传活动，宣传家庭文明常识；邀请苏州市“和谐家庭乡村(社区)行”活动专家志愿者开展文明礼仪、科学家教以及和谐家庭建设等各方面知识培训。在全区开展“孝儿女”寻访活动。藏书中心小学姚雪芳获得“宁波银行·感动苏州”十大孝儿女提名奖，并与其他7名孝儿女共同获得苏州市“百名孝儿女”荣誉称号。全区6户家庭荣获第三届苏州市“和谐家庭”荣誉称号。与区纪委、区委组织部联合举办领导干部家属培训班，向干部家属发放《廉洁在家庭和谐在吴中》倡议书、《农村基层干部廉洁履行职责若干规定(试行)》手册，组织“家庭助廉”承诺签名仪式和听取廉政教育专题讲座。（妇　联）

**【“十一五”终期评估工作和“十二五”规划编制工作】** 3月28日，召开妇女儿童“十一五”发展规划终期评估工作会议，卫生、教育、民政等成员单位完成各自的终期评估，妇儿工委办根据统计监测评估报告及各成员单位总结形成区妇女儿童“十一五”规划的终期评估报告，顺利通过苏州市“十一五”发展规划终期监测评估工作。开展“十二五”规划编制工作。（妇　联）

**【维护妇女儿童权益工作】** 利用三八节、“5·15”国际家庭日、“6·24”农民工法制宣传日、“12·4”全国法制宣传日等时机，开展形式多样的法律宣传及咨询活动，发放宣传资料4500余份，开展劳动保护专项检查，检查企业17家，涉及女职工4825人。成立区镇两级婚姻家庭纠纷人民调解委员会，聘请专、兼职调解员负责调处全区婚姻家庭矛盾纠纷调解工作。加强“维权示范岗”建设，推动基层派出所和村居警务室全面建立“家庭暴力投诉站”，逐步健全完善“大调解”机制。热心接待妇女来信来电来访 40 余件，办结率达 98%以上。系统开展全区贫困单亲母亲现状调研，形成调研报告，提出对应措施。充分发挥特困妇女儿童救助专项资金作用，为 102 户单亲特困母亲家庭、特困妇女“两癌”患者、特困家庭共发放慰问金 65000 元。“六一”期间，为 18 家学校和幼儿园总计送去慰问金 30000 元，并重点走访吴中社会福利中心。开展“8·26 帮困助学行动日”活动，全区 3 位少年荣获苏州市儿少基金会第三届“十佳自强少年”称号。

（妇　联）

**【巾帼志愿服务活动】** 加强“爱心妈妈团”、“维稳妈妈队 ”等巾帼志愿组织的建设。2011 年，区“爱心妈妈团”作为优秀女性集体入选苏州市创先争优优秀女性先进事迹报告团，在苏州市城乡进行巡回演讲。苏苑街道南区社区获得苏州市巾帼志愿服务示范社区称号，区“爱心妈妈团”获得苏州市巾帼志愿服务示范队称号。角直水乡艺术团获 2010 年度“全国妇女健身示范站点”殊荣。为全区巾帼志愿者队伍制作统一的队旗、胸章和帽子，并按照规范化、制度化要求对各镇、区、街道成立的巾帼志愿者队伍进行登记，建立档案，统一管理。

（妇　联）

**【未成年人思想道德建设】** 深化区妇女儿童活动中心、村（社区）家长学校、小公民道德实践基地等平台建设。5 月 15 日至 21 日全省家庭教育周期间，启动区“科学家教进万家”活动，组织专家为全区机关女性以及基层妇女群众讲授科学家教相关知识，并征订《给你一只金手指——父母教子百问百答》等科教读物赠发全区各村、社区“妇女儿童之家”。六一儿童节期间结合庆祝建党 90 周年，在区妇女儿童活动中心举办以“党是阳光我是花”为主题的迎“六一”吴中少儿围棋赛和儿童才艺展示活动。

（妇　联）

**【区妇联系统换届选举工作】** 全区基层妇女组织完成换届选举，达到村（社区）妇代会主任（妇联主席）100%进两委的目标。9 月 6~7 日，吴中区妇女第三次代表大会隆重召开，来自全区各行各业，各条战线的 245 名妇女代表参加会议，区四套班子主要领导和市妇联领导出席会议。大会审议并通过吴中区妇联第二届执行委员会提交的工作报告，选举产生了由 37 名委员组成的区妇联第三届执行委员会，三届一次执委会选举出由 11 人组成的区妇联常务委员会，其中主席 1 名，副主席 2 名，常委 8 名，主席唐华琴，副主席顾向明、顾娟英，表彰 20 个吴中区“三八”红旗集体和 20 名“三八”红旗手。

（妇　联）

**【自身建设】** 加强作风效能建设，开展“吴中明天更美好”主题教育实践活动，召开“七一”专题会议传达区第三次党代会精神，深入推进机关作风效能建设“521”活动，到结对的村、社区、企业走访，送服务下基层、进企业。继续推进争创“学习型”妇女组织活动，对全区新任妇代会主任、妇联主席进行集中业务培训。举办“唱支山歌给党听——吴中区各界妇女纪念建党 90 周年”红歌会，创办《吴中区女干部联谊会会刊》。有序推进“妇女儿童之家”项目建设，建成区级“妇女儿童之家”示范点 27 个。临湖镇湖桥村已建成省级示范点，并被江苏省妇联授予“江苏省妇联基层组织建设示范村”荣誉称号。木渎镇西跨塘村建成市级示范点。木渎镇天平村获得全国妇联授予的“全国妇联基层组织建设示范村”荣誉称号。

（妇　联）

## 吴中区科学技术协会

**【概况】** 2011 年末，区科协组织有区级学会（协会、研究会）24 个、乡镇科协 7 个、街道科协8个,穹窿山风景管理区科协1个、厂矿科协5个、会员数8000人。区科协围绕《全民科学素质行动计划纲要》及吴中区“山水苏州·人文吴中”的目标和“走进太湖时代”的发展战略,以创建新一轮“全国科普示范区”为核心,以实施“村(社区)科普益民计划”为重点,大力推进全民科学素质和“科技兴农富民”两大工程建设,进一步加强科学普及、学术创新、人才服务和自身建设,切实履行工作职责,为推动“吴中明天更美好”作出新的贡献。

(科　协)

**【科协第三次代表大会】** 2011年11月28~29日,区科协第三次代表大会胜利召开,共有200多名正式代表和特邀代表出席大会,区委书记俞杏楠、苏州市科协主席纪顺俊出席大会开幕式并作重要讲话,为区科协今后5年工作指明方向。(科　协)

**【第十一届科普宣传周活动】** 5月16日,吴中区第十一届科普宣传周开幕式在城南街道阳光水榭生活广场隆重举行。区委宣传部、区科协、区科技局、区文体局、区卫生局、城南街道等49个科普宣传周协调小组成员单位领导,有关学会(协会)会长、秘书长,乡镇(街道)科协主席、秘书长和群众1000余人参加开幕式。区政府副区长焦亚飞、市科协副主席张亿锋出席开幕式并亲临活动现场。区卫生局、区农林局等27个科普宣传周协调小组成员单位的90多名医务专家和科普工作人员以及科普志愿者、惠民服务志愿者为群众进行科普宣传、现场咨询、义诊赠药和电器维修等服务。现场共提供各类实用教材118多种22050份;内科、外科、妇科、儿科、皮肤科、五官科等科室的20名医务专家为300多名群众义诊,免费发放近60种价值1万元的常用药品。同时展出科普宣传板面87块。结合科普宣传周“发展新产业、建设新城区、集聚新人才”的活动主题,区科协共发动16个镇(街道)、科协及穹窿山风景管理区科协、24个学会(协会)、33个局机关、全区中小学共同参与。全年共组织开展各类科普活动236场次。其中:大型主题科普宣传活动15次、科普一条街宣传活动10次、科普文艺演出8场次、播放科普电影62场次、科普知识竞赛50场次、科普知识讲座80场次、农民实用技术培训11场次。展出各类宣传展板400块、发放各类科普宣传资料6万份、悬挂宣传横幅80条。(科　协)

**【实施“村(社区)科普益民计划”】** 2011年,区科协开展“2011~2015年度全国科普示范区”创建迎检工作。根据中国科协与省科协通知要求,对照新一轮创建标准(4个方面19条)全面完成自查、材料上报工作,筹备好台账资料,做好迎检各项准备工作,并顺利通过“全国科普示范区”复查验收。5月30日,吴中区被中国科协命名为2011~2015年度全国科普示范区。通过新一轮“全国科普示范区”创建工作,全区科普的软硬基础条件有了显著提升,但对照“村(社区)科普益民计划”的标准要求还存在一定的差距。为此,区科协结合“全国文明城市”复评迎检工作,对村、社区必须建有村(社区)科普惠民服务站、科普学校建设、科普协会、科普场馆、1000册以上科普图书及300部科普影片的放映点、10米以上科普画廊、20人以上的科普志愿者队伍等标准要求以文件形式下发至基层科协组织,同时召开全区科协秘书长会议进行具体部署,着力打造村(社区)公共服务新平台。区政府实事工程“吴中气象科普业务中心”落成开业,增强吴中中心城区的科普服务能力,成为市民积极参与科普休闲活动的场所。

(科　协)

**【科普示范单位建设】** 2011年,坚持以街道、社区科普工作、科技教育特色学校和科普教育基地创建成为重点，加强基层科普基础工作。穹窿山万鸟科普园项目占地120亩、投资3000万元,建有鸟类标本馆,以技术为依托将自然融于建筑之中,园内有150种1万只鸟。8月12日，苏州市科协党组书记、主席纪顺俊,副主席张亿锋、柏京红一行在吴中区科协主席陆建华的陪同下赴穹窿山风景管理区调研指导科普工作。听取穹窿山风景管理区党工委书记姚东对景区全力打造科普馆——万鸟园的场馆建设汇报，并实地视察正在装修布展的万鸟园，对该馆的建设及其科普功能给予高度肯定。城南街道顺利通过市级创建,被命名为第四批苏州市科普文明示范街道。郭巷街道科协召开第二次代表大会，进行换届选举工作。吴中区医学会、财政会计学会、计划生育协会、环境科学(产业)协会、交通运输行业协会相继换届。区科协会同区教育局联合组织开展“吴中区第三批科技教育特色学校”申报创建工作,全区有5所学校申报创建。根据江苏省、苏州市科协、市教育局开展青少年科技教育特色工作的有关精神要求,结合全区幼儿教育实际情况,区科协、区教育局联合启动创建首批区级“科技教育特色幼儿园”试点命名工作。并推荐基础好、有带动辐射作用的区级“科技教育特色幼儿园”,申报创建市级“科技教育特色幼儿园”。度假区中心小学和长桥中心小学被命名为“苏州市青少年科技教育特色学校”。 (科　协)

**【科技“兴农富民”工程】** 2011年,组织开展农民实用技术培训56期，培训农民0.6万人次,发放培训技术资料1万余份,顺利完成全年农民实用技术培训任务。区科协通过走访调研,推荐江湾水生蔬菜基地申报参加“全国科普惠农兴村划优秀项目”评选。区科协会同全国、省、市科普惠农项目单位研究如何进一步发挥优秀项目的科普教育功能。金庭秉常村批杷基地占地3000亩,加紧建设青种批杷种质资源基因库和科普教育馆，为吴中区中小学生综合实践学校的校外科普教育基地。推荐苏州市吴中区洞庭山(山)碧螺春茶业协会为全国先进农技协。甪直镇江湾车坊水生蔬菜基地被评为“江苏省科普惠农兴村计划”优秀项目,获得奖补资金6万元。 (科　协)

**【科技学术交流】** 积极发动学会(协会)组织申报苏州市“厂会协作”项目。畜牧兽医学会、麻风学会和临湖镇科协共申报了4个项目参加苏州市优秀“厂会协作”项目评审。通过各级科协组织的宣传发动，共征集到全区科技论文140篇,其中84篇入选《苏州市吴中区优秀论文汇编(2009～2010)》。2011年,区老科技工作者协会会长张振雄撰写的《加强开发管理,促进光福旅游业发展》调研报告被中共市委政策研究室《决策与参考》第9期录用,并得到省委常委、市委书记蒋宏坤的重要批示。长桥中心小学校长高全荣被评为“2006～2010年度江苏省全民科学素质工作先进个人”。吴中集团欣凯制药有限公司首席执行官肖飞获得“苏州市第三杰出人才奖”。区科协推荐的国家级舟山核雕工大师宋水官和苏州康艺石材饰品有限公司董事长蔡云娣、碧波实验小学科技老师曹明刚入选“2011年新一轮区级专业技术拔尖人才库”。同时推荐苏州卡泰克电子科技有限公司董事长林峰、苏州振吴电炉有限公司董事长朱兴发、苏州太湖国家旅游度假区中心小学校长唐锦华等3人参加“2011年度苏州十佳魅力科技人物”评选。 (科　协)

**【青少年科技教育活动】** 一是组织区有关学校参加2011年“白象湾杯”苏州市中、小学生航海模型比赛开赛。郭巷中学团队参加县市初中A组直线航行、直线竞速、电动遥控艇竞速等六个项目的比赛，囊括所有单项团体第一名,获得该组综合团体第一名。二是吴中实验小学科普实践活动基地在吴中气象业务科普中心挂牌,推动气象科普进学校,创新科普形式和内容,把气象科普工作提高到一个新的水平。三是长桥中心小学举行“超级月亮”知识讲座暨苏州市星星联盟俱乐部第四届轮值活动的启动仪式。长桥中心小学高全荣校长介绍学校天文特色教育的情况。邀请苏州天文学会资深理事丁震就“超级月亮”成因、月球对地球运动等的影响作精彩的讲座。四是苏苑高级中学两位高一学生在市教育局、市科协联合主办的首届“恒久杯”苏州市中学生“科技吉尼斯”挑战赛的跨越长河(纸桥承重)项目高中组的比赛中因优异成绩独占鳌头,被授予“苏州市中学生科技吉尼斯之星”称号。五是承办在区宝带小学举办的2011年“我爱祖国海疆”苏州市青少年航海模型比赛活动。　(科　协)

## 吴中区工商业联合会

**【概况】**　2011年末,区工商联(商会)共有各级基层、行业组织22家,其中:基层商会14家,行业商会8家。全年新增会员149个,会员总数1478个。其中:企业会员1400个,团体会员20个,个人会员58个。担任市、区两级政协委员70人,市、区两级人大代表34人。苏州电器科学研究股份有限公司、苏州安洁科技股份有限公司2家民营企业成功上市。江苏吴中集团在2011中国民营企业500强中位列344位。苏州东瑞制药有限公司荣获“江苏省民营企业纳税大户”;江苏吴中集团有限公司、苏州市格瑞特人力资源有限公司、苏州万丽织造有限公司荣获“江苏省民营企业就业先进单位”。苏州电器科学研究院股份有限公司院长胡德霖获2011年度苏州市科技创新创业市长奖。江苏吴中集团、苏州电器科学研究院股份有限公司被认定为“2011年度苏州市地标型企业”;苏州天马精细化学品股份有限公司、东山精密制造股份有限公司、苏州市双马机电有限公司、苏州皇家整体住宅系统股份有限公司、苏州康民医药有限公司荣获“2011年度苏州市优秀民营企业”;苏州皇家整体住宅系统股份有限公司董事长倪竣、苏州电器科学研究院股份有限公司院长胡德霖、苏州三基铸造装备股份有限公司董事长许善新、苏州天马医药集团董事长徐仁华、苏州市吴中区东吴建筑有限责任公司董事长平小发、苏州华成汽车贸易有限公司董事长蒋元生荣获“2011年度苏州市优秀民营企业家”。苏州天绿生物制药有限公司、苏州东源天利电器有限公司、苏州电器科学研究股份有限公司荣获“吴中区2011年度科技创新先进企业”;赛维LDK太阳能高科技(苏州)有限公司荣获“吴中区2011年度优秀出口企业”;苏州市江远热电有限责任公司?、江苏神王集团有限公司荣获“吴中区2011年度节能减排先进企业”;呈辉工艺文化城(中国)有限公司、苏州市宝成实业有限公司荣获“吴中区2011年度优秀文化企业”;苏州药明康德新药开发有限公司、苏州电器科学研究股份有限公司荣获“吴中区2011年度国际服务外包先进企业”;苏州电器科学研究股份有限公司、苏州环球集团有限公司　、泰怡凯电器(苏州)有限公司荣获“吴中区2011年度名品名牌企业”。　(工商联)

**【参政议政】**　“两会”期间,工商联界人大代表、政协委员围绕区委、区政府的中心工作和社会热点问题,积极撰写议案、提案。工商联界人大代表共提交议案5件,政协委员提交提案25件,其中,《关于整合旅游资源,加大我区对外宣传力度的建议》被列为区政府重点督办提案,《关于加快推进我区民营企业做强做大的建议》、《关于扶持中小企业科技创新的建议》被列为区政协重点督办提案。利用“1010工程—建言献策直通车”，及时反应企业意见，积极为会员企业排忧解难，其中，《关于有效促进吴中餐饮企业上等升级，不断提升吴中环太湖地区旅游品质知名度的建议》、《关于缓解东环快速路南延、南环快速路西延（吴中区段）工程施工对沿线汽车4S店经营影响的报告》、《关于保持吴中区房地产市场稳定发展的报告》为促进行业健康发展起到积极作用。参与区政协对环太湖旅游宾馆餐饮行业的调研，形成《关于进一步规划提升吴中环太湖创建5A景区内旅游酒店布局和品质的调研报告》。围绕产业转型专题，成立专项调研组，分别就“加快我区传统产业转型升级”、“当前民营企业用工和人才队伍建设情况”和“中小企业面临的困难和问题”进行深入调研，提交专题报告。其中，《吴中区民营企业人力资源现状和对策》得到区委区政府高度重视。医药、餐饮、羊毛衫、舟山核雕等商会（协会）也分别围绕促进行业发展等主题开展专题调研。积极参与苏州市民营经济发展报告调研工作，组织对镇（街道）民营经济和部分企业发展的专题调研，完成《东山镇民营经济发展报告》、《光福镇民营经济发展报告》和《苏州华成汽车贸易集团有限公司发展报告》。（工商联）

**【组织建设】** 加强组织网络建设。完成区餐饮业商会的换届工作；完成越溪商会组建工作；组建成立城南商会，实现基层商会组织的全覆盖。理顺开发区商会组织架构。结合全区实际，注重探索异地商会组织建设。组建全区首家异地商会——吴中区云和商会。加大非公经济代表人士选拔培养力度。按照《章程》要求，10月26日，召开第三次会员代表大会，圆满完成换届选举工作，一批政治素质好、对社会贡献大、企业经济效益好、社会责任意识强、热心工商联工作的非公经济代表人士进入到新一届工商联执委会班子。（工商联）

**【人才培育】** 根据区委、区政府《关于进一步推进吴中人才计划的若干意见》，联合区人才办、经信局研究制定《吴中企业经营管理人才素质提升计划实施办法》，明确吴中企业人才培训工作10年的计划目标、培训原则、范围、条件、基地和经费，建立“政府增加投入、企业积极参与”的企业经营管理人才投入机制。11月，会同区经信局组织15名企业家赴美国斯坦福大学培训，推荐2名企业家参加市工商联组织的浙江大学高级研修班。青商会开展“人力资源管理”专题培训；胥口镇商会参加由苏州市经济和信息委员会举办的“第三届创业家峰会”专场培训班；苏州环球集团与徐州师范大学签订人才培养战略合作协议，进一步提升企业竞争力。（工商联）

**【服务会员】** 2011年，以落实区民营经济发展联席会议制度为主要内容，探索建立政企合作机制。分别与区人社局、工商局、地税局深化对口联系内容，加强与区发改局联系沟通，拓展帮助企业解决用电、用工等实际困难的方法与途径。郭巷商会、临湖镇商会分别联合人社部门举办高校毕业生招聘会；房地产商会与政府相关职能部门举办政企对话座谈，帮助房地产企业解决实际问题。优化银企合作平台。通过加强与建设银行、民生银行等金融机构的合作，探索构建银企合作长效模式。5月、12月，区工商联分别与吴中建行、民生银行吴中支行召开银企对接洽谈会和联谊会，就建立银企双赢机制，进行沟通协商；组织民生银行与云和商会举行授信签约（授信8000万元）；长桥商会与兴业银行苏州分行举办银企对接会，帮助中小企业解决融资难题。优化法律服务平台。以区民营企业法律服务站和“纳税人之家”为基础，建立法律服务体系，根据会员企业实际需求，定期开展多种形式的座谈会、咨询会、法律培训等活动;在餐饮、宾馆、医药、汽车等行业商会建立“吴中地税局维权服务中心行业商会分中心”。参与“劳动关系三方协调机制”活动,开展“劳动关系和谐企业”评比,在餐饮、宾馆、医药、汽车、机电、房地产等行业商会建立“行业劳动争议调解委员会”。医药行业商会组织开展“预防和协调劳动争议”、“医药行业最新地方税收政策”专题培训。青商会与吴中地税局举办“税企心桥、携手青商”座谈会暨区青商会“纳税人之家”揭牌仪式;汽车行业商会举办行业商会经济、劳动法律法规知识培训;羊毛衫行业商会开展“正版正货”示范街区创建工作;机电行业商会经省商务厅年批准,建立苏州市机电行业公平贸易预警点。(工商联)

**【经贸交流】** 组织会员企业代表团赴南通、大丰学习考察;与江西鹰潭市月湖区工商联缔结友好商会,并就加强两地商会、企业的交流与合作达成初步意向;组织基层(行业)商会会长赴安徽学习考察;组织会员企业参加江苏省苏北(五市)发展投资推介会。青商会、餐饮业商会、医药、羊毛衫行业商会分别组织会员企业赴山西孝义、浙江杭州、江西南昌、井冈山等地进行学习考察,积极引导企业“走出去”发展。餐饮业商不断创新服务手段,创建省内首个厂商对接、集团采购新举措,推动行业商会的健康发展。(工商联)

**【光彩事业】** 与残疾人托养中心建立长期帮扶机制,组织餐饮、医药、宾馆行业商会进行多次走访慰问,为残疾人送大米、食用油和所需药品;7月,残疾人托养中心从长桥搬迁至木渎,组织木渎镇商会、光福镇商会、汽车行业商会等10家会员企业捐助24.5万元,帮助其添置家电等设施;12月24日,举办吴中区总商会、木渎镇商会结对帮扶木渎残疾人善爱之家暨“爱心基地”揭牌仪式,区总商会、餐饮业、医药行业商会、青商会、木渎镇女企业家联谊会等分别在现场捐款,并为善爱之家残疾人送上常用药品、食用油、大米和羽绒服等物品。春节和“六一”期间,组织基层、行业商会开展“慈善帮困”和“爱心助学”活动。同时,各商会企业积极开展2011年度党员关爱基金的募集活动。甪直镇商会积极响应镇党委“双三百”关爱活动(100家企业扶100家贫困户;100名干部做100件好事;100名党员扶100名贫困学生),共募集关爱资金42万元。2011年,区工商联系统会员企业参与爱心光彩事业捐款捐物总额达480万元。

(工商联)

**【创新活动】** 以“全面贯彻落实中发16号文件精神,全力提升工商联整体水平”为主题,积极组织创新活动。结合庆祝建党90周年,组织“颂歌献给党——吴中民营企业庆祝建党90周年文艺专场”,展示民企良好形象,宣传企业文化,扩大商会影响力,增强商会凝聚力。举办吴中区2011年“光彩之星”颁奖典礼,对徐仁华等20位模范遵守国家法律、恪守职业道德、善于经营管理、勇于开拓创新、热心公益事业、积极回报社会的优秀民营企业进行表彰。编印出版区工商联5年发展历程一书——《卧波长虹》,全面展示5年来全区民营经济蓬勃发展、民营企业奉献社会和区工商联履行职能、贴心服务的生动形象。

(工商联)

# 吴中区文化艺术界联合会

**【概况】** 2011年,坚持“二为”方向、“双百”方针、“三贴近”原则,引领文艺创作,开展文艺活动,推进队伍建设,完善自身建设。全区文艺事业和文联工作呈现蓬勃发展良好态势,2011年末,区文联共有各协会7家,会员

614 名。2011 年荣获江苏省市、县(市、区)文联工作"创新奖"、2011 年苏州市文联系统嘉奖集体、2008～2010 年度吴中区文明单位。

（文　联）

**【文艺活动如火如荼】** 围绕吴中区建区 10 周年开展系列活动。举办"庆祝建区十周年吴中美术、书法、摄影精品展";在《苏州日报》刊登"美术、书法、摄影精品"整版祝贺专刊,编辑《精彩吴中》、《吴中乐章》等画册。围绕庆祝建党 90 周年开展系列活动。组织美术、书法、摄影创作骨干 22 人，赴井冈山、南昌开展"红色采风",并采取出专刊、出专版等形式,展示采风创作成果;配合区委宣传部开展"党在我心中"主题征文活动,收到来自全区各地近 300 篇高质量稿件，抽调作家协会精兵强将精心评审出一、二、三等奖等优秀作品,获得良好的社会效果。开展纪念辛亥革命 100 周年活动。组织美术、书法、摄影界老艺术家 20 多人,开展吴中环太湖"看百年变化,瞻美好前景"艺术采风创作活动,纪念辛亥革命一百周年,并出专版展示采风创作成果。区作家协会应邀举办吴中经济开发区"保利·尹山湖杯"文学征文活动。区书法家协会走进校园,协助审定木渎第三小学特色校本教材《南行跬步——习字指南》,荣获全国优秀校本教材一等奖。区摄影家协会围绕全区工作中心,先后组织参与"太湖开捕节"、"金秋洽谈会"、"太湖文化论坛首届年会"、"建党 90 周年广场文艺周"、"首届全民运动会"、"中科院院士走进吴中"等 20 多项活动的摄影资料拍摄,完成建区十周年《精彩吴中》、《吴中乐章》等画册照片及《吴中年鉴》的资料拍摄。区美术家协会组织红色采风活动，创作一大批歌颂党、歌颂祖国,反映革命历史和现实题材的优秀作品,在建区 10 周年艺术展览、苏州市建党 90 周年美术展、红色风采书画展中展出;开展公益性艺术展览,在高风堂美术馆、甪直江南画院美术馆等举办各类画展 20 多次,吸引6 万多人次参观。区音乐舞蹈家协会、戏剧曲艺家协会发挥自身艺术特长，参与区妇联庆"三八"巾帼群英表彰大会文艺演出、区庆祝建党 90 周年系列广场演出、吴中区"童心飞扬——'阳光地带'小主持人大赛"、"我们的青春向太阳"庆祝国庆广场文艺演出、"锦绣嘉诚·欢乐祥和"吴中新年音乐会、2011 年吴中区文化、科技、卫生"三下乡"活动——文明百村(社区)欢乐行等各类演出 4000 余场次,观众达 100 万人次以上。区民间工艺家协会组织会员传承民间工艺，在太湖文化论坛首届年会、世界大学生运动会"大运村非物质文化遗产展示互动活动"等展示吴中非遗工艺文化，参与制作苏州电视台艺术访谈 28 集连续纪录片《苏作工艺》,遴选、指导多批民间工艺家和有志学生参与各类展览比赛,传承发扬吴中传统民间工艺。（文　联）

**【精品力作异彩纷呈】** 2011 年，全区文艺界各协会广大会员出版、发表、入展、入选文艺精品力作异彩纷呈。

钦志新长篇小说《泪梦无痕》由百花文艺出版社出版。李建荣的小说集《毕业当村官》由花城出版社出版。葛芳的小说集《纸飞机》由台湾秀威出版社出版。汤雄的长篇小说《喋血阳澄湖》、《CS 反恐少年精英》,微型小说集《喋血大斗狗》分别由苏州大学出版社、意林图书出版社、内蒙古文化出版社出版。李洲芳的连环画脚本《古吴功臣伍子胥》由九洲出版社出版,寓言集《洲芳寓言》由大众文艺出版社出版。杨维忠的人物传记《东山进士》由扬州广陵书社出版。顾小英的诗集《唤醒》由江苏文艺出版社出版。许强的《打墙》等诗入选《2009—2010 中国新诗年鉴》。黄霞君的散文《花语我语》、陆复渊的散文《姑苏三园》入选《散文百家十年精选》。葛芳获江苏省第四届紫金山文学奖新人奖。顾小英的散文《故乡的冬天》在2011年全国散文作家论坛征文大赛中得一等奖,《在三亚看海》在“美文天下·首届全国旅游散文大赛”中得二等奖。李建荣的散文《水乡的危机》在“我与自然全国散文大赛”中得一等奖。汤雄的故事《江河生死行》获中国民协故事委员会、江苏省文联“党旗在我心中”暨第三届中国故事节征文创作金奖。

2011年,《吴中书法篆刻精品集》出版,一大批区内书法篆刻家作品入选发表。张少怡、赵锟书法作品入选“纪念中国书协成立30周年优秀作品展”。赵锟、陈方红书法作品入选中国书协主办的“全国首届手卷书法作品展”。屈丽琴的篆刻作品入展江苏省首届妇女书法篆刻作品展。沈伟、曹玉龙、张冬宝书法作品入展江苏省第七届书法新人展。

江全官的摄影作品《本家升上来》在首届全国农民摄影大展中荣获最高奖“荣誉佳作奖”,并获“农民眼中的新农村全国摄影大展”银奖。张炎龙的《中国人看外国》在中国摄影家协会和中国摄影杂志联合举办的活动中获得银奖。鲍建国的《夜泊》、江全官的《起航》、阮强的《山村雾晓》等11件作品入选中国·苏州“四季太湖”全国摄影展。

曹仁容的“吴中风光”美术长卷出版,沈默40多幅作品分别在澳大利亚、法国举办个展,秦学研在中国工艺出版社专题出版个人画集。许尉青、吴中培2人的国画作品分别入选中国当代花鸟画展,其中许尉青的作品《八大石涛之遗意》获优秀奖。

音乐舞蹈家协会和戏剧曲艺家协会会员创作出一大批优秀的音乐舞蹈和戏剧评弹作品。姜兴龙的歌舞《甪直莲相》、歌曲《90春的你90后的我》等获2011年苏州市新人新作大赛优秀奖。张建珍获上海东方戏剧之星奖。莫桂英、马志伟荣获江苏省第四届曲艺芦花奖表演奖,金文娟荣获新人奖。

民间工艺家协会马慧娟、宋水官、周建明等8位工艺家作品参加“苏州缂丝、核雕作品晋京展”。姚建萍领衔创作的《富春山居图》合璧绣卷亮相上海美术馆并举办姚建萍刺绣艺术展,《江山如此多娇》捐赠南京博物院。周建明核雕作品入展“第三届中国成都国际非物质文化遗产节”。谢才元核雕作品分别在长春市和烟台市举办的中国民间工艺展览中,获中国民协金、银、铜奖。叶志明主持设计的苏州政府赠予清华大学百年庆典作品《携手》由清华大学典藏。蔡云娣石壶《早生贵子》,入选威廉王子的大婚礼物展览并收藏于白金汉宫。 (文 联)

**【队伍建设】** 2011年,吴中区文艺界各协会积极推进队伍建设,吸纳、发展会员30多名,并鼓励支持会员升级提高。其中蔡金兴加入中国民间文艺家协会,李建荣、魏紫千加入省作家协会,沈伟、曹玉龙、张冬宝发展为省书协会员,郭文兴、刘涛、吴伟、葛全南成为省摄协会员。在“第三届苏州民间工艺家”评选中,许忠英、陆小琴、韩建贤、马洪伟、许永良、林多妹、任敏华、顾菊忠8人入选。 (文 联)

**【务实创新】** 2011年,区文联广泛联络各协会及其会员,务实创新,激发内在活力,推进全区文艺繁荣发展。一是创新工作。先后承办建区十周年系列宣传保障活动,开展赴井冈山南昌“红色采风”、配合区委宣传部举办“党在我心中”主题征文等建党90周年系列活动,开展纪念辛亥革命100周年“看百年变化,瞻美好前景”艺术采风活动。二是载体建设。《吴中文艺》报编印、《东吴》文学杂志复刊、在《苏州日报》连续2期专刊书画摄影精品、编辑出版《吴中书法篆刻精品集》、编辑出版“吴中绝技”系列丛书之三《中国核雕》,建好“吴中文联”网站。三是畅通信息。在“江苏文艺网”、“江苏作协网”、“苏州宣传网”、“苏州文艺网”、《吴中信息》、《机关作风效能简

报》、《吴中社科动态》等媒体和刊物发表100余篇宣传信息。 （文 联）

【吴中区文联第三次代表大会】 2011年11月18日，区文学艺术界联合会第三次代表大会在区委党校召开。区委书记俞杏楠，区委副书记、代区长金洁，区委副书记周云祥，区政协主席张阿梅，区人大党组书记、副主任孙卓，区委常委、宣传部长乐江，区委常委、组织部长张炳华，苏州市文联党组书记、副主席朱建华等领导和全区200余名代表、特邀代表参加会议。大会回顾总结过去5年全区文艺工作的成绩和经验，规划设计未来5年文艺事业的繁荣和发展。会议审议通过区文联主席柯德银代表第二届委员会作的《求真务实 开拓创新——努力开创吴中文艺事业和文联工作的新局面》工作报告，选举产生区文联第三届委员会，聘任名誉副主席和名誉委员。柯德银为区文联三届委员会主席，张国英、凌奕为副主席，聘任凌奕兼任秘书长、叶云兵为副秘书长。 （文 联）

# 吴中区归国华侨联合会

【概况】 2011年，全区旅外华侨华人及港澳同胞3000余人，主要分布在美国、英国、法国、澳大利亚、日本、新加坡等18个国家和地区。出国出境的新华侨华人和留学生300余人，归国留学人员和新华侨华人100余人，归侨10户11人，侨眷5000余人。全区共有基层侨联分会11个，社区“侨之家”和“三胞眷属联系小组”23家。 （侨 联）

【二届八次全委会议】 2011年1月20日，区侨联在区委统战部会议室召开二届八次全体委员会会议。会议由区侨联原副主席朱菊珍主持。区委统战部部长陆增林出席会议。区侨联副主席何国平传达区委书记金海龙在区委工作会议上的讲话精神。原区侨联主席李彩英作2010年度侨联工作报告。会议增补韩蓓、金庆勇、俞凯3人为区侨联第二届委员会委员，选举顾炯文为侨联主席。 （侨 联）

【组织侨界群众开展多种活动】 2011年，区侨联在全区侨界群众中开展“党旗飘飘，幸福侨界”摄影作品展、“迎接建党90周年，吴中明天更美好”征文等系列活动，热情讴歌党的光辉业绩和社会主义祖国的繁荣昌盛，及“山水苏州、人文吴中”的十年发展变革史。广大归侨侨眷和海外侨胞、留学生积极响应，踊跃参与，纷纷结合祖国、家乡的变化以及自身的经历，撰写文章，投送摄影作品，共收到征文47篇，摄影作品100余幅，展示广大归侨侨眷和海外侨胞，留学生热爱党，热爱祖国，热爱家乡，热爱生活，积极向上的精神面貌。2月，区侨联组织全体在职人员和部分退休老同志、老归侨、老侨眷前往越溪城市副中心、东太湖综合整治工程、吴中科技园、东山陆巷古村等地，参加“万人看吴中”活动。通过活动，激发全区广大归侨、侨眷更加奋发有为地投身“吴中明天更美好”的主题教育实践活动中去。区侨联开展寻根访祖活动。4月22日，在区侨联引领下，沈宽夫（早期同盟会会员沈柏寒先生的祖父）后代一行十多人到故乡甪直进行寻根访祖活动。沈氏后人看到沈家故居历经百年依然保存完好、部分故居开辟成向世人展示的旅游景点时，万分感谢地方党委与政府对文化遗存的保护。大家一起追忆沈氏家族乐善好施的良好家风：沈宽夫捐资百万助修李公堤保百姓平安、兴办义学、添置义田并交接至沈柏寒先生，三代为民服务，办电厂、置轮船、组商会等推动地方经济发展，造福一方百姓。沈氏后人们有意效仿先辈，为当地经济发展助力捐资，为故乡的文化与旅游事业作一份贡献。区卫生局侨联分会邀请吴中人民医院急诊科主任、内分泌副主任医师沙文荣走进苏苑街道苑北社区开展“糖尿病知识讲座”,60余名侨眷和居民参加听讲。

（侨 联）

**【召开第三次归侨侨眷代表大会】** 9月9~10日，吴中区第三次归侨侨眷代表大会隆重召开。吴中区委书记俞杏楠,区委副书记周云祥,区政协主席张阿梅,区人大党组书记、副主任孙卓,区委组织部长张炳华,区委统战部部长陆增林等出席大会。苏州市侨联主席张乃平专程到会祝贺。来自全区各行各业的180余名新老侨界代表参加大会。区委书记俞杏楠作重要讲话，要求全区各级侨联组织认真贯彻党的侨务工作方针政策，坚持“以侨为本,为侨服务”的原则,团结广大归侨侨眷积极主动投身吴中改革发展,并作出新的贡献。苏州市侨联主席张乃平在致辞中充分肯定吴中区的侨联工作。并希望吴中区各级侨联组织以这次代表大会为新的起点，团结动员归侨侨眷和海外侨胞，为圆满完成苏州“十二五”目标任务多作贡献。大会审议通过区侨联主席顾炯文所作的题为《履行职能，彰显特色,推动新时期侨联工作的新发展》的工作报告。对全区侨联工作先进集体、先进侨务作者和优秀归侨侨眷进行表彰,选举产生由25人组成的区侨联第三届委员会。选举顾炯文当选为区侨联第三届委员会主席，何国平为区侨联副主席,黄建华为区侨联兼职副主席,于立初为秘书长。（侨 联）

**【香港苏州吴县同乡会吴中区访问】** 8月23日，以香港苏州吴县同乡会会长顾家峰为团长的香港苏州吴县同乡会青年家乡访问团22人,到吴中区进行为期4天的参观访问。香港苏州吴县同乡会自成立以来,以“爱国、爱港、爱乡”为宗旨,团结在港的吴中(原吴县)乡亲,壮大爱国爱港力量,为维护香港的长期繁荣稳定作出积极的贡献。（侨 联）

**【走访慰问老同志】** 2011年春节期间，区侨联在主席顾炯文的带领下，分别对退休老干部郑富康、谢纪清、宋在进,老归侨洪炜等人进行亲切慰问。关心老人们的身体和生活近况,发送慰问金和慰问品。全区各基层侨联分会也都积极开展“送温暖,连侨心”慰问活动。8月暑期,区侨联主席顾炯文带队前往退休老同志家进行走访慰问,送去饮料和慰问金。并关心他们的生活和健康情况，希望他们保重身体,合理饮食,继续关注区侨联的发展,为区侨联事业的发展出谋划策。（侨 联）

**【纪念辛亥革命100周年】** 10月10日,区侨联在胥口镇书画市场隆重举行纪念辛亥革命100周年系列活动,30多位归侨侨眷、侨界书画爱好者参加活动。一是参观胥口镇书画名家街和胥口CIS创意空间，对胥口镇的文化建设和发展进行深入详细的了解。二是开座谈会，区委统战部副部长唐根福和区侨联主席顾炯文从辛亥革命的历史意义、辛亥革命对中国近代史的影响、辛亥革命与华侨渊源等几个方面先进行交流。大家也一起回顾辛亥革命百年沧桑，深情颂扬以孙中山先生为代表的革命先辈和广大爱国志士为推翻2000多年的封建专制制度、实现国家独立和民族富强流血牺牲的历史功勋，缅怀革命先驱的丰功伟绩。三是侨界书画爱好者纷纷留下墨宝,以笔会的形式纪念辛亥革命100周年。

（侨 联）

# 吴中区残疾人联合会

**【概况】** 2011年末，全区共有残疾人36115人，占总人口的6.2%。其中视力残疾5672人,占残疾人总数15.7%;听力言语残疾9174

人，占残疾人总数25.4%；智力残疾3466人，占残疾人总数9.6%；肢体残疾14193人，占残疾人总数39.3%；精神残疾3610人，占残疾人总数10%。 （残 联）

【残联第三次代表大会】 2011年8月，吴中区残疾人联合会第三次代表大会隆重召开，来自全区各镇街道和有关部门的代表，度假区、开发区及各镇街道分管残疾人工作的领导，受表彰的先进集体、个人和特邀嘉宾共150多人参加大会。会议听取第二届主席团工作报告，提出今后5年残疾人工作新的发展目标和具体措施，选举产生了新一届残联主席团和执行理事会.副区长沈志栋当选主席团主席，吴金泉当选理事长，余休林、陈其林、沈金林当选副理事长。会议表彰全区残疾人工作、扶残助残先进集体、先进个人和自强模范。区委书记俞杏楠作重要讲话，指出"十二五"时期是吴中区率先基本实现现代化的关键时期，也是加快残疾人事业发展的重要阶段，全区上下要立足"民生优先"发展战略。以残疾人"幸福工程"启动建设为契机，构建更加完善的残疾人社会保障和服务体系，不断提升全区残疾人收入水平、生活质量、幸福指数和社会地位，实现吴中区残疾人事业的全面发展。 （残 联）

【残疾人康复】 2011年，完成白内障复明手术148例，聋儿语训75名，安装假肢和矫形器17例，肢残训练245名，低视力配戴助视器2名，智残儿童训练6名，发放轮椅67辆，发放辅具239件，为50名0~6岁残疾儿童进行抢救性康复，为634名贫困精神病人免费给药。开展"四进家庭"活动，为50家残疾人家庭进行无障碍改造、300家辅助器具进家庭和300家康复知识进家庭。重点落实苏州市政府实事项目——镇（街道）、社区（村）全面建立残疾人康复服务中心和康复站（室）。镇（街道）按照五项职能要求100%建立残疾人社区康复服务中心，开展康复服务率达90%；社区（村）按照"四有"、"四进"、"三清楚"要求100%建立残疾人社区康复站（室），开展康复服务率达100%。制定出台肢体残疾人假肢和矫形器装配补助办法，免费为贫困家庭残疾人装配假肢，其他家庭残疾人享受50%的补助经费。聋儿语训康复中心22名在训聋儿取得21名一级康复，1名二级康复好成绩，受到专家、评委的一致好评。 （残 联）

【残疾人文体工作】 2011年，在全国第八届残疾人运动会上，吴中区东山镇肢残人运动员陆琪获得轮椅击剑男子佩剑团体金牌、男子花剑个人（B级）铜牌和男子佩剑个人（B级）铜牌；视残运动员沈亚琴获得T13（盲人组）女子级别400米个人金牌，100米、200米个人铜牌，4×400米团体金牌。在全区首届全民体育运动会（残疾人组）比赛中，18个代表队，147名残疾人运动员参加田径、乒乓球、中国象棋、轮椅飞镖、沙狐球等5个大项、38个小项的比赛，共决出金牌38枚、银牌38枚、铜牌33枚。区残联组织的"水乡灵韵·天堂的梦"残疾人文艺演出在甪直古镇社区文化园进行，吴中区盲人歌手汤卓人独唱《中国大舞台》和赵晓东独唱《父亲》、顾介培器乐演奏《新赛马》以及吴中区特殊教育学校的舞蹈《飞腾》等13个精彩节目博得在场观众的阵阵掌声。 （残 联）

【残疾人就业和培训】 2011年，区残联、区人社局、开发区人社局联合举办以"心连心帮扶，手牵手就业"为主题的残疾人就业专场招聘会，全区59家用人单位进场招聘，为残疾人提供86个工作岗位，120多名残疾人前来求职，有41名残疾人与用人单位达成就业意向。为做好残疾人就业保障金征缴工作，区残联认真审核用人单位按比例安排残疾人就业情况，及时录入有关资料信息，全年共审核400多家企业，征缴残疾人就业保障金3000万元。全年为130名就业年龄段内有劳动能力的残疾人办理求职登记；为265名残疾人提供就业咨询；为130名残疾人推荐到用工单位安置。年内举办残疾人办公自动化、厨艺、刺绣培训班,共有200人参加培训。

（残 联）

**【残疾人社会保障】** 2011年，全区低保和低保边缘家庭的残疾人按低保标准的120%享受生活救助,为全区1998名重残人员发放生活救助金800多万元。全面落实无业残疾人免费参加居民医保特惠政策，实现医保全覆盖。全面实行残疾人参加团体人身意外伤害商业保险，参加人员5178人，支出保险费15.64万元。实现聋人信息无障碍，全区169名聋人短信信息补贴经费5.07万元。完善托养服务护理费补贴政策,逐步实现全覆盖,全区符合残疾人托养服务护理补贴234人,发放补贴经费65万元。根据《吴中区扶持残疾人自主创业的实施意见》给予25名自主创业人员补贴8.4万元。为因贫困买不起家用电器的1560户残疾人家庭捐赠152台创维26S15HM健康液晶电视机。 （残 联）

**【残疾人托养服务】** 2011年,通过多渠道、多形式的推进，全区残疾人托养服务体系向标准化、规范化、专业化发展,改善服务手段、提高服务能力、扩大社会影响,全面完成创建全国“阳光家园”示范区任务。全区各镇、街道建立残疾人托养服务中心（阳光家园），社区(村)有专人负责,对残疾人托养服务机构进行业务指导，对残疾人托养服务护理补贴的申请对象进行初审,承担残疾人全日制(寄宿型)、日间(日托型)、居家托养服务的管理职能。逐步形成较为完善的区、镇(街道)、社区(村)三级残疾人托养服务工作网络,使符合托养服务条件的16~60周岁精神残疾、智力残疾以及生活不能自理的重度肢体残疾人都能享受托养服务。2011年全区居家托养228人,日间托养 47 人,全日制托养 42 人。

（残 联）

**【残疾人精神文化生活社区活动圈】** 2011年,为丰富社区残疾人精神文化生活,全面提升社区残疾人幸福指数，全区开展残疾人精神文化生活社区活动圈建设。按照有组织领导、有活动计划、有固定阵地、有无障碍建设环境、有残疾人社区文体活动特色品牌的“五有”要求,用三年时间在全区所有社区建成残疾人精神文化生活社区活动圈，做到社区文化体育活动场所全面无障碍，社区文化体育活动残疾人全面参与，基本满足社区残疾人精神文化生活需求。2011年是典型培育阶段,对照残疾人精神文化生活社区活动圈建设的具体要求,培育57个社区(村)残疾人精神文化生活社区活动圈的建设典型。 （残 联）

**【第二十一次“全国助残日活动”】** 2011年5月15日是第二十一次“全国助残日”，围绕“改善残疾人民生 保障残疾人权益”的主题，区残联精心组织开展一系列主题鲜明、丰富多彩、效果显著的助残日活动。助残日期间,全区、镇、街道残联走访慰问困难残疾人家庭200余户,发放慰问金80余万元,有近200名志愿者走上街头,走进残疾人家中,送去爱心和服务。区长金洁、副区长焦亚飞带领宣传、人社、卫生、民政、教育、工、青、妇及残联等区政府残工委成员单位走访慰问长桥街道、城南街道4户残疾人贫困家庭，并送去慰问金和慰问品。区残联、木渎镇残联在木渎镇金山路开展“我奉献、我快乐”残疾人回馈社会活动,此次活动共有16名残疾人为市民提供服务120多人次,全场义卖共募得善款1380元,收到较好社会效果。 （残 联）

# 吴中区红十字会

【概况】 吴中区红十字会是中国红十字会的地方组织,自2001年3月吴县市撤市建区而更名,其前身为“吴县(市)红十字会”,始建于1924年,已有80多年历史。2009年10月,经区委、区政府批准,区编委下发《关于调整区红十字会管理体制的通知》(吴编委〔2009〕17号),区红十字会由原卫生局管理改为区政府领导联系,机构单独设置,列入群团机关管理。2010年3月召开区红十字会第二次会员代表大会,选举产生新一届理事会理事48名,聘请区委书记为名誉会长,选举区政府副区长周晓敏担任吴中区红十字会会长,设常务副会长1名,专职副会长1名,副会长5名,常务理事19名。2011年,吴中区红十字会有基层组织及团体会员单位69个,其中镇(街道)红十字会5个,卫生系统红十字会22个,教育系统红十字会42个。

(红十字会)

【救灾、救助、救护工作】 2010年,救灾:组织对西南干旱、玉树地震、甘肃舟曲泥石流等灾害募捐活动,累计募集善款80万元,全部按规定汇往灾区。救助:开展助学、助医、助困活动,2010~2011年募集帮困救助善款共计50万元。对四川省资中县、贵州省安顺市爱心助学110人次、为全区困难家庭学生助学22人;救助大病学生28名,开展送万家慰问贫困家庭300多户。救护:进行初级卫生救护培训,提高公民自我防护意识和应对突发事件自救互救能力,培训人员1万多人次。

(红十字会)

【献血、献造血干细胞、献遗体工作】 2010~2011年,共组织7922人次参加献血活动,献血量达180万毫升。捐献造血干细胞志愿者登记入库900多名,2人成功捐献。捐献遗体志愿者登记123人,实现身后捐献4人;成功捐献器官1人。

(红十字会)

【社区服务和教育入校】 组织会员和志愿者开展人道领域内的社区服务、社会救助和社会公益活动。开展卫生救护培训和防病知识宣传普及工作。教育引导,推进红十字青少年工作。区红十字会与区教育、卫生、共青团等部门联合,将红十字理念与学校素质教育相结合,大力培养青少年红十字精神。积极开展省、市级红十字示范学校创建工作,全区6所学校为苏州市红十字示范学校。2011年3月,区特殊教育学校获评省红十字示范学校。

(红十字会)

【宣传与传播】 2011年,“5·8”世界红十字日、“5·12”全国防灾减灾日、“6·14”世界献血日、9月份世界急救日、12月份世界艾滋病日等,区红十字会开展大型社会宣传活动,积极传播国际人道法、红十字运动知识,大力普及救护知识,提高公民自我防护意识和能力。借助新闻媒体力量,提高宣传效果。充分发挥区红十字会网站作用,大力弘扬红十字精神。

(红十字会)

# 吴中区哲学社会科学联合会

【推进社科宣传普及工作】 2011年,以“传承吴地文化,建设美好吴中”为主题的区第四届社科普及宣传周为平台,以课题研究、社科宣传为抓手推进社科工作。确定并完成《推进公共服务均等化路径研究》等28项立项研究课题,其中《进一步完善高端人才引进与培养机制研究》被列入市级课题。组织广场咨询、社科知识“六进”和社科书市和“社科之夜”科普影片展映等 6 项活动。精选师资、精备“菜单”,做大做强吴中社科大讲堂,全年组织区社科知识宣讲组成员赴基层宣讲 100 多场次,受教育群众近 1 万人次。孙子文化“五进”活动获评 2011 年度全省社科普及特色活动优秀项目。扩面改版《吴中社科动态》,增设“吴中明天更美好”、“社科知识”等新栏目。全年编辑《吴中社科动态》12 期。　(社科联)

# 军事·政法

## 地方军事

**【人武工作概况】** 2011年，全区武装工作按照“重事业强素质、抓规范求创新、讲安全促发展”的工作思路，大力加强思想政治建设，积极推进军事斗争常态化准备，狠抓各项工作落实，完成军地赋予各项任务，武装工作呈现整体向上、科学发展的良好态势。

（人武部）

**【思想政治工作】** 学习贯彻《民兵政治工作规定》，积极组织民兵参加“吴中明天更美好”主题教育，进一步强化民兵队伍建设和组织建设。注重抓好宣传报道工作，全年累计上稿20余篇，其中省级以上刊物发表8篇，3篇经验做法被军分区转发。《兵法鼓励国防情——记吴中区人武部党委第一书记俞杏楠》一文被《解放军报》刊载，《吴中区积极维护军人军属合法权益》和《筑就防汛抗洪“心里大堤”》两篇文章分别在《中国国防报》发表。（人武部）

**【民兵组织整顿】** 调整民兵组织，优化民兵布局，编实民兵队伍（2大类、13种、49个分队、4015人），做到民兵编组与行政区划相一致、与企业经营相适应、与社会发展相统一。做好军兵种部队专业技术岗位预编工作，按照“原部队、原专业、原岗位”的要求，逐个人员落实到位，逐个做好跟踪管理，做到人员“去向清、联得上、出得来”，确保海空军预编人员与原部队岗位100%专业对口编组。4月13～15日，部成立3个小组，采取电话抽点和集中点验相结合的方式，对14个基层单位重点分队进行点验，到点率均达到100%。

（人武部）

**【军事训练】** 依据年度军事训练任务，采取统一计划、分期组训、集中考核等方法，重点抓好各类民兵分队训练，打好民兵执行多样化任务的能力基础。3月份，组织全区5个民兵森林防火应急分队训练；第二季度，先后出动民兵360余人次参加越溪旺山、东山莫厘峰等山林火灾扑救；5月份，组织民兵应急分队完成了擒敌术、警棍盾牌术等课目训练；7月份，采取集中辅导、观看演示、分班操作、考核过关的方法，组织抗洪抢险分队训练，经验做法被分区转发。结合民兵应急分队日常工作，采取岗位自训、分批轮训的方法，以镇（街道、区）为单位，坚持每个季度组织一批轮训，完成390余人次的岗位轮训。

（人武部）

**【征兵】** 区及各基层单位成立征兵工作领导小组，强化征兵工作指导，建立完善责任网络，严格落实责任制。10月，区召开征兵工作任务部署会，提出“认识到位、领导到位、组织到位、保障到位”4点要求。区人武部下发《征兵宣传工作指示》，在苏州电视台五套播放征兵宣传广告，编印《征兵简讯》6期；组织体检医生和政审人员培训,与基层人武部、体检和政审领导小组、新兵及家长签订相关责任书,做到“谁政审、谁签字、谁负责”。按照“五个优先”的要求,在区纪委监督下,由区人武部党委成员会同卫生、公安、教育等人员进行集体票决定兵,并张榜定兵人员名单,接受社会监督,增强征兵工作透明度。年内,全区完成冬季征集任务261人(含1名八一体工队特招兵,不含女兵),其中高中以上文化程度达100%,大专以上学历85人(本科4名,专科81名),达32.8%。 (人武部)

【民兵预备役建设】 3月7~11日,组织新任职专武干部和民兵营长集训。围绕突出基本法规知识学习、突出基本工作能力素质提高的要求,采取理论学习、技能训练、经验交流等方法,着力打牢专武干部和基层民兵营长业务素质。为推进武装工作向规模型国有企业、民营企业发展,把“企业文化、企业发展”与“人武安保、社会稳定”结合起来,按照设施齐全、制度完善、场所配套、活动经常的要求,指导角直镇旅游公司、木渎镇天马制药集团、胥口物业公司和开发区宏利来集团4个规模型企业建立武装机构,6月27日、29日,4个规模型企业人武部分别组建挂牌。依据分区《民兵营规范化建设细则》和建设标准,组织再动员、再部署、再指导、再跟踪,9月份,分3组对全区基层民兵营规范化建设情况进行拉网式检查,推动民兵营规范化建设整体质量进一步提高。组织干部学习《民兵政治工作规定》,提高干部按纲抓民兵政治工作的能力,并组织民兵参加“吴中明天更美好”主题实践活动,强化民兵队伍的思想建设和组织建设。 (人武部)

【国防教育和双拥】 利用重大节日、纪念日和全民国防教育日,开展国防教育活动。在区国防教育学院和苏州电视台“兵法故里话国防”专栏、国防教育网站、气象显示屏等信息平台宣传国防知识。制作30余块国防知识展板,在党政机关、企业、学校巡展,参观达3万余人次;8月底,开展“国防在我心中”为主题的“军事日”活动。协调地方政府实施“太湖水进军营”、铺设信息光缆等拥军工程,协调安排驻军营职干部经济适用房。开展双扶双带和红心助学活动,积极牵头协调多方投入资助30余万元用于对衙角里等贫困村发展经济,干部职工先后捐款近万元用于扶贫助学。 (人武部)

【国防动员】 组织对“一综七办”进行规范化检查,实现“组织齐全、专人负责、台账清晰”。4月,组织召开区国动委全体(扩大)会议,传达学习上级国动委会议精神,回顾“十一五”期间区国动委工作情况,部署今后一个阶段主要工作,增强各级做好国防动员工作的责任意识。5月,完成核生化企业潜力数据调查。 (人武部)

【安全工作】 5月,开展暑期安全竞赛活动,制订《暑期安全竞赛活动方案》和《暑期安全竞赛活动实施计划表》,对办公秩序、安全保密、车辆安全、营院建设、小散远单位管理等9个方面54项内容进行检查,消除存在的问题和隐患。10月,按照上级统一部署,开展安全教育整顿活动,进一步深化“暑期安全竞赛活动”成果,增强全体人员安全责任意识。

(人武部)

【武警中队概况】 2011年,武警吴中区中队修订执勤方案,强化正规交接哨,开展“执勤带新”活动,实行定人带哨,责任到人,提高新兵的执勤能力。按照纲要和支队下发的月训练计划组织实施训练,加强专勤专训、专哨专训,完成执勤分队勤训轮换、特战集训、狙击手集训、射击集训、预提士官集训等各类集训。全年安全执行押解勤务70多起，出动兵力2000余人次，总行程18000余公里。至年末，连续28年执勤目标安全无事故。

（武警中队）

【消防大队概况】 2011年，吴中消防大队共有官兵74人，抢险救援车辆16辆。下辖长桥、木渎、经济开发区3个中队。3月，经济开发区消防站（消防大队大队部新址）建成并投入使用。年内，全区消防部队共接警出动775次，其中火灾接警479次，救援救助121次，出动消防车1815辆次，消防官兵9422人次，抢救被困人员49人，保护财产价值7431.3万元。在春节、元旦、建党90周年、吴中区建区10周年等重大节日和活动期间，共组织消防安保26次，出动警力102人次，车辆44车次。

（消防大队）

【消防网络建设】 年内，投入1010万元添置55米登高消防车1辆、5吨水罐消防车1辆和巡防宣传消防车1辆；投入160万添置各类专勤器材、防护、照明、通讯及常规器材。提请区政府在3年内增设150处消防取水码头，已建成31处。144个村级警务室均配置灭火器，木渎镇政府为派出所配备5辆电动消防巡逻车。5月，成立吴中区消防安全委员会，11月召开全区农村、社区消防安全达标创建工作现场会。建立应急物资储备库和专家库。成立“张好婆”老年志愿者消防队和国际教育院大学生志愿者消防队。年末，全区共有3支公安现役消防队、1支政府专职队、29支农村志愿消防队和41支社区志愿消防队。

（消防大队）

【专项整治】 开展“清剿火患”战役、“三合一”及群租房整治、高层公共建筑“打违除患”、建筑消防设施专项整治五大行动。在“清剿火患”战役中，开展一系列针对不同领域、不同对象的消防安全专项治理和集中清查行动。共发现火灾隐患1.6万处，填发《责令改正通知书》7342份，行政处罚决定书587份，实施临时查封115起，责令“三停”51家。拘留17人，行政处罚661.61万元。 （消防大队）

【消防安全知识】 在《光明日报》、《工人日报》、《新华日报》、《人民公安报》等媒体发布信息16篇。印制15万册《家庭防火宣传册》和《防火灭火十招》宣传刊物。设立QQ群和微博，发布消防工作信息，接受咨询提问。在重大节日和季节转换期间，发送消防短信共计10万余条。 （消防大队）

【消防执法规范化建设】 消防行政许可审批项目时限由20个工作日缩至8个工作日。对政府重点扶持项目开设“绿色通道”。利用“大走访”开门评警和“警民恳谈会”等形式，了解掌握监督员廉洁自律情况和执法服务质量，听取单位对改进消防监督执法工作的意见和建议。设立专项资金，鼓励群众举报火灾隐患，查处社会面火灾举报61起，并反馈举报人。年内，收到锦旗22面，1人被区政府表彰为“五五普法”先进个人。 （消防大队）

【人防工程建设】 2011年，区人防工程审核面积17.39万平方米，立项面积7.19万平方米，有 13个人防工程通过竣工验收，投入使用，竣工面积达5.92万平方米。有16个人防工程项目开工建设，总面积12.65万平方米。9月，区人防指挥所主体结构封顶，内装施工入场。木渎、角直医疗救护站扩建工程项目启动，木渎医院通过立项审批，角直医院报批。按照省民防局要求，为了明确人防工程的位置、性质和用途，给应急救援提供方便。区人防办对辖区内所有人防工程统一安装标识标牌，共完成266套。年内举办“人防工程维护管理培训班”2期，50个相关单位的100多名

工程维护人员参加学习培训，提高维护管理人员的专业技术水平。（人防办）

【指挥通信】 2011年，新增电声防空警报器2台，吴中城区防空警报器总量达29台，音响覆盖率达98%以上。加强警报器维护管理人员的业务学习，4月，举办“警报管理人员专业技术培训”，29个警报点的管理维护人员全部参加，增强责任，提高技能。重新调整灵湖人口疏散基地建设规划，启动建设一次性能疏散5000人，衣、食、住、行能维持50天的基本人防疏散基地建设。（人防办）

【宣传教育】 在区内10所中学的初二学生中开展人防知识教育活动，3000余名学生接受系统的防灾减灾、应急救援教育。通过“4·27”苏州解放日和“5·12”全国防灾减灾日等宣传教育活动，开展人防政策法规现场咨询，发放人防宣传品500余件。按省、市“民防进社区”要求，完成18个社区的创建活动。30名普通居民志愿加入人防志愿者队伍，接受应急救援技能培训，参加各类防灾救灾演练。成立一支50人的人防义务宣传员队伍，利用各种形式义务为民众宣传人防知识和教授救助技能。（人防办）

# 政法综述

【概况】 2011年，区政法各部门推进社会矛盾化解、社会管理创新和公正廉洁执法。重点工作，创新平安吴中建设工作措施，提升全区政治、经济、文化、社会等各领域法治化综合管理水平，为全区经济社会发展创造良好的社会环境和法治保障。2011年，吴中区被省委省政府评为“2006~2010年社会治安综合治理先进集体”、“2010~2011年度法治县(市、区)创建工作先进单位”、“2006~2010年全省法制宣传教育先进县(市、区)”被苏州市委市政府评为“2007~2010年度全市平安建设先进集体”。（政法委）

【源头预防】 组建重大事项社会稳定风险评估专家组，采取上门走访，督导各地深入开展社会稳定风险评估，已落实评估项目26个。区检察院在执法办案的各个环节进行风险评估，长桥街道则把风险评估引入征地拆迁工作，从而规避了诸多潜在风险。加强社会矛盾排查预警，吴中公安分局依托两级勤务指挥平台，每日收集上报的不稳定信息。区委区政府在全区组织开展征地拆迁等社会矛盾排查化解活动。区综治委每月召开“三项排查”工作例会。综治、信访、安监以及政法各部门建立社会治安和社会稳定形势分析会制度，每季度排查梳理各类不稳定因素，研究部署有效措施。（政法委）

【矛盾纠纷化解】 加快推进专业性调解组织建设。区总工会、区人社局依托企业工会，推广劳动争议先行调解机制，全区建立工会的350人以上企业全部设立劳调委，100人以上的企业劳调委设置率达82.3%。区妇联联合区调处中心试点建立婚姻家庭纠纷调委会，在派出所、警务室设立反对家庭暴力投诉站。区法院在交巡警部门设立交通事故巡回法庭，年内处理道路交通损害赔偿案件40余件。公安部门完善领导接访制度，实行首接责任制。检察院开展一把手领导下访活动，推行“群众工作四员法”，深入基层，处理群众合理诉求。年内，全区共受理各类矛盾纠纷2921起，成功调解2914起，调解成功率达99.8%。（政法委）

【人口管理】 实施流动人口居住证制度，合理布建68个居住证办理点。注重流动人口信息采集，发挥其实战作用，破获刑事案件606

起、查处治安案件893案件、抓获各类违法犯罪嫌疑人员1687人、抓获网上逃犯245人。加强重点人群救助管理,建立帮教管控机制。建立16个过渡性安置基地,帮助刑释解教人员融入社会;依托社区矫正管理信息系统,对社区矫正对象实行分类管理,提升教育矫治质量;发挥自强服务社和禁毒社工对吸毒人员戒毒康复服务的作用;将易肇事肇祸精神病人纳入管控视线,强化救治服务措施;通过团区委的“青春加油站”、检察院的“四维平台”和法院的法制宣传活动,加大对重点青少年群体教育、引导和帮扶的力度;对于信访老户和“法轮功”顽固分子,加强思想攻,坚提高转化率和巩固率。（政法委）

# 平安吴中建设

**【防范预警】** 区国家安全领导小组推进国家安全人民防线各项措施落实,配合市国安局打击防范敌对势力渗透破坏活动,保障国家安全。公安部门调整治安岗亭、治安管控点位置,更新巡逻车辆GPS系统,建立警情压降问责、巡防暗访通报、在岗在位督查、情报联勤研判等制度规范,有效提升社会面整体防范水平。区综治、公安、住建等部门联合出台《苏州市吴中区居民小区技术防范建设和管理的实施意见》,将技防设施验收作为新建小区交付使用前的必经程序,并专门成立检查小组开展实地验收,2011年,检查验收新建小区27个。重视校园安保工作,区综治办牵头公安、教育等部门开展校园安全防范工作督查,并针对全区36所有证民办中小学、幼儿园安全防范设施实行跟踪督导整改,防止发生侵害师生人身安全的案(事)件。（政法委）

**【严打犯罪】** 公安机关保持严打高压态势。2011年,全区共立刑事案件2726起、破1219起、破案率为44.7%,其中八类案件231起、破214起、破案率为92.6%。检察院、法院根据宽严相济刑事方针政策,依法从严从快处理严重暴力犯罪、黑恶势力犯罪、毒品犯罪以及多发性侵财犯罪。2011年,检察院受理提请批准逮捕案件870件1298人,批准逮捕731件1075人,受理移送起诉案件1048件1579人,经审查提起公诉案件966件1444人;法院新收刑事案件989件1461人,审结989件1461人,结收案比达100%。（政法委）

**【整治整顿】** 按照区政府城乡综合环境提升工程部署要求,区综治办牵头组织交通运输、交巡警、民政等部门开展重点公共秩序整治,全年共查处取缔“黑车”234辆次,建设示范标准道路26条,安装电子警察10套,完成治安和交通技防资源整合11家,流浪乞讨人员救助导航牌在主要道路路口实现全覆盖。参与全国文明城市创建活动,结合平安吴中建设要求,牵头落实社会环境整治工作。推进社会治安重点地区和突出问题整治,建立健全滚动排查整治机制,通过梳理分析,全年确定15个整治重点,解决影响社会和谐稳定的治安顽疾。城南街道放大“红庄效应”,在钱家花园、东湖社区等地开展集中整治,按照打防结合的思路,新建600余个治安监控探头,压降违法犯罪警情。郭巷街道把姜庄社区综合整治纳入政府实事工程,投入1000余万元,对警务室、治安岗亭、监控探头、经营疏导点等进行建设改造,改善治安环境。深化南环桥批发市场治安环境整治,在区委区政府的统一领导下,区综治办牵头公安、交巡警、消防、郭巷街道等单位,着力打击违法犯罪、规范交通秩序。市场警情数同比下降38.2%,刑事和治安案件发案数从年初每月的110起下降至年末每月8起,交通事故同比上年下降14.5%。（政法委）

【综治基础】 按照苏州市一级综治工作中心和五位一体综治办建设标准,指导检查,重点培育胥口、临湖、金庭、东山、龙西等5家综治工作中心,长桥街道龙西社区、角直镇三马村等13个村(社区)五位一体综治办。在英资控股企业角直藤兴工业有限公司探索建立综治工作站,配备综治专干,加强企业安全生产、治安保卫、职工教育、纠纷调解等各项工作。横泾街道推广上林村村民服务联系记录卡工作方法,村干部走村入户,掌握民意,及时帮助解决群众困难。吴中公安分局推行单元制社区警务模式,结合区域环境、治安情况、人口数量等因素,将全区划分成1092个网格单元,充实民警、辅警、联防、户口协管员等力量,实行精细化管理。公安部门资源整合,做精社区警务,整合城管、住建、交通运输等部门资源,运用民警、联防、城管、物业、交通稽查等力量,明确职责分工,强化协作配合,联动开展社区警务工作,增强工作合力,提高工作效能。推进社区民警"进班子",全区有133名社区民警进入村(社区)班子,其中任副书记27人、委员 49人、主任助理57人。

(政法委)

【基层创建】 开展基层系列平安创建活动,按照职责分工,各牵头部门创新形式,创新载体,提升创建成效。度假区公安分局、住建局推进"平安工地"创建活动,实现 "解放警力、工地平安"的目标。卫生局通过妥善处置医患纠纷、强化医院内部治安管理、打击非法行医,多措并举,推进"平安医院"创建。交通运输、旅游、工商等部门深入基层,开展"平安交通"、"平安景区"、"平安市场"等创建活动,在全区基本形成区镇村互动、机关和基层互动的联创局面。 (政法委)

# 公 安

【概况】 2011年,抓获刑事犯罪嫌疑人1486名,破获刑事案件1251起,抓获网上逃犯555名,打击处理1439人,其中逮捕970名、直诉357名、劳教112名,行政拘留2144名。通过路面巡防和治安监控分别抓获违法犯罪嫌疑人951名、381名,盘查人员110万余人次,盘查车辆29万余辆次。监控互联网各类敏感有害信息2100余条,上报区政府舆论监控信息50余条。扩充特勤力量,特勤队员总数达到100人,改善特勤队员办公用房和装备,强化实战勤务训练,提升现场处置能力。通过"开门接访"、"视频接访"、"局长信箱"、"部门转递"等多方渠道受理信访案、事195起,成功办结185起,办结率为95%。 (公安分局)

【安保工作】 年内,完成苏州市吴中区二届人大四次、政协二届四次会议、建党90周年、各级党代会、区经贸洽谈会、区全民运动会等38次重大活动的安全保卫工作及各级领导视察的警卫任务6次。 (公安分局)

【提升刑侦力量】 对刑警大队内部机构重新调整,设立合成侦查中队、便衣中队、视频侦查中队、技术中队、案审中队等机构,案审队人员增加至20人。制订完善审案工作制度规范,明确案审中队负责派出所刑拘后的案件办理。实行刑警大队技术员下派出所工作制度,5名技术员分别负责全区5个片区的现场勘查工作,现场勘查数量环比上升48%,现场采痕率环比上升56%,通过现场勘查破获案件320余起。 (公安分局)

【做精社区警务】 推行单元制社区警务模式,全区124个责任区划成1092个责任单元，按“一单元一辅警”模式，实行网格化管理，社区警务工作层层分解。推进社区民警“进班子”工作，有115名社区民警进入社区(村)班子，推动了社区民警参与社区管理。整合城管、住建物业、交通等部门资源，制订《吴中区整合资源做精社区警务创新社会管理实施方案》。将整合社会资源推动“做精社区警务”纳入社会治安综合治理和“平安吴中”建设考核。联合城管、交通、住建部门对社区民警、单元辅警、城管队员、交通稽查队员、住建物业经理和保安队长等700余名社会管理参与力量分批实施3天封闭式集中培训，提升整合社会资源、联合执法的能力。

（公安分局）

**【重点地区整治】** 在2010年整治的基础上，配强日常管理整治工作班子，抽调分局骨干民警赴郭巷南环桥市场开展整治管理工作；整合工商、市场保安等各类资源，开展联合执法，提高矛盾纠纷调处和案件查处能力；加强市场经营户用工、运营车辆、经营种类、场所类别、营业时段等基础信息的采集，为日常打防管控工作提供信息支撑；通过“警民恳谈”提高矛盾纠纷化解能力，通过“前置式”服务便民利民、增进警民和谐。2011年，市场违法犯罪警情同比下降18%，发案下降56%，共打击处理23人。（公安分局）

**【突出问题整治】** 加强黄赌毒违法犯罪打击力度，分局便衣队健全线索排摸、专案会诊、限期督办等专项机制，探索战法技巧，提高深度打击能力。年内，共查处涉赌、涉娼、涉毒等各类刑事案件94起，打击处理157人，治安处罚1233人，收缴赌博游戏机5000余台。

（公安分局）

**【专项行动】** 开展“春季攻势”暨涉车犯罪专项整治行动、“清网行动”、“亮剑”、“打四黑除四害”、打黑除恶等多个重点专项行动。在“春季攻势”暨涉车犯罪专项治理中，共抓获各类涉车违法犯罪嫌疑人116名，打击团伙9个，累计电动车上牌26万余辆；在“清网行动”中，共抓获清网逃犯226名，“清网率”达84.12 %；在“打四黑除四害”专项行动中，共采集“四黑”信息312余条，取缔“黑工厂”1家、“黑窝点”102家、“黑作坊”18家、“黑市场”2家。（公安分局）

**【网上公安】** 推进网上公安机关建设，推出网上办事项目74项，建立各类博客、微博30个，社区民警QQ群45个，提升网上服务水平。年内，发布各类信息及图片132365条，网上办理各类事项1775件，开展“网上”警民恳谈5次，回复网民来信26件。（公安分局）

**【人口管理】** 加强实有人口、实有房屋关联掌控和重点人员、关注对象积分管控，全区实有外来人口676454人、常住境外人员1823人，登记出租屋76023户，列管重点人员、关注对象2735人。推行旅馆业星级管理和娱乐场所等级化管理，年内，预警旅馆高危人员6060名，抓获逃犯及嫌疑人17名；通过网吧管控抓获逃犯及嫌疑人22名。（公安分局）

**【创意警务】** 建立健全创意警务每日梳理、每周评估、组织推进、推广应用等工作机制，通过外出参观学习、加大奖励力度、在派出所全面设立创意警务墙等措施开展创意警务工作。年内，分局有25个“金点子”被市局评为“点子精品”，有6个“金点子”进入市局“点子实验”，有4个“金点子”进入市局“点子推广”。

（公安分局）

**【警民和谐】** 开展“大走访”开门评警、“警民恳谈”、“行风评议”活动。通过户政、治安、出入境、派出所等窗口服务；深入企业走访，“在职党员进社区”服务。加强警民交流沟通，征求意见建议，主动整改问题，密切和谐警民关系。加大对外宣传力度，组织开展全局专兼职宣传员培训，提升对外宣传水平。通过《吴中报道》等电视栏目加强案件侦破、为民服务宣传，对获得区2010年度“群众最满意警察”称号的4位基层一线民警的先进典型进行专访，全方位、多角度地向社会各界展示公安队伍风貌和工作成效，争取社会各界对公安工作的支持。年内，共召开恳谈会1235场，参加群众16621人次，收到各类意见建议918条，解决群众实际困难98件，整改具体问题42件，总结创新工作方法32个。（公安分局）

**【道路交通安全概况】** 2011年，全区发生上报道路交通事故247起，死亡44人，伤290人，直接经济损失227.5万余元。与上年相比，事故起数增加24.75%，死亡人数下降2.22%，受伤人数上升29.46%，经济损失上升113.77%。发生道路交通肇事逃逸案件10起，侦破10起，侦破率100%。开展对“三小车”、施工车、专业客货车、校车、危化品车等重点车辆和酒后驾驶、“三超一疲”、闯红灯等严重交通违法行为专项整治，完善交通安全设施，整改道路事故隐患。全年，查纠各类交通违法行为271724起，罚款1075.0395万元，暂扣各类车辆11287辆，吊扣驾驶证98本，吊销驾驶证44本；完善交通安全设施129处，整改事故隐患60处；查处酒后驾驶158起，其中醉酒驾驶83起，行政拘留24人，追究刑事责任59人。加强民警治安管理业务知识技能学习培训，强化卡口日夜堵控盘查、快速接处警、路面治安巡查和与派出所开展治安联勤等，积极投入“打、防、控、管”工作，切实发挥交巡警一警多能的作用。全年抓获各类违法犯罪嫌疑人70名，其中网上对象25名，刑事拘留对象8名，治安拘留对象37名；查获被盗机动车7辆，非机动车9辆。（交巡警大队）

**【道路交通安全管理】** 加强对春运客运车站和墓区、旅游景点的车辆交通指挥疏导和停车管理。通过网上微博、企信通、电子诱导屏等信息平台，向旅客及驾驶员发布道路交通状况和气象信息，引导车辆安全出行。通过卡口和路面巡逻相结合，对客运、旅游车辆安全检查，落实7座以上客车逢车必查，对超员超载车辆，发现一起，严格查处一起。在清明扫墓期间，大队和各中队全体民警主奋战一个多月，疏导和维护墓区内、外交通秩序，保障百万扫墓大军交通安全和通行畅通。春运、清明、五一、中秋、十一期间，大队共出动警力3468人次，查获客车超员超载25辆次。年内，建立宝带实验小学女警护学岗等护学岗15个。成立宝带小学家长义工团，协助交警做好上、下学期间校园门口的交通指挥和疏导工作。（交巡警大队）

**【事故隐患排查整改】** 开展道路交通事故隐患排查工作，对排查出的安全隐患，制定相应的整改方案措施。年内结合省总队“啄木鸟”行动，对全区省、区、乡级道路开展详细的排摸工作，排查出5个重大隐患点、83个一般隐患点。整改完成吴中大道圣陶路口、东山大道木东路口、东山大道东太湖路口三个重大隐患点和70个一般隐患点。（交巡警大队）

**【道路交通基础设施建设】** 对太湖路、东山大道、宝带路、东方大道部分路口、路段的标线进行重新渠划。优化校园周边交通安全基础设施，在苏苑小学、宝带小学、叶圣陶实验小学等中小门口漆划“注意学生”、“先看左、后看右”的安全提示语、立体斑马线、增设非机动车停车泊位、设置即停即走标志牌、漆划人车分流标线、设置移动隔离护栏。在东山、角直、木渎等旅游景区增设或更换指路标志等。年内增添和更换交通标志标牌383块，漆划道路标线17800余米，安装隔离设施1490

米,减速带1446米。制订《吴中区智能交通管理系统建设规划》——交通信号控制、交通违法监测、卡口专项(2011~2013)方案。木渎、胥口、城南、郭巷、角直、临湖、东山7个公路中队,完成三级交通指挥平台建设,建立一条文明示范路和建设一个主要路口电子警察。整合长桥派出所15套路面治安监控,扩大网上巡逻、网上抓拍的覆盖面,提高非现场执法效率。（交巡警大队）

**【专项整治】** 开展以“三小车”、“黑车”、渣土车、厂包车、大型货运车辆、学生接送车辆、电动自行车为主的专项整治工作,查处酒后驾驶、闯红灯、货车上高架、三小车违法上路、黑车非法经营、渣土车抛洒滴漏、超载超速、客车超员、疲劳驾驶、随意上下客和非机动车越线停车、违法载客、非法改装等交通违法行为。年内查扣“三小车”2115辆,无牌无证非机动车2640辆,协助运管查处“黑车”59辆,查处各类渣土车违法行为2510起、大型客车违法行为1120起,办理非机动车上牌业务19006起,查处非机动车违法行为53437起。（交巡警大队）

# 检　察

**【概况】** 2011年,受理移送审查批捕案900件1372人,批准逮捕728件1100人。受理移送审查起诉案件1009件1530人,提起起诉965件1422人。所办案件均在法定时限内办结,无捕后不诉、捕后撤案、捕后未执行等情况,起诉案件法院均作了有罪判决。落实宽严相济刑事政策,把握“两减少、两扩大”,依法对未成年人、老年人等轻微刑事犯罪从宽处理,做出不批准逮捕决定172件272人,不起诉决定17件17人。反贪污贿赂局立案侦查10件11人,追缴赃款700余万元,涉及副科级以上干部6人,所办案件均为重大案件。反渎职侵权局立案侦查3件3人,涉及副科级以上干部1人,所办案件均为重大案件。刑事诉讼检察监督立案监督2件12人、撤案监督3件7人、追捕17件17人、书面纠违21件、纠正漏罪26件,发出再审检察建议2件,提起抗诉2件。民事行政检察监督受理民事申诉41件,督促支持起诉71件,建议市院提请抗诉采纳1件,提请抗诉采纳2件,法院再审后改变判决5件,发出再审检察建议1件。加强太湖劳教所执法活动的监督,强化劳教场所安全防范的检察,向劳教人员发放劳教检察宣传手册,提供法律咨询与帮助,维护劳教人员权益6起。对辖区内社区矫正工作监督中发现的问题提出检察建议2次,对违反法律规定的3名外地籍社区矫正人员,建议外地有关部门收监执行。侦查卜晓锋滥用职权案被省检察机关反渎部门评为“十大精品案件”。（检察院）

**【认罪案件处理多元机制】** 与公安、法院商讨案件跨机关流转流程,明晰工作职责,节约资源、提升效率,优化诉权。深化“平行调解”工作机制,总调解案件25件,延长检察工作链条,推行有影响案件到当地调处方式,宣传检察调控中心职能,扩大检察工作影响力。优化《附条件不起诉实施办法》,健全涉罪外来人员管护教育基地,在履行检察职能的过程中同步推进社会管理创新。（检察院）

**【禁止令执行监督机制】** 5月3日,江苏省首例禁止令在吴中区宣告,立即制订禁止令执行方案,启动禁止令执行程序,通过直接与间接两种监督方式,对社区矫正机构执行禁止令的活动实施检察监督。出台《禁止令执行活动监督实施细则》,规定“负责执行监督的部门”、“通报会商制度”、“监督方式”、“对监督过程中发现问题的处理”4个方面,完善禁

止令执行监督的内容和程序。（检察院）

【非监禁刑诉前调查机制】 经过调查研究，发现众多刑事案件中，判处非监禁刑的案件占有较大的比例。故对犯罪嫌疑人提起公诉前，经审查认为其可能被判处管制或适用缓刑的，委托其户籍地或居住地的检察机关或司法行政机关对犯罪嫌疑人的背景因素、是否具有再犯罪危险、是否可以纳入社区矫正、判处管制或适用缓刑对该社区有无重大不良影响等进行调查并出具评估意见，根据评估意见，进行综合评定，在提起公诉时，在量刑建议中建议法院判处管制或者适用缓刑。该制度有利于提高刑罚的个性化与人性化，有利于对法院进行审判监督，便于日后社区矫正工作的开展。年内对3名犯罪嫌疑人进行诉前调查，取得良好的法律效果和社会效果。经与法院沟通协商，草拟《吴中区人民检察院非监禁刑诉前调查规则(试行)》。

（检察院）

【渎职侵权案件检察调查机制】 在查办渎职侵权案件中，发现或接到相关犯罪线索、但相关证据还不明朗、初查条件还不具备的情况下，对该线索进行较为灵活的初步调查，并以该调查结论作为初查或立案侦查的依据。把握检察调查的性质，谨慎启动调查机制，严格遵循全面评估、检察长批准、时间限制原则。把握检察调查的原则，依法规范调查程序，严格遵循全面性、秘密性以及灵活性原则，在证据的收集、分析以及侦查策略的运用上严把质量关。把握检察调查的分寸，时刻在法律的框架内行动，做到不越权、不越界，同时为确保处理结果妥当，通过确保申诉权的落实、尽量消除不良影响、强化检察人员责任，切实保障被调查人的合法权益。得益于检察调查机制，年内反渎职侵权局立案3件3人，其中2件2人经法院作出有罪判决。（检察院）

【未成年人案件刑事检察室】 完善捕诉防一体化机制，受理审查批捕未成年人案件35件58人，受理审查起诉未成年人案件57件71人，其中不捕11件22人、不诉2件2人，不捕率显著提高。通过定期回访调查、督促参加公益劳动、进行犯罪前科封存等措施，跟踪帮教工作取得明显成效。打造青少年“四维平台”，通过维权简报、维权热线、维权网站、维权微博，接受法律咨询、进行警示教育、开展法制宣传、维护合法权益，2011年区检察院获全省预防青少年违法犯罪工作先进集体称号。（检察院）

# 审　判

【概况】 2011年，推进和谐共建、人民陪审、诉前调解、青少年维权等特色工作，坚持务求实效、破解难题推进工作创新，打造法院工作新品牌，提升司法公信力与影响力。全年受理案件7661件(含旧存395件)，审(执)结7323件，同比分别减少11.99%和11.35%。荣获全省法院集体一等功，并被省高院推荐评选全国模范法院，获评2011年度江苏省法院涉诉矛盾纠纷化解工作先进集体。（法　院）

【审判执行】 坚持宽严相济的刑事审判政策，审结杜勇等18名被告人故意伤害、开设赌场、寻衅滋事案等社会影响较大的重点案件。贯彻“调解优先、调判结合”的民商事审判原则，民商事案件调撤率73.44%，刑事附带民事案件调撤率90.47%。依照保护与监督并重的行政审判理念，协调撤诉方式妥善化解行政争议，撤诉化解率100%，连续多年无发改案件、无上访投诉。完善执行威慑、联动与和解机制，和谐化解郝某某与张某某房屋迁让执行案等信访老大难案件。（法　院）

【服务基层】 加强创新型企业与小微企业经营状况调研，能动调判相关案件，助力经济转型升级。依法稳妥审理征地拆迁相关案件，妥善协调化解轻轨建设等重大项目涉及的纠纷。妥善审理涉及民生权益的各类纠纷，完善司法便民措施，推进诉讼服务职能向人民法庭、巡回审判点的延伸。与基层调解组织、行政机关及工会、妇联、商会及各类行业协会等密切配合，联动与整合社会资源预防化解矛盾纠纷。组织开展“阳光司法到街镇”活动，到各街镇的巡回审判点上公开开庭，邀请当地人大代表、政协委员与群众旁听案件，评议工作。 （法 院）

【人民陪审工作】 加强人民陪审员参审保障工作，明晰陪审职责，监督与改进陪而不议等不规范行为，不断增强陪审员履职意愿和能力。根据人民陪审员的知识结构、专业特点和职业背景等建立类型案件二级分库，提升陪审效果。2011 年 5 月，最高法院在苏州召开陪审制度国际研讨会，法院人民陪审试点工作得到与会领导和专家的肯定。 （法 院）

【青少年维权】 刑事审判引入合适成年人机制，涉少离婚案件适用社会观护机制，在全市率先对判处缓刑的未成年被告人适用禁止令，开展未成年犯犯罪记录封存试点工作，通过多种恢复性司法手段最大限度地保护未成年人的合法权益。延伸审判职能，推动外地籍未成年犯纳入本地社区矫正试点工作，邀请“爱心妈妈团”参与缓刑未成年犯矫正帮教工作，提升矫正实效。 （法 院）

【诉前调解】 完善诉讼与非诉讼多元纠纷解决机制，构建“以诉讼服务中心为一级平台，以人民法庭为二级平台，以巡回审判点为三级平台”的立体诉调对接模式，加强诉讼与非诉讼资源整合协力，共同预防化解矛盾纠纷。2011 年 8 月，参加最高人民法院召开的诉讼与非诉讼相衔接的矛盾纠纷解决机制改革部分法院试点工作座谈会并作经验交流。发挥法院解决纠纷指导示范作用，推进诉前调解工作。2011 年诉前排查和化解纠纷 2546 件，相当于新收一审民事案件总数的 68.77%，起到化解纠纷与案件分流双重效果。通过多方协同，诉前妥善处理弗斯特纺织品（苏州）有限公司、苏州素艺玩具有限公司因投资人弃企引发的多起群体性纠纷。 （法 院）

【和谐共建】 以“巡回审判、特约调解、诉讼服务”三项职能为核心，完善和谐共建机制，取得司法维稳与服务成效。组织资深法官对和谐共建点工作人员及特约人民调解员进行调解业务培训。增设交通事故与劳动争议巡回法庭，全年处理道赔和劳动争议案件 146 件。建立法官与街道（镇）司法所长、共建联系点负责人或联络人、村社治保主任之间的三级联系网络，通过挂村定点、定期走访、共同研判等机制，将矛盾纠纷调处在当地，推进“无访无讼村（社区）”创建活动。加强巡回审判工作，全年累计开展巡回审判 1278 次，特约调解 156 件，审结各类案件 1022 件，参与案件听审的群众 1 万余人次，现场接待群众咨询 4500 余人次。木渎人民法庭被市中级人民法院、市社会管理综合治理委员会办公室评为“和谐共建活动先进集体”。 （法 院）

【法庭工作】 强化法庭干警执行意识，加强执行工作指导与沟通，开展执行业务培训，推动法庭执行工作有序开展。在人民法庭设置人民调解工作室，负责诉前调解、委托调解、协助调解和执行和解工作。2011 年妥善化解郝某某等 39 人与夏某某房屋租赁纠纷等多起群体性案件及苏州市吴中区澄湖现代农业发展有限公司与周某某、顾某某农业承包合同纠纷等涉万亩水产养殖基地工程案件。开展法庭与派出所、司法所“一庭两所”共建活动，利用共建机制成功处理多起当事人聚众闹事的突发事件。合理调配司法警察资源，加强人民法庭的司法安全工作。木渎人民法庭被区依法治区领导小组评为2010年度“人民满意基层执法站所”，角直法庭被评为市优秀人民法庭。（法　院）

【群众交流】 开展司法服务满意度调查，听取当事人对法院服务的意见，及时全面掌握涉诉民意。充分发挥人民陪审员、形象监督员对法院工作的监督作用，定期召开座谈会，听取意见建议。主动接受社会监督，开展“法院开放日”、“法庭开放日”活动，增进法院与群众的交流互动。完善与人大代表、政协委员的联络制度，定期通报法院工作情况，邀请人大代表、政协委员旁听庭审、评议工作。（法　院）

# 司　法

【概况】 2011年，全区共建立250个人民调解委员会（调解工作室），共有1195名调解员，各级调解组织共受理纠纷2921起，调解成功2914起，两级调解组织共受理纠纷2445起，调解成功2441起。全区新增社区矫正对象148人，解矫152人，在册社区矫正对象259人，入矫率、解矫率达100%。新增安置帮教对象97人，解除167人，在册对象共458人，帮教458人，帮教率达100%，安置448人，安置率达98%。现有基地总数16个，基地安置人员13人。全区律师事务所共担任常年法律顾问347家，办理刑事诉讼法律辩护及代理201件，代理民事案件620件、非诉讼法律事务245件，解答咨询和代写文书1100余次，办理法律援助案件79件，参与政府信访接待等公益活动196人次，参与调解重大纠纷77件。各法律服务所共担任常年法律顾问184家，代理诉讼事务587件、非诉讼事务183件，调解纠纷299件，解答法律咨询1080次，为当事人挽回和避免经济损失2600万元。全年共受理、指派法律援助案件401件，接待来电来访2864人次，受援人满意率达100%，实现零投诉。全年公证处共办理各类公证事项6201件，其中，国内公证4014件，涉外公证2016件，涉港澳台公证171件。（司法局）

【法制宣传】 5月，在郭巷街道国泰社区组织开展“农民工学法活动周”法制宣传活动。参加区团委组织的“3·5”学雷锋日法制宣传活动、区妇联组织的三八妇女节法制宣传活动、区消保委组织的“3·15”国际消费者权益日法制宣传活动等一系列普法活动。与城南街道联合在红庄社区建成大型法制宣传长廊，全面展示“五五”普法成果。切实发挥区未成年人志愿法律讲师团职能，年内在全区各学校举办法制讲座54场次，听课学生3万多人次。9月，区委、区政府召开全区“六五”普法工作动员部署大会，回顾总结“五五”普法工作、对2006~2010年度法制宣传教育先进集体和先进个人进行表彰，部署“六五”普法工作。2011年，吴中区被省委、省政府表彰为“2006~2010年全省法制宣传教育先进县(市、区)”；区法制宣传教育领导小组办公室被苏州市委、市政府表彰为“2006~2010年全市法制宣传教育先进普法办”。加强与宣传文化部门的协调配合，参加全省社会治安综合治理优秀新闻作品评选活动，挑选四大类13件作品上报。开展“社会主义法治文化建设年”活动，全区共有33家单位上报66个法治文化建设项目。开展“法治文化建设示范项目”申报命名工作，其中角直法治文化景区、吴中区中小学生综合实践学校被命名为苏州市首批“法治文化建设示范点”。开展“民主法治示范村(社区)”创建工作，全区170个村(社区)全部建成区级“民主法治村(社区),其中,118个村(社区)建成市级“民主法治村(社区)”,20个村(社区)建成省级“民主法治示范村(社区)”,临湖镇湖桥村被表彰为第四批“全国民主法治示范村”。全年共有9个村(社区)申报省级“民主法治示范村(社区)”,35个村(社区)申报市级“民主法治村(社区)”,全部通过省、市考核组检查验收。(司法局)

**【人民调解】** 年内,召开2次全区司法所长工作会议,听取阶段工作汇报,部署新的工作任务,要求各司法所认真借鉴横泾司法所建设经验,加大资金投入,加强软硬件建设;开展人民调解化解矛盾纠纷专项攻坚活动,探索社区矫正工作,落实改进安帮工作。贯彻落实《司法所队伍建设和调解组织试点工作的通知》,在5个试点人民调解组织,建立村(社区)—村(居)民小组—中心户(楼幢长)三级基层调解组织网络,成立兼职为主、专职为辅的调解员队伍,设立专门的调解工作室,配备5~6名工作人员,通过招聘社区矫正协管员、社会志愿者、专职调解员,把大学生村官纳入调解员、志愿者队伍等形式,加强司法行政基层组织建设。各镇、街道司法所对照新修订的《江苏省优秀司法所考评标准》,完善人员分工、岗位责任、考核评比。年内全区15个司法所全部通过苏州市对省规范化司法所的复查,报送的省级优秀司法所——横泾街道司法所通过省级检查考核。举办社会矛盾纠纷调解信息系统应用培训班、大调解专职调解员和治调主任培训班,提升相关人员的技术水平和业务能力。开展《人民调解法》主题宣传活动,3月底至5月初,在城区主要路口悬挂宣传条幅,展出大型宣传图板、发放宣传册2000余份。邀请法院、检察、人社等专业调委会和律师在全区作巡回宣传,现场回答群众咨询。完善专业调解组织网络,落实调解工作制度,推广使用人民调解新规范案卷。加强与区妇联、住建局等部门的协调,成立区、镇两级婚姻家庭纠纷调解委员会,区、镇两级物业纠纷人民调解委员会(调解工作室)。

(司法局)

**【社区矫正】** 推进社区矫正管理教育工作。完善各项矫正制度,创新教育矫正方式、方法和手段,加强部门协作联系,提升教育矫治质量。采取集中培训的方式,对专职社工进行业务知识更新。加强管理信息平台的利用,做好风险评估和分类管理工作。通过定期登陆系统对社区矫正对象进行定位、开展季度风险评估,了解矫正对象的行踪、思想动态。与联通公司联合对定位手机进行更新,并与矫正对象签订《定位手机使用协议书》,提高配发率、定位成功率和短信使用率,通过平台共为社矫对象发送短信达7000余条。全年全区新增社区矫正对象148人,解矫152人,在册社区矫正对象259人,入矫率、解矫率达100%。通过安帮管理平台,确保与监狱、劳教所的“无缝对接”;建立预防刑释解教人员重新犯罪的分析和报告制度,最大限度减少安帮对象脱漏管现象。全年新增安置帮教对象97人,解除167人,在册对象共458人,帮教458人,帮教率达100%,安置448人,安置率达98%。现有基地总数16个,基地安置人员13人。1月,与区法院商定建立社区矫正工作“双回执”制度,规定自2011年起,法院在缓刑等非监禁刑交付工作中,将社区矫正对象的法律文书寄(送)至司法所,由司法所完整填写后将回执寄回法院,同时责令社区矫正对象在一定期限内到司法所报到,司法所确认盖章后,由矫正对象本人将回执送到判决法院。该制度保证矫正对象的无缝对接。与区法院探索由外来未成年人户籍所在地的司法局委托,将适用矫正的对象纳入本地社区矫正的工作方法,全面调查矫正对象的家庭背景、社会关系,查找其犯罪根源,聘请心理医

生、心理学专家进行有针对性的疏导,对改造良好、恶性不强的未成年人建议法院实行前科封存。 (司法局)

【律师事务所】 拓展法律服务方式。各律师事务所巩固做好担任常年法律顾问、代理民行诉讼和担任刑事辩护等基础业务。2011年,全区律师事务所共担任常年法律顾问347家,办理刑事诉讼法律辩护及代理201件,代理民事案件620件、非诉讼法律事务245件,解答咨询和代写文书1100余次,办理法律援助案件79件,参与政府信访接待等公益活动196人次,参与调解重大纠纷77件。组织律师参加4进活动:“进现场”,石湖景区综合改造工程中,律师到现场服务。“进栏目”,组织律师入驻区委政法委与苏州广电总台联合推出的“以案说法”栏目,从专业的角度为听众解读案例。“进实地”,组织律师走进太湖劳教所,为劳教学员现场说法释疑。“进村(社区)”,目前,全区一半以上的村(社区)聘有法律顾问,为村(社区)的法治建设提供专项服务。开展“双促双助”法律服务专项活动。组建法律专家团,协助政府研究制定促进企业转型升级的工作方案。走访了解企业,帮助企业提高抗风险能力,全年走访企业195家,出具风险提示和法律建议215件,为企业挽回直接经济损失9000万元。 (司法局)

【法律服务所】 3月,召开全体法律服务所主任会议,规范基层法律服务所的内部管理和基层法律服务工作者的执业行为,发挥基层法律服务“扎根基层、熟悉民情、面向群众、简便快捷、成本低廉”的独特优势,建立健全长效工作机制。全年各法律服务所共担任常年法律顾问184家,代理诉讼事务587件、非诉讼事务183件,调解纠纷299件,解答法律咨询1080次,为当事人挽回和避免经济损失2600万元。集中辅导基层法律援助站工作人员,培训人民调解与法律援助业务衔接(援调对接)、基层法律援助工作站规范化建设等内容,提升专业水平。完善法援网络建设。落实“半小时”法律援助圈,制作村、社区法律援助联系点牌子、公示内容及台牌等50多套,下发至全区镇(街道)村、社区,实现法律援助服务工作的区域全覆盖。拓宽法援宣传渠道。在驻苏某部炮团开展“法援拥军——送法进军营”活动,在集贸市场、外来人员聚居地等场所设立统一的法律援助指示牌,开展“法律援助进社区、进企业、进工地”专项宣传活动。落实窗口硬件建设。投入近20万元,建设新的法律援助中心,统一设置各类指示标识,8月正式启用。9月,中心被省司法厅命名为“江苏省法律援助机构示范窗口”。法律援助中心全年受理、指派法律援助案件401件,接待来电来访2864人次,受援人满意率达100%,实现零投诉。 (司法局)

【公证】 在长桥街道、越溪街道、光福镇等地的拆迁安置房屋过程中,公证处长期全程办公,维护拆迁各方的合法利益,避免纠纷的发生。按照“保增长、促发展”的要求,提供优质涉外公证服务,为企业产品外销提供规范的证明文件。实施《苏州市吴中区公证费用减免办法》,受理23起减免申请,减免当事人公证费用2万余元。全年公证处办理各类公证事项6201件,其中国内公证4014件,涉外公证2016件,涉港澳台公证171件。接待来访9300人次。 (司法局)

# 经济监督管理

## 发展计划管理

**【规划、计划工作】** 2011年，全面启动率先基本实现现代化指标体系研究工作，形成《中共苏州市吴中区委关于率先基本实现现代化的决定》。配合省主体功能区规划，做好调整、撤除限制开发区域的争取工作。关注国内外宏观经济形势动向，把握经济运行趋势，了解周边市（区）发展动态，加强对全局性重大问题的调查研究，先后完成《2010年国民经济和社会发展计划执行情况与2011年计划草案的报告》、《2011年上半年国民经济和社会发展计划执行情况的报告》，并经人代会、人大常委会审议通过。围绕转型升级，对全区经济情况进行深入剖析，完成一系列调研分析报告。（发改局）

**【固定资产投资管理】** 2011年，全区完成全社会固定资产投资315.5亿元，同比增长25.5%。其中：第二产业完成投资103.8亿元，同比增长14.6%；第三产业完成投资210.1亿元，同比增长31.4%。按照国家对国债项目监督管理办法，会同财政、水利、农业、环保等有关部门，对全区2009~2011年的国债项目进行有效跟踪服务，对项目的进度、质量、投资等方面进行督查。根据省政府建设项目审批程序，切实按照整体规划布局，着眼产业结构调整和绿色环保标准，强化投资综合调整，严格项目审批，有效防止高污染、高耗能、低水平项目重复建设。全力提升审批效率，优化“绿色通道”，为建设单位的优质项目上马创造市场准入条件，全年办理内资项目数608件，总投资815.37亿元，其中项目审批308件，总投资372.18亿元；核准项目58件，总投资258.14亿元；备案项目242件，总投资185.05亿元。办理外资项目数50件，新增投资总额68037.5万美元，新增注册资本136393.45万美元。（发改局）

**【重点项目建设】** 2011年，全区122个区级重点建设项目在建105个，完成投资185.49亿元，占全年固定资产投资比重的58.8%，其中74个项目完成年度投资目标，32个竣工投运。21个市级重点项目完成投资51.6亿元，其中3个项目竣工投运。3个省级重点项目完成投资12.6亿元。强化工作举措，建立项目实施进度月报制，加强协调服务，顺畅项目审批渠道，加快重点项目的顺利推进。定期编制《重点项目进展简报》11期，完成季度投资分析4篇。（发改局）

**【服务业管理】** 做好规划编制，完成吴中区“十二五”服务业发展规划、现代服务业中长期人才发展规划（2010~2020年）编制工作。跟踪服务业集聚区、重点项目、招商项目、引导资金项目、“五个一批”项目进展情况，建立和完善服务业数据库。加强服务业项目对外推介，成功举办北京、深圳等地服务业招商活动。2011年,全区实现服务业增加值299.6亿元,同比增长21.1%,占GDP比重达42.8%,比上年提高1.7个百分点;完成服务业固定资产投资210亿元,同比增长31.4%,服务业对经济增长的贡献率达53%。(发改局)

**【向上争取】** 资金方面:全年争取到各类资金累计达3.3亿元,其中争取到东太湖综合整治工程国家级专项资金2.36亿元,城建环保及重点流域水污染治理项目中央预算内投资1870万元,太湖流域水环境治理第四期省级专项资金3936万元;苏州市南环桥农副产品批发市场建设项目被列为2011年流通领域国债项目,获批资金250万元;电科院电力变压器检测公共服务平台等4个项目获批2011年度省级服务业引导资金640万元;太湖科技产业园基础设施建设等3个项目获拨省级金融贴息类资金340.1万元;为吴中区金庭镇中心敬老院项目争取到2011年中央预算内投资100万元;为吴中区木渎历史文化名镇保护设施项目争取到2011年中央预算内投资181万元。

项目方面:西山中科化学品安全测试公共服务平台等13个项目获2011年市级服务业发展引导资金计划;西山中科化学品安全测试公共服务平台、电科院电力变压器检测公共服务平台、苏州吴中科技创业园科技创业服务标准化建设、角直水乡古镇手摇船旅游服务标准化等4个项目成功入选2011年度省级现代服务业发展专项引导资金投资计划;吴中科技创业园的科技创业服务标准化试点和角直古镇旅游服务标准化试点成功入选2011年度省服务业标准化试点项目计划;江南古镇载客手摇船服务规范项目入选2011年度省服务业地方标准制定项目计划;药明康德入选2011年省现代服务业创新团队。

(发改局)

**【企业上市】** 为企业搭好融资平台,苏州电器科学研究院、苏州安洁科技2家公司成功上市。有序推进企业上市,发掘培养了一批科技创新型企业和战略性新兴产业企业纳入后备梯队,促进企业通过上市做大做强,其中5家已向证监会上报材料,5家进入辅导期,1家完成股改,50多家有基础、有潜力、成长性好的企业列入企业上市储备库,为今后企业上市工作打下了良好的基础。(发改局)

**【能源物资综合平衡】** 强化有序用电管理,提前谋划,科学制定方案预案,积极与重点企业沟通协调,圆满完成迎峰度夏有序用电工作。2011年,全区实现全社会用电量57.0277亿千瓦时,同比增长8.12%。其中工业用电量为41.6684亿千瓦时,同比增长6.9%。认真抓好成品油监管,完成全区116家成品油批发经营企业的批零许可证年检。继续做好固定资产投资项目能源消耗评估和审查,切实抓好全区节能降耗工作。积极保障重要节庆活动路灯亮化,实现路灯全天候管理。做好散装水泥推广,全年完成散装水泥发放量16万吨,推广率达82%,征收专项资金9万元。

(发改局)

**【南北挂钩及扶贫】** 2011年,共建吴中宿城工业园力度加大。吴中区政府支付给宿城区扶持资金50万元。积极参与苏州市组团的第十五届中国东西部合作与投资贸易洽谈会,为陕西榆林市靖边县张家畔镇阳光村农民健身广场项目提供30万元扶持资金;为对口支援地区重庆云阳县落实扶持资金10万元;做好对中西部地区的扶持工作,拨付新疆2587万元和西藏517万元的扶持资金。(发改局)

# 行政审批服务

**【概况】** 2011年，区行政服务中心各窗口共受理各类审批服务事项202537件，同比增长5.49%，日平均受理810件，实际办结202463件，办结率为99.96%，日均当场办结率84.5%。全区进驻服务中心的窗口部门33个，工作人员98人，行政审批服务事项269项，细化窗口办件事项459项。（行政服务中心）

**【推进并实施工业项目联合竣工验收】** 2011年3月，全区工业项目建设工程联合竣工验收工作正式启动。区行政服务中心专门设立联合竣工验收窗口，除太湖度假区外，全区所有工业项目建设工程均列入联合竣工验收范围。对资料齐全的建设工程，服务中心受理窗口在受理申请之日起7个工作日内组织验收小组成员单位进行集中验收。全年共有21只项目进行联合竣工验收，涉及建筑面积18万平方米。（行政服务中心）

**【重大项目审批“绿色通道”】** 区行政服务中心对“绿色通道”项目受理时间、审核内容、流转过程进行全程跟踪，会同有关部门实施对“绿色通道”项目审批情况定期跟踪，与镇、区及项目单位，与基层、企业面对面沟通，及时了解项目审批进度和审批过程中的问题。建立“绿色通道”项目进展情况联系反馈制度和提醒式服务机制，形成上下联动、共同推进的审批服务机制。全年新进入“绿色通道”的审批项目39个，完成审批46个，累计完成99个。（行政服务中心）

**【审批服务再提速】** 2011年，区行政服务中心提出年内对审批服务事项再提速10%的目标。为完成这些目标任务，行政服务中心与各进驻部门沟通协商，开展审批流程再造工作，削减审批环节和审批材料，缩减审批时限，在进驻部门和窗口共同努力下，年内进驻事项提速达到10.04%，平均承诺审批时间由2010年底的6.07天缩减到5.62天。（行政服务中心）

**【工业项目供地预审】** 行政服务中心作为全区项目供地预审牵头单位，认真做好项目供地预审工作，适时召开项目供地预审领导小组成员单位会审会议，并深入需要供地项目所在镇（区）了解掌握情况，切实增强服务主动性，缩短项目预审时间，加强对项目全程跟踪，掌握项目进展情况，为领导决策提供依据。2011年共办理项目预审53个，涉及供地面积2354亩。（行政服务中心）

**【采用多种形式提高全员素质】** 一是实施党员挂牌上岗。区行政服务中心在创先争优活动中，对党员实施挂牌上岗。凡党员工作人员，一律在工作人员台牌上标有党旗标志，并胸佩党旗徽章，实行党员挂牌上岗服务。并结合月度考核和季度评优，进行创先争优窗口和创先争优先进个人评选。激励广大党员立足窗口服务岗位，争创一流业绩，展示党员风采。二是进行全员系统岗位再培训。行政服务中心专门聘请专家，从打造工作魅力之形象塑造、工作往来礼仪和窗口服务礼仪等3个方面，分两期组织开展“展风采，促和谐，文明服务在中心”服务礼仪专题讲座。以贴近窗口服务实际的生动例子，引导提高全体工作人员对窗口服务礼仪的认识，促进全员文明素养和服务水平的再提升。（行政服务中心）

# 统计管理

**【概况】** 2011年，区统计工作以数据质量为核心,做好统计年定报,完成第六次全国人口普查,开展国家“企业一套表”综合试点;优化统计服务,编印《吴中统计年鉴-2011》、《吴中统计月报》、《吴中工业统计月报》、《吴中金融统计月报》、《统计资料》、《统计专报》、《统计工作情况》等统计数据资料。其中《“十一五”吴中区房地产业发展回眸》、《吴中区产业结构特征简析》2 篇分析获苏州各市(区)统计分析报告评比三等奖,《“十一五”期间吴中区工业经济运行简析》等 3 篇分析得到区委的高度肯定,区委书记俞杏楠作了重要批示。区统计工作被评为 2006~2010 年全国统计法制宣传教育先进单位,全国第六次人口普查省先进集体,在苏州城区统计考评中,获综合考评第一名。 (发改局)

**【统计调查】** 2011 年,加强对基层的业务指导与检查,严格数据审核、评估,高质量高标准地完成综合、国民经济核算、工业、农业、金融、建筑业、房地产、服务业、固定资产投资、能源、住户、人口、劳动工资等专业年定报任务。强化部门沟通协作,服务业统计网络建设稳步推进,网上直报面不断扩大,网上直报率进一步上升,服务业增加值占比进一步提高。组织实施能源部门统计季报,推行能源统计基础台账,深入企业开展能耗调研和能源统计业务指导,加大对能源经济的预警监测,全区节能工作进展顺利,单位 GDP 能耗下降在苏州市大市范围内排名靠前。建立和完善月度会审、企业回访、镇级统计业务规范等制度,扎实组织开展城乡住户、农产品产量、居民出行、等抽样调查和专项调查 20 多项,全面系统反映区经济社会发展进程,为区领导及各部门制订各项政策提供重要信息支撑。 (发改局)

**【统计服务】** 增强统计监测服务,根据全区经济社会发展目标和变化趋势,加强月度、季度动态监测。不断完善统计考评体系,积极参与“吴中区率先基本实现现代化指标体系”的制订,组织实施更高水平小康跟踪监测、科学发展考评监测、重点能耗工业企业节能降耗监测、社会发展评价监测工作。围绕全区加快经济转型升级、促进新兴产业发展的要求,加强对经济转型升级指标体系监测。不断提升分析能力,围绕经济运行和社会发展过程中的热点、难点问题,全面收集整理“十一五”期间各项经济指标,做好季度、半年度、年度经济运行进程分析,形成工业、房地产、农民生活水平等系列分析资料,全面、准确、客观地判断经济运行状况,向党政领导提供时效性强、针对性好的统计分析报告。不断完善统计服务平台,认真编印《吴中统计年鉴-2011》、《吴中统计月报》等服务载体,全方位向区委、区政府及相关部门提供统计服务。通过吴中政务网、吴中统计信息公众网等信息化载体,及时发布数据信息,完成《统计专报》36 期、《统计资料》分析调研 28 篇。 (发改局)

**【第六次全国人口普查】** 全区各级党委政府高度重视人口普查,及时组建区、镇(街道)、村(社区)三级普查机构,逐级签订人口普查目标责任状,分层落实普查经费、抽调专人集中办公、明确成员部门分工职责,全面保障工作顺利开展。各级普查机构自上而下建立严格的工作推进机制、沟通协调机制、督查帮促机制和责任落实机制,切实做到各项任务都能终端落实并取得成效。全区各级、各部门按照“全区统一领导、部门分工协作、地方分级负责、各方共同参与”的原则,精心组织,协调联动,公安部门开展户口整顿工作;财政部门及时落实普查经费;宣传部门协调部署宣传工作,组织广电、教育、城管、气象、工青妇等单位开展联动宣传;公安、计生、民政、教育、住建、卫生、国土等部门及时提供相关信息资料。全区划分普查区 171 个,普查小区 4402

个，选聘普查指导员和普查员5000多名；利用短短10天时间，完成对全区人口登记，获得海量的原始数据；经过光电录入、数据汇总，圆满完成对全区人口的普查。区人普工作得到上级的充分肯定，被评为全国第六次人口普查省先进集体。 （发改局）

**【统计依法行政】** 着力开展统计继续教育与培训，制订全区统计人员教育培训计划，开展统计继续教育培训，组织400名统计人员参加统计从业资格考核，766名统计人员参加苏州市统计继续教育培训，22名统计人员报考全国统计职称资格考试，有效推进全区统计检查员队伍建设。开展“六五”普法宣传教育，制定普法规划和年度宣传方案；坚持抓实源头数据质量，在全区开展主要统计数据质量检查；开展统计监审，对木渎镇、苏苑街道及30家企事业单位实施统计督查和专业监审，依法处理统计违法违规行为，对4家企业作出警告处罚，并通过吴中统计信息公众网予以曝光，对11家企事业单位分别发出《统计检查结论书》，对木渎镇、苏苑街道和11家企业分别发出《统计检查建议书》，对4家企业分别发出《责令改正书》，有效保证源头数据质量。统计法制工作被评为2006~2010年全国统计法制宣传教育先进单位。 （发改局）

**【统计“四大工程”建设】** “四大工程”是指建立以基本单位名录库为基础，以企业一套表制度为核心，统一的数据采集处理软件系统平台，通过联网直报手段，将原始数据直接报送国家统一的数据中心，确保数据的真实准确、完整及时，是国家统计方法制度改革的重大举措。为配合国家做好“企业一套表”改革试点，2011年，吴中区率先启动“企业一套表”综合试点，经过2个多月努力，圆满完成企业一套表试点。全区共有1335家企业参加试点，集中组织培训13场，企业上报率100%，向省局上报各项合理化建议、措施数十条，为全面推行企业一套表制度积累宝贵的经验。及时做好名录库维护，按照税务、工商提供的名录，在名录库中新增2010年新开业的企业3006家；完善信息资源，加大名录库重点指标质量审核力度，对全区“三上”企业相关指标一一核对，确保信息真实准确；实施名录库分级管理制度，将以往区级集中处理改为区、镇两级统计部门分级管理，有效提高名录库更新维护效率。 （发改局）

**【统计基层基础建设】** 全面提升基层统计部门的整体水平，制订下发《2011年全区统计工作要点》、《2011吴中区镇（区、街道）统计工作考核办法》，进一步提升基层统计管理能力、统计业务水平和统计软实力。全面推进“双基”规范化建设，根据苏州市“双基”规范化建设要求，吴中区认真制订统计“双基”建设推进计划、达标验收方案，及时召开现场推进会，广泛宣传，精心指导，扎实开展验收。全区共召开动员会28次，建立示范企业46家，深入企业指导900次，下发《统计“双基”标准手册》1360册，制作企业统计制度台牌1280块，完成19个镇（区、街道）统计机构和826家“三上”企业达标验收，分别占全部镇（区、街道）、“三上”企业数的100%和60%。（发改局）

# 价格管理

**【概况】** 2011年是“十二五”开局之年，也是消费价格指数持续高位运行的一年。面对严峻的价格形势，吴中物价工作始终围绕稳定价格总水平这一首要任务，充分发挥职能作用，切实加强价费监管，不断规范价费行为，努力服务民生价格，为吴中经济社会平稳较快发展发挥积极作用。物价工作被省物价局授予全省价格工作先进单位、全省价格政务

信息工作先进集体。（发改局）

【价格管理】 贯彻落实水、电、气、油、教育、医疗等项目“同城同价”，重点加快改善民生价格步伐。贯彻落实房地产价格宏观调控政策，完善普通住宅商品房价格管理，下发《江苏省商品房销售明码标价实施细则》等规范性文件，全面落实“一房一价”房产备案制度和商品房销售网上公示制度，对全区80余家房地产企业，累计建筑面积约100万平方米的普通商品房进行备案。加强普通住宅物业公共服务收费管理，完成15家物业公司物业服务费备案。开展蔬菜成本收益调查，在东山、甪直等镇设置调查点，完成香青菜、露地包菜等5个主要蔬菜品种的收益情况调查。开展吴中区特色农产品定期跟踪监测，完成对东山镇3户茶农碧螺春茶叶的成本收益调查。在苏苑街道、木渎镇、甪直镇甄选10户有代表性的低收入家庭开展日常收支情况调查。贯彻落实上级药品价格政策，8次转发下调有关品种药品的最高零售价格。（发改局）

【收费管理】 加强《收费许可证》管理制度，年审全区33个收费部门343个收费单位，年审面达到100%，2010年度全区纳入《收费许可证》制度管理的审核收费总额6.82亿元。换发、核发、变更《收费许可证》35本。按照工作程序与承诺制度严格审定各类收费标准，合理核定各类收费申请4件，转发上级收费政策性文件14件。强化涉企行政事业性收费清理整顿，企业负担进一步减轻。合理制订、调整旅游景点门票价格6件。严格执行票价备案核准制度，落实客运企业价格公示。加强社会团体收费监管，清理社团收费，规范收费许可证管理。加强机动车停放服务收费管理，核准停车服务收费31件。全面落实城乡义务教育免费政策，加强全区中小学校教育收费政策落实情况督查，加强民办幼儿园的服务性代办收费审批，对全区教育收费公示栏进行统一监制。推进医疗服务价格形成机制改革，推进单病种限价管理政策，规范医用耗材价格。（发改局）

【成本监审】 开展农产品平价直销店建设。建立全区农产品平价直销店建设管理机制，明确工作任务，强化建设指导，加强监督检查，农产品平价直销店(区、点)建设有序开展。全区建成平价直销店4家，大型超市平价直销区4家。加大价格监测力度。将辖区成品油价格、11种城市居民日用工业消费品零售价格、54种居民服务价格、7大类49种食品价格、57种农副产品零售价格列入日常监测范围;形成每旬一期的《价格动态信息》，共36期;完成各类价格监测报表110余份，价格监测分析材料14篇。推进重要民生商品价格采集公布工作，及时调整完善采集和调查人员，价格采集公布工作网络覆盖面不断扩大。及时公布5大农贸市场、7大超市所涉六大类90多种民生商品价格监测信息，公布重要民生商品价格信息43期。加强农贸市场价格行为管理，出台农贸市场价格管理意见，组织摊位租金备案和公示工作，推进农贸市场明码标价工作试点，在月浜农贸市场内各摊位创新使用悬挂式翻价牌。推进“菜价惠民”活动，在城区部分农贸市场开展摊位租金减半收取和推出平价蔬菜等活动，保持市场农副产品价格总水平稳定。（发改局）

【监督检查】 加大价格监督检查力度，先后开展涉农价格与收费政策落实情况、商品房销售明码标价执行情况、医药卫生服务价格等三项专项检查，检查各类单位148家，严格规范价费行为。加强价格监管巡查，先后组织市场价格巡查15次，出动检查人员360余人次，检查城区和17个镇(区)、街道的各类农贸市场、商店超市、餐饮行业、旅游景点1500

余家。应对价格异常波动，及时处置3月的食盐抢购风波，制止价格违法行为、引导消费行为，迅速平息抢购风波。提升社会价格监督服务网络服务水平，对全区社会价格监督服务网络进行优化调整，先后组织价格监督员价格业务知识培训，召开全区价格监督服务网络工作会议。严格落实价格举报值班制度，解决各类价格纠纷110余件，受理答复各类价格咨询举报43件，实施经济制裁10681元。开展“价格服务进万家”活动，深化价格诚信建设，5家单位获得“江苏省价格诚信单位”称号。以《价格法》颁布13周年纪念日为契机，开展价格宣传咨询活动，发放《居民日常生活价格指南》500余份，《价格服务简明手册》100余册，《价格违法行为处罚规定》、《关于商品和服务实行明码标价的规定》等宣传资料3800余份，宣传环保袋600余只。（发改局）

**【价格认证】** 价格认证中心积极拓展价格鉴证领域，努力打造价格认证品牌，积极为政府、社会、司法、系统提供服务。先后完成石湖风景区改造涉及企业的设备设施搬迁补偿认定、角直西气东输工程中涉及多种树木移植补偿认定、车辆改革价格认证、学校内的餐饮设备回购价格认证等多项工作任务。完成各类价格鉴证业务898件，鉴证金额9706.51万元。其中，刑事涉案财产价格鉴证659件，鉴证金额1500.12万元；民事涉案财产价格鉴证8件，鉴证金额885.94万元；道路交通事故损失财产价格鉴定43件，鉴定金额72.98万元；征地补偿涉及的机器设备、设施价格认定169件，认定金额5564.58万元；幼儿园成本认证8件，认证金额1356.69万元；其他价格认证11件，认证金额326.20万元。（发改局）

# 审计管理

**【概况】** 2011年，区审计局贯彻落实省、市审计工作会议精神，紧扣区委“又好又快‘十二五’、真抓实干开好局”主题，用科学审计理念，全面提升审计监督效能。全年累计实施财政财务审计项目68个，工程审计项目675个，节约政府性资金5.08亿元。190篇（次）信息宣传稿件被区委、区政府领导批示和上级审计机关录用。（审计局）

**【财政审计】** 一是做好财政审计。开展2010年本级预算执行审计情况及其他财政收支情况审计，对全年预算执行、其他财政资金收支、部门预算外资金收支、税收征管等进行审计。将领导关心、社会关注、群众关切的农村养老基金、旅游引导发展和促销基金、校安工程经费等纳入专题审计范围，提出5条审计意见和建议。对角直、木渎、临湖、金庭等镇开展财政决算审计，重点关注集体经济、集体建设项目、大额现金支付、融资平台、村级管理等。二是开展国企审计。对创投公司、旅发公司等区属国有公司进行审计，在摸清企业家底的基础上，重点关注国有公司在经营性资产、融资运作、项目建设、股权投资等方面的绩效，维护国有经济安全和投资收益。三是强化集体经济审计监督。加强农村集体资产审计，开展全区农村股份合作组织绩效审计调查，制订《关于进一步加强农村集体经济组织审计工作指导意见》，并由两办转发，为农村集体经济组织审计规范化、制度化和常态化创造条件。四是维护国有资产安全。按时保质完成对高新区地方政府债务的交叉审计，配合好吴江市审计局对吴中区地方政府性债务审计。对11家机关事业单位实施部门预算执行和事业单位财务审计。对太湖文化论坛首

届年会,采取“提前介入、全程跟踪、事后审计”模式,履行审计职责。（审计局）

【工程审计】 全年工程结算送审金额24.78亿元,涉及工程项目675个,审定和基本审定金额为20.20亿元,核减4.58亿元,平均核减率18.48%,施工方承担审计费1199.12万元,节省审计费763.09万元。对东山宾馆三期、苏苑小学迁建等重点项目实施竣工决算审计,在工程造价审计核减的基础上,又核减建设单位设计费、贷款利息、管理费用等4000多万元,较好地发挥工程审计监督效能。创新工程审计管理,完善工程审计管理系统,采用信息化管理和控制审计流程。制定协审单位管理办法、协审单位工程审计操作流程、协审单位考核办法等,强化协审机构管理。完善专职复核审理、重大事项协商等制度,建立审计案例定期交流制度,强化审计质量控制。

（审计局）

【领导干部经济责任审计】 全年完成36位领导干部经济责任审计,其中离任审计26位、任中审计10位,重点关注领导干部在廉政优政、民主决策等方面的经济责任,给力于全区经济社会发展营造风清、气正的“软环境”。一是创新经济责任审计模式。将经济责任审计与乡镇财政决算审计、绩效审计、国企审计相结合。如将区民政局局长离任审计与全区养老事业发展情况绩效审计调查相结合,将区旅游局局长任中审计与区旅游发展资金绩效审计相结合,实施“结合型”绩效审计。对国有企业领导人员在决策、投资、经营、融资等方面的经济责任作出客观评价。二是创新经济责任审计作业方式。结合开发区、度假区成立审计分局之际,按照属地管理的原则,委托和授权2家审计分局对7位区管领导干部进行经济责任审计。三是发挥经济责任联席会议协调作用。由区委组织部牵头组织召开经济责任审计预告会,做到全年审计计划早通知、早安排、早落实。（审计局）

【专项资金审计】 结合群众日益增长的社保、教育、医疗等审计需求,针对群众反映的热点和难点问题,对农村基本养老保险、农村养老保险置换城镇养老保险、校安工程等民生资金进行审计,运用多种审计方法对社保基金进行测算和预测,提出应对参保人数下降、基金赤字等审计建议,提交相关部门研制对策。开展农村村庄生活污水处理工程、全区股份合作经济绩效审计调查、全区养老事业发展情况绩效审计调查,实地走访区福利中心、敬老院等多家养老机构,重点关注全区居家养老、社会养老发展情况及养老需求状况,为主动迎接老龄化社会、积极探索社会化养老提供决策参考。（审计局）

【推进“审计价值提升工程”】 全面实施2011年作风效能建设的创新工作——审计成果价值提升工程。一是加强审计整改工作,提高审计成果转化率。加大审计整改力度,促使《吴中区农村村庄生活污水处理设施长效管理暂行办法》等多项文件制度出台;通过《审计报告》、《审计情况》、《审计专报》等载体,畅通审计意见和建议的“直通车”;健全与区委组织部、区纪委、区监察局、区督查办等审计信息共享机制;借助联动监督整体合力,推进审计整改工作。2011年7月区政府转发区监察局、区审计局联合制订的《关于进一步加强审计整改工作的意见》。向区纪委移送1件经济案件、向区地税局移送假发票线索2起,涉及金额1749.51万元。二是营造审计宣传浓厚氛围,扩大审计成果影响力,实现“从个体向整体、由数量向质量、由骨干向全员”的转变。全员信息宣传氛围浓厚,审计宣传工作处于苏州审计系统领先优势,重点稿件实现省级、国家级审计报刊、网站、杂志等媒体全覆盖。三是强化法治意识，提高审计成果含金量。认真贯彻执行新修订的《审计法实施条例》、《国家审计准则》和《江苏省审计条例》，切实增强依法审计意识、质量意识和精品意识，及时修订审计文书，强化审计质量控制。全面启动“六五”普法工作，在全区积极开展“江苏省审计条例宣传周”活动，出台普法及依法行政工作意见、依法审计责任分解等，荣获“2006～2010年度全区法制宣传教育先进集体”、“全区深入推进行政指导工作先进集体”荣誉称号。（审计局）

# 劳动就业管理

【概况】 2011年，全区新增就业岗位48245个，3691名城镇失业人员实现再就业，城镇困难人员实现就业6944名，开发公益性岗位720个，城镇零就业家庭实现月内动态清零，吴中籍应届高校毕业生就业率95%，年末城镇登记失业率控制在2.6%。自主创业培训975人，全区新注册开业的创业企业3800户，个体工商户8000户，直接带动5万人实现就业，在全市名列第二位。（人社局）

【人才管理】 全年共引进各类人才7782名，其中博士54名、硕士314名，引进人才总数增长11.6%，引进高层次人才总数增长12%。培养高技能人才600名，各类城乡劳动者培训40143人次。完成高级职称197人、中级职称306人、初定职称1324人的审核推荐，完成全国会计专业资格考试1560人。安置军转干部35名，其中市垂直条线安排25名。成功举办北美高层次人才创业大赛优秀项目、优秀人才对接会和生物医药高峰会，承接苏州国际精英创业周，组团赴美国、加拿大参加市政府举办的国际精英创新创业系列活动，10个创新创业项目落户吴中区。吴中技工学校被人社部确认为国家级重点技工学校。（人社局）

【公务员管理】 做好2011年公务员招录工作，招录公务员26名。按照“大规模培训干部”的要求，集中培训全区495名机关中层干部，组织87名副科职领导干部参加任职培训，19名新招录公务员参加初任培训。（人社局）

【事业单位管理】 审核完善部门上报的事业单位岗位设置方案，推进事业单位岗位设置管理工作。公开招聘事业单位工作人员64人。事业单位合同鉴证4325份。组织914人参加计算机信息化继续教育培训、311人参加技术等级培训考核。完成事业单位退休人员绩效工资工作，推进公共基层卫生及其他事业单位绩效工资工作。（人社局）

【劳动关系建设】 落实苏州市最低工资标准、工资指导线、劳动力市场工资指导价位和人工成本信息发布制度，监督和督促企业合理增加职工工资，推动建立与经营发展水平相适应的工资正常增长机制。群体性劳资纠纷事件下降100%，劳动争议案件下降15.4%，集体上访下降24.1%。出台《关于进一步规范企业用工行为实行分类管理的通知》、《关于开展和谐劳动关系维权达标管理工作活动的通知》，在全市首创对企业按规模大小划分6类实行用工分类管理，从制度上大力推进和谐劳资关系建设。建立劳动人事争议仲裁委员会、劳动人事争议仲裁院，设立劳动人事争议巡回法庭，健全劳动人事争议处置平台。调处劳资纠纷1124件，调解率达到78%左右。仲裁结案889件，共为劳动者追索工资、加班工资、解除劳动合同经济补助费、工伤待遇等2727万元。接待群众来访9684人次，其中集体上

访51批851人次。 (人社局)

# 国有资产管理

【概况】 2011年，有效推进国有资源优化整合,开展国有公司实物资产、资金运行情况调查,明确权属、理顺关系,切实提高公司可持续发展和抵抗风险能力。区属国有公司注册资本60亿元,资产总额达240.98亿元。

(财政局)

【国有经济管理】 2011年，围绕区委区政府战略部署，全面推进国资项目。承建项目62个,投资总额104.4亿元,完成投资87.93亿元。做好地方政府融资平台“解包还原”工作,积极争取项目融资,创新融资渠道,破解融资难题。开展区镇两级债务管理,做好国有公司融资审批办理、债务担保等基础性服务,实现政府性债务统一扎口审批管理，确保债务风险控制有度。 (财政局)

# 国土资源管理

【概况】 全区新一轮土地利用总体规划(2006~2020年)修编完成,区镇两级土地利用总体规划已获省、市政府批准实施。规划确定至2020年全区耕地保有量面积27.48万亩,基本农田保护面积24.1万亩，允许建设区面积4.68万亩,有条件建设区4.16万亩。全区建设项目用地规划审核67宗,建设占地面积7261.6亩,其中占用耕地面积1952亩,完成占补平衡补充耕地项目和市级整理项目9个,面积1413亩,经省国土资源厅验收确认新增耕地面积1406亩。上报省厅规划预审项目10宗,占地面积929.7亩。 (国土局)

【基本农田保护】 开展耕地保护责任目标履行自查,推进基本农田“争先达标”活动,细化对基层耕地保护工作的考核机制，完善基本农田保护责任制、动态监测制等各项保护制度。对全区基本农田信息资料进行详细调查和登记,联合区财政、农林等部门,根据生态补偿标准对全区耕地、水源地、生态湿地、生态公益林发放补偿资金。确保基本农田处于良好的保护和利用状态。 (国土局)

【各类用地管理】 全年完成公共事业类和工业类供地107宗,面积3411.3亩。其中,公共事业类用地62宗,面积1688.6亩;工业用地上市挂牌45宗,面积1722.7亩。上报新增国有建设用地10个批次,面积6911.9亩。完成3个项目重点项目的点供追补计划申报,取得追补计划305亩。完成收回土地46宗,面积1240.4亩。完成补办出让手续61宗，面积391.1亩。办理转让85宗,面积2183.3亩。办理超面积补办、规划图形调整、超容积率等项目89宗。 (国土局)

【经营性用地】 全年经营性用地累计上市并成交37宗,面积2154.1亩,成交金额114.58亿元。经营性用地到账资金总额126.43亿元,其中2011年成交地块到账资金110.49亿元,历年欠缴到账15.94亿元。 (国土局)

【土地登记】 完成初始登记、变更登记、集体土地登记676宗。办理土地使用权抵押登记1149宗，抵押土地面积1616.6万平方米,抵押金额153.26亿元。完成分割登记2200宗,核发《国土土地使用权分割转让许可证》19000本。行政中心窗口办理个人发证登记20300余件,工程报建项目150余件。

(国土局)

【废弃露采矿山整治复垦】 全年实施废弃矿

山整治项目 4 只，宕口 12 个，整治面积约 114.5 万平方米，投资 6042 万元。对全区完成复绿山体项目进行复查，发现问题及时督促原施工单位进行整改，确保项目后期的养护效果。（国土局）

**【创建“土地执法模范区、镇”】** 2011 年，“土地执法模范区”创建工作通过省国土厅验收，实现“四连冠”，获得省厅奖励指标 300 亩。开发区、度假区、木渎镇、胥口镇等 4 个镇（区）被市国土局评为“土地执法模范区乡镇”，57 个村（社区）被区国土局评为“土地管理先进村”。切实加强地质遗迹保护工作和地质环境综合治理，区国土局被省国土资源厅评为全省地质遗迹保护先进单位、全省地质环境管理工作先进单位。开展各项达标、争先、进位活动，区国土局被省人社厅和国土厅评为“先进集体”，度假区、光福等 4 个国土所被省市表彰为 2010 年度“人民满意国土资源所”和“先进国土资源所”。开展土地管理学术研究，局土地学会先后被省、市土地学会评为土地学会工作先进单位。区土管局被区委、区政府评为“服务经济、关注民生”创新工作先进单位、城乡一体化工作先进集体、全区法制宣传教育先进单位。（国土局）

# 工商行政管理

**【概况】** 2011 年，全区发展个体工商户 10385 户，同比增长 13.3%；发展私营企业 4352 户，同比增长 7.6%，新增注册资本 161.3 亿元，同比减少 7.8%；发展外资企业 57 户，新增注册资本 5.98 亿美元，同比减少 16.2% 和 3.5%；发展内资企业 246 户，新增注册资本 158.6 亿元，同比增长 50% 和 15.9%。截至 2011 年底，全区各类市场主体总数首次突破 6 万户，达到 65084 户。其中：个体工商户 40541 户，注册资金 25.7 亿元；私营企业 21241 户，注册资金 713.8 亿元；外资企业 1316 户，注册资金 66.6 亿美元；内资企业 1759 户，注册资金 713.9 亿元；农民专业合作社 227 户，出资总额 21.1 亿元。（工商局）

**【服务企业转型升级】** 2011 年，制定实施《关于服务吴中经济“四轮驱动、四大板块、四个集聚、八大工程”的工作意见》，提出 20 项惠企、助企服务举措。全年扶持成立企业集团 19 户，个体工商户转办私营企业 21 户，个人独资企业转办有限公司 15 户，全区上市储备企业扩大到 52 家。通过动产抵押登记、股权出质登记帮助 241 家企业融资 153.9 亿元，同比增加 377%。引导各地基金公司利用自身专业优势，采用有限合伙形式，为企业提供资金支持，全年发展有限合伙企业 129 户，出资额达 51 亿元，两项数据均列全市首位。（工商局）

**【服务农村改革发展】** 大力发展农村新型合作经济组织，全年共办理各类合作社设立登记 133 户，出资总额 19.4 亿元。支持各镇（街道）社区合作社和镇集体资产公司联合出资，开展镇级农民集团登记，加快集体资产增值速度，增加农民经济收入。指导农村合作经济向集团化运作、市场化开发、多元化发展，推进农村集体资源资产化、资产资本化、资本股份化进程。2011 年，指导成立镇级企业集团 14 家，注册资本 13.7 亿元，涉及拥有股份的农民达 10.6 万户，实现村村有合作社、镇镇有集团的农村发展新格局。（工商局）

**【推进商标战略】** 2011 年，以“一企一标”工程为抓手，加强企业商标意识的宣传教育，强化商标权益保护，促进商标量和质的双提升。全区申请注册商标 1387 件，申报省著名商标 7 件，市知名商标 10 件。苏州环球集团有限公司的“环球”商标经过一年来的培育辅导、材料申报和跟踪服务，成为吴中区首件商品类驰名商标。全区有效注册商标从2009年底的2220件上升到4874件，两年翻一番。

（工商局）

**【民生实事工程】** 加强农贸市场规范化管理，推进市场信息化监管，全区25个主要农贸市场实行实时监控联网管理。通过远程实时监控系统，结合现场抽查，对农贸市场索证索票登记情况、农残检测信息、场内经营秩序、环境卫生等情况进行动态管理。做好城乡农贸市场升级改造，广泛开展思想动员和宣传指导工作，帮助市场落实改造资金，指导市场进行改造设计，督促市场按时施工。年内改造完成12个市场。全区累计有40个集贸市场完成改造，面积达4万平米。（工商局）

**【食品安全长效监管】** 推进流通领域食品安全监管专业化建设，引进专业技术人才和专业检测设备。“流通领域食品快速检测中心”被列为政府实事工程，并于2011年6月建成并投入使用，全区流通领域食品快检能力得到进一步提升，快检批次提高到2000批次/年，快检方式由人工识别转变为“成分检测、数据分析、定量定性”，检测项目扩大到31项，促进监管方式从粗放型向精细化、传统型向现代化的转变。开展“打击流通环节食品非法添加和滥用食品添加剂专项整治”，不断加大食品快检和抽检力度，妥善处置“瘦肉精”、“染色馒头”、“塑化剂”、“地沟油”等食品安全事件。全年开展流通环节食品抽检1293批次，快检1200批次，检测量是2010年的8倍。发放食品流通许可证4705张，是2010年发放量的2倍。

（工商局）

**【治理无照经营】** 坚持堵疏结合、标本兼治的原则，创新治理机制，深化执法资源整合，推进“三化管理、五级联动”管理模式。针对拆迁规划控制区、城中村、外来人员聚居区等无证无照治理的重点区域，大胆创新治理模式。开展“治理无证无照宣传月”活动，张贴通告、发放资料2.3万份。协调相关职能部门，主动入区访户，与社区主任、片长、组长和经营户(农户)开会座谈，加强普法宣传。针对特殊现象，因地制宜，灵活处置。采取现场会诊、逐户整改、逐批疏导的办法，解决疑难问题。对一些社会危害大、经教育仍不整改的无照经营户，坚决予以取缔。全年查处取缔无证无照469户，扣缴经营工具、物品7658件，价值248.55万元；函告电信部门对无证照网吧切线8批、288户次，经营户综合有证有照率达98%。

（工商局）

# 口岸管理

**【海关概况】** 2011年，苏州海关驻吴县办事处落实海关总署“四好”总体要求，抓好“凝心聚力”和“再塑形象”两项工程，夯实业务基础、强化班子建设、凝聚队伍人心、完善内控机制，扎实推进“规范管理年”活动，顺利完成年度工作任务。全区完成进出口总值93.8亿美元，同比增长37.7%，其中出口66.4亿美元，增长51.4%。吴中出口加工区完成进出口总值22.3亿美元，同比增长469.3%。海关实现入库税收27亿元，审核报关单28万份，监管进出境(区)货值184亿美元，查获货运渠道知识产权侵权案件1起。（海 关）

**【建设“四好标兵科室”】** 吴县办事处结合南京海关“规范管理年”活动和苏州海关科室“1231”工作法，将海关总署“四好”要求落实到科室，建立科室每日晨会、每周工作计划、每月工作讲评、每季度风险分析会和科长工作日志等制度，制订《吴县办事处“四好规范管理标兵科室”创建方案》，将科室业务、服务、队伍、廉政和内控等要求,分解为30项指标,由考核领导小组进行定性和定量考核,评选出“规范管理标兵科室”,提升科室规范管理水平。 (海 关)

【开展业务规范管理】 2011年,以规范实货监管为抓手,推进“规范管理年”活动。加强对特殊贸易方式、涉税等高风险货物的监管,规范分送集报、陆运拼箱等监管业务。全年通关监管业务平稳增长,加班时段业务量有效分流。规范加工贸易监管,严格执行外发加工、风险担保金征退等审批规定,实施手册核销科长派单制,规范初复审岗位职责,建立核销作业指导书,抓好核销节点控制。规范辖区进出口秩序,防范海关执法风险。 (海 关)

【完善监督内控机制】 开展执法理念教育,增强关员的规则意识,尊重规则、注重程序。开展执法和非执法领域风险查找,及时整改落实。完善“三查合一”工作方案、健全联系配合办法,探索批量核查方法。加强风险管理,实现选查分离、查处分离,优化管理机制。建立执法约束机制,疑难问题或跨部门的业务统一由“办事处业务协调会”讨论决定,实行层级控制,约束自由裁量。建立监督内控系统运用考核制度,完善执法自查与单证复核制度。畅通廉政监督渠道,完善内外部廉政监督员队伍,组织进出口企业、报关代理企业对全体关员进行廉政和作风效能情况测评,有效防控执法、廉政和管理风险。 (海 关)

【创建“金钥匙”服务品牌】 做好全区招商选资的政策咨询与跟踪服务,参与吴中区“十二五规划”建设,对吴中出口加工区等重点项目,落实优惠政策,推动功能升级。创建与地方党政的沟通载体《海关工作专报》,报送海关重点工作、重大进出口政策调整、辖区外贸分析等情况,提供决策辅助。开展“政企走访”活动,特别是在日本地震后及时走访辖区日资企业,帮助解决进出口难题,全年调研企业20多家。 (海 关)

【支持自主品牌发展】 开展以“知识产权助推经济转型”为主题的知识产权宣传活动,邀请上级海关职能部门领导实地调研,帮助企业解决知识产权保护难题。3月,查获辖区首起进出口货运渠道侵犯知识产权案件,海关总署政法司专门发出贺电,吴县办事处查验科获南京海关关区“双打”专项行动集体嘉奖。 (海 关)

【促进加工贸易转型升级】 吴县办事处联合吴中区商务局、召集25家进出口企业,召开吴中区加工贸易转型升级座谈会,宣传海关措施、现场解答问题。利用联网监管帮助亚东工业解决发展瓶颈问题,落实内销便利化措施,支持辖区中小企业承接外发加工,扶持药明康德等服务外包企业发展,促进加工贸易转型升级。 (海 关)

【开展准军事化建设】 召开准军事化建设动员会、推进会,组织标兵科室评比。以科室为单位,定期组织队列训练,由政工员和纪检员进行抽查考核。办公场所实行“四统一”,定期开展内务规范检查。制作了人员信息牌、胸卡、去向牌,增设了数字海报机,完善政务公开内容,做好窗口“三亮”工作。参与执法操作规范的编写,做好上岗知识培训和资格考试工作,首期参考人员全部通过资格考试。

(海 关)

【出入境检验检疫概况】 2011年,完成出入境货物检验66110批,金额243982.77万美元。吴中出口加工区办事处受理货物申报56677批,金额398943.69万美元,同比增长215%和263%;受理吴中口岸入境货物申报

91536 批，金额 315386 万美元，标箱 20868 只,木质包装 112765 件。为辖区内企业签发各类原产地证书 17475 份，签证金额 73980.71 万美元。其中普惠制产地证书 10283 份,签证金额 43905.28 万美元,区域性原产地证书 1787 份;辖区内企业可享受进口国关税减免 2219 万美元。　（出入境检验检疫局）

**【加强企业质量管理】** 吴中办事处实施“一企一策”、“行政指导定向服务”、“跟踪帮扶”等新举措,大力培育自主品牌和创新型企业。2011 年，帮助企业建立和完善 ISO9000 体系认证 47 家,ISO14000 体系认证 1 家，三洋能源(苏州)有限公司首次签订 ISO14064 合同,致力于“绿色”发展。针对玩具检验规程的换标情况，吴中办事处组织所有获证出口玩具企业的质量负责人进行标准培训，统一发送新标准,预约上门培训服务。对三洋能源、泰怡凯、远东服装等规模较大,管理能力较强的企业,加大技术的帮扶和科研方面的合作,鼓励企业努力开展自主品牌建设，增强产品竞争力。　（出入境检验检疫局）

**【解决企业实际问题】** 一是推进通关便利。吴中办事处按照无纸报检企业要求，主动上门为企业解读文件,上门培训,制订专项帮扶方案，帮助日立电线有现公司实现“一企两区”无纸化报检。二是开放“绿色通道”。日本大地震发生后,三洋能源(苏州)有限公司申请从日本进口一批价值 2000 万美元的锂电池芯生产设备,苏州局开展“一企一策”专项帮扶,实现当日申请、当日反馈,大大缩短设备进口的备案时间。三是实行双班工作制。为防止日本入境货物携带放射性物质传入,吴中加工区检疫科第一时间制订实行双班工作制，全面落实对日本入境货物放射性监测工作,加强核与辐射检测情况上报。

（出入境检验检疫局）

**【持续帮扶集聚区建设】** 2011 年，江苏省检验检疫局与江苏省商务厅对《关于申报建立江苏吴中出口针织服装产业集聚检验检疫监管示范区的请示》给予批复,同意苏州建立省级出口针织服装产业集聚监管示范区，示范区范围为苏州市吴中区。全年帮助集聚区羊毛衫商会编发预警通报 3 期。区内羊毛衫行业商会成为江苏省首批江苏省公平贸易预警点,也是苏州市首家省级公平贸易预警点,标志着该行业商会成功融入世界贸易经济。

（出入境检验检疫局）

**【提升进出口产品质量】** 吴中办事处创新“质量提升”活动形式,以律送法、专家讲评、企业经验介绍和自我剖析、现场参观等形式,推动活动深入到企业管理高层。一方面,引导企业在管理、技术、质量、意识等方面实现质量提升。另一方面,根据辖区纺织服装企业和小家电企业居多的特点，分别选树内部管理好、技术能力强、经营规模大、出口形势佳的企业为标杆,通过座谈会、现场会、交流会等形式,在质量管理制度、质量管理体系、生产过程的质量控制、质量管理方法和措施等方面讲经验、谈发展,以鲜活的事例,鼓励广大进出口企业学习标杆,查找不足,不断改进提高。　（出入境检验检疫局）

**【检疫检查】** 全年，完成查验入境邮包快件 263411 件，同比增长 1215%，其中普通邮件 80665 件，快件 182746 件，同比分别增长 578%和 1463%;开包查验总量 9721 件,同比增长 140%，其中普通邮件开包查验 4653 个批次,快件开包查验 5068 个批次,分别增长 30%和 967%;截获肉制品、水生动物产品、未经检疫审批的植物种苗、未备案的废旧电动工具等违禁物 29 种,合计 690 个批次,同比增长 1545%;截获各类疫情 108 种 185 种次,同比分别增长 350%和 194%；检疫性疫情 4

种4种次,同比增长300%。其中包括从日本和澳大利亚入境的邮件中截获烟草环斑病毒和菜豆荚斑驳病毒两种检疫性植物病毒,总局为此发布警示通报。2011年,获得国家局警示通报1次,省局警示通报2次。

（出入境检验检疫局）

**【行政指导】** 2011年，吴中办事处转变行政执法方式，大力推行窗口待客式、上门走访式、告诫约谈式、定向服务式和“局长直通车”式的五类模式，提高检验监管和服务企业的质量。全年共计走访企业100余家,其中外企60余家,日企40余家;窗口待客式100余次,涵盖机电、轻纺、物流、产地证签证等70余家企业;召开集中宣贯9次,涉及政府、企业、商会人员90余人次;完成书面行政指导68次;利用日常检验监管开展指导和宣贯80余次;专项帮扶8次,解决企业各类难题20多个。

（出入境检验检疫局）

## 安全生产监督

**【概况】** 2011年，全区发生生产安全事故407起、死亡49人、受伤267人，同比上升30.4%、2.1%、13%，直接经济损失868.78万元。其中,工矿企业事故分别发生3起,死亡3人,事故起数与去年同期持平,死亡人数同比下降25%,直接经济损失207.3万元。火灾事故发生44起,同比下降38.9%,死亡1人,直接经济损失426.13万元。道路交通事故发生356起,同比上升54%;死亡45人,受伤266人,直接经济损失214.32万元。水上交通事故发生4起,无人伤亡,直接经济损失21.03万元。

（安监局）

**【挂牌督办】** 2011年,列入市、区、镇(街道)三级挂牌督办的重大隐患40处，其中市级4处,区级18处,镇级18处,计划投入整改资金7259.7万元。按照三级政府挂牌督办隐患整改的要求建立“一案一档”,加大隐患整改检查和对属地政府督促力度，全年完成重大隐患整改39处,其中市级4处和镇级18处,区级完成17处,投入资金共计7195.7万元。

（安监局）

**【推进危化企业安全生产标准化建设】** 2011年,区安监局采取措施,推进危化企业安全生产标准化建设。印发《吴中区危险化学品企业安全生产标准化达标考评工作计划》,召开危险化学品企业安全生产标准化建设现场推进会，确定26家企业为全区2011年重点推进企业。安监局深入企业走访、调研和指导,及时总结和推广经验做法,成立达标考评小组、组织达标考评培训,推动整个过程按序进行。分别于5月、6月在全区62家化工企业中开展互查互评活动，组织重点企业进行达标考评。全年25家重点化工企业完成达标考评。

（安监局）

**【作业场所职业危害专项整治】** 2011年,全区以作业场所职业危害安全专项整治为安全生产重点工作之一,加大职危企业申报、测评和整治力度。一是明确电子制造、蓄电池生产、五金电镀等使用高毒物品和存在粉尘的行业以及使用正己烷、三氯乙烯等易发生职业中毒物质的80家工业生产企业作为整治重点。二是开展职业危害现状评价。71家企业完成职业危害现状评价。三是加强隐患排查整治,开展检查活动186家次,排查整改隐患83条。四是开展IT行业使用有机溶剂整治,召开四次使用有机溶剂电子类企业专题培训。五是开展告知承诺,做好2012年度职业危害企业申报工作。完成网上申报86家。

（安监局）

【落实政协提案】 落实2011年区政协二届四次会议第01号《关于建立村级专职安全管理员队伍的建议》提案。深入角直镇淞浦村、临湖镇浦庄村等地进行专题调研,并形成《关于在全区村(社区)配备安全生产监管员的实施意见》上报区政府。经区政府第二十五次常务会议讨论通过,5月12日将实施意见印发(吴政办〔2011〕49号),在全区贯彻落实。6月7日苏州市安全生产委员会将实施意见转发全市(苏安〔2011〕4号),号召各地借鉴学习。6月底,全区135个村(社区)213名专(兼)职监管员全部到位。及时组织村(社区)监管员,参加苏州市安监局举办的安全生产监察员培训。127名监管员参加,全部取得《安全生产监管执法证》。9月8日,在角直镇召开全区村(社区)安全生产监管工作推进会,规范全区村(社区)级安全监管工作。2011年,全区安全生产监管工作形成"关口前移、重心下移",区、镇(街道)、村(社区)三级安全监管网络。

(安监局)

# 质量技术监督

【概况】 2011年,吴中质监局紧扣促进经济发展方式转变这一主线,以质量强区工作为龙头,扎实推进名牌战略、标准技术战略和优质产品示范区创建,积极引领地方经济转型升级,服务经济发展。加强食品、特种设备和重点产品3个安全监管,全年未发生重大食品安全事故,特种设备万台事故率为零。开展民生实事工程,推广"品质给力"服务品牌。注重自身建设,严格依法行政,改进作风提高效能。2011年,荣获"2006~2010年度全区法制宣传教育先进集体"、"苏州市质量技术监督系统先进集体"、"城乡一体化工作推进奖"、"窗口服务工作先进集体"。 (质监局)

【名牌战略】 2011年,服务业新增江苏省名牌1家、苏州市名牌2家。共帮扶11家企业申报(含复审)江苏名牌产品,44家企业申报(含复审)苏州名牌产品。全区持有效期内江苏省名牌26只,苏州市名牌93只,名牌数量逐年稳步增长。1家企业获苏州市质量管理奖,2家市质量管理奖企业顺利通过复评;1家企业(科沃斯科技苏州有限公司)通过"苏州市市长质量奖"专家现场评审。 (质监局)

【技术标准战略】 2011年,全区新增全国标准化工作组1个,组织、参与起草国家标准(制修订)2项、行业标准6项,验收通过省4A级标准化良好行为企业1家。新增省级以上服务业标准化试点2个,实现服务业标准化"零"的突破。 (质监局)

【服务地方发展】 全区20个农贸市场的2717台电子计价秤进行免费检定,合格率达92.3%;70家社区卫生所(室)的计量器具全部接受免费检定,受检器具350台(件),免收检定费达7万元。加快推进"四统一"样板市场创建,扩大农贸市场"四统一"实施范围。2011年首次将村级农贸市场纳入改造范围,22家农贸市场在改造中,14家通过验收,5家被评为"样板市场"。创建优质产品示范区。推动东山镇洞庭山碧螺春茶市级优质产品示范区创建,围绕"标准、质量、计量"三个体系扎实工作,努力打造区域质量亮点和优势品牌。东山镇洞庭山碧螺春茶叶优质产品生产示范区顺利通过市级优质产品示范区验收。

(质监局)

【打假治劣】 坚持源头监管为重点,加大执法打假力度。相继开展农资、日用消费品、油品、汽配、建材、玩具、塑料制品、伪劣食品等重点产品专项执法检查,共处罚没款约210万元。利用质监系统12365举报投诉平台,为企业和百姓维权。2011年共接到投诉举报案件66件,办结66件,办结率100%。全年出动执法人员648人次,开展各类专项执法检查16次,检查生产销售场所769家,办理举报投诉66起,立案查处质量违法案件42起,结案40起,查处大案要案12起,查获假冒伪劣产品标值968.42余万元。（质监局）

**【"三个安全"监管】** 立足质监职能,加强"三个安全"监管,保障吴中经济和谐发展。食品安全监管:建立基层监管网络,在7个镇、街道建立食品监管基层站。实施吴中食品放心工程,加强对糕点及相关原辅料的监督力度,针对多发的食品安全突发事件,开展三聚氰胺、"瘦肉精"、塑化剂等专项监督检查。特种设备安全监管:推进特种设备安全监察"三级网络"建设,督促企业落实隐患整改560件,消除安全盲区。深化特种设备分类分级监管,科学调整企业分类分级范围,提高安全监察的针对性和有效性。全面推行"气瓶一瓶一码"信息化管理,通过建立使用登记和检验数据交换两大平台,实施气体充装连锁控制,实现检验、充装、使用全过程信息化管理。2011年,全区14.5万只液化气瓶已全部实现信息化管理。重点产品质量安全监管:加大对农资、日用消费品、油品、汽配等群众关心、社会危害性大的重点产品查处力度。开展玩具厂专项检查,对塑料制品以及电线电缆企业进行专项整治,查处一批无证、超范围生产企业,营造和谐稳定的社会发展环境。（质监局）

# 食品和药品监督

**【食品安全监管】** 积极履行食品安全综合监督职能,扎实推进区政府重点实事工程"食品放心工程",食用农产品动态监测网络建立完善,建成运行食品快速检测中心2个、镇级食用农产品检测实验室4个,7个乡镇(街道)建立食品生产加工企业动态监管网络。组织开展餐饮服务环节食品安全整顿,重点打击非法添加非食用物质和滥用食品添加剂等违法行为。全年完成2045家餐饮单位量化分级和信息公示。有效落实农村自办家宴管理。

（卫生局）

**【药品安全监管】** 全区基本药物生产、经营企业全部完成电子监管软硬件升级,全面实行电子监管,并实施全品种覆盖性抽验,合格率100%。加强药品GMP、GSP认证和证后督查。加强对注射剂、疫苗等高风险药品生产企业和国家、省重点监管产品医疗器械生产企业监管。对麻黄碱复方制剂、可待因、地酚诺酯等特殊药品实施电子监管。开展药品、器械不良反应监测。完善联合协作打假机制,落实联席会议制度、重大案件协办制度、信息互通制度等,全年立案查处18件,当场处罚20件。（卫生局）

# 财税·金融

## 财　政

【概况】 2011年，全区实现财政总收入2501297万元，比上年增长8.5%，全口径一般预算收入1282042万元。地方一般预算收入723733万元，比上年增长20.5%。上划中央消费税100%、增值税75%、所得税60%为558307万元。全区财政总支出1857859万元（包括上年结转和当年上级追加），比上年增支68889万元，增长3.9%，其中一般预算支出636183万元，比上年增长16.7%；基金预算支出(含土地基金支出)1221676万元，比上年下降1.8%。全年财政预算执行收支平衡，略有结余。全区滚存结余46548万元，其中结转下年支出45949万元（含上级追加支出结转），净结余599万元。（财政局）

【产业引导】 全年对上争取产业转型升级、新型工业化、三产服务、商务发展等各类补助资金1.8亿元，涉及项目近50个；制订落实项目奖励、企业上市、节能减排、人才引进、科技补助等扶持企业发展优惠政策，同区金融办修订完善《吴中区推动企业上市政策》，同发改局制订《区级服务业引导资金管理办法》。投入"5+2"新兴产业发展资金4000万元，重点扶持生物医药、新能源新材料、节能环保、装备制造、电子信息等新兴产业；投入三产服务引导资金3000万元，加快推动现代服务业发展；投入旅游发展专项资金1200万元，全面启动苏州（吴中）太湖旅游景区创建国家5A级景区工作；安排人才经费1700万元，大力引进和培养适应我区产业发展急需的各类人才；安排科技专项经费9000万元，扶持区内科技型中小企业发展和创新创业载体建设，资助"双创"领军人才项目，积极兑现科技奖励政策。（财政局）

【惠农补贴】 筹措安排各项支农项目资金，全年拨付农林水事务资金7.4亿元；积极向上申报项目，争取省市各类扶持资金4.9亿元，涉及国家农业综合开发、中央小型农田水利、省级农业产业化项目、城乡一体化建设和新农村建设等项目；做好家电、汽车摩托车下乡补贴工作，共发放家电、汽车摩托车下乡补贴862.50万元，确保兑付率稳步提高，月均超过98%；抓好各项涉农补贴，全年通过"一折通"发放农资综合补贴，水稻、小麦、油菜良种补贴，渔业成品油价格补贴4519.35万元；开展生态补偿工作，全年共拨付生态补偿资金6464.91万元；建立全市首个生态补偿资金和涉农资金义务监督员网络，加强生态补偿资金和财政涉农专项资金的公开运行与有效监督。（财政局）

【社会保障】 加快构建覆盖城乡的社会保障网，安排6.9亿元完善失地农民农保置换城保、新型农村养老保险、城镇居民医疗保险、失地农民基本生活保障等保障体系建设，基本养老、医疗保险覆盖率98%。农保和城保实现接轨，最低生活保障标准提高到每月500元；城乡居民医疗保险人均标准提高到500元。全年发放物价补贴654万元，低保、低保边缘及五保户生活救助金4026万元，为15154名80周岁以上老年人发放尊老金总额834万元，残疾人就业保险金支出2486万元。独生子女死亡、伤残特别扶助金标准提高到每月200元；对符合条件的3990名持独生子女父母光荣证企业退休人员人发放一次性奖1436.4万元。 （财政局）

**【优化国有经济】** 推进国有资源优化整合，开展国有公司实物资产、资金运行情况调查，进一步明确权属、理顺关系。做好地方政府融资平台“解包还原”工作，积极争取项目融资，创新融资渠道，破解融资难题。开展区镇两级债务管理，做好国有公司融资审批办理、债务担保等基础性服务，实现政府性债务统一扎口审批管理，确保债务风险控制有度。全面推进国资项目，至年末，承建项目65个，投资总额105.29亿元，完成投资89.75亿元。2011年，区属国有公司注册资本60亿元，资产总额240.98亿元。 （财政局）

**【支持科教文卫事业】** 落实各项助学政策和义务教育教师绩效工资待遇，支持实施区域教育现代化和校舍安全工程；吴中区中小学生实践学校和老年大学建成并投入使用。设立1000万元的文化产业专项引导资金，扶持“天下第一智慧山穹窿山文化产业园”等23个项目，推进全区重点文化产业项目和重点文化产业园区建设。支持深化基本公共卫生服务与基本药物制度改革，推进区镇两级医疗机构及标准化社区服务站建设。重点支持水质保护工程，污水处理和垃圾无害化处理等设施建设，增加绿化面积。全年涉及农村环境整治、污水治理、生态建设等项目160多个。 （财政局）

**【部门预算改革】** 完善部门预算编制方式，实行零基预算、绩效预算、综合预算和参与式预算编制方式。完善基本支出定额管理，规范人员经费预算编制，试行分类分档公用经费人均标准；推进预算标准化体系建设，细化项目支出预算编制，提高年初预算到位率；拟定《关于规范预算执行强化预算约束的实施意见》，进一步加强预算约束、规范追加程序，增强预算管理的透明度。修订完善《吴中区区级预算单位财政性结余资金管理办法》，规范和加强区级预算单位财政性结余资金管理，提高财政资金使用效益。进一步规范和加强镇（区、街道）部门预算管理，制定出台《吴中区镇（区、街道）部门预算编制管理办法》，促进镇级部门预算编制的规范化、科学化和精细化。开展清理整顿财政专户，根据省、市财政部门文件精神，共撤并区（镇）两级财政专户多个。 （财政局）

**【政府采购】** 扩大政府采购范围和规模，强化乡镇政府采购监管力度，推进乡镇政府采购工作进程，各财政分局（所）自主监管水平提升。创新监督机制，建立全市首个政府采购监督员制度，对全区政府采购活动全过程全方位进行监督，体现政府采购公开透明、公平竞争、公正和诚实信用原则。2011年全区政府采购17.75亿元，节约资金2.3亿元，节约率11.63%，采购规模比上年增加121.18%，公开率96.94%，实际采购金额占财政支出的31.58%。 （财政局）

**【规范非税收缴】** 探索非税收入新型征缴模式。完善非税收入收缴系统，落实非税收入收缴制度和财政票据购领、使用、管理制度，加强行政事业性收费网上监查，将非税收入收缴管理特别是行政事业性收费纳入《吴中区行政权力网上公开透明运行工作考核办法》，提高非税收入征缴管理水平，确保行政事业性收费、政府性基金、罚没收入等非税收入及时足额入库。全年完成一般预算收入中非税收入5.6亿元，同比增长41.5%。（财政局）

【财政绩效评价】推动全区财政支出绩效评价工作，起草《吴中区财政支出绩效评价办法(试行)》，结合2012年部门预算编制，对财政投资在300万元以上的项目布置试编项目绩效预算。启动对2008、2009年区“双创人才”扶持资金支出绩效评价工作，完成单位自评，并委托中介对单位自评报告进行调查核实，提高绩效考评工作效率和财政资金使用效益。建立出国经费预决算审核制度，加强出国经费事前、事后监管工作。（财政局）

【专项资金监管】加大专项资金管理力度，建立事前专家评审、事中中期验收、事后绩效评价的专项资金管理制度，提高财政资金使用效益。联合民政、文体局制订《吴中区彩票资金管理暂行办法》，首次在全区范围内对彩票公益金、彩票发行和销售费用的筹集、使用与监管作出明确规定，健全彩票资金管理制度。同环保局联合拟定《吴中区环境保护专项资金管理办法》，明确环保专项资金的来源、管理责任和使用原则，强化环保项目管理。同水务局、物价局起草《吴中区污水处理费征收使用管理办法》，进一步明确区、镇两级污水处理费结算办法，规范污水处理费征收、使用和管理。加强农业专项资金监管机制和监管平台建设，从项目立项、实施、验收等环节建立全程参与监管的机制，规范支农专项资金有效使用。（财政局）

【会计管理】完成会计从业人员信息采集、会计专业技术资格报名和相关证书发放工作，实行会计从业资格无纸化考试，进一步提升会计管理信息化水平。参加2011年会计从业资格资格考试和会计职称考试的人数分别为10997人和2292人。加强对会计人员的培训力度，全年组织培训49批次。做好代理记账机构的设立审批和代理记账机构的年检工作，把好会计服务市场的准入关。2011年，新批代理记账公司5家，注销代理记账公司7家，未通过代理记账年检的公司12家，全区代理记账公司为45家。（财政局）

**附表：　　2011年吴中区地方财政一般预算收入执行情况表**

单位:万元

| 项　目 | 本年累计收　入 | 去年同期收　入 | 比去年同期 | |
|---|---|---|---|---|
| | | | 增减额 | 增减(%) |
| 地方财政一般预算收入合计 | 723733 | 600365 | 123368 | 20.55 |
| 税收收入 | 667617 | 560711 | 106906 | 19.07 |
| 1. 国内增值税(25%) | 114671 | 104038 | 10633 | 10.22 |
| 2. 营业税 | 192747 | 163878 | 28869 | 17.62 |
| 3. 企业所得税(40%) | 108666 | 86157 | 22509 | 26.13 |
| 4. 个人所得税(40%) | 33482 | 27815 | 5667 | 20.37 |
| 5. 城市维护建设税 | 37741 | 19127 | 18614 | 97.32 |
| 6. 房产税 | 22076 | 17617 | 4459 | 25.31 |
| 7. 印花税 | 10516 | 7659 | 2857 | 37.30 |

续表

| 项　　目 | 本年累计收　　入 | 去年同期收　　入 | 比去年同期 | |
|---|---|---|---|---|
| | | | 增减额 | 增减(%) |
| 8. 城镇土地使用税 | 20261 | 18039 | 2222 | 12.32 |
| 9. 土地增值税 | 50931 | 32896 | 18035 | 54.82 |
| 10. 耕地占用税 | 10569 | 13616 | -3047 | -22.38 |
| 11. 契税 | 65957 | 69869 | -3912 | -5.60 |
| 非税收入 | 56116 | 39654 | 16462 | 41.51 |
| 1. 专项收入 | 24391 | 13410 | 10981 | 81.89 |
| (1)排污费收入 | 1666 | 1667 | -1 | -0.06 |
| (2)水资源费收入 | 1563 | 991 | 572 | 57.72 |
| (3)教育费附加收入 | 21162 | 10752 | 10410 | 96.82 |
| 2. 行政事业性收费收入 | 27603 | 1798 | 25805 | 1435.21 |
| 3. 罚没收入 | 2093 | 2277 | -184 | -8.08 |
| 4. 国有资本经营收入 | 0 | 20200 | -20200 | -100.00 |
| 5. 国有资源(资产)有偿使 | 2029 | 1969 | 60 | 3.05 |
| 基金收入 | 1219255 | 1222018 | -2763 | -0.23 |
| 1. 政府性基金收入 | 19970 | 12692 | 7278 | 57.34 |
| 2. 土地类基金收入 | 968722 | 979619 | -10897 | -1.11 |
| 3. 社会保险基金收入 | 230563 | 229707 | 856 | 0.37 |
| 上划中央四税 | 558307 | 483849 | 74458 | 15.39 |
| 1. 国内增值税(75%) | 344014 | 312115 | 31899 | 10.22 |
| 2. 国内消费税 | 1070 | 776 | 294 | 37.89 |
| 3. 企业所得税(60%) | 162999 | 129235 | 33764 | 26.13 |
| 4. 个人所得税(60%) | 50224 | 41723 | 8501 | 20.37 |
| 免抵退增值税(100%) | 413375 | 345815 | 67560 | 19.54 |
| 1. 出口货物退增值税 | 317375 | 235849 | 81526 | 34.57 |
| 2. 免抵调减增值税 | 96000 | 109966 | -13966 | -12.70 |

(财政局、统计局)

**2011年吴中区全口径财政收入执行情况表**

单位:万元

| 项　　目 | 本年累计收　　入 | 去年同期收　　入 | 比去年同期 | |
|---|---|---|---|---|
| | | | 增减额 | 增减(%) |
| 全口径财政收入合计 | 2501297 | 2306232 | 195065 | 8.46 |
| 一、一般预算收入 | 1282042 | 1084214 | 197828 | 18.25 |
| (一)中央及中央地方共享收入 | 815128 | 701859 | 113269 | 16.14 |
| 1. 国内消费税 | 1070 | 776 | 294 | 37.89 |
| 2. 国内增值税 | 458686 | 416153 | 42533 | 10.22 |

续表

| 项　目 | 本年累计收　入 | 去年同期收　入 | 比去年同期 | |
|---|---|---|---|---|
| | | | 增减额 | 增减(%) |
| 其中:免抵调减增值税 | 96000 | 109966 | -13966 | -12.70 |
| 3. 企业所得税 | 271666 | 215391 | 56275 | 26.13 |
| (1)国有企业所得税 | 1379 | 2331 | -952 | -40.84 |
| (2)集体企业所得税 | 3399 | 3444 | -45 | -1.31 |
| (3)股份制企业所得税 | 59380 | 37764 | 21616 | 57.24 |
| (4)港澳台和外商投资企业所 | 119934 | 101978 | 17956 | 17.61 |
| (5)私营企业所得税 | 86340 | 68704 | 17636 | 25.67 |
| (6)其他企业所得税 | 1234 | 1170 | 64 | 5.47 |
| 4. 个人所得税 | 83706 | 69539 | 14167 | 20.37 |
| (二)地方固定收入 | 466914 | 382355 | 84559 | 22.12 |
| 1. 地方税 | 410798 | 342701 | 68097 | 19.87 |
| (1)营业税 | 192747 | 163878 | 28869 | 17.62 |
| (2)城市维护建设税 | 37741 | 19127 | 18614 | 97.32 |
| (3)房产税 | 22076 | 17617 | 4459 | 25.31 |
| (4)印花税 | 10516 | 7659 | 2857 | 37.30 |
| (5)城镇土地使用税 | 20261 | 18039 | 2222 | 12.32 |
| (6)土地增值税 | 50931 | 32896 | 18035 | 54.82 |
| (7)耕地占用税 | 10569 | 13616 | -3047 | -22.38 |
| (8)契税 | 65957 | 69869 | -3912 | -5.60 |
| 2. 专项收入 | 24391 | 13410 | 10981 | 81.89 |
| (1)排污费收入 | 1666 | 1667 | -1 | -0.06 |
| (2)水资源费收入 | 1563 | 991 | 572 | 57.72 |
| (3)教育费附加收入 | 21162 | 10752 | 10410 | 96.82 |
| 3. 行政事业性收费收入 | 27603 | 1798 | 25805 | 1435.21 |
| 4. 罚没收入 | 2093 | 2277 | -184 | -8.08 |
| 5. 国有资本经营收入 | - | 20200 | -20200 | -100.00 |
| 6. 国有资源(资产)有偿使用 | 2029 | 1969 | 60 | 3.05 |
| 二、政府性基金收入 | 19970 | 12692 | 7278 | 57.34 |
| 三、土地类基金收入 | 968722 | 979619 | -10897 | -1.11 |
| 四、社会保险基金收入 | 230563 | 229707 | 856 | 0.37 |

(财政局、统计局)

## 2011年吴中区财政支出执行情况表

单位:万元

| 项目 | 本年累计支出 | 去年同期支出 | 比去年同期 | |
|---|---|---|---|---|
| | | | 增减额 | 增减(%) |
| 财政支出总计 | 1857859 | 1788970 | 68889 | 3.85 |
| 一、一般预算支出合计 | 636183 | 545048 | 91135 | 16.72 |
| 1. 一般公共服务 | 112927 | 107316 | 5611 | 5.23 |
| 2. 国防 | 26481 | 763 | 25718 | 3370.64 |
| 3. 公共安全 | 33215 | 28918 | 4297 | 14.86 |
| 4. 教育 | 111266 | 101065 | 10201 | 10.09 |
| 5. 科学技术 | 14431 | 12907 | 1524 | 11.81 |
| 6. 文化体育与传媒 | 10484 | 7516 | 2968 | 39.49 |
| 7. 社会保障和就业 | 69029 | 58880 | 10149 | 17.24 |
| 8. 医疗卫生 | 39145 | 25089 | 14056 | 56.02 |
| 9. 节能环保 | 23580 | 28218 | –4638 | –16.44 |
| 10. 城乡社区事务 | 68377 | 71590 | –3213 | –4.49 |
| 11. 农林水事务 | 74332 | 55266 | 19066 | 34.50 |
| 12. 交通运输 | 5396 | 6010 | –614 | –10.22 |
| 13. 资源勘探电力信息等事务 | 15891 | 11401 | 4490 | 39.38 |
| 14. 商业服务业等事务 | 9621 | 7267 | 2354 | 32.39 |
| 15. 金融监管等事务 | 775 | 500 | 275 | 55.00 |
| 16. 国土资源气象等事务 | 3916 | 5439 | –1523 | –28.00 |
| 17. 住房保障 | 10402 | 10345 | 57 | 0.55 |
| 18. 粮油物资管理事务 | 1031 | 2445 | –1414 | –57.83 |
| 19. 国债还本付息 | 443 | 91 | 352 | 386.81 |
| 20. 其他支出 | 5441 | 4022 | 1419 | 35.28 |
| 二、基金支出合计 | 1221676 | 1243922 | –22246 | –1.79 |
| 1. 政府性基金支出 | 21077 | 23875 | –2798 | –11.72 |
| 2. 土地类基金支出 | 970036 | 990340 | –20304 | –2.05 |
| 3.社会保险基金支出 | 230563 | 229707 | 856 | 0.37 |

（财政局、统计局）

# 税 务

【国税概况】 2011 年，完成国税收入 67 亿元，增收 8.54 亿元，同比增长 14.61%。其中“两税”收入 46.04 亿元(含免抵调库)，增收 4.26 亿元，同比增长 10.2%；企业所得税收入 20.95 亿元，增收 4.4 亿元，同比增长 25.82%。完成地方一般预算收入 19.84 亿元，增收 2.78 亿元，同比增长 16.29%。全年落实各项税收优惠政策 41.72 亿元，同比增长 33.55%，惠及纳税人 2 万余户。其中办理出口退税 31.74 亿元，落实结构性减税 7.08 亿元，依法兑现高新技术企业、“两免三减半”、资源综合利用等税收优惠 2.9 亿元，为 245 户企业、10078 户农民个人落实涉农税收优惠 1.22 亿元。 (国税局)

【创新征管模式】 坚持风险管理导向，优化“集中分析、专业应对、递进管理、信息管税”的税源专业化管理模式，探索基础事项专业化管理，进一步提升税源管理绩效。全年开展风险应对 1484 户次，补征税款 1.17 亿元，同比增长 37.65%；新建风险特征指标 15 个。选择特色、重点行业，积极开展行业模板创建，全年建立房地产、机动车燃料零售、再生资源抵扣等行业管理模板 6 个。拓宽信息来源渠道，强化数据情报管理，推进信息管税，运用住建、房管、社保、商务等部门第三方信息，合计补缴税款 0.54 亿元。进一步完善情报管理、跟踪质疑、考核评价等配套制度，保障税源专业化管理顺利运行。稳步推进反避税工作，规范和指引企业按照市场化机制进行转让定价，完成 2 户企业反避税调整，补缴税款 959 万元。强化非居民税收基础管理，利用股权变更、对外支付等信息开展专项调查，全年入库非居民税收 1.51 亿元，同比增长16.74%。加强征管基础建设，稳抓基础数据质量、普通发票和欠税管理。全面推广国、地税联合办证和个体工商户国、地税联合征管，落实增值税起征点上调和小型微型企业发票工本费免征政策。推行出口退税申报审核流程管理，实现网上出具批复和反馈疑点，进一步提高退税审核工作效率。 (国税局)

【规范税收执法】 制订税收执法内控管理办法，建立执法预警指标体系，依托信息化手段对执法行为实施过程监控、自动预警和日常考核，执法管理实现机制化、长效化。完善风险应对、重大案件审理、重大减免税和行政审批集体审议制度，加强风险应对、稽查案件选案管理和抽复查，进一步强化“两权”监督制约。坚持打击与规范、稽查与服务并举，开展专项检查、专项整治和重点税源检查，严厉打击涉税违法行为，规范税收秩序。年内，全区立案查处涉税违法案件 79 件，查补税款总额 3100 万元。 (国税局)

【完善纳税服务体系】 加强办税服务厅规范化建设，对分局办税服务厅进行改扩建，全面落实“6+3”服务制度，开展纳税服务礼仪培训，启用网络版排队叫号系统和服务质量评价系统。全面推行“全程服务承诺”系统，加强督促考核，确保服务承诺兑现到位。落实网络故障应急举措、制订应急工作预案和上线税收征管应急系统，降低因网络系统故障给纳税人办税带来的不便。做好省市局“12366”纳税服务热线转办事项办理，推行新办企业涉税申请事项“一次办”，拓展“同城通办”和“审批前置”业务范围，方便纳税人咨询办理涉税事宜。为重点税源企业量身定制《纳税服务手册》。完善纳税人需求采集、分析、响应、反馈机制，及时改进纳税服务工作，联办“纳税人学校”，共建“纳税人之家”。 (国税局)

**【地税概况】** 2011年，全区组织入库各项收入86.93亿元，其中税收收入58.45亿元，比上年增收18.65亿元，增长21.48%；非税收入3.75亿元，增收1.74亿元，增长86.13%；征收社会保险费23.54亿元，增收5.08亿元，增长27.55%；征收财政基金1.19亿元，增长26.73%。实现地方财政一般预算收入46.94亿元，增长20.38%，占全区一般预算收入的64.86%。（地税局）

**【税源管理】** 构建"按行业、按规模"进行税源专业化管理新模式；根据税源专业化改革"做大征收服务，做强风险评估，做实基础管理，做专税务稽查"思路，在第一、六分局深化征管改革试点工作。完善税收分析联动工作机制，坚持每月组织收入定量与定性分析；通过外部信息共享、内部税收分析的横纵联动以及各项征管措施，加强税源监控。进一步提高个人所得税全员全额明细申报质量，个人所得税有税申报率64.34%，全年征收个人所得税83706.35万元。做好12万元以上个人所得税自行申报工作，受理自行申报5130人，补税350.6万元。推进土地增值税清算工作，全年复查24个项目，自查入库3700万元，复查补税6500万元。做好建筑项目管理工作，新增建筑项目登记1520个，完成清算814个，补缴税款1.85亿元。（地税局）

**【税收宣传服务平台】** 运用办税大厅电子显示屏、自助资料架等，及时公布税收政策法规。推广运用"Mis pos缴税系统"、"TSM自助办税机"、"税企互动平台"、"一次性告知文书管理软件"、"网络技术快速服务团队"、"助推农村集体经济措施"、"网购发票·EMS专递"等8项纳税服务新举措。拓展"66312366"咨询热线功能，增设座席，提高接通率与解答正确率。积极开展"税企心桥"送政策活动，召开地税政策通报会40次，与区国税局共同举办"纳税人学校"新办企业培训6次，整理编印发放2万册《"强化服务创新、共建税企心桥"地税热点问答》和3000册《支持农村集体经济发展优惠政策汇编》，印制《涉税信息月报》6期5万余份。以"纳税人之家"为平台，举办5场"税企心桥"服务品牌推介座谈会与对话会，广泛征求纳税人意见建议，并针对各行业商会和重点企业的特点，每月进行个性化政策通报。扩大纳税人维权中心范围，成立维权分中心4家，切实维护纳税人的根本权益。（地税局）

# 金　融

**【金融概况】** 2011年末，吴中区金融机构本外币存、贷款余额分别为1034.51亿元和821.06亿元，分别较年初增加85.29亿元和96.26亿元。其中人民币存、贷款余额分别为1010.8亿元和795.9亿元，分别较年初增加79.66亿元和85.52亿元。在本外币各项贷款中，短期贷款276.94亿元，中长期贷款520.83亿元，分别较年初增加57.86亿元和37.98亿元。（统计局）

**【金融工作办公室成立】** 2011年12月28日，吴中区人民政府金融工作办公室成立，为区政府办公室挂牌机构，是集合管理、服务、协调全区金融工作为一体的机构。金融工作办公室内设综合规划科（金融环境科）、银行保险科、资本市场科3个职能科室，均为正股级编制。（金融办）

**【农业银行吴中支行概况】** 2011年，中国农业银行股份有限公司苏州吴中支行本外币存款余额253.3亿元，比年初增加25.93亿元，其中：人民币存款余额249.4亿元，比年初增加26.72亿元。本外币储蓄存款余额103.53

亿元,比年初增加 12.89 亿元;本外币对公存款余额 149.87 亿元,比年初增长 13.05 亿元。各项存款总量、增量市场份额在当地四大行中均保持第一。本外币贷款余额 131.19 亿元,比年初增加 15.68 亿元,其中:人民币贷款余额 125.31 亿元,比年初增加 13.93 亿元;外币贷款余额 9335 万美元,比年初增加 3089 万美元。贷款总量和增量市场份额均位居吴中区四大银行首位。（农　行）

**【网点转型惠服务】** 全行 24 个营业网点全部完成转型建设和改造并投付使用。提升规范服务水平,规范化服务年末第三方测评得分 96.57 分,达到优秀。全行面貌焕然一新,服务水平不断提升。（农　行）

**【内部管理稳推进】** 落实总行“基础管理提升年”和省行“下沉管理重心”等各项要求。年末五级分类不良贷款实现“双下降”。在分行 2011 年度内控合规创建中排名比 2010 年上升三位。内控综合评价已连续 5 年达到一类行标准。全年实现平安和谐运行。

（农　行）

**【工商银行吴中支行概况】** 2011 年,中国工商银行股份有限公司苏州吴中支行本外币存款余额 153.24 亿元,比年初增加 7.45 亿元;其中:人民币对公存款余额 92.89 亿元,比年初增加 7.12 亿元;人民币储蓄存款余额 60.35 亿元,比年初增加 0.33 亿元;外币存款余额 3193 万美元,比年初增加 902 万美元。本外币各项贷款余额 121.87 亿元,比年初净增 11.70 亿元。其中:人民币公司贷款余额(含小企业)92.6 亿元,比年初增加 9.2 亿元,人民币个人类贷款余额 29.26 亿元,比年初净增 2.50 亿元。实现中间业务收入 22108 万元,较去年同期增长 10284 万元。清收不良贷款 43 万。不良贷款控制在分行计划内,当年无新增不良贷款发生。（工　行）

**【创新营销格局】** 按照分行“横向网格化覆盖到边,纵向条线营销到底”的营销体系改革要求,制定营销部门及二级支行对应各地区源头部门、条线窗口联络表,紧盯新注册企业和新投资项目。根据区域经济与客户资源特点,清晰划分责任营销区域,按存量客户和竞争客户,特别对于区域内注册资本超过 500 万美元或 1000 万人民币的存量目标客户,分别建立客户名录,根据反馈信息及时制定营销方案,建立跟踪和回访机制,有效提升营销进度。全行新增对公结算账户 1598 户,其中基本账户 348 户,新开账户年末新增时点人民币存款 3.5 亿元。

强势营销金融延伸新品,以专业市场、网点周边商户划街包片走访营销,全年新增商友卡开卡 5620 户;销售各类理财产品 68.85 亿元;信用卡分期付款业务总额 39523 万元;牡丹卡消费总额 92204 万元,实现牡丹卡中间业务收入 1744 万元。

国际业务的新产品市场占有量持续提升,国际业务结算量 75.26 亿美元;贸易融资累计发生额 16.7 亿美元,表内贸易融资突破 2.86 亿美元;发行及推荐资产管理业务 14.32 亿元;完成区域理财 8.02 亿元,完成总行资金池计划 3.3 亿元;完成 158 家企业二代 U 盾的转换工作。

网格化机制运行推进信贷拓户工程。对吴中区重点开工项目和重点营销目标建立客户库,对拟上市企业按区域进行划分,针对性地开展营销工作,对旺季营销、创新产品推广和季度营销方案实施分段推进制。2011 年新增法人贷款客户 20 户,新增加小企业贷款客户 43 户,基本实现“三年客户翻番”首年目标。（工　行）

**【强化内控案防】** 支行增设内控合规经理岗

位，全面负责支行各网点风险事件的现场核查、等级确定、责任认定和整改落实，定期发表专业的核查分析报告，初步确定各类风险事件的对应标准。制订《业务操作指南》管理办法，明确各责任部门对《业务操作指南》的管理落实职责，针对性地开展重点检查。对房地产贷款项目和国家限制和关注的行业客户进行专题分析，逐户排查，制订预案，全年压降 14395 万元。健全关键岗位人员个人廉政档案，营业部、各二级支行、分理处和科室，运用家访、信函、电话等联系方式，召开员工个别谈心会、集体座谈会、心理辅导会，出台员工积分考核办法。 （工　行）

**【建设银行吴中支行概况】** 2011 年末，中国建设银行股份有限公司苏州吴中支行本外币存款余额 167.73 亿元，比年初增加 18.71 亿元。其中人民币存款余额 163.66 亿元，比年初增加 17.13 亿元；外币存款余额 4.07 亿元，比年初增加 1.58 亿元。人民币储蓄存款余额 75.47 亿元，比年初增加 7.32 亿元；人民币对公存款余额 92.26 亿元，比年初增加 11.39 亿元。本外币贷款余额 116.36 亿元，比年初增加 12.26 亿元。其中人民币贷款余额 114.31 亿元，比年初增加 11.98 亿元。主营业务收入 6.46 亿元，中间业务收入 2.22 亿元。

（建　行）

**【公司业务】** 开展“爱岗敬业、挑战自我”客户深度营销活动，拓宽客户群体。全年成功营销销售亿元以上企业多户，各类客户授信取得进展。加强与苏州银行合作，全面启动代开银票和代理外汇业务。小企业业务营销呈现起色，注重客户合作方案洽谈，积极提高客户存款及中间业务贡献，提升综合收益。

（建　行）

**【个人业务】** 积极动员，通过排查摸底，下达批量转存任务，个金部、公司部及时通报落实进度、完成率，各网点、拓展团队积极行动，争取市场份额。完善考核激励，分阶段开展专项竞赛活动，设置天天争先奖。加大对适销产品的营销指导，开展网点 PK 竞赛，激发各网点、员工的积极性和主动性，扩大产品销售。开展客户联谊活动，召开有针对性小型座谈会、答谢会等多种类型营销活动，密切客户的合作关系。至年末，个人存款市场份额稳居第二。

（建　行）

**【中间业务】** 利用本行投行产品优势，加强市场营销。银团贷款收入取得重大突破，成功牵头组建太湖现代农业发展公司银团贷款，参与中天地产银团，实现银团贷款收入。发挥拓展团队和对公柜面的作用，加大客户营销力度，提高惠赢账户、单位结算卡、电子银行等结算产品覆盖，提高单位人民币结算收入。销售各类理财产品，加大消费金融业务的推进力度，多渠道增加中间业务收入来源。全年中间业务收入市场份额保持领先，对公业务发展势头良好，占比四行第一。 （建　行）

**【中国银行吴中支行概况】** 2011 年，中国银行苏州吴中支行人民币存款余额 100.69 亿元，新增人民币存款 10.45 亿元；人民币贷款余额 76.14 亿元，新增人民币贷款 5.59 亿元；中间业务净收入 10128 万元，其中公司板块实现中间业务收入 7228 万元，个金板块中间业务收入 2900 万元；当年实现税后利润 2.27 亿元，同比增幅 32.48%。 （中　行）

**【蓝图成功上线】** 2011 年 6 月 4 日，新系统蓝图成功上线。按照总行时间表，6 月份是沪苏吴三地蓝图上线时间，为将上线影响降到最低，确定“全力以赴开门红，集中力量保蓝图”的工作目标。自第一轮数据迁移开始，经历五轮数据迁移验证、三轮切换演练、二轮并

行演练、一轮投产预演,蓝图正式成功投产。实现正式投产时“A类例外收敛为零、总分异常偏差为零”的目标。 (中 行)

**【交通银行吴中支行概况】** 2011年,交通银行苏州吴中支行人民币存款余额71.15亿元,比上年末基数增长8.86亿元,其中,对公存款年末余额为51.72亿元,比上年末基数增长6.34亿元,储蓄存款年末余额为19.44亿元,比上年末基数增长2.53亿元。人民币贷款余额为46.77亿元,比上年末基数增长3.26亿元。年末实现利润15702万元,中间业务收入3355万元。全年新增贷记卡2237张,1万元以上有效户新增2729户,有效客户网银动户新增3391户,沃德客户新增249户,私人银行客户新增5户,手机银行新增客户4440户,第三方存管个人客户增58户,代发工资新增数2455户,POS机收单商户新增49户。2011年,交通银行吴中支行被中国儿童少年基金会授予“热爱儿童爱心单位”;被苏州社会治安综合治理办公室评为“2011年度社会治安综合治理和平安建设先进单位”。

(交 行)

**【内部管理】** 以加强风险防范为主线,加强常规性基础性管理。支行进一步加强对营业网点的检查和指导工作,发现问题及时整改;根据年初制订的岗位考核要求,定岗定责、奖罚分明,对违反规章制度的行为,加大处罚力度。年内支行对现金及重空凭证的查库、操作员密码、授权卡运用及开销户和现金管理等重要环节加强检查和考评。创建会计示范行活动,支行营业部通过提升管理创建工作,被交通银行总行评为“总行级会计工作示范行”。

(交 行)

**【农业发展银行吴中支行概况】** 2011年,中国农业发展银行吴中区支行各项贷款余额75670万元,其中中长期项目贷款6.5亿元,传统粮油购销及加工企业贷款1.067亿元;各项存款余额8348万元,日均余额11444万元,人均存款1040万元;实现账面利润2120万元,人均考核利润145万元;完成中间业务收入19.49万元,国际结算248.7万美元;全年实现无欠息,无不良贷款。 (农发行)

**【政策性收购贷款】** 贯彻落实国家粮食宏观调控政策和粮油收购信贷政策,确保本地粮食收购工作顺利开展,按照地方储备粮食贷款管理的有关规定,依据储备计划和本地储备粮食管理办法,以及财政、农发行与粮食部门协商签发的三方联合文件,做好本行两个区的地方储备粮食轮换吸储的贷款调查申报与发放收回工作。全年,受理并发放两个区的储备粮油贷款调查申报14个,发放贷款5447万元。对准政策性的粮油有限公司,办理最高额房地产抵押担保,按发放收购贷款的相关规定支持企业收购。 (农发行)

附表：**2011年吴中区金融机构存、贷款余额情况**

| | 单位 | 2011年末 | 2010年末 |
|---|---|---|---|
| 一、总存、贷款情况 | | | |
| 1. 各项存款 | 万元 | 10345142 | 9492215 |
| # 企业存款 | 万元 | 6141763 | 5615053 |
| 居民储蓄存款 | 万元 | 4106783 | 3712145 |
| 2. 各项贷款 | 万元 | 8210560 | 7248008 |
| # 短期贷款 | 万元 | 2769355 | 2190805 |
| 中长期贷款 | 万元 | 5208255 | 4828478 |
| 3. 存、贷比(以存款为100) | % | 79.4 | 76.4 |
| 二、人民币存、贷款情况 | | | |
| 1. 人民币各项存款合计 | 万元 | 10107993 | 9311372 |
| # 企业存款 | 万元 | 5933537 | 5463283 |
| 居民储蓄存款 | 万元 | 4077967 | 3685296 |
| 2. 人民币各项贷款合计 | 万元 | 7959013 | 7103816 |
| # 短期贷款 | 万元 | 2531009 | 2066410 |
| 中长期贷款 | 万元 | 5195653 | 4812694 |
| 3. 存、贷比(以存款为100) | % | 78.7 | 76.3 |
| 三、外币存、贷款情况 | | | |
| 1. 外币各项存款合计 | 万美元 | 37637 | 28701 |
| # 企业存款 | 万美元 | 33047 | 24087 |
| 居民储蓄存款 | 万美元 | 4573 | 4261 |
| 2. 外币各项贷款合计 | 万美元 | 39922 | 22884 |
| # 短期贷款 | 万美元 | 37827 | 19742 |
| 中长期贷款 | 万美元 | 2000 | 2505 |
| 3. 存、贷比(以存款为100) | % | 106.1 | 79.8 |

（统计局）

**【中国人寿保险公司吴中支公司概况】** 2011年，中国人寿保险股份有限公司苏州市吴中支公司完成总保费19821.3万元，寿险首年标保719.93万元；寿险首年保费6775.66万元，首年期缴2693.32万元。个险渠道：完成寿险首年标保606.66万元，首年期交保费1514.12万元，3~9年期缴完成638.89万元，10年期及以上保费875.23万元，短期险保费335.14万元，意外险保费179.54万元。团险渠道：完成短期险保费1874.47万元，意外险保费1091.97万元。银保渠道：完成长险首年标保113.26万元，首年保费5252.07万元，首年期缴 1179.2 万元,短险 43.42 万元。

（中保寿险公司）

**【销售渠道整合创新】** 个险渠道形成以长桥为根据地,木渎、角直为中心网点的“一体两翼”发展模式。营销业务增长推动方式发生转变，由竞赛奖励推动转变为基本法利益推动和创标建设推动,使个险经营回归本源,降低推动费用。推动业务发展,创新经营模式,初步形成以个人答谢会、小型组说会、客户体疗为主体的新型展业方式。

团险渠道立足于自身客户资源，重点发展法人业务、各类口子业务、具有规模效益的大单业务,探索交叉销售和综合经营。建立健全相关业务台帐，明确各项业务处理的规范流程,实现对各类业务签单、理赔、保全进行全过程化跟踪管理；进一步细化区域市场经营案例分析栏目，分析解决实际拓展过程中遇到的竞争案例。

银保渠道及时调整定位，以“低成本扩张、高规模效益”的思路,实现银保业务的持续稳定发展。加快队伍建设,出台客户经理缘故增员奖励政策,推出“1+1”增员方案;定期定时召开周主管例会，及时沟通部门上下情况,提供市场一线信息;以“511”工作模式为抓手，强化日常行为管理；加大网点巡视督导,日志进行层级批阅。（中保寿险公司）

**【中国财产保险公司吴中支公司概况】** 2011 年，中国人民财产保险股份有限公司苏州市吴中支公司实收保费 1.178 亿元,为地方经济建设提供 902.5 亿元的风险保障,全年支付赔款 6042 万元,综合赔付率 51.29%。

（中保财险公司）

**【电子商务业务】** 公司先后开办车险网电销业务、非车险 POS 机业务等电子商务销售渠道。2011 年，车险网电销售渠道收取保费 703.89 万元、非车险 POS 机业务收取保费 24 万元，电子商务销售渠道的发展潜力得到显现。（中保财险公司）

**【农业保险】** 2011 年，公司作为地方农业保险承保中标单位，高度重视政策性农业保险工作的开展,把政府“服务三农”的民生工程落到实处;利用人保品牌资源与网点优势,通过设在各乡镇的营销服务部，积极开展政策性农业保险的承保、定损、理赔等工作,全力配合政府服务于“三农”;不断完善农业保险服务网络，做好各村协保人员的业务技能培训工作，重点抓好各镇区的农业保险协保员队伍建设;在现有的水稻、小麦、油菜、能繁母猪和农机等政策性农业保险的基础上，结合吴中区农业生产实际,开办“高效农业设施保险”;通过进一步推进农网标准化、规范化建设,深化与政府相关部门的沟通协调,构建涉农保险服务平台,提高农险管理水平,促进农险的可持续发展。2011 年，收取农险保费 89.54 万元。赔付灾害损失 50.23 万元。

（中保财险公司）

**【太平洋人寿保险公司吴中支公司概况】** 2011 年，中国太平洋人寿保险股份有限公司吴中支公司和吴中区残联联合推出残疾人意外伤害保险，保障全区 5000 多位残疾人,年内 129 位残疾人发生各类意外事故，公司及时理赔,保证残疾人权益。支公司围绕“聚焦营销,聚焦期缴”要求,关注目标客户群体,着力突破城乡一体化业务。全年实现经营业务收入 13749 万元。（太保寿险公司）

**【太平洋财产保险公司吴中支公司概况】** 2011 年，太平洋财产保险公司苏州市吴中支公司实现保费收入 10751.63 万元，较上年同期增长-9.67%。其中，水险保费收入 465.31 万元,非水险保费收入 934.23 万元,意外险保费收入 529.79 万元,机动车保费收入 8800.53 万元。综合赔付率 97.35%。实现利润 246.31 万元。（太保财险公司）

# 区属公司

**【城投公司概况】** 苏州市吴中城市建设投资发展有限公司是于 2002 年 4 月 18 日成立，由苏州市吴中区人民政府出资成立的集国有资产管理、营运、融资、投资、建设于一体的国有独资公司。2011 年,公司注册资金为 26 亿元,对外投资单位 20 家。年内新开工建设项目 2 个:运河风光带苏地 2010-B-48 号项目，木渎人民医院改扩建项目;未完工在建项目 4 个:吴中人民医院、天域大厦、天枫苑、天韵苑（二期);推出上市拍卖地块 1 幅,通过土地公开拍卖竞得地块 2 幅。公司被区委、区政府授予“2008 年~2010 年度文明单位”称号、“吴中区 2011 年度国有资产投融资做大做强先进集体”称号。（城投公司）

**【工程建设项目】** 苏地 2010-B-48 号项目：经营性项目，位于吴中中心城区运河风光带东段,总投资约 22 亿元,用地面积 14.32 万平方米,用地性质为商业金融用地。项目分二期建设,拟建建筑面积共 20.89 万平方米,建筑密度 35%,绿地率 25%,地下二层 2.415 万平方米。一期为沿太湖东路设计 3 幢地标性建筑,最大建筑高度 80 米,建筑面积约 11.24 万平方米;二期为商业街,建筑面积约 9.65 万平方米。至年底,一期完成试桩。木渎人民医院改扩建项目:代建项目,位于木渎人民医院老病房楼东侧新建 L 型病房楼，与老病房楼连接处新建医院食堂，总投资约 1.5 亿元,2011 年 10 月下旬开工。新建病房楼占地面积 1979.01 平方米，地上七层建筑面积共 1.345 万平方米;地下为人防车库,建筑面积 0.58 万平方米,平战结合,战时为急救医院。吴中人民医院综合改造工程进入扫尾阶段；天域大厦项目完成主体施工；天韵苑二期和天枫苑项目(除天韵二期 27# 楼因拆迁滞后未封顶）完成主体封顶；天枫苑西区的规划和设计管理工作完成。（城投公司）

**【储备地块】** 2011 年，完成运河风光带的苏地 2010-B-48 号地块、蠡墅片区的苏地 2011-B-57 号地块、吴中区东山镇的苏地 2011-B-57 号地块上市拍卖各项手续。

（城投公司）

**【资产管理】** 加强招商招租力度，浦庄工业园 20 幢厂房全部出租,租金到账率100%。完善对资产的日常管理和经营。盘活安置房沉淀资金,做好调用安置房的房款结算工作。抽调专人负责维修工作，完善维修制度和工作流程,提高维修水平,缩短维修周期。统一购房签约操作流程,简化办证手续,提高办证效率,做好安置房“二证”办理工作。

（城投公司）

**【工业资产公司概况】** 苏州市吴中区工业资产经营有限公司由苏州市吴中城市建设投资发展有限公司全额投资设立。年末,公司注册资本 7 亿元人民币,总资产 17.28 亿元,净资产 6.69 亿元。拥有苏州市吴中区金茂工业园有限公司、苏州华东镀膜玻璃有限公司等 10 余家全资企业及控股公司。工业资产公司主要工作分为五大板块：经营性项目的开发管理工作;土地上市、土地收购与整理储备等经营管理工作;企业资产管理工作,抓好安全生产,完成租赁收入收缴任务;对外投资管理工作；确保离退休干部保障性支付和社保托管中心保障性支付。（工业资产公司）

**【苏州华东镀膜玻璃有限公司搬迁扩建项目】**

2010 年,工业资产公司通过股权转让、增资,取得苏州华东镀膜玻璃有限公司 80%股权,投资 3.5 亿元人民币在吴中经济开发区天鹅荡路实施搬迁扩建工程,新厂区占地 110 亩,厂房、综合楼总建筑面积 54076 平方米。引进国际最先进的 LOW-E 玻璃生产线 1 条,可年生产 LOW-E 节能玻璃 500 万平方米、中空玻璃 100 万平方米,高科技含量的高速机车玻璃、显示器玻璃、太阳能玻璃也将形成产能;项目建成后将完成销售额 5.5 亿元,创利税 7500 万元。2011 年 1 月 18 日举行苏州华东镀膜玻璃有限公司搬迁扩建奠基开工典礼;至年末,完成钢结构工程、35363 平方米车间的验收工作以及进口 LOW-E 玻璃生产线进场安装。 (工业资产公司)

**【吴中区东山科技产业园项目】** 2011 年,工业资产公司收购东山科技工业园 35.7 亩工业用地,年末完成变更过户手续。10 月 16 日,东山镇人民政府、工业资产公司在东山镇联合举行苏州市吴中区东山科技创意产业园暨十大项目奠基仪式。12 月 15 日,公司投资 3000 万元设立的苏州市吴中区东山科技产业园有限公司获企业法人营业执照。年末,公司着手制定东山科技产业园设计开发方案,拟投资 1.58 亿元开发建设 36285 平方米工业用房及高标准 IT 科技厂房,计划 2012 年 6 月开工建设。 (工业资产公司)

**【注册资本增资】** 经区国资局批准,苏州市吴中城市建设投资发展有限公司对公司注册资本增资 2 亿元人民币。工业资产公司原注册资本为 5 亿元人民币,完成增资后注册资本为 7 亿元人民币,为公司做大做强及今后发展奠定基础。 (工业资产公司)

**【国裕资产经营有限公司概况】** 苏州市吴中国裕资产经营有限公司,组建于 2004 年 7 月,是经江苏省人民政府核准,苏州市人民政府批复,吴中区人民政府出资设立的国有独资公司。至 2011 年底公司实现营业收入 167.34 万元,上缴税收 74 万元,对外投资收益 1591 万元,公司注册资本从 30 亿元增至 34 亿元,总资产 96.55 亿元。公司主要职能:对授权范围内的国有资产进行投资、经营、管理;按政府指定的城市拆迁资金的支付,完成政府交办的建设项目的融资、投资建设、管理工作。 (国裕公司)

**【工程建设项目】** 新开工项目:吴中区城西中学改造工程,位于吴中西路 248 号,立项投资 8000 万元,工程占地总面积 20312 平方米,工程建筑总面积 21969.02 平方米。其中新建:多功能综合楼 8115.66 平方米,食堂、报告厅、艺体综合楼 6688.45 平方米,卫门 41.91 平方米,改建面积 7123 平方米,建筑层次 4～5 层带地下车库,建筑高度 23.96 米。土建安装、装饰工程开工时间 2011 年 11 月 10 日,竣工时间 2012 年 7 月 31 日。

竣工项目:吴中区老年大学和老干部活动中心,位于吴中区水香街与先奇街交叉口,原为吴中区振兴职业中学旧址。该项目立项投资 6190 万元(含设备),建设用地 5873.3 平方米。项目建成后为老年大学和老干部活动中心的组团公共建筑,总建筑面积 9737.89 平方米。项目开工时间 2010 年 10 月 11 日,竣工时间 2011 年 9 月 28 日。 (国裕公司)

**【交通投资公司概述】** 苏州市吴中交通投资建设有限公司组建于 2007 年 11 月,是区政府批准成立的国有独资企业。2011 年末,公司注册资金 9.028 亿元,拥有江苏东吴路桥建设集团有限公司、苏州长丰物流园管理有限公司、苏州市通达交通安全配套设施有限公司 3 家全资企业。公司为宝带西路延伸段、东山环山公路扩建、绕城高速光福互通连接线、吴中大道、临湖环镇路等区内重点交通工程项目提供资金保障。5月,公司出资回购位于东山镇岱松村12组的房产地块,占地面积2885.8平方米。（交投公司）

【创新融资举措】 2011年，公司创新融资举措,协助区政府、区交通部门成功对接融资建设总承包单位，大力引进社会资金参与区重大交通建设。在10月18日的金秋洽谈会上，区政府和中交第二公路工程局签订总投资规模30亿元的重大交通建设项目融资建设框架协议。（交投公司）

【下属公司经营】 江苏东吴路桥建设集团有限公司中标吴中区木东公路横泾段市政化改造路面工程等10个公路建设项目,中标总额1.6亿元,全年累计施工19个公路建设项目,完成工程产值1.68亿元。苏州长丰物流园管理有限公司全面完成招商招租任务，招租的13家单位已全部入驻经营，其中嘉里大通物流有限公司苏州分公司和江苏创宏物流有限公司为大中型物流企业。（交投公司）

【旅游发展公司概况】 2011年，苏州吴中旅游发展有限公司所属景点接待旅客106.73万人次,实现旅游总收入4464.83万元,年末公司注册资本金2.7542亿元。

（旅游发展公司）

【项目建设】 以展示穹窿山景区丰富历史文化资源为目标,注重旅游项目建设,打造穹窿山大景区格局。穹窿山南大门门楼工程于9月全面完工，建筑面积2800平方米，投资2500万元,是2011苏州穹窿山孙子兵法文化旅游节暨第二届苏州穹窿山“兵圣杯”世界女子围棋赛开幕晚会的组办场地。全国最大的专业鸟类生态观赏园小王山万鸟园工程建筑面积2600平方米,景观占地100亩,投资金额约3000万元,于9月28日正式对外开放。穹窿山景区内上真观改造工程、宁邦寺改造工程、小王山摩崖石刻景区环境综合整治工程、穹窿山景区休闲配套工程基本竣工。

（旅游发展公司）

【宣传促销】 加大与旅游主流网站联系,加强各类媒体宣传。继续发挥品牌节庆对文化旅游发展的拉动作用，成功举办“我们的节日·穹窿山新春祈福文化旅游节”、“穹窿山智慧兔大闯关活动”、“我们的节日·穹窿山养生文化旅游节”以及2011中国苏州穹窿山孙子兵法文化旅游节暨第二届苏州穹窿山“兵圣杯”世界女子围棋赛等活动。（旅游发展公司）

【景区管理】 穹窿山景区按照国家5A级旅游景区标准化创建要求,对景区内部管理、资源、交通、设施、环境、安全、服务等进行全面提升,细化标准,完善台账,强化考核,逐步形成稳定团结的经营环境和管理氛围。11月通过“旅游标准化示范单位”以及“江苏省自驾游基地”的评审验收。（旅游发展公司）

【洞庭古村旅游公司概况】 2011年，苏州太湖洞庭古村旅游开发有限公司坚持保护为主、合理利用的原则,进一步推进古村落保护和利用,陆巷、三山岛和明月湾全年接待游客约128万人次，实现门票收入1600万元,综合效益超10亿元。（洞庭古村旅游公司）

【科学规划】 苏州太湖洞庭古村旅游开发有限公司根据“以资源为基础,以市场为导向,以特色为核心”的规划理念，重点针对东山陆巷、金庭明月湾、东村古村落编制古村保护开发规划和旅游策划方案，进一步完善东山陆巷南入口综合整治规划设计、陆巷紫石街修复设计方案、惠和堂全面整修设计方案;编制和完善明月湾古村核心区民俗文化展示和

景观延伸整治方案；提出东村古村大开发旅游策划方案。 (洞庭古村旅游公司)

**【古村保护】** 进一步完善陆巷古村南入口环境综合整治工程项目,南入口游客接待设施,水、电设施,场地、绿化等景观设施工程全面竣工；妥善处理停车场用地，有序进行停车场、道路、管线埋设等项目建设。配合东山镇政府完成陆巷古村核心保护区、风貌协调区三线入地工程，完成陆巷古村北入口综合改造项目。配合金庭镇东村的保护开发，联合镇、村成立东村古村文化旅游开发有限公司,探索新一轮古村落保护机制。

(洞庭古村旅游公司)

**【创业投资公司概况】** 2011 年，公司在重点投资拟上市企业项目成熟的前提下，加大对区域内初创期企业和项目的风险投资力度。考察中小企业 50 多家,组织内部评审项目 16 个,实现项目投资 2 个。投资苏州产权交易中心 1000 万人民币,股权比例 10%;与国发创投共同发起设立"苏州国发种子基金";参与组建 2 亿元的苏州日亚吴中投资基金，合资设立日亚吴中投资管理合伙企业；发起参与苏州国发科技小额贷款公司的设立；与北京大学科技开发部共同设立江苏北大创业投资管理有限公司，发起组建 3 亿元股权投资基金;与以色列 PAD 公司签约合资成立中以高科技基金管理公司。 (创投公司)

**【太湖现代农业发展公司概况】** 2011 年,苏州太湖现代农业发展有限公司新增银行贷款 16100 万元，争取上级各类财政资金 1540 万元。建成临湖万亩标准化池塘养殖基地,推进万亩特色农业基地及城乡一体化综合整治项目建设，成功申报认定省级现代农业产业园区,苏州太湖农产品展示展销中心顺利运行,完成《苏州吴中区澹台湖地区详细规划》编制工作。年末,公司注册资本 1.2 亿元。

(农发公司)

**【万亩标准化池塘养殖基地】** 项目建设以维持原有布置总体格局不变为原则，通过对池塘塘底塘埂、灌排沟渠、生产道路、尾水处理、泵房等进行标准化改扩造，新增标准化设施池塘养殖面积 3747 亩。与前期建设完成的 3000 亩临湖现代渔业示范区连成成片的万亩标准化池塘养殖基地，实现渔业养殖的进排水分离、全程监控和可持续发展。

(农发公司)

**【万亩特色农业基地与城乡一体化综合整治项目】** 项目总投资额 8 亿元,区域面积 6716 亩,涉及拆迁农户 377 户,通过土地整理、散坟迁移、土地流转、农户集中搬迁、完善水、电、路等基础设施,达到现代农业规模化、设施化、城乡一体化发展的基本要求。项目分两年二期实施,前期各项准备工作全面启动,涉及的 3500 穴坟墓搬迁、附着物清理、到期蟹塘设施补偿和土地流转工作进入收尾阶段,累计投入资金 10437.46 万元。完成《苏州太湖现代农业示范园临湖板块城乡一体化建设及示范基地项目可行性研究报告》、《苏州太湖现代农业示范园临湖板块土地整理项目》、《苏州太湖农业示范园道路工程》、《苏州太湖现代农业示范园中低产田改造项目设计》编制工作,在建的 7.5 万平方米安置房建设接近尾声。 (农发公司)

# 上市公司

**【江苏吴中实业股份有限公司】** 江苏吴中实业股份有限公司成立于 1994 年,现有总股本 62370 万股,由苏州吴中投资控股有限公司控股。1999 年 4 月 1 日，公司 A 股在上海证券交易所上市。2000年公司被江苏省科委认定为高新技术企业,2001年被国家科技部火炬中心认定为火炬计划重点高新技术企业。2011年,公司实现营业总收入38.75亿元,同比增长14.51%;营业利润4.79亿元,同比增长26.84%;归属上市公司股东净利润3086.62万元,同比增长5.34%。至年底公司总资产37.72亿元,负债27.62亿元,股东权益8.82亿元。 (吴中集团)

**【苏州电器科学研究院股份有限公司】** 苏州电器科学研究院股份有限公司是设立在吴中经济开发区的全国性的独立第三方综合电器检测机构,公司注册资本3350万元人民币。2011年5月11日,经中国证券监督管理委员会核准,公司采用网下向询价对象配售与网上资金申购发行相结合的方式,首次向社会公开发行人民币普通股(A股)1150万股,占公司发行后总股本的25.56%,发行后总股本4500万股,融资7.85亿元人民币。报告期内,公司实现营业收入2.36亿元,同比增长32.38%;营业利润9995.78万元,同比增长25.49%;净利润8771.41万元,同比增长43.86%。 (发改局)

**【苏州安洁科技股份有限公司】** 苏州安洁科技股份有限公司专业为笔记本电脑和手机等消费电子产品品牌终端厂商提供功能性器件生产及相关服务,公司注册资本9000万元人民币。2011年11月25日,经中国证券监督管理委员会核准,公司采用网下向询价对象配售与网上资金申购发行相结合的方式,首次向社会公开。

发行人民币普通股(A股)3000万股,占公司发行后总股本的25%,发行后总股本12000万股,融资6.9亿元人民币。报告期内,公司实现营业收入4.74亿元,同比增长69.34%;实现净利润9008.93万元,同比增长62.34%。 (发改局)

**【苏州东山精密制造股份有限公司】** 苏州东山精密制造股份有限公司是由苏州市东山钣金有限责任公司整体变更设立的股份有限公司,公司注册资本增至人民币1.92亿元。2010年3月29日,经中国证券监督管理委员会《关于核准苏州东山精密制造股份有限公司首次公开发行股票的批复》(证监许可〔2010〕248号文)核准,公开发行人民币普通股(A股)4000万股,于2010年4月9日在深圳证券交易所挂牌交易,发行后总股本由1.2亿股增至1.6亿股。2011年公司实现营业总收入11.77亿元,同比增长33.42%;营业利润5689万元,同比下降47.06%;归属于上市公司股东的净利润6773万元,同比下降26.40%。至年底公司总资产19.45亿元,负债4.83亿元,股东权益14.54亿元。 (发改局)

**【苏州天马精细化学品股份有限公司】** 苏州天马精细化学品股份有限公司于2010年7月获批上市,公开发行3000万股,发行后总股本1.2亿股,注册资本由9000万元增至1.2亿元,是天马医药集团的控股子公司。公司主营造纸助剂类、医药类中间体业务,主要生产、销售AKD系列,9-芴甲基-N-琥珀酰亚胺基碳酸酯系列、葡辛胺系列、保护氨基酸系列精细化学品,作为广泛应用于造纸行业的中性施胶类造纸助剂的主要原料AKD原粉,公司拥有“无溶剂法”生产工艺发明专利,产品因其“无毒、无异味、无废水、无污染”的特性,占据全国60%以上市场份额。2011年,公司实现营业总收入8.74亿元,同比增长28.82%;营业利润8944万元,同比增长46.92%;归属上市公司股东净利润7578万元,同比增长32.07%。至年底公司总资产11.93亿元,负债3.61亿元,股东权益7.50亿元。 (发改局)

# 农业·水利

## 农 林

【概况】 2011年,全区农业生产以产业升化、保障硬化、服务强化、环境优化为重点,不断深化农业产业化“六加一”工程,各大主导产业持续稳定发展。全区种植水稻2.65万亩、小麦1.65万亩、油菜0.98万亩、茶树3.09万亩、果树6.96万亩、蔬菜3.3万亩、苗木6.42万亩,养殖特种水产13万亩。出产粮食2.06万吨、果品2.73万吨、蔬菜13万吨、油菜籽1320吨、茶叶276.1吨(其中碧螺春茶167.4吨)、太湖蟹7360吨,出栏生猪11.78万头、家禽84.15万羽,实现农业总产值32.89亿元。(农业局)

【粮油生产】 推广扬麦16号、苏油4号、沪油16号、南粳46、常优3号等优质高产新品,加强粮油作物病虫草害规范化测报和科学防治,提升粮油生产水平。全区种植小麦1.65万亩、油菜0.98万亩、水稻2.65万亩,平均小麦单产295公斤/亩、油菜单产135公斤/亩、水稻单产592公斤/亩,均比上年有不同程度增长,其中横泾丰产示范方水稻平均单产660.7公斤/亩。(农业局)

【茶叶产业】 2011年,全区茶园面积3.09万亩,茶农1.75万户,茶叶总产量276.1吨,总产值2.35亿元,比上年增长10.1%;其中碧螺春茶产量167.4吨,产值1.95亿元,比上年增长11.5%;全区茶叶亩均产值7850元、户均产值13500元、户均净利10080元,首次突破万元大关。吴中区被中国茶叶学会授予“中国名茶之乡”荣誉称号,在首届“国饮杯”全国茶叶评比中,洞庭山碧螺春茶荣获3个特等奖、7个一等奖。(农业局)

【果蔬园艺】 全区新发展果树面积1217亩,果品总面积达到6.96万亩,同比增长1.78%;果品总产量达27300吨,同比增长5.4%;果品总产值1.85亿元,同比增长19.7%。其中枇杷面积1.2万亩,占全区果品总面积的17.23%;产量3014吨,同比增长118%,产值7898万元,同比增长72.76%,占全区总产值的44.4%,进一步确立作为高档时令特色产品的地位作用。在江苏省第五届地产优质果品评比、2011海峡两岸(苏州)农产品交易会等活动中,吴中区选送地产葡萄、枇杷等优质品种荣获省级金奖2个、银奖4个,市级金奖2个、银奖2个。蔬菜产业重点发展大棚设施蔬菜和特色水生蔬菜,新增规模化基地5个900亩。全区蔬菜种植面积3.38万亩,其中设施蔬菜面积0.85万亩,占25.8%。全年蔬菜总产量13.02万吨,产值2.6亿元。“太湖绿”、“东山雨花绿”被认定为江苏省著名商标。(农业局)

【绿化造林】 2011年,全区投入绿化建设资金9000多万元,实施绿化造林4100亩,其中营造生态片林1944亩,新植四旁树1231亩;

完成新造林小班136个，完成防火通道复绿28公里，完成7个国家林业样地点的恢复与保护。重点实施独墅湖绿化景观生态片林工程、角直镇绿色水廊创建工程、宝带西路延伸段绿化工程，东山渡口村东河头湿地林带工程、横泾上林村大型生态片林等5个市级示范工程。全年完成绿化示范村15个、绿化合格村32个，完成金庭镇太湖湿地生态修复工程750亩、东山三山岛环岛生态湿地工程2000亩、胥口黄金水岸生态湿地恢复工程300亩。抓好12条区干线公路9200多亩绿色通道绿化养护，申报湿地、生态林生态补偿资金5422万元，对金庭镇4544株古树名木登记造册，挂上统一订制身份证。全区林地绿地面积32.84万亩，扣除太湖水域后林木覆盖率为29.5%。光福镇被中国花卉协会授予“中国花木之乡”。（农业局）

**【森林防火】** 切实落实森林防火责任制，强化各项预防措施，加大监督检查力度，注重护林员队伍和扑救队伍建设，调整充实专职护林员396人，建立专业或半专业扑救队伍37支。着力推进森林防火从人防到技防的转变，实现抗御森林火灾能力和现代技防管理水平双提升。在一级森林防火区域近15万亩林地内实现全天候监控，安装监控探头55只；建立区主控中心1处，乡镇分控中心6处，新建蓄水池20只，实现连续6年无较大森林火灾。（农业局）

**【农产品质量建设】** 采取日常例行检查与专项整治相结合的监管机制，对与农产品质量安全密切相关的化肥、种子、农药等农业投入品进行巡查监管。共检查生产基地肥药仓库103个次，农资经销网点342个次，检查登记常规杀虫剂、杀菌剂、除草剂等76个品种。规范农产品生产经营行为，加大产品抽检力度，完成抽检55批次，检查蔬菜生产基地302个次，抽检上市蔬菜产品813个次，合格率100%；开展对食用菌、茶叶、蔬菜等生产企业和超市、批发市场的食用物质添加剂、转基因食品以及豆芽小作坊的专项整治，切实保障市民食用消费安全。（农业局）

**【农产品品牌建设】** 推进农业标准化工作，新增申报无公害农产品、绿色食品和有机食品24只。组织续展“三品”42只，全区有效期内拥有“三品”总量200只，其中无公害139只、绿色食品39只、有机食品22只。新增制订和实施无公害农产品、绿色食品生产技术规程20余项，启动申报江苏名牌农产品1只、苏州名牌农产品11只，新增市级农业产业化龙头企业4家。举办“2011苏州吴中洞庭山碧螺春茶文化旅游节”、“2011年吴中区洞庭山第二届枇杷节”和“2011年木渎藏书羊肉美食旅游节”等特色产品节庆活动，扩大特色产品的市场知名度。（农业局）

**【农业资源开发】** 全面完成2010年度省级丘陵山区农业综合开发项目东山休闲观光农业基地、优质高效碧螺春茶果生产基地、优质高效碧螺春茶生态基地、旺山休闲观光农业基地等4个，项目建设规模3400亩，总投资3492.5万元，通过省级验收；完成2010年度国家农业综合开发土地治理项目东山平岭优质碧螺春茶叶基地、西山国家农业示范园区名优果品生产示范基地2个，项目总投资637万元，通过市级验收；完成2010年产业化经营项目碧螺春茶加工改扩建1个，总投资431万元，通过市级验收。启动2011年度丘陵山区项目苏州金庭大成现代农业园、苏州市吴中区三山岛休闲观光农业基地、吴中区东山龙头山休闲观光农业基地、苏州市吴中区张桥山地农业开发等4个，建设规模5300亩，总投资3226.97万元；启动2011年度土地治理项目东山杨梅种植示范基地、西山国家现代农业园区土地治理、角直镇土地治理3个，总投资1707.88万元；启动2011年度产业化项目苏州市吴中区东山吴侬200亩优质碧螺春茶叶种植基地改扩建1个，总投资180万元。申报中央财政贴息项目苏州市吴中区4000亩现代农业园基础设施建设固定资产贷款贴息项目,项目总投资12812.9万元,银行贷款6000万元,财政贴息资金170万元。组织申报2012年土地治理项目3个、农业专业合作社项目1个、科技推广项目1个。（农业局）

**【农业招商引资】** 组织10多家农产品企业参加“日本国际食品与饮料展览会”、“第十二届中国（上海）国际食品和饮料展览会(SIAL China)”、“2011海峡两岸食品展览会”、“第六届跨国零售集团采购会暨中国采购商大会”、“首届海峡两岸(苏州)农产品交易会暨‘巴城杯’苏州葡萄节”、“无锡农博会”、“第十三届(2011)江苏农业国际合作洽谈会”等七个各类农产品展示展销会。全区引进各类农业“三资”项目26个,总投资12.15亿元,完成全年任务的174%,其中外资项目7个，投资额7393.08万美元，内资项目19个，投资额7.425亿元。全区完成到账外资3239万美元,完成农产品出口创汇额达3537万美元,同比增幅20.7%。（农业局）

**【农机推广】** 全面落实农机购置补贴政策，重点在水稻全程机械化、茶树修剪机和果树喷雾器的示范推广上求突破。推动农机作业服务模式由分散转向集中,由短期转向常态,由重点环节机械化转向全程机械化。全区新增高速插秧机19台，落实机插秧面积9600亩,实现机插秧面积连续翻番;新发展茶树修剪机具247台、机动喷雾机具643台、太阳能杀虫灯具70台套、温室设施2套、保鲜库4座;组织拖拉机驾驶员培训11人,机插秧、秸秆机械化还田技术等培训135人次；实施农机购置补贴597台套。（农业局）

**【农业科技教育】** 组织开展农民实用技术培训65期,培训农民1.3万人次,发放培训技术资料2万余份;举办果蔬种植、苗木经营、绿化等农民创业培训班4期；组织农业信息技能培训10期,受训400余人;组织申报果品、蔬菜、畜牧省级农业科技入户工程，深入甪直、东山、临湖等地开展科技入户示范户培训;组织2000户太湖网围养殖户进行集中轮训,每户1人以上参加培训。落实基层农技推广人员园艺业省级培训。组织申报省级三新工程项目3个、省级高效设施农业和现代农业项目4个、市级现代农业项目3个;组织实施区级农业产业化重点扶助项目21个。

（农业局）

**【农业依法行政】** 2011年,涉农乡镇、街道农林服务中心签订《农资市场秩序规范化管理承诺书》16份,农资个体经销户签订《农资投入品诚信经营承诺书》112份，全区生产企业签订《食用农产品守法生产责任承诺书》36份。实施六五普法规划，深入开展“3·15”、“12·4”科普宣传周等法制下乡活动。发放宣传资料1500余份,接受群众法律咨询150余人次，发送渔业安全生产宣传资料3000余份。加强农资、渔业资源和船舶、农机安全、森林和野生动物资源保护、监督与管理,依法办理行政处罚案件9起。25个行政许可项目全部进驻行政服务中心窗口,渔政、农机、植检均在窗口安装许可操作系统。行政许可项目进行两次提速，提速率达到区政府要求的10%。中心窗口共办理申办事项10599起,全部按承诺时限办结。（农业局）

## 水产畜牧

**【现代渔业】** 2011年，全区养殖面积13万亩,其中池塘养殖10万亩,网围养殖3万亩；

螃蟹、"三虾"养殖继续占据主导地位，其中螃蟹养殖11.6万亩，青虾、罗氏沼虾、南美白对虾养殖0.83万亩，甲鱼、常规鱼0.57万亩。太湖蟹产量7360吨，产业产值10亿元，同比增长27.7%。"太湖牌"大闸蟹荣获中国名牌农产品、江苏省著名商标称号。东山镇2011年又被中国渔业协会河蟹分会授予"中国河蟹之乡"称号。（农业局）

**【畜禽养殖】** 不断改变饲养管理方式，改善规模化养殖环境，推广健康生态养殖模式，由单一传统饲养方式向生态、高效转变。全年出栏生猪11.78万头、母猪存栏0.27万头，存栏奶牛1775头，存栏羊1.004万头，家禽存栏32.82万羽、出栏84.15万羽，东山湖羊保种群体稳定在1万头左右。生态草鸡注重基地建设和品质提升，全年上市生态草鸡包装产品500吨，产业产值1.5亿元，同比增长20%。完成藏书山羊交易市场的扩建工程，配备检疫检测室，保证藏书羊肉的质量安全，全年消费山羊56万头，实现销售收入4.1亿元。

（农业局）

**【水产畜牧产品质量建设】** 落实动物防疫责任制，开展春季突击防疫、夏季高温消毒灭源、秋冬季动物防疫月三大行动。共防疫生猪口蹄疫17.53万头、禽流感146.4万羽、新城疫158.64万羽、猪链球菌8.96万头、蓝耳病11.64万头、猪瘟17.69万头、奶牛"两病"1932头，全年无重大动物疫病发生。对上市肉食品加大检疫检测力度，完成宰前检疫生猪461401头，其中准宰460318头；宰后检验443498头，合格442878头；无害化处理不合格生猪620头。加强生猪"瘦肉精"检测，全年共检测生猪"瘦肉精"盐酸克伦特罗、莱克多巴胺、沙丁胺醇16409批次、90163头份，同群生猪1088687头份，抽样比例达8.3%，对检测呈阳性的生猪按规定禁宰处理。加强水产品质量安全监管力度，开展各类水产品专项执法活动43次，累计进行水产品质量安全环节抽检208批次。推行渔药GSP认证工作，率先开发应用水产品质量安全追溯平台。

（农业局）

# 水利(水务)

**【概况】** 2011年，全区清退围垦区28173亩、保留排泥场9710亩，行洪供水通道工程完成6.6公里、进度达52%，生态清淤工程完成土方量143万方、进度达70%。完成加固加高圩堤28.74公里，改建防洪闸16座、排涝站17座、灌溉站13座，建成挡墙12.7公里、涵洞3座、泄洪沟14.29公里、衬砌渠道2.5公里；完成河道疏浚161条、143.25公里、222.49万方；建成生态河道16.4公里，绿化河道10.7公里；拆除河道坝埂14处，拆坝建桥1处，打通断头河浜1.1公里，改造束水河段0.3公里。建设排涝站、灌溉站16座，改建三闸8座，建设排水沟道12.2公里、排水沟堤3.8公里、渠道15.9公里，工程总投资3884万元。

（水利局）

**【水利现代化建设规划】** 2011年，认真贯彻中央一号和省、市文件精神，结合全区情实际，做好《关于推进吴中水利现代化建设的实施意见》的谋划、梳理、起草、意见征询、专题汇报等工作。6月14日，区委、区政府以吴委发〔2011〕55号文件联合印发《关于推进吴中水利现代化建设的实施意见》，并附上《"十二五"期间吴中水利现代化建设具体安排》和水利现代化建设项目投资明细。对"十二五"期间全区水利现代化建设各项工作作出重要部署，明确水利现代化建设十大工程，预算总投资40亿元。（水利局）

【依法行政】 广泛开展水法律法规宣传活动。展出展板45块(次)、悬挂横幅32条(次)、发放宣传资料4500份、纪念品800份,现场解答咨询500人(次),向学校赠书100余册。紧扣污水接纳、水利建设、水政执法、水费征收等环节,对156个涉水项目实施行政指导。巩固提高行政许可审批“两集中、两到位”工作。12项行政许可审批事项的办理时限由2010年的112个工作日缩减至2011年的106个工作日,提速率达5.36%,全年承办各类水行政许可审批事项360件。组织开展“学习培训和执法巡查月”活动。调处各类水事纠纷17起,维护正常水事秩序。全年无诉讼和复议案件以及违法行政行为发生。开展诚信服务。严格依法计量收费,不收人情费、过头费,全年“两费一金”征收总额达3501万元。完成4件人大代表建议和4件政协委员提案的办理答复工作,做到面见率、书面回复率、按时办结率、满意率“四个百分之百”,获评“2011年度提案办理工作先进单位”。

(水利局)

【防汛防旱防台】 2011年,吴中区防汛防旱指挥部按照“查细、查实、查全”的要求,及时组织各地开展汛前和汛后大检查,全面排查掌握水利工程险工隐患、薄弱环节和非工程设施的实际状况,切实消除各类险工隐患。区、镇两级政府全面落实以行政首长负责制为中心的防汛工作责任制,区、镇防办严格执行汛期24小时昼夜值班制度,保证防汛工作信息畅通。区防办修订完善《吴中区水旱灾害应急预案》、《吴中区城市防洪应急预案》、《吴中区防御台风预案》和《苏州市吴中区抗御特大洪涝应急预案》。建立区级防汛抗旱应急抢险队伍,防汛抗灾装备和物资储备到位。积极应对梅汛强降雨和第9号台风“梅花”影响,及时启动防台风Ⅱ级应急响应,迅速派出工作小组赶赴现场指导防汛抗台工作,运行排涝机泵138台套、4900千瓦、9180小时,保障全区安全度汛。

(水利局)

【流域水利工程建设】 东太湖综合整治工程是太湖流域水环境综合治理的重点工程之一,也是太湖流域防洪规划的重要组成部分,自2010年8月正式开工以来,工程建设各项工作进展顺利。20.2公里堤线调整工程全线开工建设,其中13公里完成堤身土方填筑;11座需迁建的口门建筑物抓紧设计,其中9座进入招标阶段。区政府专门成立东太湖综合整治工程领导小组,加强对工程的管理协调。区纪检部门成立治太工程纪检监察派驻工作组,全程跟踪督查。区水利部门选调业务骨干组建工程管理组,进驻工程建设指挥部,全程开展技术指导和业务管理。全面落实项目法人责任制、招标投标制、建设监理制、合同管理制和竣工验收制,保障工程工期、质量、安全和效益。抓紧实施太湖治理工程建设,度假区山后尖浜闸和吕浦港闸扩建工程初步设计获得苏州市水利局批复。(水利局)

【农田水利工作】 推进圩堤达标建设。全区竣工圩堤全面通过市级验收测量。推进圩区标准化管理,金庭、东山等地排涝站点完成达标改造,光福镇圩区视频监控系统基本建成,光福镇堤防达标管理市级试点工作落实到位,圩区管理科技化、现代化水平稳步提升。推进重点河道整治工程,《浒光运河吴中区段整治工程初步设计报告》通过省水利厅评审。抓好水土保持工作,旺山水土保持科技示范园通过“全国中小学水土保持教育社会实践基地”评定。做好河道长效管理、监督、检查,为太湖文化论坛首届年会、经贸合作洽谈会等重大活动提供良好水环境。根据省财政厅、水利厅《关于印发江苏省2011年中央财政小型农田水利设施建设补助专项资金项目立项指南的通知》(苏财农〔2011〕173号)精神,7

月6日全面启动2011~2013年中央财政小型农田水利重点县建设申报工作,8月中旬通过省水利厅、财政厅关于中央财政小型农田水利重点县评审,又通过水利部网上申报审核,吴中区被正式列为2011~2013年中央财政小型农田水利建设重点县。中央、省两级财政将连续三年每年各补助800万元和1000万元专项资金。经苏州市水利局批复同意,区水利局组建项目法人——吴中区中央财政小型农田水利重点县项目建设管理处,项目所在镇(街道)水利站设立项目部,全面推进重点县建设管理各项工作。2011年9月初下达重点县项目中央和省补助资金,9月底市水利局批复吴中区2011年重点县实施方案,2011年项目计划重点对角直、光福、金庭、横泾4个排灌项目区进行建设,工程总投资3884万元。

(水利局)

**【水利普查】** 2011年,是水利普查清查登记阶段工作。区成立吴中区水利普查工作领导小组,领导小组办公室设在区水利局,领导小组成员单位均落实1名水利普查联系人,建立健全水利普查工作机制。根据国家、省、市水利普查工作部署和要求,区水普办制订印发《吴中区第一次全国水利普查工作实施方案》,明确目标要求,细化落实责任,保障水利普查工作操作规范、标准一致、推动有序。选聘水利普查指导员26名、普查员50名,并组织开展集中培训196人次。利用网络、城区主干道电子屏幕等媒体和悬挂横幅、走村入户、深入企业等方式,广泛宣传水利普查工作,营造全社会关心、重视、支持水利普查良好氛围。建立水利普查全过程质量控制体系,落实质量控制责任制,把好对象清查、台账建设和数据获取等各个环节层层审核关,确保普查对象不重不漏、清查数据真实准确。水普工作得到上级好评。 (水利局)

**【水资源管理】** 加强取水户监督管理。制定下发取水户取水工作台账,每月按时上报全区取水户取水量。加强河道排污口管理。对全区现有登记备案的59个入河排污口进行不定期抽查。加强地下水管理。向各取水户分解下达2011年度地下水开采计划;根据地下水“四个一”规范管理要求,对已封填的地下水源井进行逐一现场检查;委托江苏省水文水资源勘测局苏州分局对林通化工科技股份有限公司和华东镀膜玻璃有限公司地下水水质进行检测。加强节约用水管理。坚持定额与计划相结合的用水管理制度,对规模以上用水户下达2011年度计划用水指标,着力提高计划用水率;推广应用节水器具,实施10家企业(单位)水平衡测试,创建7家节水载体,做好3个节水型企业、1个节水型小区的创建复查,完成47家单位节水器具调查,对20个新改扩建项目节水措施落实情况进行审查登记备案,巩固和提高节水创建成果。 (水利局)

**【水面杂船整治】** 围绕“全面优化农村河道环境面貌、全力提升农村环境整体形象”目标,各地切实抓好农村内河杂船整治工作,全年累计处置农村内河杂船6725条,完成率达99.6%。对杂船整治范围拓展至外河及沿太湖周边水域,需要整治清理杂船3014条,完成处置2908条,完成率96%。5月12日全区颁发《吴中区河道船舶停泊长效管理考核办法》,各地按要求在水路河口、水闸口门等部位设置船只限行设施,严格船舶停泊长效管理。7月18~25日,区水利局与区财政、城管等部门联合组成考核组,对各地内河杂船整治工作进行考核验收,对外河及沿太湖周边水域杂船整治工作进行阶段性督查验收,推进杂船整治进度、提高整治质量。 (水利局)

**【供水保障】** 全力做好蓝藻巡查打捞防控工作。打捞蓝藻(含水)579吨,全年无蓝藻盛发问题发生。强化饮用水源地保护,落实饮用水源地定期巡查制度，保障饮用水源地安全度夏。加强水功能区日常管理,委托苏州水文分局每月对全区所有水功能区水质进行监测,及时掌握水质情况和变化趋势。履行供水行业主管部门职责，督促各供水企业加强原水和生产过程水质监控，委托江苏省水环境监测中心苏州分中心定期监测供水水质。全区6家自来水厂全年供水量1.12亿方，供水水质达标率保持在100%。有序推进全区供水企业水质检测实验室等级能力建设工作，吴中供水公司已启动建设,东山、金庭、度假区等水厂实验室配属标准和检测指标已确定并已实施。督促各供水企业落实内部安保职责,加强重点部位巡视检查，细化基础防范和技术防范措施，杜绝供水安全事故。根据省建设厅《关于进一步加强城乡供水工作确保安全度夏的通知》精神,对全区各供水企业进行供水安全专项检查,发现问题限期整改,保障城乡居民饮用水安全。（水利局）

**【镇区污水治理】** 抓好城镇污水处理厂建设。河东污水处理厂4万吨/日三期扩建工程完成主体建设;木渎、光福污水处理厂迁建工程开展前期工作。全区10座污水处理厂处理能力达28.5万吨/日,吴中城区、各镇(区、街道)建成区生活污水处理率分别达98%和88%。加快完善污水收集系统。全年建设污水管网50公里，全区污水管网长度累计达940公里,实现城镇区域污水处理全覆盖。推进污泥无害化处理、资源化利用。江远热电厂300吨/日污泥干化焚烧项目前期工作完成。全年完成农村村庄生活污水治理项目75个。《吴中区农村村庄生活污水处理设施长效管理暂行办法》由区政府办公室转发各地实施。加强排水行业监督管理。落实城镇污水处理厂运行管理月报制度,全面掌握我全区污水处理、污泥处置、污染物削减等情况。全年收集处理污水7400万吨、处置污泥8.5万吨,较2010年分别增长6%和33%，污水排放达标率为100%。（水利局）

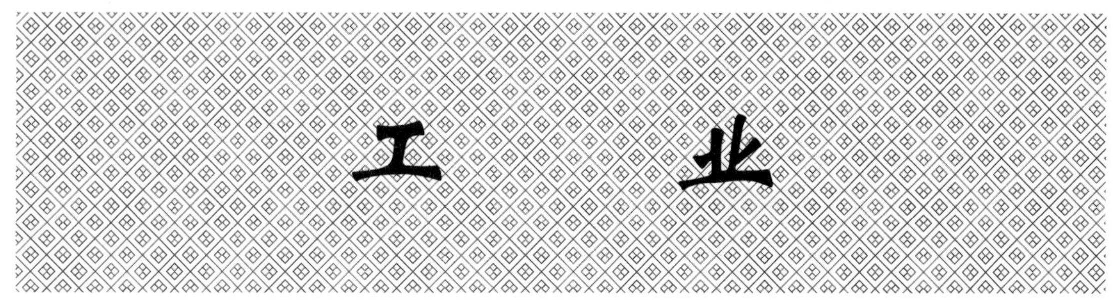


**【概况】** 2011年,全区工业经受国际国内复杂多变形势严峻考验,转型升级取得明显成效,主要指标保持全面增长,经济发展的稳定性、持续性进一步增强,实现“十二五”良好开局。经济运行主要特点:规模总量继续扩大。全区完成工业总产值1540.1亿元,同比增长18%,其中,规模以上工业总产值1192.2亿元,同比增长23.8%。主导产业全面提升。电子信息、装备制造两大主导产业合计完成规模以上产值805.2亿元,占规模以上产值的67.5%。新兴产业加快发展。新能源、新材料、生物技术和新医药、节能环保、智能电网和物联网、高端装备制造、新型平板显示等制造业七大战略性新兴产业发展加速,实现规模以上产值331.1亿元,同比增长15.2%。产业结构持续优化。形成生物医药、新能源新材料、节能环保、装备制造、电子信息等5条主导产业链,占全区工业产值的比重达83.2%,集聚效应、规模效益日益显现。产业高端化、高质化、高新化发展趋势加快。全区高新技术产业实现产值576.1亿元,增长32.7%,占规模以上工业比重达48.3%,以“吴中药港”为代表的一系列高端制造业品牌影响力持续提升。科技创新步伐加快。新认定省高新技术企业27家,新增省企业研发机构5家;企业专利申请量6204件,专利授权量3804件;完成企业研发投入13亿元。创牌意识不断增强。认定江苏省名牌产品8个,省级以上名牌产品销售收入同比增长24%。新增江苏省著名商标4件;新增中国驰名商标1件,为环球集团的“环球”商标,实现工业行业内中国驰名商标零的突破。工业投入持续增长。完成工业投资101.9亿元,同比增长15.1%,其中,技改投入78.2亿元,同比增长19.4%。民营经济稳健发展。新增内资民资企业4846家,新增注册资金337.4亿元。实现规模以上民营工业产值352.2亿元,同比增长25.4%,占规模以上工业比重29.5%,同比提升1.1个百分点。节能降耗深入推进。万元产值能耗同比下降5%左右,全年能源综合消费总量控制进度位居全市前列。 (经信局)

**【电子信息产业】** 电子信息产业为吴中区工业经济主导产业之一,是带动全区工业经济增长的支柱行业和战略性产业,其中,苏州吴中经济开发区电子信息产业被江苏省命名为苏州市6个省级电子信息产业基地之一。全区电子信息产业主要涉及电子元件、电子器件、电子计算机、电子信息机电产品、电子工业专用设备、电子测量仪器、广播电视设备、家电制造、通讯设备等九大行业,主要产品为计算机配件及周边辅助设备、笔记本电脑、电子产品线路板等。集聚伟创力、昱鑫科技、佳通科技、雅新电子、维讯电子等一批重点企业。2011年,全区电子信息产业规模以上企业164家,完成工业总产值482.4亿元,同比增长43%,占全区规模以上工业比重40.5%。 (经信局)

**【装备制造产业】** 装备制造产业是吴中区工

业经济主导产业之一，已形成一定规模和相对完备的工业生产体系，主要涉及机械设备制造、新能源设备、机电电器设备、专用设备制造、精密制造、输变电及控制设备制造等门类。近年来，装备制造业加快结构调整步伐，加速向高端领域升级，东山精密、三基铸造、双马机电、环球集团、竞立制氢、神王集团、制氧机等一大批行业骨干龙头企业，在各自领域已具有较大的技术优势和较高的市场份额，发展势头稳健。2011 年，全区装备制造业规模以上企业 227 家，完成工业总产值 322.8 亿元，同比增长 11.4%，占全区规模以上工业总产值比重 27.1%。（经信局）

**【医药及生物技术产业】** 吴中区生物技术和新医药产业基础良好，特色优势明显。医药产业集聚吴中医药、辉瑞制药、东瑞制药、药明康德等一批知名医药生产和研发企业，形成从新药研发到成品药生产、医药安全评价、医药检测、药物认证等比较完整的产业链。大型实验动物服务平台、亚洲规模最大的新药研发安全性评价中心、西山中科国家 GLP 实验室、中科院吴中生物医药研发中心等一批省级以上医药研发中心和技术平台相继建成。吴中区拥有全国规模最大的 OTC 营养补充剂生产基地和第三代头孢类抗生素及中间体供应基地，核苷、核苷酸系列医药中间体产量世界第一，先后被认定为国家火炬计划吴中医药产业基地、苏州市战略性新兴产业基地、苏州市生物医药(吴中)特色产业基地和苏州市新型工业化产业示范基地。2011 年，全区拥有生物技术和新医药企业 17 家，实现工业总产值 71.2 亿元，同比增长 25.2%，规模居苏州大市第二。（经信局）

**【经济运行监测】** 2011 年，对 50 家规模型民营企业和列入市大企业战略跟踪企业、省新经济增长点监控企业等进一步加强运行监测和跟踪服务。对全区民营经济在建项目保持动态跟踪，全面了解掌握各地项目开工、建设情况。工业经济运行分析以点带面、点面结合，全面、准确、深入反映全区重点产业、行业和企业发展情况，为区委区政府科学决策提供参考依据。（经信局）

**【调查研究】** 开展主导产业专题调研，针对装备制造、电子信息、新能源、生物医药、节能环保等五大主导特色产业，深入排摸、分析产业链构建情况，提出建设性建议，年内形成 5 篇专题调研报告由区委区政府以信息专刊形式向全区印发。开展新兴产业专题调研，对新能源、新材料、生物医药、节能环保、新型平板显示、重大装备制造、智能电网和物联网等新兴产业做好调研分析，参与起草区政府《关于支持新兴产业重点企业加快发展的实施意见》，指导全区新兴产业加快发展。开展工业摸底调研，全面排摸全区工业企业发展现状，深入分析各地产业发展水平和土地产出效益等情况，为进一步挖掘潜力、提升土地使用效率，加快打造 5 条主导产业链、助推工业转型发展提供决策参考。（经信局）

**【工业转型升级】** 2011 年，立足工优办职能，紧密联系有关职能部门，合力推动全区工业产业结构调整和优化升级。分解落实目标任务，将苏州市下达全区转型升级的各项指标及时分解至有关职能部门，每月汇总掌握各项指标完成进度。培育发展新兴产业，加强对新能源、新医药、新材料等战略性新兴产业规模以上重点企业及在建项目统计分析，及时掌握企业运营情况和产业发展趋势；贯彻落实《吴中区加快发展新能源和新材料产业扶持暂行办法》，开展新能源、新材料产业专项资金申报工作。改造提升传统产业，根据产业政策导向，指导企业开展技改备案、项目申报等工作，鼓励企业加快技术进步步伐。全年，获批技术改造、技术创新、转型升级、新能源新材料、民营经济发展、企业技术中心等专项扶持资金项目140余只，为企业争取各级资金5000余万元；指导企业备案登记技改项目79个，总投资25.7亿元，为企业享受国产设备抵扣增值税3亿元，享受进口设备免关税1153万美元。全年，转型升级十二大类45项指标均完成或超额完成全年目标任务。

（经信局）

**【融资担保】** 2011年，针对中小企业融资难问题，深化银企合作，指导有关企业参加市助推新兴产业发展项目融资对接会、省市金融创新和银企合作洽谈会等活动。开展中小企业融资服务平台“走进镇（区）街道”专题活动，深入开发区、度假区、木渎、胥口、临湖、甪直、长桥、东山等地进行银企对接。做好融资担保服务，加大对全区融资担保公司在规范经营、信用评定、交流合作、项目争取、人才培育等方面的指导与服务力度，促进骨干担保公司做强做大。全年，新增融资担保业务38亿元，同比增长97%。 （经信局）

**【市场开拓】** 组织企业参加“中国国际物流科技博览会”、“中国国际新材料产业博览会”、“华东节能电梯零部件展”、“江苏省企业创新成果展”、“中国节能环保展览会”、“国际软件产品和信息服务博览会”、“江苏省新能源汽车展览会”等大型会展7个，注重提升参展成效，帮助企业开拓国际国内2个市场。全年组织400余家民营企业参加“品名茶、谈合作、促发展”活动，为企业宣传产品、开拓市场和谋划发展提供良好平台。 （经信局）

**【经营管理人才培训】** 实施吴中区企业经营管理人才素质提升计划，按照分类指导的原则，从企业家参加海外高端培训、核心人才参加著名高校专题研修、专业人才参加本地业务能力培训3个层面，加快推进企业经管管理人才培训。组织企业参加“苏州国际精英创业周”、“科技创新理论和方法”“斯坦福大学高端培训”等活动，承办第三届创业家峰会——吴中专场、新兴产业专题培训等活动，全年累计培训600余人次。 （经信局）

**【特色产业基地和公共服务平台建设】** 加强特色产业基地和公共服务平台建设，支持基地内重点企业加快技术改造、技术创新步伐，引导加速企业集聚、产业集群。推进特色产业基地建设，吴中区生物医药产业基地被认定为“苏州市战略性新兴产业基地”，木渎镇特种汽车及零部件、吴中经济开发区新材料、新型平板显示3个基地被认定为“新兴产业领域苏州市特色产业基地”。推进公共服务平台建设，建立西山中科药物研究开发有限公司特色产业基地公共服务平台，获区财政扶持资金50万元。 （经信局）

**【节能降耗】** 按照“管住增量、调整存量、扶优汰劣”的工作思路，突出抓住重点耗能企业，实施结构节能、技术节能、管理节能三位一体的监管体系。分解落实任务，将市下达全区的指标任务及时分解落实至各镇（区）街道，严格实施节能目标考核。加强节能管理，做好节能监测工作，完成节能监察企业10家；开展专项能源监察审计企业18家；完成重点耗能企业能源审计5家。推进节能技改，实施节能和循环经济项目13个，建立市级循环经济试点企业5家；开展能效之星创建活动，创建三星级以上“能效之星”企业6家。推进清洁生产，完成区级清洁生产审核企业12家。营造节能氛围，开展节能宣传周和科普宣传周等活动，积极推广绿色节能灯，提高全民节能意识。2011年，超额完成单位GDP能耗下降3.5%的目标任务。 （经信局）

**【信息化和工业化融合】** 搭建“吴中在线”网络平台,为企业提供经济、政务、民生、旅游等多方面信息服务。加强宣传培训,深化信息化下乡计划,在木渎科技园、胥江工业区等地举办信息化讲座,开展“QMCS 研讨会”、“信息时代的企业发展与信息安全”等系列讲座。23 个项目获苏州市信息化专项资金 460 余万元;组织申报省、市“两化融合”试点企业 23 家、省“两化融合”示范区 1 家,苏州皇家整体住宅系统有限公司等 5 家企业获苏州市“两化融合”试点企业称号。 (经信局)

**【墙体材料改革】** 加强墙改专项基金的征收管理。严格按照公开、公平、公正原则,进行程序化、规范化操作,对符合规定的工程项目办理基金返退。全年基金上缴率达 90%以上,验收建设工程 151 个,基金返退率 90%,充分发挥基金对墙材改革和建筑节能的支持和调控作用。加强对新墙材质量监管。开展新型墙体材料产品质量专题活动,对墙材企业及建筑工地现场进行检查;介入市墙改办开展的砼砌块行业专项整治,深入工程建设现场,严格把好材料应用关;11 家企业通过省新型墙体材料产品换证(认定),并对认定企业及产品质量加强后续监督管理。广泛开展宣传工作。在对建筑工程项目墙体材料进行验收和行政服务窗口报审时,及时将有关政策和生产应用技术标准等信息提供给相关单位。2011 年,全区新墙材产量 3.51 亿块标砖,占墙体材料产量比重为 87.5%,新墙材应用竣工面积 337.3 万平方米,应用比例为 89%,新建新墙材项目超过 1 个,新增生产能力 0.5 亿标块;全区无使用粘土实心砖工程项目,所有厂房工程项目和城区范围内全部使用非粘土墙体材料。 (经信局)

**附表:**

**2011 年工业经济主要指标**

| | 单位 | 2011 年 | 2011 年为 2010 年(%) |
|---|---|---|---|
| 企业个数(正常运营) | 个 | 10203 | 125.6 |
| #规模以上 | 个 | 837 | 69.3 |
| 度假区工业 | 个 | 874 | 98.8 |
| 开发区工业 | 个 | 3917 | 140.6 |
| 年末资产合计 | 万元 | 11182400 | 110.9 |
| #规模以上 | 万元 | 9871504 | 115.5 |
| 度假区工业 | 万元 | 424527 | 126.1 |
| 开发区工业 | 万元 | 4828076 | 114.8 |
| 工业总产值(现行价) | 万元 | 15401364 | 118.0 |
| #规模以上 | 万元 | 12182375 | 123.8 |
| 度假区工业 | 万元 | 609148 | 109.5 |
| 开发区工业 | 万元 | 7208594 | 123.6 |
| 工业销售产值(现行价) | 万元 | 15156060 | 118.4 |
| #规模以上 | 万元 | 12063039 | 124.9 |
| 度假区工业 | 万元 | 589943 | 111.3 |
| 开发区工业 | 万元 | 7129299 | 124.7 |
| 工业产值销售率 | % | 98.4 | 100.3 |

续表

| | 单位 | 2011年 | 2011年为2010年(%) |
|---|---|---|---|
| #规模以上 | % | 99.0 | 100.9 |
| 度假区工业 | % | 96.8 | 101.6 |
| 开发区工业 | % | 98.9 | 100.9 |
| 资金利税率 | % | 9.8 | 89.1 |
| #规模以上 | % | 9.6 | 96.0 |
| 度假区工业 | % | 15.5 | 82.4 |
| 开发区工业 | % | 7.4 | 70.5 |
| 主营业务收入 | 万元 | 15019248 | 117.9 |
| #规模以上 | 万元 | 11989568 | 124.8 |
| 度假区工业 | 万元 | 589554 | 112.4 |
| 开发区工业 | 万元 | 7129299 | 124.7 |
| 利税总额 | 万元 | 991077 | 101.5 |
| #规模以上 | 万元 | 816224 | 104.6 |
| 度假区工业 | 万元 | 62070 | 106.3 |
| 开发区工业 | 万元 | 324759 | 85.1 |
| 利润总额 | 万元 | 549066 | 92.4 |
| #规模以上 | 万元 | 460984 | 92.7 |
| 度假区工业 | 万元 | 38949 | 103.5 |
| 开发区工业 | 万元 | 169419 | 66.9 |
| 年末固定资产净值平均余额 | 万元 | 3229675 | 108.6 |
| #规模以上 | 万元 | 2477035 | 99.7 |
| 度假区工业 | 万元 | 109774 | 107.2 |
| 开发区工业 | 万元 | 1339283 | 113.2 |
| 年末流动资产平均余额 | 万元 | 6895860 | 116.1 |
| #规模以上 | 万元 | 6032293 | 114.1 |
| 度假区工业 | 万元 | 290419 | 139.2 |
| 开发区工业 | 万元 | 3069355 | 125.0 |
| 从业人员年平均人数 | 人 | 400586 | 102.2 |
| #规模以上 | 人 | 243745 | 100.9 |
| 度假区工业 | 人 | 22392 | 103.8 |
| 开发区工业 | 人 | 143840 | 101.2 |
| 人均利税额 | 元/人 | 24741 | 99.3 |
| #规模以上 | 元/人 | 33487 | 103.7 |
| 度假区工业 | 元/人 | 27720 | 102.3 |
| 开发区工业 | 元/人 | 22578 | 84.1 |
| 全部工业用电量 | 万千瓦小时 | 416684 | 106.9 |
| #规模以上 | 万千瓦小时 | 249811 | 101.8 |

(统计局)

## 2011年分地区工业主要经济指标

单位:万元

| | 单位数(个) | 工业总产值(现行价) | 资产 | | 主营业务收入 | | 工业销售产值(现行价) | | 年末固定资产净值平均余额 | | 年末流动资产净值平均余额 | |
|---|---|---|---|---|---|---|---|---|---|---|---|---|
| | | | 总计 | #应收账款 | 2011年 | 2011年为2010年(%) | 2011年 | 2011年为2010年(%) | 2011年 | 2011年为2010年(%) | 2011年 | 2011年为2010年(%) |
| 度假区工业 | 874 | 609148 | 424527 | 102484 | 589554 | 112.4 | 589943 | 111.3 | 109774 | 107.2 | 290419 | 139.2 |
| #光福 | 610 | 387603 | 299608 | 67112 | 379851 | 120.1 | 379851 | 118.0 | 77299 | 110.5 | 209726 | 164.4 |
| #金庭 | 119 | 96045 | 50319 | 9372 | 89203 | 101.2 | 89592 | 101.6 | 16975 | 100.5 | 28193 | 94.3 |
| 开发区工业 | 3917 | 7208594 | 4828076 | 1268337 | 7129299 | 124.7 | 7129299 | 124.7 | 1339283 | 113.2 | 3069355 | 125.0 |
| #郭巷 | 372 | 527568 | 356567 | 104632 | 511796 | 124.0 | 511796 | 124.7 | 58676 | 113.9 | 239335 | 125.6 |
| #横泾 | 501 | 486000 | 320095 | 110606 | 472700 | 129.5 | 472700 | 129.5 | 96265 | 118.3 | 218011 | 115.5 |
| 长桥 | 360 | 560126 | 390117 | 114923 | 551913 | 101.2 | 551913 | 101.2 | 78641 | 89.8 | 261250 | 95.0 |
| 甪直 | 1690 | 1703130 | 1453733 | 349977 | 1662563 | 118.5 | 1673304 | 118.8 | 392155 | 99.7 | 980887 | 99.3 |
| 木渎 | 1467 | 1681075 | 1519279 | 245894 | 1651498 | 116.4 | 1630336 | 114.2 | 538076 | 102.2 | 716312 | 105.3 |
| 胥口 | 813 | 2104308 | 1508123 | 427339 | 2058383 | 113.3 | 2047492 | 113.7 | 469334 | 120.3 | 938691 | 116.2 |
| 临湖 | 729 | 606710 | 358072 | 102364 | 585547 | 125.7 | 595789 | 124.4 | 148761 | 103.4 | 276317 | 156.3 |
| 东山 | 318 | 320291 | 325083 | 70136 | 301796 | 117.4 | 310530 | 116.8 | 86218 | 126.4 | 191038 | 102.7 |
| 穹窿山 | 14 | 94931 | 46268 | 9489 | 89387 | 100.1 | 95598 | 105.3 | 9561 | 106.5 | 38034 | 101.4 |

(统计局)

续表

| | 利税总额 | | 资本利税率(%) | | 人均利税(元) | | 从业人员年平均人数(人) | | 产值销售率(%) | | 产值利税率(%) | |
|---|---|---|---|---|---|---|---|---|---|---|---|---|
| | 2011年 | 2011年为2010年(%) | 2011年 | 比2010年±百分点 | 2011年 | 比2010年增减额 | 2011年 | 2011年为2010年(%) | 2011年 | 比2010年±百分点 | 2011年 | 比2010年±百分点 |
| 度假区工业 | 62070 | 106.3 | 15.5 | -3.3 | 2.8 | 0.1 | 22392 | 103.8 | 96.8 | 1.5 | 10.2 | -0.3 |
| #光　福 | 38964 | 110.6 | 13.6 | -4.2 | 3.3 | 0.2 | 11760 | 103.9 | 98.0 | 0.5 | 10.1 | -0.6 |
| #金　庭 | 9326 | 102.5 | 20.6 | 1.2 | 1.6 | — | 6012 | 108.8 | 93.3 | 0.5 | 9.7 | 0.1 |
| 开发区工业 | 324759 | 85.1 | 7.4 | -3.1 | 2.3 | -0.4 | 143840 | 101.2 | 98.9 | 0.9 | 4.5 | -2.0 |
| #郭　巷 | 82260 | 120.0 | 27.6 | -0.7 | 5.8 | 0.7 | 14085 | 105.1 | 97.0 | 0.5 | 15.6 | -0.5 |
| #横　泾 | 43937 | 121.0 | 14.0 | 0.6 | 2.6 | 0.7 | 16700 | 87.9 | 97.3 | 1.3 | 9.0 | -0.6 |
| 长　桥 | 38625 | 101.6 | 11.4 | 0.9 | 2.4 | — | 16042 | 101.1 | 98.5 | — | 6.9 | — |
| 甪　直 | 132107 | 110.4 | 9.6 | 0.9 | 2.1 | 0.1 | 62198 | 101.5 | 98.2 | — | 7.8 | -0.5 |
| 木　渎 | 122170 | 108.8 | 9.7 | 0.4 | 1.6 | -0.1 | 77131 | 113.9 | 97.0 | 0.5 | 7.3 | -0.3 |
| 胥　口 | 155127 | 115.0 | 11.0 | -0.3 | 3.0 | 0.2 | 50950 | 107.3 | 97.3 | 0.1 | 7.4 | 0.1 |
| 临　湖 | 57880 | 107.5 | 13.6 | -3.2 | 2.2 | -0.3 | 26863 | 122.7 | 98.2 | — | 9.5 | -1.5 |
| 东　山 | 33989 | 105.4 | 12.3 | -0.4 | 2.7 | -0.4 | 12436 | 121.5 | 97.0 | -0.2 | 10.6 | -1.2 |
| 穹窿山 | 4839 | 132.5 | 10.2 | 2.3 | 8.1 | 1.4 | 598 | 109.3 | 100.7 | 2.9 | 5.1 | 1.2 |

（统计局）

# 外经·商贸·服务业

## 对外贸易

【概况】 2011年，全区实现进出口总额93.8亿美元，出口额66.4亿美元，分别同比增长37.7%和51.4%。对外贸易加快发展。重点企业出口拉动作用显著,伟创力电脑、维信电子和赛维LDK全年保持出口前三位。优势产业结构优化,机器、电子等传统行业优势突出。私营企业进出口增长显著，逐渐成为吴中区外贸进出口增长最快的经济成分。重点镇区外贸带动作用明显。 (商务局)

【对外贸易结构优化】 全年20强企业出口完成38.5亿美元,同比增长89.7%,占全区出口总额的58%。伟创力电脑、维信电子和赛维LDK全年保持出口前三位,3家企业出口额合计26.7亿美元,占全区总出口的40.2%。机器、电子等传统行业优势突出。机电产品进出口63.7亿美元,高新技术产品进出口40.3亿美元,同比分别增长50%和95%。私营企业逐渐成为吴中区外贸进出口增长最快的经济成分。全区新增私营企业备案登记300多家,进出口、出口和进口额分别为17.2亿美元、14亿美元和3.2亿美元，同比分别增长51.3%、52.5%和46.1%,均高于全区平均增幅。开发区全年进出口额56.3亿美元,出口42.1亿美元,同比增长66.6%和86.8%,分别占全区总量的60%和63.4%。其中:出口加工区增幅显著,全年完成进出口额22.3亿美元,同比增长469%;出口18.8亿美元,进口3.5亿美元,同比分别增长655%和146%。 (商务局)

【服务外包】 2011年，全区完成各类接包合同额13350万美元,同比增长80.6%,离岸执行额5162万美元,同比增长62.3%。全年新增服务外包企业18家，新增受训人数848人，在商务部服务外包出口信息管理系统登记的服务外包企业数85家，外包从业人数5622人。

全年软件设计完成接包额、离岸执行额3695万美元和2237万美元,同比增长29.2%和10%,占全区总量的27.7%、43.3%,软件外包稳中发展;医药外包完成接包额、离岸执行额4327万美元和2375万美元，占全区总量的32.4%和46%,医药外包逐年壮大,成为全区所占外包份额最大的行业。第三方检测完成接包合同额2079万美元，离岸执行额46万美元。

全区拥有CMM/CMMI3级以上国际资质认证企业数1家,ISO27001国际认证企业1家,AAACA和GLP国际资质认证各1家,1家企业被认定技术先进型服务企业。

(商务局)

## 投资合作

【概况】 2011年，全区新增注册外资10.17

亿美元，全年新批外资项目 77 个，增资项目 69 个。实际利用外资 4.54 亿美元。中方境外投资额 2681 万美元，新签外经合同额 765 万美元，完成外经营业额 1276 万美元。

（商务局）

【利用外资】 大型项目所占比重提高。全年引进 3 个注册外资超亿美元项目。全区外商投资向新能源、新材料、电子信息、装备制造等高精尖领域迅速聚集，新兴产业和服务业外资项目数量不断增加，全区产业结构不断优化。全年新批投资总额超千万美元的项目 12 个，增资超千万美元的项目 13 个，累计新增注册外资 9.02 亿美元，占总量的 88.7%。

重点项目稳步推进。2011 年全区 22 个外资项目重点项目，实际完成投资 26.6 亿元，完成年度计划的 104.6%。除一个项目尚未开工外，其余 21 个项目均已开工，开工率 95.5%。181 个签约项目中 16 个项目处于洽谈阶段，已确认取消的项目 81 个，已办结审批和注册的项目 84 个，履约率为 46.4%。2011 年，全区开工 40 个项目，总投资 1.89 亿美元，注册资本 9600 万美元，实际到账 8300 万美元。

2011 年，实现到账外资 4.54 亿美元，高技术产业到账外资 1.14 亿美元，服务业到账外资 2.2 亿美元，顺利完成苏州市全年调控任务。（商务局）

【外经“走出去”步伐加快】 境外投资稳步推进，2011 年，全区新批境外企业 4 家，境外投资额同比增长 56%，完成全年调控目标的 134%。目前，全区在境外投资各类项目 21 个，中方总投资 8511 万美元，境外投资项目分布 12 个国家和地区，主要涉及服装、食品、木材、电子等领域。2011 年，苏州东山精密制造股份有限公司投资 2000 万美元，在香港设立全资子公司香港东山精密联合光电有限公司并销售通讯设备、CPV 太阳能设备、LED 背光源等，实现“高新技术走出去”。仓景国际与日方合资在日本大阪设立东荣企画（株式会社），实现全区赴日投资零的突破。

（商务局）

【世界 500 强队伍壮大】 2011 年，成功引进日本丰田汽车、永旺集团、爱信精机等世界 500 强投资项目。三洋能源上马世界最先进的锂电池生产线项目，一期总投资 3.23 亿美元。

（商务局）

# 市场消费

【概况】 2011 年，全区实现社会消费品零售总额 236.23 亿元，同比增长 17.5%。“家电下乡”和“家电以旧换新”工作顺利开展。全年销售产品 74579 台，销售总额 18347 万元，补贴消费者 1876.76 万元。（商务局）

【肉品市场监督管理】 生猪定点屠宰监管工作进一步规范，生猪进点屠宰率实现 100%。光福屠宰场完成改造升级，至此全区 5 个定点屠宰场全部完成改造升级，获苏州市人民政府颁发的 A 类编码生猪定点屠宰场资质证书和标志牌。（商务局）

【区域商业繁荣度上升】 加快推进中国工艺文化城、双银城市广场、临湖商业中心等 9 个重点商业建设项目，全年完成投资 15.82 亿元。木渎凯马广场被正式授牌为中国商业特色街，成为吴中区目前唯一一条国家级商业特色街。胥口书画创意街区、胥口镇箭泾社区分别被苏州市政府命名为市级商业特色街区和市级商业示范社区。木渎镇华夏五金机电城、香山街道长沙农家乐餐饮街区和甪直江南文化园盛唐甫里街三条街区被区政府命名为 2011 年度区级商业特色街区。（商务局）

【再生资源回收利用网络体系运行】 在建成区再生资源回收利用集散中心(一期)和172个回收网点的基础上，积极扶持苏州吴中国裕再生资源发展有限公司承担龙头企业作用,全面负责“区—镇—村”三级网络体系的运行管理,组织开展再生资源从业人员培训。集散中心全年实现营业额超2亿元；各地回收网点营业额总计超2.5亿元。

(供销社)

【为农服务工作】 推进区农资仓储中心重点实事工程建设；联合农业、工商等部门制订《农资经营专项治理工作方案》，开展农资经营专项整治;建设为农服务社18家,实现销售803万元,发放科技资料近万份,开展农技咨询1100多人次;建设农民专业合作社示范社5家,带动农户1905户,实现销售486万元,帮助农民实现纯收入146万元;组织苏州市乾生元食品有限公司参加“2011海峡两岸(江苏)名优农产品展销对接会”,帮助企业拓展农产品销售渠道。全年共实现销售总额6.7亿元(其中农资连锁销售额5.2亿元,消费品零售额0.96亿元)，农副产品收购额0.36亿元。

(供销社)

【民生实事工程】 农贸市场管理双管齐下。不断加强农贸市场规范化管理，积极推进市场信息化监管,在全区25个主要农贸市场实行实时监控联网管理，通过远程实时监控系统,结合现场抽查,对农贸市场索证索票登记情况、农残检测信息、场内经营秩序、环境卫生等情况进行动态管理。切实做好城乡农贸市场升级改造工作,进一步加大工作力度,主动走访市场,做好市场经营者、管理人员和场内经营户的思想动员和宣传指导，帮助市场落实好改造资金,指导市场进行改造设计,督促市场按时施工。全年,又有12个市场改造完毕,至此全区已有40个城区、镇、村集贸市场完成改造工作,改造面积4万平米。

(工商局)

# 粮食购销

【粮食安全保供】 全面实施总投资5.5亿元的“四放心”粮油工程,打造从“放心粮源、放心粮库”到“放心市场、放心粮店”的全产业链新格局。完成全区3700万斤区级地方储备原粮和600万斤成品粮油储备任务。研判市场行情，最大限度减少区级地方储备粮销售亏损。健全储备粮轮换监督,加强和完善粮食应急保供体系。优化吴中区粮食应急保供预案,扩大应急销售点覆盖面，销售网点从原来的22家扩大到49家,落实应急加工点2家和市场行情监测中心点3家以及应急运输车辆136辆。

(粮食局)

【粮食收购】 在稳固苏北、苏中10万亩粮源基地的基础上,6月，吴中区与黑龙江牡丹江宁安、穆棱两市签订产销合作友好城市协议,建立10万亩优质晚粳稻基地。9月,与鹤岗市签订粳稻购销协议2万吨。加快在苏北、苏中、东北等粮食主产区布局,实际掌控粮食基地面积超过20万亩、粮食数量超过2亿斤。抓好外购的同时,切实搞好本地收购服务,积极发展订单农业,重点扶持角直、横泾、临湖等地水稻生产基地建设，做好与本地种粮大户的沟通协调,确保本地产粮应收尽收、好收快收。

(粮食局)

【粮食市场建设】 重点抓好苏州市粮食批发市场,2011年市场单边交易量预计可超14亿斤。策划与苏州国家粮食储备库融合式发展,市场的功能与影响不断提升。结合作风效能建设，专项投入180万元用于设施完善和形象提升,启动实施电子商务、品牌中心和期货

交易等现代交易平台建设,争取在“十二五”期间再创“中国第一米市”。 （粮食局）

**【粮食储备库建设】** 完成和不断完善1亿斤级的木渎粮食储备库建设，积极探索运用浅层地能技术节能打造“绿色”粮仓,低温成品仓中存放的1100吨成品糙米顺利“度梅过夏”。加快1亿斤级胥口粮食储备库建设,预计年底可完成土建。根据粮食保供严峻形势和“十二五”期间储备规模大幅提升的情况，启动规划第3座亿斤级的光福数字化粮库建设。 （粮食局）

**【粮食资产管理】** 加快粮食资产优化整合，推进区粮食购销总公司集团化运营，切实发挥国有粮食购销企业主渠道功能。加强国资监管，全面收回危房，清退非鼓励类出租企业,规范整合放心粮店。创新粮食国资管理模式,设立财务总监办、实行会计委派制,按照区财政、国资部门的指导性要求,全面规范和提升国资管理水平。 （粮食局）

# 服务业

**【概况】** 2011年，全区实现服务业增加值299.6亿元，服务增加值占GDP比重达42.8%,比上年提高1.7个百分点;完成服务业固定资产投资210亿元，同比增长31.4%,服务业对经济增长的贡献率53%。完成服务业固定资产投资210亿元，同比增长31.4%,占全区投资总额的66.6%；实现服务业地方税收28.84亿元，对地方税收的贡献率为60%。全区服务业产业结构得到进一步优化和提升,现代服务业、生产性服务业增加值占服务业增加值比重分别为62%和53.5%,文化旅游、商务金融、现代物流、商贸市场、服务外包等现代服务业行业成为引领我区服务经济加快发展的重要支柱。 （发改局）

**【招商引资成效显著】** 2011年，全区完成服务业到账外资2.2亿美元，占总到账外资的48.5%；完成服务业注册内资240.7亿元,占总注册内资的77.9%。2011年,全区先后成功举办了’2011苏州吴中·太湖(北京)投资环境说明暨央企对接会、’2011苏州吴中·太湖(深圳)科技服务业投资环境说明会、2011苏州吴中·太湖经贸合作洽谈会等大型招商推介活动。签约服务业项目37个,总投资226.64亿元，注册资本122.29亿元，成功对接一批央企、科研院所、金融机构及国内外大型企业集团,成功签约包括国家机械工业重点(电器安全)工程实验室、日亚(吴中)创业投资基金等一批高技术含量的现代服务业项目。

（发改局）

**【推进集聚区建设】** 全区4家市级以上服务业集聚区建成各类创新创业载体超50万平方米，入驻企业1051家,2011年全年实现销售收入23.6亿元,上缴利税1.5亿元,完成投资额5.3亿元。南信大苏州数字城市研究院、西山中科、同济研究院等一批新兴产业领域的企业及研究院相继入驻，建成国家级公共服务平台6个,省级平台4个。 （发改局）

**【制造业企业分离发展现代服务业】** 贯彻市政府《关于鼓励制造业企业分离发展现代服务业的若干意见》文件精神,有序推进二三产分离工作，加强对全区拟分离企业开展调研和宣传工作，排出38家拟分离企业,2011年度，全区实现制造业分离现代服务业企业25家,累计实现二三产分离企业41家。

（发改局）

**【现代金融网络健全】** 吴中区拥有优越的金融服务,中国银行、农业银行、农发银行、工商银行、建设银行、交通银行、招商银行、中信实业银行、光大银行、浦发银行、华夏银行、苏州银行、江苏银行、民生银行以及外资银行日本池田银行等银行网点,保险、证券、财务公司、典当行，创投公司等融资服务平台也日趋完善,农村小额贷款公司持续健康稳定的发展,至年底，已开业9家，总注册资本达23.4亿元,对全区“三农”经济和中小企业的发展提供了有力的支持。新增上市企业2家，至年底,全区上市企业6家。（发改局）

**【现代物流提升发展】** 外向型经济持续发力,进出口贸易量稳步增长,全区2011年实现进出口总额93.82亿美元，同比增长37.7%。吴中出口加工区在实现保税物流功能叠加后发展迅速，由吴中口岸进出口的货物吞吐量和集装箱吞吐量分别为17.14万吨和2.61万标箱，全年实现进出口监管货值88.3亿美元,实现海关关税1.36亿元。出口加工区物流配套工程天运广场项目总投资6.5亿元，建筑面积137124.6平方米,至2011年底累计完成投资2.85亿元。吴中出口加工区保税物流仓库二期、大新华物流园、德合绿色农产品物流基地等物流重点项目建设有序推进。

（发改局）

**【药明康德入选省服务业创新团队】** 2011年5月,发改局组织药明康德、西山中科、圣苏新药3家企业的科研团队申报2011年度省服务业创新团队,其中药明康德“药物非临床研究一体化服务研发团队”入选2011年度江苏省现代服务业创新团队（全省仅有3个团队入选省现代服务业创新团队),实现全区省级现代服务业创新团队零的突破。（发改局）

# 城建·规划

## 城镇规划

【概况】 2011年,全面启动《吴中规划》图册编制工作,完成城乡重点地区的城市设计,全面开展各乡镇(街道)控规编制,推进总体规划发展实施。编制完成苏州市土地储备地块用地红线和规划条件96份,土地面积362万平方米。 (规划分局)

【《吴中规划》图册】 整合汇总全区近阶段规划编制及规划管理成果并汇编成册,为政府领导科学准确决策提供空间宏观依据,为广大企业投资建设提供科学指引,《吴中规划》成为展示吴中区城乡规划编制和管理成果的窗口,展示全区规划动态研究、投资载体建设的信息平台。 (规划分局)

【规划发展说明会】 在吴中区金秋经贸洽谈会期间,举办规划发展说明会。通过宣传短片和宣传手册向与会国际、国内客商宣传、介绍吴中区"一体两翼四片"的城乡发展构架、吴中区七大经济板块的发展方向、产业定位、发展规模等,全面展示吴中区悠久的历史文化、优越的招商引资载体与平台,展示吴中区委区政府服务发展、高效发展、科学发展的态度。 (规划分局)

【乡镇(街道)总体规划】 年内完成《甪直镇总体规划》规划成果论证并上报省政府审批。完成《郭巷街道片区规划》成果论证报市政府审批。开展《东山镇总体规划》、《横泾街道和越溪街道总体规划》的编制工作。 (规划分局)

【乡镇(街道)控制性详细规划】 年内编制完成《临湖镇控规》、《胥口镇控规》、《木渎胥江城控制性详细规划》、《木渎胥江以南金枫路以西控制性详细规划》、《郭巷镇(尹山湖地区以外)片区控制性详细规划》、《吴淞江产业园控制性详细规划》等规划。推进《甪直镇控规》、《东山镇控规》、《吴中科技园控规》、《东吴工业园控规》、《木渎镇藏书地区控规》、《木渎镇穹隆山地区控规》等规划编制工作进程。启动《苏州滨湖新城启动区控规》编制。 (规划分局)

【重点地区城市设计研究】 完成运河风光带、蠡墅中心区、澹台湖周边地区、城区豪仕登周边地区、县前街周边地区、蠡墅老街、木渎镇、胥口镇以及甪直镇等乡镇的整体城市设计方案。着手相关专题规划研究工作,完成吴中区有轨电车规划前期可行性研究、吴中城区轨道站点周边综合开发利用规划研究、《春秋古城遗址保护规划》研究等。 (规划分局)

【规划管理】 按照《城乡规划法》、省、市城乡规划条例等法律法规要求,严格实行各项行政许可制度和项目报批制度。全年完成苏州市土地储备地块用地红线和规划条件96份,土地面积362万平方米;办理建设项目选址意见书97份,选址用地291.31万平方米;办理建设用地规划许可证149份,用地总面积507.36万平方米;办理建设工程规划许可证316份(其中25份市政工程),工程总建筑面积767万平方米(市政道路130公里);办理乡村建设规划许可证321份;办理民用、工业规划方案审批230份。(规划分局)

**【规划监察】** 全年核发建设项目规划竣工验收合格证229份,竣工项目建筑总面积422.19万平方米。配合苏州市规划监察支队做好辖区内各项违法建设查处工作。办理违法建设案件155件,违法建设规模39万平方米。(规划分局)

# 城镇建设

**【概况】** 2011年,受理报建项目719个,建筑总面积574.9万平方米,投资总额120.04亿元。其中公开招标453个,建筑面积278.03万平方米,投资总额106.02亿元。核发施工许可证358份,工程面积575.43万平方米。核查(年检)建筑业企业328家,其中施工总承包企业122家,专业承包企业175家,劳务分包企业13家,设计与施工一体化企业18家;受理新办资质84家、资质升级50家、资质增项25家。年末全区共有各类建筑企业428家,其中一级企业16家,二级企业120家,三级企业292家。(住建局)

**【村镇建设管理】** 开展省级村庄整治示范试点村工作,胥口镇马舍村、穹窿山接驾社区申报省级村庄环境整治试点村,东山镇三山村申报省特色村庄试点村,并按照创建要求,制订详细工作计划,建设和整治村内道路、公共厕所、路灯、绿化、农房、环卫设施等,有效提高村镇综合环境。组织申报人居环境奖活动,越溪街道旺山村申报全国人居环境范例奖,角直镇申报江苏人居环境范例奖,年内均通过考核验收。(住建局)

**【城区改造】** 以东吴南路、东吴北路和运河风光带为"十字"中心轴线,全面推进地块、节点改造,加快中心城区提升扩容,通过积极协调和落实专人负责制,对中心城区15个在建高层重点项目建设实施动态监管和服务,在审批、管理等各个环节做好全程跟踪服务,年内文体中心、吴中医院、名宇商务广场、双冠·双银星座等4个项目按期竣工。继续推进城区道路综合改造、蠡墅片区骨干道路建设,启动太湖路改造工程,经一路、纬四路改造完工并通车。(住建局)

**【拆迁管理】** 贯彻落实国务院《国有土地上房屋征收与补偿条例》,区政府颁布《吴中区国有土地上房屋征收与补偿实施办法》和《吴中区集体土地上房屋拆迁管理办法》。加大对全区拆迁安置难题的调查研究,对全区各镇(区)、街道房屋拆迁工作进行指导,稳妥处理房屋拆迁矛盾纠纷,确保房屋拆迁工作依法有序推进。全年累计完成拆迁总量5120户,184.24万平方米。其中国有土地1190户,36.14万平方米;集体土地3930户,148.1万平方米。督促指导各镇(区、街道)加大安置房建设力度,拟订中心城区"十二五"期间拆迁计划和安置房建设计划,确保房屋拆迁与安置同步实施,年内在建安置房小区41个,在建面积297万平方米。(住建局)

**【建筑业管理】** 推进建筑产业结构调整,加大建筑市场监管力度,促进全区建筑业在产业规模、经济效益、综合实力等方面不断做大做强，吴中区被省人民政府授予江苏省“建筑之乡”称号。加强对建筑业企业的扶持力度，鼓励支持本土建筑企业资质升级和发展创新，苏州嘉盛建设工程有限公司和苏州越城建筑设计有限公司2公司成功申报“江苏省建筑示范企业”。依法推进全区建设工程公开招标工作，全面贯彻实施苏州市政府投资建筑工程预选承包商制度，提高投资效益，保证工程质量和安全。启动政府投资建设项目设计招标工作，区政府颁布《吴中区政府投资建设项目设计招标投标管理实施办法》规范全区建设工程设计招投标活动。（住建局）

**【工程质量监督管理】** 改革完善监督管理模式，推行每周质量监督集中交底，提高质量监督管理与服务水平，全年13个工程获评“吴中杯”优质工程奖，7个工程项目获评“姑苏杯”优质工程奖，1个项目推荐申报“扬子杯”优质工程奖，1个项目获评国家鲁班奖优质工程。强化工程质量监督力度，全年开展质量综合大检查4次，开展各类质量巡查和专项检查7次，对于检查中发现的问题进行通报分析，督促落实项目整改措施，排除工程质量隐患。加强住宅工程质量监督验收，试行精装房分户验收，探索住宅工程质量通病防治方法，深入现场进行监督指导，为企业提供咨询服务，全年受理质监面积1236.1万平方米，竣工验收备案面积353.3万平方米。加强建筑节能施工质量监督，严格执行建筑节能专项设计审查制度，新建民用建筑节能达标率为100%。（住建局）

**【建筑施工安全生产监督管理】** 创新施工安全监管机制，形成参建单位自查自纠，镇（区、街道）建管所巡查，安监员日常监督，站长重点项目督查和季度安全大检查相结合的立体模式。深入开展施工安全生产专项整治，印发《2011年度吴中区建筑安全生产专项整治工作方案》，重点加强预防机械伤害、模板坍塌、高处坠落等事故的专项整治行动，强化重大危险源的整改和监控，有效控制较大及以上安全生产事故的发生。着力提升安全生产监管水平，建立完善统一的安全生产监督流程和检查模式，实现“闭环式”管理；实施项目“分级监管”制度，根据等级划分确定监管的重点和频次，保证差别化管理要求；改进现场监管方式，重点围绕施工现场安全生产保障情况进行监督，纠正违法违规行为和实体隐患。全年创区级文明工地90个，市级文明工地85个，省级文明工地34个。（住建局）

# 房地产开发管理

**【概况】** 2011年底，全区有房地产开发企业162家，其中一级企业1家，二级企业8家，暂定二级企业70家，三级企业25家，暂定三级企业56家，四级企业2家。全年房地产开发完成投资额95.18亿元，商品房新开工面积326.97万平方米，商品房施工面积659万平方米，商品房竣工面积157.08万平方米，办理商品房交付使用备案面积160.43万平方米，备案套数14594套。（住建局）

**【房地产市场开发】** 深入推进“山水苏州，居住吴中”房地产品牌宣传，继续与苏州各大新闻媒体合作，制放形象宣传片，采编新闻报道等形式，宣传山水资源、区位交通等人居优势。积极扶持本地优势企业，吴中地产连续多年前入苏州市房地产企业综合实力前三名。全年核发商品房预售许可证65处，建筑面积202.33万平方米；全年销售商品房131.15万平方米，销售金额127.76亿元，其中销售商品住宅97.33万平方米，销售金额95.63亿元。

（住建局）

【房屋产权产籍管理】 规范实施房屋权属登记管理，在城区试点开展商品房所有权与抵押权合并登记，通过优化办证流程大幅提高办证效率;健全房屋登记风险防范机制,建立产权登记指纹系统、房屋所有权证条形码和身份证自动验证系统，有力保障产权登记数据安全。全年办理房屋所有权证 23238 本,发证面积 670.26 万平方米;办理房屋他项权证 18237 处,建筑面积 936.5 万平方米,权利价值 227.65 亿元；办理商品房注册登记 14121 套,建筑面积 156.03 万平方米。 (住建局)

【房地产行业管理】 贯彻落实“限购令”等房地产市场宏观调控政策,落实行业指导措施,维护房地产市场平稳健康发展。做好房地产市场监测分析工作,坚持每周、每月、每季向区委区政府上报房地产运行情况汇报，及时提出促进发展房地产市场的措施，会同相关部门撰写《2011 年吴中区房地产业市场调查报告》。加强房地产开发企业资质审核管理,全年对 16 家具备条件的新企业核定资质等级,为 55 家企业办理资质延期,为 19 家企业办理资质延续,为 74 家企业办理资质延期,4 家开发企业因无在建拟建项目不达标被注销资质。开展省级房地产开发项目申报工作,越湖家天下、招商小石城等 4 个项目申报省级“优秀示范工程”,蠡墅花园天怡苑申报省“高品质宜居住区”案例。 (住建局)

【物业管理】 制订实施《吴中区物业服务企业在管项目综合考评办法》,组织人员每月两次对中心城区物业服务企业在管项目进行专项检查，有效提高中心城区住宅小区整体物业服务水平。2011 年底，全区物业企业 137 家,物业管理总面积 1996.25 万平方米,新建住宅小区物业管理覆盖率 100%;省市级优秀物业管理住宅小区 25 个,优秀物业管理大厦 1 座,在全市位列前茅。 (住建局)

【房屋安全管理】 落实直管公房维修养护措施,与各基层房管分局(所)签订《安全生产目标责任书》，分解落实安全生产工作职责,全年组织房屋安全集中检查 4 次，落实各类房屋维修 265 户次，支出维修费用 38 万元,直管公房未发生一起安全事故。规范实施白蚁防治工作,落实质量监督责任制,提高白蚁防治水平,全年共 600 户、422 万平方米。加强房屋安全鉴定工作,维护房屋日常使用安全,全年安全鉴定房屋 727 处、34.65 万平方米。

(住建局)

# 城市管理

【概况】 2011 年，着力抓好城市形象和服务能力提升、管理机制创新和队伍形象年建设,促进中心城区市容环境的优化美化、队伍形象的提高,全面完成各项工作任务。全年参与各类大型活动现场保障 83 次，查处违法、违章行为 887 件,其中一般程序 340 件,简易程序 547 件,拆除违法建筑 37 处,共 503.8 平方米,拆除违法(破旧)户外广告 69 处,共 539 平方米,受理来信来访案件 369 件,其中直接受理 282 件,区信访局及上级交办件 87 件。

(城管局)

【集中整治】 会同各街道、相关部门开展中心城区卫生死角、占道经营、违章停车及违规广告店招整治。全年督促整改卫生死角及各类市容环境卫生问题 4918 处,纠处店外占道经营 139 处,取缔无证占道流动摊点 653 处,查处道板违章停车 8265 辆,拆除违法(破旧)户外广告 69 处。城管窗口办理项目 1267 件(不含餐饮联办登记数)，其中广告设置 1076 件;占用挖掘道路 15 件;临时占道堆物、搭建 51 件;占用或临时占用绿地及绿化移植 9 件;餐饮、娱乐及控制业联合审批 73 件(登记、现

场勘察 216 件);责任书签订 8 件;建筑物外立面破墙开门、窗 17 件。（城管局）

**【数字化城管建设】** 融合区便民服务中心平台,通过区便民服务热线获得信息需求,将发现问题、任务派遣和处理问题同一平台处理,减少中间环节和管理层级。结合 GIS 地理信息系统、事部件数据库、单元网格划分和责任确定，配合现有城管通 PDA 设备及与公安、交通、规划等相关部门视频共享,实现快速反应,及时联系相关责权部门处理问题;为中队(街道、镇)、班组、队员三级责任网格数字化、业务化、精细化提供载体。（城管局）

**【便民服务热线】** 全年受理群众来电 8062 件,其中举报类占 35%,报修类占 24%,办结率 99%,满意率 99.54%;积极拓展 65612345 便民服务平台功能,在原有 33 个进驻部门和联动单位的基础上，新增 5 个进驻部门和 5 个联动单位,增加家政服务、设备维修、庆典礼仪等 12 类服务项目,做到“为群众办事,为群众解忧”。（城管局）

**【第四届吴中市容环卫杯竞赛】** 1 月 1 日至 10 月 26 日,第四届“吴中市容环卫杯”竞赛活动开展。2000 多名环卫、河道、绿化养护作业人员和一线城市管理执法人员参与，200 多人获作业标兵、能手称号,环卫作业质量、绿化及河道养护水平明显提高。（城管局）

**【临街商户落实市容环卫责任制】** 城管会同工商、卫监、市政等单位采取上门宣传、每日评分、引导示范和一月一考核、一月一奖励等措施,以服务促管理,以竞赛促规范,帮助临街经营户提高履行法律义务的自觉性。全年对 2070 人次的“优秀市容环卫责任人”颁发奖金和流动红旗,通过政府引导、群众参与,经营户自主保洁意识进一步提升。(城管局)

# 市政公用

**【供水】** 2011 年，全区 6 家自来水厂全年供水量 1.12 亿立方米，供水水质达标率 100%。加强水功能区日常管理，委托苏州水文分局每月对全区所有水功能区水质进行监测,及时掌握水质情况和变化趋势。履行供水行业主管部门职责，督促各供水企业加强原水和生产过程水质监控，委托江苏省水环境监测中心苏州分中心定期监测供水水质。有序推进全区供水企业水质检测实验室等级能力建设工作,吴中供水公司启动建设,东山、金庭、度假区等水厂实验室配属标准和检测指标确定并加以实施。督促各供水企业落实内部安保职责,加强重点部位巡视检查,细化基础防范和技术防范措施,杜绝供水安全事故。按照太湖安全度夏要求，全力做好蓝藻巡查打捞防控工作,打捞蓝藻(含水)579 吨,全年无蓝藻盛发问题发生,全区河湖水质稳定。（水利局）

**【供电】** 年内，全区全社会用电总计 570277 万千瓦时,比上年增长 108.1%。全行业用电总计 502616 万千瓦时,增长 9.0%,占总用电的 89.0%，其中第三产业用电 73153 万千瓦时，增长 16.0%。城乡居民生活用电合计 67661 万千瓦时,增长 107.5%。（统计局）

**【供气】** 2011 年，全区供气总量 9.57 万吨，其中天然气 6.82 万吨，液化气 2.75 万吨,燃气总用户 21.98 万户,全区燃气管道 585.9 公里。定期对区内燃气经营企业进行规范经营和安全管理检查，督促燃气经营企业落实企业安全管理举措，确保全区燃气设施设备和管网安全运行。加强燃气安全宣传工作,印发燃气安全宣传资料 2 万份，积极深入街道社区宣传燃气安全知识，提升用户燃气安全使用意识。加大燃气工程管理力度,年内诚河新旅城二期、嘉盛花园等14个项目燃气交付使用备案审查。（住建局）

**【环卫】** 试点开展生活垃圾收运体制改革，龙西街道住宅小区垃圾收运以汽车代替小型电动收集车,作业时间由清晨改为白天,全面取消垃圾房,统一配备标准垃圾桶,做到垃圾不落地，有效减少小区垃圾二次污染和环卫作业对居民生活的影响。提升、拓展城区环卫作业标准和范围，中心城区主干道实施夜间保洁,河道保洁纳入日常环境卫生考核范围，餐厨垃圾专项治理工作正式启动，环卫管理各项工作扎实推进，全年清运各类建筑生活垃圾5万吨。（住建局）

**【污水污泥处理】** 全年收集处理污水7400万吨、处置污泥8.5万吨,污水排放达标率为100%。建设污水管网50公里,全区污水管网长度累计940公里，实现城镇区域污水处理全覆盖。河东污水处理厂4万吨/日三期扩建工程完成主体建设,木渎、光福污水处理厂迁建工程抓紧开展前期工作,全区10座污水处理厂处理能力28.5万吨/日,城区、各镇(区、街道）建成区生活污水处理率分别为98%和88%。推进污泥无害化处理、资源化利用,江远热电厂300吨/日污泥干化焚烧项目前期工作基本完成。完成农村村庄生活污水治理项目75个。加强排水行业监督管理,落实城镇污水处理厂运行管理月报制度，全面掌握全区污水处理、污泥处置、污染物削减等情况，结合水环境综合整治要求，督促工业企业和居民小区加快雨污分流改造和污水达标接管排放,为污水处理厂正常运行提供保障。（水利局）

**【市政道路管理】** 结合全国文明城市复查，修复太湖路、文曲路、丹桂路、迎春路等2986平方米的破损路面,疏通城区44公里雨水管道和6141座窨井;加强对城区桥梁的维修养护,聘请专业检测单位对桥梁进行定期检测，确保桥梁使用安全。制订市区运河以北市政设施突发事件应急抢修预案，建立市政设施应急抢修制度，进一步提升城区市政设施的管理能力。（住建局）

**【管线管理】** 加强管线信息系统建设维护管理工作，为各管线单位提供现有管线资料的查询绘图服务，全年受理查询现状管线14起,出具纸质图纸50张,电子图纸257张。组织开展管线安全生产专项整治，督察各管线产权单位加强日常管理，逐步建立并完善长效的安全监管机制。积极与管线权属单位沟通，在信息共享和更新等方面积极探索工作思路,保障系统的维护与更新,确保向社会提供最新的地下管线信息数据。（住建局）

# 交通运输

**【概况】** 2011年，全区交通运输建设总投资4.89亿元,其中道路、桥梁建设工程完成投资4.5亿元。继续推进苏南运河“四改三”吴中区段航道整治工程，苏西线航道整治四期工程竣工,浒光运河航道完成整治。新增、更新公交车115辆,新增线路4条,优化调整线路7条。投资600万元的太湖东路公交首末站异地重建主体工程完工。投资1180万元建设公交候车亭。开通由越溪始发通往京沪高铁苏州北站的公交快线8号，是苏州第一条配备无障碍公交车的公交快线。主办区人大建议13件、政协提案10件。（交通局）

**【道路建设】** 完成东山环山公路扩建工程，全线26公里道路桥梁工程全部建成通车,附属配套的地下管线、绿化、路灯照明、公交候车亭、沿线环境整治等工程全面完成，总投资7.77亿元。完成绕城高速公路光福互通度假区连接线工程，总长9.5公里，其中新建2.5公里，改建7公里，总投资1.8亿元。完成230省道吴中段养护改善工程，工程主线长750米，匝道长859米，总投资3322万元。新改建木东公路横泾段市政化工程，完成立项、设计、监理、施工招标等工作，5月进场施工，至年底完成，投资约1700万元。完成孙武路、金庭环岛路和343省道吴中区段等项目前期准备工作。着手实施东环快速路南延、南环快速路西延二期和中环快速路吴中区段的施工图设计、审查、立项等前期工作。（交通局）

**【桥梁专项排查】** 2011年9月，根据省、市公路部门的要求，按照桥梁养护规范标准，投入10万余元，委托相关检测中心组织实施227省道、230省道的桥梁专项检查工作。共计检查桥梁37座，最终评定情况为一类桥12座，二类桥21座，三类桥1座，未发现四、五类桥梁。（交通局）

**【航道建设】** 苏南运河“四改三”吴中区段航道整治工程2010年启动实施，分二期进行，一期工程于2011年1月进场施工，目前完成工程量60%，征地拆迁工作稳步推进，办理完成吴中段全线用地许可，新塘桥改建工程最后一轮方案确定。苏西线航道整治四期工程是继2007年开始的“六改五”整治延续工程，该工程将延续前三期工程采用的省地共建模式，包括新建钢筋混凝土护岸2400米（其中木渎段2000米、胥口段400米），疏浚土方8万立方米，预算总投资约1600万元，9月开工，11月底竣工。浒光运河航道完成整治，新建悬臂式钢筋混凝土护岸1542米、疏浚土方4万立方米，投资600万元。维护航标，上航查标142天，查标里程24794公里，维护航标487座次，航标正常率99.9%以上。（交通局）

**【公交场站建设】** 新增、更新公交车115辆，新增线路4条，优化调整线路7条。年底开通由越溪始发，通往京沪高铁苏州北站的公交快线8号。太湖东路公交首末站异地重建主体工程完工，投资600万元。招商小石城公交首末站工程进行招投标工作，总投资约700万元。公交候车亭完成蠡墅片区14只、宝带西路延伸段21只，东山环山公路61只，投资约1180万元。吴中经济开发区天灵路、广建路的候车亭项目已完成图纸设计和经费预算，即将开工建设。公交基础设施养护工作，投入20万元对全区9座公交首末站、146座公交候车亭及时进行清洁及损坏修复。（交通局）

**【公路养护】** 2011年，吴中区管养的国省干线公路里程为41.55公里，其中227省道4.24公里，230省道37.31公里，全年各类养护保洁经费投入约439万元，公路技术状况指数MQI为95.3；农村公路总里程为1021.04公里，桥梁904座，养护保洁经费投入约501万元，其中县道MQI值为92.4，优良路率为97%；农路大中修工程包括东山渡水桥改建工程等总投资超8500万元。（交通局）

**【行政执法】** 路政管理：发生案件1350起，立案查处901起。检查各类车辆1446辆，查处超限车辆831辆。运政管理：处理各类违章736件，其中“黑车”364辆，黑驾培1件，黑电动车37辆。航政管理：查处各类航道违法行为12起，当场制止9起，行政处罚2起，行政处理1起，拆除违建房屋2座。维修行业管理：检查67家维修企业，发放行政整改书42家，行政处罚30家，组织营运车辆等级评定和二级维护检测1.5万余辆次，查处二级维护逾期维护 308 起,罚款 42.59 万元。

(交通局)

**附表: 吴中区交通运输业基本情况**

| | 单位 | 2011 年 |
|---|---|---|
| 一、公路 | | |
| 公路总里程 | 公里 | 1157 |
| 公路桥梁 | 座 | 1027 |
| 二、航道 | | |
| 内河航道通航里程 | 公里 | 330 |
| 通航河流上建筑物 | 座 | 3 |
| 航道上设立的航标 | 座 | 44 |
| 三、年末营业性车辆拥有量 | 辆 | 7318 |
| # 客运车辆 | 辆 | 225 |
| 货运车辆 | 辆 | 7093 |
| 四、系统内旅客运输量 | | |
| 客运量 | 万人次 | 9024.3 |
| 旅客周转量 | 万人公里 | 105159 |

(交通局、统计局)

**吴中区通车通航里程**

| | 单位 | 2011 年 |
|---|---|---|
| 一、公路总路程 | 公里 | 1157 |
| 1. 按行政等级分 | | |
| (1)国道 | 公里 | 9 |
| (2)省道 | 公里 | 114 |
| (3)县道 | 公里 | 222 |
| (4)乡道 | 公里 | 408 |
| (5)村道 | 公里 | 404 |
| 2. 按等级分 | | |
| (1)高速 | 公里 | 70 |
| (2)一级 | 公里 | 124 |
| (3)二级 | 公里 | 387 |
| (4)三级 | 公里 | 439 |
| (5)四级 | 公里 | 137 |
| 3. 按路面标准分 | | |
| (1)柏油沥清路面 | 公里 | 778 |
| (2)水泥路面 | 公里 | 379 |
| 二、公路桥梁 | 座 | 1027 |
| | 延米 | 51588 |
| 三、内河航道通航里程 | 公里 | 330 |
| # 通机动船 | 公里 | 326 |
| 四、通航河流上建筑物 | 座 | 3 |
| 1. 永久性闸坝 | 座 | 1 |
| 2. 船闸 | 座 | 1 |
| 3. 套闸 | 座 | 1 |
| 五、航道上设立的航标 | 座 | 44 |
| # 发光的 | 座 | 42 |

(交通局、统计局)

**2011 年末全区营业性汽车拥有量**

| | 单位 | 总计 | 个体 |
|---|---|---|---|
| 合计 | 辆 | 7318 | 1346 |
| 1. 客运车辆 | 辆 | 225 | — |
| | 客位 | 9163 | — |
| # 大型汽车 | 辆 | 184 | — |
| | 客位 | 8638 | — |
| 中型汽车 | 辆 | 20 | — |
| | 客位 | 418 | — |
| 2. 货运车辆 | 辆 | 7093 | 1346 |
| | 吨位 | 39926 | 4503 |
| (1)普通载货汽车 | 辆 | 5854 | 1332 |
| | 吨位 | 24316 | 4330 |
| # 大型汽车 | 辆 | 2047 | 332 |
| | 吨位 | 17514 | 2502 |
| # 重型汽车 | 辆 | 835 | 116 |
| | 吨位 | 10840 | 1322 |
| 中型汽车 | 辆 | 678 | 190 |
| | 吨位 | 2213 | 609 |
| (2)专用载货汽车 | 辆 | 859 | 10 |
| | 吨位 | 10889 | 118 |
| # 大型汽车 | 辆 | 692 | 9 |
| | 吨位 | 10745 | 117 |
| # 重型汽车 | 辆 | 676 | 9 |
| | 吨位 | 10648 | 117 |
| 中型汽车 | 辆 | 26 | — |
| | 吨位 | 76 | — |
| (3)牵引车 | 辆 | 191 | 2 |
| (4)挂车 | 辆 | 189 | 2 |
| | 吨位 | 4721 | 55 |

（交通局、统计局）

# 邮政电信

**【邮政概况】** 2011 年，分局完成邮政业务总收入 6470 万元。全区报纸投递量超 5 亿份，杂志投递量 80 万份，投递量居苏州各区第一。（邮政分局）

**【“苏邮惠民”项目】** 为更好的贴近群众，服务群众，2011 年推行“苏邮惠民”项目，吴中区辖区内新增 60 个苏邮惠民站点，为居民提供代收、代缴、代理票务、邮政产品销售等服务。（邮政分局）

**【电信概况】** 2011 年末，全区交换机容量 56.83 万门，其中城区容量 16.50 万门，农村容量 40.33 万门；光纤总长度 14457.06 皮长公里，光纤芯长 394083.63 芯公里；互联网出口带宽 320G，互联网宽带用户 17.9 万户；电话用户 54.74 万户（含中国电信天翼用户）。（电信局）

# 生态环境建设·旅游

## 综　述

**【生态环境建设概况】** 环境保护力度不断加大。河东污水厂三期工程完成主体建设,木渎、光福污水厂迁建工作全面启动,新增污水管网50公里,污水排放达标率100%。绿化造林、湿地保护、河道疏浚、宕口整治、供水安全等工作深入推进。全区饮用水水源地、水域功能区水质达标率,以及城市噪声达标区覆盖率均保持100%,环境空气质量良好以上天数占比94.4%,小康社会环境质量综合指数达97.08分,获"国家生态区"荣誉称号。

生态体系进一步完善,环境治理保护深入推进。加快"绿色吴中"建设,新增林地4100亩,复绿宕口73万平方米,新建生态河道16.4公里,绿化覆盖率达29.5%,旺山村、湖桥村获评国家生态村,三山岛升格为国家湿地公园(试点)。深入推进"碧水蓝天"工程,完成单位GDP能耗、污染物减排和21个太湖水污染防治重点项目年度任务,实现1688家工业企业污水接入管网和44处农村环境连片整治,再创三星级以上"能效之星"企业6家。新改建水利配套设施46座,疏浚河道142公里,获评中央财政小型农田水利建设重点县。大力实施城乡综合环境三年提升工程,新增22个省卫生村和市健康村。继续开展"市容环卫杯"等竞赛活动,数字城管二期工程全面完成。(区委办、政府办)

**【旅游概况】** 以打响"苏州吴中,太湖最美的地方"旅游品牌以及建设"旅游强区"为目标,以"5A级景区创建启动年"为主题,抢抓新一轮旅游发展机遇,推进旅游业跨越发展。整合太湖旅游度假区(西山景区、光福景区)、东山景区、穹窿山景区和旺山景区13个核心景点,组建苏州(吴中)太湖旅游景区,全面启动创建国家5A级景区工作。精选木渎、角直、穹窿山、旺山、三山岛、太湖高尔夫酒店等8个单位作为市级旅游标准化创建试点单位,以点带面有序推进旅游标准化创建,顺利通过国家旅游部门终期现场检查验收。加大中央电视台、《人民日报》、人民网等主流媒体以及新浪微博、腾讯微博等新兴媒体宣传力度,突出公路广告、公交车身广告、城市灯箱广告等户外广告宣传,举办重点城市高铁旅游、会务旅游推介说明会,提升整体旅游知名度。结合"好山、好水、开好会"主题,打造集高端会务、养生会务、特色酒店、高端酒店、休闲旅游为一体的旅游综合会务旅游产品;结合四季特色以及乡村旅游资源,开发相约江南、盛世姑苏、碧螺问绿等数十个特色旅游线路产品。继太湖旅游世博年后,2011年各项旅游指标持续增长,全年接待游客1650万人次,同比增长10%,实现旅游收入174亿元,同比增长16%。(旅游局)

# 环境保护

**【污染减排】** 按照苏州市下达的减排任务，积极克服全区产业结构不尽合理、环境基础设施不够完善、排污量大、减排空间小、考核政策不断调整等压力，不断完善目标责任体系，深入挖掘治污减排项目。积极实施以工程减排、结构减排和管理减排“三大减排”为主体，科技减排、节能减排、清洁生产减排等为补充的多种减排举措。木渎、胥口镇按计划完成华新金猫(苏州)有限公司关闭等3个重点减排项目，实现COD减排584.78吨、$SO_2$减排2697.53吨、氨氮减排66.7吨、氮氧化物减排755.2吨。及时制订《吴中区2011年减排工作应急预案》，为主要污染物排放总量削减在紧急情况下的工作应对提供机制和措施保障。（环保局）

**【生态文明建设】** 2011年7月，吴中区被国家环保部正式命名为“国家生态区”。开发区“省级生态工业园”通过验收。开发区在加快经济社会发展同时，加大“生态工业园”建设资金投入，实施生态环境保护修复及污水处理配套管网建设，扎实推进环境综合治理及污染减排，生态环境质量大大提升，“省级生态工业园”创建顺利通过验收。“细胞工程”创建力度继续加大。2011年，创建越溪街道旺山村和临湖镇湖桥村国家级生态村2个、东山碧螺村等省级生态村14个、胥口镇中心小学等各级绿色学校5所、龙西街道盘蠡苑等各级绿色社区24家，“全国环境生态镇”在全区实现全覆盖。生态文明建设规划编制工作圆满完成。以荣获“国家生态区”命名为起点，结合吴中特殊区位优势、生态文化底蕴以及生态环境特点，按照生态意识、生态行为、生态环境和人居、生态制度4大生态文明体系、28项建设指标要求，圆满完成《苏州市吴中区生态文明建设规划》编制工作。（环保局）

**【环保审批】** 2011年，在项目审批服务上，牢牢抓住“环评文件审批、试生产核查、竣工环保验收”3个环节不放松，“宏观和微观、把关和服务、质量和效率、当前和长远”4个关系不偏差，“绿色通道、分级审批、联合会办、技术评估、环评质量考核”5项制度不动摇，在严把审批关口同时，不断优化审批服务机制，简化审批程序，强化业务指导，建立项目审批绿色通道，对重大项目实施提前介入，审批服务事项比法定时限年均提速6%左右。年内，审批建设项目674个，预审立项416个，办理建设项目环保竣工验收216个，环评执行率和“三同时”执行率均达100%。因选址不当，工艺落后等原因劝阻、拒批项目16个，查处各类建设项目违规违法行为43件，分别实施限期治理、整改或补办手续。（环保局）

**【环境综合治理】** 农村连片整治继续深化。一期44个农村环境连片整治项目顺利通过验收，共建农村生活污水设施28套，日处理能力4765吨，覆盖48个行政村、受益人口15万；二期32个农村环境连片整治项目相继开工建设。水环境专项整治深入推进。木渎、胥口地区全面完成工业企业接管任务和雨污分流工作。全区列入整治的2572家企业中，现已完成1688个，并通过验收。重点区域废气治理取得成效。8月，三威精细化工依法责令全面停产。9月，林通化工一、二、三工场二萘酚生产线、东瑞化工头孢曲松、头孢哌酮生产线全部停产；亚龙化工、江南化工和技佳橡塑3个企业完成合成工艺转移。同时，涉及上述区域两级挂牌督办企业完成全面整改。郭巷地区畜禽养殖整治全面完成。戈湾、马巷等社区养猪户污染问题持续多年，情况复杂，涉及部门多，治理难度大，群众反响强烈。在市局、开发区管委会和郭巷街道支持配合下，整合城管、交警、公安、联防、社区等多部门力量，圆满完成217家清障搬迁工作。（环保局）

【环境信访】 狠抓环境信访案件调处质量。认真落实环境信访四项工作制度，不断优化环境信访调处机制、积极实施环境信访后督察。年内受理环境信访投诉1725件次，信访案件处理率、办结率、答复率均为100%。尽管因个别区域客观因素造成信访量与往年同比有所上升，但基本避免越级访、集体访，杜绝异常访和群体性事件发生。深入开展各类环保专项行动。年内组织针对化工、电镀、印染、污水处理厂、中高考噪声、烟尘超标锅炉、放射源污染、畜禽养殖、沿太湖餐饮单位以及饮用水源地等环保专项行动12次，涉及企业4300余家，对光大环保能源有限公司等10家企业实施挂牌督办，淘汰燃用高污染燃料设施6家及燃煤锅炉9台，供热总能力达到15蒸吨。以网络交流平台为载体答疑解难。局领导班子成员通过政风行风热线、直播室等交流平台，答复群众咨询及环境诉求37件次，并逐条梳理，登记造册，对需要依法承办的环境诉求快速移交相关单位办理，按时反馈。（环保局）

【环境监管】 在环境监测工作中，以“三说清”为质量抓手，积极为政府决策和环境管理提供详实的参考依据和技术支撑。年内共报监测数据21.9万个，质控数据13.8万个，出具各类监测报告461份、汇编各类监测快报94期。在环境日常监管工作中，坚持“五铁”精神不动摇，有效震慑环境违法行为。全年出动现场监察7526人次，检查污染源6940厂次，发出警示函、环境监察意见书87份，立案查处39家，处罚金额310.21万元，查处案件数和处罚金额均创历史新高。率先在全省完善“三级监管”网络体系建设，农村环境管理水平有效提升。在全区161个村(社区)全部配齐专兼职环保监管员，并组织系统业务辅导和培训，队伍监管能力有效提升。全年，广大村(社区)环保监管员共协助区、镇(街道)环保部门开展执法检查千余次，提供环境违法线索75条，参与处理投诉570余次。在太湖水污染防治工作中，紧紧围绕省委、省政府治太工作“两个确保”年度目标和太湖应急度夏期、枯水期两大节点，全面落实饮用水源地监测、预警以及制度化、常态化管理。在积极推进太湖区域水污染防治21项重点工程项目建设进度同时，度假区、光福、金庭、胥口、东山等沿太湖区镇，重点推进控源截污，积极配合开展各类水质断面监测监管，对不能稳定达标的断面逐个编制工作方案，落实整改，确保太湖水环境安全。（环保局）

【法制宣教】 通过强化依法行政制度建设、法律法规培训、执法监督等措施，促进执法者规范执法、被执法者自觉守法。以“6·5”世界环境日为依托，紧紧围绕“低碳减排、绿色生活”环保宣传主题，加大环保法律、法规宣传力度，积极推进环保宣教“四进”工程。创新性开辟“环保教育观览线”，由穹窿山自然保护区等5个教育基地串联而成的省级“环保教育观览线”启动。强化信息公开，保障公众知情权。全区158个企业参加企业环境行为评定，所有行政处罚案件均实现网上公示，自觉接受公众监督。（环保局）

【农业生态建设】 做好农业面源污染治理项目。建成8处14万平方米氮磷生态拦截三期工程、2处1000亩有机(循环)农业三期工程和2处畜禽养殖废弃物处理利用工程，实施9处11.6万平方米氮磷生态拦截四期项目、6处3000亩有机(循环)农业四期项目和2处畜禽养殖废弃物处理利用项目，配合开展省级项目抽查审计和市级项目实施方案修编论证工作，组织申报6处氮磷生态拦截工程、4处有机(循环)农业工程、1处农业面源污染综合治理工程和1处畜禽废弃物处理利用工程。全区各期治理项目建设规模居苏南各县(市、区)前列。

做好农业环保和生态建设项目。立项实施国家农业部野生植物(茶)原生境保护点项目，配合市农委完成苏州市城区太湖湿地农业综合利用示范区建设(一期)项目结题工作任务，召集江湾合作社等6个单位参加苏州市城区农业湿地项目工作推进会，指导编制工程建设内容、投资估算表，实质性启动开展城区太湖湿地农业综合利用示范区建设（二期)项目申报工作，组织金庭茶叶联社等3个单位参加苏州市辖区农作物秸秆综合利用培训班学习，参与开展各子项目实施方案修改和初审工作，按时完成2011年度夏、秋两季吴中区秸秆综合利用示范(推进)县统计报表调查填报任务。

做好农业环境保护和生态市创建。全面完成吴中区农业污染源普查更新调查任务，编制提交更新调查技术工作报告，开展夏收、秋收期间秸秆禁烧巡查活动，提交创建国家生态市有关考核指标完成情况证明材料，配合省农委及工程咨询中心开展环太湖生态农业区规划调研活动，开展《苏州市吴中区生态文明建设规划》编制工作，撰写提交本区高效农业比重现状、农业面源污染防治情况等区生态文明规划修改补充资料，扎口做好太湖水污染治理方面工作总结汇报和重点治理工程项目月报工作，配合市(区)发改部门开展《苏州市“十二五”循环经济发展规划》修编工作，协助区国土局开展耕地目标责任制考核省级自查上报工作，调查填报本区基本农田、耕地等级、高中低产田分布与耕地地力监测等内容及表格。（农业局）

## 城乡绿化

**【绿化造林】** 全年投入绿化建设资金9000多万元，实施绿化造林4100亩，其中营造生态片林1944亩，新植四旁树1231亩；完成新造林小班136个，完成防火通道复绿28公里，种植规格超5厘米树木近2万株，完成7个国家林业样地点的恢复与保护。全区林地绿地面积32.84万亩，扣除太湖水域后林木覆盖率为29.5%。光福镇被中国花卉协会授予“中国花木之乡”。（农业局）

**【重点绿化工程】** 重点实施独墅湖、上林村大型生态片林建设工程700亩，木渎天池村山渚头和横泾新齐村林家浜等村镇环境美化工程280亩，东山渡口村生态渔业示范基地林网等河湖林网构建工程650亩，宝带西路延伸段绿化工程等绿色通道提升工程737亩，渔洋山香椿基地二期等果茶苗木增效工程760亩。成功创建绿化示范村15个、绿化合格村32个，完成绿化面积470亩，越溪街道旺山村、角直镇江湾村获得2003~2010年绿色江苏建设“绿化模范村”荣誉称号。

（农业局）

**【绿化养护】** 抓好绿化养护管理。对绕城高速东南段车坊长巨村12亩空地进行绿化补植，种植榉树、杨树1330株；对230省道两侧绿化带内因污水管、燃气管排管等原因造成的绿地空当进行集中复绿施工，种植香樟、梅树、雪松、杜英等苗木3000余株；投入资金84万元，对吴中大道机非隔离带色块、草花及乔木草坪进行整形修剪，及时做好病虫害防治，确保大道绿化景观美观；对230省道新建段绿化带进行养护交接验收；对环太湖提升改造工程绿化带进行养护交接验收；做好

12条区干线公路，共计9200多亩绿色通道绿化养护工作，与属地管护单位签订养护合同，召开管护经验交流会，加强绿化养护管理，特别是在年初的大雪及春夏期间的严重旱情下，加强技术指导，千方百计做好抗灾工作。

开展中幼龄林抚育。在科学编制森林抚育方案、积极开展中幼龄林抚育试点工作的基础上，投入资金4951万元，大力推进全区中幼龄林抚育工作，完成抚育面积70752亩，重点是通过对全区生态林加强施肥、整枝修剪、抚育间伐、合理间种、病虫害防治等措施，提高林木生长速度和森林资源质量，做好森林资源保护工作。

做好古树名木保护与复壮。对金庭镇胸径超30厘米的4544株古树名木挂上统一订制身份证，进行登记造册，并每年给予200元/株进行补偿。针对光福司徒庙“清、奇、古、怪”4株古柏生长现状，根据专家制订复壮方案，积极采取复壮措施，开挖复壮沟10条，对表土进行疏松及营养土覆盖，夏天搭建遮阳网避高温，让古树安全度伏，完成排水沟123米，降低古柏周围地下水位。 （农业局）

**【湿地保护管理】** 始终将生态湿地保护与修复作为太湖水污染防治工作的重点，加大对全区生态湿地的保护、恢复、营造工作。2011年，完成金庭镇太湖湿地生态修复工程750亩，东山三山岛环岛生态湿地工程2000亩，胥口黄金水岸生态湿地恢复工程300亩，累计投入资金6000多万元。三山岛湿地公园升格为国家级湿地公园(试点)。 （农业局）

# 旅　游

**【5A级景区创建】** 年内，吴中旅游以5A级景区创建为中心，整合太湖国家旅游度假区(西山景区、光福景区)、东山景区、穹窿山景区和旺山景区13个核心景点，组建苏州(吴中)太湖旅游景区，全面启动创建国家5A级景区工作。召开全区副科职以上领导干部等参加的创建国家5A级景区千人动员大会，编制并论证通过《苏州(吴中)太湖旅游景区创建5A级景区提升方案》和六大分区创建提升详细方案，组建苏州太湖旅游发展集团有限公司，提格升级旅游发展委员会，组建创建指挥部，由区委、区政府主要领导总牵头，下设创建综合协调办公室和创建专职办公室。 （旅游局）

**【项目建设】** 年内，6个市级旅游重点项目完成投资10.59亿元，32个区级旅游重点项目完成投资14.62亿元。太湖文化论坛、泰达酒店、苏州国际影视城、苏州观音园和孙武文化园等项目有序推进，姑苏十二娘文化风情园、穹窿山南大门建设、万鸟园、欢乐胥江主题广场及沿河风光带、采香泾生态园和中国工艺文化城一期工程等项目按时完工。华侨城项目完成选址工作。积极为企业争取上级支持，共为工艺文化城、三山岛、旺山、白象湾等4个旅游项目申请到省旅游业发展专项引导资金150万元，区级配套75万元。认真落实奖励政策，发放2010年创A升星等旅游发展奖励资金433万元。 （旅游局）

**【市场宣传推介】** 紧抓后世博效应，围绕5A级景区创建中心，大力开展旅游品牌宣传工作。加强主流媒体宣传，与中央电视台、东方卫视、《人民日报》、《中国旅游报》等电视、报刊和杂志合作，先后制作《早春去太湖逛梅花节》等媒体类相关专题13个，播映《博览太湖》30余期。强化新型媒体宣传，与人民网、新浪网、腾讯网、名城苏州等知名网站合作，开辟新浪、腾讯官方微博，改版太湖旅游网，增设政务网和资讯网，大力加强网络旅游宣传。丰富户外广告宣传,在旅游咨询服务中心LED大型显示屏、公路广告、上海主要线路公交车身广告、城市灯箱广告点投放户外广告100多个,巩固长三角高速公路圈、苏州都市圈和吴中环太湖旅游圈3个圈层的户外广告阵地。做亮旅游推介,强化高铁旅游推介,召开全区应对高铁旅游营销会议,开展高铁沿线旅游市场旅游推介活动,编印高铁旅游宣传手册,主动出击抢占高铁旅游市场。整合全区旅游资源,在徐州、合肥、济南、武汉、长沙、重庆和成都等多个重点城市开展共计11次会务旅游、休闲观光旅游等密集推介,大力营销吴中旅游。强化周边市场推介,组织参加“苏州人游苏州”大型广场推介等10余场专题宣传活动,发放资料数万份;组织赴上海、南京、杭州等长三角重要城市举办推介会,邀请20余家长三角重点组团旅行社负责人考察吴中,巩固和拓展周边旅游客源市场。借力推介吴中旅游。在参与义乌国际旅游商品博览会,西安、云南国内、国际旅交会之际,借势召开两地推介会,与有实力的旅行商洽谈合作业务,借力宣传吴中旅游,提升远程市场品牌影响力。 (旅游局)

**【旅游标准化建设】** 以苏州市创建全国旅游标准化示范城市为契机,精选木渎、甪直、穹窿山、旺山和三山岛等5个旅游景区、中华园大饭店、太湖高尔夫酒店、洞庭山泉水厂等2个旅游饭店及1个工业旅游示范点作为市级旅游标准化创建试点单位,把大地旅行社、牛仔风情度假村、吴苑丝韵、胥口书画名家街、临湖羊毛衫街区、明月湾古村、光福香雪海景区、龙西路香雪海饭店和吴中旅游咨询服务中心等9个单位列为区级标准化示范点,不断落实人员、资金配置,强化软硬件提升改造,8个市级示范点顺利通过国家旅游部门终期验收。重点抓好甪直江南水乡古镇手摇船省级地方标准编写,完成初稿编写,并通过市级审批。 (旅游局)

**【假日旅游】** 2011年春节黄金周,全区接待国内外旅游者81.64万人次,同比增长40.06%;门票收入965.86万元,同比增长10.70%;测算旅游总收入8.04亿元,同比增长30.73%。“五一”小长假,全区接待国内外游客68.06万人次,同比增长17.1%;门票收入730.60万元,同比增长27.80%;测算旅游总收入6.90亿元,同比增长24.30%;纳入统计范围的各星级宾馆、社会饭店3天平均出租率66.30%。“十一”黄金周期间,全区接待国内外游客132.54万人次,同比增长11.48%;门票收入132.03万元,同比增长10.41%;测算旅游总收入13.98亿元,同比增长19.38%;纳入统计范围的各星级宾馆、社会饭店7天平均出租率79.45%。 (旅游局)

# 主要旅游节庆活动

**【苏州太湖梅花节】** 2月19日,第十五届苏州太湖梅花节暨第十届“太湖之春”旅游月活动在太湖文化论坛国际会议中心举行。活动以传承梅花清雅秀丽、品行高洁、傲然铁骨的精神为主线,精心策划《碧螺堆雪》主题国画展、昆曲《孤山梦》演出和“文化名家·太湖论梅”等主题活动。《碧螺堆雪》主题国画展于2月19～26日期间在太湖国际会议中心举办,集中展出张立辰、陈平、吴中培、顾逸等4位国画大师各具风格的梅花题材优秀作品。昆曲《孤山梦》演出于2月19日和20日在太湖国际会议中心演出2场,主要以陈平先生爱梅情结及宋代诗人林逋“以梅为妻”的故事来演绎、传播梅文化。“文化名家·太湖论梅”活动于2月19日下午在太湖国际会议中心举行,特别邀请王鲁湘、陈平等名人名家、文人墨客共同论梅品梅,并以网络票选方式评出

最佳“梅文”、“梅图”。通过网友、游客的文笔和镜头,以快捷、新颖的方式大力传播太湖文化和梅文化。（旅游局）

**【碧螺春茶文化旅游节】** 3月21日,苏州吴中洞庭山碧螺春茶文化旅游节在太湖国际会议中心开幕。开幕式上,省、市领导分别为获得“中国名茶之乡”、“全国重点产茶县”、“国饮杯”等称号的地区和单位颁奖授牌,并为“2010吴中区十大重点合作旅行商”授牌。期间,还举办中国名茶发展高层研讨会、碧螺春茶产销对接会、“品名茶、谈合作、谋发展”2011中外客商苏州吴中碧螺春茶话会等活动。在精心包装推荐“春兔闹茶园”东山、金庭(西山)精品游系列活动基础上,重点与苏、沪媒体联手策划,主推“碧螺问绿采茶游”、“桃红柳绿踏青游”和“太湖水暖漫游”3个主题游产品,借此巩固和开拓吴中环太湖长三角客源市场,扩大“山水苏州·人文吴中”影响力。（旅游局）

**【太湖开捕节】** 8月28日,第七届中国(苏州)太湖开捕节在苏州太湖国家旅游度假区举行。本届太湖开捕节以“愉悦太湖、共享共生”为主题,开幕式回归传统,由《人文太湖》、《水韵太湖》《扬帆太湖》三大篇章组成,展现吴地风俗的文风礼乐,湖滨新城的激情梦想。度假区首次精心策划太湖金秋旅游月,将节点式的太湖开捕节拉长至一个月。金秋旅游月活动主要包括:2011年中国(苏州)太湖美食展、轻车骑游环太湖环保宣传活动、金秋太湖风情特色游、“四季太湖”全国摄影大奖赛作品展、首届太湖国际帆船赛和第三届太湖牛仔啤酒风情节等。（旅游局）

**【穹窿山孙子兵法文化旅游节】** 10月12日,为进一步打响“穹窿山孙子兵法文化旅游节”品牌,丰富“山水苏州·人文吴中”文化内涵,“2011年中国苏州·穹窿山孙子兵法文化旅游节暨第二届苏州穹窿山·兵圣杯世界女子围棋赛”在穹窿山景区南大门拉开帷幕。活动吸引来自中国、韩国、日本、欧美、台湾等国家和地区的16名女子围棋高手参加。穹窿山万鸟园开园仪式、孙子文化国际研讨会同期举行。孙子文化国际研讨会上,来自美国、伊朗、韩国等国家和国内的百余位专家学者以如何发展孙子文化为主题献计献策。中国孙子兵法研究会副会长、首席专家吴如嵩,韩国孙子兵法国际战略研究会会长黄载皓等先后在大会上作精彩发言。（旅游局）

**【苏州藏书羊肉美食旅游节】** 10月12日,2011苏州藏书羊肉美食旅游节在苏州木渎白象湾景区拉开帷幕。本次旅游节推出了主题为“品味藏书、行游木渎”的藏书羊肉美食旅游攻略,不仅对藏书羊肉的历史、特色创新菜等羊肉相关进行介绍,还对四方来藏书路线图、周边景点当季特色旅游项目、藏书花木、特色民宿民居等木渎旅游“食、宿、行、游、购、娱”六要素进行整合,让藏书羊肉真正意义上摆脱“孤军奋战”,与旅游六要素中的其他五要素抱团。在藏书羊肉美食街上,来自外地的游客聚集而来大快朵颐,并争相一睹烧制羊肉所用的木桶的“真容”。藏书羊肉已成为弘扬传统文化、致富当地百姓的特色产业,也有力带动当地旅游等相关产业的快速发展。（旅游局）

**【洞庭山枇杷节】** 5月26日,2011年吴中区洞庭山第二届枇杷节暨“白沙”枇杷开摘启动仪式在洞庭东山开幕。本次活动以“快乐游太湖·尽情品枇杷”为主题,以“民乐、养生、健康、和谐”为内涵,以“生态、休闲、度假、旅游”为目的,并通过推出两条旅游线路、试点枇杷销售农超对接、冷藏保鲜延长供应等方式促进枇杷销售,增加果农收入。近年来,东山镇加大了对酸甜型白沙枇杷新品种的引进、选育力度，突出“一村一品”产业优势，对东山枇杷园进行科学规划，面积 7200 亩，涉及碧螺、双湾 2 个行政村，通过生产观光道路等基础设施的完善以及枇杷园品种的合理搭配，形成采摘观光为一体的农业休闲基地，为拓展白沙枇杷销售渠道打下基础。（旅游局）

# 教育·科技

## 教 育

【概况】 2011年，全区教育工作以党的十七大和十七届五中、六中全会精神为指导，坚持“团结、博学、传承、创新”的工作理念，深化教育体制改革，优化教育教学管理，强化学校内涵建设，推进教育事业科学发展，着力打造吴文化传承教育、生态道德教育、科学素养教育、国际意识教育、特色体育教育五大区域特色教育。推进学前教育优先发展。开设“幼儿园园长论坛”，组织33名园长赴上海华东师范大学学习培训，举办“吴中区幼儿园第二期骨干教师培训活动教学展示”。年内新增“江苏省优质幼儿园”3所、“苏州市优质幼儿园”1所，全区公办幼儿园省、市优质园创建率达100%，3周岁以上幼儿入园率达99.8%。推进义务教育全面均衡发展。完善实验小学与中心小学、公办学校、民办学校结对机制，全区共建立8个小学办学联盟，12所初中学校结成A、B组发展共同体，开展“上海名校走进吴中”区域教学联盟活动，分别召开镇、村教育一体化现代化管理工作会议、全区初中教育工作会议和小学教育工作会议，研讨推进全区义务教育优质均衡发展新举措。义务教育巩固率达100%，公办学校对外来人员子女的吸纳率达60.1%。推进高中教育内涵发展建设。实施高中学校基础年级年度跟踪绩效考核制。木渎高级中学与中国科技大学合作开办“中国科学技术大学培东实验基地和培东实验班”，探索普通高中多样化发展路径，该校“生物多样性探究”入选首批江苏省普通高中课程基地建设项目。江苏省外国语学校在江苏省四星级普通高中素质教育省级督导中获评优秀等级。苏苑高级中学、东山中学顺利通过江苏省星级复审。2011年高考取得优异成绩，全区本二以上达线人数超1000人。木渎高级中学学生张茜梦以语数外总分411分的成绩名列苏州大市理科第二名，荣登“李政道奖学金”榜。推进提升职业教育服务地方经济能力。江苏省吴中中等专业学校借助苏州光伏技术职教集团和市光伏技术企业协会两大平台，承办苏州市光伏技术职教集团校企合作研讨会，推进校企深度合作，服务地方经济转型升级。苏州太湖旅游中等专业学校对口单招取得良好成绩，5名旅游管理专业学生录取本科院校。推进社区教育强化服务功能。围绕“全覆盖、强内涵、创特色、惠民生”工作要求，推进社区教育实验项目建设。木渎镇以“阅读、传承、升华”为主题开展万名市民读书月活动；金庭镇碧螺春茶示范基地被认定为第八批苏州市级乡镇农科教结合示范基地；甪直镇和横泾街道通过苏州市社区教育示范乡镇视导，“甪直镇市民终身学习网”开通启用，横泾街道创作的《横泾新民谣》代表苏州市参加江苏省“和谐社会、魅力社区”文艺汇演。年内，全区完成各类培训总量达20万人次，从业人员继续教育年参与率达65%，老年教育普及率达35%；高等教育自学考试报名人数 11503 人，报考课程 28969 门，毕业人数 244 人；成人高考报名人数 2552 人，录取率 83.03%。2011 年，吴中区被江苏省政府办公厅授予“江苏省教育现代化建设先进县(市、区)”。（教育局）

**【教育督导】** 江苏省教育督导团对全区在依法保障教育投入、不断提高教育现代化水平、全面实施素质教育、积极推进教育事业健康协调发展、加强师资队伍建设等方面的做法给予了肯定；组织听取《苏州市吴中区教育工作督导自查汇报》，实地考察走访吴中区财政局和木渎镇、临湖镇、越溪街道、郭巷街道的 17 所各级各类学校。吴中区政府教育工作通过县级政府教育工作市级督导复查和省级督导考核。（教育局）

**【依法治教】** 协助吴中区政府组织召开全区无证幼儿园清理整顿工作会议，启动《吴中区无证幼儿园清理整顿工作简报》编发工作，落实各镇(街道)清理整顿工作月报制。研究制订《吴中区教育局关于对无证幼儿园进行行政执法的工作方案》，对区内 100 多所无证园逐一进行教育行政执法，并下达《吴中区教育行政处罚告知书》、《吴中区教育行政处罚听证告知书》，引导无证园依法办园、规范办园。教育局被评为 2006~2010 年全省教育系统法制宣传教育先进单位、吴中区“五五”普法先进集体、“平安吴中”建设先进集体；东湖小学、迎春中学被评定为江苏省第二批依法治校示范校；东湖小学被评为“2006~2010 年全省法制宣传教育先进单位”；江苏省外国语学校、西山中学、木渎第三小学、长桥中心小学、胥口中心小学、吴中角直中等专业学校被评定为苏州市校务公开先进学校；江苏省木渎高级中学、城西中学、苏苑实验小学被评定为苏州市“五五”普法示范学校；在苏州市教育法制理论研究论文评选中，全区有 4 篇论文获得一等奖，5 篇论文获得二等奖，6 篇论文获得三等奖，区教育局获得苏州市教育法制理论研究论文评选“优秀组织奖”。（教育局）

**【学校德育】** 出台《在全区教育系统深入开展“践行师德创先争优、办人民满意教育”主题实践活动工作方案》，加强和改进师德师风建设。组织全区小学优秀主题班会评比活动和班主任工作例会——东山中心小学“端行教育”现场展示观摩旁听活动；开展全区中学班主任基本功竞赛、“名师进课堂，师德大讲坛”、“寻找身边的感动”、“践行师德承诺，彰显高尚师魂”等活动；启动“德育导师制”，分片组织调研活动，交流实施成果及经验。区教育局被江苏省关工委认定为“首批关工委工作常态化建设合格单位”。（教育局）

**【学生综合实践活动】** 以“亲近自然，体验生活，拓展智能，强健体魄”为核心的吴中区中小学生综合实践学校正式落成启用，该校成功入选经国务院批准，教育部、财政部利用中央彩票公益金支持的示范性综合实践基地项目，并获得 3000 万元补助资金。全区 18 所学校的 39 名教师参加市级培训，深化“孙子文化进校园”活动；吴中区举办的“童心飞扬——‘阳光地带’小主持人比赛”中 10 名小学生获聘生活广播“阳光地带”小主持人；在江苏省第十八届青少年科技模型竞赛（苏州分赛区）中，吴中区 8 名学生获一等奖；碧波实验小学在国际青少年机器人奥林匹克大赛中实现“八连冠”；度假区中心小学被命名为“苏州市青少年科技教育特色学校”；苏苑高级中学 2 名学生荣获“苏州市中学生科技吉尼斯之星”称号；在江苏省教育学会与时代英语报社联合主办的第六届“时代英语杯”英语风采大赛中，郭巷中心小学吴俊杰、苏苑实验小学顾迅获得中年级组特等奖，宝带实验小学梅奕松获得高年级组一等奖。（教育局）

【师资队伍建设】 举办第五届名师课堂教学展示活动,43名省特级教师、市、区知名教师、学科带头人作课堂教学展示,开设专题讲座。组织参加省第二轮“千校万师支援农村教育活动”,12所初中学校与沭阳县相关学校结对。木渎实验小学校长吴金根被认定为“江苏人民教育家培养工程”培养对象,9名教师被评为苏州市第九届名校长、名教师。教研室主任陈泽诞、吴中区综合实践学校校长张洪鸣和苏苑高级中学教师张云芳分别受聘担任江苏省基础教育教学指导委员会外语学科、科学学科和美术学科专家委员。全区在职教师中拥有3名全国模范教师、1名省人民教育家培养对象、1名市教育名家、38名省优秀教育工作者、15名省特级教师、1名省知名教师、5名教授级中学高级教师,35名苏州市名校长、名教师,7名苏州市十杰校长、十杰教师,117名苏州市学科(学术)带头人,61名区知名教师。幼儿园、小学教师本科学历为59.3%,初中教师本科学历为92%,高中教师研究生学历为17.6%。 (教育局)

【教育教学科研工作】 全区12个课题立为省级课题,其中长桥中心小学的《规范与有效:教师教学行为改进的实践研究》被立为省普教重点资助课题,江苏省外国语学校的《唤醒:学生自主成长的实证研究》被立为省普教重点自筹课题;30个微型课题研究获区级鉴定优秀等级。省级课题结题16个,市级课题结题81个,区级课题结题156个;区教科室等5个单位课题网被评为苏州市教育科研优秀课题网站(网页)。木渎实验小学《小学课堂教学优效化的研究》获江苏省中小学教学研究第七期三等奖。木渎实验中学被评为江苏省教科研先进集体。全区中小学发表核心期刊论文46篇,省级以上论文531篇,市级论文165篇。承担省级教研课题《中学课堂评价标准重构和运用策略的研究》和苏州市指导学生自学改革实验引领,优化课堂教学有效性研究。 (教育局)

【“中小学实验室建设年”工程】 按照《江苏省中小学教育技术装备标准》,结合“苏州市中小学实验室建设年专项工程”建设和“苏州市教育技术装备管理先进学校”创建任务,举办中小学实验室管理员培训等活动,切实提高学校实验室、图书馆以及音体美史地等专用教室建设、管理和应用水平。临湖第二中学吴婷老师获得江苏省初中生物实验操作技能大赛农村组一等奖,并在江苏省电视展演活动中获得第三名。角直中学项淳老师在江苏省中小学实验教学系列评比活动中获得一等奖。11所中小学创建为“苏州市教育技术装备管理先进学校”。区教育局对理科核心实验开设良好的迎春中学等10所学校进行通报表彰。 (教育局)

【语言文字规范化工作】 举办吴中区第三届“中小学生普通话、苏州方言、英语口语”比赛和吴中区第三届中小学生规范汉字书写大赛;碧波中学入选第二批“苏州市中华经典诵读基地”;宝带实验小学被评定为“省级语言文字规范化示范校”、“国家级语言文字规范化示范校”。新增8所市级“语言文字规范化示范校”,3所市级“规范汉字书写教育特色学校”;在江苏省中小学经典诵读优秀教案评选中,我区2个教案被评为优秀教案,区语委办获得优秀组织奖;在江苏省第三届“我与经典有约”征文比赛和“中华赞·诗词歌赋”创作比赛评选中,18名学生获得一等奖,区语委办获得组织奖。 (教育局)

【学校体卫艺工作】 结合吴中区建区10周年宣传工作,举办“吴中发展我成长”——学生书画摄影作品展;结合纪念建党90周年和建国62周年,举办中小学生“童心向党、快乐成长”、“我们的青春向太阳”专场文艺汇演；与区红十字会联合开展了高一新生救护培训，普及急救知识；组织全区中小学生冬季三项比赛和篮球赛；在2011年全国青少年无线电测向锦标赛中，度假区中心小学获得两金一银；在“苏大东方”杯江苏省中小学生跆拳道锦标赛中，苏苑高级中学赵子贤获得跆拳道舞第一名；在苏州市首届独轮车友谊赛中，东湖小学独轮车队获得2项团体第一名。9所学校被评定为“苏州市体育传统项目学校”，3所学校被评定为“苏州市手球学校”；长桥中心小学被评定为“全国象棋后备人才培训基地”，城西中学被评定为“江苏省棋类运动协会围棋训练基地”，“江苏省国际跳棋训练基地”挂牌宝带实验小学；越溪实验小学《船拳少年》节目获得江苏省第四届全民健身新优项目二等奖。吴中区特殊教育学校获得“江苏省红十字示范学校”称号。（教育局）

**【教育技术培训与运用】** 举办全区初中及幼儿园骨干教师交互式电子白板应用培训、中小学教师网络教研培训、中小学校园电视节目制作、校园网站建设与管理、数码摄影技术、教育技术网上在线课程专项培训等活动，进一步提高教师教育技术能力。在第四届全国中小学新媒体新技术教学应用评比活动中，我区获得一等奖1个，二等奖5个。举办第五期中小学校园电视节目制作交流活动，完成32节名师展示课、60多节优秀课的现场拍摄和后期制作。横泾中心小学校园短片《种子》获第三届中国校园电视节暨第八届中国中小学校园电视奖专题类金奖，并获得中国教育界“奥斯卡”金像奖——金犊奖最佳编剧奖提名。新增“苏州市教育信息化示范学校”2所。（教育局）

**【江苏省吴中中等专业学校概况】** 2011年，全校教职工306人，专任教师243人，其中具有研究生学历（学位）24人，“双师型”教师122人。苏州市名教师1人，苏州市级学科带头人9人，区级学科带头人21人，区级骨干教师39人。全日制学生5482人，其中三年制高职高专959人，五年制高职3597人，三年制中专926人。电大开放本专科和成人专科学历教育在籍学员2751人。社区非学历教育年培训约18000人次。2011年，学校被评为“2008～2010年度吴中区文明单位”、“江苏省平安校园”、“苏州市职业教育服务经济转型升级先进学校”、“苏州市红十字示范学校”、“2011年苏州市无偿献血先进集体”和“吴中区规范管理先进学校”。（中等专业学校）

**【创新专业，推进教育实训】** 吴中中等专业学校成立专业建设指导委员会，结合学校实际，确定专业设置。2010年，光伏技术实训基地获江苏省教育厅和省财政厅100万元的专项经费扶持。2011年，经江苏省教育厅专家组评估验收，获江苏省优秀实训基地，再获200万元专项经费扶持。目前，学校的“电子技术应用”和“光伏技术”为省级实训基地，“模具设计与制造”和“数控设备应用与维修”为江苏城市职业学院五年制高职教育实训基地，“计算机信息与应用”、“机电控制技术”和“会计”为市级实训基地。（中等专业学校）

**【贴近市场，服务乡镇社区】** 吴中中等专业学校坚持教学为社会服务的办学方向，积极开展各类社会培训，为全面优化劳动者素质，促进地方经济和社会的又好又快发展作出了贡献。学校依托会计示范专业、计算机示范专业的师资、设备优势，为全区的会计人员、中小学教师职称计算机提供培训。全年完成会计继续教育9000多人，会计从业资格、职称培训1600多人，完成省职称计算机培训考试1200多人。学校是吴中区财政局、人社局的培训基地，吴中区退伍军人培训基地，是江苏省职称计算机、会计从业资格和会计电算化考试的考点，也是全国计算机等级培训点和考点。2011 年，举办了 3 期专业技能培训班，共有 122 人获得计算机一级 B、维修电工、CAD、餐饮服务等技能证书。2004 年，学校挂牌"苏州吴中社区学院"，创建吴中社区教育的中心。2009 年 11 月，被省教育厅批准为江苏省级社区培训学院。（中等专业学校）

附表：

**2011 年教育事业基本情况(一)**

| | 学校数(所) | | 教职工数(人) | | # 专任教师数 | |
|---|---|---|---|---|---|---|
| | 2011 年 | 2010 年 | 2011 年 | 2010 年 | 2011 年 | 2010 年 |
| 合　计 | 57 | 57 | 5801 | 5708 | 5172 | 5038 |
| 1. 普通中学 | 25 | 25 | 2886 | 2896 | 2573 | 2567 |
| （1）完全中学 | 5 | 5 | 609 | 614 | 574 | 561 |
| （2）高级中学 | 4 | 4 | 764 | 765 | 680 | 680 |
| （3）初级中学 | 16 | 16 | 1513 | 1517 | 1319 | 1326 |
| 2. 中等职业学校 | 4 | 4 | 499 | 471 | 402 | 376 |
| 3. 小　学 | 27 | 27 | 2387 | 2308 | 2172 | 2067 |
| 4. 特殊教育学校 | 1 | 1 | 29 | 33 | 25 | 28 |

（教育局、统计局）

**2011 年教育事业基本情况(二)**

| | 招生数(人) | | 在校学生数(人) | | 毕业生数(人) | |
|---|---|---|---|---|---|---|
| | 2011 年 | 2010 年 | 2011 年 | 2010 年 | 2011 年 | 2010 年 |
| 合　计 | 15706 | 15349 | 62754 | 61677 | 15063 | 16271 |
| 1. 普通中学 | 6835 | 7361 | 22580 | 24053 | 8549 | 9205 |
| （1）初　中 | 4396 | 4554 | 13278 | 13998 | 4900 | 5484 |
| （2）高　中 | 2439 | 2807 | 9302 | 10055 | 3649 | 3721 |
| 2. 中等职业学校 | 1573 | 1741 | 4891 | 5111 | 1765 | 2328 |
| 3. 小　学 | 7277 | 6226 | 35123 | 32346 | 4721 | 4709 |
| 4. 特殊教育学校 | 21 | 21 | 160 | 167 | 28 | 29 |

（教育局、统计局）

**2011 年入学率和升学率**　　单位：%

| | 2011 年 | 2010 年 |
|---|---|---|
| 学龄儿童入学率 | 100.0 | 100.0 |
| 小学毕业生升学率 | 100.0 | 100.0 |
| 初中毕业生升学率 | 99.59 | 99.5 |
| 高中毕业生升学率 | 100.0 | 100.0 |

（教育局、统计局）

2011 年幼儿园基本情况

| | 单位 | 合计 | | 按办学性质分 | |
|---|---|---|---|---|---|
| | | | 女 | 1. 教育部门办 | 2. 民 办 |
| 1. 园 数 | 所 | 42 | — | 26 | 16 |
| 2. 班 数 | 个 | 561 | — | 433 | 128 |
| 3. 入园幼儿数 | 人 | 7037 | 3325 | 5520 | 1517 |
| 在园幼儿数 | 人 | 17535 | 8274 | 14029 | 3506 |
| 离园幼儿数 | 人 | 5678 | 2547 | 4902 | 776 |
| 4. 教职工人数 | 人 | 1533 | 1486 | 1052 | 481 |
| #园 长 | 人 | 63 | 63 | 44 | 19 |
| 专任教师 | 人 | 989 | 985 | 736 | 255 |
| 保健员 | 人 | 34 | 34 | 19 | 15 |
| 其 他 | 人 | 147 | 104 | 85 | 62 |
| 5. 代课教师 | 人 | 235 | 225 | 229 | 6 |

（教育局、统计局）

# 科学技术

**【概况】** 2011 年，全区申报各级各类科技项目 500 项，立项 109 项，其中国家级 14 项，省级 21 项，市级 76 项，争取科技经费 1.1 亿元。苏州瑞红电子化学品有限公司“I 线光刻胶产品开发及产业化”、苏州三基公司“3500 吨精密卧式实时控制压铸机及成套设备”获立国家科技重大专项，分别资金支持 3619 万、1785 万；8 项被列为国家创新基金，1 项获国家专利资助。苏州西山中科实验动物有限公司的“江苏省动物实验开放服务中心提升项目”列为省科技创新与成果转化（科技服务平台）专项，获省拨款 500 万元。安排区级科技经费 9000 万。吴中区被国家科技部评为 2011 年全国县（市）科技进步考核科技进步先进区。（科技局）

**【发展高新技术产业】** 加快推进特色科技产业，大力发展高新技术产业，努力培育新兴产业，使科技集聚度和贡献度不断提升。全年新增国家重点新产品 4 个、省高新技术产品 105 个，新增高新技术企业 27 家，新增市创新先锋企业 4 家，市创新先锋培育企业 5 家，全年高新技术产业产值 576.1 亿元，同比增长 32.7%，占规模以上工业总产值比重达 48.3%。努力扩大吴中医药影响，打响“吴中药港”品牌。西山实验动物基地建成了完全与国际接轨的国家 GLP 实验大楼，业务从西山迁入开发区。总投资 5000 万元的新药研究公共服务平台基本建设完工，为中小医药企业提供仪器设备，降低投资成本。吴中生命科学院二期工程破土动工，吴中开发区成立中国科学院吴中生物医药研发中心。（科技局）

**【载体建设聚集发展】** 2011 年，全区已建或在建具有科技孵化器功能的载体约 20 家，其中国家级孵化器 2 家，国家级科技合作基地 1 家（吴中科技园），省级孵化器 4 家。孵化面积超过 150 万平方米，入孵企业 524 家。博济科技创新园和中博科技园申报省级孵化器相继获批。吴中科技园二期、太湖科技产业园、吴淞江科技产业园、西安交大科技园等科技载体加快规划和建设。全年新增省级工程技术研究中心1家、公共服务平台1家;市级工程技术研究中心19家、院士工作站2家、重点实验室1项、市级公共服务平台4项。加强科技招商力度，相继引进和培育了一批为企业技术创新开展检测服务的公共服务平台,包括亚洲规模最大的新药安评中心，国家实验动物资源种子中心，已经上市的国家电器科学研究院,以及中认英泰、国家电器产品质量监督检验中心、太阳能和风能发电设备检测公共技术服务中心、生物医药公共服务平台等50家工程技术中心，重点实验室6家,建设院士工作站10家。(科技局)

**【科技人才聚集】** 2011年,申报国家“千人计划”4个、江苏省科技创新团队4个、江苏省高层次创新创业人才6个；江苏省第四期“333高层次人才培养工程”培养对象9名、江苏省“企业博士集聚计划”项目10个、姑苏创新创业领军人才17名、“苏州杰出人才奖”1名。其中：获批省级高层次创新创业人才2项、省“企业博士集聚计划”5个、省“333”工程科研资助项目1项;市姑苏人才项目4项。2010年度吴中区创新创业领军人才11位,全区累计达22人。(科技局)

**【产学研合作成果丰硕】** 顺利推进与南信大共建的南信大苏州数字城市研究院建设。中博科技创业园与南京大学共建南京大学科技实业集团苏州中博科技园，与中科院合作建设中科院吴中生物医药研究中心。组织“吴中海外人才回国创业项目对接会”。赴南京、上海高校举办“科技人才高校行说明会”。全区产学研合作项目200多项。承办两院院士吴中行、中科院生物技术创新联盟大会、国际精英创业周生物医药高峰会、中科院深海高技术发展中的水声学问题论坛、再生医学与转化高峰论坛等高层次学术会议，为广大企业与国内顶尖学术研发机构建立合作关系创造了有利条件。(科技局)

**【科技金融工作深度结合】** 通过《关于进一步加快吴中区金融业发展的若干意见》政策文件，推动项目融资，争取市级科技金融贷款超过2.52亿元；充分发挥吴中区科技型中小型企业发展专项资金作用，重点扶持一批领军人才型和处于创业初期的科技型企业，对欧赛微科等2家企业项目进行投资，投资总额400万,带动企业投入1亿元。吴中区科技金融服务中心建成,与投融资机构、信用评级机构、知识产权代理机构、无形资产评估机构等合作,推动科技与金融服务资源相融合,建成一个科技企业、科技项目数据库,引进投资基金,创投管理资金约50亿元,形成了一套稳定的对接机制。(科技局)

**【专利工作量质并升】** 加强知识产权工作,鼓励和支持自主创新,推动“吴中制造”向“吴中创造”转型。全区专利申请达到6204件,其中,发明专利1382件。专利授权3804件,其中,发明专利77件。举行“4.26世界知识产权日”系列活动,在苏州电视台《吴中报道》中专题宣传全区知识产权工作；泰怡凯电器(苏州)有限公司举行专利墙揭幕仪式;组织专利知识培训15期,培训人员500名。(科技局)

**【科技惠民工程】** 推广苏州东山农业发展有限公司“太湖丘陵山区特色时令鲜果周年供应及生态高效栽培技术集成应用示范”、苏州市黑土地食品有限公司“豆饼废弃物高效利用关键技术及其方便营养食品的开发”项目。江苏省现代农业科技园——吴中设施蔬菜科技园进一步扩容,内容由原来单一设施蔬菜,增扩林果示范、碧螺春茶示范、新品选育及品种结构优化、高效栽培集成示范。推广“工厂化生产无公害绿豆芽关键工艺技术的优化研究”、“优质香猪标准化健康养殖生产体系的建立与应用”等项目。使科学技术有效地关注民生、服务民众。 （科技局）

# 文化·卫生·体育

## 文 化

**【概况】** 2011 年，全区新增公益性文化阵地面积 20075 平方米，总面积达 130914 平方米，人均 0.21 平方米。吴中区被文化部命名为“中国民间文化艺术之乡”，获 2006~2010 年度省体育彩票销量“五连冠”突出贡献奖。区文体局被命名为区文明单位，被表彰为争创“五型机关”先进集体、2006~2010 年度全区法制宣传教育先进集体、城乡一体化工作先进集体。（文体局）

**【文化艺术】** 成功举办建区 10 周年庆典晚会、张维良从艺 40 年音乐会、首届全民体育运动会开幕和闭幕式，编印庆典图册——《吴中乐章》。全区各地围绕庆祝建党 90 周年主题，开展全民阅读节和文化下乡、进社区活动，举办由越溪街道等 8 家单位领办的区纪念建党 90 周年“广场文化周”活动，全年大型广场文化活动 25 场次。创作、排练歌曲《90 春的你，90 后的我》等 12 个优秀作品。参加苏州市 2011 年群众文艺大会演暨“和谐社区”文化节吴中区专场演出。承办 5 场“欢乐社区行”——舞台艺术“四进工程”大型公益活动和 46 场“三下乡”文化活动，其中 31 场为吴中区纪念建党 90 周年优秀评弹曲目进村（社区）巡演。组织 17 件作品参加苏州市“庆祝中国共产党成立九十周年美术、书法、摄影大赛”展。连厢舞《水乡欢歌》等 3 个节目、小品《大饼油条》等 3 个节目、小组唱《太湖今更美》等 5 个节目、歌舞《吴风乐韵山水情》等 5 个节目分获苏州市新人新作优秀创作奖、优秀表演奖和创作奖、表演奖。城区现代文体中心累计投资 5.6 亿元，整个工程基本完成；区文化馆、图书馆、文博规划展示馆和青少年活动中心进入规划设计；评弹书场新增 4 家，总数达 20 家。（文体局）

**【文化产业】** 全年引进投资额在 30 亿元以上文体项目 7 个，列苏州大市第一。全区 1002 家文化企业实现文化产业增加值 35.68 亿元，占全区 GDP 的 5.03%。全年有 8 个文化企业和项目获得国家、省、市各级文化产业引导资金共 385 万元。其中香山工坊项目获得省级文化产业引导资金 120 万元；区“体育休闲健身产业园开发”项目获得省级体育产业发展引导资金 50 万元；苏州太湖胥王山文化生态园等 6 个项目获得市级文化产业引导资金共计 215 万元。良子动漫制作的《老鹰抓小鸡》获第七届中国国际动漫节“美猴奖”提名，成功入围“中国动画系列连续片”类作品提名，是苏州地区唯一一部入围作品。组织姚建萍刺绣艺术馆等 12 家重点项目（企业）组团参展第七届深圳文博会，引进协议投资 3000 多万元；引进总投资额超百亿元的深圳华侨城旅游综合体项目，被苏州市委市政府列为“苏州旅游一号工程”。组织区内文化企业和项目参与台湾文创交流会、中日绿博会、世界设计大会,开展招商推介活动。蔡云娣制作的澄泥石壶《早生贵子》入选英国威廉王子新婚大礼;本色美术馆举办《笔墨终结之后:中国式风景》年度大型画展和“2011中国室内设计峰会暨CIID第二十一届年会”颁奖仪式;姚建萍领衔创作的大型苏绣艺术品《富春山居图》合璧及《世纪和平——百鸽图》上市。落实光华文化创意产业园一期项目300亩用地指标;中国工艺文化城一期会展中心、艺术酒店进入试运营;胥江一号文化创意园龙头项目“5D炫幻秀”完成选址;CIS创意空间、欢乐胥江主题广场建成投用;香山工坊古建文化产业基地基础设施建设完成,“承香堂”、“香山帮技艺展示馆”竣工开放;姚建萍刺绣艺术产业化建设扩建工程部分主体建筑结顶。新增金枫广告设计产业园、苏州世东影视文化发展有限公司、南信大影像技术工程(苏州)有限公司项目。(文体局)

**【非物质文化遗产保护】** 碧螺春茶制作技艺正式公布为国家级非物质文化遗产;9个项目公布为区第三批非遗代表作,分别是江南船拳、太湖祭神歌、角直宣卷、连厢、穹窿山乌米饭制作技艺、苏州香山裱画技艺、东山白切羊肉烹饪技艺、太湖渔民婚俗、角直水乡婚俗。组织《中华人民共和国非物质文化遗产法》宣传专场文艺演出。(文体局)

**【文物保护】** 木渎藏书新发现古墓葬,木渎春秋古城遗址入选2010年全国十大考古新发现,并启动保护规划编制工作;抢救性维修光福寺桥、樟坞里方亭和角直兴隆桥。区文管办获“江苏省第三次全国文物普查调查资料档案工作先进集体”称号。(文体局)

**【文化市场管理】** 开展文化市场整治。出动执法人员565人次,检查各类文化经营场所1430余家次,办理行政处罚案件6件,受理各类举报83起,接待处理群众来访5批12人次。开展“扫黄打非”行动,查缴非法音像制品7300余盘、图书320余册,取缔无证照出版物摊点80个。做好行政许可服务,收到申请材料75份,新发许可证19张。完成78家单体网吧入连锁工作,连锁网吧达136家,发展镇(村)文体中心(室)特色示范连锁网吧,开通12318文化市场监督举报电话,5家网吧被评为苏州市“文明网吧”。全区全年有电子游戏经营场所27家,音像制品经营单位73家,歌舞娱乐场所135家,电影放映、发行单位5家,演出团体1家。(文体局)

**【新闻出版管理】** 区农家书屋统一采购图书553种9915册、报纸期刊15种675份、音像制品720套共计21.6万元。《吴中民进》等14份内部资料性出版物取得准印证。完成161家出版物经营点和416家印刷经营单位年检工作。做好机关软件正版化工作和500件作品的版权登记工作。组织作品申报苏州市优秀版权奖和软件正版化推进计划项目,为评弹小品《暴式昭担柴》和苏州格林电子设备有限公司等5家企业争取到上级扶持资金31万元。区文体局获评江苏省“全国青少年版权保护知识竞赛活动”优秀组织奖。

(文体局)

附表：　　2011年电影、公共图书馆基本情况

| | 单位 | 2011年 | 2010年 |
|---|---|---|---|
| 一、电影事业 | | | |
| 电影放映单位 | 个 | 1 | 3 |
| 影剧院 | 个 | 1 | 2 |
| 电影放映场次 | 场次 | 75 | 118 |
| 电影放映观众人次 | 万人次 | 1.2 | 2.5 |
| 电影放映收入 | 万元 | 5.37 | 5.37 |
| 二、公共图书馆 | | | |
| 1. 机构数 | 个 | 1 | 1 |
| 职工人数 | 人 | 13 | 13 |
| 2. 总藏书量 | 万册(件) | 22.7 | 21.2 |
| # 古　籍 | 万册(件) | 0.9 | 0.9 |
| 图　书 | 万册(件) | 19.39 | 17.89 |
| 报　刊 | 万册(件) | 2.47 | 2.41 |
| 3. 发放借书证数 | 个 | 2380 | 2400 |
| 4. 书刊外借人次 | 千人次 | 90.85 | 91.05 |
| 书刊外借册次 | 千册次 | 120.3 | 115.1 |
| 5. 公共房屋建筑面积 | 平方米 | 3377 | 3377 |
| # 书库 | 平方米 | 1046 | 1046 |
| 阅览室 | 平方米 | 280 | 280 |
| 6. 阅览室座席数 | 个 | 240 | 240 |
| # 少儿阅览室座席数 | 个 | 100 | 100 |

（文体局、统计局）

**文物保护、艺术表演基本情况**

| | 单位 | 2011 年 | 2010 年 |
|---|---|---|---|
| 一、文物保护 | | | |
| 1. 机构数 | 个 | 3 | 3 |
| 职工人数 | 人 | 15 | 14 |
| 2. 文物保护单位 | 处 | 117 | 116 |
| # 国家级 | 处 | 7 | 7 |
| 省　级 | 处 | 19 | 16 |
| 3. 文物藏品 | 件 | 5329 | 5329 |
| # 一级品 | 件 | 55 | 55 |
| 4. 参观人数 | 千人次 | 100 | 100 |
| 二、艺术表演团体 | | | |
| 1. 剧团数 | 个 | 2 | 2 |
| # 沪剧团 | 个 | 1 | 1 |
| 评弹团 | 个 | 1 | 1 |
| 2. 演职员工数 | 人 | 24 | 36 |
| 3. 演出场次 | 场次 | 2620 | 2713 |
| 观众人数 | 千人次 | 510 | 520 |

（文体局、统计局）

# 档案方志

**【概况】** 2011 年，区档案馆为群众提供方便、快捷、优质服务，查档准确率和群众满意率均为 100%。全年接待查档 7500 人次，13300 卷次。档案工作星级达标全面提速，光福镇、甪直镇、香山街道、郭巷街道、苏苑街道等 5 个镇（街道）档案工作通过省三星级标准测评。开发区、水利局、审计局等 3 家单位通过省三星级复查。23 家单位通过省二星级测评（复查）、37 家单位通过省一星级测评（复查）。长桥街道、横泾街道、香山街道、胥口镇、穹窿山管委会所辖行政村（社区）档案工作全部达省一星级标准以上。信息化建设稳步推进，《吴中区志》形成送审稿。通过省档案局组织的安全保密专项检查。区档案局连续第三年荣获“全省档案宣传工作先进集体”称号，《吴中年鉴（2010）》获全国年鉴编校质量特等奖。

（档案局）

**【档案基础建设】** 跟踪征集庆祝建区10周年各类宣传图册、书籍和光盘。征集《吴中区志》入志图片342幅区内40多项非物质文化遗产档案，珍贵照片324幅，光盘17张，申报、采访文字实录、制作技艺说明等文字资料50件；征集和拍摄区重大活动、领导视察以及重要来访接待等照片380幅。开展荣誉实物档案征集，征集到省委省政府表彰的“2006~2010年度社会治安综合治理先进集体”铜牌、省政府命名的“建筑之乡”文件复件。接收原渡村镇、浦庄镇档案进馆，永久936件、长期2019件。完成前期22家单位进馆档案的整理上架，编制存放索引。收集到现行文件、资料、报刊等191件(册)，征集到《叶圣陶书画集》、《东山进士》等地情资料30余册。全区96家单位修订《机关文件材料归档范围和档案保管期限表》，汇编或续编《全宗指南》、《发文汇集》、《档案利用效果》等资料。《吴中公路史》等编研资料获市编研成果优秀奖。

(档案局)

**【档案业务监管】** 年内，光福镇、角直镇、香山街道、郭巷街道、苏苑街道等5个镇(街道)档案工作通过省三星级标准测评。开发区、水利局、审计局等3家单位通过省三星级复查。23家单位通过省二星级测评(复查)、37家单位通过省一星级测评(复查)。长桥街道、横泾街道、香山街道、胥口镇、穹窿山管委会所辖行政村(社区)档案工作全部达省一星级标准以上。修订《吴中区档案工作年度检查标准》，分组逐项检查，集中考核评分。 (档案局)

**【档案信息建设】** 开通专用光纤宽带，提高登录系统速度，数字档案室系统稳定运行；扩容系统存贮空间，进一步做好数据备份。加快馆藏档案扫描工作，全年完成馆藏档案全文扫描120万页。区、镇两级档案室普遍加大对档案信息化工作的投入，配备专业档案数字化设备，年内新增目录数据4万多条，全文扫描近50万页。 (档案局)

**【志鉴编纂工作】** 《吴中区志》形成送审稿，25卷约200万字。年内召开评审会，与会专家认为《吴中区志》体例规范、观点正确、资料丰富、图文并茂，体现时代特点和地方特色，是一部较为成熟的志书。编纂出版《吴中区老街》，全书12万字，插图约100幅，记载区内44条古镇老街的形制、建筑、历史、现状、人文特色等，在江苏省第二届档案文化精品评比中得三等奖、并获苏州市档案编研优秀成果一等奖。《吴中区军事志》出版，《角直镇志》通过市、区两级评审，《胥口镇志》下限延至2010年，陆巷、湖桥、上巷、上林等村(社区)启动志书编修。《吴中年鉴(2011)》立足吴中经济社会发展的特色和亮点，推进编纂理念创新，整体设计创新，内容风格创新，于11月出版。

(档案局)

**【档案队伍建设】** 开展继续教育、上岗培训、技能培训等活动，提高档案人员的业务能力和工作水平。档案工作协作组活动常态化、长效化，交流档案业务、促进工作开展。年内99名档案员参加上岗培训和继续教育培训。财政系统组织档案鉴定销毁培训。区档案局采取小班专题授课、面对面辅导、现场观摩交流等方式，分9期对各镇(街道)行政村(社区)130余名专兼职档案员进行轮训。区档案学会开展学术交流活动，认真组织档案论文撰写，多篇论文在市档案学术研讨会上作交流。做好档案系列职称评审工作，有5人获档案系列初级职称。全区2000多人参加市档案法制知识竞赛；组队参加全省档案系统红歌大赛和区级机关歌咏比赛；选送档案工作者书画摄影作品参加“苏州市档案系统第二届书画摄影比赛”，多人次获优秀作品奖，区档案局获组织奖。陈昆萍获得“全省档案系统先进工作者”,受到省人社厅、省档案局表彰;区纪委、香山街道等4个单位获“全市档案工作先进集体”,顾瑾、唐金珍等6人获“全市档案工作先进个人”,受到市委、市政府表彰;区档案局获“全市档案系统先进集体”称号,受到苏州市档案局表彰。 (档案局)

# 卫 生

**【概况】** 2011年,城乡医疗保障、医疗卫生服务、公共卫生服务、卫生基础设施建设等持续改善,食品、药品安全监管有效落实,城乡居民健康水平进一步提升,居民人均期望寿命81.37岁。全区公立医疗卫生机构门急诊总人数为366.5人次,同比增长10%,出院总人数4.2万人次,同比增长1.2%,医疗业务总收入6.63亿元,同比增长8.98%。 (卫生局)

**【医院管理】** 开展“三好一满意”、“学习白求恩,敬业为人民”等活动,切实加强医疗质量和安全管理。开展每季度一次的医疗质量专家督导,完成医疗机构年度校验,合格率达98.3%。实施“优质护理服务示范工程”,开展“优质护理服务示范病区”创建活动。加强重点学科建设,吴中人民医院消化内科等14个临床科室建成区级重点专科,甪直人民医院糖尿病治疗等8个病种建成区级特色专病。深化“平安医院”创建,木渎人民医院、苏州瑞华医院通过市级“平安医院”验收。启动吴中、木渎人民医院“一卡通”建设。 (卫生局)

**【疾病预防控制】** 甲型H1N1流感、艾滋病、结核病等重大传染病得到有效控制,全年上报乙、丙类传染病4417例。推进成人接种乙肝疫苗及儿童计划免疫工作,完成乙肝疫苗接种7255人次,儿童计划免疫接种覆盖率98.2%,建成疫苗冷链环境监管系统,对全区16个接种点实施全程动态监管。加强慢性病防治工作,高血压、糖尿病、肿瘤病人管理率稳定在95%以上。完善精神病防治工作网络,实施重性精神疾病患者免费服药和服药后安全检测项目,免费服药率、社区管理治疗率均达100%。 (卫生局)

**【卫生监督】** 进一步完善区域三级监管网络,建立卫生监督所开发区分所。坚持依法行政,全年出动执法人员9739人次,检查单位1.72万户次,取缔制假售假窝点93个,实施行政处罚177件。开展食品安全专项检查,强化责任落实和追究,辖区内2045家餐饮单位全部签订《餐饮服务单位承诺书》,开展农村自办家宴监管。打击非法行医,取缔非法诊所168户次,实施行政处罚88件。 (卫生局)

**【医疗保障】** 2011年,城乡居民(农村)医疗保险人均筹资标准提高到500元,参保人数26.08万人,行政村覆盖率和参保率均为100%。全区3.87万人次参保人员获得住院大病医疗补偿,补偿金额为14396.2万元,住院实际补偿率为56%,住院可报费用补偿率为65%,最高补偿费用43.45万元。享受门诊医疗费用补助37.44万人次,补助金额1106.1万元。实行城乡一体社会救助,住院按病种结算。 (卫生局)

**【社区卫生】** 完善社区卫生服务公共产品政府购买机制,社区卫生服务经费增加到人均35元。实行社区卫生服务机构(中心、站)一体化管理,完善双向转诊、出巡诊、随防等工作制度,团队服务覆盖率达100%,家庭服务签约率达70%;建立规范化居民健康档案92.67万份,建档率(占常住人口)80%,60岁以上老年人建档率达99.8%。横泾街道社区卫生服务中心建成省级示范中心,胥口镇卫生院建成省级示范乡镇卫生院,新增10个市

级社区卫生服务示范站。（卫生局）

【妇幼保健】 继续推进“母婴阳光”工程，项目服务人群延伸到流动人口，母婴阳光免费券发放率、“母婴宝”健康短信服务开通率均达100%，全年惠及人群48677人次。免费婚检率达99.4%，新生儿死亡率3.84‰。继续实施农村妇女住院分娩补助、补服叶酸、两癌筛查等重大公共卫生服务妇幼项目，启动实施预防艾滋病、梅毒和乙肝母婴传播项目。（卫生局）

【爱国卫生和健康促进】 强化农村环境长效管理，新增一批卫生基础设施。开展全民健康教育和健康促进活动，健康宣传资料入户率为100%，健康知识普及率达85%。新建健康教育园1个。金庭镇启动创建国家卫生镇，临湖镇建成省级卫生镇，实现省级卫生镇全覆盖。新增省卫生村11个、市健康村11个，金庭镇建成“全国亿万农民健康促进行动”苏州市示范镇、新增“全国亿万农民健康促进行动”苏州市先进村14个。新增无害化卫生户厕3159户，普及率达97%。全区所有医疗机构均通过“无烟医院”考核评估，一批学校、机关、单位建成“无烟单位”。（卫生局）

【卫生行风建设】 开展“三好一满意”、“为民服务创先争优”等文明创建活动。获评江苏省城镇妇女“巾帼文明岗”1个、市“巾帼文明岗”1个，获评苏州市卫生系统2011年度文明示范窗口5个、示范病区1个，获评2011年度苏州市医药卫生系统医德医风建设示范点1个、廉洁文化建设示范点1个、院务公开示范点1个。（卫生局）

【吴中人民医院综合大楼建设】 苏州市吴中人民医院综合大楼包括主楼2幢、裙楼1幢，主楼东楼24层、南楼19层、地下2层，楼高95.2米，裙楼5层，总设计建筑面积7.6万平方米，集门诊、急诊、急救、病房、医技检查、妇幼保健和行政办公于一体，是区政府重点实事工程，预算总投资4.8亿元。工程项目于2008年9月9日开工建设，至2011年底所有土建项目全部完工，内外装修工程接近尾声，完成投资46240万元，占预算投资额96.3%。（卫生局）

附表：

## 卫生事业基本情况

| | 单位 | 2011 年 | 2010 年 |
|---|---|---|---|
| 1. 卫生机构数 | 所 | 257 | 242 |
| # 医院 | 所 | 17 | 17 |
| 基层医疗卫生服务机构 | 所 | 235 | 95 |
| 2. 卫生机构床位数 | 张 | 3474 | 3081 |
| # 医院 | 张 | 2704 | 2416 |
| 基层医疗卫生服务机构 | 张 | 704 | 665 |
| 3. 卫生技术人员数 | 人 | 4205 | 3610 |
| # 医院 | 人 | 2179 | 1933 |
| 基层医疗卫生服务机构 | 人 | 1860 | 1120 |
| # 医生人数 | 人 | 1530 | 1381 |
| # 医院 | 人 | 669 | 638 |
| 基层医疗卫生服务机构 | 人 | 793 | 462 |
| 4. 妇幼保健情况 | | | |
| 5 岁以下儿童死亡率 | ‰ | 4.7 | 6.98 |
| 婴儿死亡率 | ‰ | 3.8 | 4.98 |
| 产妇住院分娩比例 | % | 100.0 | 100.0 |
| 5. 医疗机构诊疗情况 | | | |
| 诊疗总人次 | 人 | 4549618 | 4016040 |
| #门　诊 | 人 | 3986152 | 3945793 |
| 入院人数 | 人 | 62023 | 54732 |
| 病床周转次数 | 次 | 18.4 | 19.63 |
| 病床使用率 | % | 71.29 | 72.61 |
| 出院者平均住院天数 | 人 | 11.9 | 11.4 |

（卫生局、统计局）

## 2011 年末各类卫生机构、床位及人员数

| | 机构数（个） | 床位数（张） | 人员数（人） | # 卫生技术人员数 | | | | | | | |
|---|---|---|---|---|---|---|---|---|---|---|---|
| | | | | | 执业医师人员 | 执业助理医师人员 | 注册护士人员 | 药师（士）人数 | 技师（士）人数 | | 其他卫生技术人员数 |
| | | | | | | | | | | 检验师人数 | |
| 合　计 | 257 | 3474 | 5458 | 4205 | 1395 | 135 | 1703 | 287 | 203 | 154 | 482 |
| 一、医院 | 17 | 2740 | 2898 | 2179 | 628 | 41 | 1045 | 113 | 91 | 71 | 261 |
| 1. 综合医院 | 3 | 541 | 1067 | 875 | 271 | 5 | 389 | 36 | 39 | 30 | 135 |
| 2. 中医医院 | 1 | 450 | 718 | 642 | 237 | 5 | 270 | 37 | 27 | 23 | 66 |
| 3. 专科医院 | 5 | 571 | 579 | 423 | 96 | 18 | 223 | 29 | 22 | 16 | 35 |
| 4. 护理院 | 8 | 1178 | 534 | 239 | 24 | 13 | 163 | 11 | 3 | 2 | 25 |
| 二、基层医疗卫生服务机构 | 235 | 704 | 2344 | 1860 | 704 | 89 | 638 | 161 | 96 | 67 | 172 |
| 三、门诊部 | 22 | — | 382 | 302 | 124 | 9 | 97 | 23 | 31 | 14 | 18 |
| 1. 综合门诊部 | 19 | — | 350 | 280 | 113 | 9 | 90 | 22 | 29 | 14 | 17 |
| 2. 中医门诊 | 1 | — | 18 | 10 | 5 | — | 3 | — | 2 | — | — |
| 3. 专科门诊部 | 2 | — | 14 | 12 | 6 | — | 4 | 1 | — | — | 1 |
| 四、诊所、卫生所、医务室 | 113 | — | 288 | 274 | 159 | 17 | 79 | 7 | — | — | 12 |
| 1. 诊所 | 74 | — | 211 | 198 | 115 | 7 | 59 | 6 | — | — | 11 |
| 2. 卫生所、医务室 | 39 | — | 77 | 76 | 44 | 10 | 20 | 1 | — | — | 1 |
| 五、妇幼保健院（所、站） | 1 | — | 24 | 22 | 18 | — | 1 | 1 | 2 | 2 | — |
| 六、疾病预防控制中心 | 1 | — | 57 | 44 | 26 | 4 | 2 | 2 | 9 | 9 | 1 |
| 七、卫生监督（所）中心 | 1 | — | 62 | 43 | — | — | — | — | — | — | 43 |
| 八、其他卫生机构 | — | — | — | — | — | — | — | — | — | — | — |

（卫生局、统计局）

## 2011年医疗机构诊疗人数

| | 总诊疗人次数（人次） | 门诊人次（人次） | 急诊人次（人次） | 入院人数（人） | 出院人数（人） | 实有床位（张） |
|---|---|---|---|---|---|---|
| 总计 | 4549618 | 3986152 | 386131 | 62023 | 61251 | 1214429 |
| 一、医院 | 1204528 | 1001097 | 203302 | 47003 | 46467 | 963840 |
| 1. 综合医院 | 467596 | 385075 | 82392 | 16527 | 16494 | 197465 |
| 2. 中医医院 | 667903 | 555188 | 112715 | 17401 | 17381 | 164250 |
| 3. 专科医院 | 69029 | 60834 | 8195 | 10677 | 10677 | 198925 |
| （1）肿瘤医院 | 23588 | 23586 | 2 | 7554 | 7537 | 110000 |
| （2）皮肤病医院 | 26665 | 21832 | 4833 | 2792 | 2807 | 36000 |
| （3）整形外科医院 | 17985 | 14625 | 3360 | 331 | 333 | 45625 |
| （4）其他专科医院 | 791 | 791 | — | — | — | 7300 |
| 4. 护理院 | — | — | — | 2398 | 1915 | 403200 |
| 二、基层医疗卫生服务机构 | 3236406 | 2876371 | 182829 | 14166 | 13928 | 239920 |
| 1. 社区卫生服务中心（站） | 995188 | 851100 | 119982 | 4227 | 3988 | 79685 |
| 2. 乡镇卫生院 | 1618905 | 1428869 | 62591 | 9939 | 9940 | 160235 |
| 3. 村卫生室 | 195353 | 173715 | — | — | — | — |
| 三、门诊部 | 106529 | 106273 | 256 | — | — | — |
| 四、诊所、卫生所、医务室 | 320431 | 316414 | — | — | — | — |
| 1. 诊所 | 217793 | 213866 | — | — | — | — |
| 2. 卫生所、医务室 | 102638 | 102548 | — | — | — | — |
| 五、妇幼保健院（所、站） | 15543 | 15543 | — | — | — | — |

（卫生局、统计局）

## 各类传染病发病率情况

| | 单位 | 2011年 | 2010年 |
|---|---|---|---|
| 总发病率 | 1/10万 | 330.60 | 277.45 |
| #肝　炎 | 1/10万 | 21.27 | 17.54 |
| 伤　寒 | 1/10万 | 0.45 | 0.16 |
| 痢　疾 | 1/10万 | 3.55 | 4.65 |
| 麻　疹 | 1/10万 | 0.08 | 4.73 |

注：各种传染病总发病率包括性病、结核病。

（卫生局、统计局）

**2011 年前十位疾病死因及比重**

| 位次 | 死因 | 占全部死因比重(%) |
|---|---|---|
| 总计 | | 100.0 |
| 1 | 恶性肿瘤 | 40.42 |
| 2 | 脑血管病 | 21.01 |
| 3 | 呼吸系统疾病 | 12.59 |
| 4 | 心脏病 | 10.69 |
| 5 | 损伤和中毒 | 6.30 |
| 6 | 内分泌、营养和代谢疾病 | 1.69 |
| 7 | 消化系统疾病 | 1.16 |
| 8 | 神经系统疾病 | 0.85 |
| 9 | 泌尿生殖系统疾病 | 0.90 |
| 10 | 传染病和寄生虫病 | 0.74 |

(卫生局、统计局)

# 体　育

**【概况】** 2011 年，吴中区被表彰为江苏省县级体育工作单位。全区各项文体事业和文体产业取得预期进展。销售体彩 3.2 亿元,增幅 45%,列全省 6 位。获 2011 年度苏州市体育彩票"销售贡献奖"、"市场增长奖"和"市场贡献奖"。(文体局)

**【群众体育】** 贯彻落实《全民建身条例》和《苏州市体育基本现代化工作实施意见》,积极推进区体育现代化建设工作。举办区首届全民体育运动会,设成年部和学生部共 10 个组别 16 个比赛项目 507 个单项，有 90 支运动队 4262 名运动员近 15000 人次参加。开展形式多样、内容丰富的全民健身月活动。《船拳少年》获省第四届全民健身新优项目二等奖，木渎太极拳协会参加吴江市第八届职工太极拳(剑)比赛,分获 42 式太极剑和 46 式武式太极拳团体第一。甪直水乡妇女服饰表演队参加苏州市全民欢乐大比拼获亚军。各镇（街道）文体中心逐步建设开放，12 个村(社区)文体活动室建成开放;安装 48 套健身路径,其中新建 32 套;安装 7 副篮球架。

(文体局)

**【吴中区首届全民体育运动会】** 2011 年 6 月 11 日，苏州市吴中区首届全民体育运动会开幕式在江苏省吴中中等专业学校体育场举行。本届全民体育运动会以"全民健身、你我同行"为主题,设有田径、篮球、足球等 18 个比赛项目,共 35 个大项 507 个单项,来自全区各部门、各行业的 88 支运动队近 15000 人次参加。本届体育运动会历时五个多月,产生金牌 593 枚、银牌 417 枚、铜牌 264 枚,评选出优秀组织奖 11 家,道德风尚奖 11 家。11 月 27 日,以《太湖时代、韵动吴中》为主题的吴中区首届全民体育运动会闭幕式颁奖盛典在苏州太湖国际会议中心举行。(文体局)

**【竞技体育】** 深化区教体结合发展模式,组队参加省青少年阳光体育运动联赛暨省青少年田径锦标赛，获混合团体总分第五名和奖牌数第二名。区少体校顺利通过国家高水平后备人才训练基地中期考核。区武术协会唐手拳选手参加全国武术比赛获 26 枚金牌。配合做好中国苏州·穹窿山孙子兵法文化旅游节暨第二届苏州穹窿山·兵圣杯世界女子围棋赛的组织保障工作,圆满承办第 17 届亚洲山地自行车锦标赛和 2011 环太湖国际公路自行车赛。(文体局)

**【第十七届亚洲山地车锦标赛暨第三届亚洲青年山地车锦标赛】** 2011 年 6 月 10~12 日，第 17 届亚洲山地车锦标赛暨第三届亚洲青年山地车锦标赛在苏州太湖国家旅游度假区渔阳山风景区举行。此次亚锦赛作为 2012 年伦敦奥运会的重要资格赛之一，来自亚洲16个国家和地区的共170余名选手参加，是历届参赛人数最多的一次。亚洲山地车锦标赛是国际自行车联盟(UCI)批准的A级标准赛事,由亚洲自行车联盟主办,是亚洲年度最高级别、最高水平的山地车赛事。2011年第十七届亚洲山地车锦标赛由中国自行车运动协会、江苏省体育局承办,苏州市体育局、苏州太湖国家旅游度假区管委会协办。(文体局)

**【2011环太湖国际自行车赛】** 2011届环太湖国际公路自行车赛于11月1~5日举行,赛事级别为UCI2.2级,5个赛段,其中苏州吴中区——高新区赛段于11月2日在苏州太湖举行,该赛段的吴中区段线途径金庭镇、香山街道、胥口镇、横泾镇、越溪街道,全程105公里。本届赛事设总奖金20万美元,设定个人总成绩(黄衫)、个人积分冲刺(绿衫)、青年最佳(蓝衫)、大中华最佳(红衫)、赛段个人前三名、团体总成绩、大中华团体最佳等七项奖项。来自世界五大洲的21支参赛车队,126名运动员参加。(文体局)

**附表:**

**2011年体育事业基本情况**

| | 单位 | 2011年 | 2010年 |
|---|---|---|---|
| 400米标准田径场 | 个 | 10 | 10 |
| 举办运动会 | 次 | 26 | 26 |
| 参赛人次 | 人次 | 35000 | 29000 |
| #市级运动会 | 人次 | 50 | 50 |
| 参赛人次 | 人次 | 5500 | 5500 |

(文体局、统计局)

# 社会民生

## 民 政

【概况】 2011年,出台《关于加强全区地名管理工作的实施意见》。审核报批命名(变更、调整)道路33条、住宅区与建筑物等17处。新建立社区居委会10个,调整名称1个。全区登记、备案、年审160个社会团体、66家民办非企业单位,年检合格率为94%。全年社会团体注销1个,民办非企业单位注销7家,审批新登记社会团体37个、变更27个,新登记民办非企业单位22家、变更9家。全年办理结婚登记4959对、离婚登记808对,补办结婚登记582对,出具无婚姻记录证明1625人,收养登记60人。区民政局被省民政厅表彰为优抚工作先进单位,被市民政局表彰为"创新工作先进集体"。 (民政局)

【城乡居民最低生活保障】 全年两次调整全区最低生活保障标准,从每人每月420元,调整到上半年每人每月450元,下半年又调整为每人每月500元。加强低保动态管理,低保审核采取"五部门联审、跨区域核查"办法,确保低保及低保边缘对象的准确性、科学性和真实性。全年纳入低保对象共计2573户、7097人,发放低保金1473万元;低保边缘对象3604人,发放生活救助金793万元。全区438名五保老人应保尽保,区、镇两级发放五保供养金209万元。区党员关爱基金向全区低保和低保边缘对象每户分别发放1500元和1000元。 (民政局)

【社会救助】 及时发放物价补贴。对低保、低保边缘、五保、重点优抚对象、福利院孤儿及时下发低收入群众物价补贴共计611万元。有序开展重残救助。对全区固定收入低于全区低保标准的重残人员进行生活救助。全年符合条件的重残人员1998名,区、镇两级下拨生活救助金884万元。开展特困残疾人生活救助。对全区一户多残、依老养残家庭中特殊困难残疾人进行生活救助,全区110户169人享受特殊残疾人生活救助,下拨生活救助金50多万元。出台《吴中区贫困家庭儿童重大疾病慈善救助实施细则》、《苏州市吴中区低收入家庭人员年度专项医疗救助实施细则(试行)》两个政策性文件。春节期间,区四套班子领导率领有关部门负责同志分赴全区各镇(街道)走访慰问生活困难群众,同时,各镇(街道)也开展走访慰问。区、镇两级走访发放慰问金2600多万元。 (民政局)

【防灾减灾】 区民政局会同有关部门,举办"5·12"大型科普宣传活动,发放宣传资料4万余册,悬挂宣传横幅400余条,现场解答各类咨询1000余人次,组织现场演练12次,参与人员1万余人次。组织和指导有条件社区争创国家、省、市级的综合减灾示范社区,苏苑街道嘉宝花园社区被江苏省减灾委授予"江苏省综合减灾示范社区"称号。7月26日,郭巷街道戈湾社区遭龙卷风袭击，区民政局第一时间进行查灾核灾，对217户受灾居民及时下拨65.1万元救灾款，稳定灾民的情绪，确保受灾群众基本生活不受影响。（民政局）

**【彩票销售和慈善事业】** 加强彩票销售和慈善募捐工作。及时调整福利彩票销售策略，加大宣传力度，规范彩票销售管理。全年销售福利彩票近3亿元，比上年增加1亿元左右。为全区筹集公益金3000万元。1月份，从慈善资金中拿出40万元，救助全区因大病致贫的特困家庭。6月份，开展福利彩票“助残圆梦行动”，从福彩公益金中拿出25万元，捐赠全区152户残疾人贫困家庭每户一台液晶电视机。8月份，开展“和谐吴中、慈善助学”活动，全区贫困家庭学生发放慈善助学金183.6万元。（民政局）

**【优抚安置】** 全面落实优抚政策。给498名参战退役人员发放每人每月220元生活补助金134.46万元、慰问费24.12万元；老复员军人遗属生活补助经费157.89万元；重点优抚对象抚恤补助经费509万元；义务兵家庭优待金458.99万元；127名在职残疾军人抚恤金122.97万元。追认因公牺牲1名、新评残3名、提升等级2名，补发残疾证1名、换证4名。新审参战退役人员4名、老复员军人遗属13名。木渎镇特勤队员唐勇追认烈士申报。下拨重点优抚对象医疗补助经费13.07万元。指导住院残疾军人较多的木渎人民医院、幸福护理院和各地民政办，及时办理残疾军人医疗补助事宜。认真贯彻落实部分农村籍退役士兵发放老年生活补助的政策，认定年满60周岁符合条件的农村籍退役士兵1234名，年底前完成老年补助发放。

按期完成退伍军人安置工作。年内接收2010年度冬季退役士兵233名，安置231名，接收安置转业士官7名。发放退役士兵货币安置金999.8万元、生活补助费31.18万元，转业士官安置金47.8万元。提高退役士兵货币安置金标准，2年义务兵由原来的4.3万元提高到5万元；10年以上由原来的6.5万元提高到8万元，每增服一年增加0.1万元。西藏兵义务兵家庭优待金由原来的增发1倍调整为增发3倍，货币安置金由原来的一次性增加6万元调整为增发0.5倍。全年符合条件的229名退役士兵全部参加苏州农学院和吴中中等专业学校的技能培训，其中，参加中高级技能培训175名，短期培训54名。下拨培训经费167.7万元，培训率达100%。

出台随军家属安置政策。根据《苏州市保障随军家属就业暂行办法》精神，结合全区实际，制定出台吴中随军家属就业保障办法。（民政局）

**【双拥工作】** 调整双拥领导小组成员单位和军地共建单位，下发新年度双拥工作计划，分解任务，明确职责。全区有109个单位同驻军部队结对共建。元旦、春节、“八一”期间，组织区、镇（街道）两级领导班子和有关部门对驻苏、驻吴部队实施全面走访慰问，全区涉军慰问经费800多万元。投入120万元经费，安排10个拥军实事项目，持续改进官兵的文化体育设施，改善官兵生活学习条件。协调部队燃气管道建设、山体滑坡整治、自来水管道铺设等经费补助问题。开展“孙子兵法进军（警）营”活动，联系孙子兵法专家赴部队授课，开展论文和心得体会评选，对获奖论文汇编成册，赠送各部队及参赛选手。组织孙子兵法知识演讲比赛，对获奖选手进行表彰和奖励。八一建军节，组织驻吴百名优秀士兵代表参观孙子兵法诞生地——穹窿景区。区双拥办组织区京剧联谊会在驻吴部队开展京剧巡演活动。与人武部一起，组织区四套班子主要领导、区国防动员委员会全体成员及各镇（街道）党（工）委、政府（办事处）主要领导一行

100多人,到73043部队开展“军营一日生活”活动。 (民政局)

【社区建设】 下发《2011年吴中区社区建设工作任务分解表》,将全区社区建设工作分成十四个大项,分解到各镇(街道)及社区建设协调领导小组各成员单位。在全区上下形成民政牵头、镇(街道)为主、部门配合、城乡联动、社会支持、群众参与的工作合力。2011年新增5个和谐社区,全区98%以上的社区达到区级以上“和谐社区”建设标准。郭巷街道国泰社区、城南街道东湖社区、临湖镇湖桥村、横泾街道新齐村、胥口镇箭泾村等被省表彰为“全省和谐社区建设示范单位”。吴中区被国家民政部表彰为“全国农村社区建设实验全覆盖示范单位”。 (民政局)

【殡葬管理】 加强公墓管理。认真做好重点时段群众祭扫管理工作,实现“文明祭祀、平安清明”目标。对全区各类公墓情况进行全面调查,起草《关于加强全区公墓管理和推进散坟整治的意见》。年内各镇、街道迁移散坟2200多座。处理好塔陵、违规公墓遗留问题。除木渎富华墓园,上级明确要求按法院判决执行外,其他证件齐全的客户都已完成退穴还款工作,共退穴还款69172穴13479.5万元,退穴还款量达总量的92%以上。(民政局)

【老龄工作】 落实各项惠老政策。按时发放80周岁以上老年人高龄津贴,累计经费1073.51万元;为60岁以上老年人办理江苏省老年优待证9000余张;为50多名70周岁以上老年人赔付意外险5万多元;免费年审高龄乘车证3.74万张。组织老年人参加苏州市第六届老年书法大赛和第一届老年摄影大赛,选送参赛书法作品66件、摄影作品16件,共有11件作品获奖,其中有1件作品获二等奖。开展“孝星”和养老工作先进个人、单位的评选活动。安装老年信息系统。全区17个镇(街道)、170个村(居)委会全部安装老年信息系统,实现全覆盖。 (民政局)

【养老事业】 加快敬老院建设步伐。东山、甪直、胥口、光福敬老院已新建完成,香山敬老院也进入土建阶段。兴办各类养老机构。全区公办养老机构14家,床位1327张;民办养老机构10家,床位1469张。全区各类养老机构床位数2796张,千名老人拥有养老机构床位数28张。发展居家养老服务中心建设,积极解决老人、特别是空巢老人养老的实际问题。在全区现有16个居家养老服务中心和170个服务站,实现居家养老全覆盖的基础上,2011年又新增2个老年日间照料中心、4个助餐点。 (民政局)

## 就业和社会保障

【就业概况】 2011年,新增就业岗位48245个,帮助3691名城镇失业人员再就业,城镇困难人员实现就业6944名,开发公益性岗位720个,城镇零就业家庭实现月内动态清零,2011届吴中籍高校毕业生就业率95%,年末城镇登记失业率控制在2.6%。自主创业培训975人,全年新注册开业的创业企业3800户,个体工商户8000户,直接带动5万人实现就业,列苏州大市第二位。 (人社局)

【社保概况】 2011年,城镇职工五大保险净增参保28626人,完成被征地农民、部分被征地农民、权证换保障农民农保置换城保3万人,累计完成置换19.1万人。全区城镇职工养老、医疗、失业、生育、工伤保险参保人数分别为26.9万人、33.2万人、24.3万人、28.9万人、25万人,全区基本养老、医疗保障覆盖率均达98%以上。被征地农民置换城保养老人员养老金从平均每月 661.1 元提高到 719.2 元，农保基础养老金从每月 180 元提高到 200 元，被征地老年人员保养金从每月 460 元提高到 510 元，改制企业内退人员生活费从每月 588 元提高到 709 元，城乡居民医疗保险人均筹资标准提高到 500 元。城乡一体实时医疗救助 3101.4 万元。（人社局）

**【保障性住房建设】** 贯彻保障性住房建设任务，分层次、全方面地做好住房保障工作。全年新开工建设经济适用住房 80 套、新建限价商品住房 553 套，新建公共租赁住房 1524 套（间）。全面落实住房保障“应保尽保”任务，全区 92 户低保和特困家庭享廉租房保障，对 106 户低收入家庭发放租金补贴；149 户中低收入家庭通过购房资格审核。“保障性住房建设工程”入选吴中区建区 10 周年“十大惠民实事工程”。（住建局）

**【住房分配货币化】** 继续推进住房分配货币化工作，全年审批老职工购房补贴 20 户，补贴面积 843 平方米，补贴金额 46 万元；审批优惠售房补差 11 户，补差面积 611.91 平方米，补差金额 2.1 万元。（住建局）

**【医疗救助】** 降低医疗救助门槛、提高救助标准。对参保人员中的大病、重病患者实施医疗救助，全年城乡一体社会医疗救助 6413.6 万元。主要包括：保费补助。共有 12216 人免缴个人保费，免缴金额 192.5 万元。实时救助。9.9 万人次享受实时医疗救助，实时医疗救助金 3441.3 万元。年度救助。按照个人自负医疗费用超过 4000 元的标准，全年共有 11040 名参保人员符合享受年度医疗救助条件，发放年度医疗救助金 2489.6 万元，人均享受医疗救助金 2255 元，其中 21 人救助金达 3 万元。专项救助。新增年度专项医疗救助，全年共有 387 名低收入家庭参保人员符合救助条件，发放年度专项医疗救助金 290.5 万元。（人社局）

**【劳动维权】** 出台《关于进一步规范企业用工行为实行分类管理的通知》、《关于开展和谐劳动关系维权达标管理工作活动的通知》，按企业规模大小划分 6 类实行用工分类管理，从制度上大力推进和谐劳资关系建设。完善劳动保障监察两网化管理工作考评实施细则，提高网格化管理水平。妥处置群体性劳资纠纷 31 起，发放工资及经济补偿金 4991.12 万元、涉及职工 1411 人。积极发挥企业、行业内调组织作用，注重基层调解，调处劳资纠纷 1155 件，调解率 80%左右。仲裁结案 889 件，共为劳动者追索工资、加班工资、解除劳动合同经济补助费、工伤待遇等 2727 万元。接待群众来访 9684 人次，其中集体上访 51 批 851 人次；答复群众来信 1081 件，其中市长、区长信箱 137 件，公众监督信箱 617 件。（人社局）

**附表：** **2011 年城镇单位劳动报酬**

单位：万元

| | 从业人员劳动报酬 | 在岗职工工资总额 | 其他从业人员劳动报酬 |
|---|---|---|---|
| 合计 | 435685 | 420991 | 14694 |
| #国有经济 | 162160 | 157701 | 4459 |
| 集体经济 | 16149 | 14687 | 1462 |
| 其他经济 | 257376 | 248603 | 8773 |

（人社局、统计局）

## 2011 年城镇单位在岗职工人数与工资

| | 单 位 | 合 计 | 国有经济 | 集体经济 | 其他经济 |
|---|---|---|---|---|---|
| 一、年末人数 | 人 | 80483 | 17954 | 2085 | 60444 |
| #非全日制 | 人 | 996 | 79 | 87 | 830 |
| #女职工 | 人 | 40702 | 9630 | 1360 | 29712 |
| #管理人员 | 人 | 8604 | 2935 | 130 | 5539 |
| 二、平均人数 | 人 | 85493 | 17649 | 2038 | 65806 |
| 三、工资总额 | 万元 | 420991 | 157701 | 14687 | 248603 |
| 四、年平均工资 | 元/人 | 49243 | 89354 | 72063 | 37778 |
| 年平均工资为 2010 年 | % | 109.9 | 109.8 | 111.6 | 114.1 |

(人社局、统计局)

## 2011 年失业、工伤、生育、医疗保险情况

| | 单位 | 失业保险 | 工伤保险 | 生育保险 | 医疗保险 |
|---|---|---|---|---|---|
| 1. 年末参加保险单位数 | 个 | 10148 | 10250 | 10250 | 10261 |
| 2. 年末参加保险职工人数 | 人 | 246733 | 247289 | 286304 | 330034 |
| 3. 年内保险基金总收入 | 万元 | 19093 | 6163 | 6464 | 69091 |
| #利息收入 | 万元 | 876 | 377 | 139 | 3671 |
| 4. 年内保险基金总支出 | 万元 | 10786 | 2958 | 4180 | 49903 |
| 5. 年内领取保险金人数 | 人 | 10602 | 1460 | 4235 | 346866 |

(人社局、统计局)

## 2011 年养老保险情况

| | 单位 | 合计 | 其中 | | | |
|---|---|---|---|---|---|---|
| | | | 全 民 | 集 体 | 外 资 | 其 他 |
| 1. 年末参加保险单位数 | 个 | 12280 | 75 | 178 | 1066 | 10961 |
| 2. 年末参加保险人数 | 人 | 265921 | 4100 | 10817 | 101311 | 149693 |
| 3. 年内保险基金收入总额 | 万元 | 302922 | 3868 | 7243 | 75218 | 216593 |
| 4. 年内退休养老金支出总额 | 万元 | 92140 | 24168 | 21959 | 1246 | 44767 |

(人社局、统计局)

# 人口和计划生育

【概况】 2011年，全区户籍人口60.33万，公安登记暂住人口72.02万；户籍人口和流动人口分别出生6136人和3796人；出生政策符合率分别为99.79%和92.36%；出生性别比分别为107.59和112.23。新组建企业计生协会8个。全年审批再生育2283对，党员干部再生育审批通报备案308人，通报率100%。全区13家镇级世代服务机构完成品牌升级改造；82家村级世代服务室纳入社区卫生服务体系建设。建成村级世代服务站3家，集宿区服务站1家，企业服务站4家。全年为育龄群众提供服务6.5万人次，随访16万人次。免费开展优生检测4821人、孕前风险评估8950人，赠送“优生优育疾病保险”4707份。开展公益性科学育儿指导服务，共办班153期，12300名宝宝接受体验；举办家长培训30期，3062名家长接受培训。新增木渎镇西跨塘村、临湖镇渡村社区、角直淞浦村3个科学育儿项目点。做好不孕不育特色门诊和专家会诊，全年诊治411人次，治愈32对夫妇。长桥街道天怡社区人口文化园被评为苏州市“十佳人口文化园”。1个镇、10个村、100户家庭成功创建为省新农村新家庭示范镇、示范村和示范户。全区177个村(社区)，全部配备电脑实现无纸办公。（计生局）

【人口研究工作】 完成人口研究基地特约研究员换届工作，特聘苏州大学、吴中党校、区政府办、区科协、吴中开发区政法办等单位7名吴中人口研究基地新一届特约研究员。全年共完成《人口政策和城市发展》、《吴中区人口老龄化现状与应对措施》、《吴中区婚姻配偶户籍地域变化研究》、《吴中区农业人力资源培训开发情况》等6个课题，其中4篇分别在省、市获奖。（计生局）

【利益导向机制提标扩面】 调整完善公益金救助条件、金额和相关条款，提高救助金额，全区公益金规模从60万扩大到80万元。全年救助260户54.8万元。提高计划生育特扶金标准，从原来的80和100元，统一提高至200元，2011年发放115.336万元。（计生局）

附表：

计划生育及婚姻登记情况

| | 单位 | 2011年 | 2010年 |
|---|---|---|---|
| 一、晚婚情况 | | | |
| 女性初婚人数 | 人 | 4457 | 3676 |
| #23周岁以上 | 人 | 2938 | 2216 |
| 晚婚率 | % | 65.92 | 60.28 |
| 二、生育情况 | | | |
| 出生人数 | 人 | 6136 | 5768 |
| #女 | 人 | 2956 | 2726 |
| 1. 符合生育政策出生人数 | 人 | 6123 | 5748 |
| 一孩 | 人 | 4430 | 4296 |

续表

| | 单位 | 2011 年 | 2010 年 |
|---|---|---|---|
| 二 孩 | 人 | 1669 | 1433 |
| 计划内多孩 | 人 | 24 | 19 |
| 出生政策符合率 | % | 99.79 | 99.65 |
| 2. 计划外生育人数 | 人 | 13 | 20 |
| 三、节育情况 | | | |
| 育龄妇女人数 | 人 | 154597 | 148213 |
| 生育率 | ‰ | 39.69 | 38.92 |
| 已婚育龄妇女人数 | 人 | 127999 | 124254 |
| 一孩妇女人数 | 人 | 105843 | 104427 |
| 已采取各种避孕节育措施人数 | 人 | 105349 | 105684 |
| 节育率 | % | 82.38 | 85.13 |
| 四、婚姻登记情况 | | | |
| 年内准予登记结婚数 | 对 | 6007 | 5109 |
| 年内申请离婚数 | 对 | 984 | 949 |
| 年内准予离婚数 | 对 | 984 | 949 |

(统计局)

# 住房公积金管理

**【概况】** 2011 年，全区归集住房公积金 68007.73 万元（其中年度结息转增本金 2734.86 万元），期末住房公积金余额 144903 万元；期末缴存人数 104228 人；全年提供住房公积金提取服务 11.86 万人次，职工提取住房公积金 39996.32 万元（其中柜面提取 28044.81 万元，委托转帐提取 11951.51 万元）；全年为 931 户职工家庭提供购建住房贷款，发放贷款 30694 万元，期末贷款余额户数和金额分别达到 5235 户和 107327.37 万元，两个月和两个月以上逾期户数始终控制为“零”；历年累计向区政府提供廉租住房建设补充资金 1463.54 万元；全年新增开户单位 836 个，新增缴存职工 47615 人，完成区政府 2011 年住房公积金扩面重点民生工程目标任务数的 170%，14 个镇(区)、街道全面超额完成年度扩面任务。 (公积金管理中心)

**【住房公积金扩面】** 贯彻落实《吴中区住房公积金扩面工作实施意见》，充分发挥区镇两级住房公积金扩面工作领导机构和工作班子的职能作用，扎实有效推进扩面。坚持强化宣传发动，依托镇(区)街道扩面推进平台，利用扩面推进会、政策说明会等多种形式进行扩面推动。坚持行政指导推动,深入重点骨干企业了解政策落实和用工管理情况，有的放矢开展扩面行政指导。坚持扩面调研推动,会同区政协城乡委联合开展住房公积金扩面工作专题调研,有效推进基层扩面疑难问题化解。坚持信访调解推动,通过约谈、访谈等多种形式,及时化解住房公积金争议纠纷,有效推动重难点单位扩面。 （公积金管理中心）

**【服务品牌创建】** 提升住房公积金行政效能和服务水平,广泛开展“公积金 ,惠万家”服务品牌创建系列活动。主动深入基层和企业,多角度、深层次开展服务指导。聘请专业顾问公司进行服务提升贯标培训和现场辅导,创优服务环境,规范服务行为,提升服务形象,提高服务效能。充分发挥5个远程服务网点作用,依托农行营业部提供周六提取服务,推出“单位网上业务”，开辟QQ服务群为网上单位用户提供专属服务，500多家缴存单位实现网上业务办理,覆盖缴存职工7.86万人,占年缴存职工总数的74%。创新便民服务方式,组建“流动服务窗口”深入企业现场办理租房提取签约服务,极大方便了企业和职工,《苏州日报》和苏州新闻综合频道还作了宣传报道。 （公积金管理中心）

# 人民生活

**【概况】** 2011年，全区农民人均纯收入达17162元,比上年增长17.1%,城镇居民人均可支配收入达36509元，比上年增长13.7%。收入结构逐步优化，非工资性收入保持较快增长，城镇居民人均财产性收入和经营性收入分别比上年增长35.2%和246.6%。生活质量进一步提高，城镇居民人均消费支出为22025元,较上年增长11.1%,其中食品支出7102元；农村居民人均生活消费支出为12164元,较上年增长19.6%,其中食品支出4232元。年末城乡居民人民币储蓄存款余额410.68亿元,比上年增长10.6 %。

（统计局）

**附表：** 城镇居民家庭基本情况

| | 单位 | 2011年 | 2010年 |
|---|---|---|---|
| 一、调查户数 | 户 | 120 | 70 |
| 二、家庭人口数 | 人 | 387 | 204 |
| 平均每户人口数 | 人 | 3.2 | 2.9 |
| 三、就业人口数 | 人 | 210 | 95 |
| #国有集体职工人数 | 人 | 77 | 27 |
| 其他各种经济类型单位职工人数 | 人 | 66 | 37 |
| 城镇个体经营者人数 | 人 | 21 | 5 |
| 城镇个体被雇者人数 | 人 | 28 | 6 |
| 离退休再就业者人数 | 人 | 12 | 2 |
| 平均每户就业人口数 | 人 | 1.8 | 1.4 |
| 平均每一就业者负担人口 | 人 | 1.9 | 2.2 |
| 四、平均每户居住面积 | 平方米 | 121.4 | 101.2 |
| 平均每人居住面积 | 平方米 | 37.7 | 34.8 |
| 五、房屋产权 | % | 100.0 | 100.0 |
| 租赁公房 | % | — | — |

续表

| | 单位 | 2011 年 | 2010 年 |
|---|---|---|---|
| 原有私房 | % | — | 7.1 |
| 房改私房 | % | 18.2 | 28.6 |
| 商品房 | % | 81.8 | 64.3 |
| 六、住宅建筑式样 | % | 100.0 | 100.0 |
| 四居室 | % | 5.0 | 7.1 |
| 三居室 | % | 32.2 | 41.4 |
| 二居室 | % | 56.2 | 41.4 |
| 一居室 | % | 2.5 | 5.7 |
| 平房及其他 | % | 4.1 | 4.4 |
| 七、饮水情况 | % | 100.0 | 100.0 |
| 自来水 | % | 100.0 | 100.0 |
| 矿泉水 | % | - | - |
| 纯净水 | % | - | - |
| 八、用水情况 | % | 100.0 | 100.0 |
| 独用自来水 | % | 100.0 | 100.0 |
| 公用自来水 | % | — | — |
| 九、卫生设备 | % | 100.0 | 100.0 |
| 有厕所浴室 | % | 100.0 | 95.7 |
| 有厕所无浴室 | % | — | 4.3 |
| 十、取暖设备 | % | 100.0 | 100.0 |
| 无取暖设备 | % | — | — |
| 空调设备 | % | 100.0 | 98.6 |
| 其 他 | % | — | 1.4 |
| 十一、炊用燃料使用情况 | % | 100.0 | 100.0 |
| 管道煤气 | % | 67.8 | 58.6 |
| 液化石油气 | % | 32.2 | 41.4 |
| 十二、每百户居民家庭通用设备使用情况 | | | |
| 1. 固定电话 | 部 | 121 | 110 |
| 2. 移动电话 | 部 | 262 | 199 |
| 3. 使用互联网 | 条 | 62 | 54 |
| 十三、每百户居民家庭耐用消费品拥有量 | | | |
| 摩托车 | 辆 | 6 | 11 |
| 洗衣机 | 台 | 112 | 111 |

续表

| | 单位 | 2011 年 | 2010 年 |
|---|---|---|---|
| 电冰箱 | 台 | 119 | 109 |
| 彩色电视机 | 台 | 213 | 207 |
| 家用电脑 | 台 | 150 | 103 |
| 组合音响 | 套 | 38 | 39 |
| 摄像机 | 架 | 19 | 11 |
| 照相机 | 架 | 96 | 84 |
| 微波炉 | 台 | 104 | 100 |
| 空调器 | 台 | 305 | 233 |
| 助力车 | 辆 | 91 | 87 |
| 家用汽车 | 辆 | 62 | 43 |
| 钢 琴 | 架 | 5 | 3 |
| 其他中高档乐器 | 件 | 17 | 4 |
| 淋浴热水器 | 台 | 127 | 113 |
| 健身器材 | 套 | 14 | 16 |
| 移动电话 | 部 | 262 | 199 |
| 消毒碗柜 | 台 | 17 | 19 |

（统计局）

## 城镇居民家庭全年主要消费品人均消费量

| | 单位 | 2011 年 | 2010 年 |
|---|---|---|---|
| 一、粮油类 | | | |
| #大 米 | 千克 | 44.2 | 46.0 |
| 面 粉 | 千克 | 3.0 | 1.6 |
| 食用植物油 | 千克 | 6.2 | 7.2 |
| 二、肉禽蛋水产品 | | | |
| #猪 肉 | 千克 | 25.2 | 24.1 |
| 牛 肉 | 千克 | 3.1 | 2.3 |
| 羊 肉 | 千克 | 1.0 | 0.5 |
| 鸡 | 千克 | 9.2 | 8.1 |
| 鸭 | 千克 | 1.8 | 1.4 |
| 鲜 蛋 | 千克 | 8.1 | 9.0 |
| 鱼 | 千克 | 14.9 | 16.2 |

续表

| | 单位 | 2011 年 | 2010 年 |
|---|---|---|---|
| 虾 | 千克 | 5.0 | 5.1 |
| 三、鲜 菜 | 千克 | 109.8 | 117.2 |
| 四、酒 类 | | | |
| # 白 酒 | 千克 | 1.2 | 0.6 |
| 果 酒 | 千克 | 0.3 | 0.4 |
| 啤 酒 | 千克 | 1.6 | 1.5 |
| 五、饮料类 | | | |
| # 碳酸饮料 | 千克 | 0.8 | 1.2 |
| 瓶装饮用水 | 千克 | 1.5 | 2.4 |
| 茶 叶 | 千克 | 0.3 | 0.2 |
| 六、干鲜瓜果类 | | | |
| # 鲜 果 | 千克 | 35.5 | 46.2 |
| 鲜 瓜 | 千克 | 11.7 | 13.9 |
| 七、糕点类 | 千克 | 8.1 | 3.8 |
| 八、奶及奶制品 | | | |
| # 鲜乳品 | 千克 | 22.2 | 14.1 |
| 奶 粉 | 千克 | 0.9 | 0.5 |
| 酸 奶 | 千克 | 6.6 | 4.8 |
| 九、衣着类 | | | |
| # 衣 着 | 件 | 9.3 | 8.3 |
| 鞋 子 | 双 | 3.1 | 2.9 |

（统计局）

## 农村居民家庭基本情况

| | 单位 | 2011 年 | 2010 年 |
|---|---|---|---|
| 一、调查户数 | 户 | 120 | 100 |
| 二、家庭常住人口 | 人 | 435 | 389 |
| # 在校学生人数 | 人 | 41 | 59 |

续表

| | 单位 | 2011 年 | 2010 年 |
|---|---|---|---|
| # 6~15 岁在校学生人数 | 人 | 26 | 26 |
| 1. 6 岁及以下 | 人 | 21 | 15 |
| 2. 7~15 岁 | 人 | 25 | 26 |
| 3. 16~18 岁 | 人 | 13 | 14 |
| 4. 19~22 岁 | 人 | 14 | 22 |
| 5. 23~25 岁 | 人 | 26 | 18 |
| 6. 26~30 岁 | 人 | 26 | 21 |
| 7. 31~40 岁 | 人 | 63 | 73 |
| 8. 41~50 岁 | 人 | 98 | 66 |
| 9. 51~60 岁 | 人 | 65 | 67 |
| 10. 60 岁以上 | 人 | 84 | 67 |
| 三、整半劳动力数 | 人 | 317 | 257 |
| # 男劳动力人数 | 人 | 167 | 139 |
| 整劳动力 | 人 | 203 | 166 |
| 受过专业培训的人数 | 人 | 141 | – |
| 1. 不识字或识字很少 | 人 | 2 | 2 |
| 2. 小学文化程度 | 人 | 68 | 48 |
| 3. 初中文化程度 | 人 | 153 | 102 |
| 4. 高中文化程度 | 人 | 41 | 53 |
| 5. 中 专 | 人 | 8 | 11 |
| 6. 大专及以上 | 人 | 45 | 41 |
| 平均每户整半劳动力 | 人 | 2.6 | 2.6 |
| 平均每个劳动力负担人口 | 人 | 1.4 | 1.5 |
| 四、农村住户就业劳动力人数 | 人 | 308 | 242 |
| # 男劳动力就业人数 | 人 | 167 | 137 |
| （一）劳动力就业行业分布 | | | |
| 1. 第一产业就业劳动力 | 人 | 28 | 13 |
| # 农 业 | 人 | 28 | 13 |
| 2. 第二产业就业劳动力 | 人 | 137 | 123 |

续表

| | 单位 | 2011年 | 2010年 |
|---|---|---|---|
| (1)工　业 | 人 | 122 | 106 |
| (2)建筑业 | 人 | 15 | 17 |
| 3. 第三产业就业劳动力 | 人 | 143 | 106 |
| (1)交通运输仓储及邮电通讯业 | 人 | 12 | 6 |
| (2)批发和零售贸易 | 人 | 15 | 19 |
| (3)住宿和餐饮业 | 人 | 8 | 2 |
| (4)居民服务和其他服务业 | 人 | 57 | 24 |
| (5)教　育 | 人 | 6 | 6 |
| (6)卫生、社会保障和社会福利业 | 人 | 4 | 5 |
| (7)文化、体育和娱乐业 | 人 | 1 | 1 |
| (8)其　他 | 人 | 40 | 43 |
| (二)劳动力就业地点 | | | |
| 1. 乡镇内 | 人 | 298 | 228 |
| 2. 县内乡外 | 人 | 10 | 12 |
| 3. 省内县外 | 人 | — | 2 |
| 4. 国内省外 | 人 | — | — |
| 5. 国　外 | 人 | — | — |
| (三)劳动力年内从事各种行业时间 | 月 | 2973 | 2520 |
| 1. 从事农业的时间 | 月 | 179 | 88 |
| 2. 从事非农产业的时间 | 月 | 2794 | 2432 |
| 五、平均每户经营耕地面积 | 亩 | 1.05 | — |
| 平均每户经营水面面积 | 亩 | 0.08 | — |
| 六、年内新建房屋面积 | 平方米 | 765 | — |
| #楼房面积 | 平方米 | 765 | — |
| 七、平均每户年末使用房屋面积 | 平方米 | 284.8 | 297.7 |
| 平均每人年末使用房屋面积 | 平方米 | 78.7 | 76.5 |
| 八、平均每人年末生产用固定资产原值 | 元 | 1965.2 | 1093.7 |
| 九、平均每百户生产用固定资产年末拥有量 | | | |
| 1. 机动脱粒机 | 台 | — | — |

续表

| | 单位 | 2011 年 | 2010 年 |
|---|---|---|---|
| 2. 水　泵 | 台 | 6 | 2 |
| 3. 汽　车 | 辆 | 4 | 1 |
| 4. 产品畜 | 头 | — | 1 |
| 5. 小型和手扶拖拉机 | 台 | — | — |
| 6. 农用动力机械 | 台 | 20 | — |
| 十、平均每百户主要耐用消费品拥有量 | | | |
| 1. 自行车 | 辆 | 176 | 194 |
| 2. 摩托车 | 辆 | 39 | 33 |
| 3. 摄像机 | 台 | 4 | 3 |
| 4. 电风扇 | 台 | — | — |
| 5. 洗衣机 | 台 | 101 | 105 |
| 6. 电冰箱 | 台 | 106 | 103 |
| 7. 抽油烟机 | 台 | 100 | 101 |
| 8. 黑白电视机 | 台 | — | 10 |
| 9. 彩色电视机 | 台 | 194 | 196 |
| 10. 收录机 | 台 | 6 | — |
| 11. 照相机 | 架 | 30 | 42 |
| 12. 吸尘器 | 台 | 48 | 39 |
| 13. 空调机 | 台 | 204 | 191 |
| 14. 热水器 | 台 | 98 | 103 |
| 15. 微波炉 | 台 | 99 | 100 |
| 16. 电话机 | 部 | 100 | 100 |
| 17. 移动电话 | 部 | 259 | 222 |
| 18. 家用计算机 | 台 | 79 | 68 |
| 19. 汽车(生活用) | 辆 | 28 | 19 |
| 20. 影碟机 | 台 | 43 | 37 |
| 21. 组合音响 | 套 | 3 | — |

(统计局)

# 度假区·开发区

## 苏州太湖国家旅游度假区

【概况】 苏州太湖国家旅游度假区是1992年经国务院首批批准建立的全国12个国家级旅游度假区之一。位于苏州市西南15公里处,东起胥口古镇,南倚石公山麓,西邻太湖,北傍穹窿名山,总面积160平方公里。2011年,度假区辖金庭镇、光福镇和香山街道,共22个村民委员会、8个社区居委会。全年实现地区生产总值50.05亿元,全口径财政收入7.77亿元,一般预算收入5.39亿元。接待游客684.87万人次,其中,国内游客673.04万人次,入境游客11.82万人次,过夜游客50.66万人次,旅游收入37.55亿元。 (度假区)

【重点项目建设】 推进太湖科技产业园、中央商贸区和金三角酒店区等功能载体建设。加大对文化论坛配套主题酒店、泰达宾乐雅酒店、中茵阿丽拉酒店、伍相园等在建项目的跟踪服务力度。推进中国工艺文化城等一批总投资超过200亿元重点项目的开发建设。太湖西山岛国际单车运动营地、中科院(苏州)绿色经济暨数据科学产业园区等项目前期工作有序开展。安洁科技成为度假区首家上市企业。全年完成重点项目投资20.26亿元,占全社会固定资产投资50.5%。

(度假区)

【基础设施建设】 完成长沙岛生化尾水组合湿地净化主体工程建设。加快推进光福污水处理厂迁(扩)建工程前期工作。完成蒯祥路以南区域的强弱电入地工程。完成广电、联通、电信、移动入地工程。初步完成蒯祥路以北区域电力、通讯规划方案。完成3条输变电高压线3.5万伏的新宁线,3.5万伏的藏香线和11万伏的阳蒋线结合孙武路改扩修同步施工完成。 (度假区)

【三点一核建设】 太湖科技产业园基础设施完成过半;科技研发大楼施工完成试桩;渔洋山"金三角"加速地块拆迁;度假区东入口土地已竞得,完成所涉地块拆迁,确定一级旅游集散中心方案;蒋墩核心中心商贸区所涉主干道调整到位,相关地块环境建设前期工作已经启动。 (度假区)

【招商引资】 全年完成全社会固定资产投资40.1亿元,同比增长20.1%。其中基础设施投资6.2亿元;房地产投资10.9亿元,增长13.3%。利用"度假区大阪事务所"等招商平台,寻求项目信息;策划和引进光福片区大型风情小镇旅游项目、西山片区新型旅游项目和中心区大型主题游乐项目;开展国内各类招商推介会、金秋洽谈会等活动,有针对性组织赴日本、美国、欧洲举办专题招商会。实现工业总产值60.9亿元,同比增长10.12%;工业产业销售收入59亿元,实现工业利税6.2

亿元。（度假区）

【旅游发展】 全年接待海内外游客685万人次，旅游收入37.55亿元，过夜入境游客6.42万人次，宾馆平均入住率39.02%。节庆活动丰富多彩。举行梅花节、开捕节以及太湖文化论坛首届年会，进一步提升国际品牌影响力。加快推进旅游标准化建设。建立健全旅游景区、企业相关标准制度。推进创星评A工作，加快香山国际大酒店、高尔夫酒店评5星和海鸥湖心岛度假村评4星步伐。（度假区）

【城乡一体化建设】 强村富农工程加快推进，农村经济平台有效拓展。度假区各类农村股份合作社发展增至64个，全年量化集体净资产7.7亿元，全年农民增收同比增长14.1%，人均收入1.54万元。新农村建设力度持续增加。完成农村疏浚镇村级河道39条21.56公里，清理池塘7个，土方46.57万方；改建闸2座，排涝站7座，拆除坝基4个，拆除老桥2座，新建挡墙1.76公里，泄洪沟4公里，建设生态河道1.79公里，新建河道绿化32.3公里，总投资1434.77万元。实事工程不断推进。加快推进香山幼儿园、金庭堂里小学扩建等实事项目建设。依托西山现代农业园区、香雪海花卉市场等载体，构建“一村一品”经济平台。启动中心区特色产业区规划，促进舟山核雕、郁舍书画等传统文化产业集中保护和发展。健全社会稳定风险评估机制，深入推进社会治安综合治理，严格落实安全生产责任制。和谐度假区建设不断发展。社会保障体系日益完善，就业保障工作取得成效。举办赴江西外出招工1期、度假区镇街道联合招聘会2期、党员专场1期，提供就业岗位2400余个，达成就业意向185人。（度假区）

【城乡规划展示】扩大规划覆盖面。做好覆盖环太湖252平方公里概念规划，引领环太湖一体化发展，优化城乡布局。重点做好光福、金庭两镇镇区之外建设用地控规，明确“一体两翼”战略发展格局。中心区完善城市功能，打造苏州现代湖滨旅游新城区。金庭片区侧重生态旅游，打造“中国内湖第一生态岛”。光福片区以太湖科技产业园、中国工艺文化城、香雪海景区为重要载体，打造“光天福地香雪海”名镇。积极开展总规修编。抓紧实施度假区中心区26平方公里总体规划修编工作，适度增加开发面积，拓展建设空间，全面展开实地调研等修编前期工作。做精重要节点规划。实施产业集群、集约、互补发展战略，重点推进度假区东入口、科技产业园等重要节点的城市设计和重大项目的规划设计。科技产业园、度假区东入口处、中央商贸区、金三角城市设计国际招标已经完成。规划展示厅制作。展示厅将建成用三维动画、二维平面动画和视频资料相结合展现度假区全貌和四大重点区域规划的度假区规划展示平台，设计、施工等工作已基本完成。高水准沙盘模型在太湖国际会议中心“2011经贸洽谈会”上成功展示。（度假区）

# 苏州吴中经济开发区

【概况】 苏州吴中经济开发区位于苏州城南，东枕京杭大运河，南连吴江市，西含石湖风景区，是江苏省首批13家省级经济开发区之一。规划控制面积150平方公里，2011年，开发区辖城南、越溪、郭巷、横泾4个街道，33个村（社区），年末户籍人口13.9万人。全年实现地区生产总值274.1亿元，工业总产值720.9亿元，第三产业增加值93.5亿元，其中地方一般预算收入27.4亿元，进出口总额57.4亿美元，完成全社会固定资产投资153.2亿元。（开发区）

【载体建设】 出口加工区、吴中科技园已建成各类创新载体累计73.6万平方米，在建面积29.9万平方米，其中新开工面积17.6万平方米。吴中科技园二期A楼开工建设，配套服务中心F楼、创业园B楼竣工，生活配套区雍景山庄即将开业。出口加工区二期基础设施建设全面推进，生活配套区二期、标准厂房二期全面竣工，天运广场一期封顶。（开发区）

【转型升级】 引进世界500强企业爱信汽车零部件及惠浦科技、商先创光伏、欣天科技等一批优质项目；中科院吴中生物医药研发中心等院地合作项目落户；天山新材料、汇川技术、卡尔冈炭素等一批重点工业项目陆续竣工、投产。产业转型加快推进。全年新兴产业完成产值156.2亿元，获评高新技术企业16家，申报省、市级科技计划项目32个，引进一批高端创业领军人才。苏州电科院在深交所成功挂牌上市。获批省级生态工业园区、苏州新型平板显示特色产业基地、苏州新材料特色产业基地。启动十大服务业集聚区规划建设，永旺梦乐城、苏州国际金融城、SM城市广场等一批金融、商贸项目开工开业。（开发区）

【城市建设】 投资7亿多元实施道路、绿化、亮化等市政、环境和基础设施工程建设，完成道路约25公里、新增绿化面积100万平方米，铺设污水管网26.3公里，河东污水处理厂3期建设和提标升级改造顺利推进。加快城南中小学及文体中心、越溪卫生院、郭巷第二中心小学等总投资约10亿元的一批实事工程建设。加快旺山国家5A级景区创建提升。优化配置公共交通资源，新开一批便民公交线路。（开发区）

【社会事业】 文化服务体系进一步健全，横泾文体中心主体工程竣工。社会管理成效显著，成立一批新型社区，探索网格化等社区管理模式，建成区级以上民主法治示范村（社区）30多个。城市管理更加整洁有序，集中开展水环境、市容市貌、城乡综合环境、重点公共秩序等专项整治行动。（开发区）

【民生保障】 城南中小学校等学校开工建设，苏大合作办学项目尹山湖中学签约。基本药物制度全面落实，越溪卫生院开工建设。社会保障体系日趋健全，新增企业职工社保扩面人数6100人。安置房建设加快推进，新开工建筑面积约150万平方米，开工建设2万平方米公租房。（开发区）

【城乡一体化】 2011年，开发区各街道、村（社区）二级集体经济总资产达到28.7亿元，稳定收入增加到2.36亿元。注册4.6亿元成立城南、越旺、尹山湖和滨湖4大集团公司。编制完成郭巷片区规划、吴淞江科技产业园控规等一批区域规划。城南建成区名宇商务广场竣工，白金汉爵、宝兴大厦加快建设，一批企业地块完成“退二进三”，实施城中村环境改造。越溪城市副中心吴中商务中心、天鸿大厦、塔韵大厦建成投用，翠湖湾大酒店开工建设。尹山湖·独墅湖双湖板块环湖基础配套设施建设加快推进，独墅湖湿地公园及沿湖景观工程竣工，运动公园管理用房开工建设，保利、万业等房地产和商业项目全面开工。郭巷北部片区改造全面推进。东太湖综合整治和滨湖新城规划建设推进，堤线调整一期16公里大堤主体工程竣工，土方二期工程、洪道疏浚工程加快实施。滨湖新城启动区控规及核心区城市设计完成编制。（开发区）

# 西山国家现代农业示范园区

【概况】 西山国家现代农业示范园区位于苏

州太湖国家旅游度假区金庭镇，是1998年经国家农业综合开发办公室国农综字〔1998〕53号文批准建立的国家级现代农业示范区，2003年12月4日通过国家农业综合开发办公室验收组验收。主要有高科技农业园、蔬菜基地、中科动物实验基地等项目。

（农业园区）

**【国家农业综合开发土地治理项目】** 2011年，新增国家农业综合开发土地治理项目一个，项目总投资316.11多万元，其中取得财政扶持资金252万元，实施地位于金庭镇罗汉坞、樟坞，包括对优质杨梅、青种枇杷的保护和推广。2012年度国家农业综合开发土地治理项目位于金庭镇林屋村，项目总投资395.66万元，建设内容为泄洪沟、蓄水池等水利措施和生产道路等农业措施。有效提高区域的防洪能力，提高灌溉保证率，完善项目区交通道路网，优化项目区果品结构，增加农民收入，改善农村生态环境。（农业园区）

**【科技攻关成果】** 2011年，农业园区下属中科动物实验有限公司共完成“非人灵长类动物资源研发平台”、国家火炬计划特色产业基地——新药研发公共技术服务平台、“江苏省动物实验开放服务中心”提升项目、姑苏创新创业领军人才计划四个重点科研项目。

（农业园区）

**【发展规划】** 邀请省农科院在空间、产业化上对园区进行规划定位。本次规划含西山全岛82平方公里，突出体现高新生态理念，并着力在资源整合、项目开发、载体建设、旅游发展和科研研发等方面实现新跨越，精心规划培育“一个中心三个示范区十二大基地”，即一个产学研中心；三个示范区：有机水稻示范区、特色林果资源示范区、高新品种培育示范区；十二大基地：以“一村一品”为载体，打造枇杷、杨梅、梨子、柑橘、草莓、桃子、板栗、银杏、葡萄、青梅、碧螺春茶叶和有机蔬菜等十二大现代农业茶果基地。（农业园区）

# 镇(区)·街道

## 木渎镇

【概况】木渎镇地处苏州城西5公里,东北接苏州高新技术产业区,西连胥口镇,南与横泾街道交界,辖藏书办事处。木渎镇是吴中区工业、商贸、文化、教育、旅游、交通重镇,素有"石雕之乡"、"书法之乡"、"民间艺术之乡"、"园林之乡"、"花木之乡"之称,是一个具有2500多年历史的江南名镇,享有"吴中第一镇"美誉。曾被评为"全国环境优美镇"和"国家卫生镇"。2007年,入选"中国最佳旅游去处"。2009年,被评为"全国特色景观旅游名镇"、市十大魅力旅游乡镇和省社区教育示范乡镇。 (木渎镇)

附表: 2011年木渎镇基本情况

| | |
|---|---|
| 总面积 | 62.28平方公里 |
| 耕地面积 | 10995亩 |
| 年末户籍人口 | 83435人 |
| 村委会 | 9个 |
| 居委会 | 11个 |
| 工业总产值 | 1681075万元 |
| 地区生产总值 | 932000万元 |
| 全口径财政收入 | 205272万元 |
| 地方一般预算收入 | 120413万元 |
| 粮食总产量 | 59吨 |
| 水果产量 | 120吨 |
| 内资企业 | 6104家 |
| 外资企业 | 211家 |
| 新增注册外资 | 7658万美元 |
| 年内到账外资 | 3008万美元 |
| 个体工商户 | 7804户 |
| 中小学校 | 10所 |
| 医院(卫生院) | 3家 |

(木渎镇、统计局)

**2011年各村基本情况**

| 村名 | 年末户籍人口(人) | 农村经济总收入(万元) | 农民人均纯收入(元) |
|---|---|---|---|
| 五峰村 | 5799 | 24233 | 20352 |
| 天池村 | 6415 | 11733 | 17625 |
| 善人桥 | 4405 | 19547 | 16688 |
| 尧峰村 | 4032 | 50232 | 20635 |
| 灵岩村 | 4032 | 2328 | 16152 |
| 金山村 | 4886 | 67360 | 29712 |
| 西跨塘 | 4795 | 64881 | 27329 |
| 天平村 | 5296 | 92305 | 21307 |
| 姑苏村 | 5717 | 44921 | 24766 |

(木渎镇、统计局)

【经济概况】 2011年,实现地区生产总值93.2亿元;实现国地两税销售收入210.8亿元,完成全口径财政收入 20.53 亿元,地方一般预算收入 12.04 亿元。城镇居民人均可支配收入 31295 元,农民人均纯收入 21182 元,城乡居民银行储蓄存款年末余额 85.1 亿元。新批外资项目 12 个,新增注册外资 7657.79 万美元,到账外资 3008 万美元;新增私营、内资企业 1955 户,新增注册资本 46.4 亿元;新增个体工商户 1841 户,新增注册资金 1.98 亿元。 (木渎镇)

**【三产贸易】** 旅游产业:推进藏书地区生态旅游发展和古镇核心地块综合开发,藏书230文化产业园投入使用。全年共计门票综合收入 2405 万元,接待旅客 100 万人次,完成集体经济收入 4956 万元。服务产业:凯马广场举办"苏州市第五届汽车节"和"苏州市第六届司机文化节",被列入"中国特色商业街区",实现税收超 1 亿元;藏书花卉苗木市场、山羊交易市场、香港街商圈等建设和招商紧凑进行。创新创意产业:枫路创新创意产业街区载体建设和招商工作进一步推进,现代电子、通讯、软件、动漫、创意文化等新兴产业规模日益显现,金枫路产业街区先后获得"江苏省首批科技企业加速器"、"苏州市首批文化产业示范基地"称号。吴中科技创业园被评为"两化融合示范园区",博济、东创被评为省级创业园。 (木渎镇)

**【城市建设】** 胥江城、中山广场(560 地块)等一批城市综合体项目的规划设计、产业定位相继完成并即将开工建设,苏州广电总台投资 20 多亿元的国际影视娱乐城正式开工;香港上市公司天虹百货入住新华广场并正式营业。 (木渎镇)

**【动迁回购及安置】** 加大企业回购力度,全年投入资金 8.4 亿元,回购企业 33 家,建筑面积 29.5 万平方米,整理土地 662.31 亩。推进城中村"留旧式"拆迁。全年完成评估 1524 户,签约 1223 户。安置房建设速度加快,全年交付安置房 2732 套。安置房精装修工作完成调研和样板房建设工作。 (木渎镇)

**【社会事业】** 社会保障事业。全年组织开展各类培训 789 人次,举办招聘专场 91 场,新增就业岗位 1312 个;办理农转城人员退休待遇手续 596 名,为 25053 名失地农民发放失地补偿费 3236.41 万元。22500 人参加农村合作医疗保险,3058 人参加少儿医疗保险,342 人参加城镇老居民医疗保险。对 2340 人发放镇级医疗保险补助金 143.86 万元;发放五保户、特困户、低保户、重症残疾人等弱势群体各类救助金 432 万元。

科教文卫事业。木渎实验小学幼儿园建设选址工作加快推进,瑞华双语学校改造工作即将启动,金山浜中学加快规划建设;木渎中心小学、木渎实验小学通过首批苏州市教育技术装备管理先进学校验收;藏书文体中心即将对外开放,社区文化阵地建设取得新进展,获得"全国社区教育示范乡镇"称号。举办有木渎特色的"青年歌手大奖赛"、"万名市民读书月"、"全面健身月"等各类文化活动 26 场次;在区首届全民体育运动会上表演 400 多人参加的太极拳节目。

社会综合治理。组建水环境监察中队,加大镇区排污企业的监管和河道水质的检测力度,河道水质基本变清。针对转型时期社会管理中出现新问题,坚持巩固"三化"管理成果,创新社会管理机制,深化"三化"管理内涵。以"2·28"火灾事故为反面教材,大力开展出租房、群租房安全以及外来人员和长包车、校车整治与管理。执行 24 小时安全执勤制度,大力开展"五黑六黑"和杂船清除、整治。2011 年,共取缔涉黑经营场所 40 处,关闭无证照经营 231 家,清退流动摊位 229 个,查处各类违规违章车辆 47 辆,疏导外来流动人口 6121

人。（木渎镇）

【重大节庆活动】 4月23日，木渎镇第三届万名市民读书活动月在木渎实验小学举行。本届读书月活动主题为“阅读·传承·升华”，即阅读经典,传承文明,升华思想。活动围绕“继承党的优良传统”、“传承优秀历史文化”、“建设木渎美好家园”三大部分举行。

8月5~7日,共青团苏州市委、苏州市青少年活动中心与木渎镇联合举办以“弘扬传统美德,构建和谐社会”为主题的苏州公民德行教育公益大讲堂。（木渎镇）

# 甪直镇

【概况】 甪直镇位于吴中区东部，北靠吴淞江,南临澄湖,西接苏州工业园区和吴中经济开发区,东接昆山市,辖车坊办事处。是一个具有2500多年历史的江南水乡古镇,文化底蕴深厚。镇内拥有保圣寺、叶圣陶纪念馆、万盛米行、沈宅、水乡农具博物馆、萧芳芳演艺馆、王韬纪念馆、出土文物馆等历史人文景观。甪直水乡服饰被列入国家非物质文化遗产名录。先后被评为中国历史文化名镇、全国特色景观旅游名镇、国家AAAA级旅游风景区、全国环境优美镇、全国首家通过ISO 14001环境管理体系认证的乡镇、江苏省卫生镇、江苏省百强乡镇和外向型经济明星镇。（甪直镇）

附表： **2011年甪直镇基本情况**

| | |
|---|---|
| 总面积 | 75平方公里 |
| 耕地面积 | 31421亩 |
| 年末户籍人口 | 64990人 |
| 村委会 | 16个 |
| 居委会 | 1个 |
| 工业总产值 | 1703130万元 |
| 地区生产总值 | 772660万元 |
| 全口径财政收入 | 121576万元 |
| 地方一般预算收入 | 52654万元 |
| 粮食总产量 | 6656吨 |
| 水果产量 | 444吨 |
| 水产品产量 | 5041吨 |
| 内资企业 | 2425家 |
| 外资企业 | 267家 |
| 新增注册外资 | 9085万美元 |
| 年内到账外资 | 4017万美元 |
| 个体工商户 | 5871户 |
| 中小学校 | 3所 |
| 医院(卫生院) | 10家 |

（甪直镇、统计局）

**2011年各村基本情况**

| 村名 | 年末户籍人口（人） | 农村经济总收入（万元） | 农民人均纯收入（元） |
|---|---|---|---|
| 淞南村 | 4195 | 71102 | 22005 |
| 淞港村 | 3101 | 110380 | 20178 |
| 淞浦村 | 2781 | 18352 | 16912 |
| 澄北村 | 2605 | 5532 | 14442 |
| 澄湖村 | 3450 | 16900 | 20392 |
| 澄东村 | 3596 | 7023 | 15992 |
| 甫南村 | 2818 | 15349 | 18378 |
| 甫港村 | 3789 | 9870 | 18218 |
| 甫田村 | 2803 | 64083 | 17793 |
| 江湾村 | 2787 | 8511 | 16226 |
| 前港村 | 2197 | 6086 | 15687 |
| 三马村 | 3386 | 6395 | 14943 |
| 湖浜村 | 2573 | 6334 | 15331 |
| 澄墩村 | 2729 | 7510 | 15433 |
| 长巨村 | 3920 | 7650 | 15623 |
| 瑶盛村 | 2663 | 6063 | 15481 |

（甪直镇、统计局）

**【经济概况】** 2011年，角直镇重点围绕精密模具、电子信息、新材料、装备制造等重点培育产业进行招商选资，全年新引进外资企业20家,增资企业19家。全镇累计注册外资企业275家，其中上市公司投资的有20多家，民营企业2350家。2011年全镇实现地区生产总值77.26亿元，完成全口径财政收入12.15亿元,实现地方一般预算收入5.26亿元,完成工业总产值170亿元，全社会固定资产投资15.79亿元。 （角直镇）

**【城镇转型升级】** 4个万亩现代农业示范基地启动建设，万亩水生蔬菜种植基地完成3条主干道路、机耕道路、沟渠泵房建设。水八仙鸡头米在农业部和中央电视台农业频道联合举办的魅力农产品评比中获得最具潜力奖。柳道万和二期、博克企业二期、天狮化纤、六源电子、巨福五金、凯菲尔酒店等8个区级重点项目顺利完工。豪利机械、德旺流体、苏州市再生资源角直产业园等项目加快推进。大新华物流产业园工程顺利竣工并投入使用。吴中国家科技创业园引进科技项目45个。以古镇文化旅游、现代商贸和房地产为主的第三产业规模不断扩大，实现产值35亿元。全年接待中外游客158.6万人次,实现接待收入1596.9万元。编制省级《江南水乡古镇手摇船设施和服务规范》,启动规划建设张省艺术馆、游客服务中心等旅游配套项目。 （角直镇）

**【城乡一体化】** 推进全镇水环境整治,2011年角直镇被授予“江苏人居环境范例奖”——水环境工程建设。完成对全镇327家企业生活污水接管任务；角直镇成为省内乡镇级首个循环经济发展规划示范镇。全面实施污水处理厂提标升级、中水回用、污泥固化处理等环保科研项目,15个村庄生活污水处理项目顺利完成。总投资1358万元完成绿化种植面积1263亩。推进龙潭居住区和黄溇、陶浜农民安置小区规划建设。《角直镇总体规划》、《中国历史文化名镇规划》通过省级论证,报省政府审批。控制性详规继续深化完善,角直镇城市形态规划取得初步成果。全镇规划建设成“四大板块”,即古镇旅游区板块、商贸服务区板块、宜居新镇区板块、高端产业区板块。 （角直镇）

**【实事工程】** 角直人民医院、角直敬老院、镇文体中心、黄娄安置小区等一大批基础设施及公共服务设施建设顺利推进。总投资7亿元的苏沪机场路改造已确定施工方案并加快实施沿路两边的征地拆迁及管线迁移工作；凌港路、田肚港路、车坊前港路等道路改造工程已基本完工；总投资2亿元的角直中学高中部异地建设工程前期准备工作顺利推进；总投资1000万元的河道整治等水利建设工程已顺利完工；车坊村村通公交等主要道路“美化、绿化、亮化”工程顺利结束;万亩水生蔬菜示范基地顺利推进。 （角直镇）

# 胥口镇

**【概况】** 胥口镇位于吴中区西部太湖之滨，东接木渎镇,西连苏州太湖国家旅游度假区，北倚穹窿山,南临太湖。先后被评为“中国书画之乡”、“中国文化(美术)产业示范基地”、“江苏省卫生镇”、“全国环境优美乡镇”。2005年,“香山古建营造技艺”被列入首批国家级非物质文化遗产。同时胥口是工业强镇，形成以电子信息、新型能源、机电制造、食品加工四大支柱产业,以“一山两河三带五园”规划为引领的经济、社会协调发展的现代新型城镇。 （胥口镇）

**附表：　　2011年胥口镇基本情况**

|  |  |
|---|---|
| 总面积 | 37平方公里 |
| 耕地面积 | 6495亩 |
| 年末户籍人口 | 31407人 |
| 村委会 | 6个 |
| 居委会 | 1个 |
| 工业总产值 | 2104308万元 |
| 地区生产总值 | 732115万元 |
| 全口径财政收入 | 124098万元 |
| 地方一般预算收入 | 60929万元 |
| 粮食总产量 | 834吨 |
| 水果产量 | 225吨 |
| 水产品产量 | 59吨 |
| 内资企业 | 1779家 |
| 外资企业 | 148家 |
| 新增注册外资 | 12080万美元 |
| 年内到账外资 | 5310万美元 |
| 个体工商户 | 2577户 |
| 中小学校 | 2所 |
| 医院(卫生院) | 1家 |

(胥口镇、统计局)

**2011年各村基本情况**

| 村　名 | 年末户籍人口(人) | 农村经济总收入(万元) | 农民人均纯收入(元) |
|---|---|---|---|
| 东欣村 | 4523 | 22250 | 19602 |
| 新峰村 | 4780 | 25142 | 17507 |
| 箭泾村 | 5627 | 21129 | 17626 |
| 采香泾 | 3866 | 28080 | 17935 |
| 合丰村 | 3302 | 23950 | 17826 |
| 马舍村 | 5762 | 25500 | 17024 |

(胥口镇、统计局)

**【经济概况】** 2011年，实现地区生产总值73.21亿元，完成全口径财政收入12.5亿元，地方一般预算收入6.09亿元，完成全社会固定资产投资28.17亿元。全镇工业总产值210.43亿元，完成工业固定资产投资18.2亿元。工业经济良性发展,规模效应不断扩大,全镇现有规模以上工业企业101家，实现产值163亿元。全镇新批及增资外资项目19只,新增注册资金1.3亿美元;新批及增资内资项目238只,新增注册资金15.7亿元;注册资金超亿元人民币的项目有6个，其中苏州新通洋商贸物流投资有限公司注册资金4亿元。重点项目有序推进,17只列入区级重点项目完成投资16.5亿元，其中苏州丰岛机械配件有限公司、苏州制氧机有限公司、苏州日中天铝业有限公司二期等项目超额完成投资并竣工投产。　(胥口镇)

**【实事工程】** 全镇各村开工建设标准厂房及物业用房7.7万平方米，新增农民投资1.06亿元;安置房建设有序推进,建筑面积10万平方米的吉祥二村安置小区主体工程封顶;文体中心新大楼、胥口第二小学及附属幼儿园和小学艺体馆土建工程加紧建设；胥口中心幼儿园加快规划设计;完成了东欣新村、顾家墩等15个自然村的农村生活污水接管工程和马舍村寺前、羊角2个自然村的新农村示范点建设；采香泾农贸市场升级改造工程通过验收；胥江运河入太湖口处驳岸改造工程完成,市镇段已开工;完成河道疏浚13.42公里,完成河道清淤12.89万立方,圩堤达标建设1.2公里。　(胥口镇)

**【“一山两河三带五园”发展战略】** 2011年，与中青旅集团正式签约合作，拓展胥口现代服务业，形成胥口独有的“一山两河三带五园”发展战略。一山指胥王山;两河指古胥江运河和一箭河;三带指胥江文化创意产业带、一箭河风情休闲旅游带、沿旅游专线现代商业服务带;五大产业园是指胥江工业园、太湖装备园、胥江一号文化创意园、胥王山现代农业园和养生基地、环太湖物流商贸园。

(胥口镇)

**【“CIS 创意空间”项目】** 5月23日,作为胥口发展文化旅游和文化产业代表的——“CIS 创意空间”项目正式完工。该项目是“胥江壹号文化创意产业园”开发建设的第一个项目,也是吴中区文化旅游与文化产业的重点建设项目。“CIS 创意空间”占地16700平方米,总投资约1500万元人民币。目前园内引进的项目主要有:藏汉文化交流中心、东南亚文化交流中心、中亚文化交流中心、美国新亚电视台影视制作基地、葛朝祉音乐纪念馆及葛毅音乐工作室以及十多个小型艺术创意工作室。

(胥口镇)

# 东山镇

**【概况】** 东山镇位于吴中区西南部,是太湖东南岸的一座半岛,与临湖镇接壤,三山岛和余山岛属于东山镇管辖。全镇盛产花果、茶叶、水产、蔬菜等特色农产品,是洞庭(山)碧螺春茶的原产地域之一。历史悠久、人文荟萃、古迹众多,境内拥有陆巷古村、雕刻大楼、古紫金庵、启园、三山岛、雨花胜境等名胜古迹,是国家太湖风景名胜区十三景区之一,先后被评为全国环境优美镇、国家4A级旅游景区、江苏省文明镇、江苏省环境与经济协调发展示范镇、中国河蟹之乡、中国历史文化名镇。2011年,全镇实现地区生产总值17.7亿元,全口径财政收入21674万元,完成地方一般预算收入10853万元。三山村可支配收入首次突破1000万元,跻身苏州市集体经济“百强村”行列。

(东山镇)

**附表: 2011年东山镇基本情况**

|  |  |
|---|---|
| 总 面 积 | 96.5平方公里 |
| 耕地面积 | 7110亩 |
| 年末户籍人口 | 52770人 |
| 村 委 会 | 12个 |
| 居 委 会 | 1个 |
| 工业总产值 | 320291万元 |
| 地区生产总值 | 176708万元 |
| 全口径财政收入 | 21674万元 |
| 地方一般预算收入 | 10853万元 |
| 粮食总产量 | 190吨 |
| 水果产量 | 13613吨 |
| 水产品产量 | 7740吨 |
| 内资企业 | 522家 |
| 外资企业 | 22家 |
| 新增注册外资 | 1050万美元 |
| 年内到账外资 | 310万美元 |
| 个体工商户 | 1939户 |
| 中小学校 | 4所 |
| 医院(卫生院) | 1家 |

(东山镇、统计局)

**2011年各村基本情况**

| 村 名 | 年末户籍人口(人) | 农村经济总收入(万元) | 农民人均纯收入(元) |
|---|---|---|---|
| 陆巷村 | 4926 | 12690 | 14754 |
| 杨湾村 | 3636 | 82040 | 21625 |
| 三山村 | 809 | 2995 | 23332 |
| 莫厘村 | 4485 | 12268 | 14624 |
| 碧螺村 | 4905 | 8310 | 15799 |
| 太湖村 | 2628 | 10073 | 17001 |
| 双湾村 | 3960 | 10728 | 14210 |
| 新潦村 | 4777 | 23241 | 16158 |

续表

| 村 名 | 年末户籍人口(人) | 农村经济总收入(万元) | 农民人均纯收入(元) |
|---|---|---|---|
| 潦里村 | 5036 | 13800 | 13936 |
| 渡桥村 | 3349 | 19467 | 17037 |
| 吴巷村 | 3253 | 17890 | 16421 |
| 渡口村 | 3269 | 32240 | 15015 |

(东山镇、统计局)

**【产业结构调整】** 推进工业经济发展，加快转型升级步伐，致力于招商引资、科技引领、扶优扶强、做优载体。全镇全年完成工业总产值32.03亿元、主营业务收入30.18亿元。东山精密成功上市，吸塑制品、宝丽洁日化等成长性企业前景良好。

进一步巩固农业基础地位。积极实施农业调优战略，加快农业综合开发和项目建设，茶叶、果蔬等主导产业比重逐步提高。占地1700亩的东山蔬菜园建成运营，成为设施栽培、新品种引进、新技术推广、合作经济的示范园区。果品产业结构调整步伐加快，3100亩杨梅园基本建成，7200亩白沙枇杷园、600亩余山岛果品园等示范基地规划实施。完成渡口村4000亩鱼塘改造。

进一步彰显文化服务功能。加快推进太湖山水、古镇古村、文化旅游、景区改造、休闲服务、房地产等项目开发建设。3.4平方公里的碧螺景区、1.8平方公里的三山岛、陆巷古村核心区保护开发等重点项目取得阶段性成果。余山岛生态旅游开发，西街历史文化街区改造等一批优质旅游项目正式启动。 (东山镇)

**【城镇建设】** 基础设施建设不断完善。2007年起开工建设全长26.2公里的环岛公路扩建工程，于2011年10月全面竣工。8月份起，环岛公路沿线345户民居统一按照苏式风貌进行立面改造，并对沿线破旧蟹棚、低矮房屋、废弃杂船等进行全面整治清理，恢复江南村落粉墙黛瓦的传统风貌，优化旅游整体形象。加快山区水利设施建设，铺设管网1万米，新建小型水库40座、排灌站4座，不断提升山区抗旱能力。基本完成整个东大圩4.9公里防洪挡墙建设任务，新修建一批防洪闸、排涝站。东山农贸市场综合改造全面竣工并投入使用。新农村设扎实推进。2011年，实现村级经济总收入5000万元、可支配收入2300万元。4个村被列为市级新农村建设示范村，2个村被评为市级先锋村。农村交通、电力、环保、卫生、水利、通讯、数字电视等事业不断发展。累计成立各类专业合作社46家，合作联社1家，入股农户8012户。生态环境保护成效明显。强化水污染防治，严格饮用水源地保护和建设项目环境管理。拆除东、西太湖网围养殖面积77377亩，退垦还湖面积12433亩。农村村庄连片整治项目有效推进，效果明显。科技工业园、沙滩山茶舫、三山岛等污水处理设施建设建成投用。全镇累计创建省级卫生村6个、生态村3个。三山岛湿地公园跻身国家级生态湿地公园（试点)行列。 (东山镇)

**【社会事业】** 加大教育基础投入，不断优化学校办学条件，全力提升学校办学档次。6个高标准农村社区卫生服务站相继建成。建筑面积3000平方米的镇文体服务中心大楼全面竣工投入使用。计划生育基本国策进一步落实，利益导向机制逐步完善，人口与计划生育工作成绩显著。社保覆盖面稳步提高。全镇9066名农民置换城保，退休养老金每月最低560元，9800名享受农村基础养老金人员每人每月提高到200元，415名被征地老年人员保养金每人每月提高到425元。756名患者享受到198万元年度医疗救助资金。249户580名困难群众纳入低保范围，城镇和农村低保标准实现并轨，提高到每人每月500元。东山镇敬老院易

地新建工程全面竣工投用。(东山镇)

# 临湖镇

**【概况】** 临湖镇地处吴中区西南部,东、西临太湖,南接东山镇,北邻木渎镇、胥口镇,辖浦庄办事处。2011年,以"临湖崛起"要求,全面走向"太湖时代"和东太湖苏州滨湖新城建设进程,加快"太湖美·临湖泉"品牌建设,做好"生态立镇、产业兴镇"建设,围绕"温泉产业园、装备科技园、现代农业示范园"三大产业园建设。临湖镇荣获"市城乡一体化改革发展先进单位"称号。(临湖镇)

**附表: 2011年临湖镇基本情况**

| | |
|---|---|
| 总面积 | 54.7平方公里 |
| 耕地面积 | 27105亩 |
| 年末户籍人口 | 42318人 |
| 村委会 | 12个 |
| 居委会 | 2个 |
| 工业总产值 | 606710万元 |
| 地区生产总值 | 342800万元 |
| 全口径财政收入 | 38730万元 |
| 地方一般预算收入 | 18827万元 |
| 粮食总产量 | 4682吨 |
| 水果产量 | 158吨 |
| 水产品产量 | 1871吨 |
| 内资企业 | 1239家 |
| 外资企业 | 40家 |
| 新增注册外资 | 1060万美元 |
| 年内到账外资 | 525万美元 |
| 个体工商户 | 2839户 |
| 中小学校 | 5所 |
| 医院(卫生院) | 2家 |

(临湖镇、统计局)

**2011年各村基本情况**

| 村名 | 年末户籍人口(人) | 农村经济总收入(万元) | 农民人均纯收入(元) |
|---|---|---|---|
| 前塘村 | 3795 | 7865 | 15469 |
| 牛桥村 | 5051 | 48122 | 16873 |
| 灵湖村 | 3331 | 15517 | 13387 |
| 采莲村 | 3911 | 39207 | 18120 |
| 石塘村 | 2745 | 4116 | 14995 |
| 石舍村 | 2443 | 3705 | 14977 |
| 陆舍村 | 2430 | 4285 | 13386 |
| 湖桥村 | 4604 | 9054 | 20800 |
| 浦庄村 | 3692 | 23405 | 16068 |
| 石庄村 | 2370 | 4098 | 17505 |
| 界路村 | 2911 | 5467 | 18780 |
| 东吴村 | 3060 | 26500 | 14060 |

(临湖镇、统计局)

**【产业结构出彩升级】** 推进全镇概念性规划研究、道路交通网规划和温泉产业、环太湖现代生态农业专项规划,以及湖桥村专项规划。全年注册超亿元企业13家,私营企业注册累计1127家,总注册资本突破64亿元。通用设备制造、电器机械、纺织服装、金属制品、批发、非金属矿物制品等七大行业产销快速增长。成功创建省级针织服装产业集聚监管示范区,三基铸装获国家科技重大专项扶持,完成进出口总额2.54亿美元,其中出口额2.28亿美元。(临湖镇)

**【城乡工程统筹推进】** 推进城乡一体化建设,加快环太湖现代生态农业产业带规划建设进度,加大农业旅游招商力度,发展生态农业、休闲农业、观光农业。深化合作经济改革,组建临湖集团,统筹镇村集体经济发展。全年镇村集体总资产17.52亿元,集体经济总收入1.4亿元,村均稳定收入超900万元。各村合作经济组织累计39家，“政社分离”实现全覆盖，全年分红856万元，农村人均纯收入16280元。湖桥村获得“省社会主义新农村建设先进村”称号。（临湖镇）

【民生保障成效显著】不断推进社会事业。开展“讲文明、树新风”活动；积极开展区级文明单位、省卫生镇、国家级生态村等文明创建活动，获得环保部正式命名“全国环境优美乡镇”。省优质幼儿园创建实现全覆盖，中学中考取得优异成绩。初步完成浦庄中小学校方案设计，文体中心二期即将投入使用。参与区首届全民运动会，取得团体总分第二、金牌总数第二的好成绩。石塘村张苏玲“换肾救夫、让幸福生活重回面临崩溃的家”感人事迹在吴中区获得首个“中国好人”殊荣。不断完善社会保障。全社会农村养老保险覆盖率100%，农村新型合作医疗保险参保率100%，全面完成失地农民农保置换城保，完成公积金扩面任务，政府全年用于各类补贴和保障的资金7667万元。浦庄、采莲、前塘安置小区一期全面竣工。不断加强社会稳定。荣获“2006~2010年全市法制宣传教育先进单位”称号，组织开展各类社会治安整治行动和“黄赌毒”专项整治行动，强化信访调解工作。加强食品卫生监督检测、交通安全执法和城镇秩序管理力度，做好重大动物疫病防疫，有效防范各类重大安全事故的发生。（临湖镇）

# 光福镇

【概况】光福镇位于吴中区西部，坐落于太湖之滨邓尉山麓，东接木渎镇，南连苏州太湖国家旅游度假区，西临太湖，北邻苏州高新技术产业区。苏福公路、230省道贯穿全镇，绕城高速途经镇东并设有光福互通。境内名胜古迹星罗棋布，是全国环境优美镇、江苏省历史文化名镇、江苏省卫生镇、国家AAA级旅游景区。邓尉香雪海是吴中有名的赏梅之地。（光福镇）

**附表：　2011年光福镇基本情况**

|  |  |
|---|---|
| 总面积 | 61.5万平方公里 |
| 耕地面积 | 20100亩 |
| 年末户籍人口 | 45965人 |
| 村委会 | 7个 |
| 居委会 | 3个 |
| 工业总产值 | 387603万元 |
| 地区生产总值 | 231502万元 |
| 全口径财政收入 | 26967万元 |
| 地方一般预算收入 | 16126万元 |
| 粮食总产量 | 719吨 |
| 水果产量 | 635吨 |
| 水产品产量 | 3211吨 |
| 内资企业 | 561家 |
| 外资企业 | 31家 |
| 新增注册外资 | 517万美元 |
| 年内到帐外资 | 874万美元 |
| 个体工商户 | 1768户 |
| 中小学校 | 4所 |
| 医院（卫生院） | 6家 |

（光福镇、统计局）

**2011年各村基本情况**

| 村名 | 年末户籍人口（人） | 农村经济总收入（万元） | 农民人均纯收入（元） |
|---|---|---|---|
| 迂里村 | 8393 | 21232 | 17902 |
| 府巷村 | 5493 | 21246 | 15461 |
| 福利村 | 7667 | 42900 | 18796 |
| 邓尉村 | 3327 | 8350 | 17382 |
| 香雪村 | 7310 | 14503 | 18377 |
| 冲山村 | 2848 | 7235 | 17672 |
| 太湖渔港村 | 4787 | 18474 | 16455 |

（光福镇、统计局）

**【产业结构升级】** 新兴产业加快发展，苏州安洁科技成功上市，重点企业得到长足发展，不二工机年产值突破11亿元。企业科技创新力度进一步加大，全年申报各类专利344项，其中发明专利75项。重点工业项目加快建设，化联高新二期新厂房建成投产，久王科技新厂房完成主体结构。文化旅游产业加速发展，中国工艺文化城一期建成开街，400余家商铺相继入驻开业。启动国家5A级景区创建工作，各项规划建设方案逐步完善。“太湖开捕节”、“太湖梅花节”等旅游节庆活动品牌进一步打响。香雪海探梅、渔家欢等特色旅游深受游客欢迎。北塘湾生态修复项目完成一期芦苇种植。红色旅游起步良好，新四军太湖游击队纪念馆全年接待人次达13.6万。房地产业在调控中平稳发展，锦泽苑二期、三期及邻里中心项目基本建成，上层9号二期开盘即告售罄，太湖山庄、雅园、福水湾等房产项目前期工作顺利推进。传统特色产业蓬勃发展。苗木产业发展继续趋好，全镇苗木交易开票额达5.89亿元，被授予“中国花木之乡”称号。玉雕、核雕、红木雕、佛雕等工艺雕刻发展形势良好，逐步向规模化、精品化方向发展。

（光福镇）

**【城镇综合环境优化】** 规划工作进一步完善。全镇土地利用总体规划修编完成并已实施，镇区外建设用地控制性详细规划和城乡一体化发展综合配套改革镇村布局规划方案通过专家论证。香雪海景区综合改造工程完成规划设计。华侨城项目选址红线基本确定。环太湖道路规划设计进一步完善。安置小区一期A、B区通过方案审定并已施工。新污水处理厂完成规划选址。沪光厂地块东崦景苑方案完成太建办选址审批工作。初步完成太湖科技产业园3个规划安置区交通组织设计和230省道苏福路交叉口景观整治方案。

基础设施建设稳步实施。绕城高速光福互通度假区连接线支线道路建成通车。福坤路北延道路建设进展顺利，福运大桥完成主体工程。金涧路西段改造建设完工。230省道福东路面沥青完成加固。完成上街综合改造，老镇区形象继续改善。铜观音寺景点周边立面改造初步完成。全镇道路的标志、标设和沿路广告设置进一步规范。

产业园拆迁安置局面打开。房屋拆迁平稳推进。至年底，完成民房评估817户、签约356户，企业评估38家、签约21家。安置房建设加快实施，福溪花园安置小区C区9幢2.8万平方米240套安置房全面竣工并交付使用，A、B两区9幢公寓房动工建设。第二安置区占地280亩，计划建设安置房93幢、总建筑面积28万平方米，土地指标、规划选址、建设方案已基本确定。

生态建设扎实推进。建成投运4个农村村庄生活污水处理设施，太湖市镇1000吨生活污水处理设施建成投用。新改建5座公厕，新建2座村级垃圾中转站。完成主要道路、老镇区的污水管网铺设，对25家企业污水处理设施实施整改，69家村级企业实施污水无害化处理。全年疏浚河道17条、9.67公里、13.78万方。城镇、道路、河道、村庄绿化建设稳步推进，全年完成绿化面积226亩。切实加强山体保护，对米堆山宕口实施复绿。全面完成杂船、沉船清理任务，清理船只42条。司徒庙古柏复壮工作按计划全面实施。（光福镇）

**【社会事业持续进步】** 惠民举措有效落实。全年开展就业、再就业及各类技能培训2373人次，举办专场招聘会10期，提供各类工种10余个，新增就业岗位879个。发放家电、汽车下乡补贴900余次、60万元；发放水稻直补、良种补贴、农资综合补贴三项129.05万元；发放柴油补贴1370.86万元。全镇年末金融机构居民储蓄存款余额26.8亿元，农民人均纯收入18186元。

社会保障深入推进。农村社会保险、城乡居民医疗保险参保稳定，失地置换城保后续工作井然有序，失地农民续保835人，办理城保退休641人。企业退休人员345人纳入社会化免费体检。加强劳动监察工作，全年走访企业248家，共受理举报投诉案件32起，与去年相比下降40%。按照应保尽保原则，全面落实低保及低保边缘工作，各类临时救助有效开展，全镇城乡低保对象308户、833人。镇慈善会积极开展助残、扶贫、救灾等各类募捐、救助活动，全年投入各类救助帮困资金近600万元。发放80周岁以上敬老金73.47万元，惠及1447名老年人。

社会事业全面进步。教育事业健康发展，完成苏州香雪海小学组建，中学中考考取四星级高中79人，中心小学学生研究性学习成果获苏州市一等奖。镇文体中心建成启用，新敬老院建设进入内部装潢阶段，卫生院移址新建工程已开工建设。镇村两级医疗服务体系进一步完善，府巷村社区卫生服务站建成市级示范社区卫生服务站。迂里村通过省级卫生村验收，冲山村完成省级卫生村复查。太湖渔港村通过苏州市健康先进村和“全国亿万农民健康促进行动”先进村验收。人口与计生管理工作扎实推进，突出“生育关怀，健康和谐”主题，切实做好育龄妇女优质服务和优生优育指导工作，全年下乡免费B超服务7750人次。群众性文化活动进一步丰富，组织开展庆祝建党90周年等多场群众文艺演出活动。开展“十佳幸福家庭”、“十佳好妈妈”评比活动，组建“爱心妈妈团”公益组织。镇机关档案室通过江苏省三星级档案室标准验收。

切实维护社会稳定。制订实施“六五”普法规划，推进村(社区)“五位一体”综治办建设，全年调解社会矛盾纠纷47起，成功率100%。稳妥处置8起集访事件，集体上访、越级上访得到有效控制。圆满完成太湖文化论坛期间社会维稳工作任务。加强技防设施建设，完善技防网络，促进人防与技防相互结合、协作，强化社会面巡防控制，积极开展重点区域、路段的治安专项整治活动。切实加强法轮功人员、精神病患者、吸毒人员等重点人群信息动态掌握和管控，各类违法犯罪活动得到有效预防和严厉打击。加强对音像店、游戏房、棋牌室等娱乐场所的管理，重点打击“黑网吧”等违法行为。深入开展酒后驾车等交通违法巡查活动。认真组织落实黑车专项整治行动。深入开展事故隐患排查治理和重点领域专项整治，加大对造粒行业和企业用电安全隐患治理力度，突出打击非法与违法的生产、经营、建设等行为，全年未发生重特大安全生产责任事故。加强农村建房管理，有效遏制各类违章建房。新建防火蓄水池3只、清除山林易燃覆盖物20万平方米，多年无较大森林火灾发生。征兵任务顺利完成。民族宗教事务有效落实，完成圣恩寺消防设施建设。

(光福镇)

# 金庭镇

**【概况】** 金庭镇位于吴中区西部，由西山岛及周围20多个太湖小岛组成，镇域总面积82平方公里，通过太湖大桥连结苏州太湖国家旅游度假区。盛产花果、茶叶，是洞庭(山)碧螺春茶原产地域之一。旅游资源丰富，西山岛为太湖国家风景名胜区AAAA级景区、国家森林公园、国家地质公园、国家现代农业示范园区。有“天下第九洞天”之称的林屋洞以及石公山、缥缈峰、明月湾等著名旅游景点。先后被评为全国环境优美乡镇、全国小城镇综合改革试点、江苏省历史文化名镇。

(金庭镇)

**附表： 2011年金庭镇基本情况**

| | |
|---|---|
| 总面积 | 82.36平方公里 |
| 耕地面积 | 11685亩 |
| 人口 | 44303人 |
| 村委会 | 11个 |
| 居委会 | 1个 |
| 工业总产值 | 96045万元 |
| 地区生产总值 | 138983万元 |
| 全口径财政收入 | 10071万元 |
| 地方一般预算收入 | 7168万元 |
| 粮食总产量 | 1627吨 |
| 水果产量 | 11485吨 |
| 水产品产量 | 4137吨 |
| 内资企业 | 403家 |
| 外资企业 | 20家 |
| 新增注册外资 | 19万美元 |
| 年内到帐外资 | 158万美元 |
| 个体工商户 | 1343户 |
| 中小学校 | 4所 |
| 医院(卫生院) | 1家 |

(金庭镇、统计局)

**2011年各村基本情况**

| 村 名 | 年末户籍人口(人) | 农村经济总收入(万元) | 农民人均纯收入(元) |
|---|---|---|---|
| 元山村 | 3668 | 3623 | 10905 |
| 蒋东村 | 3769 | 4503 | 13641 |
| 庭山村 | 3622 | 5343 | 14750 |
| 林屋村 | 4280 | 2745 | 14002 |
| 秉常村 | 4213 | 3998 | 11909 |
| 石公村 | 3095 | 4443 | 14356 |
| 东蔡村 | 3448 | 3325 | 11046 |
| 缥缈村 | 2938 | 2915 | 11789 |
| 衙角里村 | 3659 | 3013 | 11173 |
| 堂里村 | 2921 | 2901 | 12678 |
| 东村村 | 3662 | 4347 | 11827 |

(金庭镇、统计局)

**【实事工程】** 环岛公路建设进入实质性阶段，征地丈量到户率98%，丈量总面积2334亩，完成58处拆迁评估，确定管线迁移方案，搬迁坟墓650穴；水利建设全面加强，元山排涝站、白塔圩排涝站投入使用，完成全国第一次水利普查任务；完成桥梁检测20座，改建农桥6座；农村电网改造继续推进，投入资金943万元实施综合变农网改造，完成1343户用户的低压线路和表箱改造工作；完成镇夏、东河两个农贸市场改造，实施东蔡村、元山村路灯建设，扩建宝山公墓；绿化工作继续推进，完成植树造林100亩，丘陵山区林相改造30亩，砖瓦厂复耕372亩；河道长效管理继续落实，完成村庄河道疏浚7.15公里，新建生态河道1.5公里，清理生活池塘32只，整治杂船49条；环境卫生水平不断提高，新建健康教育宣传栏14处，新增垃圾桶120只，新建垃圾中转站3座，整修垃圾中转房5座，修复公共厕所1只，无害化改厕1100户；农村环境连片整治示范区项目建设全面推进，完成投资1200万元，建成村庄污水处理点15个，接管工程3个，铺设村级污水管网34.7公里；正荣自然村的重点村庄整治全面完成。森林防火设施不断完善，设置防火分控室，建成防火蓄水池2只、防火通道3.6千米，安装远程监控防火点8个。 (金庭镇)

**【社会保障】** 新增城镇保险扩面参保626人，部分失地农保置换城保1096人；就业渠道拓宽，全年新增就业811人，完成职业技能培训2513人，免费技能培训220人；民政优抚工作加强，共发放民政对象定期补助款164万元，发放优待金、代耕费54.3万元；发放18名退役士兵的安置费、生活费80万元；帮扶弱势群体，全年共发放低保金151万元，低保边缘补助103万元，五保户生活费42万元，重残人员补助124万元，春节慰问金74万元，物价补贴21万元。开展“我有困难我倾诉,我的困难党来帮”活动,为1035户生活困难户发放一次性生活救助金。制定老干部慰问制度,366人领取农村条线干部、生产队长生活补助费。开展“党员关爱基金”捐款活动,共计募捐160446元。（金庭镇）

**【科教文卫事业】** 西山中学中考成绩继续进入吴中区第一阵营；中心幼儿园顺利通过苏州市优质幼儿园验收。洞庭山碧螺春茶制作技艺成功申报国家非物质文化遗产，庭山碧螺春茶叶有限公司成功申报为苏州市非物质文化遗产保护示范基地。元山村、蒋东村顺利通过江苏省卫生村的复审验收；镇政府被评为“全国亿万农民健康促进行动”苏州市示范镇,7个村(社区)被评为“全国亿万农民健康促进行动”苏州市先进村,蒋东村、东村村被评为苏州市健康村。（金庭镇）

**【旅游产业】** 全年接待游客303万人次,门票收入3784万元,旅游综合收入17亿元。农家乐全年接待游客133万人，实现收入8500万元,解决农民直接就业1500人。国家5A级景区创建全面启动。景点建设加快,缥缈峰景区被认定为江苏省自驾游基地，明月湾古村被评为江苏省四星级乡村旅游点，暴式昭纪念馆被评为江苏省廉政教育基地。旅游节庆活动丰富,组织太湖梅花节、碧螺春茶文化旅游节等旅游节庆活动。（金庭镇）

## 长桥街道

**【概况】** 长桥街道位于吴中区中部，东傍京杭大运河,南临太湖梢,西接越溪街道,毗邻石湖风景区,北靠苏州城区。面积15.8平方公里，下辖9个社区居委会，年末户籍人口为20948人。历史悠久,底蕴深厚。有蠡墅古镇、宝带桥、石湖风景区等景点。2011年,实现地区生产总值42.32亿元,全口径财政收入7.15亿元,地方一般性预算收入4.26亿元,社区居民人均纯收入21778元。（长桥街道）

**【经济转型升级显著】** 以商贸、物流、投资、金融等为主的现代服务业加速集聚，全年实现三产增加值28.23亿元。新建成蠡盛大厦，成功引进阿里巴巴电子商务总部基地进驻。港龙总部经济园今年完现税收超2000万元。国发创投、恒润投资等投资型总部企业登记注册,港龙一期、二期项目进展顺利,港龙国际茶城项目成功推向市场，永诚国际项目已建成运营，香雪海购物广场于10月正式开业,逐步形成以现代办公、商贸物流为主的总部经济区。全街道完成专利申请409个,专利授权年累计249个，申报区级以上各类科技项目、技术产品32个,申报省级以上各类创新型企业5家，科技创新对经济增长的贡献率不断增加。（长桥街道）

**【城乡建设发展加快】** 完成新南新北地块拆迁。自2月16日启动,耗时150天,全部完成新南新北地块677户住宅、90家企业的签约工作。城市精品项目建成。蠡墅片区从南向北新建成香雪海购物广场、恒润大厦、永诚国际、蠡盛大厦等城市综合体项目,总建筑面积近40万平当米。在建的有港龙一期、二期,中天和景苑、旺吴金座等高端商务楼宇项目,总建筑面积达25万平方米。（长桥街道）

**【社会事业逐步完善】** 文教卫生事业持续发展。投资7000多万元的中心小学西扩工程,5月份已动工建设。投入60多万元装修天怡幼儿园一期,于9月份开园办学。长桥中学连续两年取得中考全区第四名的好成绩。在区首届全民运动会上,街道获得团体总分前十名,残疾人组金牌总分前二名的好成绩。劳动保障工作扎实推进。完成3679人“农置城”补缴工作,新增社保扩面700人,实现公积金扩面1198人。积极开展各类扶贫帮困和救助活动,发放各类补助100多万元。深入推进"平安长桥"建设,投资400多万元、1000多平米的综治中心完成主体建设,社会治安和信访工作得到进一步加强。社会管理不断加强和创新,清水湾、石湖嘉苑、金利花园合并成立长蠡社区居委会,天华苑小区成立天华苑社区居委会,社会文明和谐程度得到明显提升。

(长桥街道)

**【集体经济创新发展】** 7月,街道资产公司出资3000万、7个社区各出资1000万,注册成立长桥集团公司,下设房产置业有限公司。9月,长桥集团公司以1.16亿元成功竞拍原瑞红公司地块,拟建高26层、近3万平方米的综合型商务办公楼。资产公司拟投资1.5亿元建设2.66万平方米农贸市场项目,以及1.56万平方米、10层高的集宿楼地块综合楼。2011年,街道社区二级集体经济总收入2.6亿元,其中社区集体经济总收入1.7亿元,社区平均总收入超2400万元;二级集体总资产22亿元,净资产18亿元;其中,社区总资产15亿元,社区净资产12亿元,。

街道先后出台《关于规范农户入股及入股款管理的指导性意见》、《长桥街道吸纳农户入股实施方案》,规范投资性股份合作社运作机制,提高资本经营收益,不断提高户均分红水平。全年各社区发放物业和资产性股红2500多万元,农民人均纯收入达21778元。

(长桥街道)

## 郭巷街道

**【概况】** 郭巷街道位于吴中区东南部,东与东方大道相连,南接环城高速、苏嘉杭高速入口,西枕京杭运河、苏州市东环路,北连东南环立交入口,通达路连金鸡湖大道接苏州工业园区。尹山湖环湖为吴中区绿色生态次中心,集商贸中心、居住中心、生态休闲中心3大功能。街道总面积54平方公里,下辖14个社区居民委员会,2011年年末户籍人口41626人。全年实现工业总产值52.76亿元,地区生产总值30亿元。

(郭巷街道)

**【经济概况】** 年内,完成地区生产总值首次突破30亿元大关;完成全口径财政收入10.38亿元,完成工业总产值52.76亿元,利税总额8.23亿元;全年税收超千万企业8家,超500万元企业5家,超百万企业41家;新增注册内资项目188个,新增注册资本5.33亿元,增资项目15个,增资额6164万元,新增外资3个,增资额164.06万美元;农民人均纯收入17996元。

(郭巷街道)

**【实事工程】** 姜庄社区服务中心、戈湾社区服务中心建成启用;法律和综合治理服务中心全面完工;郭巷卫生院、郭巷第二中心小学开工建设;尹山湖经济服务中心、郭巷中心小学改扩建、郭巷中学迁建、敬老院和九里湖防洪水利工程的前期筹备工作进展顺利。注册资金2亿元的尹山湖集团有限公司正式成立,打造八大集体经济重点项目,包括尹山国际汽车城储展中心、金丝港工业小区标准厂房、国泰社区配套用房、尹山湖金融广场、湖滨社区配套用房、湖岸社区配套用房、尹东邻里中心、塘南邻里中心,总投入3.58亿元,总面积17万平方米。姜庄社区环境综合整治项目全面开工,包括道路改造、三线入地、技防监控、社区警务站、市民公园、广告整治、安全疏导点等7项内容。实施农村道路桥梁维修,社区绿化提升,电力改造等项目。尹东、尹山、官浦的老年过渡房建设加快推进,基本解决老年拆迁户的过渡问题。完成河道疏浚4条,共2.11公里。专项拨款为全街道9967户数字电视用户开通卫生健康、法治天地、考试在线等5个付费频道,对部分网络光缆进行扩容。

(郭巷街道)

**【社会事业】** 市镇服务功能提升。环卫站新增环境卫生设备、设施投入144万,完成压缩和清运垃圾5.7万吨。开展"五黑六黑"专项整治和"洁净街道·金秋行动",对"重灾区"进行拉网式清理。取缔黑网吧50家,收缴主机706台,取缔黑中介9家,黑诊所40家,无证废品收购点28家,地下加工厂34家,无证幼儿园1家。清除"城市牛皮藓"、乱涂乱花和污损外墙3700余平方,本色美术馆周边、独墅湖塘北小区、姜庄小区脏乱差面貌基本改善。南片区泔脚猪养殖专项整治全面完成,投入资金3000万元,南片区生态环境得到修复。

科教文体水平上新台阶。郭巷中学顺利通过苏州市首批"三会"学校复评,团体和个人荣誉共获162项;中心小学获得苏州市第六次教育科研先进单位;中心幼儿园获得"吴中区规范管理先进幼儿园"称号。在吴中区全民体育运动会上获得团体第七名。

医卫保障体系完善。举办"春风行动"大型招聘会4场,提供就业岗位4876个,援助失业人员实现稳定就业536人,完成各类城乡劳动者培训2899人次,完成社保扩面5155人,住房公积金扩面6520人,被征地剩余劳动力补缴6年社会保险4509人,全街道城乡居民医疗保险和学生医疗保险覆盖率和人员参保率均100%,结报和发放医疗保险、退休金和丧葬费共计约1269万元。获得"江苏省新农保经办管理服务示范街道"称号。郭巷社区卫生服务中心投入39.39万元增添新医疗设备,诊疗病人18万人次,发放各类健康处方资料6000余份,总收入2151.11万元。食品安全监督管理体系进一步完善,食品卫生监督采样率、家禽家畜防疫覆盖率、生猪屠宰检测率实现100%,全年无一例食品安全事故。

拆迁安置工作稳步向前。全年累计完成民房拆迁2200户,企业拆迁31家,完成公寓房安置1300套,共计10.3万平方米。斜港大桥重建工程地面清障工作完工,东环高架南延工程拆迁清障正在进行。 (郭巷街道)

## 横泾街道

**【概况】** 横泾街道位于吴中区西南部,北靠尧峰山、七子山,与木渎接壤,南临东太湖,东接越溪街道,西接临湖镇。总面积为53.39平方公里,辖5个行政村、4个社区,2011年末户籍人口30993人。境内自然环境优美、资源丰富,盛产太湖蟹、茶叶、葡萄、水八仙、富硒大米等。街道被列为苏州市城乡一体化综合配套改革试点先导区,是吴中经济开发区的重要板块之一、吴中区太湖现代农业示范园的重要组成部分、滨湖新城建设的重要组团。初步形成机械制造、生物医药、电子产品、精密加工、针织服饰、彩印包装、现代木业等十大工业产业格局。 (横泾街道)

**【经济建设】** 2011年,完成地区生产总值22.6亿元,财政收入4.1亿元,工业总产值48.6亿元,第三产业增加值9.03亿元,街道、村(社区)二级集体稳定收入7375万元,农民人均纯收入16847元。全年完成固定资产投资5亿元,新增内资项目127个(含增资项目)、注册资本4亿元、总投资6.4亿元。投资超7000万元、建筑面积4.4万平方米的工业坊二期标准厂房开工建设;投资2000万元新整理土地近1500亩全部种植水稻。成立注册1.5亿元的苏州市滨湖集团有限公司,投资建设和实施横泾农贸市场、工业坊厂房、滨湖大厦和资产回购等工作。 (横泾街道)

**【城乡一体化建设】** 新成立2个农村股份合

作社,全街道23个各类经济合作社预计全年合作总收入7688万元,可分配收入3424万元,社员分红1528万元,户均分红2183元。投资1300多万元的上巷社区服务中心落成启用。全面实施横泾街道城乡综合环境提升工程,集中开展水环境整治、重点村庄整治、水面杂船和畜禽养殖整治、市容环境整治、重点公共秩序整治和农村环境长效管理等专项行动。新建生态林567亩,完成12条河道疏浚任务,整治黑臭河道6条;投资700多万元新建12个农村生活污水处理工程,完成2100米城南污水处理厂配套管网建设,完成110家工业企业污水接管整治任务,街道获市镇村生活污水治理先进单位;投资近200万元,改造农村危桥9座。新齐村被评为市“环境连片整治示范村”,林家浜村庄整治获全区评比第一名,生态河道建设被列为全市农村水利建设现场会示范点,新路村创建国家生态村通过省级验收,街道获区“城乡一体化工作推进奖”。 (横泾街道)

【社会事业】 拆迁工作。配合滨湖新城规划建设和吴中经济开发区开发建设,全年共计农户签约数233户,拆除数210户。新思家园二期、尧南泥土桥等重点地块已全部完成农户拆除任务;新湖自建区、东太湖整治工程、光华产业园等项目建设涉及附着物清障工作全部完成。全年共开工建设安置房11.5万平方米,总投资4.7亿元;完成长远小区总证办理工作,共办理安置房两证82户;新湖自建区除部分桩基工程外,公建设施基本完成,安置渔民120户。

民生事业。参加就业培训1657人,推荐失业人员实现稳定就业160人,城保扩面净增637人,住房公积金扩面完成702人;完成合作医疗保险18501人、少儿医疗保险1303人,应保参保率100%,全年医疗救助金额241万元;共办理低保户161户、486人,办理低保边缘315人。实施横泾中学综合楼装修工程;农村卫生服务体系逐步完善,齐路社区卫生服务站获市示范社区卫生服务站,4个村通过市健康村验收;街道被评为苏州市社区教育示范街道。尧南社区被评为“计生系统省级示范会员之家”、“市计生工作先进集体”,新路村和横泾卫生院获区“十一五”期间计生工作先进集体。

文化建设。街道办事处等12个单位被评为区文明单位,全年共举办各类大型文体活动近30次,街道“家庭小书房”建设入选苏州市精神文明建设工作创新奖;横泾健身舞队代表吴中区参加苏州市决赛;创作节目《太湖,我心中的眷恋》获市优秀创作奖和表演奖;《横泾新民谣》获省“和谐社会、魅力社区”社区教育系列活动优秀奖;好玛特广场被评为全省优秀群众体育健身活动站;横泾小学《种子》专题片获第三届中国校园电视节金奖,并入围金犊奖最佳编剧奖提名。

社会管理。组建新思家园管理办公室,规范农村建房管理和集体土地管理,集中开展处置安全隐患、取缔无证无照、规范私房出租专项整治行动。新齐村被评为省“和谐社区建设示范村”。上林村“变上访为下访”工作机制在全区推广;高度重视安全生产工作,森林防火、企业安全生产、动物防疫、食品安全卫生、和谐劳动关系建设等工作。街道被评为市森林防火先进集体、区“平安吴中”建设先进集体,获区“综治工作创新奖”,横泾司法所通过“省优秀司法所”验收,长远等4个村(社区)获区“五星级村(社区)五位一体综治办”荣誉。 (横泾街道)

## 越溪街道

【概况】 越溪街道位于吴中区西南部,地处吴中越溪城市副中心中心区,东与吴中经济开发区东吴工业园接壤,西至尧峰山,南临东太湖,北靠上方山。总面积约48.8平方公里,辖9个社区居委会,2个村委会,年末户籍总人口38546人。2010年,旺山景区被评为国家AAAA景区。境内有苏州国际教育园、旺山高科技工业园、旺山生态农庄、苏州吴中经济开发区行政大楼,成为苏州城南的政治、经济、文化中心。（越溪街道）

**【经济建设】** 2011年，完成地区生产总值14.26亿元，地方一般预算收入7.68亿元,工业总产值38.6亿元，第三产业增加值5.3亿元。街道和社区(村)两级集体总收入10380万元,其中街道集体收入4800万元,村级集体收入5580万元，社区（村）均稳定收入697.5万元。完成溪东农贸市场、富民工业园等五大项目、11.7万平方米载体建设;开工建设越旺智慧谷A区、C区、公共租赁用房等八大项目、13.96万平方米载体。全年新增注册内资企业158家,注册资本10.3亿元,投资总额11.4亿元。永旺梦乐城、AW爱信精机两大世界500强企业进驻越溪;电科院成功上市;南苏州生活广场SM百货正式开业;四星级度假型酒店项目雍景山庄、威联豪生酒店、百盛天地加快建设。（越溪街道）

**【拆迁安置】** 推进吴山、溪上、龙翔和旺山等重点板块拆迁,全年拆除农户、店面房和企业229户,区机关停车场、吴山莫家角、文溪花苑三期、原区福利院、科技园二期、龙翔工业小区、老中学等七大地块全面交地。安置问题逐步解决,安置门面房46户、公寓房210套,基本完成A1地块、建材市场(吴中大道路北)、吴山街延伸和文溪花苑二期安置。

（越溪街道）

**【社会事业】** 组建龙翔、珠村、溪上、莫舍和吴山社区股份合作社,8个社区(村)分红800万元。龙翔、珠村社区服务中心启用。新越溪卫生院开工建设。以越城路、溪翔路等主干道为重点,开展“百日整治行动”。实施溪东新村一区绿化工程、溪东四区“三线”入地工程和文溪花苑天然气改造工程,完成龙翔黄泥、庄马、珠村前珠、张桥南浜和旺山村庄综合整治。清淤河道4条,改造污水管道10.2公里,清理杂船371条。全年完成社保扩面1926人，被征地剩余劳动力补缴养老保险3455人,失业人员稳定就业272人,低保户79户、低保边缘户219户。全年累计接处警7011起，妥善处理各类矛盾纠纷、来信来访259件,开展安全检查25次。旺山村获评“全国文明村”。（越溪街道）

**【景区建设】** 开展2.8公里生态大道沿线绿化、三线入地、32户农房外立面改造、游客中心提升及钱家坞环境综合整治等工程。依照“慢生活”旅游开发构想,推进精品茶博园、书画创作展示馆、卡通游乐园、农家住等四大精品项目,打造旺山全新品牌。2011年景区共接待游客91万人次,完成旅游总收入2.3亿元。

（越溪街道）

# 城南街道

**【概况】** 城南街道位于吴中区南部，东起京杭大运河,西至友新高架,南与吴江市接壤,街道设13个社区，18个自然村,55个居民小区，区域面积约17.5平方公里,2011年末户籍总人口31167人。辖区内高端产业集聚化程度提高，有18个国家和地区投资企业2000多家。投资领域涉及精密机械加工、电子及I T产业、新型建材、精细化工、生物制药、轻纺服装等行业。2011年,城南街道再一次被苏州市评为红旗街道，成为苏州市唯一获得“七连冠”的单位。（城南街道）

**【经济概况】** 年内，完成地区生产总值13.12亿元，工业总产值37.3亿元。引进注册项目109个,注册资金8.09亿元。全年完成三个重点企业“退二进三”项目,拆迁资金4.4亿元,涉及土地360亩；利用苏州轨道交通2号线和4号线贯穿龙南、新江、宝带桥、红庄四大区域,积极发展楼宇经济。（城南街道）

**【民生工程】** 2011年,新江、宝带桥、龙南三个社区,对迎春家园、下田村、塘湾里等自然村庄进行集中整治,改造设施,修复路面,粉刷墙面,投入金额超600万元;东湖社区新建停车场2000平方米,新建农民公园一座。全年街道“五险”累计参保人数55394人,全部完成农保置换城保工作,实现社会全覆盖。街道对贫困户、孤寡老人、残疾人、军烈属等发放抚恤、定补经费25.07万元，对53户低保户,87户低保边缘户实施低保救助,共发放低保金63.8万元。2011年，城南街道被评为2007~2010年度全市平安苏州建设先进集体,2010年度全市社会治安平安街道。

（城南街道）

**【实事工程】** 城南集团公司正式成立；城南大厦和宝龙工业园相继开工建设;城南中学、小学、幼儿园、街道文体中心通过规划论证,于2011年10月份正式开工建设；碧波实验小学综合楼和友谊小学改造工程正在进行中。（城南街道）

**【市容环卫杯竞赛】** 第四届中心城区市容环卫杯竞赛活动于10月25日完成全部赛程。整个活动共清运垃圾4.5万吨,疏通河道7.5公里,清理淤泥12万方,清理乱涂乱贴2万平方米,更换垃圾桶1500多只,重建垃圾厢30只,增补绿化67.5亩,拆迁安全隐患广告103处,修复广告15处,面积达1000平方米。此次市容环卫杯竞赛活动，城南街道被市区二级评出作业能手32人,作业标兵15人,优秀工作者5名。（城南街道）

# 香山街道

**【概况】** 香山街道位于吴中区西部，东靠胥口镇,西南临太湖,北与光福镇交界。总面积25.37平方公里,辖4个社区居委会、4个村委会,2011年末户籍总人口21236人。全年,实现国内生产总值13亿元,全口径财政收入完成 4.07亿元，地方一般预算收入完成3.2亿元,工业总产值12.55亿元,工业销售收12.05亿元,新增企业27家,注册资金8.4亿元,旅游人数178.4万人次，全社会固定资产投入15.64亿元。（香山街道）

**【社会事业】** 完善社会保障事业。全年发放失地补偿金、养老人员生活补贴、拆迁户生活补贴、临时安置补助费,上划农保、城保及医保三大保险资金约1.4亿元。举办招聘会14期,新增就业岗位852个,举办技能培训1213人次,发放各项救助金136.73万元,发放补助金、优待金和退役士兵安置费等123.13万元。

推进基础设施建设。投资45万元完成舟山花园便道拓宽工程;投资15万元建设舟山花园临时菜场；投入4689万元、2.25万平方的香山中学土建工程，已全部竣工；投资25万元建成的2000平方香山花园公交停车场已投入使用;投资约40万元对村庄加大整治力度；投入45万元完成防火通道6公里,面积约20亩的覆绿工程;投入20万元,义务植树550株,面积11.74亩;投入5万元建造舟山花园400米便道绿化工程;投入人力10000多人次,资金约320万元,完成水风车至吕浦闸、长沙岛、叶山岛所在水域的杂船整治工作,对沿湖水域违章搭建进行清理拆除,对河堤受损绿化、景观进行修复整治，种植芦苇

600平方,草坪1500平方。

盘活集体经济资源。2011年,借助街道集体资产经营公司和物业股份合作总社,组建香山集团有限公司,充分发挥资金、资产、资源“三资”的内联功效,筹建香山物业管理有限公司、香山文化产业发展有限公司、香山生态农业发展有限公司、香山城乡一体化建设有限公司等四家公司。

紧抓拆迁安置工作。全年共评估1842户、签约650户、拆房438户。全面完成舟山花园二期二区三区地块、香山中学地块、香山北路地块、文化论坛周边地块的拆迁任务。全面部署舟山花园一期后15幢多层安置房建设,舟山花园二期8幢小高层安置房建设,舟山花园二期二区的建设;推进建设舟山花园礼事礼堂、临时菜场、商业用房等公建配套设施。 (香山街道)

**【舟山核雕村建设】**2008年核雕技艺被国务院正式公布为第二批国家级非物质文化遗产保护目录。2011年3月5日全国“两会”期间,“国家非物质文化遗产——苏州缂丝、核雕作品晋京展”在北京爰慕美术馆开展。借助舟山核雕品牌优势,充分发挥舟山核雕行业协会职能,团结185位核雕技师,筹划“中国核雕第一村—苏州舟山村”建设,将核雕村全面打造成以核雕为核心,以旅游购物、休闲观光、户外活动、商住餐饮、生态农业等为一体的旅游综合体,目前已创造3000多人就业、实现年收入超1亿元。 (香山街道)

# 苏苑街道

**【概况】** 苏苑街道位于苏州市区南大门,是吴中区委、区政府所在地,东临京杭大运河,南至澹台湖,西濒西塘河,北隔润长河与苏州市沧浪区相毗邻,面积约4平方公里,下辖11个社区居委会,年末户籍人口29829人。

(苏苑街道)

**附表: 2011年苏苑街道各社区基本情况**

| 社　区 | 住宅楼（幢） | 户数（户） | 常住人口（人） |
|---|---|---|---|
| 南　区 | 70 | 2437 | 6033 |
| 北　区 | 121 | 3857 | 9165 |
| 苑　东 | 65 | 1610 | 2418 |
| 苑　南 | 70 | 2157 | 6522 |
| 西　塘 | 60 | 2055 | 4606 |
| 南　巷 | 41 | 1080 | 3090 |
| 月　浜 | 57 | 1265 | 3362 |
| 宝　带 | 129 | 1014 | 3214 |
| 澹台湖 | 39 | 926 | 2700 |
| 东吴花园 | 58 | 1200 | 3446 |
| 嘉宝花园 | 72 | 1553 | 5331 |

(苏苑街道)

**【街道各项建设】** 辖区环境建设展现新面貌。全年共完成166户居民住宅、6家集体单位的拆迁工作,拆迁面积3.1万平方米;完成对东吴村、东吴花园等5个小区的改造工作;开展对西塘北巷11号、月浜一村、二村、苏苑公园、东苑路38号等零星整治工程。

社区建设呈现新亮点。选址新建嘉宝花园社区文体活动中心,对南巷社区办公场所进行置换,对宝带、西塘、东吴花园、月浜等社区的硬件设施进行改造和完善,扩建、增建一批办公和文体活动场所,苏苑社区卫生服务站正式投入使用。

社会事业开创新局面。加大对弱势群体救助力度,街道民政办被评为“区人民满意基层执法站所”;创建苏州市首批残疾人精神文化社区,设立流动社区“120救护站”,为残疾人提供便利服务;南区、苑东社区创建区级“科普惠民服务站”,月浜社区被评为省“社区商业示范社区”。

平安建设展现新成效。落实社会治安综合治理责任,细化外来人口管理机制,制定对治安重点区域和突出问题的综合整治实施方案。加强对在建工地、在建项目、特殊项目、特殊经营地的检查。推进“三项排查”,完善调解组织网络,健全大调解工作机制。开展法治建设先进社区创建活动,11 个社区全部通过市级民主法治社区验收。　（苏苑街道）

# 龙西街道

**【概况】**龙西街道位于西塘河以西,西接友新路横塘分界处,南邻长桥运河,北至湄长河,面积约 3.25 平方公里,辖 9 个社区。年末户籍人口 48210 人。　（龙西街道）

**附表:2011 年龙西街道各社区基本情况**

| 社　区 | 住宅楼（幢） | 户数（户） | 常住人口（人） |
|---|---|---|---|
| 水香苑 | 80 | 2656 | 6108 |
| 吴中苑 | 69 | 2065 | 4247 |
| 新景苑 | 102 | 3012 | 5788 |
| 龙　苑 | 56 | 2317 | 4035 |
| 龙华苑 | 75 | 2102 | 4653 |
| 盘蠡苑 | 94 | 2328 | 5396 |
| 新　苑 | 80 | 3022 | 5020 |
| 美之雅 | 305 | 3211 | 7330 |
| 城西苑 | 79 | 3121 | 5633 |

（龙西街道）

**【落实惠民工程】**　投入资金 2000 多万元,完成水香七村、吴中西路 285 号盘蠡苑小区、龙西新村 1~10 幢老新村综合改造,工程惠及 47 幢住宅楼、1600 户居民,改造面积约8 万平方米。投入 100 多万元对零星小区增添停车位、景观改造和道路维修等,改造美之国小区河道驳岸,新增新景苑社区 400 平方米居民活动用房。加强小区环境卫生日常督管,每月组织两次环境卫生大检查和两次整改复查,各社区实行分片包干制;投入 30 多万元进行楼道乱涂乱贴、卫生死角等环境专项整治,完成全国文明城市复评迎检工作。　（龙西街道）

**【完善服务功能】**　组织开展 70 余次科普、健康、安全、法治、计生、环保等各类宣教服务活动,实行错时工作制、预约服务制、上门服务制等便民服务工作举措。

开展街道社区服务品牌创建活动,打造街道“福润万家”特色服务品牌,形成“百姓驿站”、“幸福港湾”、“一点连八线”等服务品牌。

关爱弱势群体,进一步完善生活救助、医疗救助、教育救助、社会救助服务体系,为辖区 100 余户低保户、困难户、残疾人员家庭发放各类补助金、慰问金 71.42 余万元,为 20 名贫困学生提供助学金 4.2 万元,为 23 户低收入家庭申办保障性住房,为 92 名残疾人申办免费公交爱心卡;发放优待金、安置费等 35.58 余万元。

强化街道、社区二级劳动社保网络动态管理,办理就业失业登记证 615 人,新增就业岗位 786 个,为 102 名失业人员提供免费技能培训;办理居民和学生医疗保险 1041 人;办理劳动合同电子申报 1860 人;用人单位书面材料审查 70 家企业,调解劳资矛盾 18 起,涉及金额 11.2 万元。

人口与计划生育工作,为 209 户退休人员家庭发放独生子女奖励金 74.24 万元,办理独生子女证 148 份,再生育审批手续 36 份,新建育龄妇女信息管理卡 1008 份。

（龙西街道）

**【优化人文环境】**　整合邻里互助卡、党员义工社、便民服务网点、文明交通执勤等志愿服务平台,开展社区志愿服务活动;举办“吴中发展我成长”主题作品展、建党90周年集邮展、红色经典金石作品展等文化展览;举办“党的旗帜高高飘扬”纪念建党90周年大型广场文艺晚会,评选表彰10名“幸福龙西建设带头人”和10名50年党龄老党员代表;举办科普展览、红歌比赛、心理健康讲座、评弹专场等文化活动;培育管理枫林之声合唱团、服饰表演队、拳操队和民乐队等50多支群众性文体团队;组织辖区未成年人举办七彩夏日、“好书点燃梦想·悦读传扬风尚”阅读节活动。（龙西街道）

【维护社区稳定】 进一步建立完善“党委领导、政府负责、社会协同、公众参与”社会管理格局,在各社区建立社区党组织、居委会、业委会、物业公司“四位一体”社区管理机制;在老新村改造中实施技防改造,增设电子监控探头、监控机房和电子防盗门;加强对社区联防人员、民兵应急分队、户口协管员的管理,培训小区保安、门卫,提升安全防范技能,确保24小时巡防值班;建立完善社区110志愿者和义务护楼哨队伍,构建社区群防群治网络;加大信访调解工作力度,全年共办理各类信访218件,调处各类矛盾纠纷113起,办结率和调处率均100%,接待群众566批次2076人次,防止群体性上访1件6人;大力抓好安全工作,联合工商、城管、联防等职能部门对重点场所、重点单位进行安全大检查,做到连续8年无重大安全事故发生。（龙西街道）

# 穹窿山风景管理区

【概况】 穹窿山风景管理区位于吴中区西部,西临太湖,南接胥口镇,东、北连木渎镇,区域面积近18平方公里,辖穹窿、接驾2个社区,2011年末户籍总人口4954人。境内有国家森林公园、穹窿山、小王山等,是一个具有2500多年历史的名胜景区。2008年创建国家AAAA级景区。一个集兵圣文化、宗教文化、历史遗存、农家休闲、农村生态于一体的大旅游景区逐步成形。工业总产值9.7亿元,全口径财政收入0.3亿元,一般预算收入0.14亿元。（穹窿山景区管委会）

【景区景点建设】 穹窿山风景管理区集体资产经营公司和穹窿、接驾社区股份合作社共同出资,成立穹窿山风景管理区集体经济发展集团公司,注册资金5000万元,下设旅游农业有限公司、园林绿化有限公司、物业管理有限公司、房地产开发有限公司4个子公司。对现有集体房产合理规划,翻建、扩建、新建三产服务用房。开发特色旅游纪念品,开发生态草鸡、穹窿绿茶、穹窿乌米饭等特色农产品建设。完善孙武书院功能配套设施,加大孙武文化园建设力度,建立社区文体活动中心。（穹窿山景区管委会）

【品牌推广】 2011年,举办孙子兵法文化旅游节暨第二届“兵圣杯”世界女子围棋赛,第二届穹窿山健康养生文化节,孙子文化国际研讨会,孙子兵法全球行成果展,孙武文化园南大门全面建成,万鸟园开园等六大活动,全面展示穹窿山景区丰富的旅游内涵,进一步推广节庆活动品牌。全年景区游客1067304人,门票收入3882.44万元,综合收入4464.83万元。（穹窿山景区管委会）

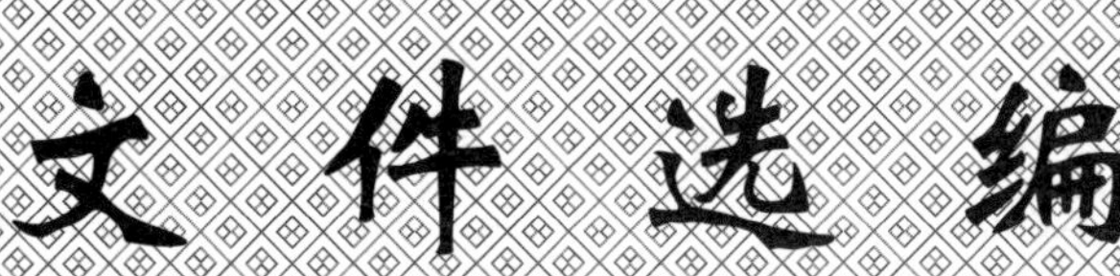


# 印发《关于完善农村社会保障工作的若干意见》的通知

中共苏州市吴中区委员会

苏州市吴中区人民政府

吴委发〔2011〕32号

2011年4月7日

## 关于完善农村社会保障工作的若干意见

2004年以来，我区在苏州市率先开展被征地农民农保置换城保，将被征地农民纳入城保体系，并按照城乡一体化的要求，不断完善农村社会保障政策，切实解决农民的社会保障，对维护农村社会稳定发挥了积极作用。为适应新情况新形势，使农村社会保障工作更好地落到实处，现就完善农村社会保障工作提出如下意见：

**一、切实解决被征地剩余劳动力城保退休最低缴费年限不足问题**

根据相关政策，我区被征地剩余劳动力在置换城保时一次性补缴9年城保，距城保退休最低缴费年限差6年，为保证剩余劳动力在到达退休年龄时可以享受城保退休待遇，允许其在已置换城保的基础上补足15年。具体办法如下：

**（一）补缴对象**

本意见实施前已置换9年城保的被征地剩余劳动力。

**（二）补缴标准**

1. 缴费基数。为原置换城保时的缴费基数。

2. 缴费比例。缴费比例为28%，其中区、镇（区、街道）财政各承担7%，个人承担14%。

3. 补缴年限。被征地剩余劳动力一次性补缴年限最长为6年，补缴年限视同城镇职工医疗保险缴费年限。

**（三）补缴方式。**个人承担的补缴资金一次性缴清，区、镇（区、街道）两级财政承担的资金分6 年支付。

**（四）相关规定**

1. 从2011年1月1日起，新被征地剩余劳动力置换城保的年限统一调整为15年，缴费基数按苏州市公布的最低工资标准，缴费比例为28%，其中区财政补贴7%（开发区、度假区为3%），镇（区、街道）财政补贴7%（开发区、度假区为11%),个人承担14%。

2. 对已就业的剩余劳动力，区人社局要会同各地采取有效措施,要求用工单位参保。

**二、明确部分被征地和未被征地保养人员转为全部被征地后参保资金结算办法**

1. 部分被征地保养人员转为全部被征地时,个人多承担的参保资金,按原置换时的缴费基数、8%的缴费比例,由区、镇(区、街道)两级财政退回给参保农民,其中区级承担2%(开发区、度假区为1%),镇(区、街道)承担6%(开发区、度假区为7%)。

2. 未被征地保养人员转为全部被征地时,个人多承担的参保资金,按原置换时的缴费基数、12%的缴费比例,由区、镇(区、街道)两级财政退回给参保农民,其中区级承担4%(开发区、度假区为2%),镇(区、街道)承担8%(开发区、度假区为10%)。

**三、明确被征地老年人员保养金标准调整办法**

从2011年开始,被征地老年人员保养金标准与苏州市同步同标准实施。

本意见从2011年1月1日起实行，具体由区人社局会区委农办、区财政局、区国土分局等部门负责解释。

# 关于印发《吴中区中长期人才发展规划纲要（2011～2020年）》的通知

中共苏州市吴中区委员会

苏州市吴中区人民政府

吴委发〔2011〕54号

2011年6月7日

## 吴中区中长期人才发展规划纲要（2011～2020年）

按照党的十七大关于“更好实施人才强国战略”的总体要求，根据《苏州市中长期人才发展规划纲要》（2011~2020年），结合吴中实际，着眼于为吴中经济社会新一轮发展提供强有力的人才支撑，制定本规划纲要。

**序言**

人才是城市经济社会发展的第一资源，吴中要发展，关键靠人才。吴中区委、区政府历来高度重视人才工作和人才队伍建设，始终把实施“人才强区”战略摆在建设“山水苏州，人文吴中”的优先位置，坚持加大人才投入，坚持突出载体建设，坚持强化亲才服务，加速推动人才优势向科技优势、产业优势和竞争优势转化，城区创新能力和竞争实力显著增强。

截至2010年底，我区人才资源总量达到8.1万人，其中具有研究生以上学历或高级职称的高层次人才4790人，高层次人才年增长率连续5年保持22%以上。共有5人入选省“双创引进计划”，4人入选市“姑苏人才计划”，为吴中区新一轮发展奠定了坚实的人才基础。但是，也必须清醒地认识到，当前我区人才发展的总体水平同周边先进县市区相比仍存在较大差距，主要是：高层次创新创业人才匮缺，人才结构性矛盾较为突出，企业人才开发的主体作用未充分发挥，人才工作品牌效应有待增强，等等，这些都与吴中经济社会发展的新形势新任务不相适应。

吴中过去的发展主要靠人才，今后的发展优势依然是人才。未来十年，是吴中加快经济转型升级、发展创新型经济、建设创新型城区、实现全面建设小康社会的重要机遇期，必须紧紧围绕吴中经济社会发展总体目标，积极应对日趋激烈的国际人才竞争，加快实施人才强区战略，把人才尤其是高层次创新创业人才队伍建设摆上助推城区创新发展的核心位置，进一步解放思想，科学规划、调整结构，优化环境、整体推进，全面激发人才的自主创新能力，努力开创人才辈出、人尽其才的繁荣局面，为推动吴中产业转型升级和创新型城区建设提供有力的人才支持和全面的智力支撑。

**一、指导思想、基本原则和战略目标**

**（一）指导思想**

以邓小平理论和“三个代表”重要思想为指导，深入贯彻落实科学发展观，坚持党管人才原则,围绕我区“山水苏州、人文吴中”建设目标,以产业转型升级、创新型城区建设为主线,继续深入实施“人才强区”和“人才先导”战略。全面推进吴中人才计划,重点实施“吴中创新创业领军人才工程”,统筹推进各类人才队伍建设,提升高层次人才引领作用,为吴中经济社会持续快速发展提供强有力的人才保障。

**(二)基本原则**

人才优先。坚持人才资源优先开发、人才结构优先调整、人才投资优先保证、人才制度优先创新、人才环境优先完善,确立人才在经济社会发展中的战略地位。

高端引领。培养造就一批具有全球战略眼光、具备国际竞争能力的领军人才,以新人才引领新产业发展,以新产业大项目集聚人才,充分发挥高层次人才在经济社会发展和人才队伍建设中的引领作用,实现人才与产业发展的良性互动。

注重创新。进一步解放思想,破除束缚人才发展的思想观念和制度障碍。完善政策、创新机制,最大限度地激发各类人才的创新激情、创造活力和创业动力。

企业主导。充分激发和调动企业人才工作的积极性和主动性,大力发挥企业在人才引进和培养中的主体作用,积极推进企业人才优先开发,加速实现产业人才集聚。

以用为本。把用好人才作为人才工作的中心环节,科学合理配置人才。引导和激励各类人才向经济发展的一线集聚。积极拓展人才的事业发展空间,努力营造人尽其才、才尽其用的良好氛围。

统筹发展。加快人才结构优化调整,推进各类人才队伍有序建设,统筹城乡人才、区域人才、行业人才协调发展,充分发挥人才在吴中新一轮发展中的核心作用,全面满足经济建设、社会进步的总体要求

**(三)战略目标**

到2020年,我区人才发展的总体目标是:培养和造就一支引领吴中经济社会持续快速发展的人才队伍,进一步确立我区主导产业的人才竞争优势,构建新兴产业的人才智力优势,大幅提升人才创新素质和参与竞争的能力,将吴中打造为优秀人才集聚高地和人才创新创业首选城区。

——*打造一支队伍*:建设一支结构优化、发展均衡的具有较强创新能力和竞争力的引领吴中经济社会持续快速发展的人才队伍。到2020年,人才总量达到17万人,人才资源占人力资源总量的比重提高到35%,人才综合指标达到先进城区平均水平。

——*确立两大优势*:确立主导产业人才竞争优势和新兴产业人才智力优势。构建具有国内先进水平的主导产业人才集群,实现新兴产业人才的超常规发展,形成国内领先的新兴产业人才集聚区。到2020年,高层次人才数量实现翻两番,每万劳动力中研发人员达82人年。

——*完善三个环节*:完善激活现有人才、吸引外来人才、培养未来人才三个核心环节,全面提升人才队伍整体素质和持续发展潜力。到2020年,主要劳动年龄人口受高等教育的比例达到31%,高技能人才占技能劳动者比例达到35%。

——*优化四个环境*:优化人才发展的政策、资本、服务、人文环境,营造创新政策最优、创业成本最低、服务效能最高、人居条件最佳的人才发展环境。到2020年,人力资本投资占GDP比例达到14%,人才贡献率达到50%。

**二、人才队伍建设重点和主要任务**

**(一)突出引进和培养高层次创新创业人才,引领社会经济持续发展**

紧紧围绕我区“山水苏州、人文吴中”建设目标和加快促进经济转型升级、建设创新型城区的要求,大力引进和培养高层次创新

创业人才，打造一批能够突破关键技术、具有自主知识产权的创新型科技人才和依靠核心技术自主创业的科技型企业家。到2020年，全区高层次人才总量达到1.5万人，以人才引领吴中经济社会全面、快速和持续发展。

主要举措：在科技创新、重点产业以及文化、教育、卫生、旅游等领域全面推进吴中人才计划，重点实施"吴中创新创业领军人才工程"，到2020年，围绕吴中重点、新兴产业，引进和培养5名国家"千人计划"人才、500名高层次创新创业人才，择优资助150~200名领军人才。制定一系列的扶持人才创新创业的政策，进一步加大投入，引导社会资本投资，以前所未有的工作力度，实施以增强自主创新能力为重点的创新战略。以前所未有的政策力度，吸引创新创业人才来吴中建功立业。

**（二）大力引导和促进人才队伍结构的调整，助推产业结构转型升级**

围绕我区产业发展战略，以助推产业转型升级为主线，实施积极的人才队伍结构调整战略和紧缺人才开发工程，在大力引进紧缺急需人才的同时，通过人才的继续教育，盘活现有人才存量，实现人才队伍从数量扩张向质量提升的转变。在电子信息、装备制造二大优势主导产业形成面向国际竞争的人才优势。在生物医药、光伏新能源、文化创意和服务外包等新兴战略产业形成国内领先的智力优势。从2010年到2020年，每年引进和培养200名新兴产业的专业人才，以人才战略为先导，助推我区产业结构转型升级和新兴产业的跨越发展。

主要举措：实施吴中重点、新兴产业紧缺人才计划，制定出台"吴中人才计划"10个相关配套政策，加大对紧缺人才引进和培养的力度。加强对产业人才发展的统筹规划和分类指导，以企业为依托，建设一批产业人才基地、培训基地。鼓励高等院校、科研院所与企业开展科研、人才全方位合作。

**（三）整体统筹和谋划各类人才开发工作，促进人才队伍全面协调发展**

人才队伍建设是一项复杂的系统工程，在突出工作重点的同时，必须加强统筹协调，注重整体推进。着眼于加强党的执政能力建设和先进性建设，培养一支政治坚定、勤政廉洁、求真务实、奋发有为、精通经济、善于管理、勇于创新的高素质党政人才队伍；着眼于提高现代经营管理水平和企业竞争力，培养一大批具有战略眼光、市场开拓精神、管理创新能力和社会责任感的优秀企业家和一支高水平的企业经营管理人才队伍；着眼于适应社会主义现代化建设的需要，打造一支高素质专业技术人才队伍；着眼于适应走新型工业化道路和产业结构优化升级的要求，形成一支门类齐全、技艺精湛的高技能人才队伍；着眼于服务社会主义新农村建设和城乡一体化建设，形成一支以提高科技素质、职业技能和经营能力为核心的农村实用人才队伍；着眼于适应构建社会主义和谐社会的需要，造就一支职业化、专业化的社会工作人才队伍。

主要举措：培养党政人才，要适应科学发展要求和干部成长规律，实行"菜单式"干部教育学习模式，拓宽后备干部队伍建设模式，完善党政人才分类管理模式，推进党政机关重要岗位干部定期交流、轮岗制度；培养企业经营管理人才，要依托知名跨国公司、国内外高水平大学和其他培训机构，"走出去"和"请进来"相结合，定期开展企业家培训活动，积极发展企业经营管理人才评价机构，建立社会化的职业经理人资质评价制度；培养专业技术人才，要构建分层分类的专业技术人才继续教育体系，加快实施专业技术人才知识更新工程，加大新能源、新医药和现代服务业等新兴产业人才培养开发力度，以柔性流动政策促进专业技术人才合理分布；培养高技能人才，要加强职业培训，整合利用现有各类职业教育培训资源，大力推行校企合作、工学结合和顶岗实习，认真贯彻国家高技能人才振兴计划,广泛利用社会资源、进一步提高高技能人才经济待遇和社会地位；培养农村实用人才,要整合现有培训资源,推进农村实用人才带头人素质提升计划和新农村实用人才培训工程,重点实施现代农业人才支撑计划,积极扶持农村实用人才创业兴业，加大对农村实用人才的表彰激励和宣传力度；培养社会工作人才，要建立不同学历层次教育协调配套、专业培训和知识普及有机结合的社会工作人才培养体系，积极地鼓励和引导普通高校毕业生向社区、农村转移,建立健全社会工作人才评价制度。

**三、重点人才工程**

“十二五”期间,我区人才工作要围绕经济社会发展总体目标，大力实施人才优先发展战略,全面推进“吴中人才计划”,着力实施十项人才工程。

**（一）吴中创新创业领军人才工程**

围绕提升自主创新能力，重点支持一批具有自主创新成果的高层次创新创业人才，着力培养一批科技领军型企业。瞄准战略性新兴产业,到 2020 年,重点培育 4 家以上国内知名、业内领军旗舰型科技企业,形成一批引导产业发展的技术标准，抢占新兴产业技术制高点和价值链高端环节；引进 5 个创新团队,其中重点资助 1 个具有国际影响、能够突破核心技术、实现产业技术跨越的科技创新团队；引进和培养 500 名高层次创新创业人才,择优资助 150~200 名领军人才。

**（二）吴中重点产业紧缺人才工程**

依靠政策优势，引导和鼓励高层次人才向重点新兴产业领域集聚。到 2020 年,新能源、新医药、新材料和现代服务业等重点优势产业和战略性新兴产业的企业,引进和培养 2 万名紧缺专业人才，其中具有博士学位的高层次专业人才新增 200 名，具有硕士学位和研究生学历的高层次专业人才新增 2000 名。加强对企业人才需求的动态监测，每年发布重点和新兴产业紧缺专业目录，研究人才柔性流动机制，在高校和科研院所推行特聘专家制度。

**（三）吴中企业经营管理人才工程**

着眼于提升吴中企业经营管理水平和国际竞争力，培养一支具有世界眼光、战略思维、创新精神和经营能力的企业家。到 2020 年，重点支持 200 名企业经营管理领军人才赴境外培训,800 名企业经营管理团队核心人才参加国内高校专题研修,2000 名企业经营管理专业技术人才参加本地业务培训，策划组织相关企业家交流平台。

**（四）吴中高技能人才工程**

适应加快产业结构优化升级的需要,培养一大批具有精湛技艺的高技能人才。开展姑苏高技能重点人才、突出人才的培养选拔工作，每年选拔 200 名优秀技能人才进行技能提升或赴外培训研修，加强职业院校和实训基地建设，到 2020 年，高技能人才新增 2 万人,其中紧缺型技师、高级技师 1 千人,力争高级技工以上的高技能人才占技能劳动者的比例达到 30%以上，青年高技能人才占高技能人才总量的 40%以上。

**（五）吴中文化产业人才工程**

着眼于城市发展与文化提升融和互动，加快推进文化创新，建设和完善公共文体服务、文体产业和文化市场三大体系,围绕动漫创意、印刷复制、人文传播、民间工艺、影视娱乐、体育健身休闲等产业,重点培养一批具有丰富工作经验、熟悉产业发展趋势、能够引领吴中文化艺术和文化产业发展的领军人才和能够振兴吴中文化艺术和文化产业的重点人才。到 2020 年,引进和培育高层次文化人才达 500 名,其中,文化艺术名家 50 名、文化产业领军人物 30 名,文化艺术和文化产业重点人才各 100 名。

**（六）吴中教育人才工程**

着眼于建设教育强区及率先实现教育现代化的需求，加快建设一支师德修养好、文化学识高、教学技能精、学科能力强的骨干教师队伍；一支理念先进、业务精湛、善于管理、勇于开拓的优秀校长队伍。通过研修培训、学术交流、挂职锻炼等方式，到2020年，重点培养2名苏州教育名家，培养10名左右的省特级教师，培养10~15名吴中区教育名家，培养25名左右的苏州市名教师名校长，培养60名左右的苏州市学科带头人、500名区学科带头人、1000名区级学科骨干教师和300名班主任带头人。

**（七）吴中卫生人才工程**

着眼于深化医药卫生体制改革和保障全民健康的需要，通过实施卫生领军人才计划，着力建设一批学术水平领先、人才梯队合理的医学创新团队，着力培育和引进一批在专业领域知名度较高、学术造诣较深、德才兼备的学科带头人。到2020年，建设省级重点专科1~2个，市级重点专科（专病）3~6个，培育和引进12名吴中区卫生领军人才、60名吴中区卫生重点人才，培训250名住院医师、全科医师。

**（八）吴中旅游人才工程**

着眼于将吴中建设成为历史文化与现代文明相融的文化旅游城市，着力培养一批旅游项目策划、产品开发、电子商务、资本运作、市场营销、酒店管理等方面的紧缺人才。到2020年，引进和培育10名左右能够引领吴中旅游业发展的领军人才、20名左右能够在推进吴中旅游业发展中发挥骨干作用的重点人才。

**（九）吴中现代服务业人才工程**

围绕推动现代服务业发展，促进以高端服务业为重点的生产性服务业加速发展，实现以旅游商业为重点的消费性服务业的提升发展，推进以教育医疗为重点的公共服务业的创新发展。到2020年，引进和培养以高层次金融保险、服务外包、软件和信息服务、贸易营销、商务会展、创意设计策划、知识产权、现代物流、公共服务人才为重点的现代服务业人才800名。

**（十）吴中现代农业人才工程**

着眼于提高农业科技创新能力，围绕农业资源开发、品种选育及良繁、食品安全、农产品深加工、生物技术以及病虫草害与动物疫病防治等领域，加快农业科技创新。到2020年，引进和培育2个现代农业科技创新团队，培养1000名持有涉农专业学历教育毕业证书或农业岗位技能鉴定证书的现代职业农民；培育600名现代农业技术推广人才，2226名农业产业化龙头企业负责人、农民新型股份组织带头人、农村经纪人等经营服务人才。

**四、制度创新与政策完善**

**（一）改进人才工作管理体制**

1. *坚持党管人才的领导体制*。在党委统一领导下，完善组织部门牵头抓总职能，发挥政府人力资源管理部门作用，强化各职能部门人才工作职责，充分调动各人民团体、企事业单位、社会组织的积极性，动员和组织全社会力量，形成人才工作整体合力。完善区、镇（街道）两级人才管理模式，将人才发展主要指标纳入全区经济社会发展总体规划，健全党政领导人才工作目标责任制考核体系，强化对区域、部门人才工作的评估指导。建立区、镇（街道）党委会定期听取人才工作专项报告制度，强化党委、政府对人才工作的宏观指导。建立人才开发联动和资源整合制度，形成“一把手”总负责、区镇（街道）联动、协调高效、整体推进的人才工作运行机制。

2. *改善人才工作管理方式*。围绕“人才优先、以用为本”原则，完善政府宏观管理、市场有效配置、单位自主用人、人才自主择业的人才管理体制。在重点区域、重点领域和重点单位开展人才发展改革试验，推动政府人才管理职能向创造良好发展环境、提供优质公共服务转变。健全人才市场体系,发挥市场配置人才资源的基础性作用,完善规范有序、公开透明、便捷高效的人才公共服务体系。深化事业单位人事制度改革,扩大和落实单位自主权,增强用人单位在人才引进、培养和使用中的主体作用。

3. 推进人才管理法制化进程。坚持依法行政,推进人才管理工作科学化、制度化、规范化,形成有利于人才发展的法制环境。重点围绕省、市有关人才资源开发的法律法规,制定符合吴中发展实际的配套制度,探索各类人才优化配置、公务员队伍法制化管理、事业单位人员合同化管理模式,切实保护人才和用人主体的合法权益。推行人才执法责任制、评议考核制,加大人才法律法规执行检查力度。健全人才工作依法管理监督体系,切实发挥新闻舆论和群众监督的作用,推进人才资源配置的阳光运作。

**(二)创新人才工作机制**

1. 人才引进集聚机制。创新人才引进和集聚模式,建立与吴中重点、新兴产业发展互动、与高科技项目落户对接的快速高效的人才引进集聚机制。通过项目引才、职位引才、合作引才、柔性引才等多种方式,最大限度地引进我区前沿技术领域、特色产业集群、高新技术产业化等急需的海内外高层次人才。加强人才载体建设,建设以企业为主体的技术创新体系和以人才中介机构为主体的服务体系,努力使各类载体成为对各类人才具有强大吸引力和承接力的优势平台。

2. 人才培养开发机制。集中优势力量,整合教育资源,发展教育事业,注重在实践中发现、培养、造就人才,构建人才培养目标同经济社会发展相适应、人才层次结构同产业转型升级相匹配的人才培养开发机制。围绕“山水苏州、人文吴中”建设目标,建立以十大重点人才工程为支撑的高层次人才培养体系。完善校企合作发展模式,完善职业教育保障机制,注重培养高技能人才队伍。完善继续教育配套政策,加强继续教育统筹规划,构建网络化、开放式、自主性的终身教育体系。

3. 人才选拔使用机制。改革各类人才选拔使用方式,科学合理使用人才,促进人岗相适、用当其时、人尽其才、才尽其用,形成有利于各类人才脱颖而出、充分施展才能的选人用人机制。完善党政领导干部选拔任用机制,改进公开选拔领导干部模式,注重从基层和生产一线选拔优秀人才担任党政领导职务,探索党政人才正常退出机制。以推行聘用制和岗位管理制度为重点,深化事业单位人事制度改革,建立符合事业单位特点的用人制度,促进事业单位有固定用人向合同用人、由身份管理向岗位管理转变。健全区直属企业领导人选拔制度,加大市场化选聘力度。

4. 人才评价发现机制。建立以岗位职责为基础,以品德、能力、业绩为导向,科学化、社会化的人才评价发现机制。坚持群众认可、注重实绩的党政人才评价使用原则,坚持评价企业经营管理人员重在市场和出资人认可的原则、坚持专业技术人才的评价和重在社会和业内认可的原则,完善体现各类人才特点的以薪酬水平高低为参照的可供量化考核操作的能力素质指标评价体系。加快推进职称制度改革、规范专业技术人才职业准入。应用现代人才测评技术,拓宽人才评价渠道,提高人才评价水平。

5. 人才流动配置机制。根据社会主义市场经济体制的要求,推进统一规范的人力资源市场体系建设,建立政府宏观调控、市场主体公平竞争、中介组织提供服务、各类人才自主择业的人才流动配置机制。加快人才市场建设,健全专业化、信息化、产业化、国际化的人才市场服务体系。积极消除人才流动中的城乡、区域、部门、行业、身份和所有制限制,加强政府对人才流动的政策引导和监督,探索建立人才自由流动的“绿色通道”。完善各类人才的交流制度，疏通各类人才队伍之间的流动渠道，推动人才市场和其他要素市场的相互贯通。推进国内和国际人才市场的融通，加快促进人才流动国际化。

6. 人才激励保障机制。完善分配、激励、保障制度，建立健全与社会主义市场经济体制相适应、与工作业绩紧密联系、充分体现人才价值、有利于激发人才创新创业活力的激励保障机制。完善各类人才薪酬制度，加强对收入分配的宏观管理，健全事业单位岗位绩效工资制度。加大对优秀人才的综合重奖力度，健全以政府奖励为导向、用人单位和社会力量奖励为主体的人才奖励体系。建立人才资本和技术创新要素参与分配的具体政策，推行高层次人才、高技能人才年薪制、协议工资制、股份期权等多种分配方式。研究制定人才补充保险办法，扩大对农村、非公有制经济组织、新社会组织人才的社会保障覆盖面。加强人才跟踪服务，为高层次人才创新创业提供项目申报、政策业务咨询、项目与企业对接、新项目筹建、人员生活安置等各类保障服务。

**（三）优化人才发展政策**

1. 实施人才引领产业发展的政策。以前沿技术领域人才的集聚优势来开拓和引领新兴产业发展。着重研究吴中在电子信息、现代装备制造业等优势产业和生物医药、光伏新能源、文化创意和服务外包等新兴战略产业的发展需求，针对产业发展的战略人才和前沿人才进行超前开发和部署。立足优化产业结构、提升产业层次，引领新兴产业，继续加强创新创业领军人才开发，优化升级吴中人才计划，真正造就一支德才兼备、开拓创新、团队效应突出的创新创业领军人才队伍。强化创新资源整合的政府导向功能，实施创新型人才的分层次开发，在更大范围内推动创新资源的流动和优化配置。

2. 实施人才投入优先保证的政策。增加人才发展投入，创新人才投入机制，建立政府引导、企业主体、社会参与相结合的人才投入体系。每年将不低于本级财政一般预算收入的3%，用于人才引进、培养、使用、激励等，推进人才投入向企业倾斜，形成人才开发投入动态增长和企业人才优先开发机制。优化人才资金投向，把主要奖励后期成果转向支持前期技术研发、中期产品试验与后期成果奖励兼顾，促进人才投入与创新价值链的有效对接。完善人才开发资金管理，落实专款专用、审计监督、绩效评价等制度，全程管理资金投量、投向和投效，不断提升人才资金规范化、精细化、科学化管理水平。

3. 实施引导人才创新创业的政策。优化融资环境，通过设立创业风险投资基金和财政融资担保资金等途径，探索建立科技创新企业与金融服务机构的合作机制，搭建创新创业融资服务平台，择优扶强一批高层次人才创新创业企业。实施促进自主创新的政府采购，建立财政性资金采购自主创新产品制度，探索激励自主创新的政府首购和订购制度，在满足采购需求的条件下，优先采购自主创新产品。

4. 实施人才创新创业平台建设政策。围绕吴中区重点、新兴产业领域，建设一批省级、市级产业示范基地和技术服务示范平台。重点加快科技创新、信息服务、创投融资三大公共服务平台建设；充分发挥吴中科技园、东创科技园等孵化服务平台的优势和作用，不断优化科技创新平台；加快建立科技信息服务网络平台，建立高新技术产业发展规划、科技项目申报、科技信息查询等网络信息库，不断优化信息服务平台；建立覆盖全区的吴中人才服务中心，开通吴中人才服务热线，努力为高层次人才创新创业提供功能齐全、水平专业、标准规范的一站式服务。

5. 实施推动人才向企业集聚的政策。深化企业人才优先开发战略，重视发挥企业在引进、培养和使用人才方面的主体作用,促进创新人才向企业流动、创新成果向企业集中、创新要素向企业集聚。优化企业自主创新的政策环境,激励企业参与重大科研项目研究,引导企业加大人才培养力度,激发企业人才开发的内生动力。大力引进国家级科研院所、重点实验室和工程技术研究中心,扎实推进企业院士工作站、博士后工作站、研究生工作站建设,积极引导企业增加研发投入,全力支持企业建设研发平台,鼓励企业开展科技研发活动,大力提升企业自主创新能力。

6. 实施产学研结合开发人才的政策。依托高等院校、科研院所的优势科研资源,拓宽产学研合作渠道,加速人才、技术、装备等科技创新资源的引进。组建产学研创新联盟,引导一批行业优势企业与对口高校和科研机构开展长期、紧密、系统的产学研合作。鼓励和支持地方、企业与大学、科研院所共建产学研基地,推进产学研深层次合作,加速高校科技创新成果和智慧资源向吴中区转移。积极做好科技镇长团的承接和派送工作,组织开展“创业吴中”青年创业大赛活动,并积极鼓励各类优秀青年人才携带创业项目到吴中区孵化,激发广大青年的创业热情。

7. 实施人才国际化政策。认真贯彻苏州市“海外人才居住证”制度,落实高层次人才在居留和出入境、落户、资助、薪酬、医疗、社保、购房、税收、子女入学、配偶安置等方面的优惠政策和服务措施。积极承接“苏州国际精英创业周”活动,以此契机,宣传推介吴中的人才政策和创业环境,拓宽高层次人才尤其是海外高层次人才的引进渠道。积极开展博士联谊会、留学生联谊会等形式,扎实推进海外智力资源的合作交流,努力为广大来吴海外人才提供服务。

8. 实施促进人才发展公共服务政策。健全符合吴中发展实际的特色鲜明、运转灵活、系统高效的人才公共服务体系。建立重要工程、重大项目和重点企业参与对接机制,完善紧缺人才指数和紧缺人才开发导向目录发布制度,扩大定期发布的人才信息范围。按照产业发展规划布局以及高层次人才开发需求,引导非政府组织参与高层次人才和紧缺人才的引进和培育,对积极推荐并成功引进国家、省、市创新创业人才计划人才的海内外社团组织、中介机构和个人给予奖励。

9. 实施知识产权保护政策。进一步完善知识产权政策服务体系,大力实施知识产权申请资助和知识产权战略推进、推广运用等计划项目,开展知识产权表彰奖励活动,加快促进高层次人才的创新成果知识产权化和知识产权的保护运用。做强做大知识产权服务平台。加强知识产权司法保护,强化知识产权行政执法力度,依法打击恶意侵权、重复侵权和群发性侵权及假冒专利等行为,净化知识产权保护环境。

10. 实施人才表彰激励政策。按照吴中人才计划,每年组织创新创业领军人才、紧缺型人才等开展评审和奖励资助工作。组织开展两年一届的“杰出人才奖”、“优秀人才奖”和“人才发展奖”评选表彰活动。完善高层次人才学术生态,支持高层次人才申请各类科研资金和项目资助,参加国内外高层次学术活动和各类培训教育活动,推荐参加各类学术组织和在与我区有合作关系的高校及科研院所从事学术兼职活动。加大优秀人才和人才工作先进典型的培养宣传力度,进一步营造尊重知识、珍惜人才、鼓励创新的浓厚氛围。

## 五、组织实施

**(一)统一认识,加强对规划纲要组织领导。**全区上下要深刻认识实施《吴中区中长期人才发展规划纲要(2011~2020)》的重大意义,进一步增强做好人才工作的紧迫感和自觉性。区人才工作领导小组负责本规划纲要的组织实施、统筹协调和宏观指导。各地、各部门要按照职责分工,制定各项目标任务的分解方案、重大工程的实施办法以及纲要落实的实施细则，抓好规划纲要的贯彻落实。

**（二）上下联动，健全区人才发展规划体系。**各地、各部门要依据吴中经济社会发展和“山水苏州、人文吴中”建设目标，以本规划纲要为指导，突出本地区、本行业人才发展重点，编制地区、行业系统以及重点领域人才发展规划，形成“统一规划、上下联动、各有特色、整体推进”的全区人才发展规划体系。

**（三）细化目标，强化督查考核和成效评估。**坚持镇(街道区)党政领导干部科技、人才目标责任制考核制度，进一步强化人才工作的量化考核和绩效导向。依据全区经济社会宏观发展态势，建立规划纲要实施情况的监测指标体系，实施规划纲要动态调整机制，确保规划纲要各项目标任务落到实处。

**（四）夯实基础，推进人才工作信息化建设。**开展人才理论研究，积极探索人才资源开发规律。加强人才统计工作，建立健全人才资源统计和定期发布制度。推进人才工作信息化建设，完善人才信息网络和数据库，建立健全配套完善、反应灵敏、指导有效的人才开发信息体系。强化培训，加强人才工作队伍建设，提高人才工作队伍的政治素质和业务能力。

**（五）加大宣传，营造良好的社会舆论氛围。**大力宣传国家、省、市、区人才工作重大方针政策和配套举措，大力宣传本规划纲要的深远意义、指导方针、目标任务和重大举措。大力宣传全区范围内引进、培养和使用人才的成功经验，选树突出贡献人才的先进典型，形成全社会关心、支持、参与人才发展的良好氛围，形成人人都作贡献、人人都能成长、人人都有舞台的社会环境。

**吴中区人才发展主要指标**

| 指　标 | 单 位 | 吴　中 | | | 苏　州 | | |
|---|---|---|---|---|---|---|---|
| | | 2010 年 | 2015 年 | 2020 年 | 2009 年 | 2015 年 | 2020 年 |
| 人才资源总量 | 万人 | 8.1 | 12 | 17 | 92.5 | 145 | 185 |
| 每万劳动力中研发人员 | 人年/万人 | 56 | 68 | 82 | 65 | 78 | 92 |
| 高技能人才占技能劳动者比例 | % | 27.2 | 33 | 35 | 25 | 31 | 33 |
| 主要劳动年龄人口受过高等教育的比例 | % | 18.5 | 25.6 | 31 | 17.9 | 26 | 31 |
| 人力资本投资占GDP 比例 | % | 6 | 10 | 14 | 14 | 17 | 20 |
| 人才贡献率 | % | 32 | 45 | 50 | 28 | 45 | 49 |

# 印发《关于推进吴中水利现代化建设的实施意见》的通知

中共苏州市吴中区委员会

苏州市吴中区人民政府

吴委发〔2011〕55号

2011年6月14日

## 关于推进吴中水利现代化建设的实施意见

水是生命之源、生产之要、生态之基。兴水利、除水害，事关人类生存、经济发展和社会进步。为推进全区水利现代化，全面建设“山水苏州、人文吴中”和率先基本实现现代化，根据《中共中央、国务院关于加快水利改革发展的决定》、《中共江苏省委、江苏省人民政府关于加快水利改革发展推进水利现代化建设的意见》和《中共苏州市委、苏州市人民政府关于加快推进城乡水利现代化的意见》精神，结合吴中实际，提出如下意见。

**一、推进吴中水利现代化建设的指导思想、目标要求**

**（一）推进吴中水利现代化建设的重大意义。**吴中区地处苏州城南、太湖下游，境内水网密布、河湖众多，水域面积78平方公里（不含太湖水域1459平方公里），水面率10.5%，水是吴中的灵魂。新中国成立和改革开放以来，特别是撤市设区以来，区委、区政府高度重视水利工作，加强领导，精心部署，持之以恒，治水不懈，基本建成了防洪、除涝、灌溉、供水、治污等水利工程体系，为吴中经济社会发展、人民安居乐业发挥了重要作用。但是，防洪保安、水环境保护、水资源保障等方面仍然存在不少问题和薄弱环节。随着全球气候变化和全区经济社会发展，我区水利面临的形势更加严峻、任务更加艰巨，水利在新时期的地位更加重要。推进水利现代化建设，不仅事关农业农村发展，而且事关经济社会发展全局，不仅关系到防汛安全、供水安全和粮食安全，而且关系到经济安全、生态安全和社会安全。各地、各部门要充分认识推进水利现代化建设的重大意义，把水利工作摆上更加突出的位置，着力推进水利改革和发展，以水利现代化支撑和保障吴中基本实现现代化。

**（二）指导思想。**以邓小平理论和“三个代表”重要思想为指导，深入贯彻落实科学发展观，紧紧围绕我区建设“山水苏州、人文吴中”的目标定位和“走进太湖时代”的发展战略，按照率先基本实现现代化的要求，把水利作为基础设施建设的优先领域，把农村水利作为保障农村经济发展的重点任务，把水环境治理和严格水资源管理作为可持续发展的战略举措，突出践行科学治水、民生优先的新思路，突出构建“水安全、水资源、水环境、水文化”四位一体的新格局，突出推进城乡一体、水利和水务一体的新跨越，突出建立改革创新、良性发展的新机制，全面提升防洪保安、水环境保护、水资源保障和服务民生能力，走出一条具有吴中特色的水利现代化道路。

**（三）目标要求。**力争用五年时间，全面建成高标准的水利水务工程体系和服务保障体系，在全市率先基本实现水利现代化。

——全面保障水安全，建成以洪涝管理为主的高标准防洪除涝减灾体系。吴中城市中心区防洪标准达到100年一遇、排涝标准达到20年一遇，其他地区防洪标准达到50年一遇、排涝标准达到20年一遇，太湖流域防洪标准达到50年一遇。

——全面保护水资源，形成以开源清流为主、合理配置和高效利用的水资源管理体系。全区年用水量控制在6亿立方米以内，万元地区生产总值用水量下降到30立方米以下。

——全面改善水环境，形成以综合治理为主的水环境保护体系。集中式饮用水水源地水质达标率达到100%，水功能区水质达标率达到70%；城区生活污水集中处理率达到98%以上，镇区达到95%以上，太湖一级保护区农村规划保留村庄生活污水处理率达到90%、其他地区达到60%。

——全面彰显水文化，形成以青山绿水为主的人文景观承载体系。打造水文化亮点，形成水文化产业，建成一批水生态景观和水文化旅游工程。

## 二、吴中水利现代化建设的主要任务

**（一）持续推进农村圩区达标建设和管理。**优化农村圩区防洪格局，健全圩区水利工程体系，适应全区经济社会发展要求。加快农村圩区达标建设步伐，2012年全区56个圩区286.8公里圩堤全面达标，“十二五”期末完成97座排涝站建设和改造，使农村圩区达到防洪50年一遇和排涝20年一遇的标准。全区圩区全面实行标准化管理，基本建成由镇（街道）统一维护保养、统一调度运行、经费由区、镇（区、街道）二级财政分担的标准化管理制度，对重点圩区逐步建设以远程集中监控为特征的圩区水利工程运行远程信息系统，提高水利工程现代化管理水平。

**（二）巩固和完善城市防洪工程建设。**大运河以北城区中心区纳入苏州城市中心区防洪大包围，防洪标准达到200年一遇，由苏州市统筹管理和建设。大运河以南城区中心区达到百年一遇防洪标准。以分片治理为原则，加快推进越溪片区防洪除涝综合治理，优化城市水网布局，提高雨洪滞蓄能力，达到100年一遇防洪标准、20年一遇排涝标准。

**（三）继续深化河道疏浚整治和长效管理。**按照“水清、流畅、岸绿、景美”的要求，健全落实农村河道轮浚机制，每年完成疏浚农村河道120公里、土方150万方。加快推进河道畅流工程建设、生态河道建设和河道绿化工程建设，每年建成生态河道20公里，营造河岸景观林带，提高河道生态功能。加快推进以骨干河道整治为重点的区域水环境治理，实施浒光运河、老苏东河、甪直塘、北港、尧太河、北塘河、大缺港等区域河道整治，全面完成列入水利部规划的中小河流治理任务。形成以太湖为调节中心，胥江、大运河、吴淞江、苏东河、木光运河为主干，北港、直津泾、上沿山河、箭泾河、大姚塘为支干，引排顺畅的全区水系格局。深化河道长效管理，加快形成“管理一体化、考核制度化、宣传经常化、保洁市场化、投入公共化、装备现代化”的河道管理新模式，提高全区河道长效管理水平。

**（四）全面加强农田水利建设。**按照农业现代化的要求，抓住小型农田水利专项建设的契机，完成3.536万亩高标准农田建设。全区有效灌溉面积占耕地面积达到98%以上，旱涝保收农田面积达到98%，灌溉水利用系数达到0.6，节水灌溉工程覆盖率达到50%以上。加快灌溉泵站更新改造步伐，完成63座灌溉泵站更新改造任务。提高丘陵山区泄洪能力,建设一批山区泄洪工程,解决部分山区泄洪不畅的问题。加大丘陵山区抗旱设施建设力度,建设一批引水上山蓄水和灌溉工程。

**(五)积极做好太湖流域治理工作。**全面落实太湖流域水环境综合治理实施方案,完成东太湖综合整治工程,建设东太湖大堤36.5公里,新(改)建口门建筑物27座,改善太湖流域引排条件和水环境质量,保障流域防洪安全、供水安全和生态安全,为我区打造东太湖滨湖新城、提升东太湖地区的生态功能和城市功能创造条件。改(扩)建环太湖大堤西太湖段6座口门建筑物,提高太湖流域防洪能力。实施金庭镇消夏圩、东山镇三大圩防洪工程,增强沿太湖圩区防洪保安能力。

**(六)不断增强水资源保障经济社会发展能力。**落实最严格的水资源管理制度,建立水资源管理"三条红线"。确立水资源开发利用红线,落实单元用水总量控制制度,严格建设项目的水资源论证和取水许可审批管理,完善水资源调度方案和应急调度预案。确立用水效率控制红线,实施节水细胞工程,大力推进节水型社会建设,落实建设项目节水设施"三同时"制度,加强取用水计划管理,落实超计划或者超定额累进加价收费制度和阶梯式水价,推行用水大户用水审计。确立水功能区限制纳污红线,从严核定水域纳污容量,严格控制入河湖排污总量,开展水量、水质同步监测,对排污量超出水功能区限制纳污总量的地区,限制审批除生活污水处理厂以外的入河排污口,对水环境问题突出地区采取措施重点整治,完善水生态补偿机制,提高水功能区水质达标率。

**(七)着力提升城乡供排水保障能力。**加强水源地保护,建立集中式饮用水水源地安全保障体系,落实水源地生态补偿。持续发展区域集中供水,加快供水设施的建设与改造,稳步提高区域集中供水率,供水水质合格率达到100%,并向直接饮用水水质方面努力。加大供水管网改造更新力度,确保供水管网的漏损率控制在国家规定的范围内。进一步完善各污水处理片区污水管网建设规划,有计划地加大城乡污水管网建设步伐,切实提高城乡污水收集率;着力提升城乡污水处理设施管理水平,提高污水处理设施负荷率和运行管理水平,实现污水处理量质同步提升。规范污泥处理处置管理,推进污泥无害化处理、资源化利用。进一步推进农村规划保留村庄生活污水处理工程建设,提高农村村庄生活污水集中处理率。加强行业监管和督促指导,严格城镇污水处理厂接纳工业废水管理,建立完善重点排水户水质水量自动监控系统。

**(八)有力提升防汛防旱管理和应急处置能力。**全面落实以行政首长负责制为核心的各项防汛防旱责任制,健全防汛防旱日常管理机构(区防汛防旱信息中心)。完善和理顺防汛管理机制,实行城乡一体、统一管理、统一指挥;建立应急管理机制,加强以区抗旱排涝队为主的专业应急服务队建设,配足应急设备设施,保障人员经费,建立与各镇(区、街道)综合应急服务队联动配合机制;加强以区堤闸管理所为主的湖泊管理机构建设,落实养护和管理队伍经费,强化湖泊管理职能;坚持流域、区域统筹兼顾,严肃防汛纪律,严格工程调度。建设东太湖大堤及重点口门建筑物视频监控系统,完善各镇(区、街道)水位遥测系统,实现防汛防旱工作的规范化、科学化、现代化。

**(九)切实加大依法治水管水力度。**坚持依法治水,严格执行河湖管理和保护的法律法规。加强水利规划,以规划指导和规范水利建设和管理。严格涉水项目审批,保护河湖水系,切实执行河道堤防工程占用补偿政策,落实水面占补平衡制度。编制河湖保护规划,明确管理和保护范围,建立健康河湖评价体系。开展水土保持监督管理能力建设,建立水土保持补偿制度，落实开发建设项目水土保持许可规定。加大水行政执法力度,完善执法网络,健全执法机构,充实执法人员,保证执法装备和经费,创新水行政执法机制,坚决制止和查处各类水事违法案件，确保正常的水事秩序。

**（十）努力拓展水利工程的文化内涵。**深刻挖掘治水文化、嬉水文化、求水文化等水文化素材，结合现代水利工程建设，把人文风情、河流历史、传统文化等元素融合到水利工程之中,开发培育成新的文化旅游景点。加强综合策划,提升河湖规划和建设水平,丰富文化内涵、提升文化品位,展示吴文化的深厚底蕴,形成和完善水文化产业。加大保护各种物质和非物质水文化遗产的力度，在保护中开发、在开发中保护,以通畅的水系、优美的水生态环境配套融合木渎、甪直等古镇水文化建设，使历史文化在当代水利实践中得到传承和发扬。加大《水土保持法》宣传力度,开展水土保持科技示范推广和科学研究，提高吴中区旺山水土保持科技示范园的社会效应。

**三、全面落实水利现代化建设的保障措施**

**（一）切实加强水利工作组织领导。**各级党委、政府要从全局和战略高度,把水利工作摆上重要位置，加强组织领导，明确落实职责，及时研究解决水利现代化建设进程中的突出问题。要建立水利现代化专项考核制度,并纳入各级干部综合考核评价的重要内容。要实行防汛防旱、供水保障、水资源管理、水环境保护、河湖管理行政首长负责制,深化落实“河长制”。要切实加强对水利投入政策落实情况、配套资金到位情况的检查考核,确保各项投入政策逐一落实、全面到位。要强化财政、审计、监察部门的监督检查责任,提高水利资金的使用效果。水利部门要充分发挥职能作用,各有关部门和单位要各司其职、密切配合,共同推进水利现代化建设。要高度重视水利宣传工作，把水情教育纳入国民素质教育体系,把水利纳入公益性宣传范围,增强全社会的爱水、惜水、护水和水患意识,动员全社会力量支持和参与水利现代化建设。

**（二）落实水利投入稳定增长机制。**多渠道筹集资金，力争今后五年全社会水利投入年平均比 2010 年增加一倍。发挥政府公共财政的主导作用,将水利作为投入的重点领域,区、镇财政要确保当年可用财力的 2%~4%用于水利工程建设,并逐年提高。从土地出让收益中提取 10%用于农村水利。从土地出让金中提取的农业土地开发资金，按规定比例用于农村水利。新增建设用地土地有偿使用费要重点用于农田水利基础设施建设。城市维护建设税要划出不少于 15%的资金用于城市防洪排涝工程的建设与管理。加大区域水利工程建设专项资金的统筹力度，按照“谁受益、谁负担”的原则进行分担,保障区域骨干工程的顺利实施。继续征收防洪保安资金用于重点区域水利工程。逐年增加水利管理投入,切实解决“重建轻管”问题。加强对水利建设的金融支持，引导和鼓励金融机构增加水利建设信贷资金。积极利用政府融资平台,通过直接、间接融资方式拓宽水利投融资渠道,吸引社会各类资金参与水利建设，积极稳妥推进经营性水利项目进行市场融资。

**（三）加快健全水利管理服务体系。**全面推进乡镇水利站改革，把乡镇水利站作为区级水行政主管部门的派出机构，强化公益性管理,赋予其社会管理和公共服务的职能,建立健全职能明确、队伍精干、服务到位的基层水利服务体系。按照工作需要和规定核定人员编制，将人员和事业经费纳入区级财政预算,全面提高基层水利的管理服务能力。

**（四）不断强化水利人才队伍建设。**适应城乡水利现代化发展新要求，全面提升水利干部职工队伍素质,切实增强水利规划设计、建设管理和依法管理的能力，更好地服务吴中经济社会发展全局。在人才、科研经费中安排一定比例用于水利事业的人才开发和人才培养,提高水利专业素质。优化全区水利队伍机构,大力引进、培养、选拔各类专业管理人才、专业技术人才、高技能人才,完善人才评价、流动、激励机制。建立水利科技创新体系,加强先进技术在防汛指挥、水资源调度、水利建设和运行管理等方面的推广应用,以水利信息化带动水利现代化。加大基层水利职工在职教育和继续培训力度,切实解决水利职工生产生活中的实际问题,努力营造人尽其才、才尽其用的良好环境。(附件略)

# 关于印发《2011~2015年法治吴中建设规划》的通知

中共苏州市吴中区委员会

吴委发〔2011〕74号

2011年8月27日

## 2011~2015年法治吴中建设规划

为进一步推进法治吴中建设进程，促进全区法治建设与经济社会协调同步发展，根据《吴中区国民经济和社会发展第十二个五年规划纲要》(以下简称“十二五规划”)精神，特制定本规划。

### 一、指导思想和基本目标

1. 指导思想：以邓小平理论和“三个代表”重要思想为指导，深入贯彻落实科学发展观，突出依法行政、公正司法、法制宣传教育、基层民主建设等重点，扎实开展多层次多领域的依法治理工作，为吴中区全面实现“十二五”规划和率先基本实现现代化提供坚实有力的法治保障。

2. 基本目标：深入开展法治县(市、区)创建活动，全力争创全省、全国法治县(市、区)创建工作先进单位，努力构建与率先基本实现现代化相适应的更为公正高效权威的法治环境。通过五年努力，全社会法治理念进一步树立，依法执政意识进一步增强，依法行政水平进一步提高，公正司法能力进一步提升，法制宣传教育效果进一步显现，社会管理手段进一步创新，市场秩序进一步规范，基层民主进一步强化，人民群众对法治建设的满意度进一步提高，力争把吴中区建设成为法治先进区域，推进全区经济、政治、文化、社会、生态文明建设的法治化，努力为吴中建设高端产业城区、最佳宜居城区和文化旅游强区，实现“吴中明天更美好”目标营造良好的法治环境。

### 二、主要任务

#### (一) 完善决策机制，提高依法执政能力

3. 健全依法决策机制。健全重大决策规则，完善征求意见制度、公开听证制度、调研和协调制度、专家论证制度、决策实施后评估制度等，把公众参与、专家论证、风险评估、合法性审查和集体讨论决定作为重大决策的必经程序，实现党委、政府重大决策合法性论证率达100%，涉及经济社会发展和人民群众切身利益的重大政策、重大项目等决策事项的依法组织听证率达100%。建立决策执行的过程监督和反馈纠偏机制，加强对决策落实的督查督办。定期组织有关部门和专家对决策的执行情况进行跟踪督查和效能评估。按照“谁决策、谁负责”的原则，完善决策的监督制度和机制，明确监督主体、内容、对象、程序和方式，建立健全决策责任追究制度，实现决策权与决策责任的相统一。

4. 发挥人大、政协作用。进一步加强和改进党对人大工作的领导，支持和保障各级人大及其常委会依法履行地方国家权力机关职能，实现地方监督权、重大事项决定权、选举任免权行使的民主化、规范化。提高代表履行

职责的能力，支持人大代表执行职务，充分发挥代表参与议事决策、管理国家事务的作用。稳步推进人大常委会组成人员专职化，切实提高人大机关依法履行职权的能力。支持和保证人民政协推进政治协商、民主监督、参政议政制度建设，不断增强政协委员履职履责的积极性与主动性。认真办理政协委员提案，支持政协创新机制和形式开展民主监督，促进社会和谐。

**（二）加强依法行政，推进法治政府建设**

5. *深化行政审批制度改革*。深入贯彻《行政许可法》，继续减少、下放和规范行政审批，建立行政审批项目动态评估和实施效果评估机制，进一步规范行政审批行为，优化审批流程，提高审批效率。行政审批事项进驻行政服务中心率、行政审批按时办结率、行政审批网上公开运行率均达到100%。推进各级各类行政(便民)服务中心规范化、标准化建设。

6. *创新行政管理方式*。继续深化和完善城市管理相对集中行政处罚权工作，积极探索相对集中行政许可权工作。进一步深化行政指导工作，建立完善行政指导、行政合同、行政奖励等制度，推行执法告知、说理式执法、开门审案等柔性执法新模式。加强对社会组织和行业协会的培育、规范和管理，引导社会组织和行业协会依法实施管理，提供公共服务，不断创新完善政府对经济和社会事务的行政管理方式。大力推进行政管理部门间的资源共享、信息互通、工作联动。积极推动政府行政管理与基层民主自治有效衔接、良性互动工作机制建设，力争取得成效。

7. *规范行政执法行为*。强化执法程序意识，保证公民、法人及其他组织的知情权、陈述权、申辩权、申请行政复议和提起行政诉讼的权利。完善行政处罚裁量权具体工作规范，积极探索规范行政许可(审批)、行政强制、行政征收、行政收费等领域的自由裁量权。区、镇两级政府健全、完善行政执法争议协调机制，及时协调解决行政执法部门之间在行政执法中产生的矛盾和争议。开展重大行政处罚、重大行政许可备案审查工作。积极改进执法方式，大力推进行政权力网上公开透明运行工作，提升执法质量、规范执法行为。坚持教育指导为先，全面推行全程说理式执法、行政监管劝勉、执法事项提示、轻微问题告诫、突出问题约谈、重大案件回访等柔性执法方式。严格行政执法责任制，加大对行政不作为的监督和责任追究，重大行政违法行为查处与责任追究率达100%。

8. *强化行政监督效能*。各级政府自觉、主动接受同级人大及其常委会、政协的监督，坚持重大行政决策事项、年度依法行政工作情况向人大报告、向政协通报制度。加强行政复议和行政应诉工作，提高行政机关负责人出庭应诉率，行政机关对人民法院依法作出的生效行政判决和裁定的自觉履行率达100%。更加重视人民群众的监督和社会舆论监督，高度重视网络监督，加强内部层级监督和专门监督。审计、监察部门依法履行监督职责，落实好跟踪督查制度和责任追究制度，着力加强对财政性资金、政府重大投资项目、建设工程项目招投标、经营性土地使用权出让、政府采购、重大决策和领导干部经济责任以及其他公共利益事项的监督。

**（三）推进司法机制改革，维护社会公平正义**

9. *优化司法工作机制*。以满足群众司法需求为出发点，不断优化司法职权配置，形成权责明确、相互配合、相互制约、高效运行的司法工作机制。完善多侦联动、协同作战工作机制，提升侦查能力。优化审判职权配置，强化分类指导，统一裁判尺度。完善巡回审判制度，扩大便民诉讼服务网络。稳步推进“一镇一庭”试点工作，优化人民法庭布局。优化检察机关职能配置，推行检察工作集约化管理模式，加强和规范基层检察室建设，改进检察工作方法，进一步完善法律监督机制。完善刑事被害人国家救助、涉诉信访终结案件救急资助和执行救助专项资金等制度。进一步改进和完善司法鉴定、社区矫正工作机制。不断完善司法工作保障机制，切实解决司法机关办案人员编制、经费保障和基础设施建设问题。

10. *深入推进执法规范化建设*。以基层政法部门执法一线和热点岗位为重点，深入开展执法规范化建设。进一步规范刑事、民事、行政审判及执行工作。深入推进量刑规范化改革工作，落实宽严相济刑事政策。全面加强信息化建设，积极推进公、检、法信息平台建设。认真落实办案公开制度，拓展警务、检务、审务和所务公开范围。

11. *强化司法权力监督*。加强制度建设，进一步建立健全内外监督制约机制，加大执法监督巡视工作力度。继续开展执法评议、听庭评审等活动，加强对侦查权、起诉权、审判权、执行权的监督制约，防止权力滥用，促进审判公正、执行高效。加强对执法和管理活动中的关键环节和关键岗位的内外监督制约措施，从制度上防止权力失控、行为失范。全面开展执法检查和案件评查工作，及时通报情况，针对发现的问题提出整改意见和解决办法。以加强司法民主为目标，进一步拓宽监督渠道，不断推进人民陪审员“吴中模式”工作的深入开展，真正实现让民众参与司法、了解司法、监督司法、支持司法的良性循环。健全人民监督员、行风评议等制度，自觉接受人大、政协、新闻媒体和人民群众的监督。

12. *加强政法队伍建设*。深入开展社会主义法治理念和主题教育活动，严格教育、严格培训、严格管理、严格考评，不断提高政法干警的政治素质、业务素质和职业道德素质。完善司法人员招录培养机制。完善惩治和预防腐败体系，严肃查处违法违规办案、司法不作为、执法不严不公不文明等行为，维护司法公正，努力打造一支政治坚定、业务精通、作风优良、执法公正的政法队伍。

**（四）深化法制宣传教育，推进法治文化建设**

13. *开展“六五”普法活动*。深入开展“六五”普法，着力提升全体市民法律素质。重点抓好领导干部和公务员等公职人员学法用法各项制度建设。进一步落实人大常委会任命人员任前法律知识考试制度和非人大常委会任命领导干部任前法律法规知识考试制度。继续推行公务员网上学法和考试。完善学校、家庭、社会“三结合”的青少年法制教育体系。严格落实企业经营管理人员法律知识培训制度。多种形式开展与农民生产生活密切相关的法律法规宣传学习，提高广大农民依法表达诉求、依法维权意识。加强集宿区、厂区、社区各类法制培训学校（站、点）的建设，提高新吴中人学法知法守法、依法维权意识。

14. *创新法制宣传载体*。进一步运用视角新、效果好、群众喜闻乐见的方法开展法制宣传教育工作。充分利用“12·4”法制宣传日以及法律法规颁布实施纪念日，整合社会资源，开展面向社会、规模大、有影响的综合性法制宣传教育活动，使法制宣传教育更加贴近群众、贴近生活。利用法律服务中心、法律服务热线等载体，为群众提供方便的学法场所和快捷的公益性法律信息服务。加强普法讲师团、法制新闻工作者、法制文艺工作者等队伍建设，形成法制宣传教育的工作合力。坚持法制宣传教育与法治实践相结合，借助法律服务、法律援助、人民调解等各项依法治理活动的工作平台，广泛、全面、渗透式地开展法制宣传教育，提升法制宣传教育工作的实效性和影响力。

15. *加强法治文化建设*。进一步深入挖掘吴文化深厚历史文化底蕴，注重文化融合，做好传承创新，以甪直法治文化景区建设为起点，努力建设一批覆盖城乡、便捷民众、设置合理、功能多样的法治文化广场、街区、景观带、主题公园、展馆,规划建设法制宣教中心,逐步完善基层法治文化公共服务设施,打造一批省级和苏州市级“法治文化建设示范点”。推动法治文化产品创作,推出一批具有鲜明地域特色、群众喜闻乐见的书画、摄影、漫画、剧本、故事、小品、动漫等法治文化作品。依托大众传媒,运用科技手段、新型媒体,建立起技术新、传播快、全覆盖、广渗透的法治文化传播体系。

**(五)创新社会管理和公共服务,保障民生权益**

16. 推进社会管理创新。不断健全完善社会矛盾排查化解机制,全面实施社会稳定风险评估。加强基层调解组织和调解员队伍建设,强化重点领域专业调解组织建设,全面提升矛盾纠纷调处能力。完善实有人口动态管理机制,建立健全流动人口“以证管人、以房管人、以业管人”的服务管理新模式。积极探索特殊群体服务管理新机制。切实加强综治基层基础建设,建立健全社会治安重点地区排查整治、系列平安创建、群防群治等长效机制。加强公共安全监管、网络虚拟社会管理,加强社会组织培育发展和监督管理。积极推进社会管理信息化建设,探索构建社会管理信息化平台。加快培养社会工作人才队伍,大力培育专业社工机构,鼓励和倡导志愿服务精神,积极推进社会工作服务体系建设,提升基层社会服务管理专业化水平。

17. 优化公共服务职能。创新公共服务运行机制,合理配置基本公共服务资源,完善财政支出运行和绩效评价制度,实现公共服务的法定化、规范化,满足社会公众日益增长的公共服务需求。深化公共服务领域改革,改革基本公共服务提供方式,引入竞争机制,扩大政府购买服务,建立政府主导、社会参与的公共服务供给体制。支持、引导社会组织参与社会管理和服务,创新发展公共服务业,加快推进公共服务社会化、专业化、市场化进程。全面保障基层政府提供公共服务的财力支撑,逐步完善符合市情、较为完整、覆盖城乡、可持续的基本公共服务体系,推进基本公共服务均等化。

18. 健全法治惠民机制。深入开展“关爱民生法治行”活动,扩大施行内容,创新实施方式,努力打造法治建设的特色品牌。扎实开展法治为民办实事工程,运用法治手段集中解决城市化进程中群众关心、社会关注的民生问题,力争取得依法改善民生的阶段性成效。推进执法部门建立法治惠民工作长效机制,促进各项工作更好地贴近民情、保障民生。着力在法治惠民实事的确立、推进、评估、考评等环节形成规范,提高法治惠民效能。

**(六)全面规范市场秩序,严格依法经营**

19. 强化市场监管。扎实开展规范市场秩序的专项整治活动,严厉打击生产销售假冒伪劣产品、扰乱金融和市场秩序、妨害公司企业管理秩序、侵犯知识产权、走私、金融诈骗等严重经济犯罪活动,打击制造、销售假冒伪劣商品(产品)违法行为投诉和处置机制建成率达100%。严肃查处价格欺诈、行业垄断、地方保护等不正当竞争和限制竞争违法行为,促进各类市场主体公平竞争。健全食品、药品安全保障和监管体系,食品安全合格率达96%以上,药品评价性检测合格率达98%以上。依法加强对各类市场和市场行为的监管,及时有效地查处违法违规行为,切实防止重大食品药品、产品质量、工程质量、安全生产事故的发生。

20. 推进信用体系建设。推进政府信用体系建设,树立政府信用形象。推进企业信用体系建设,完善企业信用基础数据库,倡导企业诚信经营,提升企业信用水平。继续深入开展“诚信守法企业”创建活动,在全区规模以上企业中培育一批治理结构完善、经营机制良好、信誉度高、法律意识强、具有示范引导作用的创建活动先进企业，切实提高企业综合竞争力,全面提升我区企业诚信守法形象。推进个人信用体系建设，建立个人信用基础数据库,完善个人信用信息。加强重点人群的信用信息收集,提高征信效用。建立信用中介服务体系,加快培育信用中介服务机构,提高信用产品质量,推广信用产品的使用。提高政府公信力、企业信用度和社会诚信度,不断优化社会诚信环境。

21. *健全法律风险防范机制*。深化企业依法经营工作，督促企业依法完善内部管理制度,有效预防和化解企业经营风险。健全企业风险防控机制，促进企业加快建立由决策层主导、法律顾问保障、全体员工共同参与的法律风险防范责任机制。扩大企业法律顾问队伍，使更多企业具有专业人员防范企业法律风险。把企业决策中的法律风险防范作为重中之重,引导企业加大对重要领域、重点环节法律风险的防范力度。引导企业加强对重大法律纠纷案件的管理,堵塞管理漏洞,提升防范法律风险的能力和水平。

**（七）深化基层创建活动,夯实法治吴中基础**

22. *推进基层民主法治建设*。进一步加强社区、村、企业民主管理制度体系建设,深入推进“四民主两公开”,保障人民群众依法行使选举权、知情权、参与权和监督权。稳步扩大直接选举覆盖范围，逐步提高社区居委会直选率、村委会无候选人直选率。深入开展以村(居)民代表会议、职工代表大会为主要形式的民主决策实践,深化以村(居、厂)务公开和民主评议为主要内容的民主监督实践,积极推行村、社区党组织书记向镇（街道)党(工)委和党员群众双向承诺、双向述职制度。大力推动企业依法建立工会组织，全区规模以上企业普遍建会。深入推进“民主法治村(社区)”创建活动,力争到 2015 年全区 95%的村(社区)建成市级“民主法治村(社区)”,25%的村(社区)建成省级以上“民主法治示范村(社区)”。

23. *加大法治镇(区、街道)创建力度*。深化区域创建活动,不断加大各镇(区、街道)法治创建创先争优力度,引导各镇(区、街道)法治创建向深层次推进。不断加大全省、全国“法治县(市、区)”创建工作先进单位争创力度,努力争创“法治县(市、区)”,不断提高区域法治建设水平，为全区达到基本实现现代化指标体系提供法治保障。

24. *提高城市管理法治化水平*。以优化城市管理为重点,创新城市管理方式,建立健全城市依法规划、建设和管理的体制机制,推动城市管理、城市建设、城市规划的规范化、法治化。进一步健全和完善市容环境卫生管理、基础设施建设管理、市政公用设施建设体制机制。积极履行政府宏观调控和规划职能,强化城乡统筹规划的约束力，健全并严格执行规划审批制度,加大规划的监督执法力度。严格依法保护土地和矿产资源，提高城市土地资源有效承载力。依法强化城市环境综合治理，城市生态环境、创业环境和居住环境良好,不断提高城市经济社会可持续发展能力。

**三、组织保障**

25. *加强组织领导*。各级党委把法治建设列入重要议事日程，定期听取汇报，分析形势,研究解决问题,促进各项工作落实。各地、各部门把法治建设纳入当地经济和社会发展和部门工作的全局，统一部署，明确目标要求,确保工作落实。各级人大、政府、政协以及群众团体等进一步重视法治建设工作，充分发挥各自的职能作用,形成党委统一领导、全社会齐抓共管、人民群众广泛参与的工作格局。进一步坚持条块结合、以块为主和谁主管谁负责的原则，把法治建设工作延伸到社会生活的各个领域。

26. *完善工作机制*。各级依法治理领导小组办公室负责协调、指导、推进法治建设工作,认真研究加快推进法治建设的重点、难点和热点问题,找准工作切入点,提出阶段性的工作目标与要求,分解任务、落实责任、加强督查、全力推进。区依法治区领导小组办公室要加大对本规划实施的年度考评、中期检查、终期评估力度,及时整改薄弱环节,不断推进法治化进程。各部门按照本规划和法治建设的要求,结合各自职能研究制定实施方案,明确工作要求、具体措施、完成时限,确保责任落实到位。充分发挥各法治建设协调指导小组、法制科长、法治专职人员和法治联络员作用。各镇(区、街道)健全依法治理组织机构,切实解决好依法治理工作办公室机构设置、人员配备和经费保障问题。

27. 强化舆论宣传。各地、各部门充分运用报刊、电视、广播、互联网等载体,切实加强法治建设的舆论宣传。大力宣传深入推进法治建设的总体部署、生动实践、法治进程和工作成效,宣传和树立推进法治建设工作的典型经验、先进事迹和人物,动员党政机关、社会各界和人民群众实践、参与和支持法治创建工作。在主流媒体开设并办好法治栏目,积极构建社会各方互动交流平台,提供舆论支持,加大舆论监督力度,营造良好的社会氛围。

# 吴中区全面实施“十二五”期间十大民生事业的实施意见

中共苏州市吴中区委员会

苏州市吴中区人民政府

吴委发〔2011〕75号

2011年8月29日

各镇、街道（场）党（工）委、政府（办事处），区级机关各部门，度假区、开发区党工委、管委会及所辖各部门、农业园区，穹窿山风景管理区党工委、管委会：

保障和改善民生，是我们党全心全意为人民服务宗旨的根本要求，是贯彻落实科学发展观的核心内容，是构建和谐社会的关键任务。近年来，区委、区政府坚持执政为民、亲民爱民，切实把解决民生问题摆在突出位置，加大实施民生事业力度，全区民生状况得到显著改善。但按照党的十七大提出的“加快推进以改善民生为重点的社会建设”的总体要求，我区全面改善民生的任务还十分艰巨，民生领域的许多工作还待进一步加强，为此，区委、区政府决定在“十二五”期间，下更大决心、花更大力气实施十大民生事业，进一步保障和改善民生，率先基本实现民生现代化。为加快推进十大民生事业，特制定如下实施意见。

## 一、总体要求

**1. 指导思想：**以科学发展观为统领，按照苏州建设“三区三城”和率先基本实现现代化部署要求，紧紧围绕“山水苏州·人文吴中”目标定位和“走进太湖时代”发展战略，以加快发展经济为基础，以实现好、维护好、发展好最广大人民群众的根本利益为出发点和落脚点，以解决人民群众最关心、最直接、最现实的利益问题为突破口，立足当前、着眼长远，进一步完善为民办实事的长效机制，全面推进基本公共服务均等化，在更高层次、更高水平上实现“学有优教、劳有多得、病有良医、老有颐养、住有宜居”，加快建设城乡协调并进、人民幸福安康的和谐新吴中。

**2. 原则要求**

——坚持发展经济与改善民生相结合。坚持把经济发展作为民生改善的根本前提，着力推动经济又好又快发展，不断强化民生改善的物质基础。把改善民生作为经济发展的根本目的，不断提高发展成果的共享程度。

——坚持突出重点与统筹兼顾相结合。抓住关键环节，着力解决群众反映突出的民生问题，着力保障困难群众的基本生活，着力改进民生领域的薄弱环节。加强统筹规划，兼顾社会各阶层、各方面群众的整体利益和长远利益，扎实推进民生事业可持续发展。

——坚持改革创新与务实求效相结合。正确处理加大投入力度与提高工作水平的关系，更加注重通过体制机制和工作方法等创新，促进民生资源的合理配置和有效利用，不断提高改善民生的实际效果。

——坚持政府主导与社会参与相结合。不断强化政府在完善政策、制定规划、增加投入和组织领导等方面的职责，增强政府提供公共产品和公共服务的能力。坚持共建共享，积极引导和鼓励各类市场主体、社会组织和广大人民群众共同推进民生改善，形成改善民生的强大合力。

**3. 主要目标**：通过全面实施十大民生事业，到2015年，基本形成比较完善的综合交通体系，客货运输服务能力大幅提升；基本形成多层次的住房保障体系，实现由“有所居”向“优所居”转变；基本形成劳动者自主择业、市场调节就业、政府促进就业的就业工作体系，社会就业更加充分；基本形成多渠道的富民增收机制，城乡居民收入水平实现翻番；基本形成城乡一体、全民覆盖的社会保障体系，保障水平实现较大提升；基本形成覆盖全社会的终身教育服务体系，教育公平充分体现；基本形成城乡医疗卫生服务体系，人民群众医疗负担明显改善；基本形成覆盖城乡的公共文化服务体系和全民健身服务体系，群众性文体事业进一步繁荣；基本形成和谐稳定的“平安吴中”建设体系，人居环境实现可持续发展；率先基本实现民生现代化。

**二、全面实施十大民生事业**

**1. 交通优化工程**。配合苏州市建成轻轨1号线，新建2号线、4号线，做好轨道交通吴中站点及换乘枢纽建设。深入实施“公交优先”战略，巩固提升“村村通公交”成果，不断优化城乡公交线路，逐步构建城乡均衡发展的公交三级网络。继续加强公交场站建设，实现“镇镇有站，村村有亭”，公交站点500米半径覆盖所有行政村，城乡公共交通占居民出行比例达到20%。新建南环快速路西延、东环快速路南延、常嘉高速(吴中段)、苏绍高速(吴中段)以及453、227、230、343等省道吴中区段改建工程，新建东西山环岛公路连接线、金庭环岛公路等骨干路，完成斜港大桥拆除重建、太湖路综合改造。实施福坤路北拓、木东公路横泾及临湖段拓建等区级道路建设工程。着力优化航道等级结构，重点实施苏西线四期工程、浒光运河改造工程。(责任部门：交通运输局、住房和城乡建设局、相关镇区街道)

**2. 住房保障工程**。加强保障性住房建设和供应，适度有序地推出集宿房、廉租公寓、公共租赁房的建设，建设规范的房屋租赁市场。稳定廉租房面积，着力解决新就业职工、进城务工人员及中等偏下收入家庭的住房困难。提高集宿房建设标准，加强拆迁安置房统筹协调，完善相关配套和优化布局，强化项目施工管理，加快建设进度。“十二五”期间，全区新建安置房970万平方米以上，其中，城区120万平方米以上、开发区335万平方米以上、度假区160万平方米左右、木渎镇135万平方米以上。逐步推进老新村和危旧房改造。用5年时间对苏苑、龙西街道的398幢建成区老新村进行整治改造，改善群众居住条件。到“十二五”期末，全面完成危旧直管公房改造，受益居民超过200户；完成航运公司危房改造，受益居民超过450户。(责任部门：住房和城乡建设局、交通运输局、相关街道)

**3. 便民服务工程**。加强便民服务体系建设，通过三级联动方式构筑便民服务的网络和平台，为人民群众的生产生活和经济社会发展提供全方位的服务。建设集老年活动中心、城区老人日间照料中心(托老所)、婚姻登记服务、退伍军人活动中心、社会组织培育孵化中心、防灾救灾管理中心(救灾储备仓库)于一体的民生综合服务中心，通过创新一站式服务，不断优化办事流程、提高办事效率、拓宽服务内涵、畅通服务网络，打造公共服务品牌，实现“好办事、办好事”。推进社区商业、休闲活动等配套设施建设，至2015年，完成城南东湖、宝带桥市民公园、横泾市民公园、木渎新邻里中心等配套服务设施，实现“便民消费进社区、便民服务进家庭”。(责任部门：民政局、供销社、国裕公司、相关镇区街道)

**4. 富民增收工程**。加大就业创业服务力度，实施更加积极的就业政策，构建政府、个人、学校、金融机构“四位一体”的就业促进体系，建设一批创业孵化基地和青年见习基地，加强特困家庭、失业人员、大学毕业生、失地农民等重点群体就业服务工作。“十二五”期间，确保每年新增就业2万人，其中每年帮助3000名失业人员就业。探索城乡统一就业监测制度，严格控制失业率。加强镇村两级就业服务平台建设，优化就业公共服务。至2015年，确保社会登记失业率控制在4%以内，95%以上的社区（村）实现“充分就业社区（村）”目标。完善富民强村工作机制，深化农村综合配套改革，继续实施富民强村工程，全力推进城乡一体化发展。认真落实土地流转政策，规范发展农村“五大合作经济”，打造一批总收入超亿元的旗舰型总社联社、集团公司，一批村级收入超3000万元的标兵村，力争1家股份合作总社或集团公司上市。到2015年，镇村两级集体总资产、总收入实现翻番，分别超300亿元和30亿元；合作社户均分红达5000元。加大技能培训力度，转变培训方式，由初级工培训向中高级工培训提升，由常规职业工种培训向新型、特色工种培训深化，由就业型培训向创业型培训转型。关心城乡弱势群体，帮助有条件的困难群体从“输血式”帮扶向“造血式”脱贫转变，使低收入户人均收入水平逐年提高。（责任部门：人社局、农办、相关镇区街道）

**5. 社会保障工程**。提升社会保障水平，构建以社会保险、社会救助、社会福利为基础，以基本养老、基本医疗、最低生活保障制度为重点，以慈善事业、商业保险为补充的城乡社会保障体系，至2015年，实现社会保险全覆盖。逐步提高农村基本养老保障水平，建立养老保险城乡一体、逐步并轨的政策体系，健全农村基本养老保险待遇和被征地农民保养金动态增长机制。完善农村社会医疗保障体系，加快新型农村合作医疗保险制度向城乡居民基本医疗保险制度衔接与并轨，提高农村基本医疗保险实际补偿比例，至2015年，城乡居民医疗保险累计门诊特定住院费用补偿封顶额提高到20万元，住院费用实际补偿率达60%，政策可报比达70%左右。完善养老服务体系，全面推进居家养老服务工程，大力发展社区居家养老服务，积极构建以居家养老为基础、社区服务为依托、机构养老为补充的养老服务体系。加快各镇（街道）居家养老服务中心建设步伐，按当地人口数规划建设一批管理好、品牌新、服务有特色的新型养老机构。积极推进敬老院建设，新建郭巷敬老院、胥口敬老院、香山敬老院，改扩建木渎敬老院、金庭敬老院，改善“三无”、“五保”老人居住环境。加大民办养老机构管理力度，实现民办养老机构经常化、制度化管理，基本实现“老有所养”目标。加强社会救助工作，全面整合社会救助资源，健全以城乡低保制度为基础，以医疗、教育、就业、住房、法律等专项援助为辅助，以临时救济、社会帮扶、慈善互助为补充的社会救助体系，建立健全困难群众发现机制、信息共享机制、收入核查机制、救助标准动态增长机制和临时困难救助机制，保障弱势群体的民生权益。大力发展“红十字”、慈善事业和公益性基金会组织，不断提高慈善资金募集能力，探索发展社会慈善、社会捐赠、群众互助等多形式的社会救助机制。（责任部门：人社局、民政局、相关镇区街道）

**6. 教育提升工程**。高水平、高标准、高质量普及15年教育，调整优化幼儿园和中小学校布局，新建各类幼儿园20所以上、小学7所、中学5所。依法保障贫困家庭子女、外来工子女和残障儿童少年接受教育的权利，率先实现残疾学生免费15年教育。加强普通高中基础能力建设，提高普通高中办学质量和效益。至2015年，全区早期教育覆盖率达90%以上，85%的幼儿园建成省、市级优质幼儿园，70%以上小学、初中达到高水平教育现代化学校建设标准，100%的普通高中建成省优质高中。加快发展职业教育,进一步拓宽职业教育人才培养渠道,加快形成职业教育与普通教育相互沟通、中等职业教育与高等职业教育相互衔接、学历教育与非学历教育相互补充、职前教育与职后教育相互配合的现代职业教育体系。(责任部门:教育局、相关镇区街道)

**7. 卫生设施工程**。继续深化医药卫生体制改革,全面落实国家基本药物制度,健全以二级医院为龙头、镇卫生院(社区卫生服务中心)和社区卫生服务站为基础的农村医疗卫生服务网络,建立"十五分钟健康圈"。新建吴中医院综合大楼等一批医疗机构,迁建、改扩建角直人民医院、长桥医院等一批乡镇卫生院。建立三级公共卫生信息网络,不断提升突发公共卫生事件应急处置能力。(责任部门:卫生局、相关镇区街道)

**8. 文体事业工程**。完善文体服务体系,启动区文化馆、图书馆、文博规划展示馆和青少年活动中心等大型文化设施建设。进一步完善区、镇(街道)、村(社区)三级公共文体设施网络,加强基层文化阵地建设,加快推进片区文体中心、体育公园建设步伐,新建居民小区体育设施覆盖率达100%。加强文体设施规范化管理,切实提高公共文体设施服务能力。至2015年,公共文化设施每万人拥有量达1600平方米、人均公共体育设施面积超过2.5平方米。加强群众文化建设,经常性地开展科普知识、书画作品、文艺精品、政策法规等宣传展示活动,加强基层精神文明队伍和阵地建设,营造积极健康向上的良好社会风尚。广泛开展群众性文化活动,继续办好"广场文艺月月演"、文化"三下乡"和送数字电影等大型文化活动,精心举办一批大型节庆活动,力争再创作和演出一批体现吴中特色和富有现代气息的文艺精品力作,唱响"山水苏州·人文吴中"文化品牌,丰富和提升区域文化内涵。(责任部门:文体局、国裕公司、档案局、相关镇区街道)

**9. 环境改造工程**。大幅度减少污染排放,积极推进产业结构生态化重组和低碳产业体系建设,严格控制高耗能项目,强制淘汰耗能高的技术、工艺和设备,开发一批节能新技术,培育一批节能示范企业,切实降低单位生产能耗。扎实推进污染物减排,严把环境准入关、排放管理关和建设项目环评能评关,杜绝重污染项目。至2015年,工业重点污染源排放达标率、工业污水处理污泥处置率、工业固体废弃物综合利用和处置率均达100%。大力度推进监管整治,全面实施城乡综合环境提升工程,大力开展村庄整治工程,推进农村环境建设,促进城乡和谐共荣。切实加强饮用水源地、集中居住地、旅游景点等重点区域,以及沿河(湖)、沿路、沿山等重要节点的环境监管整治,营造常态化一流环境。加快推进环境基础设施建设,扩建城南、开发区河东、木渎污水处理厂等污水处理工程,完善配套污水管网建设,新建一批农村村庄生活污水处理设施,至2015年,农村生活污水集中处理率达70%。(责任部门:农办、水利局、环保局、相关镇区街道)

**10. 平安吴中工程**。继续推进"三项排查",健全"大调解"机制,完善调解组织网络,及时排查化解各类社会矛盾。坚持人防、物防、技防并举,加强监控系统资源整合,提升打防控一体化水平。继续加大对各类黑恶势力和违法犯罪活动的打击力度,不断深化社会治安排查整治工作,有效提升社会管理水平。加强安全生产管理,进一步加强重点行业、重点部位、重点环节的专项整治,有效遏制重特大事故发生。完善应急预案体系建设,全面提升突发事件应对处置能力。加强和完善基层社会管理和服务体系,努力夯实基层组织、壮大基层力量、整合基层资源、强化基层工作。实施粮油食品、放心粮食市场、放心粮库、放心粮店"四放心"工程,建设包括肉类食品加工配送中心、标准化农贸市场以及大卖场(超市)、“产销对接”核心企业和团体消费单位的肉菜流通追溯体系、基层食品快速检测平台、食品生产加工企业动态监管等系统，增强农副产品、各类餐饮抽检和监测能力,确保群众吃上放心安全的食品。优化水资源配置,增强水资源供给能力,加强水环境监管,消除潜在风险。(责任部门:公安分局、城管局、商务局、粮食局、卫生局、水利局、农业局、环保局、工商局、质监局、相关镇区街道)

**三、保障措施**

**1. 加强组织领导。**各地、各部门要高度重视改善民生工作，把全面改善民生摆在更加突出的位置,与经济工作同部署、同推进、同考核。区里将成立由主要领导任组长的领导小组,统筹协调推进十大民生事业。各地、各部门要加强统筹规划和组织协调，建立主要领导负总责、分管领导直接抓、部门分工明确、责任落实到人的工作机制，形成上下联动、齐抓共管的局面。

**2. 强化投入保障。**切实发挥公共财政的主导作用,进一步完善公共财政体系,探索社会事业配套费用封闭运作机制，调整优化财政支出结构，加大社会建设和改善民生的支出比重,加大公共服务领域投资,确保动态正常增长。“十二五”期间,确保政府财政用于社会建设和基本公共服务的资金支出占财政支出的比重要高于上年。整合社会建设和各类专项资金,向教育文化卫生等公共事业倾斜,向困难群众倾斜,使全体居民共享发展成果。

**3. 形成整体合力。**各地、各部门特别是各牵头单位和责任单位要各尽其责,相互配合,根据分工要求，结合年度工作目标，各有侧重,循序渐进,抓住重点,突破难点,扎实推进。整合社会资源,凝聚各方力量,推进民生事业加快实施。

**4. 狠抓推进落实。**各地、各部门要对照项目,认真落实责任,全力以赴确保民生事业按进度逐步推进。加强项目服务,建立民生项目绿色通道,进一步简化审批程序,提高办事效率。加强项目管理,严把工程质量,真正把民生项目建设成为群众满意、群众得益的实事工程。加强工程项目考核监督,将实施情况纳入各地、各部门的年度目标考核内容,定期进行综合考评。

**附件:**

吴中区“十二五”期间十大民生事业汇总表

附件：

## 吴中区“十二五”期间十大民生事业汇总表

| 序号 | 名称 | 分类 | 主要内容 | 分管领导 | 责任单位 |
|---|---|---|---|---|---|
| 1 | 交通优化工程 | 公共交通建设 | 做好轨道交通吴中区7个站点及换乘枢纽建设；建成公交候车亭150个，新辟与优化调整公交线路15条，增添欧三排放标准以上公交车580辆。 | 荣德明 | 交通运输局 |
| | | 道路建设 | 新建南环快速路西延、东环快速路南延、常嘉高速(吴中段)、苏绍高速(吴中段)以及453、227、230、343等省道吴中区段改建工程，斜港大桥拆除重建，新建东西山环岛公路连接线、金庭环岛公路、临湖大道、环太湖路、孙武路及孙武大道、渔洋山环湖路等骨干路，完成太湖路综合改造。实施福坤路北拓、木东公路横泾及临湖段拓建等区级道路建设工程。 | | 交通运输局<br>住建局<br>相关镇(区)街道 |
| | | 航道建设 | 实施苏西线四期工程改造、浒光运河一期改造。 | | 交通运输局 |
| 2 | 住房保障工程 | 安置房建设 | 全区共新建安置房971.28万㎡。 | | 住建局<br>相关镇(区)街道 |
| | | 保障性住房建设 | 全区共新建保障性住房23.2万㎡。 | | 住建局 |
| | | 老新村和危旧房改造 | 逐步推进建成区老新村改造工作；改造危旧直管公房210户(人)；改造航运总公司危房共457户。 | | 住建局<br>交通运输局<br>相关镇街道 |
| 3 | 便民服务工程 | 综合服务中心建设 | 建设集老年活动中心、城区老人日间照料中心(托老所)、婚姻登记服务、退伍军人活动中心、社会组织培育孵化中心、防灾救灾管理中心(救灾储备仓库)于一体的吴中区民生综合服务中心。 | 沈志栋 | 民政局 |
| | | 农资仓储中心 | 建成集农药、化肥、种子及其他农资商品的销售、仓储和物流配送于一体的农资仓储(配送)中心，为全区农业生产提供优质足量的农资产品。 | 薛明仁 | 供销社<br>国裕公司 |
| | | 便民设施建设 | 建设城南东湖、宝带桥市民公园；横泾市民公园、便民服务中心；木渎新邻里中心；度假区舟山花园配套服务设施建设。 | 许振华 | 相关镇(街道) |
| 4 | 富民增收工程<br>富民增收工程 | 城乡就业 | 每年新增就业人口2万名，其中，每年帮助3000名失业人员就业；社会登记失业率控制在4%以内；劳动报酬占GDP比重达45%左右；免费培训城乡劳动者3万人以上；全面实现劳动保障协管员的专职化。至2015年，95%以上的社区（村）实现“充分就业社区(村)”目标。 | 周云祥<br>薛明仁 | 人社局 |
| | | 集体经济跨越提升 | 到2015年，镇村两级集体总资产、总收入均翻番，分别达300亿元和30亿元；农民人均纯收入超2.5万元，合作社户均分红5000元；打造一批总收入超亿元的旗舰型总社联社、集团公司，一批村级收入超3000万元的标兵村，力争1家股份合作总社或集团公司上市。 | 周云祥<br>冯建荣 | 农办<br>相关镇(区)街道 |

续表

| 序号 | 名称 | 分类 | 主要内容 | 分管领导 | 责任单位 |
|---|---|---|---|---|---|
| 5 | 社会保障工程 | 五大险种水平提升 | 到2015年，城镇职工养老、医疗、工伤、生育、失业保险覆盖率均超过98%；城乡居民医疗保险累计门诊特定的住院费用补偿封顶额提高到20万元，住院费用实际补偿率达到60%，政策可报比达到70%左右。至2015年，实现城乡养老保险、城乡居民医疗保险并轨。 | 周云祥<br>薛明仁 | 人社局 |
| | | 养老事业发展 | 新建郭巷敬老院、胥口敬老院、香山敬老院，改扩建木渎敬老院、金庭镇敬老院。 | 沈志栋 | 民政局<br>相关镇(街道) |
| 6 | 教育提升工程 | 幼儿园建设 | 改扩建：木渎中心小学附属幼儿园，甪直三小幼儿园，横泾1所；新建：胥口中心幼儿园及第二小学附属幼儿园，东山实验小学附属幼儿园，木渎实验小学附属幼儿园，越溪第二小学附属幼儿园，郭巷幼儿园尹东分部，城南中心幼儿园及碧波幼儿园迎春分园，金庭中心幼儿园，龙西区域新建1所，香山舟山幼儿园，甪直龙潭幼儿园，临湖第二小学附属幼儿园及采莲幼儿园，光福香雪海小学附属幼儿园，横泾塘南及新思幼儿园；小区配套幼儿园11所。 | 周云祥<br>周晓敏 | 教育局<br>相关镇(区)街道 |
| | | 小学建设 | 改扩建：长桥中心小学、藏书实验小学、吴中实验小学、宝带实验小学，木渎二小、三小、五小；新建：胥口第二小学，东山实验小学，越溪第二小学，城南、郭巷、横泾、临湖各1所。 | | 教育局<br>相关镇(区)街道 |
| | | 中学建设 | 改扩建：城西中学、苏苑中学、迎春中学、木渎实验中学；新建：甪直中学高中校，城南、郭巷、木渎、临湖各1所。 | | 教育局<br>相关镇(区)街道 |
| | | 职教、成教学校建设 | 太湖旅游中等专业学校、甪直成教中心校。 | | 度假区<br>甪直镇 |
| | | 校舍安全工程建设 | 加固、新建、改扩建小学、中学、成职教校舍。 | | 教育局<br>相关镇(区)街道 |
| 7 | 卫生设施工程 | 公共卫生中心 | 规划建设区卫生监督所、疾病预防控制中心、卫生应急指挥中心、应急物资储备库、卫生信息中心等。 | 周云祥<br>周晓敏 | 卫生局 |
| | | 医院卫生院建设 | 建设吴中医院综合大楼，木渎医院外科住院大楼，区精神卫生康复中心，甪直人民医院，郭巷卫生院，光福卫生院一期，长桥医院，越溪卫生院。 | | 卫生局<br>相关镇(区)街道 |
| 8 | 文体事业工程 | “四馆一中心”建设 | 建成区文化馆、图书馆、档案馆、文博规划展示馆和青少年活动中心。 | 周云祥<br>周晓敏 | 国裕公司、文体局、档案局、相关镇(区)街道 |
| | | 乡镇文体设施建设 | 建成城南文体中心、越溪文体中心、香山文体中心、金庭文体中心、甪直文体中心以及34个村(社区)文体活动室建设。 | | 文体局<br>相关镇(区)街道 |

续表

| 序号 | 名称 | 分类 | 主要内容 | 分管领导 | 责任单位 |
|---|---|---|---|---|---|
| 9 | 环境改造工程 | 农村环境优化升级 | 加强农村环境连片整治、村庄基础设施、公共服务体系建设以及环境改造等,农村生活污水集中处理率达70%。 | 薛明仁<br>冯建荣 | 农办、水利局、环保局、相关镇(区)街道 |
| | | 污水设施建设 | 建设城南污水处理厂二期工程、开发区吴松江工业园污水处理厂、木渎污水厂四期扩建项目、吴中河东污水处理有限公司三期扩建工程、河东污水厂二期提标升级改造工程、金庭污水厂提标改造工程,度假区光福污水处理厂搬迁扩建工程,完成吴中河东污水厂配套污水管网工程、吴松江工业园污水处理厂配套污水管网工程、城南污水处理厂配套管网工程(横泾、临湖、东山、越溪)、胥口污水处理厂配套管网工程、角直污水处理厂配套管网工程、角直新区污水处理厂配套管网工程。 | 冯建荣 | 水利局<br>相关镇(区)<br>街道 |
| | | 固体废弃物处置建设 | 建设光大环保污泥干化焚烧项目和垃圾焚烧发电项目三期工程。 | 薛明仁<br>冯建荣 | 环保局 水利局<br>开发区 木渎镇 |
| 10 | 平安吴中工程 | 治安监控体系 | 公安、派出所等监控系统升级、整合。 | 张建祥<br>沈志栋 | 公安分局<br>城管局<br>相关镇(区)街道 |
| | | 食品安全体系 | 实施粮油食品、放心粮食市场、放心粮库、放心粮店"四放心"工程,建设包括肉类食品加工配送中心、标准化农贸市场和部分大卖场(超市)、"产销对接"核心企业和团体消费单位的肉菜流通追溯体系、基层食品快速检测平台、食品生产加工企业动态监管系统、餐饮服务日常监督信息公示及农村自办家宴公示管理、食品安全风险监测系统、食品安全监管公用信息平台。 | 许振华<br>周晓敏<br>冯建荣 | 粮食局<br>商务局<br>农业局<br>工商局<br>质监局<br>卫生局 |
| | | 饮用水安全保障 | 水厂建设、管网改造、取水口改造、水源地达标建设、应急供水建设、二次供水水质安全保障。 | 许振华<br>薛明仁<br>冯建荣 | 水利局<br>环保局<br>相关镇(区)街道 |

# 关于深化平安吴中建设的意见

中共苏州市吴中区委员会

苏州市吴中区人民政府

吴委发〔2011〕104号

2011年12月29日

为进一步巩固平安吴中建设成果，提升平安吴中建设水平，促进全区社会和谐稳定，根据市委、市政府《关于深化平安苏州建设的意见》精神，现就深化平安吴中建设提出如下意见。

**一、指导思想**

以科学发展观为指导，深入贯彻党的十七大、十七届六中全会和市第十一次、区第三次党代会精神，认真落实中央、省、市、区委关于加强社会建设创新社会管理意见精神，紧紧抓住影响社会和谐稳定的源头性、根本性、基础性问题，深入推进社会管理创新、社会矛盾化解、社会治安防控体系和基层基础建设等重点工作，为全区率先基本实现现代化和"吴中明天更美好"营造和谐稳定的社会环境。

**二、奋斗目标**

在巩固前阶段平安吴中建设成果的基础上，经过努力，确保达到省平安县(市、区)创建标准，努力建设一个基础更牢、措施更实、管理更严、人民群众更加满意的平安吴中，力争在社会矛盾化解、社会治安打防控、公共安全监管、维护国家安全、基层基础建设、平安建设创新能力、政法综治队伍建设、平安建设组织保障水平等八个方面处于全市领先位置。

**三、创建标准**

**(一)社会和谐稳定。**切实加强源头预防，全方位建立调解机制，各类矛盾纠纷得到及时有效化解，社会矛盾纠纷调处率和成功率处于全市前列，进京非正常上访和群体性事件发生率处于全市低位，不发生有重大影响的群体性事件。

**(二)社会政治安定。**对境内外敌对势力、敌对分子和法轮功等邪教组织的渗透破坏活动发现得早、控制得住、处置得好。防范、控制和打击危害国家安全和政治稳定活动的水平进一步提高，不发生暴力恐怖事件、有重大影响的危害国家安全和政治稳定案(事)件以及邪教组织活动。

**(三)治安防控严密。**建成全方位、多层次、立体化、高科技的现代治安防控体系，技防城建设水平达到全市领先；社会治安重点地区和突出治安问题得到有效整治；"两抢一盗"等可防性侵财案件下降，八类刑事案件发案率在省、市处于低位，破案率全市领先，不发生有重大影响的涉黑涉恶团伙犯罪案件和其他恶性刑事案件。

**(四)社会管理有序。**建立与社会主义市场经济体制相适应的社会管理创新体系。流动人口和特殊人群服务管理水平提升，重点人员违法犯罪率持续保持低位。社会组织健康发展，信息网络服务管理水平全市领先，不发生有重大影响的网络安全事件。

**(五)安全监管有力。**公共安全监管工作规范高效,各类事故得到有效控制,亿元GDP生产安全事故死亡率、机动车万车死亡率、十万人口火灾死亡率、工矿商贸就业人员十万人安全生产事故死亡率在全市处于低位,不发生有重大影响的公共安全事故。

**(六)基层基础夯实。**基层政法“两所一庭一室一办”建设全面加强,镇(街道)综治工作中心和村(社区)五位一体综治办力量有效整合,群防群治队伍进一步发展壮大,基层系列平安创建活动有效开展,综治各项基础工作得到全面推进,平安创建覆盖率、群众参与率处于全市前列。

**(七)政法队伍加强。**政法机关在深化平安建设中主力军作用得到充分发挥,队伍素质全面提升,执法规范化水平不断提高。政法综治部门人员落实、经费保障到位。人民群众对政法队伍的满意率处于全市前列。

**(八)组织保障有力。**各级党委、政府维护社会稳定第一责任得到切实履行,综治委成员单位和社会各界参与和重视程度不断提高,形成强大合力。深化平安建设列入国民经济和社会发展“十二五”发展规划,平安建设人财物保障在全市处于前列。

## 四、工作措施

### (一)进一步加强社会矛盾预防化解处置机制建设

1. *扎实推进社会稳定风险评估。*认真贯彻落实中央和省、市的部署要求,全面推进社会稳定风险评估工作,将其作为统筹发展与稳定的重要结合点,在容易引发矛盾的征地拆迁、劳动保障、环境保护、教育医疗、安全生产、食品药品安全、城乡建设、社会管理和企事业单位改制等重点领域全面实施社会稳定风险评估,从源头上预防和减少产生矛盾纠纷的因素和隐患。更加注重风险评估的实用性,通过制定科学的评估流程和可行的操作办法,确保真正发挥风险评估的源头预防作用。按照属地管理、谁决策谁负责的原则,落实社会稳定风险评估责任。对未进行社会稳定风险评估、引发影响社会稳定事件的,依法严肃追究主管部门、单位的主要负责人和相关人员责任。

2. *深入开展社会矛盾排查预警。*积极构建动态排查矛盾纠纷的长效机制,切实提高预警能力。进一步加强排查工作的制度化、规范化建设,把矛盾纠纷排查作为基层基础工作的重要内容,作为日常工作的重要任务。进一步明确排查的内容、范围、手段、方式等任务要求,突出动态排查的重点,密切关注楼市调控、环境污染、征地拆迁、企业破产、拖欠工资工程款等涉众型矛盾,以及易激化酿成个人极端事件、易转化为刑事案件的个体性矛盾,逐步建立全覆盖、拉网式的排查工作机制。按照社会化、专业化、职业化的方向,逐步推行人民调解员职称评聘。区、镇两级调处中心和村(社区)调委会分别配备3名、2名、1名以上专职调解员,建立一支与化解社会矛盾要求相适应的专职调解员队伍。

3. *切实提升社会矛盾纠纷调处能力。*不断健全完善人民调解、行政调解、司法调解衔接配合和相互融合的工作体系,进一步提高矛盾纠纷调处率和调处成功率。持续推进专业性调解组织建设,创新拓展公调、检调、诉调、访调、医调、劳调、交调等对接机制,不断增强化解矛盾纠纷的整体合力。建立健全物业管理、环境保护、食品药品安全、价格争议、涉生涉校等领域专业性调解组织建设,努力实现重点领域专业性调解组织全覆盖。重点推进劳动争议企业先行调解工作机制,进一步扩大企业工会建设的覆盖面,并同步建立企业劳调委,最大限度地钝化劳资矛盾。建立完善处置突发性重大群体性事件工作机制,加强应急管理能力建设,加强公安机关专业队伍和专业装备建设,着力提高对突发事件的预测预判、现场指挥、依法处置、舆论引导能力。

（二）进一步加强国家安全工作

1. 强化安全防范网络建设。进一步加强隐蔽战线斗争，严密防范和严厉打击境内外敌对势力、敌对分子的渗透破坏活动，决不允许危害国家安全和社会政治稳定的人员形成组织、活动形成气候。深化国家安全人民防线建设，不断提高各级各类防线组织和核心、要害、重点单位涉外国家安全保卫的能力和水平。

2. 深入开展反邪教斗争。加大对法轮功等邪教组织的打击、防范、控制工作。大力推进创建“无邪教社区”活动，拓展创建领域。深入开展反邪教宣传教育工作，加强法制教育基地建设，强化对法轮功等邪教痴迷者的帮教工作。深入推进“回归社会工程”，促进法轮功已转化人员尽快融入社会正常生活。

3. 加强反恐怖工作。加强反恐怖工作专门机构和专业力量建设，健全反恐怖工作机制，全面提高发现、打击、防范和应对的能力和水平。进一步增强全社会反恐意识，加强要害单位、重要设施、公共场所以及重大工程项目的安全防范工作，坚决防止暴力恐怖袭击事件的发生。

（三）进一步加强社会治安防控体系建设

1. 建立健全治安防控体系。坚持打防结合、预防为主、专群结合、依靠群众方针，以社会化、网络化、信息化为重点，健全点线面结合、网上网下结合、人防物防技防结合、打防控结合的立体化治安防控体系。进一步加强社会面治安防范，区建立120人以上的专职巡防大队，镇（街道）建立30人以上的专职巡防中队，加强各级各类治安卡口、查报站和治安岗亭建设。

2. 着力提升科技防范水平。围绕建设技防城目标，大力推进社会面技防建设。“110接警区”全部达到技防城建设标准，主要街面路面、要害部位、复杂场所技防覆盖率达到100%，所有镇（街道）全部建成规范化的治安监控中心。扎实推进技防单位、技防小区、技防入户工程建设，力争全区90%以上单位建成技防单位，90%以上居民小区建成技防小区，技防入户率达80%以上。新建住宅小区（含定销商品房小区、动迁小区）安全防范设施建设，要做到同规划、同施工、同验收。老小区、街巷综合整治以及城中村改造时技防设施建设要同步到位，建设经费纳入改造项目经费。进一步规范技防设施的升级管理维护，建设时同步落实管理经费，落实技防监控队伍培训管理，提高识别发现控制抓获犯罪的能力。

3. 切实加大打击整治力度。建立健全严打经常性工作机制，深入开展打黑除恶专项斗争，依法严厉打击各类严重刑事犯罪以及“两抢一盗”、电信诈骗等多发性侵财犯罪。依法严厉打击和查处经济领域的犯罪活动和侵犯知识产权犯罪活动，进一步整顿和规范市场经济秩序，促进各类市场主体公平竞争。深入开展治安重点地区和突出治安问题的排查整治，对案件高发的重点部位、场所、路段和城乡结合部进行滚动排查，相关部门开展联合整治，切实改变治安面貌；对已整治过的治安复杂地区，实行动态长效管理，巩固整治成果；对尚未开展整治的治安复杂地区，及时制定工作方案，采取针对性措施，确保明显好转。严格规范“九小场所”管理。

（四）进一步加强非公经济组织和社会组织服务管理

1. 加强非公有制经济组织管理引导。推动在非公有制经济组织建立健全党组织和工会、共青团及妇联组织等群众组织，明确非公有制经济组织服务管理员工的社会责任，指导、帮助其完善内部治理结构，健全规章制度，加强人文关怀，维护其内部和谐稳定。健全劳动争议协商、调解、仲裁和员工工资集体协商机制，构建和谐劳动关系。通过建立综治站，依托行业协会等方式，引导非公有制经济组织落实综治工作措施，进一步扩大综治工作覆盖面。

2. *加强社会组织扶持引导*。制定扶持和引导社会组织发展政策，发挥社会组织自我管理和参与社会管理的能力。重点扶持发展经济类、科技类、公益慈善类、城乡社区社会组织和民办非企业单位，依法加强对政治类、宗教类以及有境外复杂背景的社会组织的监管。推动行业协会、商会改革发展，强化行业自律，发挥其沟通联系企业与政府部门的作用。全面推行社会组织等级评定，积极探索政社互动，进一步发挥社会组织在协调利益关系、反映群众诉求方面的积极作用。

3. *加强社会组织监管*。坚持一手积极引导发展、一手严格管理，构建统一登记、各司其职、协调配合、分级负责、依法监管的社会组织管理体制。建立社会组织监管信息平台，健全社会组织负责人管理制度、资金管理制度、年度检查制度、社会组织查处退出制度，逐步形成登记审批、日常监管、税务稽查、违法审查、信息披露、公共服务、行政处罚等各个环节信息共享、工作协调的社会组织管理机制。加强社会组织党建工作，把各类社会组织纳入党委和政府主导的社会管理体系。

**（五）进一步加强流动人口和特殊人群服务管理**

1. *加强流动人口服务管理工作*。全面推动实施流动人口居住证制度，按照以人为本、服务为先、管理规范、统一高效的要求，逐步将居住管理、公共服务和社会保障纳入居住证制度，着力解决其就业、居住、就医、子女就学等问题，努力实现基本公共服务均等化。进一步加强流动人口信息采集，依托“新苏州人信息综合管理系统”平台，健全完善信息采集、分类管理、日常巡查、责任倒查等各项制度，确保做到底数清、情况明。进一步规范和理顺出租房屋管理体制，实行出租房屋“三色三级”、“四等五级”、“旅馆式”、“三统一”等管理模式，加强日常管控，掌握动态情况。紧紧抓住流动人口中的“三无人员”、违法犯罪高危人员等重点人员，建立健全“以证管人、以房管人、以业管人”的流动人口服务管理机制，切实提升管理质效。采取多种形式和途径，推进流动人口集中居住公寓楼建设。

2. *加强特殊人群服务管理工作*。坚持以实现动态管控为目标，以信息化建设为载体，以分类管控帮教为手段，确保将特殊人群全部纳入管控视线。落实刑释解教人员出狱出所必送必接和安置帮教政策，加强过渡性安置基地建设，强化安置帮教和就业扶持。建立完善体现宽严相济刑事政策要求的社区矫正工作体系，落实分类监督管理和教育矫正制度，不断提高矫正质量。加强精神卫生防治体系建设，建立对具有肇事肇祸倾向精神病人的监测、预警、救治、救助、服务、管理机制。加强对有易感染艾滋病病毒危害行为人群的综合干预工作。推进强制隔离场所建设，加强社区戒毒康复服务。继续推进信访积案化解工作，落实领导包案制度，采取有效措施，确保“零进京、零赴省”上访。加强对社区闲散青少年、有不良行为青少年的教育、帮扶、矫治、管理。建立健全流浪儿童救助机制。对心理和行为偏执、对现实社会不满的人员，建立心理干预机制，疏导不良情绪、化解心理危机、培养健康心态。

**（六）进一步加强信息网络服务管理**

1. *落实信息网络管理责任*。建立党委统一领导、政府严格管理、企业依法运营、行业加强自律、全社会共同监督的互联网综合管理格局。依法明确电信运营企业、接入服务企业、电子认证服务企业、域名注册管理服务机构、信息服务企业和信息发布者等主体的权利义务和法律责任，提高依法、规范、科学、系统、动态管理能力和水平。

2. *提高网络舆论引导水平*。健全宣传、引导、管理相结合的网络舆论引导工作格局。建立网络舆情监测体系，推进网络警察、网评队伍和网络安全信息员队伍建设，完善网上舆情监测、研判、预警、处置机制，有效防止和依法打击有害信息传播。加大网络正面宣传力度，巩固壮大网络主流舆论。力争到2013年，全区全面建立网络安全管理和互联网舆情导控队伍。

3. *健全网上网下结合的综合防控体系*。健全网上动态管理机制，建立虚拟人口、虚拟社区和网上重点人员信息库。2013年底前，在核心、要害、重点部位计算机网络系统上安装网络检测与阻断系统，80%以上的重点网站和重点网络社区安装符合国家标准或公共安全技术的互联网安全保护技术设施，党政机关、学校等重点联网单位、非营业性上网场所安全保护技术设施建设率不低于60%。逐步推进网络实名制、手机实名制，维护网络信息安全流动。

**（七）进一步加强公共安全监管体系建设**

1. *严格交通安全管理*。在全区水路、公路等交通领域全面开展平安交通创建活动，建立健全平安创建工作机制。深入开展“平安交通（大道）”创建，加强交通安全宣传教育，强化交通安全执法监管，不断改善道路安全通行条件，最大限度地预防和减少重特大道路交通事故的发生。

2. *严格消防安全管理*。加强城乡消防规划和消防站建设，完善消防安全责任体系，不断提高消防工作水平。以人员密集场所、“三合一”场所、高层建筑、地下空间场所为重点，深入开展火灾隐患排查整治工作，坚决防止发生重特大火灾事故。加大消防安全宣传教育力度，提高全民消防安全意识和自救互救能力。

3. *严格危险物品监管*。加强对枪支弹药以及剧毒、爆炸、放射性等危险物品生产、储存、运输、销售和使用等各个环节的管理，严格落实安全生产主体责任，消除隐患，堵塞漏洞，确保全区危险物品丢失、被盗、被抢案件处于较低水平。最大限度地查缴散失社会的非法危险品，防止其危害社会。

4. *严格安全生产监管*。加强安全管理和监督，严格落实安全生产目标考核和责任追究，落实企业安全生产主体责任和各地政府安全监管责任，督促企业加大安全生产投入，严厉打击非法违法生产经营建设行为。深化安全生产标准化创建工作，实行重大隐患治理逐级挂牌督办制度，深入开展重点领域安全生产专项整治，全面提升安全监管工作水平，确保安全生产事故起数和死亡人数保持“双下降”。

5. *严格食品药品安全监管*。强化各级政府和有关部门的食品药品安全监管责任，落实企业在食品药品安全中的主体责任，建立健全食品药品安全事故责任追究制。加强食品药品安全监管，严格市场准入，强化证后监督。针对突出问题开展专项整治，依法严厉打击食品药品领域违法犯罪活动，切实防止重特大食品药品安全事故的发生。

**（八）进一步加强基层基础建设**

1. *加强基层政法综治组织规范化建设*。进一步加强镇（区、街道）综治办、公安派出所、交巡警中队、司法所、派驻检察室、人民法庭的组织建设、业务建设和队伍建设，不断提高基层政法综治组织的战斗力。按照建立“一委一居一站一办”社区管理服务模式，切实加强以实战型警务室为主体的“五位一体”村（社区）综治办建设，村（社区）明确1名负责人主管综治信访维稳工作。新建村（社区）要及时跟进基层综治组织，明确综治维稳工作有人抓、有人管、不脱节。

2. *加强镇（街道）综治工作中心建设*。健全完善“5+X”综治工作模式，依托工作平台，建立健全矛盾联调、治安联防、工作联动、问题联治、平安联创、管理联抓工作机制，实现信息资源共享，力量统一调配。建立健全工作例会、首问责任、情况报告、分流督办、集中会办、应急处置、检查考核等工作机制和工作制度。扎实开展等级评定工作,2013年,全区镇(街道)综治工作中心一级达标率不低于80%。加强教育培训,着力提高基层综治和平安建设工作效率。

3. *加强基层系列平安创建活动*。深入开展平安镇(街道)、平安村(社区)等区域平安创建活动,着力推进平安校园、平安医院、平安家庭、平安市场等基层系列平安创建活动,实现基层平安创建全覆盖,形成基层平安建设长效机制。综治委成员单位要结合自身职能,组织开展平安创建活动,细化工作措施,落实工作责任。切实加强群防群治队伍建设。大力推广“平安先锋工程”,以党员的先锋模范作用带动群众积极参与平安建设。有效整合群防群治力量,大力推进治安中心户(楼)长、警企联合巡逻队、社企义工巡逻队、党员义务服务队等建设,织密基层基础工作的网络。

**五、组织领导**

**(一)加强组织推动**。各地党委、政府要增强责任意识和忧患意识,牢固树立“发展是硬道理,稳定是硬任务”的执政理念,把平安建设纳入经济社会发展总体规划和党政综合考核。要根据本地区实际,制定深化平安建设的意见和年度实施计划。要主动接受人大和政协的监督,适时组织人大代表、政协委员对平安建设进行视察和评议,推动平安建设深入开展。各地政府要切实加强对深化平安建设的人、财、物保障。

**(二)强化齐抓共管**。政法部门要履行职责,充分发挥平安建设主力军作用。综治委专门工作领导小组及其办公室要健全工作机制,创新工作方法,提升工作能力。综治委成员单位要围绕深化平安吴中建设的目标任务,研究制定本部门、本系统参与平安建设的总体规划和年度工作计划。积极组织综治委成员单位开展联系点共建工作,不断提升齐创共建水平。宣传部门和新闻媒体要强化舆论引导,加大深化平安吴中建设宣传力度,努力营造平安吴中建设人人参与、人人有责的社会氛围。

**(三)严格考评奖惩**。严格落实平安建设领导责任制、部门责任制和单位责任制,形成一级抓一级、层层抓落实的责任体系。健全综治、纪检、组织、监察、人社等五部门联席会议制度,加大对平安建设督查督办,严格实行社会治安综合治理警示制、一票否决制及领导责任查究制。完善考评体系和奖惩体制。

区综治委每年对平安建设先进集体和先进个人进行评选,由区委、区政府表彰奖励,努力营造深入推进平安建设,全力维护社会和谐稳定的良好氛围,不断推动深化平安吴中建设实现新突破、取得新实效。

# 印发《吴中区人口和计划生育公益金管理办法》的通知

苏州市吴中区人民政府

吴政规字〔2011〕1号

2011年1月4日

## 吴中区人口和计划生育公益金管理办法

**第一条**　为进一步完善人口和计划生育利益导向机制，提高计划生育家庭福祉，促进我区人口与计划生育事业的进一步发展，根据《中华人民共和国人口与计划生育法》、《中共中央国务院关于全面加强人口和计划生育工作统筹解决人口问题的决定》及《苏州市市级人口和计划生育公益金管理办法》，结合本区实际，制定本办法。

**第二条**　人口和计划生育公益金（以下简称公益金）主要对出现危及生命或健康的重大事件的计划生育家庭进行一次性救助。

**第三条**　本办法所称的计划生育家庭出现危及生命或健康的重大事件，是指本区户籍的未婚独生子女或其父母发生意外伤亡、重病等困难，已领取《独生子女父母光荣证》的计划生育家庭。

**第四条**　公益金的管理机构为吴中区人口和计划生育公益金管理委员会，下设办公室，办公室设在区人口和计划生育局，负责处理日常工作。

**第五条**　公益金的主要来源

（一）区财政拨款；

（二）每年征收的社会抚养费；

（三）海内外企事业单位、社会团体及个人的捐赠。

公益金规模每年保持在80万元左右。

**第六条**　公益金救助对象

符合下列条件之一，经审批可享受救助：

（一）当年未婚独生子女死亡；

（二）当年未婚独生子女或其父母严重伤残；

（三）当年未婚独生子女父母死亡；

（四）当年未婚独生子女或其父母患有严重心脏病、恶性肿瘤、白血病、重症精神病、尿毒症、重度烧伤、瘫痪、重大器官移植等严重疾病；

（五）其他有特殊困难计划生育家庭的救助，由区人口和计划生育公益金管理委员会集体讨论决定。

**第七条**　公益金救助标准

（一）独生子女死亡的家庭，一次性救助5000元；

（二）独生子女严重伤残（三级残疾以上）的家庭，一次性救助2000元；未满18周岁（或在校学生）的独生子女父母严重伤残（三级残疾以上）的家庭，一次性救助1500元；

（三）未满18周岁的独生子女父母有一方死亡，一次性救助3000元；已满18周岁的独生子女父母有一方死亡，一次性救助2000元；独生子女父母双亡的一次性救助5000元；

(四) 独生子女患有严重疾病的,一次性救助3000元;独生子女父母患有严重疾病的家庭,一次性救助1500元;

(五) 其他有特殊困难的计划生育家庭,家庭年收入在社会最低生活保障线以下的,酌情给予一次性救助,由区人口和计划生育公益金管理委员会集体讨论决定。

**第八条** 公益金申领程序

(一) 符合救助条件的对象提出书面申请,填报《吴中区人口和计划生育公益金申请表》,并提供本办法规定的材料;

(二) 村(居)委会负责初审并公示,公示7天后无异议的上报镇(区、街道)计划生育办公室;

(三) 镇(区、街道)计划生育和民政部门负责会审并公示,公示7天后无异议的上报区人口和计划生育公益金管理委员会办公室;

(四) 区人口和计划生育公益金管理委员会审核批准后(每年11月份审批一次),将资金按规定下拨到各镇(区、街道),由各镇(区、街道)计划生育办公室负责发放。

**第九条** 符合本办法规定条件申请公益金救助的,应当提供下列基本材料:身份证、户籍证明、独生子女父母光荣证。上述材料需同时提供原件及复印件。

属于下列情形的,还需要提供相关证明材料:

(一) 死亡的,提供公安机关开具的死亡证明原件;

(二) 伤残的,提供三级以上《中华人民共和国残疾人证》原件及复印件;

(三) 身患严重疾病的,提供县(区)级以上医院病历证明原件及复印件。

**第十条** 死亡、伤残是因从事违法犯罪活动所致的,不列入救助范围。

**第十一条** 计划生育家庭特别扶助政策的执行,不影响对其实行公益金救助。对当年发生符合救助条件未提出申请的,可以在下一年提出申请。

**第十二条** 对在申报、审批、发放工作中弄虚作假或以其它手段骗取公益金救助款的,除追缴其非法所得外,还将对有关人员依法予以严肃处理。

**第十三条** 公益金实行独立核算,专户管理,专款专用,收支分离。当年结余公益金转下年度滚存使用。公益金的收支、管理情况由区财政、审计、监察部门负责监督。

**第十四条** 公益金如遇特殊情况需终止时,由区人口和计划生育公益金管理委员会集体讨论,并报区政府同意。同时成立资金清查小组,负责处理善后事宜,终止时,资金的财务账目必须经区财政、审计部门审计后,按国家资金管理办法的规定办理注销手续。

**第十五条** 本办法由区人口和计划生育局负责解释。

**第十六条** 本办法自2011年1月1日起执行。《吴中区人口与计划生育公益金管理暂行办法》(吴政发〔2004〕121号)同时废止。

# 印发《吴中区服务业发展引导资金管理办法》的通知

苏州市吴中区人民政府

吴政规字〔2011〕4号

2011年5月20日

## 吴中区服务业发展引导资金管理办法

**一、总　则**

**第一条**　根据省、市《服务业发展引导资金管理办法》和区政府《关于促进吴中区服务业发展的政策意见》文件精神，区政府设立服务业发展引导资金（以下简称“引导资金”）。为加强引导资金的规范管理，提高资金使用效率，结合我区实际，特制定本办法。

**第二条**　引导资金是专门用于促进我区服务业加快发展的财政资金，每年在区财政年度预算内安排，并视服务业发展需要和财力可能逐年调整。

**第三条**　引导资金由区发改局（区服务业发展办公室）、区财政局共同管理。

区发改局（区服务业发展办公室）具体负责引导资金的日常工作，以项目管理为主。会同区财政局拟定引导资金管理办法，提出引导资金项目的评审论证标准；研究提出引导资金的使用方向和支持重点，编制引导资金使用计划；受理引导资金项目申请并进行审查；会同区财政局进行申报项目的评审、论证以及联合下达引导资金安排计划；对引导资金项目进展情况进行跟踪管理和监督。

区财政局是引导资金的监管部门，以资金管理为主。与区发改局（区服务业发展办公室）共同拟定引导资金管理办法、年度使用计划、项目评审论证标准、经费安排计划等；办理引导资金的兑现审验及拨付；负责引导资金使用情况的监督检查和跟踪管理。

**第四条**　引导资金的使用遵循统一管理、集中使用、专款专用、公开申请、科学评审的原则，实行按项目申报，突出重点，择优扶持的管理方式。

**二、使用范围、方式**

**第五条**　引导资金主要用于扶持全区服务业发展中的重点领域、薄弱环节和新兴行业，促进服务业市场化、产业化、规模化和品牌化。主要使用范围：

1. 符合全区服务业规划，具有良好发展前景，对行业发展具有示范作用的服务业项目；

2. 符合促进我区服务业发展有关政策意见中扶持对象要求的项目；

3. 国家、省、市服务业引导资金扶持项目的配套资金；

4. 区委、区政府要求扶持的促进服务业发展的其它事项。

以下申报项目不予支持：区级财政已设立专项资金的服务业领域的项目；当年已享受过区财政其他专项资金扶持的项目；以前年度服务业引导资金支持过，但尚未完成项目验收兑现的项目单位再次申报的项目。

**第六条**　引导资金的使用方式主要为补

贴。对符合条件的投资和经营项目给予一定资金的资助，补贴额度最高不超过项目投资总额的 30%。

**三、项目条件和程序**

**第七条** 项目申报条件、申报单位要求:

1. 申报项目符合规划要求，已经立项或已制定实施计划的项目;

2. 申报单位在吴中区境内注册，具有独立法人资格或非全额拨款事业单位，企业工商注册登记二年以上;

3. 具有健全的内部管理体系与财务制度,依法经营,照章纳税;

4. 企业资产及经营状况良好，具有较高的资信等级和相应的资金筹措能力。

**第八条** 申报项目应提供以下材料:

1. 申报单位的书面申请;

2. 吴中区引导资金项目申请表;

3. 项目可行性研究报告;

4. 基建项目需提供经政府有关部门对项目的核准或备案批准文件,国有土地使用证、环保部门出具的环境影响评价审批意见、建设工程施工许可证。属于租赁用房的项目需提供房屋租赁合同及承租方土地证明;

5. 企业(或事业)法人营业执照、税务登记证、经会计师事务所审计的前两年度会计报表,包括资产负债表、损益表、现金流量表以及报表附注和其他相关财务资料（复印件);

6. 其他要求提供的相关材料。

**第九条** 区发改局（区服务业发展办公室)受理申请后,会同区财政局等相关部门组成联合审核组,对申报材料进行审核筛选,经综合平衡后，提出引导资金的扶持项目及额度安排建议,报区政府领导审定后,由区发改局(区服务业发展办公室)、区财政局联合下达扶持项目的资金安排计划，并明确重点扶持内容。

**四、项目和资金管理**

**第十条** 凡使用服务业引导资金的项目,均纳入区发改局(区服务业发展办公室)重点项目考核,按有关要求进行管理。

1. 由区发改局(区服务业发展办公室)牵头会同区财政局对项目的实施情况进行跟踪管理和监督检查;

2. 建设项目不能按计划完成建设的,要及时说明原因,提出调整建议。区发改局(区服务业发展办公室)、区财政局可视具体情况进行相应调整;

3. 引导资金项目经确认后不得擅自改变主要建设内容和建设标准;

4. 引导资金原则上自资金安排计划下达后两年内兑现,特殊情况经申请可延长一年。过期将不再兑现,资金另作安排。

**第十一条** 引导资金的兑现

引导资金项目建设完成后，项目单位应及时向区发改局(区服务业发展办公室)提出书面申请报告及提交相关材料，经区发改局(区服务业发展办公室)和区财政局共同审验后,出具相关通知,由区财政局核拨资金至项目单位。

**第十二条** 申请资金兑现的项目单位应提供以下材料:

1. 提出书面申请并提交吴中区服务业引导资金兑现申请表;

2. 提供审计局或具有资质的中介机构出具的项目审计报告;

3. 工程类项目提供项目竣工验收报告。其中房屋建筑工程必须提供区级以上建设工程质量监督站出具的竣工验收报告，或提供建设局的竣工备案报告。其他工程类项目,也应提供规划、消费、环保等部门出具的认可文件或准许使用文件;

4. 营业类项目应出具工商营业执照及其它可以证明建设内容已完成的相关资料;

5. 其他可以证明项目完工的相关材料，如体现项目成果的图片资料等。

**第十三条** 项目完成的实际投资额原则上不得少于计划投资额。对实际完成投资额不足计划投资额 80%的项目,将按比例相应扣减扶持资金;实际完成投资额不足计划投资额 50%的项目不予兑现。

**五、监督管理**

**第十四条** 引导资金实行专款专用,不得弄虚作假、挤占挪用或移作它用。一旦发现将采取通报批评、停止并收回拨付资金、取消申报资格(两年内不予安排新的项目)等处罚措施;构成犯罪的,由司法机关依法追究刑事责任。

**第十五条** 项目单位有下列行为之一的,区发改局(区服务业发展办公室)、区财政局可以责令其限期整改、核减、收回或停止拨付资金。

1. 提供虚假情况,骗取引导资金的;

2. 转移、截留或者挪用引导资金的;

3. 擅自改变主要建设内容和建设标准,特别是引导资金重点扶持内容的;

4. 无正当理由未及时建设或竣工完成的;

5. 其他违反国家法律法规和本办法规定的行为。

**第十六条** 有关中介机构在评估、审计过程中弄虚作假或出具严重失实报告的,区发改局(区服务业发展办公室)、区财政局可以视情节轻重给予通报批评、取消其承担引导资金咨询评估和审计任务资格的处罚。

**第十七条** 区发改局(区服务业发展办公室)、区财政局工作人员有下列行为之一的,责令其限期整改,并依法追究有关责任人的行政责任;构成犯罪的,由司法机关依法追究刑事责任。

1. 滥用职权、玩忽职守、徇私舞弊、索贿受贿的;

2. 违反规定的程序和原则批准资金申请报告的;

3. 其他违反本办法规定的行为。

**六、附 则**

**第十八条** 本办法由区发改局(区服务业发展办公室)、区财政局负责解释。

**第十九条** 本办法自 2011 年 6 月 1 日起施行。

# 印发《关于支持新兴产业重点企业加快发展的实施意见》的通知

苏州市吴中区人民政府

吴政规字〔2011〕6号

2011年8月30日

## 关于支持新兴产业重点企业加快发展的实施意见

为认真贯彻《国务院关于加快培育和发展战略新兴产业的决定》和苏州市《关于支持新兴产业重点企业加快发展的实施意见》的精神,大力促进新兴产业加快发展,加快培育新经济增长点、推动产业结构调整和经济发展方式转变、提升产业核心竞争力。现就支持新兴产业重点企业加快发展提出以下实施意见。

**一、支持新兴产业重点企业加快发展的必要性与紧迫性**

支持新兴产业重点企业加快发展是产业结构转型升级和经济社会可持续发展的必然选择。吴中区土地资源比较紧缺,人口密度、环境容量、土地开发强度等资源承载力都已接近上限,依靠传统产业的增长,空间十分有限。要实现我区工业经济的快速发展,重中之重是加快经济转型升级,关键是要在发展新兴产业上取得根本性突破。而发展新兴产业的"落脚点"是企业,企业强则产业强,只有切实做强做大以规模优势企业和成长型企业为代表的全区新兴产业重点企业,才能推动新兴产业加快发展,才能推动传统产业转型升级。因此我区要以发展新兴产业为第一方略,根据现有工业产业特点,结合生物医药、新能源和新材料、节能环保等产业链较为完备的新兴产业,积极扶持一批新兴产业重点企业,迅速做强做大龙头企业,大力培育一批掌握核心技术、成长性好的中小企业,形成新兴产业发展的集聚优势。

**二、指导思想和发展目标**

**(一)指导思想**。以科学发展观为指导,认真贯彻落实国家、省、市关于促进新兴产业加快发展的一系列政策措施,以转型升级为主线,以企业为主体,市场为导向,创新为动力,集中力量,集中资源,着力推进重大项目建设,着力推进新兴产业载体及其公共服务平台建设,着力构筑人才高地,着力突破关键技术,着力扩大市场需求,全力扶持新兴产业重点企业迅速做大做强。以重点打造新能源和新材料、生物技术和新医药、节能环保三大特色优势产业链为主,全力推动全区新兴产业快速发展,把我区建设成以新兴产业为引领的先进制造业基地,使新兴产业成为我区"十二五"经济发展的新动力和最强大的增长极,为"吴中明天更美好"提供有力支撑。

**(二)发展目标**。到2015年,全区规模以上新兴产业企业产值超过1250亿元,占全区规模以上工业的比重达到50%以上;年产值10亿元以上企业的产出占全区新兴产业产值比重超过50%;培育一批具有一定竞争力的企业集团，其中产值超百亿元企业2家，超50亿元企业6家，培育创新型龙头企业（集团）10家；打造1–2个在全省有影响力的新兴产业基地；新增国家级企业研发机构2家、省级以上企业技术中心5家以上、市级以上企业技术中心50家以上；企业授权发明专利中新兴产业发明专利量占比达到40%以上。

## 三、主要推进措施

### （一）加强组织领导

1. 由区工业结构调整和优化升级联席会议负责统筹协调支持全区新兴产业重点企业加快发展工作。联席会议由区政府主要领导牵头，分管领导具体负责，区有关部门负责同志参加，联席会议办公室设在区经信局。联席会议在支持新兴产业重点企业加快发展方面的主要工作任务是：研究制定年度发展目标，组织实施新兴产业战略发展计划，每年对全区新兴产业的重大项目、重点企业目录进行调整并予以颁布，协调解决企业发展中的重大事项，推进落实重大项目，组织开展督查考核。各地也要进一步强化组织领导，落实工作责任，更好地协调和推动本地新兴产业重点企业加快发展。

2. 在建立区工业转型升级联席会议的基础上，建立由区委常委、有关副区长带队，区工业转型升级联席会议相关成员单位领导参加的挂钩联系新兴产业重点企业和重大项目制度。通过挂钩联系，及时了解并帮助协调解决新兴产业重点企业和重大项目发展中所遇到的困难与问题。

3. 加大对新兴产业的考核力度，将新兴产业的投资额、增速、转型升级相关指标以及新兴产业的重大项目推进情况等主要指标列入对各地主要领导的考核。各地、各部门也要建立相应的工作机制，并明确分管领导和联络人员，建立考核制度，确保新兴产业重点企业和重大项目在加快发展和推进过程中落实到位。

### （二）加强政策扶持

4. 加大对新兴产业的资金扶持力度。建立区级新兴产业发展专项资金，区财政每年安排一定数量资金，对新兴产业重点领域的科研开发、公共服务平台、技术创新和技术改造项目、做强做大企业等方面进行重点支持。

5. 认真落实各项优惠政策。用足用好国家、省、市有关扶持发展新兴产业的各项政策，确保各项优惠扶持政策落实到位。重点做好企业研究开发费用加计抵扣、高新技术企业认定、技术先进型服务企业认定等政策的落实，对认定的高新技术企业和技术先进型服务企业，在其已享所得税优惠的基础上，对企业当年实际缴纳所得税额比上年增加的部分，可按不低于15%的比例再给予奖励，奖励资金由区、镇两级财政按一定比例承担。

6. 鼓励企业做大做强。重点支持行业龙头企业开展战略重组，提高生产集中度和上下游产品关联度，打造一批拥有自主知识产权、品牌过硬、核心竞争力强的大企业。对全区年营业收入首次超过50亿、100亿、200亿的新兴产业民营企业，自企业上新台阶的当年度起，连续三年按照不低于新增税收地方留成部分15%、20%、25%的比例奖励企业，专项用于企业增加研发投入，促进企业创新发展；对当年产值超亿元、增速超30%的新兴产业列统企业，专项资金给予奖励；对年营业收入首次超过 5000万元的新兴产业民营企业（不含调整列统企业），当年度一次性奖励20万元。

7. 鼓励企业加大设备投入。新兴产业重点企业和重点项目新增的设备投资额，按当年设备投资额的一定比例进行奖励。根据上级下达的任务，对列入淘汰落后产能及关闭计划的企业，根据淘汰设备数量，给予适当的补贴。

8. 积极支持新兴产业企业对上争取。对照国家、省、市相关专项扶持资金计划要求，优先推荐新兴产业企业并帮助做好项目申报、入选评审等对上争取工作,为企业争取国家、省、市对新兴产业项目的扶持资金。对获省、市级以上重点产业技术进步和技术改造等专项扶持资金的项目,区财政在相关专项资金中给予一定比例的配套扶持。

9. 大力推进品牌和标准化战略。鼓励新兴产业企业做强做大自主品牌,推行卓越绩效管理模式,重点支持培育创建各级名牌和质量奖。鼓励新兴产业企业积极参与标准化活动,掌握国际国内标准化前沿信息,抢先制定国际、国家标准,承担标准化技术委员会工作。

10. 加快自主创新,增强核心竞争力。建立完善以市场为导向、企业为主体、产学研结合的科技创新体系,指导有条件的企业创建省级、国家级企业技术中心和工程技术研究中心,培育形成一批自主知识产权和核心技术,增强自主创新能力。对新兴产业产品列入《苏州市新兴产业产品政府采购推荐目录》的,在政府采购中优先采购,并引导社会采购优先选用。

**(三)优化投融资服务体系**

11. 进一步完善银企合作机制。由区工业转型升级联席会议办公室牵头,建立经常性的银企信息交流和合作制度,鼓励银行机构制定专门的支持新兴产业重点企业的信贷政策,创新适合新兴产业重点企业特点的金融服务与产品,有效增加信贷投入,确保新兴产业重点企业项目贷款优先满足,流动资金贷款稳步增长。

12. 完善融资担保激励和风险补偿办法,落实小企业贷款风险补偿政策。鼓励银行机构继续加大中小企业金融服务创新力度,增加对新兴产业中小企业的信贷投放。各银行机构对新兴产业小企业贷款增幅应不低于同期各项贷款平均增幅。鼓励担保业务创新,对为新兴产业重点民营企业提供融资担保而产生的责任余额,适当提高补助标准。

13. 鼓励多渠道融资。鼓励和引导社会资金和民间资本加大对新兴产业的投入,金融机构应开展知识产权质押及股权质押融资,建立风险分担机制。鼓励和支持新兴产业重点民营企业运用融资租赁、短期融资券、中期票据、集合债券、私募债券等各类新型直接融资手段扩大融资总量。

**(四)优化发展环境**

14. 加强公共服务平台建设。按照“政府推动、市场运作”的原则,鼓励和支持各类投资主体面向区战略性新兴产业基地、重点产业集群和优势产业,建设信息查询、培训咨询、技术研发中心、知识产权服务机构、产品质量检测中心等公共服务平台,服务新兴产业企业共性需求。重点支持一批面向新兴产业基地和企业的公共服务平台建设,使其完善功能、提升水平、扩大能力,公共服务平台对新兴产业重点企业应执行市场价格从无偿到低偿的优惠收费。根据公共服务平台的投资额和服务量大小,区专项资金给予补贴支持。

15. 强化生产要素供给。新增建设用地指标要优先用于新兴产业项目建设,对新兴产业重大项目积极争取省“点供”用地指标,在电力资源分配时应优先保障新兴产业企业,在新兴产业项目立项时优先分配环境排放容量资源。

16. 着力为企业提供优质高效服务。切实提高行政部门工作效率,在企业设立、项目立项、审批备案、质量监督、资金融通等方面提供优质服务,鼓励和引导更多企业参与新兴产业,加快推进新兴产业项目建设和企业发展。对经区工业转型升级联席会议审定的新兴产业重大项目,项目建设相关收费可参照政府实事工程给予适当减免。

17. 健全人才培养和激励机制。区财政应加大对新兴产业的人才投入力度,在高层次人才引进和培养方面向新兴产业倾斜，依托重大科研和工程项目、国际学术交流合作项目、重点学科和高层次科研院所，着力引进和培养一批推动新兴产业发展的创新创业团队、高端领军人才和各类高素质人才。创新人才引进方法，引导和鼓励高校、科研院所、科技园区和企业联合引才，推动全球高端人才和智力资源更好地为我区发展新兴产业服务。适应产业发展需求，鼓励科研机构、企业与高校联合建立高科技人才培养基地，加强技能型人才培养，在中高等职业院校扩大新兴产业发展急需的高技能实用型人才培养规模，培育一支高技能、复合型人才队伍。开展新兴产业企业家培训，大力提升企业家的创新意识和创新能力。

本意见由区经信局负责解释，区各有关部门按职责分工，组织实施，已有政策涉及本意见相关条款，按就高原则执行。区经信局要根据本意见，制定具体实施细则，确保政策落实到实处。

# 关于印发《吴中区政府投资建设项目设计招投标管理实施办法》的通知

苏州市吴中区人民政府

吴政规字〔2011〕10号

2011年9月21日

## 吴中区政府投资建设项目设计招标投标管理

为规范建设工程设计招投标活动，提高建设工程方案设计质量，促进建设工程设计市场公平有序竞争，根据《中华人民共和国招标投标法》、《建设工程勘察设计管理条例》、《建筑工程方案设计招标投标管理办法》、《工程建设项目勘察设计招标投标办法》及《苏州市政府投资建设项目设计招标投标管理办法》等相关法律、法规和规章，结合我区实际，特制定本实施办法。

**一、招投标范围**

本实施办法所称的政府投资建设项目是指全部或部分使用区、镇(街道)两级政府性资金所进行的新建、改建、扩建工程项目(房屋建筑工程、市政基础设施工程)。凡设计业务单项合同估算价在30万元人民币以上，应当依法实行设计招投标。

政府性资金包括：财政预算安排的项目资金；纳入财政管理的专项资金(基金)；上级财政下达的专项补助资金；政府融资以及利用国债的资金；国际金融组织和外国政府的贷款、赠款；转让、出售、拍卖国有资产以及经营权所得的国有资产权益收入；土地所有权出让收入；政府直属或控股国有企业自有资金或贷款；其他政府性资金等。

**二、招标方式**

设计招标方式分为公开招标和邀请招标。

符合下列情形下之一的建设项目，设计招标可以实行邀请招标：

（一）经区政府确定的应急工程项目；

（二）技术性、专业性强或者环境资源条件特殊，符合条件的潜在投标人数量有限的建设项目；

（三）受自然因素限制，如采用公开招标，将影响实施时机的建设项目；

（四）法律、法规规定不宜公开招标的建设项目。

招标人采用邀请招标的方式，应保证有三个以上具备承担招标项目设计能力，并具有相应资质的机构参加投标。

符合下列情形之一的建设项目，可以不进行招标:

（一）涉及国家安全、国家秘密的建设项目；

（二）涉及抢险救灾的建设项目；

（三）建设工程设计采用特定专利技术、专有技术或者建筑艺术造型有特殊要求的建设项目；

（四）已建成项目的改、扩建或者技术改

造，由其他设计机构设计将影响项目功能配套性的建设项目；

（五）法律、法规规定可以不进行设计招标的建设项目。

任何单位和个人不得将依法应当进行招标的项目化整为零或者以其他任何方式规避招标。

**三、招标类型**

建设工程设计招标分为方案设计招标和施工图设计招标两类。其中，同一项目设计招标可以组合方案设计招标、施工图设计招标。具体招标类型由建设单位依据项目实际情况在招标文件中明确。

**四、招标管理**

区住房和城乡建设局负责对全区政府投资建设项目设计招标投标活动实施统一监督管理和指导。建设工程设计招标应当在苏州市有形建筑市场进行，设计招标信息应通过指定媒体发布，发布日期不少于5个工作日。

大型公共建筑工程项目或投标人报名数量较多的建设工程项目招标应进行资格预审，招标人应在招标公告中明确进行资格预审所需达到的投标人报名数量和资格审查办法。方案设计招标文件应当载明规划管理部门确定的项目建设地点、规划控制指标和用地红线图以及其他相应规定和要求。

境外投标人参与投标的，招标人应当按照相关规定做好保密工作。

**五、执行文件**

建设工程设计招投标执行《工程建设项目勘察设计招标投标办法》（国家发改委、建设部等八部委第2号令）的有关规定。其中，建筑工程方案设计招标按《建筑工程方案设计招标投标管理办法》（住房和城乡建设部建市〔2008〕63号）的有关规定执行，并采用该《办法》中“附件”文本。

**六、评标专家管理**

一般建设工程项目设计招标评标，应当从苏州市专家库中抽取评标专家。区重点工程、标志性工程或特大型工程设计招标，可以邀请部分全国各地知名专家参与评标。建设单位应将邀请的全国各地知名专家名单报区住建局工程招投标管理机构，由区招投标管理机构按规定通知。

**七、评标方法**

招标人应当预先在招标文件中载明评标标准和评标办法。设计招标的评标可以采取记名投票法、排序法和百分制综合评估法等方法。

**八、评标定标**

评标委员会应当按照招标文件的规定，推荐排序后的1~3名中标候选人，由招标人报区政府审核后，在指定媒体上公示5个工作日。公示期间无异议的，按招标文件规定的定标方法确定中标方案和中标人，由招标人发出中标通知书。

建设单位与中标设计单位签订合同后7个工作日内，应当到建设行政主管部门办理合同备案手续。

建设单位应当将经备案的合同文本报规划部门和财政部门。该合同文本作为规划部门审批方案、财政部门拨付资金的依据。应当招标的工程，合同未经备案的，财政部门将不予拨付建设资金。

**九、中标项目管理**

中标人应当按照合同履行义务，完成中标工程的设计，不得向他人转让中标工程设计，也不得将中标工程肢解后分别向他人转让。

**十、价格标准**

招标人应当在招标文件中预先载明收费标准和对未中标设计方案的补偿对象、补偿标准及支付时间和方式。设计招标项目收费标准应参照国家《工程勘察设计收费标准》执行，结合项目的具体情况，可在一定范围内浮动。对未中标设计方案的投标人应当给予一定的经济补偿，对中标方案的编制人不予补偿，对未中标的优胜方案编制人和非优胜方案的补偿应有一定区别；未递交投标文件或递交的投标文件无效的，招标人不支付补偿费。补偿费总额应当不低于国家收费标准的10%、不超过20%。

十一、本实施办法由区住房和城乡建设局负责解释。

十二、本实施办法自2011年10月1日起实施。

# 吴中区年鉴编纂工作条例

## 第一章　总　　则

**第一条**　为了加强对《吴中年鉴》编纂工作的领导和管理，切实保证组稿、编辑、审稿、出版等项活动的顺利进行，使《吴中年鉴》更好地为吴中区的现代化建设服务，特制订本工作条例。

**第二条**　《吴中年鉴》是以年为单元，全面、翔实、客观、系统地介绍吴中区政治、经济、文化、社会等基本面貌和发展状况的综合性资料工具书。它与新编地方志相呼应、相衔接，及时反映吴中区当年的新情况、新进展、新成就、新经验。

**第三条**　《吴中年鉴》以邓小平理论和江泽民同志“三个代表”重要思想为指导，以“开发信息资料，服务四化建设”为根本目的，坚持正确的办刊方针，力求体现吴中区自然和社会发展的客观规律，充分发挥年鉴的存史、资政、借鉴、育人功能。

**第四条**　《吴中年鉴》采用二级责任编辑、区年鉴编辑部统一综合定稿的编纂办法，即由年鉴编纂委员会确定其部类、分目、条目和大致字数，由区级机关各主管部门和各镇负责编写单位分年鉴，而后汇编成书。

**第五条**　《吴中年鉴》重视保密工作，按照党和国家保密法规、条例以及吴中区保密局的有关规定，严守机密。

**第六条**　年鉴经费以区地方财政拨款为主，回收工本费为辅，公开出版，年发行量1000册左右。

## 第二章　编 写 体 例

**第七条**　本年鉴以《吴中年鉴(××××)》为全称，按国际年鉴通用惯例书写出版年份，如反映2001年的情况，即名《吴中年鉴(2002)》。全书力求图文并茂，编撰有序，有时代感、综合感、立体感。

**第八条**　《吴中年鉴》截稿时间为上年12月底，力争在当年10月份前出版，以便及时提供给各级党政领导、各部门及社会各界查阅参考。

**第九条**　《吴中年鉴》按现代化社会分工的性质和特定需要设置若干部类，部类下设若干分目、条目，反映各部类的情况。条目是年鉴的基本组成单位，标题用【　】引出，以便查阅。反映吴中经济建设和社会发展重大历史进程的内容，用增设行政区域图、彩色画页、统计资料图表等方法编写。

**第十条**　《吴中年鉴》要求语言简练、文字通俗、结构严谨，运用全国统一的文字、数字、计量单位、地名、称谓等规范标准。力求框架结构合理，装帧设计美观。

**第十一条**　《吴中年鉴》力求篇幅适当，每年50万字左右，采用787×1092毫米1/16开本，横排印刷,封面统一版式。同时出版光盘版。

## 第三章　组 织 领 导

**第十二条**　吴中区年鉴编纂委员会为年鉴编纂领导机构,由区委、区政府领导及各有关单位若干负责同志组成,负责领导、督促、指导《吴中年鉴》的编纂工作,审定年鉴出版稿本,每年7月召开一次年鉴审稿会,年底召开一次年会,并在必要时随时召集有关活动。

**第十三条**　《吴中年鉴》编辑部设在吴中区档案局内,负责《吴中年鉴》的编辑、出版、日常事务以及各单位分年鉴编写人员的培训、考核工作,并参加上级年鉴研究会召集的有关活动。

**第十四条**　《吴中年鉴》实行单位领导审稿制和撰稿人责任制,即单位分年鉴撰稿人应署名,做到文责自负;同时由单位主要领导审核、签字,以确保年鉴的真实性、可靠性和连续性。

**第十五条**　各单位应以领导、秘书人员等组成相应的分年鉴编写组,同时注意吸收热心年鉴事业的离退休老同志参加编写工作。

## 第四章　工 作 步 骤

**第十六条**　《吴中年鉴》编辑部按照吴中区年鉴编纂委员会研究、确定的方针,依据上年度吴中区经济和社会各项事业发展的实际情况,拟定当年年鉴的部类、分目、条目及其他内容,及时发出组稿通知,布置各单位分年鉴编写任务。

**第十七条**　各镇和区级机关各主管部门按照组稿通知的内容、要求,落实措施,编写本单位分年鉴(2—4月)。

**第十八条**　收集、汇总,编纂、审定《吴中年鉴》稿本。

**第十九条**　排版、校对、付印、出版。

**第二十条**　年鉴发行、交换、理论探讨、学术研究、经验总结、骨干培训。

**第二十一条**　召开年鉴编纂委员会年会,总结当年年鉴编纂情况,处理相关问题,确定下年度编纂计划。

## 第五章　附　　则

**第二十二条**　本工作条例由吴中区年鉴编纂委员会负责解释,并委托吴中区档案局监督实施。

**吴中区年鉴编纂委员会**

**2006年7月修订**